EUGEN DREWERMANN
Das Königreich Gottes in unserer Seele

EUGEN DREWERMANN

Das Königreich Gottes in unserer Seele

Predigten über die Bücher
Samuel und Könige

Herausgegeben von
Bernd Marz

Piper
München Zürich

ISBN 3-494-3847-6
© R. Piper GmbH & Co. KG, München 1996
Gesetzt aus der Baskerville-Antiqua
Umschlag: Federico Luci,
unter Verwendung des Gemäldes
626 »Der Weg zu Dir« (1966)
von Friedensreich Hundertwasser
© 1995 Joram Harel, Wien
Gesamtherstellung: Clausen & Bosse, Leck
Printed in Germany

Inhalt

5

Einleitung

WIE ist es möglich, beim Lesen der Zeitung morgens an einen Gott zu glauben? Bei all den Nachrichten von Mord und Plünderung, Raub und Vergewaltigung, Lüge und Machtgier, Willkür und Ohnmacht? Wann in der menschlichen Geschichte fänden die Staatsverbrechen der Herrschenden je ihre Sühne, und wann wohnten wir nicht, statt dem Sieges des Guten, dem Triumph der Heuchelei und der Skrupellosigkeit auf den Thronen der Mächtigen bei?

Die fromme Zuversicht, die Weltgeschichte sei das Weltgericht, hat ihren Grund in gerade denjenigen Texten, die wir im folgenden miteinander lesen wollen. Sie enthalten in sich bereits so etwas wie eine Verzweiflungsauskunft. In der Zeit, da sie entstanden, befand sich Israel in der bis dahin schlimmsten Krise seiner Geschichte: Als im Jahre 587 der babylonische König Nebukadnezzar Jerusalem erobert, den Tempel zerstört und Tausende von Menschen in die Verbannung führt, droht der zentrale Glaube des »auserwählten Volkes« endgültig zu zerbrechen, es sei da ein Gott, der sich der Geschichte »seines« Volkes persönlich annehme. Hat sich der Gott der Babylonier durch den Gang der Ereignisse nicht als »stärker« erwiesen denn der Gott Israels?

In dieser Stunde tiefster Infragestellung macht sich eine dem Propheten Jeremia nahestehende Theologengruppe, die wir literarkritisch als die »Deuteronomisten« bezeichnen, daran, eine zusammenhängende Geschichte des Volkes Israel, vom Beginn der »Landnahme« und der Staatengründung an bis hin zum Niedergang des babylonischen Exils, zusammenzustellen und dabei vor allem die überlieferten Quellen der Königszeit einer neuen Bewertung zu un-

7

terziehen. Nicht historische Treue leitet dabei die Redakteure, im Gegenteil, sie finden nichts dabei, allein vom *Aufstieg des Sauls zum König* drei verschiedene Versionen nebeneinander zu probieren oder die *Überlieferung von der Bundeslade* in den Tagen Samuels mit verschiedenen Sagen und Anekdoten aus den Philisterkriegen zu verknüpfen. Bestimmend für die Art dieser neuen Geschichtsschreibung ist die trotzige, fast fanatische Rückversicherung des alten Glaubens: Der Gott Israels *ist* und bleibt der Herr der menschlichen Geschichte; nicht *seine* Gerechtigkeit und Macht stehen im Zweifel, zweifelhaft ist der Mensch, ist das Volk Israel; Gott *mußte* es strafen, wie stets, seit den Tagen des Moses, seit den Tagen der Richter, um es durch die Strenge der Züchtigung zu Buße und Umkehr zu rufen. Erfolg und Niederlage, so die »Theologie« des deuteronomistischen Geschichtswerkes, entscheiden sich allein an der Treue zu dem Gott Israels. Insbesondere die Geschichte der Könige, schon in dem Abschnitt von Saul bis Salomo, erscheint jetzt nicht länger mehr als ein politischer Aufstieg zu Größe und Machtentfaltung, wie es die alten Quellentexte im Sinn trugen. Sie stellt sich jetzt als eine Kette von Abfällen und vertaner Chancen dar: Statt die Völker Kanans rücksichtslos auszurotten, hat schon König Saul sich zu schonend gezeigt und ist von Gott dafür verworfen worden; statt die Götter und Kulte im Kulturland unnachsichtig zu zerstören, hat bereits Salomo sich mit den Frauen der Völker verpaart und ihre Religionsformen toleriert...

Es geht in den nachstehenden Texten nicht um Literaturkritik, Gattungsgeschichte und Redaktionsgeschichte; doch um dem daran interessierten Leser zumindest eine Vorstellung von der Art zu geben, wie die »Deuteronomisten« bei ihrer »Geschichtsschreibung« vorgegangen sind, sei auf die *»deuteronomistische Grundschrift«* verwiesen, wie sie von E. Würthwein (Die Bücher der Könige, Göttingen 1984) rekonstruiert wurde; in diesen Text eingeschaltet wurden nachträglich die Interpretationen und Informationen der *nomistischen* Deuteronomisten, ergänzt durch Einschaltungen einer Gruppe *prophetischer* Redakteure, deren Herkunft im untergegangenen Nordreich (»Israel« im engeren Sinne) vermutet wird. Ohne die Einzelheiten der Entstehung der Geschichtsbücher des Alten Testamentes zu kennen, wird der Leser doch bald begreifen, daß es nie eine »Theologie« gab, die so verzweifelt darum gerungen hätte, Gottes Handeln aus der Geschichte förmlich zu beweisen. Doch alle Zweifel entzünden sich gerade daran: Zum Erweis dieser »Theologie« hat man eine unerhörte nationalistische Engführung der ganzen Perspektive in Kauf genommen; man hat zum Maßstab der Beurteilung menschlichen Handelns einen rigorosen Gesetzesgehorsam erhoben; man hat die Geschichte so oft entgegen den historischen Tatsachen umgebogen und umgelogen, bis sie dem theologischen Deutungsschema gefügig wurde. Dies alles vor Augen – was haben Texte dieser Art uns Heutigen religiös noch zu sagen? Das ist die eigentliche Frage, die sich in den nachstehenden Predigten Abschnitt für Abschnitt stellt. Eine Schlüsselrolle spielt dabei die *Thronnachfolgegeschichte Davids* im 2. Buch Samuel, die zum ersten Mal von L. Rost als ein in sich geschlossener Bericht erkannt wurde und seither als die früheste uns überlieferte Geschichtsschreibung der Menschheit überhaupt gilt. Auch sie ist alles andere als ein Dokument historischer Treue; weit eher ist sie eine Propagandaschrift, die den Aufstieg Davids zum König eines altorientalischen Großreiches als göttliche Führung und Fügung darstellen möchte, um vor diesem Hintergrund insbesondere die »Berufung« seines in Ehebruch und Mord gezeugten Sohnes Salomo zum Nachfolger als eine Art Gottesurteil zu schildern. Und doch: mitten in dieser hoftheologischen Fleißarbeit meldet sich eine fast aufgeklärt wirkende Skepsis gegenüber den Machenschaften der Mächtigen zu Wort, zeigt sich ein Wissen um die Größe und Niedertracht menschlichen Handelns in ebenso erstaunlicher wie erschreckender Weise, trifft man auf eine mitunter wie absichtlich arrangierte Durchschaubarkeit der Zweckdarstellungen der »offiziellen« Geschichtsschreibung – Stefan Heyms »König David Bericht« bietet hier eine kongeniale Sicht der Dinge. Von *Gott* ist hier vergleichbar wenig die Rede, und wenn, so muß man sich immer wieder fragen, was mit dem Reden von diesem »Gott« denn eigentlich gemeint und beabsichtigt ist. Glück und Erfolg, pragmatisches Planen und brutales Sich-Durchsetzen, abergläubige Magie und das Spielen mit den religiösen Gefühlen der Massen – alles das kann hier »Gott« heißen. Doch gerade so wird ein für allemal klar: wer den »Gott« dieser biblischen Geschichten verstehen will, der muß als erstes die Menschen zu verstehen suchen, von denen da die Rede geht: – ihre Motive, Ängste und Alpträume, ihre verborgenen Gefühle, Sehnsüchte und Hoffnungen, ihre Phantasien und Wünsche, ihre Entwürfe und Enttäuschungen. Nur in dem Spiegel des Herzens vergänglicher Menschen malt sich das Antlitz des Ewigen, und oft redet sein Wort eher in den frommen Legenden, heroisierenden Sagen und träumenden Mythen der »Völker«, von denen auch die »Geschichtsbücher« der Bibel voll sind, als in der Sprache der Fakten und Fiktionen der Herrscher. Was heißt es, an Gott zu glauben? Was heißt es, ein »König« zu sein? Wie gewinnt man einen Standpunkt der Menschlichkeit, der uns befähigt, der menschlichen Geschichte standzuhalten? Wie hält man sich immun gegen die Manipulationen der Wahrnehmung und des Gedächtnisses durch die Geschichtsschreibung der Sieger – ihrer Priester und Propagandisten? Wie findet man hinter den Machtanmaßungen der Menschen zu dem Vertrauen in eine Macht zurück, die uns als Menschen mit all unserer Schwäche und Stärke trägt und will?

Das sind die Fragen, die wir beantworten müssen, nicht um Gottes Wege in der Geschichte zu verstehen, wohl aber um uns selber zu begreifen, als stehend und fallend in Gottes Hand, beim Lesen der Bibel nicht minder als beim Lesen der Zeitung morgens.

1

Des Herrn sind die Säulen der Erde

U NSER Thema steht im Übergang zwischen dem Buch der
Richter und den sogenannten Königsbüchern: den beiden
Büchern Samuel.
Die Gestalt des Übergangs schlechthin ragt heraus unter all den
großen Persönlichkeiten des Alten Testaments, die Figur des Samuel. Die ersten sieben Kapitel des ersten Buches Samuel sind ausschließlich ihm gewidmet, wenn da nicht noch drei Kapitel lang eine
merkwürdige, fast verworren scheinende Episode über den Aufenthalt der Bundeslade im Land der Philister eingelagert wäre. All das
wollen wir miteinander lesen und hören und wie immer im Alten
Testament eine Vielzahl verschlungener Probleme miteinander zu
lösen versuchen.

TEXT: 1 Sam 1, 1–20; 24–28; 2, 11–36; 3, 1–21; 4, 1–18; 5–6;
7, 3–7; 10–17; 8, 1–22

Es war ein Mann unter den Bürgern von Rama, ein Zuphit vom
Gebirge Ephraim, der hieß Elkana, der Sohn Jerohams, des Sohnes
Elihus, des Sohnes Thohus, des Sohnes Zuphs aus Ephraim. Der
hatte zwei Frauen; die eine hieß Hanna, die andre Peninna. Peninna
hatte Kinder, Hanna aber hatte keine Kinder. Dieser Mann zog
Jahr für Jahr hinaus aus seiner Stadt, um vor dem Herrn der Heerscharen in Silo zu beten und zu opfern. Daselbst waren Eli und seine
beiden Söhne Hophni und Pinehas, Priester des Herrn. Wenn nun
der Tag kam, da Elkana opferte, pflegte er seinem Weibe Peninna
und all ihren Söhnen und Töchtern je einen Anteil zu geben, der
Hanna dagegen gab er einen doppelten Anteil; denn er hatte Hanna

lieber, obwohl der Herr ihren Schoß verschlossen hatte. Ihre Nebenfrau jedoch kränkte sie dazu noch tief wegen ihres Unglücks, daß der
Herr ihren Schoß verschlossen hatte. So geschah es Jahr für Jahr:
sooft sie zum Haus des Herrn hinaufzogen, kränkte jene sie so, daß
sie weinte und nichts aß. Ihr Mann Elkana aber sprach zu ihr:
Hanna, Warum weinst du? Warum issest du nicht? Warum ist dein
Herz betrübt? Bin ich dir nicht mehr wert als zehn Söhne? Als man
nun einst in der Halle gegessen und getrunken hatte, da stand
Hanna auf und trat vor den Herrn, während der Priester Eli auf
seinem Stuhle am Pfosten des Tempels des Herrn saß, und betrüb-
ten Herzens betete sie zum Herrn unter vielen Tränen; und sie tat
ein Gelübde und sprach: Herr der Heerscharen! Wenn du das Elend
deiner Magd ansiehst und meiner gedenkst, wenn du deiner Magd
nicht vergißest und ihr einen Sohn schenkst, so will ich ihn dem
Herrn weihen für sein ganzes Leben, und kein Schermesser soll auf
sein Haupt kommen. Als sie nun lange vor dem Herrn betete, während Eli auf ihren Mund achthatte – Hanna redete nämlich bei sich
selbst; nur ihre Lippen bewegten sich, ihre Stimme aber hörte man
nicht –, da meinte Eli, sie sei betrunken, und er sprach zu ihr: Wie
lange willst du dich trunken gebärden? Mach, daß du deinen
Rausch los wirst! Hanna aber antwortete: Nein, mein Herr, ich bin
ein unglückliches Weib. Wein und starkes Getränk habe ich nicht
getrunken, sondern ich habe mein Herz vor dem Herrn ausgeschüt-
tet. Du wollest deine Magd nicht für eine Nichtswürdige halten;
denn aus großem Kummer und Leid habe ich so lange geredet. Da
erwiderte Eli: Gehe hin in Frieden! Der Gott Israels wird dir gewäh-
ren, was du von ihm erbeten hast. Sie sprach: Laß deine Magd
Gnade finden vor deinen Augen! Und die Frau ging ihres Weges
und aß und sah nicht mehr traurig aus.

Und am andern Morgen in der Frühe beteten sie vor dem Herrn;
dann zogen sie wieder heim nach Rama. Als nun Elkana seinem
Weibe Hanna beiwohnte, da gedachte der Herr ihrer, und Hanna
ward schwanger, und am Ende des Jahres gebar sie einen Sohn und
hieß ihn Samuel; denn [,sprach sie,] vom Herrn habe ich ihn erbeten.

Und als sie ihn entwöhnt, nahm sie ihn mit sich hinauf, dazu ein
dreijähriges Rind, ein Epha Mehl und einen Schlauch Wein und

brachte das Kind in das Haus des Herrn nach Silo. Und sie schlachteten das Rind; dann ging die Mutter des Knaben zu Eli hinein und
sprach: Mit Verlaub, Herr! So wahr du lebst, Herr: ich bin das
Weib, das hier bei dir stand, um zum Herrn zu beten. Um diesen
Knaben habe ich gebetet; nun hat der Herr mir gewährt, was ich
von ihm erflehte. Darum leihe auch ich ihn dem Herrn; für sein
ganzes Leben ist er dem Herrn geliehen. Und sie ließ ihn daselbst
vor dem Herrn.
Dann ging sie heim nach Rama; der Knabe aber diente dem
Herrn vor dem Priester Eli. Nun waren die Söhne Elis nichtswürdige Buben; die kümmerten sich nicht um den Herrn noch
darum, was dem Priester vom Volke zukam. Sooft jemand ein Opfer
schlachtete, so kam, wenn man das Fleisch kochte, der Bursche des
Priesters, eine dreizinkige Gabel in der Hand, und stieß in den Topf
oder den Kessel oder die Pfanne oder den Tiegel; was dann die Gabel heraufbrachte, das nahm der Priester für sich. So taten sie allen
Israeliten, die dorthin kamen, dem Herrn in Silo zu opfern. Sogar
ehe man das Fett verbrannte, kam der Bursche des Priesters und
sprach zu dem, der das Opfer brachte: Gib Fleisch her für den Priester zum Braten; er will nicht gekochtes Fleisch von dir, sondern
rohes. Sagte dann der Mann zu ihm:»Man soll doch zuerst das Fett
verbrennen, dann nimm, was dein Herz begehrt«, so sprach er:
»Nein, sondern gleich sollst du es geben! Wo nicht, so nehme ich es
mit Gewalt.« So wurde die Sünde der Jünglinge sehr groß vor dem
Herrn, weil sie das Opfer des Herrn geringachteten.
Samuel aber diente vor dem Herrn, ein Knabe, mit einem leine-
nen Ephod umgürtet. Dazu machte ihm seine Mutter Jahr für Jahr
ein kleines Oberkleid und brachte es ihm mit, wenn sie mit ihrem
Manne heraufkam, das jährliche Opfer darzubringen. Dann segnete
Eli den Elkana und sein Weib und sprach: Der Herr gebe dir Kinder
von diesem Weibe für das Darlehen, das sie dem Herrn geliehen hat!
Darnach gingen sie heim an ihren Ort. Und der Herr nahm sich
Hannas an, daß sie schwanger wurde, und sie gebar noch drei Söhne
und zwei Töchter; aber der Knabe Samuel wuchs heran bei dem
Herrn. Eli aber war sehr alt geworden. Wenn er nun hörte, was alles
seine Söhne an ganz Israel verübten, und daß sie bei den Weibern
schliefen, die am Eingang des heiligen Zeltes Dienst taten, sprach er

zu ihnen: Warum tut ihr solches, wie ich es vom ganzen Volk höre? Nicht doch, meine Söhne! Denn das ist kein gutes Gerücht, das ich vom Volk des Herrn verbreiten höre. Sündigt Mensch wider Mensch, so ist die Gottheit Schiedsrichter; wenn aber ein Mensch wider den Herrn sündigt, wer wollte da für ihn Schiedsrichter sein? Doch sie hörten nicht auf ihren Vater; denn der Herr hatte beschlossen, sie zu töten. Der Knabe Samuel aber nahm immer mehr zu an Alter und Gunst bei dem Herrn und den Menschen.

Da kam ein Gottesmann zu Eli und sprach zu ihm: So spricht der Herr: Ich habe mich doch deines Vaters Hause geoffenbart, als sie noch in Ägypten unter dem Hause des Pharao waren, und habe sie mir dort aus allen Stämmen Israels zum Priesterdienst erwählt, daß sie zu meinem Altar hinaufsteigen, Rauchwerk anzünden und das Ephod vor mir tragen; und ich habe dem Hause deines Vaters alle Feueropfer der Israeliten bestimmt. Warum blickst du scheel auf mein Schlachtopfer und Speiseopfer, das ich geboten habe, und ehrst deine Söhne mehr als mich, daß ihr euch mästet von den Erstlingen aller Opfer meines Volkes Israel? Darum spricht der Herr, der Gott Israels:»Wohl habe ich gesagt: Dein Haus und deines Vaters Haus sollen ewiglich vor mir ein und aus gehen.« Jetzt aber spricht der Herr: Das sei ferne von mir! Sondern wer mich ehrt, den ehre ich; wer mich verachtet, der wird zuschanden. Siehe, es kommen Tage, da werde ich deinen Arm und den Arm des Hauses deines Vaters abhauen, daß in deinem Hause kein Betagter sein wird. Dann wirst du scheel blicken auf alles Gute, das ich Israel tun werde; und es wird kein Betagter sein in deinem Hause allezeit. Nur e i n e n will ich dir nicht wegtilgen von meinem Altar, so daß deine Augen verschmachten müßten und deine Seele sich abhärmen; aber aller Nachwuchs deines Hauses soll sterben durch das Schwert von Menschen. Und das soll dir das Zeichen sein, das über deine beiden Söhne, Hophni und Pinehas, kommen wird: an e i n e m Tage werden beide sterben. Ich aber will mir einen treuen Priester bestellen, der nach meinem Herzen und nach meinem Sinne tut; dem will ich ein dauerndes Haus bauen, und der soll immerdar vor meinem Gesalbten ein und aus gehen. Und wer dann noch von deinem Hause übrig ist, der wird kommen und sich vor ihm niederwerfen um ein Geldstück oder einen Brotfladen und wird sprechen: Laß mich doch zu einem Priesteramt zu, damit ich einen Bissen Brot zu essen habe. Der Knabe Samuel nun diente dem Herrn vor Eli. In jenen Tagen aber waren Offenbarungen des Herrn selten; Gesichte waren nicht häufig. Zu jener Zeit begab sich folgendes: Während Eli an seinem Orte schlief und die Lampe Gottes noch nicht erloschen war – Elis Augen aber hatten angefangen schwach zu werden, so daß er nicht mehr sehen konnte – und während Samuel im Tempel des Herrn schlief, wo die Lade Gottes war, da rief der Herr: Samuel! Samuel! Er antwortete: Hier bin ich! lief zu Eli und sprach: Hier bin ich! Du hast mich gerufen. Er aber sprach: Ich habe nicht gerufen. Lege dich wieder schlafen. Und er ging und legte sich schlafen. Der Herr aber rief abermals: Samuel! Und Samuel stand auf, ging zu Eli und sprach: Hier bin ich! Du hast mich gerufen. Er aber sprach: Ich habe nicht gerufen, mein Sohn. Lege dich wieder schlafen. Aber Samuel kannte den Herrn noch nicht, und eine Offenbarung des Herrn war ihm noch nicht zuteil geworden. Da rief der Herr den Samuel zum dritten Male; und er stand auf, ging zu Eli und sprach: Hier bin ich! Du hast mich gerufen. Nun merkte Eli, daß der Herr den Knaben rief. Und Eli sprach zu Samuel: Geh, lege dich schlafen; und wenn er dich ruft, so sprich: Rede, Herr, dein Knecht hört. Da ging Samuel hin und legte sich an seinem Orte schlafen.

Da kam der Herr, trat herzu und rief wie zuvor: Samuel! Samuel! Und Samuel sprach: Rede, dein Knecht hört. Und der Herr sprach zu Samuel: Siehe, ich will in Israel etwas tun, daß jedem, der es hört, beide Ohren gellen werden. An jenem Tage will ich an Eli alles in Erfüllung gehen lassen, was ich über sein Haus geredet habe, von Anfang bis zu Ende. So tue ihm nun kund, daß ich sein Haus auf ewig verurteile, weil er wußte, daß seine Söhne Gott lästern, und ihnen doch nicht wehrte. Und darum habe ich dem Hause Elis geschworen: Fürwahr, die Schuld des Hauses Elis läßt sich nie und nimmer sühnen, weder durch Schlachtopfer noch durch Speisopfer.

Und Samuel schlief weiter bis zum Morgen. In der Frühe dann öffnete er die Türe am Hause des Herrn. Samuel aber scheute sich, Eli das Gesicht kundzutun. Da rief Eli den Samuel und sprach: Samuel, mein Sohn! Er antwortete: Hier bin ich! Er sprach: Was hat er zu dir geredet? Verhehle mir's ja nicht! Gott tue dir dies und das, wenn du mir irgend etwas verhehlst von dem, was er zu dir geredet hat! Da tat ihm Samuel alles kund und verhehlte ihm nichts. Er aber sprach: Er ist der Herr; er tue, was ihm wohlgefällt! Samuel aber wuchs heran, und der Herr war mit ihm und ließ keines von allen seinen Worten auf die Erde fallen. Und ganz Israel, von Dan bis Beerseba, erkannte, daß Samuel damit betraut war, Prophet des Herrn zu sein. Und der Herr fuhr fort, in Silo zu erscheinen; denn der Herr offenbarte sich Samuel. Eli aber war sehr alt geworden, und der Wandel seiner Söhne vor dem Herrn wurde immer schlechter.

In jenen Tagen nun sammelten sich die Philister wider Israel zum Streite; Israel aber zog ihnen entgegen in den Streit und lagerte sich bei Eben-Eser, während die Philister sich bei Aphek gelagert hatten. Und die Philister stellten sich in Schlachtordnung gegen Israel. Als nun der Kampf hart wurde, erlag Israel den Philistern; die erschlugen in der Schlacht auf freiem Felde bei viertausend Mann. Und als das Volk ins Lager kam, sprachen die Ältesten Israels: Warum hat uns der Herr heute den Philistern erliegen lassen? Laßt uns die Lade unsres Gottes von Silo zu uns herholen, daß er in unsre Mitte komme und uns aus der Hand unsrer Feinde errette! Da sandte das Volk nach Silo, und man holte von dort die Lade des Herrn der Heerscharen, der über den Cheruben thront; die beiden Söhne Elis aber, Hophni und Pinehas, begleiteten die Lade. Als nun die Lade des Herrn ins Lager kam, da brach ganz Israel in lauten Jubel aus, so daß die Erde erdröhnte. Wie aber die Philister den lauten Jubel hörten, sprachen sie: Was bedeutet dieser laute Jubel im Lager der Hebräer? Und als sie erfuhren, daß die Lade des Herrn ins Lager gekommen sei, fürchteten sie sich; denn sie dachten: Gott ist zu ihnen ins Lager gekommen! und sie sprachen: Wehe uns! denn solches ist zuvor niemals geschehen. Wehe uns! wer wird uns aus der Hand dieses gewaltigen Gottes erretten? Das ist der Gott, der die Ägypter mit allerlei Plagen und mit der Pest schlug. So seid nun tapfer und zeigt euch als Männer, ihr Philister, daß ihr nicht Knechte der Hebräer werdet, wie sie eure Knechte waren! Seid Männer und kämpft! Da kämpften die Philister, so daß Israel geschlagen wurde und ein jeder zu seinen Zelten floh. So wurde die Niederlage sehr groß, und es fielen von Israel 30 000 Mann Fußvolk. Auch die Lade

Gottes wurde genommen, und die beiden Söhne Elis, Hophni und Pinehas, kamen um.

Ein Benjaminit nun lief aus der Schlacht und kam noch am selben Tage nach Silo mit zerrissenen Kleidern und mit Erde auf dem Haupte. Und als er ankam, saß Eli auf dem Stuhle neben dem Tor und spähte auf die Straße; denn sein Herz bangte um die Lade Gottes. Als nun der Mann kam, es in der Stadt zu melden, da schrie die ganze Stadt auf; und als Eli das laute Geschrei hörte, fragte er: Was ist das für ein lautes Getümmel? Da kam der Mann eilends herzu und berichtete es Eli. Eli aber war 98 Jahre alt, und seine Augen waren starr geworden, so daß er nicht mehr sehen konnte. Und als der Mann zu Eli sprach: Ich bin es, der aus der Schlacht gekommen ist; heute bin ich aus der Schlacht geflohen, da fragte er: Wie ist es gegangen, mein Sohn? Der Bote antwortete: Geflohen ist Israel vor den Philistern! Es ist auch ein großes Gemetzel unter dem Volke angerichtet worden, und auch deine beiden Söhne, Hophni und Pinehas, sind tot, und die Lade Gottes ist genommen. Als er aber die Lade Gottes erwähnte, fiel Eli neben dem Tor rücklings vom Stuhle, brach das Genick und starb; denn der Mann war alt und schwer. Vierzig Jahre lang war er Richter über Israel gewesen.

Die Philister aber brachten die Lade Gottes, die sie genommen, von Eben-Eser nach Asdod. Dann nahmen die Philister die Lade Gottes, brachten sie in das Haus Dagons und stellten sie neben Dagon. Als aber die Leute von Asdod am andern Morgen in der Frühe in das Haus Dagons kamen, sahen sie den Dagon vor der Lade des Herrn mit dem Gesicht auf der Erde liegen. Da richteten sie den Dagon auf und stellten ihn wieder an seinen Ort. Am andern Morgen aber in der Frühe lag Dagon [abermals] vor der Lade des Herrn mit dem Gesichte auf der Erde; der Kopf Dagons und seine beiden Hände lagen abgeschlagen auf der Schwelle, nur der Rumpf war von ihm übriggeblieben. Darum treten die Priester Dagons und alle, die ins Haus Dagons hineingehen, nicht auf die Schwelle Dagons zu Asdod, bis auf diesen Tag. Aber die Hand des Herrn lag schwer auf den Leuten von Asdod und verstörte sie und schlug sie mit Beulen, Asdod und sein Gebiet. Als nun die Leute von Asdod sahen, daß es also stand, sprachen sie: Die Lade des Gottes Israels darf nicht bei uns bleiben; denn seine Hand lastet schwer auf uns und unsrem

Gotte Dagon. So sandten sie denn hin und versammelten alle Fürsten der Philister bei sich und sprachen: Was sollen wir mit der Lade des Gottes Israels machen? Die antworteten: Nach Gath soll die Lade des Gottes Israels weiterziehen! Da schaffte man die Lade des Gottes Israels dorthin. Als man sie aber hingeschafft hatte, da brachte die Hand des Herrn über die Stadt eine sehr große Bestürzung; er schlug die Leute der Stadt vom Kleinsten bis zum Größten, so daß an ihnen Beulen ausbrachen. Da sandten sie die Lade Gottes nach Ekron. Als aber die Lade Gottes nach Ekron kam, schrien die Leute von Ekron: Sie haben die Lade des Gottes Israels zu uns gebracht, uns und unser Volk zu töten. So sandten sie hin und versammelten alle Fürsten der Philister und sprachen: Schicket die Lade des Gottes Israels wieder fort, daß sie heimkehre und nicht uns und unser Volk töte! Denn es war eine tödliche Bestürzung über die ganze Stadt gekommen; die Hand Gottes lastete schwer auf ihr. Die Leute aber, die nicht starben, wurden mit Beulen geschlagen, und das Wehgeschrei der Stadt stieg empor zum Himmel.

So blieb die Lade des Herrn sieben Monate im Lande der Philister. Da beriefen die Philister ihre Priester und Wahrsager und sprachen: Was sollen wir mit der Lade des Gottes Israels machen? Zeigt uns, wie wir sie heimschaffen sollen. Die antworteten: Wollt ihr die Lade des Gottes Israels fortschaffen, so entlasset sie nicht leer, sondern entrichtet ihm eine Buße; dann werdet ihr gesund, und es wird euch kundwerden, warum seine Hand nicht von euch abläßt. Sie aber sprachen: Welches ist die Buße, die wir ihm entrichten sollen? Sie antworteten: Fünf goldene Beulen und fünf goldene Mäuse, nach der Zahl der Fürsten der Philister; denn dieselbe Plage trifft euch und eure Fürsten. So macht nun Abbilder eurer Beulen und Abbilder eurer Mäuse, die das Land verheeren, und gebt dem Gott Israels die Ehre; vielleicht nimmt er dann seine schwere Hand von euch, von eurem Gott und eurem Land. Warum denn wollt ihr euer Herz verhärten, wie die Ägypter und der Pharao ihr Herz verhärtet haben? Nicht wahr, als er ihnen übel mitgespielt hatte, da ließen sie sie ziehen? So macht nun einen neuen Wagen und nehmt zwei säugende Kühe, auf die noch nie ein Joch gekommen ist, und spannt die Kühe an den Wagen; ihre Kälber aber treibt von ihnen weg nach Hause. Dann nehmt die Lade des Gottes Israels und stellt sie auf den Wagen; und die goldenen Kleinodien, die ihr ihm als Buße entrichtet, legt in ein Kästlein an ihre Seite; dann laßt sie ziehen. Aber sehet zu: zieht sie hinauf, heimwärts, Beth-Semes zu, so hat er dieses große Unheil über uns gebracht; wo nicht, so wissen wir, daß nicht seine Hand uns geschlagen hat; dann ist's ein Zufall, was uns widerfahren ist. Die Leute taten so und nahmen zwei säugende Kühe und spannten sie an den Wagen; ihre Kälber aber behielten sie im Hause zurück. Dann stellten sie die Lade des Herrn auf den Wagen, dazu das Kästlein mit den goldenen Mäusen und den Abbildern ihrer Beulen. Die Kühe aber gingen geradeaus, Beth-Semes zu; auf derselben Straße gingen sie dahin, beständig brüllend, und wichen nicht zur Rechten noch zur Linken, während die Fürsten der Philister ihnen bis an die Grenze von Beth-Semes folgten.

Die Leute von Beth-Semes aber schnitten eben den Weizen im Tale. Als sie nun ihre Augen erhoben und die Lade sahen, da liefen sie ihr freudig entgegen. Der Wagen aber war zum Felde Josuas, eines Mannes von Beth-Semes, gekommen; dort blieb er stehen. Und es war dort ein großer Stein; da spalteten sie das Holz des Wagens, und die Kühe brachten sie dem Herrn als Brandopfer dar. Die Leviten aber hoben die Lade des Herrn herab und das Kästlein neben ihr, worin die goldenen Kleinodien lagen, und stellten sie auf den großen Stein. Und die Leute von Beth-Semes brachten an jenem Tage dem Herrn Brandopfer und Schlachtopfer dar. Als die fünf Fürsten der Philister das gesehen hatten, kehrten sie am selben Tage nach Ekron zurück. Dies aber sind die goldenen Beulen, welche die Philister dem Herrn als Buße entrichteten: von Asdod eine, von Gaza eine, von Askalon eine, von Gath eine, von Ekron eine; dazu die goldenen Mäuse nach der Zahl aller Ortschaften der Philister unter den fünf Fürsten, sowohl der festen Städte als der Bauerndörfer. Und Zeuge ist bis auf diesen Tag der große Stein, auf den sie die Lade des Herrn niederließen, auf dem Felde des Josua von Beth-Semes.

Die Söhne des Jechonja aber hatten sich nicht mitgefreut unter den Leuten von Beth-Semes, als sie ihre Lust sahen an der Lade des Herrn; da erschlug er unter ihnen siebzig Mann. Das Volk aber trug Leid, weil der Herr ihrer so viele geschlagen hatte. Und die Leute von Beth-Semes sprachen: Wer kann bestehen vor dem Herrn, diesem heiligen Gott? und zu wem soll er von uns wegziehen? Und sie sandten Boten zu den Bewohnern von Kirjath-Jearim und ließen ihnen sagen: Die Philister haben die Lade des Herrn zurückgebracht; kommt herab und holt sie zu euch hinauf.

Samuel aber sprach zum ganzen Hause Israel: Wenn ihr von ganzem Herzen zu dem Herrn zurückkehren wollt, so entfernt die fremden Götter aus eurer Mitte und die Astarten; richtet euer Herz auf den Herrn und dient ihm allein, daß er euch aus der Hand der Philister errette. Da entfernte Israel die Baale und die Astarten und diente dem Herrn allein. Samuel aber sprach: Versammelt ganz Israel in Mizpa, so will ich für euch zum Herrn beten. Da kamen sie in Mizpa zusammen, schöpften Wasser und gossen es aus vor dem Herrn, und sie fasteten an jenem Tage und sprachen: Wir haben gegen den Herrn gesündigt. Und Samuel sprach den Israeliten Recht in Mizpa.

Als aber die Philister hörten, daß die Israeliten in Mizpa zusammengekommen waren, zogen die Fürsten der Philister wider Israel heran. Da die Israeliten das hörten, fürchteten sie sich vor den Philistern. An jenem Tage nun, während Samuel das Brandopfer darbrachte – die Philister aber waren herangerückt, wider Israel zu streiten –, donnerte der Herr gewaltig wider die Philister und verwirrte sie, daß sie Israel unterlagen. Und die Männer Israels rückten von Mizpa aus, verfolgten die Philister und schlugen sie bis unterhalb von Beth-Kar. Da nahm Samuel einen Stein, stellte ihn zwischen Mizpa und Jesana auf und nannte ihn Eben-Eser [d. i. Stein der Hilfe] und sprach: Bis hierher hat uns der Herr geholfen. So wurden die Philister gedemütigt und kamen hinfort nicht mehr in das Gebiet Israels. Und die Hand des Herrn war wider die Philister, solange Samuel lebte. Nun kamen auch die Städte, welche die Philister den Israeliten abgenommen hatten, an Israel zurück, von Ekron an bis Gath; auch ihr Gebiet entriß Israel den Händen der Philister. Es war aber Friede zwischen Israel und den Amoritern. Samuel nun war Richter über Israel sein Leben lang; er zog Jahr für Jahr umher und machte die Runde über Bethel, Gilgal und Mizpa und sprach Israel Recht an allen diesen Stätten. Dann kehrte er zurück nach Rama; denn dort war sein Haus, und dort sprach er Israel Recht. Und er baute daselbst dem Herrn einen Altar.

Als aber Samuel alt geworden war, setzte er seine Söhne zu Richtern über Israel. Sein Erstgeborener hieß Joel, sein zweiter Abia; die sprachen Recht zu Beerseba. Aber seine Söhne wandelten nicht in seinen Wegen, sondern gingen dem Gewinne nach, ließen sich bestechen und beugten das Recht.

Da versammelten sich alle Ältesten Israels, kamen zu Samuel nach Rama und sprachen zu ihm: Siehe, du bist alt geworden, deine Söhne aber wandeln nicht in deinen Wegen; so setze nun einen König über uns, daß er uns regiere, wie es bei allen Völkern Brauch ist. Doch Samuel mißfiel es, als sie sagten: Gib uns einen König, daß er uns regiere! Und Samuel betete zum Herrn. Der Herr aber sprach zu Samuel: Willfahre dem Begehren des Volkes in allem, was sie zu dir sagen; denn nicht dich, sondern mich haben sie verworfen, daß ich nicht König über sie sein soll. Ganz so, wie sie mir getan haben seit dem Tage, da ich sie aus Ägypten heraufgeführt habe, bis auf diesen Tag, indem sie mich verließen und andern Göttern dienten, so tun sie nun auch dir. So willfahre denn ihrem Begehren; nur warne sie ausdrücklich und tue ihnen kund die Gerechtsame des Königs, der über sie herrschen soll.

Und Samuel sagte dem Volke, das einen König von ihm begehrte, alle Worte des Herrn und sprach: Das wird die Gerechtsame des Königs sein, der über euch herrschen soll: eure Söhne wird er nehmen, daß er sie für seinen Wagen und seine Rosse verwende, daß sie vor seinem Wagen her laufen, daß er sie zu seinen Obersten über Tausend und zu Obersten über Fünfzig mache, daß sie seine Äcker pflügen und seine Ernte schneiden und daß sie seine Kriegswaffen und seine Wagengeräte machen. Eure Töchter wird er nehmen, daß sie ihm Salben mischen, ihm kochen und backen. Eure besten Felder, Weinberge und Ölbäume wird er nehmen und seinen Dienern geben. Von euren Saaten und Weinbergen wird er den Zehnten nehmen und seinen Kämmerern und Dienern geben. Eure Knechte und Mägde und eure schönsten Rinder und eure Esel wird er nehmen und für seine Hofhaltung verwenden. Von euren Schafen wird er den Zehnten nehmen, und ihr selbst müßt seine Sklaven sein. Wenn ihr dann wegen eures Königs, den ihr euch erwählt habt, schreit, so wird der Herr euch alsdann nicht antworten. Aber das Volk weigerte sich, auf Samuel zu hören, und sprach: Nein! ein König soll über uns herrschen! Wir wollen es ebenso haben wie alle andern Völker! Unser König soll uns Recht sprechen, soll vor uns her ziehen und unsre Kriege führen! Als Samuel alle Worte des Volkes gehört hatte, trug er sie dem Herrn vor. Der Herr aber sprach zu Samuel: Willfahre ihrem Begehren und gib ihnen einen König. Darnach sprach Samuel zu den Männern Israels: Gehet heim, ein jeder in seine Stadt.

Wie man ein Bachbett betritt, das die Fluten der Regenzeit ausgewaschen haben, so betritt man den Boden der Königsbücher des Alten Testamentes. Vorgebahnt ist der Weg einer kommenden Regenzeit, eingegraben durch das Gestein und den Sand aber haben sich die Spuren des uralten, verlassenen und ausgetrocknet daliegenden Wadis. Schicht für Schicht zeigt uns ein anderes Bild, eine andere Thematik, und allein diese ersten acht Kapitel aus dem ersten Buche Samuel enthalten drei verschiedene Problemstellungen oder Frageebenen, die einander überlagern.

Von außen betrachtet, wird uns erzählt, wie Israel dazu kommt, aus einem Stammesbündnis von ackerbautreibenden, bronzezeitlichen Bevölkerungsteilen zusammenzuwachsen zu einem eigenen Königtum. Der Anlaß ist uns besser außerhalb der Bibel bezeugt als innerhalb der Bibel. Wir wissen vor allem durch die Geschichtsschreibung der alten Ägypter, daß das 13., 12. Jahrhundert vor Christus den Einbruch der sogenannten Seevölkerbewegung in den Raum des Mittelmeers erlebt hat. Indogermanische Stämme sind es, eisenführende, die in der Völkerwanderungszeit zu einem schweren Sturm der Beunruhigung der nahöstlichen Küsten führen. Am Tempel von Medinet-Habu sehen wir die denkwürdige Schlacht, die Ramses III. schlug, um die Seevölker am Eindringen in das Nildelta zu hindern. Man darf mutmaßen, daß die so Abgedrängten sich festgemacht haben an der Küste, die heute nach ihnen selber benannt wird als Palästina, dem Gebiet zwischen Ekron, Gat, Gaza. Manche Wörter aus dem Philistäischen sind noch heute die unseren. Sie nannten ihren Führer »zeren«, was bei den Griechen soviel bedeutet wie »tyrannos«. Sie verfügten über das Eisenmonopol, und das sicherte ihnen gegenüber den unterbewaffneten, primitiv anmutenden bronzezeitlichen Kriegern der Hebräer militärische, politische Kontrolle überall, wo sie es wollten. Bis dahin hatte der Stämmeverband Israels sich herumschlagen müssen mit relativ verwandten, kleineren, ebenbürtigen Völkerstämmen, Ammonitern, Moabitern beispielsweise. Sie waren immer punktuell zurückzudrängen, ihre Gebiete zeitweise zu besetzen. Die Philister aber machten Anstalten, eine dauernde Gefahr für Israel zu werden.

Ihnen scheint, historisch, der Mut jener großen Einzelnen nicht mehr gewachsen gewesen zu sein, die wir als »Richter« kennengelernt haben, die als Charismatiker in den Stunden der Not spontan mit ihrer Person aufstanden, das Volk einten und versammelten, um sich dann wieder zurückzuziehen. Die permanente Philistergefahr scheint die Permanenz eines Führers in einer institutionellen Verfassung begründet, ja, notwendig gemacht zu haben. »Wir wollen sein wie alle andern Völker!« Wenn das gilt, wäre es das Kondensat all dessen, was wir mehr archäologisch als bibeltheologisch erfahren aus jener Zeit, genug, um zu beschreiben, wieso Israel aufsteigt zu einem eigenen Königtum in Saul, David und Salomo.

Die Geschichte, die uns die Bibel wirklich erzählt, ist eine vergleichsweise ganz andere. Sie lagert sich um die Frage, wie legitim eigentlich ein Königtum ist. Und schon daß sich die Frage so stellt, verrät eine völlig andere Dimension des Problemansatzes. Wie legitim ist es, daß Menschen über Menschen herrschen? Das ist das religiöse Thema, das sich durchziehen wird bis ans Ende der Königsbücher. Sie sind, betrachtet man sie als ganzes, in der Rückschau gelesen *die Apokalypse* des Willens, daß Könige jemals herrschen dürften über Untertanen. Alle vier Königsbücher sind im Grunde hingeführt auf die Vernichtung Jerusalems und die Zerstörung des Tempels. Das ist das billige und richtige Ergebnis, das Gott sich anschauen muß rund ein halbes Jahrtausend lang, bis daß sein Volk durch den Propheten Jeremias von neuem gerufen oder zur Vernunft gebracht wird. Aber die Siege Gottes über sein eigenes Volk sind immer von kurzzeitiger Dauer, und der Gott der Bibel braucht seine unglaubliche Geduld immer von neuem. Sie ist mindestens so groß wie die Geduld seines eigenen Volkes in all den Leiden, die sein Gott ihm auferlegt – zur Strafe, wie die Theologen uns versichern.

Die Geschichte des Königtums ist aber nur *ein* Problem und das späteste in der Reihenfolge der bis jetzt ausgelegten Texte. Ein Problem parallel dazu stellt sich mit der Frage, wie man denn Gott religiös verehrt mittels der *Priester*, Angestellten an einem Zentralheiligtum wie dem in Schilo. Auch dahinter verbergen sich historisch festzumachende Zusammenhänge. Das Reichsheiligtum in Schilo scheint untergegangen zu sein, und die dunkle Weissagung deutet schon darauf hin, daß es eines Tages neu errichtet werden wird unter David und Salomo in Jerusalem. Dann werden die Überreste der Priesterschaft von Schilo betteln gehen können am Tempel in Jerusalem. Das alles wird mit Stolz vermeldet, und man blickt zurück mit Verachtung auf das geächtete Schilo. Der geschichtliche Untergang, so behaupten die Theologen wiederum, war die Strafe für begangene Schuld. Historisch scheint Schilo als Heiligtum, scheint Mizpa als Gerichtsort, unter David zentralisiert worden zu sein im Jebusiter-Stadtgebiet von Jerusalem. So können wir es geschichtshistorisch rekonstruieren. Aber erneut: Was uns die Bibel erzählt, ist nicht die Ideologie einer bestimmten Tempelpriesterschaft, sondern der Aufstieg und der Ruin von Menschen durch eigenes Hoffen und eigenes Versagen.

Eingewoben in all das aber ist die Gestalt des Samuel selbst. Mit ihr müssen wir beginnen, um den inneren Handlungsstrang von allem zu entdecken. Äußerlich betrachtet, steht Samuel zwischen zwei Zeiten, spannt sich seine Person wie eine letzte noch mögliche Brücke über einen Abgrund. Die Zeit der Richter, der gottbegnadeten Herrscher über das Volk Israel, geht zu Ende, und man muß es fast mit Bedauern feststellen. Da waren Menschen, die ihrem Volk dienten, wenn es nötig war, und die die Fähigkeit hatten, auf Macht zu verzichten, wenn es nicht mehr nötig war. Die Zeit der Richter war gebunden daran, daß, wenn Menschen herrschten über Menschen, dies rein funktional zu verstehen war. Sie taten ihren Dienst, solange sie gebraucht wurden, sie traten ab, wenn sie nicht mehr gebraucht wurden. Das Volk war frei und Führerschaft über Menschen nichts weiter als die Konzentration in den Stunden der Angst. Leute wurden da erwählt, die sich selber beglaubigten. Der Geist Gottes fiel über sie, sagt die Sprache der Bibel. Sie hatten eine bestimmte Ausstrahlung, die sich nicht autoritär durchsetzen mußte, sondern die in sich selbst Autorität genug verkörperte, um glaubwürdig zu sein. Alles war da gebunden an die Größe einzelner Personen. Das Königtum später wird eine Erbmonarchie sein, wird eine Dynastie bilden, wird eine feste Institution sein, wird eine Beamtenschaft heraufführen. Dazwischen genau, zwischen der Beamtung des Führertums und der persönlich gelebten Führergestalt, steht dieser große Mann Samuel. Was er ist, hat nichts zu tun mit der Würde und der Größe dessen, was man später König heißen wird, Gottesgesalbter, Hoherpriester oder wie immer. Samuel ist ganz und gar ein Prophet, und das Unglaubliche an seiner Gestalt ist, daß diese Art von Prophetie geboren wird in der Priesterschaft von Schilo. Solange Samuel selber lebt, wird ein Tempel, in dem man nichts weiter kannte, als Opfer darzubringen, um die Gottheit zu versöhnen überflüssig; seine Gestalt wird zu einem Erscheinungsort des Göttlichen selbst, so unmittelbar, so unverfälscht, so unableitbar ganz persönlich tritt Samuel mit seiner Person in den Gottesdienst. Mehr noch: Bis dahin schien die Gegenwart des Göttlichen gebunden an einen Kultgegenstand, an die Bundeslade, vermutlich übernommen von den Midianitern, aus den Tagen des Moses jedenfalls, ein Zeltheiligtum immer noch, lange noch nicht installiert in dem fertigen Tempel der Zeit Salomos, aber in Schilo untergebracht doch als ein Gegenwartspunkt des Göttlichen. Wo die Bundeslade, da die Gottheit. Das ist so, wie wenn wir die Theologie etwa der katholischen Kirche mit der Theologie einer protestantischen Kirche vergleichen wollten. Das katholische Dogma versichert uns, ganz ähnlich wie im Reichsheiligtum von Schilo, daß die Gottheit dort ist, wo der geweihte Priester Brot und Wein in einer bestimmten sakralen Feier geweiht hat. In der Hostie, im Schein der flackernden Lampe des Ewigen Lichts, wohnt die Gottheit, so daß man jedes Kommunionkind lehrt, in einer katholischen Kirche das Knie zu beugen, das Kreuzzeichen zu schlagen und sich tief zu verneigen. Die Kirche selber ist der Raum der Gegenwart des Göttlichen. – Protestantischerseits glaubt man nicht, daß man das Göttliche aufbewahren könne, vergegenständlichen könne in einem Ding, in einem Stück Brot. Gott, so die reformatorische Antwort, lebt nur in dem Herzen des Betenden selbst; seine Art der Andacht und der Frömmigkeit entscheidet darüber, wieviel Platz Gott unter den

Menschen erhält. Das ist die prophetische, die gegenpriesterliche
Auffassung, die sich erhalten hat in der Spannung sogar von all dem,
was wir bis in die heutige Zeit als *christlich* bezeichnen.

Dieselbe Spannung lebte vor dreitausend Jahren im Tempel des
kleinen Orts Schilo zwischen dem betagten Eli und seinen Söhnen
und dem heranwachsenden Samuel. Wie dient man Gott, und wo
wohnt da die Gottheit? Bringt man dem Göttlichen Opfer dar, nötigt man die Menschen in ihrer Angst zu Abhängigkeit von einer
bestimmten diensttuenden Priesterschaft, hat man augenblicklich
auch die Abhängigkeit des Volkes, nunmehr von der heiligen Beamtenschaft ihres Gottes, und im Schatten davon wachsen allemal die
übelsten Pflanzen: Ausbeutung, Zynismus, Vergewaltigung, Plünderung – Korruption in jeder Form. Die Söhne Elis mästen sich,
wörtlich geredet mit dem Buchstaben der Bibel, an den Opfergaben,
die für Gott bestimmt sind. Sie reden von Gott und füllen sich den
Bauch, so sieht es aus. Sie faseln vom Heiligen, nur um sich selber
gewichtig zu machen. Immer berufen sie sich auf den Allerhöchsten,
um selber die Größten zu werden. Und sie beuten sogar die Liebe
der Menschen aus, ihre Anhänglichkeit, ihre Opfergesinnung, ihre
Dienstbarkeit am Tempeleingang. Immer wenn eine Priesterschaft
sich absolut setzt, wird sie diese giftigen Blüten treiben. Und der
alternde Eli kann ihnen nicht wehren, so sehr er's auch versucht.
Schuld unter den Menschen – da könnte Gott eintreten und sie vergeben. Aber wird ein Mensch schuldig vor Gott, wer soll ihn dann
retten? Eine vorsichtige, weise, gütige Sprache, die nicht gehört
wird. Ginge die Geschichte rein menschlich weiter, wohl begründet
aus dem, was die handelnden Personen selber tun, verdiente zumindest Eli nicht die Härte dieser Strafe, die ihm dann doch zugefügt
wird und mit der er schließlich einverstanden sein muß. Seine eigenen Söhne werden an *einem* Tag getötet und der Gegenstand aller
heiligen Verehrung, die Bundeslade, wird entrissen. Das ist die Parallele zum Priesterkult, zur Vergegenwärtigung des Göttlichen in
einem Gegenstand. Mitten in der Angst benutzt man die Bundeslade wie einen magischen Fetisch. Wo die Gottheit, da der Sieg, so
glaubt man. Der Beistand des Göttlichen selbst wird jede Niederlage abhalten, so glaubt man noch. Es ist bereits an der Schwelle,
daß man zu ahnen beginnt, daß die Gottheit *nicht* identisch ist mit

dem Gegenstand ihrer Verehrung. Gott beschließt paradoxerweise, sein Heiligtum, in dem man ihn anbetet, seine Bundeslade, in die Hände der Feinde zu geben. Die Pläne Gottes sind so weit entfernt von den Gedanken des Volkes, daß Gott völlig getrennt ist von dem Symbol, von dem Garanten seiner eigenen Gegenwart in der Religion des Volkes. Krasser kann es nicht kommen in dem, was die Bibel selbst lehrt. Und sie spitzt es noch zu: Gott hat Schilo versprochen, auf immer dort Wohnung zu nehmen. Es ist dieselbe Formel, mit der wir etwa heute die katholische Kirche sich berufen hören auf eine bestimmte Stelle im Matthäus-Evangelium: Die Pforten der Vergänglichkeit werden diese Kirche nie überwältigen. Das ist ein Gotteswort, geschrieben in heiligen Texten, also gültig bis zum Ende der Zeiten. Die Bibel selber aber denkt nie so. Selbst wenn Gott sagt »auf immer«, ist es in der Sprache des Gesetzes zu verstehen. »Auf immer«, das heißt: bis zum Widerruf, bis zum Zeitpunkt, wo die Verhältnisse sich ändern könnten, und dann wird man sehen: Gott steht zu denen, die zu ihm stehen; er achtet, die ihn achten, er ehrt, die ihn verehren. Nichts ist da ohne Voraussetzung in diesem Denken. Ändern sich die Voraussetzungen, ändert sich auch das Handeln Gottes. Nichts gibt es da als eine äußere Garantie, die man ins Feld führen könnte gegen Gott selber. Zwar daß die Bundeslade die Tendenz hat, zum Ort ihres Ausgangs zurückzukehren – sie wird den Feinden alle Plagen auferlegen –, aber ob sie dem eigenen Volk hilft, das wird sich einzig daran zeigen, wie es zur Gottheit zurückkehrt, indem es den fremden Gottheiten, den Baalen und Astarten, den Rücken kehrt auf die Weisung des Samuel hin. Da sind wir bei ihm angelangt, um den sich alles dreht, dem Zentrum des Rads der Geschichte an dieser Stelle. Samuel verkörpert in seiner Person alles zugleich: Er ist der Führer des Volkes, wie kein Richter noch war; er ist unmittelbar zur Gottheit als Prophet; und, was er niemals sein wird, ist: ein Priester nach der Weise derer vom Heiligtum in Schilo. Aber gerade deshalb wohnt bei ihm das Göttliche. Was wir hier erleben, ist der Geburtsort, die Geburtsstunde einer Religion, wie sie die Bibel sehr schnell schon wieder zu vergessen droht. Sie wird aber in unseren Tagen so überaus modern, so unglaublich aktuell, daß jede Mühe sich lohnt, die Person des Samuel näher zu betrachten.

Wie oft in Sagen und Märchen haben die großen Gestalten ihre Vorgeschichte, die typisiert ist. Nicht historischer Rapport, sondern symbolische Einkleidung präludiert da den Helden. Das Motiv ist stets das gleiche: Ein Held wird geboren nach langen Jahren sehnsüchtiger Erwartung, der Unfruchtbarkeit seiner eigenen Mutter, der fast schon zu spät erhörten Gebete. Dann aber kommt er buchstäblich in der letzten Minute, tritt herein in den Raum der irdischen Schicksale und bricht die fast schon verschlossene Tür auf in die Zukunft. – Übertragen wir das Motiv von der Heldengeburt einmal in unseren eigenen, psychisch erfahrenen Alltag. Nehmen wir dafür, daß alle alte Mythologie oder Theologie zunächst uns verstehbar werden müßte als Psychologie, haben wir vor uns in der Tat die Psychogenese eines Jungen, der von seiner Mutter gesucht, erbeten, erwünscht wird als Inhalt ihres ganzen Lebens. Um zu verstehen, wovon da die Rede geht, muß man sich nur einmal das Schicksal so vieler Frauen in ihrer Ehe vor Augen führen. Immer leiden sie an den Gefühlen, nicht wert genug zu sein, nicht das Entscheidende schon hervorgebracht zu haben. In jenen Tagen ist das ein Kind, die Geburt eines Sohnes, Inhalt all dessen, wofür eine Frau in jener Zeit heiratete, Frau ward, um Mutter zu werden. Wem das nicht vergönnt war, der litt daran, etwas Zentrales nicht geschafft zu haben, versagt zu haben im Kernbereich der eigenen Bestimmung. Nehmen wir das als ein Bild oder ein Symbol sogar noch einmal. Wie viele Menschen haben das Gefühl, daß ihre Zeit abläuft, dreißigjährig, vierzigjährig, fast ist alles zu spät, und das, wozu sie auf Erden sind, haben sie der Welt noch immer nicht gesagt, geschenkt, hervorgebracht. In ihnen möchte etwas zum Leben sich gestalten und auswachsen, ausreifen, freisetzen, das sie in etwa kennen, erträumen, erwünschen, und es wagt sich und will sich doch nicht vollziehen, oft sogar unter einem Übermaß der Sehnsucht. Vieles vermag man ja gerade deswegen nicht, weil man es im Übermaß möchte. Man überhastet es sozusagen immer wieder. Das eigene Glück, das eigene Leben, – wenn man es erzwingen will, erreicht man es so wenig wie in den Stunden der Nacht die Ruhe des Schlafs. Wer sich da hinlegt und spricht: ich muß jetzt aber einschlafen, weil der morgige Tag doch so wichtig ist, wird natürlich wie ein Brathuhn am Spieß sich drehen und drehen unter den Bettlaken, nie wird ihn der

Schlaf aufsuchen in dieser Stimmung. Erst wenn er die Sorgen abgibt, kehrt Ruhe in sein Herz ein. Und so gerade bei all den wesentlichen Aufgaben. Wir werden sie nur erreichen können, wenn wir Freiräume bekommen, in denen wir uns, buchstäblich im Doppelsinn der Bedeutung, *sein* lassen können im Sinn von Geltenlassen und Loslassen. Wie vieler Menschen Eheleben ist verwickelt und verkompliziert gerade in diesen Beziehungen bis in den Intimbereich hinein, daß da ein Glück sein soll, das man erzwingen möchte, indem man Gefühle sich anhext, die so nicht zu beschwören sind, daß man Empfindungen sich beibringen möchte, und sie sind doch nicht da. Es ist ein wunderbares Wort, mit dem hier Elkana seine Lieblingsfrau Hanna tröstet: Bin denn ich nicht viel mehr wert als zehn Kinder? – Das wird in einer Zeit gesprochen, wo Kinder mehr wert noch waren als in der Zeit der Deutschen, in der man Frauen einen Orden für ihre Kinder gab, wenn sie dem Führer viele davon gebaren. Damals noch *war* eine Frau soviel wert, wie sie Kindern das Leben schenkte. Daß hier ein Mann zu seiner Frau sagt: Unsere Liebe ist mehr wert als all das, was dabei herauskommt, wir lieben uns nicht zum Zeugen von Kindern, wir sind einander genug, ist in seiner Menschlichkeit ein Jahrtausende überragendes zärtliches Wort, und fast möchte ich denken, es ist der Anfang, daß Gott im Tempel von Schilo Hanna erhört. Dieses menschliche Wort geht dem Gotteswort voraus, begründet die innere Gewißheit einer Frau, die im Heiligtum redet wie eine Trunkene vor lauter Leid und von dem ordnungsliebenden Priester Eli fast schon entfernt wird; so ekstatisch verzweifelt wie sie darf man sich nicht winden vor den Augen Gottes, so ist es unschicklich und gehört es sich nicht. Auch das ist ein kostbarer Zug dieser Geschichte, daß der Gott Israels eine Frau nicht verschmäht, die, bis zur Würdelosigkeit am Boden liegend, weinend und flehend um Hilfe ruft. Sie bricht die Tempelordnung, sie verläßt das Reglement des priesterlichen Anstands, aber gerade so wird Gott sich ihr zuwenden und, zurückgekehrt in Rama, bei Elkana und seinem Weibe sein. So wird ein *Samuel*, ein *von Gott Erbetener*, geboren.

Macht man sich psychologisch klar, was da an Hoffnung und Erwartung, aber auch an Belastung auf das Haupt eines Kindes gelegt wird, sprengt es die Dimensionen der Normalität bei weitem. Da ist ein Sohn, ein echtes Wunschkind seiner Mutter, das zugleich allen Lebensinhalt, alle Lebensbedeutung seiner Mutter verkörpern muß. Es wird der Gottheit – ganz wörtlich – ausgeliehen; mit anderen Worten: Hanna bekommt ihren Sohn, aber nur um den Preis, daß sie ihn niemals mehr ihren Sohn nennt. Er wird bleiben ein Nasiräer, ein Gotteseigentum. Je nachdem, wie sich das lebt, kann es die Verzweiflung oder das Glück bedeuten, so wie all diese Symbole in sich schillernd sind. Alle Traurigkeit könnte darin liegen, zu sagen: ein Kind, das Kostbarste, was ich besitze, wieg' ich doch nur in meinen Händen, um es fortgeben zu müssen an eine fremde Bestimmung. Für Hanna wird in Wahrheit die Geburt des Samuel der Anfang eines erfüllten Lebens als Mutter und Frau sein. Das Darlehen, das sie Gott in dem Tempel von Schilo gibt, wird reichliche Zinsen bringen, versichert uns die Geschichte.

Aber Samuel – wer ist sein Gott? Wir brauchen nicht viel Psychologie, um uns vorzustellen, daß alles, was er von der Gottheit weiß, sich zusammensetzt aus den Wünschen seiner Mutter. Man könnte die Biographie so vieler, die im Raum etwa des Katholizismus Priester werden oder im Raum des Protestantismus Pastoren werden, einmal durchmustern auf ihre Erfahrungen mit Vater und Mutter in der frühen Kindheit hin und würde bald schon entdecken, wie enorm die Belastung der Elterngestalten die ganze Kindheit verschattete. Man mußte so sein, wie die Eltern es wollten in ihrer Frömmigkeit. Man hatte so zu werden, wie sie es sich vorstellten und ausbildeten in der Gradheit ihres Weges, immer unmittelbar erzogen und bezogen auf das Göttliche selber. Ein von Gott Erbetener hat ganz so zu sein, wie die Gottheit den Menschen wünscht, keine Alternative existiert da, buchstäblich als Säugling hineingegeben in den Tempeldienst. Psychisch sind diese Bilder kaum zu übertreffen.

Um so wichtiger die Szene der Berufung des Samuel. Man könnte ja denken, Samuel selber bliebe nichts weiter als Priester in Schilo, er wäre ein besserer, ein korrekterer Amtsträger als die beiden Eli-Söhne Pinhas und Hofni, er würde sich nicht bestechlich zeigen, er würde die gültige Regel in Schilo befolgen, aber er wäre nie mehr geworden als Mensch, denn er als Priester bestimmt war zu sein. Die Geburtsstunde des Samuel beginnt ein zweites Mal in jener denk-

würdigen Nacht, wo Gott ihn anruft mit seinem Namen. Alles, was
wir von der Person dieses großen, rätselhaften Mannes verstehen
müssen, ereignet sich in diesem Moment. Was heißt Berufung von
Gott? Hören wir die Kirche sprechen, wie sie ihre Priester erwählt,
gibt es eigentlich nur einen ungehemmten Strom, der von der Kindheit bis zur Priesterweihe hinüberfließt. Das eine greift da ins andere, ein lückenloser Prozeß. Nie trägt die Kirche auch nur das
Problem mit sich herum, ob denn die Geprägtheit durch andere
Menschen identisch sein könne mit dem, was Gott mit einem Menschen will. Was im Namen der Kirche geprägt wird, ist augenblicklich das Göttliche. Was Menschen mit frommen Worten einem anderen ins Herz gesenkt haben, wenn es korrekt ist in der Sprache der
Bibel, – wenn es übereinstimmt mit den Gesetzen des Kirchlichen,
der Beamtenschaft des Lehramtes, ist es in sich für gültig beglaubigt; so einfach garantiert da die Behörde die Gottheit, die Beamtenschaft die Wahrheit, die Lehre das Leben. Ganz anders hier. Damit
Samuel wird, was er ist, muß Gott noch einmal das Wort aussprechen, das seine Mutter ihm gab, und er tut's nicht *einmal*, sondern
immer wieder in einer schlaflosen Nacht, die an Zahl so oft sein
kann, als sie will, im wirklichen Leben. Man muß sich den Mann
Samuel, erwachsen werdend, sinnend vorstellen darüber, was seine
wirkliche Bestimmung sei. Es ist nicht einfach möglich, in dem zu
bleiben, was da vorgegeben ist, das mütterliche Darlehen der Existenz, die Leihgabe an die Behörde, das Priestersein in Schilo –
wenn es das wäre, sähe alles sehr einfach aus. Aber Samuel entsteht
durch eine neue Anrede, eine neue Berufung, die ihn nicht losläßt.
Und wenn Sie wissen wollen, wie die Gottheit beruft, dann eben so,
daß sie eine Frage stellt, die man nie mehr vergißt. Immer wieder
weckt sie uns auf. Immer wieder werden wir versuchen, zu einem
Menschen unseres Vertrauens zu gehen und zu sagen: Bist du's
nicht, der mich gerufen hat? Würde Eli die Frage des Samuel beja-
hend beantworten, könnte Samuel in Ruhe verbleiben; er wäre berufen worden zum Priester durch einen Priester, und der Kreis
würde sich schließen. Es ist Eli in dieser Nacht selber, der an der
ständigen Unruhe seines eigenen Schülers merkt, daß die Gottheit
redet, und er tritt zurück: Wenn du noch einmal seine Stimme hörst,
sprich: Hier bin ich. Geh' schlafen, Samuel. – Es gibt nur wenige

Stellen der Bibel, die von diesem erschütternden Ernst und dieser unglaublichen Ruhe sind. Da geht das Leben eines Menschen weiter, scheinbar, wie wenn ihn die Schwingen der Ewigkeit nicht gerade noch gestreift hätten. Er begibt sich zur Ruhe mitten in dem, was ihn gerade bestimmt hat, aufzuwachen und aufgeweckt zu bleiben. Da ist keine neue Hast mehr, keine neue Angst, nur eine große Bereitschaft, klar zu sehen, nicht länger sich etwas vorzumachen und *Neues* zu hören. Und die Stimme Gottes wird darin bestehen, ihm zu sagen, daß all das, was ihn noch umgibt als heilig, einstürzen wird dem Boden gleich. Nichts wird bleiben. Der Grund: der alternde Eli selbst, seine physische Schwäche, und die moralische Schwäche, die Korruption seiner Söhne. Wenn Menschen so sind, wie soll dann Göttliches sein?

An dieser Stelle ringt man ein wenig nach Luft, denn man fragt sich: Kann denn Gott nicht Milde und Vergebung walten lassen mit der Schwäche der Menschen, physisch und moralisch? Muß das immer das gerade, klare, unbedingte Wort sein? Es ist die Geburtsstunde des Samuel hier, im Zusammenbruch seine Größe zu finden, die Stelle, an der wir lernen müssen durch alle Zeiten von ihm wie von keinem anderen in der ganzen Bibel. Denn ich glaube, daß in unseren Tagen die Jahre des Samuel wiederkehren wie zwangsläufig. Alles, was wir als etablierte Religion kennengelernt haben, ist im Bankrott zusammengebrochen, unglaubwürdig, unter feierlichen Phrasen beerdigt, überaltert buchstäblich, tausendfältig verraten, gemästet in Macht und in Bedeutung zum Schein, nichts ist glaubhaft von innen her. Wohl gibt es noch pomphafte Kultgegenstände, Heiligtumsorte mit Zulauf und Opfern, aber von innen her ist das alles längst überlebt. Es ist möglich, daß man sich sehnt nach der staatlichen Macht, von außen eine Korsettage für das Auseinanderfallende zu bilden. Die Geldmittel, die Verwaltung – all das läßt sich königlich oder fürstlich durch die Jahrhunderte vielleicht sogar stützen. Aber alles drängt darauf, die Religion noch einmal zu entdekken, und dann hat sie keine andere Beglaubigung als die persönliche Anrede eines Menschen, seinen Namen, sein Wort, »Samuel« gerufen dreimal bei Nacht; und die Bereitschaft nun, zu hören und sich zu vollziehen, ist alles, was je noch Religion heißen wird.

Vielleicht hat im 20. Jahrhundert dies niemand so klar gesehen

wie der Dichter Hermann Hesse, ein Pfarrerssohn, der genau das
lernen mußte in der Zeit schon des Ersten Weltkriegs, daß der eigene Vater Missionar in Indien sein kann, die eigene Mutter verwandt mit Missionaren in Japan, daß das Christentum getragen
werden mag um den ganzen Globus, aber daß der Pietismus so lange
nicht die Wahrheit ist, als er sich nicht interessiert für die Gefühle
auch nur eines fünfzehnjährigen Jungen. Der berühmte Brief nach
dem Ausbruch aus dem Internat von Maulbronn, aus der Nerven-
heilanstalt Stetten, nicht länger an Vater und Mutter, sondern einfach mit der Forderung, ihn anzuerkennen als Mensch:»Schreibt
nicht länger: Lieber Hermann! Nicht: Lieber Hermann! Wenn ich
Pietist wäre statt Mensch, dann: Lieber Hermann!« – Was meint
eigentlich die verfaßte Religion, und was macht sie mit Menschen?
Sollen Kinder einfach dazu bestimmt sein, wieder Pastöre zu werden im Heiligtumstempel, die nächste Generation! Wann werden
Menschen daraus frei und erwachen zu sich selbst? – Nach dem
Zweiten Weltkrieg konnte Hermann Hesse an seinen eigenen Sohn
Bruno schreiben:»Du mußt dich nicht fragen, ob du in deinem Le-
ben ein Maler wirst wie Hodler oder ein Pädagoge wie Pestalozzi
oder ein Dichter wie Gotthelf. Du mußt dich fragen, inwieweit du
Bruno Hesse geworden bist, nur das zählt. Wenn Gott dich fragt am
Ende nach deinem Leben, wird ihn nur das wirklich interessieren:
Inwieweit bist du Bruno Hesse gewesen? Hast du's mindestens versucht, und kannst du sagen: Alles, was in meinen Kräften stand, war
aufgewandt zu diesem Ziel, mit meinen Anlagen, meinen Fähigkeiten, meinen Belastungen, meinen Chancen, Bruno Hesse zu werden, steht die Gottheit dir bei. Vergiß das Wort ›Gott‹, wenn es dich
stört, vergiß das Wort ›Jüngstes Gericht‹, wenn es dich stört, aber
die Aufgabe bleibt.« Sie ist der Ort aller glaubwürdigen Religion am
Ende des 20. Jahrhunderts.

Samuel hat in diesen Texten nichts weiter als sich selbst, keine
Bundeslade, keinen Tempel, keine Beamtenschaft, nichts mehr –
nur er, Samuel. So *richtet* er in Mizpa unter den Menschen – eine
überragend große Stunde in Israel. Da begreifen Sie den Zorn dieses
Mannes, als man bei ihm, dem altgewordenen, in Scham über die
Korruption seiner Söhne, wieder, in Erneuerung von Eli und seiner
Priesterschaft, sich meldet und erklärt: Samuel, die Person allein,

das hat keine Kontinuität, es ist uns nicht zuverlässig genug; wir müssen durch den Strom der Zeiten eine eiserne Dynastie legen, einen König, der unsere Kriege führt. Man hört an dieser Stelle, was Israel sein kann, selbst auch in einem unglaublichen Spannungsaugenblick. Da wird das Königtum eingerichtet mit der Forderung: Wir möchten sein *wie alle Völker*. Und in der Tat, für alle Völker wäre dieser Entschluß vollkommen in Ordnung. Einzig Samuel und sein Gott erklärten es überhaupt nicht für in Ordnung, sein zu wollen wie alle Völker. Eben deshalb gibt es Israel, daß es sich unterscheidet von allen Völkern. Es braucht keinen König, weil es Gott hat. Das ist sein ganzes Vermächtnis: der heilige Ausnahmezustand kraft des Monotheismus. Die ganze Bibeltheologie hat darin bestanden, klarzumachen, Israel sei einzigartig im Kampf gegen die Mythen, gegen die Götter. Das ist nach außen richtig. Aber viel interessanter, viel spannender ist dieser Kampf gegen sich selbst, Menschenherrschaft zu akzeptieren in dem Verlangen nach Sicherheit. Mehr kann Samuel überhaupt nicht tun, als warnend vorweg zu sagen, was passieren wird: Ihr selber werdet Sklaven sein, darauf läuft's hinaus! Alles, was man vorher tut – man beraubt Hab und Gut, man investiert alles für die zentrale Macht –, ist ja nur der langsame Anlauf schließlich für diesen Stabhochsprung der Erklärung: *Ihr* werdet Sklaven sein! Die Freiheit lebt nur in Gott, in dem, was Samuel in seiner Person trug. Wer da noch mehr will an Sicherung für die Zukunft, verspielt seine wirkliche Existenz. Das steht auf dem Spiel. Aber nur darum geht es in der Frage: Darf Israel einen König haben?

Wir werden später Zug um Zug hören, wieviel an Hofprophetie in der Bibel scheinbar ganz legal fortgeführt wird. Wir werden Psalmen hören aus dem Mund eines Königs, wir werden ein Hofritual erleben, Gott wird bei seinem gewählten, gesalbten, eingesetzten, inthronisierten Messiaskönig sein; es wird Propheten geben, die dem Hause Davids großartige Zukunft verheißen – aber das Ende dieser vier Königsbücher steht schon im Anfang: es wird ein riesiger Bankrott sein, den Gott überhaupt nur mitmacht, um einmal durchzuexerzieren, wie es denn anders gehen soll – nämlich überhaupt nicht! Gewähre ihnen, Samuel! Sie wollen es nicht anders. Erklär ihnen die Folgen! Wenn sie's trotzdem wollen, sollen sie lernen aus ihren Fehlern. Das wirklich ist der Gott der Bibel. Er schaut sich alles an, und seine einzige Art zu strafen ist im Grunde nur die Logik unserer Dummheiten und Ängste, nichts weiter. Es erzürnt ihn, es ärgert ihn, wenn man ihn verrät, aber es schadet ihm nie, nur der Mensch sich selber. Und wenn's drauf ankommt, wird er wieder dasein, wie vorher, aufnahmebereit für den Geläuterten. Nur: wieviel müssen Menschen durchmachen, um bei sich anzukommen und bei der Macht, die möchte, daß wir sind als wir selber!

Wir rätseln darüber in unseren Tagen heute, warum die Feindschaft gegen Israel, gegen Juden so groß sei. Es gibt viele Gründe. Wir werden sie nicht abarbeiten, solange wir nur erklären: der Faschismus darf nicht wiederkommen – das darf er nicht; der Judenhaß darf nicht wiederkehren – das darf er nicht. *Ein* Grund hinter allem ist die Rätselhaftigkeit des Wesens der ganzen biblischen Religion, *nie* so sein zu dürfen wie andere Völker. Es gibt nur einen Weg, den Judenhaß zu überwinden. Er besteht darin, so mutig und frei zu werden, wie der Gott der Bibel uns Menschen möchte. Dafür stehen Samuel und das Danklied seiner Mutter Hanna. Es lautet im zweiten Kapitel des ersten Samuel-Buches wie folgt:

Mein Herz ist fröhlich in dem Herrn.
Hoch ragt mein Horn durch meinen Gott.
Weit tut sich auf mein Mund wider meine Feinde,
Denn ich freue mich deiner Hilfe.
Niemand ist heilig wie der Herr,
Denn außer dir ist keiner,
Und es ist kein Fels wie unser Gott.
Macht nicht trotziger Worte so viel,
Vermessenes entfahre nicht eurem Mund,
Denn der Herr ist ein Gott, der alles weiß,
Und von ihm werden die Taten gewoben.
Der Bogen der Helden wird zerbrochen,
Wankende aber gürten sich mit Kraft.
Satte müssen sich um Brot verdingen,
Doch Hungrige können feiern.
Die Unfruchtbare gebiert sieben,
Dieweil die Kinderreiche dahinwelkt.

Der Herr tötet und macht lebendig,
Er stößt in die Grube und führt herauf.
Der Herr macht arm und macht reich.
Er erniedrigt, und er erhöht.
Er richtet die Dürftigen auf aus dem Staub,
Aus dem Kot erhebt er den Armen,
Daß er sie setze neben die Fürsten
Und ihnen den Ehrenthron gebe.
Denn des Herrn sind die Säulen der Erde;
Er hat den Erdkreis darauf gestellt.
Die Füße seiner Frommen behütet er,
Die Gottlosen aber werden zunichte im Dunkel;
Denn der Mensch vermag nichts aus eigener Kraft.
Des Herrn Widersacher werden zerschlagen,
Der Höchste im Himmel zerschmettert sie.
Der Herr richtet die Enden der Erde.
Er gebe seinem König Stärke
Und erhöhe das Horn seines Gesalbten.

Dies, damit es bei Samuel bleibt, müssen wir übersetzen als: Er mache uns Menschen königlich und führe herauf sein eigenes Königreich.

16. April 1994

2

Wie eine Fahne von Fernen umgeben

HEUTE wird im Mittelpunkt die Gestalt des Saul stehen. Er ist der erste unter den Königen Israels, und seine Gestalt im Übergang ist ganz und gar zwiespältig gezeichnet. Im Hintergrund der Darstellung steht in Wahrheit die Frage, wer das denn ist, ein königlicher Mensch, und verborgen darin die Frage auch: wer sind wir selbst als Menschen? Vieles vollzieht sich in der Geschichte des Saul am Rande der Tragik, ein hochkonzentriertes, über die Maßen gesteigertes, angestrengtes Bemühen und Ringen um Gott und dennoch am Ende ein fast schicksalhaftes Scheitern. Wir begleiten am heutigen Abend Saul bis auf den ersten und, fast muß man sagen, einzigen Höhepunkt seiner Laufbahn.

Es gibt in der Bibel zwei Berichte, wie Saul König wurde, beide historisch unvereinbar miteinander, doch von den Verfassern oder Redaktoren ohne Zögern gleichwohl nebeneinander gestellt. Sie lauten, hintereinander erzählt, wie folgt, zunächst die ältere Version:

TEXT: 1 Sam 9, 1–27; 10, 1–16

Es war ein Mann aus Gibea in Benjamin, der hieß Kis, der Sohn Abiels des Sohnes Zerors, des Sohnes Bechoraths, des Sohnes Aphiahs, ein Benjaminit, ein wohlhabender Mann. Der hatte einen Sohn, mit Namen Saul, stattlich und schön; es war kein schönerer Mann in Israel als er, um Haupteslänge überragte er alles Volk. Nun gingen einst Kis, dem Vater Sauls, die Eselinnen verloren. Da sprach Kis zu seinem Sohne Saul:»Nimm doch einen von den Knechten mit dir und mache dich auf, geh und suche die Eselinnen.« Da durchzogen sie das Gebirge Ephraim und durchzogen die Landschaft Salisa, aber sie fanden sie nicht. Dann durchzogen sie die Landschaft Saalim; da waren sie auch nicht. Darnach durchzogen sie die Landschaft Benjamin und fanden sie nicht. Als sie aber in die Landschaft Zuph gekommen waren, sprach Saul zu seinem Knechte, der bei ihm war: »Komm, laß uns umkehren; mein Vater könnte sich sonst um uns sorgen statt um die Eselinnen.« Er aber sprach zu ihm: »Es ist ja ein Gottesmann in der Stadt dort, und der Mann ist hoch angesehen; alles, was er sagt, trifft sicher ein. So laß uns nun dahin gehen; vielleicht gibt er uns Auskunft über den Weg, den wir angetreten haben.« Saul aber sprach zu seinem Knechte: »Und gesetzt, wir gehen hin, was bringen wir dem Manne? Das Brot in unsern Taschen ist ja ausgegangen, und wir haben keine Gabe, die wir dem Gottesmanne bringen könnten. Was haben wir?« Da fuhr der Knecht fort und antwortete Saul: »Ich habe da noch ein viertel Lot Silber bei mir; das magst du dem Gottesmanne schenken, daß er uns Auskunft gebe über unsern Weg.« Saul sprach zu seinem Knechte: »Du hast wohl geredet; komm, laß uns gehen!« Und sie gingen nach der Stadt, wo der Gottesmann war.

Als sie nun den Steig zur Stadt hinaufgingen, trafen sie Mädchen, die herauskamen, um Wasser zu schöpfen; zu denen sprachen sie: »Ist der Seher hier?« Sie antworteten ihnen: »Ja, seht, der Seher ist da vor euch; eben jetzt ist er in die Stadt hereingekommen; die Leute haben nämlich heute ein Opferfest auf der Höhe. Wenn ihr in die Stadt hineingeht, so werdet ihr ihn noch treffen, ehe er auf die Höhe hinaufsteigt, um zu essen. Denn die Leute essen nicht, bis er kommt; er nämlich segnet das Opfer, darnach essen die Geladenen. Geht also nun hinauf; denn eben jetzt werdet ihr ihn treffen.« Da stiegen sie zur Stadt hinauf. Wie sie aber gerade in das Tor eintraten, siehe, da kam Samuel heraus, ihnen entgegen, um zur Höhe hinaufzusteigen.

Jahwe aber hatte einen Tag, bevor Saul kam, dem Samuel dies geoffenbart: »Morgen um diese Zeit werde ich einen Mann aus dem Lande Benjamin zu dir senden; den sollst du zum Fürsten über mein Volk Israel salben. Er wird mein Volk aus der Hand der Philister erretten; denn ich habe das Elend meines Volkes gesehen, da sein Geschrei zu mir gedrungen ist.« Kaum erblickte nun Samuel den

Saul, so bedeutete ihm Jahwe auch schon: »Da ist der Mann, von dem ich dir gesagt habe: Der soll über mein Volk herrschen!« Da trat Saul im Torgang an Samuel heran und sprach: »Sage mir doch, wo ist das Haus des Sehers?« Samuel antwortete Saul: »Ich bin der Seher. Gehe mir voran auf die Höhe; ihr sollt heute mit mir essen. Am Morgen will ich dich dann ziehen lassen und dir Auskunft geben über alles, was dein Herz bewegt. Um die Eselinnen aber, die dir heute vor drei Tagen verlorengegangen sind, sorge dich nicht; denn sie sind gefunden. Gehört doch dir und dem ganzen Hause deines Vaters alles, was wertvoll ist in Israel!« Da antwortete Saul: »Ich bin ja nur ein Benjaminit, aus dem kleinsten der Stämme Israels, und mein Geschlecht ist das geringste unter allen Geschlechtern des Stammes Benjamin! Warum redest du denn solches zu mir?« Samuel aber nahm Saul und seinen Knecht, führte sie in die Halle und setzte sie obenan unter den Geladenen; es waren ihrer etwa dreißig Mann. Und Samuel sprach zum Koch: »Gib das Stück her, das ich dir gegeben habe, von dem ich dir sagte: Hebe es bei dir auf!« Da trug der Koch die Keule auf; und er setzte sie Saul vor und sprach: »Siehe, da ist dir vorgesetzt, was übriggeblieben ist; iß, denn man hat es auf die bestimmte Zeit für dich aufbehalten, daß du mit den Geladenen essest.« Also aß Saul mit Samuel an jenem Tage. Und als sie von der Höhe zur Stadt hinabgegangen waren, bereitete man Saul auf dem Dache das Lager, und er legte sich schlafen. Als aber die Morgenröte emporstieg, rief Samuel dem Saul nach dem Dach hinauf: »Steh auf! Ich will dich geleiten.« Da erhob sich Saul, und sie beide, er und Samuel, gingen hinaus. Während sie nun am Ende der Stadt hinabstiegen, sprach Samuel zu Saul: »Sage dem Knechte, er solle uns vorausgehen; du aber stehe jetzt stille, daß ich dir kundtue, was Gott gesagt hat.« Dann nahm Saul die Ölflasche und goß sie über sein Haupt aus, küßte ihn und sprach: »Hat dich nicht Jahwe zum Fürsten über sein Volk Israel gesalbt? Du sollst herrschen über das Volk Jahwes, und du sollst es erretten aus der Hand seiner Feinde ringsumher. Dies aber sei dir das Zeichen, daß dich Jahwe zum Fürsten über sein Eigentum gesalbt hat: Wenn du heute von mir gehst, wirst du beim Grab der Rahel an der Grenze Benjamins, in Zelzah, zwei Männer treffen; die werden zu dir sagen: ›Die Eselinnen sind gefunden, die du zu suchen gegangen bist; und siehe, dein Vater denkt gar nicht mehr an die Eselinnen, sondern er sorgt sich um euch und spricht: Was soll ich wegen meines Sohnes tun?‹ Und wenn du von dort weitergehst und zu der Eiche Thabor kommst, so werden dir daselbst drei Männer begegnen, die zu Gott nach Bethel hinaufziehen; einer trägt drei Böcklein, der andre drei Laibe Brot, der dritte einen Schlauch Wein. Die werden dich grüßen und dir zwei Brote geben; die sollst du von ihnen annehmen. Darnach wirst du nach dem Gibea Gottes kommen, wo der Vogt der Philister wohnt. Und wenn du daselbst in die Stadt hineingehst, wirst du auf eine Schar Propheten stoßen, die von der Höhe herabkommen; vor ihnen her ertönt Harfe, Handpauke, Flöte und Zither, während sie selbst in Verzückung sind. Alsdann wird der Geist Jahwes über dich kommen, und du wirst mit ihnen in Verzückung geraten und wirst dich in einen andern Menschen verwandeln. Wenn dir nun diese Zeichen eintreffen, so tue, was sich dir darbietet; denn Gott ist mit dir!«

Als er nun den Rücken wandte, um von Samuel wegzugehen, wandelte ihm Gott das Herz, und es trafen alle diese Zeichen an jenem Tage ein. Sobald sie von dort nach Gibea kamen, da begegnete ihm auch schon eine Schar Propheten, und der Geist Gottes kam über ihn, und er geriet in Verzückung unter ihnen. Als aber alle, die ihn von früher kannten, sahen, wie er mit den Propheten in Verzückung war, sprachen die Leute zueinander: »Was ist denn mit dem Sohn des Kis geschehen? Ist Saul auch unter den Propheten?« Und einer von dort hob an und sprach: »Wer ist denn *ihr* Vater?« Daher ist es zum Sprichwort geworden: Ist Saul auch unter den Propheten? Als aber seine Verzückung zu Ende war, kam er nach Hause. Da sprach der Oheim Sauls zu ihm und seinem Knechte: »Wo seid ihr hingegangen?« Er antwortete: »Die Eselinnen zu suchen; und als wir sahen, daß sie nirgends waren, da gingen wir zu Samuel hinein.« Da sprach Sauls Oheim: »Tue mir doch kund, was Samuel zu euch gesagt hat.« Saul antwortete seinem Oheim: »Er hat uns kundgetan, daß die Eselinnen gefunden seien.« Aber was Samuel vom Königtum gesagt hatte, tat er ihm nicht kund.

Daneben steht eine jüngere, wohl erst im 6. Jh. v. Chr. gestaltete
Version, die Sauls Wahl zum König auf einen Losentscheid durch
das Volk zurückführt. Der Text lautet:

Text: 1 Sam 10, 17–22; 12, 1–25

Samuel aber berief das Volk zum Herrn nach Mizpa. Und er sprach
zu den Israeliten: So spricht der Herr, der Gott Israels: Ich habe
Israel aus Ägypten heraufgeführt und euch errettet aus der Gewalt
der Ägypter und aller Königreiche, die euch bedrängten. Ihr aber
habt heute euren Gott verworfen, der euch aus allen euren Nöten
und Drangsalen erlöst hat, und habt gesagt:»Nein! Einen König
sollst du über uns setzen!« Wohlan, so tretet vor den Herrn nach
Stämmen und nach Tausenden. Als nun Samuel alle Stämme Israels herzutreten liess, da traf es [d. h. das Los] den Stamm Benjamin.
Und als er den Stamm Benjamin herzutreten ließ, Geschlecht um
Geschlecht, da traf es das Geschlecht Matri; und als er das Geschlecht Matri Mann für Mann herzutreten ließ, da traf es Saul, den
Sohn des Kis. Wie man ihn aber suchte, war er nicht zu finden. Da
befragten sie den Herrn nochmals: Ist der Mann überhaupt herge-
kommen? Der Herr antwortet: Ja; er hält sich beim Gepäck versteckt.

Da sprach Samuel zu ganz Israel: Seht, ich habe eurem Wunsche
nun willfahrt in allem, was ihr von mir begehrt habt, und habe einen
König über euch gesetzt. So wird denn jetzt der König vor euch
herziehen; ich aber bin alt und grau geworden, so daß nun meine
Söhne unter euch sind. Nun bin ich vor euch gewandelt von meiner
Jugend an bis auf diesen Tag. Da bin ich! Zeuget wider mich vor
dem Herrn und seinem Gesalbten: Wessen Rind oder wessen Esel
habe ich genommen? Wen habe ich bedrückt und wem Gewalt angetan? Vom wem habe ich Sühnegeld genommen, daß ich deshalb
ein Auge zugedrückt hätte? Ich will euch Rede stehen! Sie sprachen:
Du hast uns nicht bedrückt und uns nicht Gewalt angetan noch von
jemandem etwas genommen. Da sprach er zu ihnen: Der Herr ist
Zeuge euch gegenüber, und sein Gesalbter ist heute Zeuge, daß ihr
gar nichts in meiner Hand gefunden habt! Und sie sprachen: Er ist
Zeuge! Dann sprach Samuel zum Volke: Zeuge ist der Herr, der

Mose und Aaron geschaffen und der eure Väter aus dem Lande Ägypten heraufgeführt hat! So tretet nun her, daß ich mit euch rechte vor dem Herrn und euch vorhalte alle Wohltaten des Herrn, die er euch und euren Vätern erwiesen hat: Als Jakob und seine Söhne nach Ägypten kamen, bedrückten die Ägypter sie. Da schrien eure Väter zum Herrn, und der Herr sandte Mose und Aaron; die führten eure Väter aus Ägypten. Dann ließ er sie in diesem Lande wohnen. Doch weil sie des Herrn, ihres Gottes, vergaßen, verkaufte er sie in die Gewalt Siseras, des Feldhauptmanns des Königs Jabin von Hazor, und in die Gewalt der Philister und in die Gewalt des Königs von Moab; die stritten wider sie. Sie aber schrien zum Herrn und sprachen: »Wir haben gesündigt; denn wir haben den Herrn verlassen und den Baalen und Astarten gedient. Nun aber errette uns aus der Hand unsrer Feinde, so wollen wir dir dienen.« Und der Herr sandte Jerubbaal, Barak, Jephtha und Samuel und errettete euch aus der Hand eurer Feinde ringsum, so daß ihr sicher wohntet. Als ihr aber saht, daß Nahas, der König der Ammoniter, wider euch heranzog, spracht ihr zu mir: »Nein! ein König soll über uns herrschen!« – da doch der Herr, euer Gott, König über euch ist. Da habt ihr jetzt den König, den ihr erwählt, den ihr begehrt habt; seht, der Herr hat einen König über euch gesetzt. Werdet ihr nun den Herrn fürchten, ihm dienen und auf ihn hören und euch nicht auflehnen wider den Befehl des Herrn, und werdet ihr und euer König, der über euch herrscht, dem Herrn, eurem Gott, treu bleiben [so ist es gut]; werdet ihr aber auf den Herrn nicht hören, sondern euch wider den Befehl des Herrn auflehnen, so wird die Hand des Herrn wider euch und euren König sein. Und nun tretet her und seht, was der Herr Großes vor euren Augen tun wird. Ist nicht jetzt Weizenernte? Ich will den Herrn anrufen, daß er donnern und regnen lasse, damit ihr innewerdet und sehet, daß ihr in den Augen des Herrn ein großes Unrecht begangen, indem ihr euch einen König begehrt habt. Und Samuel rief den Herrn an. Da ließ der Herr donnern und regnen an jenem Tage, und über das ganze Volk kam eine grosse Furcht vor dem Herrn und vor Samuel.

Und das ganze Volk sprach zu Samuel: Bete für deine Knechte zum Herrn, deinem Gott, daß wir nicht sterben; *denn zu allen unsren Sünden haben wir noch das Unrecht begangen, einen König für uns zu begehren.*

Samuel aber sprach zum Volke: Fürchtet euch nicht! Ihr habt zwar all dies Unrecht begangen; doch weicht nur von dem Herrn nicht ab, sondern dient dem Herrn mit ganzem Herzen und folgt nicht den Nichtigen [d. i. Götzen] nach, die nichts nützen und nicht retten können, weil sie nichtig sind! Denn der Herr wird *um seines großen Namens willen* sein Volk *nicht* verstoßen, weil es dem Herrn gefallen hat, *euch* zu *seinem* Volk zu machen. Auch von mir sei es ferne, mich so an dem Herrn zu versündigen, daß ich abließe, für euch zu beten; vielmehr will ich euch den guten und geraden Weg weisen. Nur fürchtet den Herrn und dient ihm treulich mit ganzem Herzen; denn *seht doch, wie große Dinge er an euch getan hat*! Wenn ihr aber Böses tut, so werdet ihr und euer König weggerafft.

Was ist ein König? An dieser Frage leidet förmlich das erste Buch Samuel und weiß und weiß keine Antwort. Der Prophet tut dem Volke den Gefallen und bestimmt Saul zum König, aber es erscheint wie eine Sünde und wie ein Aufruhr gegen Gott, der nie hätte stattfinden dürfen.

Wir dürfen nach einem König nicht fragen mit dem, Gott sei Dank, demokratisch gewordenen Vorverständnis unserer Tage von dem, was politische Macht ist. Noch weniger macht es Sinn, zurückzufallen durch die Jahrtausende in eine Zeit, wo der König eine von Gott, vom Himmel her bestellte und geheiligte Macht war. Genau dieser Glaube des alten Orients, der sich im Abendland übrigens noch bis in die Zeit der Französischen Revolution hinein erhalten und bis ins Preußentum des 20. Jahrhunderts fröhliche Urständ feiern wird, dieser Glaube zerbricht hier vor dreitausend Jahren in genau den Texten, die wir eben gehört haben.

Es gibt trotzdem einen ganz unmittelbaren Zugang zu der Bedeutung dieser Texte, wenn wir in dem König, gerade wegen seiner Gotterwähltheit, wegen seiner zentralen Machtstellung, die Projektionsgestalt gewissermaßen des idealen Menschen sehen. Der König im alten Orient ist keine Privatperson, sondern eine Korporativperson. An ihm läßt sich ablesen, was das Bild des Menschen ist, das von dem jeweiligen Volk, der jeweiligen Kultur entworfen wird. Im König malt sich Jahrtausende vorweg die Wesensbestimmung dessen, wozu wir eigentlich als Individuen, als einzelne selber berufen sind, wären wir nur mutig genug, souveräne Personen, Herrscher im eigenen Leben, frei gegenüber dem Schicksal zu werden, wie einst der König selbst, und unmittelbar verantwortlich gegenüber dem Himmel. Überall sonst später ist es kein Problem, König zu werden. Man ist des Königs Kind durch Geburt. Die dynastische Ordnung legt zum Segen dem Erstgeborenen das Königtum in den Schoß. Vielleicht noch, daß diese Ordnung des Blutes geändert wird durch grausige Razzien wie in den Tagen Salomos später. Mag sein auch, daß der Machtwahn zu Konkurrenz und Brudermord nötigt, aber eigentlich finden wir die Könige späterer Tage fertig vor als von Natur aus so Geborene.

Ganz anders stellt sich das Königsein dar, wenn wir beobachten, wie man ein König wird, in den zwei Geschichten, welche die Bibel uns über Saul erzählt, widersprüchlich, wenn wir sie historisch lesen, völlig unpassend als Information darüber, wie es wirklich gewesen sein könnte, zunächst sogar religiös enttäuschend, wenn wir sie hören: War das nicht, bei aller guten Erzählkunst, doch auch ein Stück langweilig, daß da jemand geht auf die Suche nach seinen Eseln? Na ja, gut und schön. Und natürlich findet er sie auch. Sei es ihm gegönnt. Aber was geht uns das an? Daß er ißt bei Samuel, sogar eine ganze Keule, spricht für seinen Appetit und seine Gesundheit. Aber wieder: was geht das uns an? Daß da ein Seher ist, ein Wahrsager, der die ganze Zukunft kennt, wäre wunderschön, aber wer glaubt denn das in unseren Tagen? Die ganze Geschichte scheint unpassend für uns, nichts Wesentliches zu enthalten, nicht einmal die Mystik des Abendlandes hat so recht etwas damit anzufangen gewußt. Teresa von Avila konnte sagen: So geht es eben zu im Leben: du suchst nach Eseln und findest ein Königtum. So ist Gott. Gut, man kann Glück haben. Aber was Gott da arrangiert und was die Menschen machen, steht in keiner Beziehung zueinander. Es ist soviel wie die Weisheit, daß die Menschen denken, aber Gott das Lenken hat. Und gewiß, im verborgenen tut die Gottheit manches, und es kann Seher geben, die es sogar vorherahnen. Aber gestaltet sich auf diese Weise unser Leben?

Ganz anders reden die Texte zu uns, wenn wir der scheinbar dürftigen Einsicht der Literarhistoriker folgen, die in klassischer Exegese bis zu dem Punkt gelangen, es sei die erste Geschichte, wie Saul König wird, nahe an einem Volksmärchen. Das läßt sich ersehen aus der Art, wie da erzählt wird: sehr volksnah! So hört man in der Stadt Samuels, in Rama offenbar, die Mädchen reden, die da den Berg herunterkommen, ganz so plappern und plaudern sie noch heute, nicht nur im Orient. Das ist wirklich volkstümliche Rede: eine kurze Auskunft, wie es erwartet wird, und sie stellen gleich die ganze Folklore des Ortes dar. Die Geschichte selber sollte dabei nicht stehen bleiben, daß man sie einordnet am Rande des Märchens, sondern abweichend von der historisch-kritischen Auslegung sollten wir sie wirklich lesen wie ein Märchen. Und dann wird sie großartig. Wir müßten den Mut haben, die Geschichte, wie Saul König wird, nicht anders zunächst einmal aufzufassen, wie wenn sie in einem Märchenbuch der Brüder Grimm oder sonst wem stünde. Das einzige, was uns daran stört, ist, daß sie gleich von Anfang an anders weitergeht, als wir in den Märchen sonst vermuten würden. Gesagt wird uns, wie schön der Sohn des Kisch ist, groß und kräftig, um Haupteslänge überragend all seinesgleichen, wie geschaffen, denkt der gesunde Verstand, um erwählt zu werden von einer Braut. Die müßte in einem echten Märchen verwunschen sein und sollte irgendwo im Fernen, hinter dem Rande der Wüste von Juda, gefunden werden. So wär's ein Märchen unverfälscht.

Wenn wir aber mal denken würden, Saul *ginge* auf die Suche nach dem, was die Märchen überall erzählen: in Wahrheit nach seiner Seele, in Wirklichkeit nach sich selbst, und nur *so* fände er dazu, König zu werden im Wesenssinn einer menschlichen Berufung, dann schließt sich die Erzählung plötzlich Stufe für Stufe sehr sinnvoll auf. Alles beginnt dann damit, daß Saul entdecken muß, wie die Eselinnen seines Vaters Kisch abhanden gekommen sind. Nehmen wir das einmal in der Dichte eines Traumsymbols, eines Märchenfragments, als Einleitung oder Problemstellung. Denken Sie sich, in der letzten Nacht hätten Sie so etwas geträumt: Ihr Vater klagte, daß ihm die zu hütenden Tiere entlaufen seien, und er bestellte Sie als seinen Sohn, als seine Tochter, zur Suche nach dem Verlorenen. Alles wäre da Ausdruck der Situation Ihres eigenen Erlebens, und wir könnten gar nicht genau genug hineinhören in diese Motive.

Da lebt ein Mann ganz und gar in der Welt seines Vaters noch, sagen wir in all dem, was er unter der väterlichen Obhut seit Kindertagen gelernt hat über sich selbst, über Gut und Böse, über Heilig und Unfromm, über den rechten Weg, den man gehen muß. Ein solcher Sohn wäre ganz und gar das Kind seines Vaters, durch nichts anderes bestimmt als durch den Willen dieses Mannes. Von der Mutter Sauls hören wir kein einziges Wort, wie wenn sie nicht existieren würde. Die ganze Geschichte spielt über eine lange Zeit unter Männern. Und nehmen wir all diese Momente jetzt zusammen: es kann sein, daß da eine Persönlichkeit heranwächst, die rein nur männlich zu sein bestimmt ist, ganz im Über-Ich der väterlichen Vorstellungen: korrekt, ordentlich, prompt, zuverlässig, bemüht. Nichts mangelt Saul, alle Voraussetzungen scheinen ihm gegeben, um glücklich zu sein, bis auf dies eine: daß *die Eselinnen* verloren sind. In den Träumen oder in den Märchen ist das Motiv solcher Tiere, wie zum Beispiel das der sprechenden Eselin Bileams im Buch Numeri, identisch mit der Empfindung des eigenen Körpers, der eigenen Vitalität, der eigenen Triebhaftigkeit, dem »Es« unserer Seele. Wir müßten uns einen Zustand denken, in dem jemand befindlich ist, der alles tut, was er soll, der aber kaum mehr noch fühlt, was in ihm selber sich regt. Käme jemand zu uns, für den dieses Traumbild passend wäre, und er schilderte, wie er sich selber fühlt, würde er so sagen: Es trägt ihn buchstäblich nichts mehr, es ist, wie wenn er etwas verloren hätte, das er im Grunde behüten mußte, ohne zu wissen, wo es sich recht befand. Es ist ihm etwas entlaufen, und er weiß doch nicht, wo er es wiederfinden könnte. Sein Gefühl, wenn diese Traumsymbole oder Märchenmotive seelisch zutreffen sollten, wäre demgemäß: er würde sich müde fühlen, abgespannt, niedergeschlagen. Schon des Morgens, wenn die Sonne sich erhebt, fällt es ihm sehr schwer, sich aus dem Bett zu erheben, es macht der künftige Tag kaum einen Sinn – alles fällt schwer, nichts Leichtes gibt es mehr, nichts Zuverlässiges. Auch der eigene Körper, sonst womöglich stark und kräftig, wirkt wie gelähmt, wie bleiern, alles geht in einer dumpfen Müdigkeit zu, und es wird keine andere Rettung geben, als indem man das innere Antriebserleben, das, was im weitesten Sinn tierisch am Menschen ist, *die Eselinnen*, wiederfindet. Nach ihnen auf die Suche zu gehen wird der Anfang eines wirklichen Menschseins, die Art, wie Saul *König* wird.

Selbst das Motiv des Dieners, den Kisch zur Seite zu nehmen in Auftrag gibt, kann man psychologisch so verstehen, daß es in uns eine Hilfskraft gibt; *zwei* Knechte sind es sogar sehr häufig in entsprechenden Erzählungen, die uns begleiten, Kräfte, die zu unserem eigenen Ich gehören, unser Verstand zum Beispiel, unser Bemühen, eine vernünftige, bewußte Lösung zu finden, eine Nachdenklichkeit über die Strategie, mit der wir dennoch zum Ziel kommen. Das Ich und eine gewisse leitende Vernunft gehen hier auf die Suche nach sich selber, nach den verlorenen tieferen Bestimmungen des Lebens.

Es gibt manche Techniken, die in der initiatischen Therapie oder auch in der Psychoanalyse gehandhabt werden. Sie bestehen in einer einfachen Anweisung: man möge an einem Fluß entlanggehen, immer weiter sich träumend, und eine Geschichte erfinden, wohin man gelange: Man verläßt die Stadtmauern von Paderborn, begibt sich immer weiter, vergißt, daß es die Fischteiche gibt, vergißt, daß es einen Padersee gibt, und es ist nur noch ein Fluß, und man geht, und man geht. Mitunter erzählen Menschen ganz genau so. Sie treffen irgendwo auf einem Berg, in einer Höhle einen alten weisen Mann, setzen sich zu ihm, fühlen sich von ihm eingeladen, und er deutet ihnen, was nun zu tun sei. Psychologisch gesprochen, wird Samuel hier zu einer Art Mana-Persönlichkeit, zu einem inneren Gewissen, buchstäblich eine Stimme von Gott, die aus ihm redet; wir aber müßten in ihm, dem historischen Samuel, in diesem Märchen, eine innere Gestalt der eigenen Seele sehen.

Die Geschichte hat einen Vorlauf, ehe man Samuel findet. Die Not Sauls ist, daß keinerlei Gabe und Geschenk in seinen Händen sich befindet, den Gottesmann günstig zu stimmen. Auch das gehört zu dem Grundgefühl, von dem wir gerade ausgehen: Man hat nichts mehr, nicht einmal mehr zu essen. Es schmeckt nichts mehr, man empfindet nichts mehr, man weiß buchstäblich im Vitalbereich nicht mehr weiter, man kommt sich vor wie ausgehungert, und es gibt kein rechtes Ziel. Paradox, daß jetzt der Knecht sagt, Er aber habe etwas Silber bei sich, ein glitzerndes Edelmetall, das oft genug wie das Gold stehen kann für die Bewußtwerdung selbst. Wenn wir in dem Diener soviel sehen wie die überlegende Vernunft, ist es kein Zufall mehr, daß wir in seiner Tasche dieses Material antreffen, das dem Samuel zu geben ist. Aber wie wir später hören werden, bedarf

Samuel überhaupt nicht eines solchen Unterpfands, sondern selbst ist er schon ein Wartender auf die, welche da kommen. Vorweg noch, ehe man Samuel findet, begibt sich die Begegnung mit dem Zug der Mädchen. Auch darin kann man zunächst ein störendes, retardierendes Moment erkennen. Was soll die lange Aufklärung und Erzählung, wo Samuel wohnt und ein Essen gibt und segnet die Opfer? Wenn wir aber denken, daß das Problem eines Saul an dieser Stelle gerade darin liegt, wie er sich als Mann wiederfindet, wie er überhaupt zu dem Menschen wird, der in sich geschlossen zwischen den Lehren seines Vaters und den eigenen Wünschen in die Mitte findet, begreifen wir, daß die Begegnung mit den Mädchen unbedingt vorausgehen muß, ehe man dem alten Weisen auf dem Berg zu begegnen vermag. Es fällt nicht schwer, in dem Zug dieser singenden, spielenden fröhlichen Mädchen alle Lebenslust, alles Gefallen an Schönheit, alles Wiedererwachen eines seelischen Frühlings versammelt zu finden, und auch das heitere Durcheinanderreden fügt sich ganz und gar in den Kontext.

Im wirklichen Leben wird es sich kaum vermeiden lassen, daß ein Mann, ein *junger* Mann in der Situation des Saul, zunächst einmal hinüberfindet zu einer gewissen Unbefangenheit zu den Mädchen, zu den Vertreterinnen des anderen Geschlechts. Es darf und kann nicht länger sein, daß die Geschichte nur unter Männern allein spielt, sondern gerade dieses andere *muß* sein, um hinüberzugelangen zu dem *Berg*. Fast immer steht *er* in den biblischen Erzählungen für den Ort, an welchem Himmel und Erde einander begegnen, an dem die Welt ihren Mittelpunkt besitzt. Genau dort wohnt Samuel. Wir verstehen es jetzt nicht mehr rein äußerlich, daß uns erzählt wird, dem Samuel sei von Gott bereits alles gesagt worden über Saul. So kann es äußerlich auch gar nicht gemeint sein; versichert uns die Bibel selber doch wenig später schon, wie sehr Gott einer Königswahl selber enträt und widerspricht. Es ist der Weg der Berufung des Saul in sich, der sein Echo findet nun in der Gestalt des Samuel. Auch begreifen wir plötzlich, was *das Essen* an dieser Stelle soll. Es ist keineswegs nur ein Motiv der Gastfreundschaft, daß unter den dreißig Geladenen nunmehr auch Saul und sein Knecht Platz nehmen dürfen und man für sie die beste Speise aufbewahrt hat. Es geht um das Wiederfinden der Vitalität, um die Auseinandersetzung mit dem »Es«. Es geht buchstäblich um das Wiederfinden eines richtigen Appetits, nicht fürs Essen nur, sondern fürs Leben selber. Es geht um ein Ende dieser Art von Depression, um ein Neuerwachen am Ziel. Das alles sind die Voraussetzungen, ehe Samuel den Mund auftun kann, zu sagen, wozu eigentlich Saul befähigt und berufen ist. Um die Eselinnen, wissen wir jetzt schon, braucht Saul nicht länger sich zu grämen. Es ist, daß sein eigener Vater bei der Länge der Suche seines Sohns nach den verlorenen Tieren in Sorge geraten ist. Auch das gehört ja zusammen, daß, je weiter Saul sich entfernt von der Gestalt des Vaters, um die Eselinnen, um sich selbst, um seine eigene Vitalität zu finden, Sorge ausbricht wiederum beim Vater selbst, wohin geraten sein könnte sein Sohn. Und wie er *zurückfindet* mit den gefundenen Eselinnen, das wird die Frage nun.

Die Erklärungen, die Samuel gibt auf dem langen Weg zurück ins Haus des Kisch, sind Station um Station im Detail erneut zu beschreiben. Da gibt es in der Nähe des Grabes der Rahel an der Grenze nach Benjamin, in Zelzach, eine Erfahrung, die sich fortsetzen wird, hinüberzugehen dann zur Eiche von Tabor und schließlich nach Gibea, wo der Fronvogt der Philister seinen Ort hat. Und dort wird's geschehen, daß über Saul selber Kräfte der Begeisterung kommen, gespeist durch die Gabe von drei Männern mit Brot und Wein. Wir kennen ganz vergleichbare Motive aus den Märchen. In den Märchen hätten wir einen Zaubertrank und ein Wunderbrot vor uns, die uns eine sonst schier unlösbare Aufgabe dennoch lösen helfen. *Hier* dürfen wir denken, daß Saul begegnen muß dem Grab der verstorbenen Ahnfrau Israels, der Geliebten des Stammvaters Jakob, Rahel, die verstarb bei der Geburt ihres Jüngsten, Benjamin, selbst auf dem Wege nach Bethlehem. Die Begegnung mit diesem Raum des Mütterlichen gerade an der Grenze nach Benjamin ist schon der Ortsangabe wegen genau so und nicht anders zu wählen: Am Rande des eigenen Ichs trifft Saul diesen Punkt der Begegnung mit dem, was mütterlich-gewährend ihn leben läßt. Und genau so an der Eiche von Tabor, was man nennen kann den Weltennabel, erneut den Mittelpunkt der eigenen Seele, nun aber gefunden durch sich selber. Merkwürdige Bestimmungen sind das, die doch alle darauf hinauslaufen, daß, wenn von Gott jetzt die Rede sei, es nur in dem Sinn zu verstehen ist, daß eine Macht möchte, daß ein Mensch sich fühlt wie ein Erwählter, wie ein besonders Berufener, wie ein Eingeladener, für den gesorgt ist all die Zeit bereits.

Es wird Saul, begabt mit Trank und mit Speise, hinüberfinden nach Gibea, nun in sich geschlossen, als eine einheitliche Persönlichkeit. Wie oft in dem, was wir Religion nennen, steht Frömmigkeit der Vitalität gegenüber, das Problem, das Friedrich Nietzsche ständig hatte, wenn er die Priesterreligion als chronische Auszehrung der Gefühle, der Triebe, der Gesundheit des Menschen betrachtete. Immer haust und spukt da eine Gottheit, die allenfalls eine Drittelexistenz, bestenfalls eine halbierte Existenz akzeptiert, aber im Restlichen auffordert zur Unterdrückung und Verwüstung all dessen, was unterhalb der Schwelle des Bewußtseins liegt. Dieses Märchen, wie Saul König wird, beharrt darauf, daß jemand erst dann den Willen der Gottheit zu vernehmen imstande ist, wenn er sich als Mensch ganz gefunden hat. Und die Vitalität ist hier nicht der Widerspruch zum Göttlichen, sondern die Voraussetzung, um in Gibea, einem Ort noch der fremden Besetzung durch die Hände der Philister, selbst zum Propheten zu werden.

Ein Sprichwort ist, wie denn der Sohn des Kisch, wie auch Saul, unter den Propheten sein könnte. Sie aber verstehen, was hier als König beschrieben wird. Nichts ist da gemeint mit Amt und Titel und Würden. Wohl, daß Samuel Saul zum König salbt, aber viel entscheidender als das äußere Zeichen ist, was sich *in* ihm, dem Sohn des Kisch, selber begibt. Und es wird sein: unter den Ekstatischen in Gibea wird auch Saul selber krampfartig zuckend in die Begeisterung fallen, die ihn einzig bestimmt, ein königlicher Mensch zu sein. Wer sind denn ihre Väter? fragen da die Leute, und es läuft hinaus auf ein hebräisches Wortspiel. »Prophet« heißt »nabi«; aber gespielt wird mit dem Wort »lo-abi – es gibt keinen Vater«. Wenn wir die ganze Zeit hörten, daß Saul unterwegs ist, seinem Vater Kisch die Eselinnen zu besorgen, stoßen wir hier darauf, daß er sich findet, indem er mindestens der Vorstellung nach von seinem Vater sich löst. *Prophet* zu werden, das ist soviel wie Gott zu erkennen als den einzigen Vater, gottunmittelbar zu sein und alle Phantasiebilder, die mal zwischen Menschen und Gott vermitteln mochten, aus der frühen Kindheit, aus dem Echo der Elterngestalten, abzustreifen und nichts weiter gelten zu lassen als die Intensität des eigenen Erlebens. An der Stelle des Vaters wird Saul den Oheim treffen und, gefragt voller Neugier: was hat Samuel dir gesprochen? wird er, sich schützend, das Äußere nur sagen: Er hat mir erklärt, daß die Eselinnen sich fanden. Schon das ist viel, aber die Wahrheit der wahren Bestimmung verrät es nicht.

Da haben wir ein wunderbares Märchen mitten in der Bibel von einem Menschen, der ein königliches Geheimnis hütet, bis es preisgegeben wird wie von außen, wenn die Stunde reif ist. Alles ruht hier in sich selbst und gilt in der Wahrheit einer Person. Man darf nicht mehr fragen: wie wird *Saul* zum König? Man muß jetzt sagen: so wird man zu einem *Menschen*.

Wir verstehen plötzlich, was die Bibel für ein Spiel mit uns treibt, indem sie gleich anschließend eine *neue* Geschichte dahinsetzt, wie Saul zum König wurde, ganz anders, nämlich rein äußerlich. Samuel, widerwillig, knurrend, böse auf das Volk, das immer schreit nach seinem König, seinen König und Gott aber darüber vergißt, findet, dieses Volk solle endlich seinen König haben. Aber Samuel selber weiß nicht, wie. Er, der eben noch alles kannte auf Gottes Geheiß hin, kennt seinen eigenen Erwählten nicht, weiß auch nicht, wo er steckt – ein völlig anderer Samuel, eine völlig andere Geschichte. Bei ihr geschieht nichts von innen, sondern alles von außen. Wenn wir eben in der Märchengeschichte vom Königtum Sauls gelernt haben: König wird man *nie* von außen, nur von innen, Königsein, das ist eine Berufung ganz im eigenen Herzen, eine Möglichkeit des Menschen, *des* Menschen überhaupt, so hören wir hier, daß jemand zum König wird durch Losorakel. Man könnte denken: Absurder geht es nicht. Sollten wir den Bundeskanzler nächstens im Oktober wählen durch Losentscheid? Man kann denken: Auch in der Demokratie hat die Wahl fast eben soviel Wert oft, und die Vernunft der Menschen mag nicht zugenommen haben; aber dies heißt doch, die menschliche Geschichte zum Absurden zu erklären, die menschliche Hilflosigkeit bis zum Wahnhaften zu bekräftigen. So *darf* es nicht sein. Der gesunde Menschenverstand scheint dagegen zu rebellieren. Aber genau so findet es statt: ein Losorakel, einmal, zweimal, dreimal. Dann weiß man nicht, wo der Sohn des Kisch sich überhaupt aufhält – beim Gepäck, wie ein verlorenes Stückgut.

Dann taucht er auf, groß, überragend, und jeder kann sehen: Er ist der Richtige. Aber wieso sah man's vorher nicht? – Wenn man beide Geschichten nebeneinander hält, kann man nur sagen: sie stehen zueinander wie Traum und Inszenierung oder wie Mythos und Ritus. Wie jeder Ritus absurde Magie ist, unsinniges Verfahren geradewegs ohne den träumenden Hintergrund, so ist isoliert diese zweite Geschichte, wie Saul König wird, in sich schlechterdings unverstehbar. Nimmt man sie aber als die Mitteilung dessen, was eben noch Traum und Märchen war, dann fügt es sich; dann wird jedes Losorakel gar nicht anders können, als das Innere zu bestätigen, ist es doch selber ganz und gar gebannt in den Raum der inneren Vision, so wie ein Ritus sich aufführt durch die Bilder des Inneren, sie aktualisiert als ein Geschehen, das lediglich den anderen mitteilt, was längst passiert ist.

Es gibt eine *dritte* Geschichte, und sie ist die wahrscheinliche, wie Saul König wurde; sie bildet den zweiten Teil der älteren Version. Sie ist bitter, makaber, endet einen Moment lang großartig, aber man muß sie nur hören, und man bekommt einen Schrecken. Sie hat alle historische Wahrscheinlichkeit für sich, *so* wird es gewesen sein, überhaupt kein Märchen, keine heilige Handlung, keine Propheten – nichts weiter als der Aufschrei menschlicher Not und eine gräßliche Reaktion auf das Grausame.

TEXT: 1 Sam 11,1–15

Etwa nach einem Monat aber zog der Ammoniter Nahas heran und belagerte Jabes in Gilead. Da sprachen alle Männer von Jabes zu Nahas: »Schließe einen Vertrag mit uns, so wollen wir dir dienen!« Aber der Ammoniter Nahas antwortete ihnen: »So will ich mit euch einen Vertrag schließen, daß ich jedem von euch das rechte Auge aussteche und damit Schmach bringe über ganz Israel.« Da sprachen die Ältesten von Jabes zu ihm: »Laß uns sieben Tage Ruhe, daß wir Boten senden in alle Gaue Israels. Ist dann niemand, der uns hilft, so wollen wir uns dir ergeben.« Als nun die Boten nach dem Gibea Sauls kamen und dem Volk die Sache vorbrachten, hob alles Volk laut zu weinen an.

Siehe, da kam eben Saul vom Felde heim hinter den Rindern her, und er fragte: »Was hat das Volk, daß es weint?« Und man erzählte ihm das Anliegen der Männer von Jabes. Da kam der Geist Gottes über Saul, als er die Botschaft hörte, und sein Zorn entbrannte heftig: Er nahm ein paar Rinder, zerstückte sie und sandte davon durch Boten in alle Gaue Israels und ließ sagen: »Wer nicht auszieht, Saul nach, dessen Rindern wird man ebenso tun.« Da fiel der Schrecken Jahwes auf das Volk, daß sie auszogen wie *ein* Mann. Und er musterte sie zu Besek; es waren 300 000 Israeliten und 30 000 Judäer. Da sprach er zu den Boten, die gekommen waren: »So sollt ihr zu den Männern von Jabes in Gilead sagen: Morgen, wenn die Sonne heiß scheint, soll euch Hilfe werden.« Als die Boten heimkamen und den Männern von Jabes das verkündigten, freuten sie sich. Und die Männer von Jabes sprachen: »Morgen wollen wir uns euch ergeben; dann mögt ihr uns tun, was euch beliebt.«

Am andern Morgen aber teilte Saul das Volk in drei Haufen, und sie drangen um die Morgenwache in das Lager ein und schlugen die Ammoniter, bis der Tag heiß wurde. Die aber übrigblieben, zerstreuten sich, daß ihrer nicht zwei beieinander blieben. Da zog alles Volk nach Gilgal, und sie machten dort Saul zum König vor Jahwe in Gilgal und schlachteten dort Heilsopfer vor Jahwe. Und Saul und alle Männer Israels waren dort gar fröhlich.

So wird's gewesen sein: Saul wurde König nach der Art, wie vormals die Richter herrschten, nur jetzt auf Lebzeit; daß ein Volk, bedrückt in seiner Angst, aufschreit um Hilfe und der Mann es wagt, Hilfe zu bringen – wer sonst wäre König und in wem sonst wäre göttlicher Atem? Man muß die Bitterkeit der Einleitung fast aus der Moderne sich vor Augen stellen. Ammoniter sind für hebräische Ohren ein scheußliches Volk. Nach dem 1. Buch Moses, Kapitel 19, werden sie gezeugt durch eine der Töchter des Abrahambruders Lot, der betrunken nach dem Untergang Sodoms berauscht daliegt und die eigene Tochter schwängert. So schon deutet sich der Name Ben-Ammi, Sohn meines eigenen Volkes. Man müßte sagen: ein inzestuöser Bastard, das wär' sogar die wörtliche Übersetzung für Ammoniter, Inbegriff des Scheußlichen und Unwürdigen. Aber genau dieses kann Macht gewinnen über die Menschen, und wir dürfen diese Möglichkeit der Geschichte jetzt nicht länger verinnerlichen. Genau so kann es sein. Die Leute in Jabes möchten sich unterwerfen, sich versklaven lassen, wenn sie nur leben dürften. Aber Nahas – wörtlich: die *Schlange* aus Ammon – kann die Demütigung gar nicht weit genug treiben, bis zum Augenausstechen, bis zum Blenden. Das ist Genozid, was hier geplant wird, und man ist erschrokken, daß wir 3000 Jahre danach Geschichten genau wie diese täglich im Fernsehen sehen und in der Zeitung lesen. Es ist die normale Reaktion bis heute, gegen Gewalt dieser Art Gewalt zu fordern und es als Gottesurteil zu akzeptieren, wenn sie sich nur organisieren ließe. Da das Volk in Israel offensichtlich selber Angst hat, beginnt der Staatenverband sich zu gruppieren durch Terror auf sich selber. Wie damals im Buche Richter, im Kapitel 19, der Mann, dessen Frau zu Tode vergewaltigt wurde, die Teile ihrer Leiche umhersandte in Israel, um in Mizpa Gericht zu fordern, so erklärt Saul hier durch die Leichenteile der geschlachteten Tiere: Man wird niedermachen den ganzen Viehbestand bei all denen, die sich nicht gruppieren zum Kampf gegen Nahas aus Ammon. Da wird ein Volk geschmiedet aus der Angst vor sich selber, da kommt menschliche Gruppierung im Kampf gegen die Gewalt zustande durch Gewalt im eigenen Inneren. Niemand darf sich ausschließen. Da wird der Terror nach innen zur Organisationsgrundlage, Aggression wehrhaft nach außen zu tragen, und ein König ist derjenige, der in seinem Auftrag, in seiner Macht, all das vereinigt, organisiert, zum Siege führt. Und wenn er siegreich ist, gilt er als von Gott gegeben. Man wird ihn feiern. Geht er aber in die Niederlage, wird man ihn für von Gott bestraft erklären. – Das alles reizt zum Widerspruch, zur Frage, ob das wirklich immer so sein muß, ob es nicht Möglichkeiten, Alternativen gäbe. Keine dieser Fragen bis heute läßt uns los. Es ist ein tröstliches Bild am Ende denn, daß nach dem Sieg, dessen Opfer Gott sei Dank einmal nicht triumphierend gezählt werden, Saul sich weigert, seine eigenen Zweifler und Widersacher einfach ermorden zu lassen, Razzien sozusagen zur Durchsetzung des monarchischen Prinzips im eigenen Volke zu organisieren sich weigert, sondern daß das Glück und die Freude großzügig sind. Und nun in Gilgal noch einmal bestätigt sich das Königtum Sauls.

Das sind drei Geschichten, wie jemand König wird: durch *innere* Berufung, durch *äußere* Bestätigung und durch das, was er *tut* in der Wirklichkeit. Komplexer kann man kaum erzählen.

Bleibt nur noch zu sagen, daß genau in dieser Stunde Samuel beschließt, die Bühne der Geschichte zu verlassen. Er wird eine Denkrede halten an sein Volk. Er, Samuel, hat nie in die eigene Tasche gewirtschaftet, nie Günstlinge bestellt, nie Geschenke angenommen, um sich bestechen zu lassen – keine Amigo-Affären, keine dunklen Geschichten im »Spiegel« –, Samuel kann abtreten von der Bühne der Geschichte als ein Mann des guten Willens. Das, was er wollte, hat er nicht erreicht: daß sein Volk frei bleibe unter den Augen Gottes. Es wird gegen den Widerstand des Samuel seinen König bekommen, seinen Saul, und es muß wohl so sein, weil nicht einmal die Söhne Samuels ihres Vaters würdig sind. Mit anderen Worten: Das Königtum auch ist nichts weiter als die Kompensation der menschlichen Schwäche. Oder anders gesagt: Wir werden soviel Autorität benötigen, als wir zu unmutig sind, unsere Freiheit selber zu leben; wie man auf französisch zu sagen pflegt: La médiocrité fonda l'autorité. Es ist immer der dämliche Durchschnitt, der die Autorität selber auf den Thron hebt. Und das soll am Ende von Gott noch gesegnet werden? Gott wird sagen: Ihr könnt doch zuhören. Ich erkläre jetzt, weil es ein Gewitter geben wird: Gott kann donnern und blitzen. Und schon steht das Volk da und sagt: Wir haben gesündigt, wir haben gesündigt. Gott ist viel mächtiger. – Und auch *die* Posse bläst Samuel ab. Er wird sagen: Ihr kriegt euren König. Ihr laßt eure Angst verwalten, nun macht so weiter! Aber jeder ahnt, daß dieser Weg, selbst wenn er ein halbes Jahrtausend dauern wird in Israel, ein einziger Irrtum ist. Nur, wann hätten wir uns gelöst aus diesem Irrtum? Im 4. Kapitel des Matthäus wird Jesus selber einmal die Versuchung, König zu werden über die ganze Welt, als vom Teufel gegeben erachten. Niederfallen, um Macht zu erringen? Nie im Leben! Nur Gott! Aber die ganze Welt wäre anders, könnten wir so sein.

Ich möchte schließen mit zwei Gedichten Rainer Maria Rilkes aus dem »Buch der Bilder«:

Gebet

Nacht, stille Nacht, in die verwoben sind
ganz weiße Dinge, rote, bunte Dinge,
verstreute Farben, die erhoben sind
zu Einem Dunkel Einer Stille, – bringe
doch mich auch in Beziehung zu dem Vielen,
das du erwirbst und überredest. Spielen
denn meine Sinne noch zu sehr mit Licht?
Würde sich denn mein Angesicht
noch immer störend von den Gegenständen
abheben? Urteile nach meinen Händen:
Liegen sie nicht wie Werkzeug da und Ding?
Ist nicht der Ring selbst schlicht
an meiner Hand, und liegt das Licht
nicht ganz so, voll Vertrauen, über ihnen, –
als ob sie Wege wären, die, beschienen,
nicht anders sich verzweigen, als im Dunkel?...

Vorgefühl

Ich bin wie eine Fahne von Fernen umgeben.
Ich ahne die Winde, die kommen, und muß sie leben,
während die Dinge unten sich noch rühren:
die Türen schließen noch sanft, und in den Kaminen ist Stille;
die Fenster zittern noch nicht, und der Staub ist noch schwer.

Da weiß ich die Stürme schon und bin erregt wie das Meer.
Und breite mich aus und falle in mich hinein
und werfe mich ab und bin ganz allein
in dem großen Sturm.

23. April 1994

3

Alle schritten, doch er schritt gerader

WIE Saul König wurde durch eine Art Märchenberufung, durch eine Art rituellen Losentscheids, durch die Herausforderung der Zeitgeschichte und der Not seines Volkes, das alles haben wir erfahren, und wie Samuel selber abtrat von der Bühne der Geschichte auf eigenen Beschluß hin. Um so mehr wird uns verwundern, wie er in den nachfolgenden Kapiteln immer wieder zum Gegner Sauls wird, den er doch selbst zum König gesalbt hat, wenn wir der Bibel glauben sollen. Unzeitiger kann kein Prophet auftreten als in diesen Nachtragshandlungen, in denen Samuel sich in Szene setzt. Und umgekehrt kann kein König unglücklicher agieren, als wir im folgenden Saul handeln sehen. Das eigentliche, verborgene Thema zwischen allem scheint die Doppelbödigkeit und Doppeldeutigkeit aller Religion zu sein, vielleicht aber noch mehr die geheime Willkür derer, die die Geschichte schreiben.

Innerhalb des 13. bis 15. Kapitels im 1. Buche Samuel finden wir die folgenden Erzählungen aus der Zeit der Philisterkriege:

Text: 1 Sam 13, 2–5; 7–15. 19–23; 14, 1. 8–15. 22–31. 36–46; 15, 1–35

Und Saul wählte sich dreitausend Mann aus Israel aus; den Rest des Volkes entließ er, einen jeden in seine Heimat. Jonathan nun erschlug den Vogt der Philister, der in Geba hauste. Da hörten die Philister sagen: »Die Hebräer sind abgefallen!« Saul aber hatte im ganzen Lande in die Posaune stoßen lassen, und ganz Israel hatte die Kunde gehört: Saul hat den Vogt der Philister erschlagen; auch ist Israel bei den Philistern in Verruf gekommen. Die Philister aber hatten sich schon gesammelt, wider Israel zu streiten, dreitausend Streitwagen, sechstausend Reiter, und Fußvolk so viel wie der Sand am Gestade des Meeres; die zogen herauf und lagerten sich in Michmas, östlich von Beth-Awen. Als nun die Männer Israels sahen, daß sie in Not gerieten, weil sie bedrängt wurden, verkrochen sich die Leute in Höhlen und Löchern, in Felsen, Grüften und Zisternen, andre aber gingen über die Jordanfurten in das Gebiet von Gad und Gilead. Und Saul und sein Sohn Jonathan und die Leute, die sich bei ihnen befanden, blieben zu Geba in Benjamin; die Philister aber hatten sich in Michmas gelagert. Da zog aus dem Lager der Philister die Plündererschar in drei Haufen aus: der eine Haufe wandte sich in der Richtung gegen Ophra nach der Landschaft Sual, der zweite wandte sich in der Richtung gegen Beth-Horon, und der dritte wandte sich in der Richtung gegen Geba, das über dem Hyänental gegen die Wüste hin liegt. Ein Posten der Philister aber rückte nach dem Passe von Michmas vor.

Eines Tages nun sprach Jonathan, der Sohn Sauls, zu dem Burschen, der ihm die Waffen trug: »Komm, wir wollen hinübergehen auf den Posten der Philister zu, der dort drüben liegt«; seinem Vater aber sagte er nichts davon. Saul saß gerade an der Grenze von Gibea unter dem Granatbaum, der bei der Tenne steht. Das Kriegsvolk, das er bei sich hatte, zählte ungefähr sechshundert Mann, und Ahia, der Sohn Ahitubs, des Bruders Ikabods, des Sohnes des Pinehas, des Sohnes Elis, des Priesters Jahwes zu Silo, trug das Ephod. Die Leute aber wußten nicht, daß Jonathan weggegangen war. An der Übergangsstelle aber, wo Jonathan gegen den Philisterposten hinüberzugehen suchte, war hüben und drüben je ein Felszahn; der eine hieß Bozez, der andere Sene. Der eine Zahn erhebt sich nördlich gegenüber Michmas, der andere südlich gegenüber Geba. Jonathan also sprach zu dem Burschen, der ihm die Waffen trug: »Komm, wir wollen hinübergehen auf den Posten dieser Unbeschnittenen zu, vielleicht tut Jahwe etwas für uns; denn Jahwe ist es ein leichtes, zu helfen, es sei durch viel oder durch wenig.« Da antwortete ihm sein Waffenträger: »Tue, was immer du vorhast. Ich bin dabei; was du willst, das will ich auch!« Jonathan sprach: »Sieh, wir wollen zu den

Leuten hinübergehen und uns ihnen zeigen. Sagen sie dann zu uns: ›Steht still, bis wir zu euch gelangen!‹ so wollen wir an Ort und Stelle stehenbleiben und nicht zu ihnen hinaufsteigen. Sagen sie aber: ›Kommt doch zu uns herauf!‹ so wollen wir zu ihnen hinaufsteigen. Denn Jahwe hat sie in unsre Hand gegeben. Das soll uns das Zeichen sein.« Als nun die beiden dem Philisterposten zu Gesichte kamen, sprachen die Philister: »Sieh, da kommen ja Hebräer aus den Löchern hervor, darein sie sich verkrochen haben.« Und die Männer des Postens riefen Jonathan und seinen Waffenträger an und sprachen: »Kommt nur herauf zu uns, so wollen wir ein Wörtchen mit euch reden!« Da sprach Jonathan zu seinem Waffenträger: »Steige mir nach; denn Jahwe hat sie in die Hand Israels gegeben.« Und Jonathan kletterte auf Händen und Füßen hinauf und sein Waffenträger ihm nach. Und sie wandten sich vor Jonathan zur Flucht, und er schlug sie nieder, sein Waffenträger aber tötete sie vollends hinter ihm her. So erschlugen Jonathan und sein Waffenträger in diesem ersten Kampfe etwa zwanzig Mann ... Da entstand ein Schrecken im Feldlager unter dem ganzen Volke, auch der Posten und die Plündererschar erschraken; dazu bebte die Erde, und so entstand ein Gottesschrecken.

Als nun die Späher Sauls zu Gibea in Benjamin hinsahen, da wogte die Menge hin und her. Da sprach Saul zu den Leuten, die bei ihm waren: »Schaut nach und seht, wer von uns weggegangen ist.« Als sie nun nachschauten, da fehlten Jonathan und sein Waffenträger. Nun sprach Saul zu Ahia: »Bringe das Ephod herzu!« Denn er trug damals das Ephod vor Israel. Während Saul noch mit dem Priester redete, wurde das Getümmel im Lager der Philister immer größer. Da sprach Saul zum Priester: »Laß es bleiben!« Dann versammelten sich Saul und alles Volk, das bei ihm war; und als sie zum Kampfe kamen, siehe, da war eines jeden Schwert wider den andern, eine gewaltige Verwirrung! Die Hebräer aber, die schon lange den Philistern angehörten und mit ihnen zu Felde gezogen waren, auch sie wandten sich, um zu den Israeliten zu halten, die bei Saul und Jonathan waren. Und als alle die Männer von Israel, die sich auf dem Gebirge Ephraim verkrochen hatten, hörten, daß die Philister flohen, setzten auch sie ihnen nach im Kampfe. So gab Jahwe an jenem Tage Israel den Sieg. Der Kampf aber zog sich über

Beth-Awen hinaus; und das ganze Volk war mit Saul, ungefähr zehntausend Mann, und der Kampf breitete sich aus über das ganze Gebirge Ephraim.

Saul aber hatte an jenem Tage dem Volke ein schweres Enthaltungsgebot auferlegt und es schwören lassen: »Verflucht ist der Mann, der etwas ißt bis zum Abend, bis ich mich gerächt habe an meinen Feinden.« Da genoß niemand im Volke etwas. Es waren aber Honigwaben auf dem Felde. Als nun das Volk zu den Waben kam, da flossen sie über von Honig, aber niemand führte die Hand zum Munde; denn das Volk fürchtete den Fluch. Jonathan aber hatte es nicht gehört, als sein Vater das Volk schwören ließ; so streckte er den Stab aus, den er in der Hand hatte, tauchte die Spitze in die Honigwaben und führte die Hand zum Munde; da wurden seine Augen hell. Da hob einer aus dem Volke an und sprach: »Dein Vater hat doch das Volk schwören lassen: ›Verflucht ist der Mann, der heute etwas ißt!‹« Jonathan erwiderte: »Mein Vater bringt das Land ins Unglück! Seht doch, wie meine Augen hell sind, weil ich dies bißchen Honig gekostet habe! Hätte nun gar das Volk heute von der Beute seiner Feinde gegessen, die es gefunden hat! – so aber ist die Niederlage unter den Philistern nicht groß geworden.«

Und Saul sprach: »Laßt uns noch in der Nacht hinabziehen, den Philistern nach, damit wir sie ausplündern, bis es Morgen wird, und keinen von ihnen übriglassen.« Sie antworteten: »Tue, was dir gefällt.« Aber der Priester sprach: »Laßt uns erst hier vor Gott treten!« Und Saul fragte Gott: »Soll ich hinabziehen, den Philistern nach? Wirst du sie in die Hand Israels geben?« Aber er antwortete ihm an jenem Tage nicht. Da sprach Saul: »Tretet hierher, ihr Häupter des Volkes alle, forschet nach und sehet, durch wen heute diese Sünde begangen worden ist. Denn so wahr Jahwe lebt, der Israel den Sieg gegeben hat: wenn sie gleich an meinem Sohne Jonathan wäre, er müßte sterben!« Aber niemand antwortete ihm aus dem ganzen Volke. Da sprach er zu ganz Israel: »Ihr sollt auf die eine Seite treten; ich aber und mein Sohn Jonathan, wir wollen auf die andre Seite treten.« Das Volk sprach zu Saul: »Tue, was dir gefällt.« Nun sprach Saul: »O Jahwe, Gott Israels, warum hast du deinem Knechte heute nicht geantwortet? Ist diese Schuld an mir oder an meinem Sohne Jonathan, o Jahwe, Gott Israels, so laß Urim erscheinen; ist diese Schuld aber an deinem Volke Israel, so laß Thummim erscheinen!« Da traf es Jonathan und Saul, das Volk aber ging frei aus. Und Saul sprach: »Werft das Los zwischen mir und meinem Sohne Jonathan!« Da traf es Jonathan. Und Saul sprach zu Jonathan: »Sage mir, was hast du getan?« Jonathan sagte es ihm und sprach: »Ich habe nur ein wenig Honig gekostet mit der Spitze des Stabes, den ich in der Hand hatte. Ich bin bereit zu sterben!« Da sprach Saul: »Gott tue mir dies und das! Ja, du mußt sterben, Jonathan!« Aber das Volk sprach zu Saul: »Wie? Jonathan soll sterben, der diesen großen Sieg in Israel errungen hat? Das sei ferne! So wahr Jahwe lebt, es soll kein Haar von seinem Haupte auf die Erde fallen! Denn mit Gott hat er's an diesem Tage ausgerichtet.« So löste das Volk den Jonathan, daß er nicht sterben mußte. Da ließ Saul ab von den Philistern und zog hinweg, die Philister aber kehrten heim.

Samuel aber sprach zu Saul: Mich hat dereinst der Herr gesandt, dich zum König über sein Volk Israel zu salben; so höre denn auf die Worte des Herrn! So spricht der Herr der Heerscharen: Ich will ahnden, was Amalek an Israel getan hat, indem es ihm in den Weg trat, als es aus Ägypten heraufzog. So ziehe nun hin, schlage Amalek und vollstrecke den Bann an ihm und allem, was es hat; schone seiner nicht, sondern töte Männer und Frauen, Kinder und Säuglinge, Rinder und Schafe, Kamele und Esel. Da bot Saul das Volk auf und musterte es in Telam, 200 000 Mann Fußvolk und zehntausend Mann aus Juda. Dann rückte Saul vor die Hauptstadt von Amalek und legte einen Hinterhalt im Tale. Aber den Kenitern ließ Saul sagen: Auf, zieht euch zurück, geht fort aus dem Gebiet von Amalek, daß ich euch nicht mit ihnen aufreibe, da ihr doch ganz Israel Freundlichkeit erwiesen habt, als es aus Ägypten heraufkam. Da zogen sich die Keniter aus Amalek zurück. Saul aber schlug Amalek von Hawila an bis Sur, das östlich von Ägypten liegt. Agag, den König von Amalek, nahm er lebendig gefangen, an allem Volk aber vollstreckte er den Bann mit der Schärfe des Schwertes. Doch schonten Saul und seine Leute den Agag und die besten Schafe und Rinder, die fetten Tiere und die Lämmer und alles, was wertvoll war, und wollten an ihnen den Bann nicht vollstrecken; alle wertlose und geringe Ware aber bannten sie.

Da erging das Wort des Herrn an Samuel: Es reut mich, daß ich

Saul zum König gemacht habe; denn er hat sich von mir abgewandt
und meine Befehle nicht vollzogen. Das tat Samuel weh, und er
schrie die ganze Nacht zum Herrn. Am Morgen aber in der Frühe
ging Samuel dem Saul entgegen. Und es wurde Samuel gemeldet:
Saul ist nach Karmel gekommen und hat sich da ein Denkmal errichtet; dann hat er sich gewandt und ist weitergezogen, hinab nach
Gilgal. Als nun Samuel zu Saul kam, sprach Saul zu ihm: Gesegnet
seist du vom Herrn! Ich habe den Befehl des Herrn vollstreckt. Samuel erwiderte: Was ist denn das für ein Blöken von Schafen, das zu
meinen Ohren dringt, und ein Brüllen von Rindern, das ich höre?
Und Saul antwortete: Aus Amalek hat das Volk sie heimgebracht;
denn es hat die besten Schafe und Rinder verschont, um sie dem
Herrn, deinem Gott, zu opfern; das übrige haben wir gebannt. Da
sprach Samuel zu Saul: Laß das! Ich will dir sagen, was der Herr
diese Nacht zu mir geredet hat. Er sprach zu ihm: Rede! Samuel
sprach: Bist du nicht, wenngleich gering in deinen Augen, doch das
Haupt der Stämme Israels? Der Herr hat dich ja zum König über
Israel gesalbt, und der Herr hat dich auf den Weg gesandt mit dem
Geheiß: Ziehe hin und vollstrecke den Bann an den Frevlern, den
Amalekitern, und streite wider sie, bis du sie ausgerottet hast.
Warum hast du denn auf die Stimme des Herrn nicht gehört, sondern hast dich auf die Beute gestürzt und getan, was dem Herrn
mißfiel? Saul antwortete Samuel: Ich habe doch auf die Stimme des
Herrn gehört und bin den Weg gezogen, den mich der Herr gesandt
hat; ich habe Agag, den König von Amalek, hergebracht und den
Bann an Amalek vollstreckt. Aber das Volk hat Schafe und Rinder
von der Beute genommen, das Beste von dem, was dem Bann verfal-
len war, um es dem Herrn, deinem Gott, in Gilgal zu opfern. Samuel
aber sprach: Hat der Herr Wohlgefallen an Brandopfern und
Schlachtopfern gleichwie am Gehorsam gegen den Herrn? Siehe,
Gehorsam ist besser als Opfer, Aufmerken besser als Fett von Wid-
dern. Denn Ungehorsam ist gerade so Sünde wie Wahrsagerei, und
Widerspenstigkeit ist gerade so Frevel wie Abgötterei. Weil du das
Wort des Herrn verworfen, hat er dich verworfen als König. Da
sprach Saul zu Samuel: Ich habe gesündigt, weil ich den Befehl des
Herrn und deine Worte übertreten habe; denn ich fürchtete das
Volk, und so willfahrte ich ihnen. Nun aber, vergib mir doch meine

Sünde und kehre mit mir um, daß ich den Herrn anbete. Samuel sprach zu Saul: Ich kehre nicht mit dir um; weil du das Wort des Herrn verworfen hast, hat der Herr dich auch verworfen, daß du nicht mehr König seiest über Israel. Und Samuel wandte sich zum Gehen. Da ergriff Saul den Zipfel seines Mantels, daß er abriß. Da sprach Samuel zu ihm: Der Herr reißt heute das Königtum über Israel von dir und wird es einem andern geben, der besser ist als du. Auch lügt Er nicht, der Israels Ruhm ist, und läßt sich's nicht gereuen; denn er ist kein Mensch, daß er sich's gereuen ließe. Er aber sprach: Ich habe gesündigt, aber ehre mich doch jetzt vor den Ältesten meines Volkes und vor Israel und kehre mit mir um, daß ich den Herrn, deinen Gott, anbete. Da kehrte Samuel um und folgte Saul, und Saul betete den Herrn an.

Samuel aber sprach: Bringt Agag, den König von Amalek, zu mir her! Da ging Agag heiter zu ihm hin und sprach: Traun, die Bitterkeit des Todes ist dahin! Samuel sprach: Wie dein Schwert Frauen die Kinder geraubt hat, so soll deine Mutter vor andern Frauen der Kinder beraubt sein! Damit hieb Samuel den Agag in Stücke vor dem Herrn in Gilgal. Dann ging Samuel nach Rama; Saul aber zog heim, hinauf nach dem Gibea Sauls. Und Samuel sah Saul nicht wieder bis an den Tag seines Todes; denn Samuel trug Leid um Saul.

Wie am Mittag eines Sommertages, der heiß und warm begonnen hat, wenn plötzlich der Gesang der Vögel verstummt und von Westen her grollend und dräuend schwarze Wolken ausziehen, sich zu entladen unter Wind, Donner und Blitz, so ähnlich, jäh und unvermutet und doch wie kondensiert aus allem Vorwegerzählten, stoßen diese drei Kapitel aus dem ersten Buche Samuel in die Geschichte des Königtums Sauls unmittelbar nach seiner Erwählung und dem Höhepunkt seines ersten Sieges hinein. Alles in diesen Texten mutet uns verworren und verwirrend an, schrecklich und scheußlich, barbarisch und unmenschlich, nicht-religiös und fanatisch, mit einem Wort: widerlich. Wenn es nicht in der Bibel stünde, wir würden es vor Zorn in irgendeine Ecke werfen. Kann es sein, daß man Kriege führt und opfert vorher noch Gott, um ihn günstig zu stimmen, damit er seine Sache möglichst gründlich, blutreich und endgültig zum Siege führend hinter sich bringt? Geschichten wie aus der Zeit von Stammeskriegen scheinen das zu sein, wie eine Folklore aus irgendwelchen abgelegenen Ecken unserer Gegenwart irgendwo in Afrika, irgendwo im Amazonasbecken, wenn ein Indianerstamm oder ein Stammeskriegertum seine Nachbarn ausrottet; wie aus Ruanda gerade in der Zeitung könnte dies sein. So möchte man schimpfen und sich wehren dagegen und hält plötzlich inne, indem man erschrocken sich fragt, was uns denn davon eigentlich unterscheidet. 1939, am Überfall auf Polen, wie man es so nannte, als »zurückgeschossen« wurde von der deutschen Wehrmacht, haben da nicht die Kirchen einmütig gebetet um den Sieg und die Glocken geläutet in derselben Mischung von Angst und Siegesgewißheit? Leben wir da nicht immer noch irgendwo in der Steinzeit? Aber dann möchte man denken: Wir wollen sie hinter uns bringen und nicht immer wieder durchlesen und durchreflektieren.

Tatsächlich muß es jetzt die Aufgabe für uns sein, zu überlegen, wie wir von Alpträumen dieser Art uns befreien. Denn es geht ja so weiter: Da wird ein bestimmtes Speisetabu erlassen für einen Tag, des Sinnes, sich nicht mit dem Essen aufzuhalten, sondern unverzüglich und ohne Unterbrechung Jagd zu machen auf die geschlagenen Philister. Da wird Gott selber in die Pflicht genommen, indem man ihm von der eigenen Speise alles gibt, damit er in seiner Stärke sich mäste und zuschlage dann, an Kraft gewinnend, gegen die Feinde Israels und mithin gegen seine eigenen Feinde. Dann aber genügt die unwissentliche Handlung eines einzelnen, um sich den tödlichen Schuldspruch zuzuziehen. Das ist nicht Gerechtigkeit, das ist Magie. Da wird der Schuldige, eigentlich Unschuldige, herausgefunden durch Losentscheid. Gerad ähnlich so, wie Saul selber König wurde, soll jetzt sein Sohn Jonatan sterben, und es ist der Wille des Volkes, es ist die normale, gesunde menschliche Vernunft, möchte man denken, die Saul, der schon willens ist, den Tod zu verhängen, in den Arm fällt und ihn bittet, davon Abstand zu nehmen. Kaum lernt aber Saul, auf den Willen seines eigenen Volkes zu hören, mißrät es ihm wieder. Er hätte nicht opfern dürfen, erklärt ihm Samuel bei der ersten Schlacht. Er hätte beim zweiten Male, selbst wenn das Volk es wollte, nicht das Geringste schonen dürfen am Bestand des Viehs aus den Händen der Amalekiter. Es scheint nichts zu nützen, daß Saul erklärt, man habe überhaupt nichts an Viehbestand der Beute für sich behalten, all das sei ausnahmslos bestimmt gewesen zum Opfer auf dem Gilgal. Es wird ihm nicht einmal nützen, darum zu bitten und zu betteln, Vergebung für seine Sünde zu empfangen, die uns gar nimmer recht einleuchten will. Selbst wenn Samuel ein wenig den Weg seines Königs teilt, die Verwerfung ist ausgesprochen und wird nicht enden. Und dann die schreckliche Szene der Ermordung des Agag. Wieviel Haß befiehlt Gott, erlaubt Gott eigentlich den Leuten, die die Bibel seine Propheten nennt? Es soll deine Mutter genauso trauern, wie du andere Mütter trauern gemacht hast! Wir haben überhaupt nicht gehört, daß die Amalekiter irgendeinen Krieg geführt hätten, daß Agag irgendeine Metzelei unter den Israeliten angerichtet hätte. Es ist einfach ein Satz, gesprochen, einen Menschen zu vernichten, der heiter, weil er an den Tod nicht glaubt oder weil er die Todesfurcht überwunden hat, auf Samuel zugeht. Und man begreift, was es heißt, wenn Jahwe, der Kriegsgott Israels, den Bann verhängt über andere Völker, weil sie nicht willens waren, das Volk hindurchziehen zu lassen beim Auszug aus Ägypten, das sich in ihr eigenes Gebiet drängen wollte. Zu bannen heißt so viel wie Menschen niedermachen, und man muß die Gräßlichkeit dieses Befehls nur hören: Männer, Frauen, Kinder, Alte und Junge, alles Vieh – ausrotten. Es steht wirklich da, und nicht nur einmal steht das in der Bibel, viele Dutzende von Malen steht das da. Selbst wenn uns die Exegeten erklären, das ist »herem«, das ist Bann, das ist ein heiliger Krieg – es ist und bleibt zum Kotzen. Nicht einmal die Azteken haben in dieser Art Kriege geführt. Sie haben Menschen eingefangen zum Opfer für die Götter, sie haben Blumenkriege geführt, aber das hatte noch irgendein vernünftiges Maß, eine Begrenzung, wenn denn Plünderungsgier und Ausbeutung Vernunft haben. Die Azteken wollten gewinnen auch an ihren Kriegen, an ihren Tributlisten. Sie brauchten die Unterworfenen als Sklaven. Die biblische Idee aber, den unterworfenen Feind nicht leben zu lassen, ist eine Spezifität. Es gibt Szenen von Kriegen, wo der Befehl an die Soldaten geht: Gefangene werden nicht gemacht. Mag sein, daß es Generäle gibt, die das für strategische Pflicht halten, schon weil die Gefangenen nicht zu versorgen wären, schon weil die Bagage knapp wurde. Dies hier aber ist die heiliggesprochene restlose Brutalität eines Gruppenegoismus: Neben uns brauchen andere Völker nicht mehr zu sein. Wenn dies von Gott ist, weiß man nicht mehr, wie man ihn benennen soll, ob Gott oder Teufel.

Wir müssen vielleicht aber die ganze Geschichte anders betrachten. Es ist sehr merkwürdig schon, daß Samuel, der abgedankt hat, plötzlich doch wieder, gerufen oder ungerufen, die Bühne der Geschichte betritt. Was hat er da verloren? Wieso läßt er nicht Saul seine Kriege führen oder bestimmte Kriege gar nicht führen, an denen Saul selber nicht gelegen scheint? Die Rechnung mit den Amalekitern ist offensichtlich nicht Sauls Geschäft, sondern einzig das des Samuel. Aber wieso? Was tut ein greiser Prophet noch mitten in dieser Geschichte hier, muß man sich fragen. Er hat einen einzigen Auftrag, so scheint es: Saul das Königtum zu rauben. Und zweimal schon klingt es an: Es wird einem anderen gegeben werden, einem Würdigeren. Spätestens da wird man mißtrauisch und bekommt spitze Ohren. Dieser Würdigere, Bessere, von Gott Erwählte kann und wird kein anderer sein als David. Und da muß man ein bißchen die Zukunft vorauskennen, wie David herangehen wird, die Söhne des Saul zu ermorden, einen nach dem anderen. Ischjo heißt einer der Söhne Sauls – »Jahwe ist meine Hilfe« –, aber fortan in der Bibel wird er heißen Ischbaal, ein Mann des Gegengottes der Israeliten, des Baal halt, oder Ischboschet, »ein Mann des Scheusals«. Er gilt als verrufen, einfach weil er in der legitimen Thronnachfolge ein Recht hätte, in Israel zu herrschen als Sohn Sauls. Die Geschichte wird sehr verwickelt werden, die wir noch kennenlernen, aber sie läuft darauf hinaus, daß am Ende David rein dasteht als der wirklich Erwählte von Gott. Offensichtlich war das selbst in der Bibel nicht einfach hinzukriegen. Man mußte eine Geschichte erfinden, wonach Saul schon, obwohl von Samuel eingesetzt, im Grunde doch von Samuel verworfen war. Und irgendwie insgeheim war schon von Samuel David beabsichtigt. Tatsächlich wird uns das nächste Kapitel erzählen, wie Samuel kommt und wird, wieder in der Art eines Märchens, just den Sohn des Isai, den David, zum König salben. Nichts ist geschichtlich unwahrscheinlicher als das, aber wir sollen glauben, so habe es sich ereignet, Samuel und Gott müßten Reue empfinden, daß sie Saul überhaupt zum König gemacht hatten. – Wenn wir mal denken, wir haben hier ein typisches Beispiel, wie die Mächtigen, wenn sie erst einmal auf den Thronen sitzen, die Geschichte zu ihren Gunsten fälschen, wie sie Theologen an ihrem Hofe finden, die sie zurechtlügen, bis es in ihre Ideologie, in das Hofschema paßt, dann begreift man plötzlich, warum ein Mann wie Stefan Heym in seinem »David Bericht« mißtrauisch machen wollte, wenn man die Bibel liest. Dieser alte, ehrwürdige DDR-Schriftsteller dachte sich: Man muß die Bibel nicht viel anders lesen als die marxistische Geschichtsschreibung der SED: Sie hat immer recht, rückwärts; nur wie sie es hinkriegt, recht zu haben, das muß man verfolgen. Und plötzlich weiß man, daß da Zusammenhänge konstruiert werden, die nie bestanden haben, daß da geschichtliche Logik oder göttliche Erwählung aufgeboten wird, wo sie nie sichtbar war. Am Ende ist die gesamte Vergangenheit eine einzige logische Hinführung auf das Ergebnis, das gewünscht wird und also deshalb auch so beabsichtigt war in den Augen Gottes. Wir müßten die ganze Dramaturgie zwischen Samuel und Saul für eine solche königliche Lüge erklären. Dann bleibt, daß an den meisten Lügen, die geschichtlich wirksam sind, soviel Wahrheit immer noch ist, daß Saul eine tragische Gestalt war. Alles, was wir von ihm hören, ist merkwürdig zerrissen, dunkel, gequält, voll guten Willens und immer unfähig, das Richtige zu tun.

Beginnen wir gleich am Anfang. Einen Moment der historisch-exakten Geschichtsschreibung finden wir in der kurzen Notiz vor, daß in ganz Israel keine Eisengeräte hergestellt werden durften, ohne daß man zuvor bei den Philistern um Erlaubnis fragte. Es herrscht ein Eisenmonopol, auf dem die Philister sorgsam bestehen. Ihre Überlegenheit an Mannschaft, an Gerät, an Bewaffnung, an Strategie ist gewaltig. Saul als König wird nie etwas anderes sein als ein großer Kriegführer; sein Königtum wird nie etwas anderes kennen als das Schlachten. Und es holte Saul an seinen Hof, wen er finden konnte. Das mutet fast an wie preußische Geschichtsschreibung von den großen Kerls, die die Königsboten nicht in die königliche Armee rekrutieren. Saul offenbar hat in seinem Königtum kaum eine andere Chance gehabt, als mit Knüppeln gegen eisenbewaffnete Feinde loszumarschieren. Das war sein Auftrag offenbar in

Gibea, ein tapferer, mutiger, am Ende gescheiterter Mann. Es wird eine Schlacht kommen, die er nicht mehr gewinnen *kann*. Und David, trickreich genug, als Söldner bei den Philistern über lange Zeit hin, wird früh genug die Parteien wechseln und flugs das Erbe des zerbrochenen Saul antreten. So war's wohl wirklich, geschichtlich. Gott ist mit den Geschickten, nicht immer mit den Standhaften, lernt man.

Aber schauen wir uns einmal an, was hier Religion heißt, wie sie hier geschildert wird, nehmen wir's mal so. Dann beginnt es mit der Vorstellung Sauls, die historisch zutrifft, die traditionell ihm selber vorlag: Einen Krieg beginnt man im Grunde nur, indem man mit der Gottheit sich abstimmt, also daß man ihr Opfer darbringen muß, sie günstig zu stimmen. Es ist dieser Gedanke offensichtlich, der in einer äußersten Stunde der Herausforderung Saul zum Verhängnis wird. Etwas, so paradox es ist, geht in diese Szene doch ein von dem alten Widerspruch zwischen Prophetie und Königtum, zwischen Samuel und Saul: Man soll nicht opfern, sondern gehorsam sein. Niemand versteht bei dieser Szene, was eigentlich Ungehorsam war an dem, was Saul tat. Der Prophet erschien zeitlich zu spät, das Volk drohte sich aufzulösen; um den Kampf vorzubereiten bei Michmas, setzte Saul selber, als König in eigener Entscheidungsvollmacht, den Termin des Opfers an. Was soll daran falsch sein? Vielleicht nur dies eine: Wenn wir vom Schlachtengemälde draußen, von den blutigen Feldern bei Michmas einmal die Botschaft rein innerlich lesen, spräche sie zu uns vielleicht so: Es gibt Stunden der größten Angst in deinem Leben. Es kann sein, es stehen dir Auseinandersetzungen bevor auf Sein oder Nichtsein. In solchen Momenten bräuchtest du dringlich den Beistand deines Gottes. Und du wirst alles versuchen, ihn zu erwerben. Die Priester haben dich gelehrt, daß du gerade in diesen Momenten opfern mußt, die übliche, gut katholische Praxis. Man läßt irgendwo Kerzen brennen in irgendwelchen Kirchenecken, oder man legt ein Gelübde ab, dies und das pünktlich beten zu wollen, wenn nur Gott hilft; oder man wird eine Wallfahrt machen oder auch Geld in den Klingelkasten tun, wenn nur Gott hilft. In all diesen Aktionen projiziert sich deine eigene Angst hinein in die Angst vor deinem Gott, dessen Hilfe du brauchst. Kann es nicht sein, daß du folgsamer wärest deiner Gottheit, du ließest die Angst fahren und vertrautest dich ihr an, ohne Opfer zu bringen? Dann hätten wir einen Moment lang den alten Samuel wieder, nicht den verzeichneten, nicht den gräßlichen, sondern den großen. Da wäre ein Prophet, der darum wüßte: Opfer tun Gott Unrecht und den Menschen im gleichen. Gott will nicht, daß man ihn sozusagen auf seine Seite zieht wie einen Gegner, den man nach und nach erst zur Versöhnung, dann zur Parteinahme überreden müßte. Gott steht auf der eigenen Seite, Gott hilft, das sind die Namen, die Israel oft genug den Kindern gibt, Jeschua, Jehoschua und Jonatan, einer der Söhne Sauls, »Gott selber hat's gegeben«. – Dann wäre die Botschaft des Samuel hier an Saul: Du hättest keine Angst haben dürfen, selbst im Moment der Gefahr nicht. Nichts weiter wäre ein wirklicher Gottesdienst, als Gott zu vertrauen und die Abschaffung jedweden Opfers. Das hätte Größe und Würde und wäre ein Teil von Religiosität, die sich verstehen ließe, ein echter und wirklicher Schritt nach vorn. Nur: wie entängstigt man Menschen, außer indem man *gütig* zu ihnen redet, statt in der Sprache der Drohung. Samuels Art, mit Saul zu verfahren, bleibt ungerecht und schlimm. Sie richtet nicht auf, sie zerdrückt; sie macht nicht Mut, sie vernichtet. *Das* hat Saul nicht verdient. Es ist möglich, einem Menschen zu sagen: Eine Religion der Angst ist keine wahre Religion, die Angst selber hindert dich, den Weg zu finden, der in dein Leben führt. Aber dann darf man nicht noch mehr Angst machen und vor allem nicht den anderen wie in einer Gefangenschaft festschreiben auf seine eigenen Gefühle, die einen Ausweg suchen in dem Besten, was Saul geben konnte.

Ist es so rätselhaft, wenn wir im folgenden hören, daß Saul erneut, jetzt mitten in der Schlacht gegen die Philister, Gott versöhnen möchte, aufs neue mit einem Ritual? Erinnern wir uns, in welcher Weise denn überhaupt Saul König sein soll. Es war Samuel, der dem Volk erklärte: einen König zu wollen, das ist selber schon Sünde. Alles, was Saul tut, steht unter dieser großen prophetischen Negation, die alles umschließt, was irgend er tun wird. Soll er da nicht immer wieder mit Schuldgefühlen, mit Zögern, mit Bitten um Vergebung vor seinen Gott hintreten? Ist es nicht seine Pflicht gewissermaßen, für sein Königtum schon eine Art schlechtes Gewissen zu haben? Und übertragen wir das auch auf die Art, wie wir selber leben. Jede Art von königlichem Bewußtsein, von eigenem Leben-Wollen, eigener Souveränität, eigenem Selbststand scheint immer wieder illegitim in einer bestimmten Art von Religion, und immer wieder versuchen wir dann, uns zu rechtfertigen, das Beste zu tun, was wir können, und es ist am Ende immer noch nicht gut genug. Merkwürdig, daß es zwischendrein hier eine andere Seite gibt. Sie besteht darin, daß *Jonatan* offensichtlich von keinerlei religiösen, kultischen, magischen Skrupeln getragen wird bis auf ein einziges: er fordert den Posten bei Michmas heraus, fast kühn. Während die Leute sich voller Angst verkriechen und abwarten, geht er allein mit seinem Waffenträger auf den Feind zu, und wenn er ihn anrufen wird: kommt bloß her!, dann wird es sein, daß man sie überraschen und erschlagen kann, dann hat Gott sie in die Hand gegeben. Da ist ein einzelner plötzlich imstande, Geschichte voranzutreiben. Es wird Jonatan zugeschrieben, daß er den Vogt in Gibea erschlagen hat. Es wird ihm zugeschrieben – dem späteren Freund Davids wohlgemerkt –, daß er das ganze Heer der Philister, er allein mit seinem Waffenträger, in Verwirrung gebracht hat und daß durch seine Tat ein Gottesschrecken, eine Panik, ausbrach im Lager der Feinde. Da kann plötzlich ein einzelner so viel bewirken, wenn er sich *wagt*. Wäre das das Gegenstück zu der angstbesetzten, immer wieder um Sicherungen bemühten Haltung seines Vaters Saul? Es wäre gedacht einfach: hilf dir selbst, dann hilft dir Gott; mach, was dir menschenmöglich ist, und dann findet's den Beistand des Göttlichen. Da werden keine Opfer dargebracht, da werden keine rituellen Einschränkungen auf den Weg gelegt, da wird gehandelt in letzter Konsequenz. Selbst das Nahrungsverbot erscheint Jonatan wie ein Unglück. Mein Vater bringt Fluch über das Volk, spricht er. Er verzögert, die Philister endgültig zu schlagen. Da ist kein Bann unter dem Befehl Gottes, sondern einfach Triumph, Siegeswille, Brutalität der Durchsetzung. So etwas muß man verstanden haben in jenen Zeiten. – Und wieder nach innen gezogen als ein Bild für unser Leben, möchte man denken: ganz so verkehrt ist es nicht. Es gibt eine Religion, die ohne Opfer auskommen sollte, und es gibt einen menschlichen Mut, der sich nicht dauernd durch Litaneienhersagen und Rituale trösten und bestärken muß; man kann ein ganzer und freier Mensch sein, aber unabhängig von den merkwürdigen Skrupeln und Depressionen, in denen wir Saul befangen sehen.

Dann kommt es bis zum Schrecklichen freilich, dem Amalekiterkrieg, daß Samuel den Bann über ein ganzes Volk will. Und jetzt ist es Saul erneut, der gelernt hat, auf sein eigenes Volk zu hören. Wie war diese merkwürdige Szene? Da gab es ein totales Nahrungstabu einen Tag lang, und Jonatan hatte es gebrochen, indem er seinen Stab hineintauchte in den Honig der Waben und davon aß, Kraft zu gewinnen, Stärke als Mann. Und dafür sollte er sterben? Das ist, wenn Sie so wollen, auf hebräisch die Geschichte vom »Prinzen von Homburg«. Er hat gesiegt, der Sohn des Fürsten, aber gegen den Befehl des Vaters, und also muß er sterben. Bei Heinrich von Kleist gibt es keine Auflösung für das Problem des Ungehorsams. Jonatan war nicht einmal ungehorsam. Er hat das Gelübde, das der Vater dem Volk auferlegte, gar nicht verstanden, gar nicht gehört. Er ist in moralischem Sinne ein vollkommen Unschuldiger. Dennoch schweigt und grollt die Gottheit, dennoch muß durch Orakel der Schuldige herausgefunden werden, dennoch droht ihm der Tod. Was für eine Düsternis umgibt da das göttliche Bild! In welch einer Religion befangen lebt da Saul! Und jetzt bräuchten wir dringlich einen Samuel, jetzt benötigten wir unbedingt einen Propheten, der Saul sagte: Du verkennst Gott, wenn du ihm diese Art von Fluch zutraust. Es ist nur deine Angst, die dich taub macht für die Worte deines Gottes. Er kann so lange nicht mit dir reden, als du aus soviel Angst bestehst. Aber kein einziges Wort von Samuel ergeht hier an den König, nur das Schweigen Gottes, das ihn immer weiter verängstigt. Es ist ein grausames, schreckliches Spiel und eine Befreiung für uns, die wir's hören, daß schließlich das Volk Jonatan auslöst und Saul zur Räson bringt. So darf man nicht handeln, das ist einfaches menschliches Urteil.

Und Saul merkt sich's fürs nächste Mal. Da wird er hören auf sein Volk im Amalekiterkrieg, das die besten der Tiere in der Beute verschonen will, statt sie sinnlos zu schlachten. Diesmal befolgt Saul, was das Volk will, und schon wieder ist es falsch in den Ohren des Samuel, als er das Blöken der Böcke und der Farren vernimmt. – Ist es möglich, daß ein Gott existiert, der in solcher Weise Völker dahinfallen läßt ohne Schonung, und Menschen bestimmt, zu sein wie ein Schwert, das durch die Geschichte geht? Ist dies ein Gottesbild, das die Bibel selber verträgt, ein Gott, der alle Völker erschafft, und sie sind nichts als Bastarde und Widerstand, und die Sündflut selber sollte jetzt exekutiert werden durch Menschen?

Am schlimmsten dann das Finale: die Hinrichtung, die Ermordung Agags durch Samuel, den Propheten Gottes. Wer darin noch Frömmigkeit sieht, macht aus jeder Art Religion eine Travestie. Hier ist nichts mehr tapfer zu nennen, nichts mehr menschlich groß; es ist bösartig, gehässig, rachebesetzt, fanatisch mit einem Wort. So *darf* Religion nicht sein, und so darf sie nie wieder werden, denn allzu lange hat sie sich in Blut getaucht und diese Texte zu ihren Grundlagen gemacht. Man kann diesen Kampf um die Vermenschlichung der Religion gar nicht ernst genug nehmen. 1916 – wie viele Theologen schrieben da Bücher: »Die Bibel als Kriegsbuch« hieß eines aus der Feder von Johann Hesse, ganz entgegen dem glühenden Glauben seines eigenen Sohnes Hermann, der wollte, daß die Menschen aufhörten, den Krieg wie ein Gotteshandwerk zu pflegen. Diese Texte waren es, die die Theologen bestimmten, das Schreckliche für möglich zu halten. Hinweg mit Amalek! das konnte heißen für Erich von Falkenhayn 1917 vor Verdun: ausbluten in Artillerie und Giftgas. Das konnte 1939 noch heißen beim Überfall auf Polen, verkündigt durch die Wochenschau des großdeutschen Reiches: Mit Roß und Mann und Wagen hat sie der Feind geschlagen. – Wenn wir nicht die Kraft gewinnen, uns Gott vorzustellen als jemanden, der das Wüten von Menschen gegen Menschen ein für allemal verhindert und verbietet, dürfen wir die Bibel den Menschen nicht länger in die Hand legen. Dann ist sie zu gefährlich, zu mißverständlich, zu alptraumhaft. Aber wenn wir denken wollten auch nur einen Moment lang, daß wir Menschen nur zu Menschen werden, indem wir durch die Alpträume hindurchgehen und die Mißverständnisse abarbeiten, sie nicht einfach als überflüssig erledigen, sondern sie in uns selbst bekämpfen, dann wär's nötig, uns selber zu sagen: Alles, was irgend aussieht nach gottgewollter Rache, nach einem Beschluß zur Ausrottung, zum Rechthaben gegen andere Menschen, mag uns oft so vorkommen wie von Gott selber gesprochen und ist doch in Wirklichkeit Gottesverrat. Es mag Stunden geben, wo wir die Parteilichkeit selbst für das Göttliche wünschen, aber es ist wie eine Versuchung im Heiligtum selber.

Und dann bleibt uns übrig, die vielen Menschen zu sammeln, die sind wie hier Saul. Sie möchten Gott dienen fast bedingungslos; sie bringen ihm jedes Opfer, sie würden das ihnen Liebste töten, wenn nur Gott ihnen vergeben würde. All das, was sie sind, war nicht einmal ihr eigener Wille, sondern wie eine göttliche Berufung, und immer wieder bestehen sie nur aus Angst. Und was dann die offizielle, die bibeltheologisch gestützte Religion ihnen sagt aus dem Mund eines Propheten wie Samuel, wird ihre Angst nicht beruhigen, sondern immer noch vermehren. Immer wird die Angst wieder nur sagen: falsch! und jetzt erneut: falsch! und trotzdem gerade: falsch! Was eben noch gelernt wurde, erweist sich im Kapitel danach schon wieder als Irrtum, und es scheint nie mehr gutzumachen zu sein in der Geschichte dieses Gottes mit seinem Volke. – Vielleicht ist es nötig, daß man Menschen bei der Hand nimmt und läßt sie eine ganze Zeitlang überhaupt nicht mehr an Gott denken. Manchmal in dem, was heute Psychotherapie heißt, gibt es lange Phasen der inneren Entwicklung, wo Menschen die Bibel gar nicht mehr lesen können, weil sie ihnen zu schrecklich, zu bluttriefend, zu anklagend, zu vorwurfsvoll, zu strafend erscheint. Sie vertragen's nicht mehr. Sie sind es müde, seit Kindertagen so hin und her gequält zu werden wie Saul. Was sie möchten, ist ein Gott, der nur noch gütig redet zu seinem Volk und zu den Völkern aller Menschen. Auf einen solchen Gott zu warten, bis er sich zeigt, ist das einzige, was aus diesen Texten hervorgeht. Es hat einmal Rainer Maria Rilke in dem »Neuere Gedichte anderen Teil« einen Rückblick von dieser Stelle aus gewagt, wie früher doch Saul unter den Propheten war, voller Verzückung, und wie er nun, wie wenn der Geist Gottes ihn verlassen hätte, heimgesucht würde von einem anderen, grausamen Geist. Wir aber begreifen doch längst: Es ist die Ambivalenz ein und desselben schrecklichen Gottesbildes, das erwählt und vernichtet und Sieg für sich selbst will um jeden Preis statt den Menschen in seinem Frieden und seinem Glück. Der böse Geist, die Depression, die Saul überkommen wird, ist nur der Schatten dessen, was ihm bis dahin unter Opfern, Magie und Ritual als Gott vorgestellt wurde.

Rilke schreibt:

Saul unter den Propheten

Meinst du denn, daß man sich sinken sieht?
Nein, der König schien sich noch erhaben,
da er seinen starken Harfenknaben
töten wollte bis ins zehnte Glied.

Erst da ihn der Geist auf solchen Wegen
überfiel und auseinanderriß,
sah er sich im Innern ohne Segen,
und sein Blut ging in der Finsternis
abergläubig dem Gericht entgegen.

Wenn sein Mund jetzt troff und prophezeite,
war es nur, damit der Flüchtling weit
flüchten könne. So war dieses zweite
Mal. Doch einst: er hatte prophezeit
fast als Kind, als ob ihm jede Ader
mündete in einen Mund aus Erz;
Alle schritten, doch er schritt gerader.
Alle schrieen, doch ihm schrie das Herz.

Und nun war er nichts als dieser Haufen
umgestürzter Würden, Last auf Last;
und sein Mund war wie der Mund der Traufen,
der die Güsse, die zusammenlaufen,
fallen läßt, eh er sie faßt.

Man steht, obwohl wir die Geschichte Sauls noch lange nicht zu
Ende gelesen haben, erschüttert vor dem Niedergang eines Menschen, der in den Staub gedrückt wird von den Obsessionen seines
Gottes, von der Travestie des Religiösen. Und doch halten wir auch
dieses menschlich für uns in Erinnerung: Wieviel an menschlich
Großem kann vergehen! Der Bibel, so wie sie sich am Hofe Davids
später schreibt, wird es sehr einfach fallen, Saul fallenzulassen und
ihn als klein erscheinen zu lassen. Aber wie groß war er wirklich in
seinem Mut! Und schon wenn's uns gelingt, unter den Verfälschun-

gen des Leumunds, unter dem Gerede der anderen herauszuspüren, daß hier vielleicht einem Menschen Unrecht getan wird, und wir gingen seinen Spuren nach und fänden seine verblaßte Größe wieder, wär' menschliches Leben so zu lesen wie diese drei Kapitel Bibel etwas Wunderbares. Es müßte uns nur gelingen, Menschen zu rechtfertigen gegen die Menschen, die an ihre Stelle treten, Menschen aus dem Vergessen hervorzuholen und leuchten zu machen in dem, was sie wollten und waren, und Menschen in Schutz zu nehmen sogar vor der Stimme des biblischen Gottes und seinem Künder. Es wäre eine Art, die Bibel zu lesen, wie wir das Leben von Menschen lesen müßten: um es zu begreifen.

30. April 1994

4

Ein König im Widerspruch

IM Mittelpunkt steht heute eine der Zentralstellen der gesamten Bibel, die Begegnung zwischen Saul und David. Die Königs-Bücher sind Teil des sogenannten deuteronomistischen Geschichtswerks, beginnend mit dem 5. Buch Moses, hinüberreichend bis in die Tage der Tempelzerstörung in der Zeit des babylonischen Königs Nebukadnezar und des Propheten Jeremia. Auf dieses Ende der Zerstörung des gesamten israelitischen Königtums hin ist das gesamte Geschichtswerk über die Könige Israels ausgelegt.

Wir hörten, wie Samuel im Sinne dieser deuteronomistischen Geschichtsdarstellung den König verwirft, den er selber gesalbt hat. Saul hat sich vergangen an dem Banngut. Auch das ist ein Gedanke dieser Spätzeit. Ganze Völker sollten da am besten unter dem Willen Gottes nie hätten leben dürfen, hätten ausgerottet werden müssen, so wie es Israel selber beinahe jetzt erfährt. Fanatische Gedanken sind das, voller Ressentiments, voller Leid und voller Rache, unzumutbar eigentlich und kaum übersetzbar in ein Gedenken der Religion heute.

Aber wir übernehmen aus diesem Hintergrund die Gestalt eines Königs in ständigem Widerspruch. Saul soll ein Volk führen in einer Institution, in einer Position, die er eigentlich gar nicht haben *darf*, gemessen am prophetischen Anspruch. Da ist ein Problem, das sich objektiv in seiner Person gar nicht lösen will, weil es sich nicht lösen lassen darf, und Saul selber scheint daran zu zerbrechen. Die Tragik dieses Mannes wird uns noch eine Weile lang beschäftigen, aber im Schatten dieses verlöschenden Sterns erhebt sich David zu einem Glanzpunkt und unüberbotenen Höhepunkt hebräischer Machtentfaltung. Und wie beide Bahnen sich nun kreuzen, die des Sauls in einem langen Abgesang und in einem steilen Aufstieg die des jungen David, davon die erste, konzentrierte Form in drei Varianten lernen wir nun kennen.

Die folgenden Texte stammen aus verschiedenen Überlieferungen, die miteinander nicht verwoben, sondern zusammengedreht worden sind wie ein Seil. Jeden einzelnen Strang kann man augenblicklich feststellen, und es ist die Frage, wie sich's zusammenfügt.

Text: 1 Sam 16,1–23; 17,1–58; 18,1–16

Da es nun den Herrn gereute, daß er Saul zum König über Israel gemacht hatte, sprach er zu Samuel: Wie lange willst du Leid tragen um Saul, den ich doch verworfen habe, daß er nicht mehr König sei über Israel? Fülle dein Horn mit Öl und gehe hin, ich will dich zu dem Bethlehemiten Isai senden; denn ich habe mir unter seinen Söhnen einen zum Könige ersehen. Samuel aber sprach: Wie kann ich hingehen? Wenn Saul es erfährt, bringt er mich um. Der Herr sprach: Nimm eine junge Kuh mit dir und sage: »Dem Herrn zu opfern bin ich gekommen!« und lade Isai zum Opfermahl. Ich selbst will dich dann wissen lassen, was du tun sollst: den sollst du mir salben, den ich dir nennen werde. Samuel tat, was ihm der Herr gesagt hatte. Als er nun nach Bethlehem kam, da gingen ihm die Ältesten der Stadt erschrocken entgegen und sprachen: Bedeutet dein Kommen Heil? Er sprach: Ja! dem Herrn zu opfern bin ich gekommen. Weihet euch und kommt mit mir zum Opfermahl! Und er weihte Isai und seine Söhne und lud sie zum Opfermahl. Als sie nun kamen und er den Eliab sah, dachte er: Gewiß ist er der Fürst des Herrn, sein Gesalbter! Aber der Herr sprach zu Samuel: Schaue nicht auf sein Aussehen und seinen hohen Wuchs; ich will ihn nicht. Denn Gott sieht nicht auf das, worauf der Mensch sieht; der Mensch sieht auf den äußern Schein, der Herr aber sieht auf das Herz. Da rief Isai den Abinadab und ließ ihn vor Samuel treten. Der aber sprach: Auch diesen hat der Herr nicht erwählt. Dann ließ Isai den Samma vortreten. Aber er sprach: Auch diesen hat der Herr nicht erwählt. So ließ Isai seine sieben Söhne vor Samuel treten. Aber Samuel sprach zu Isai: Der Herr hat diese nicht erwählt. Dann fragte Samuel den Isai: Sind das die Knaben alle? Er antwortete: Es fehlt noch der Jüngste; der hütet die Schafe. Samuel sprach zu Isai: Sende hin und laß ihn holen; denn wir werden uns nicht [zum Mahle] setzen, bis er da ist. Da sandte er hin und ließ ihn holen. Er war ein rotblonder Jüngling mit schönen Augen und von guter Gestalt. Und der Herr sprach: Auf! salbe ihn; der ist es! Da nahm Samuel das Ölhorn und salbte ihn inmitten seiner Brüder, und der Geist des Herrn kam über David und blieb auf ihm von jenem Tage an. Samuel aber machte sich auf und ging nach Rama.

Als nun der Geist des Herrn von Saul gewichen war, quälte ihn ein böser Geist, vom Herrn gesandt. Da sprachen die Diener zu Saul: Siehe doch, ein böser Dämon quält dich. Unser Herr gebiete nur: deine Knechte sind bereit, nach einem Mann zu suchen, der auf der Laute spielen kann. Wenn dann der böse Geist über dich kommt, so soll er spielen; dann wird es besser werden mit dir. Und Saul sprach zu seinen Dienern: So seht euch für mich um nach einem Manne, der sich wohl versteht aufs Saitenspiel, und bringt ihn zu mir. Da erwiderte einer der Diener: Siehe, ich habe einen Sohn des Isai von Bethlehem gesehen, der sich aufs Saitenspiel versteht, ein tapfrer Mann und streitbar, der Rede mächtig und schön von Gestalt, und der Herr ist mit ihm. Da sandte Saul Boten an Isai und ließ ihm sagen: Sende mir deinen Sohn David, der bei den Schafen ist. Da nahm Isai zehn Brote, einen Schlauch Wein und ein Ziegenböcklein und sandte es an Saul durch seinen Sohn David: So kam David zu Saul und trat in seinen Dienst, und er gewann ihn sehr lieb, so daß er sein Waffenträger wurde. Und Saul sandte an Isai und ließ ihm sagen: Laß doch David in meinem Dienste bleiben, denn er gefällt mir wohl. Wenn nun der böse Geist über Saul kam, nahm David die Laute und spielte; dann wurde es Saul leichter und besser, und der böse Geist wich von ihm.

Nun sammelten die Philister ihr Heer zum Kriege, und sie kamen in Socho zusammen, das zu Juda gehört, und lagerten sich zwischen Socho und Aseka bei Ephes-Dammim. Saul aber und die Männer Israels kamen zusammen und lagerten sich im Terebinthentale und rüsteten sich zum Kampfe gegen die Philister. Die Philister standen am Berge jenseits, und die Israeliten am Berge diesseits, so daß das Tal zwischen ihnen war. Da trat aus den Reihen der Philister ein

Zweikämpfer hervor mit Namen Goliath, aus Gath, sechs Ellen und eine Spanne hoch. Der hatte einen ehernen Helm auf dem Haupte und war mit einem Schuppenpanzer angetan, und das Gewicht seines Panzers betrug fünftausend Lot Erz; er hatte eherne Schienen an den Beinen und einen ehernen Wurfspieß auf dem Rücken. Der Schaft seines Speeres war wie ein Weberbaum, und die Spitze seines Speeres wog sechshundert Lot Eisen, und der Schildträger schritt vor ihm her. Und er stellte sich hin und rief den Reihen Israels zu: Warum zieht ihr aus, euch zum Kampf zu rüsten? Bin ich nicht der Philister, ihr aber Knechte Sauls? Erwählt euch einen Mann, daß er zu mir herabkomme! Vermag er mit mir zu kämpfen und erschlägt er mich, so wollen wir eure Knechte sein; bin aber ich ihm überlegen und erschlage ihn, so sollt ihr unsre Knechte sein und uns dienen. Und der Philister sprach: Ich verhöhne heute die Reihen Israels. Stellt mir einen Mann, daß wir miteinander kämpfen! Als Saul und ganz Israel diese Worte des Philisters hörten, verzagten sie und fürchteten sich sehr.

David aber war der Sohn eines Ephrathiters aus Bethlehem in Juda; der hieß Isai und hatte acht Söhne, und der Mann war alt und hochbetagt zu Sauls Zeiten. Nun waren die drei ältesten Söhne Isais mit Saul in den Krieg gezogen; diese drei Söhne, die in den Krieg gezogen waren, hießen: der Erstgeborene Eliab, der zweite Abinadab und der dritte Samma; David aber war der jüngste. Die drei ältesten waren Saul gefolgt. David nun ging ab und zu von Saul weg, um seines Vaters Schafe in Bethlehem zu hüten. Aber der Philister trat am Morgen und am Abend auf und stellte sich hin, vierzig Tage lang. Da sprach einst Isai zu seinem Sohne David: Nimm doch für deine Brüder ein Epha von dem gerösteten Korn da und diese zehn Brote und bringe sie eilends deinen Brüdern ins Lager. Und die zehn Käse da bringst du dem Obersten und schaust nach dem Befinden deiner Brüder und lässest dir das Pfand von ihnen geben. Saul nämlich und sie und alle Männer Israels lagen im Terebinthentale im Kampf mit den Philistern. Da machte sich David am Morgen in der Frühe auf und überließ die Schafe einem Hüter, dann lud er auf und ging hin, wie ihm Isai geboten hatte. Er kam eben zur Wagenburg, als das Heer sich in Schlachtordnung aufstellte und man das Kriegsgeschrei erhob; und Israel und die Philister stellten sich auf,

Schlachtreihe gegen Schlachtreihe. Da legte David sein Gepäck ab und übergab es dem Troßwächter; dann lief er zur Schlachtreihe, ging hinein und begrüßte seine Brüder.

Während er mit ihnen redete, da kam gerade der Zweikämpfer, Goliath mit Namen, der Philister von Gath, aus den Reihen der Philister herauf und führte die gewohnten Reden, und David hörte es. Aber alle Männer Israels flohen vor dem Manne, als sie ihn sahen, und fürchteten sich sehr. Ein Israelit aber sprach: Habt ihr den Mann gesehen, der da heraufkommt? Israel zu verhöhnen, kommt er herauf. Wer ihn erschlägt, den will der König sehr reich machen und ihm seine Tochter geben, und seines Vaters Haus will er steuerfrei machen in Israel. Da fragte David die Männer, die bei ihm standen: Was wird dem zuteil, der den Philister da erschlägt und die Schmach von Israel wegnimmt? Denn wer ist dieser unbeschnittene Philister, daß er die Schlachtreihen des lebendigen Gottes höhnen darf? Die Leute sagten ihm dasselbe: Das und das wird dem zuteil, der ihn erschlägt. Als aber Eliab, sein ältester Bruder, ihn mit den Männern reden hörte, geriet er in Zorn über David und sprach: Warum bist du da herabgekommen, und wem hast du die paar Schafe in der Wüste überlassen? Ich kenne deine Vermessenheit und deinen schlimmen Sinn; nur um den Krieg zu sehen, bist du da herabgekommen. David antwortete: Was habe ich denn nun getan? Man wird doch ein Wort reden dürfen? Und er wandte sich von ihm ab zu einem andern und fragte dasselbe, und die Leute antworteten ihm wie das erstemal. Als nun bekannt wurde, was David gesprochen hatte, hinterbrachte man es Saul; der ließ ihn holen. Und David sprach zu Saul: Mein Herr lasse den Mut nicht sinken! Dein Knecht wird hingehen und mit diesem Philister kämpfen. Saul aber sprach zu David: Du kannst nicht zu diesem Philister hingehen, um mit ihm zu kämpfen; denn du bist ein Knabe, er aber ist ein Kriegsmann von Jugend auf. Da sprach David zu Saul: Dein Knecht hütete seinem Vater die Schafe; kam nun der Löwe oder der Bär und trug ein Schaf weg von der Herde, so lief ich ihm nach, erschlug ihn und riß es ihm aus dem Rachen; erhob er sich aber wider mich, so ergriff ich ihn beim Barte und schlug ihn tot. Den Löwen wie den Bären hat dein Knecht erschlagen; und diesem unbeschnittenen Philister soll es ebenso ergehen, weil er die Schlachtreihen des leben-

digen Gottes gehöhnt hat. Und David sprach: Der Herr, der mich
aus der Tatze des Löwen und des Bären errettet hat, wird mich auch
aus der Hand dieses Philisters erretten! Da sagte Saul zu David:
Geh hin! der Herr wird mit dir sein! Und Saul zog David seine Rüstung an: er setzte ihm einen ehernen Helm aufs Haupt und legte
ihm einen Panzer um. Darnach gürtete er David sein Schwert um,
über der Rüstung, und er bemühte sich zu gehen; denn er hatte es
noch nie versucht. Da sprach David zu Saul: Ich kann darin nicht
gehen; denn ich habe es noch nie versucht. Und David legte alles
wieder ab, nahm seinen Stecken in die Hand und suchte sich fünf
glatte Steine aus dem Bach und legte sie in die Hirtentasche, die ihm
als Steinbeutel diente; dann nahm er seine Schleuder zur Hand und
trat dem Philister entgegen. Der Philister aber näherte sich David
immer mehr, während der Schildträger vor ihm her schritt. Als nun
der Philister hinschaute und David sah, verachtete er ihn, weil er
noch ein Knabe war, ein rotblonder Jüngling von schöner Gestalt.
Und der Philister sprach zu David: Bin ich denn ein Hund, daß du
mit einem Stecken zu mir kommst? Und er fluchte David bei seinem
Gott. Dann sprach er zu David: Komm nur her, so will ich dein
Fleisch den Vögeln des Himmels und den Tieren des Feldes geben!
David aber sprach zu dem Philister: Du kommst zu mir mit
Schwert, Speer und Wurfspieß; ich aber komme zu dir mit dem Namen des Herrn der Heerscharen, des Gottes der Schlachtreihen Israels, die du verhöhnt hast. Am heutigen Tage wird dich der Herr in
meine Hände liefern, daß ich dich erschlage und dir den Kopf ab-
haue; und ich werde heute deinen Leichnam und die Leichname des
Philisterheeres den Vögeln des Himmels und dem Wild der Erde
geben, damit alle Welt erkenne, daß Israel einen Gott hat und damit
diese ganze Heerschar erfahre, daß der Herr nicht durch Schwert
und Speer Sieg schafft; denn des Herrn ist der Krieg, und er wird
euch in unsre Hände geben. Als sich nun der Philister aufmachte
und auf David losschritt, lief David eilends aus der Schlachtreihe auf
den Philister zu. Und David griff mit der Hand in die Tasche, nahm
einen Stein daraus, schleuderte ihn und traf den Philister an die
Stirn, daß ihm der Stein in die Stirne drang und er auf sein Angesicht zur Erde fiel. So überwand David den Philister mit Schleuder
und Stein; er traf den Philister und tötete ihn, ohne daß er ein

Schwert zur Hand hatte. Dann lief er hin, trat zu dem Philister, faßte dessen Schwert, zog es aus der Scheide und tötete ihn vollends, indem er ihm damit den Kopf abhieb. Als nun die Philister sahen, daß ihr Held tot war, flohen sie.

Die Männer Israels und Judas aber machten sich auf, erhoben das Feldgeschrei und verfolgten die Philister bis nach Gath und bis an die Tore von Ekron. Und erschlagene Philister lagen auf dem Wege von Saaraim an bis nach Gath und Ekron. Dann kehrten die Israeliten um von der Verfolgung der Philister und plünderten ihr Lager. David aber nahm den Kopf des Philisters und brachte ihn nach Jerusalem, seine Waffen aber legte er in sein Zelt.

Als Saul sah, wie David dem Philister entgegenging, sprach er zu dem Feldhauptmann Abner: Wessen Sohn ist denn der Knabe, Abner? Abner sprach: So wahr du lebst, König, ich weiß es nicht! Da sprach der König: So frage du, wessen Sohn der Jüngling sei. Als nun David nach dem Siege über den Philister zurückkam, nahm ihn Abner und führte ihn vor Saul, während er noch den Kopf des Philisters in der Hand hielt. Und Saul sprach zu ihm: Wessen Sohn bist du, Knabe? David sprach: Der Sohn deines Knechtes Isai aus Bethlehem.

Und als sein Gespräch mit Saul zu Ende war, schloß Jonathan den David in sein Herz, und er gewann ihn lieb wie sein eignes Leben. Saul aber nahm ihn an jenem Tage zu sich und ließ ihn nicht mehr in seines Vaters Haus zurückkehren. Und Jonathan schloß einen Bund mit David, weil er ihn liebhatte wie sein eignes Leben. Und Jonathan zog den Mantel aus, den er anhatte, und gab ihn David, auch seine Rüstung und sogar sein Schwert, seinen Bogen und seinen Gürtel. Und wenn David auszog, so hatte er Glück in allem, wozu Saul ihn sandte, so daß ihn Saul über die Kriegsleute setzte; und er war beliebt beim ganzen Volke, auch bei den Dienern Sauls.

Als sie nun heimkamen bei Davids Rückkehr vom Siege über den Philister, zogen aus allen Städten Israels die Frauen unter Gesang und Reigen dem König Saul entgegen mit Handpauken, Jubel und Zimbeln; und die tanzenden Frauen sangen:
Saul hat seine Tausende geschlagen,
David aber seine Zehntausende.

Da ergrimmte Saul sehr, und es mißfiel ihm dieses Wort, und er sprach: Sie haben David die Zehntausende gegeben und mir die Tausende; am Ende fällt ihm auch noch das Königtum zu! Und Saul beneidete David von jenem Tage an und forthin. Am folgenden Tage kam ein böser Geist über Saul, so daß er außer sich geriet im Hause; David aber spielte die Laute, wie er jeden Tag zu tun pflegte, und Saul hielt den Speer in der Hand. Und Saul zückte den Speer, indem er dachte: Ich will David an die Wand spießen. David aber wich ihm zweimal aus. Und Saul fürchtete sich vor David; denn der Herr war mit ihm, von Saul jedoch war er gewichen. Darum entfernte ihn Saul aus seiner Nähe und setzte ihn zum Obersten über Tausend, und er zog an der Spitze des Volkes aus und ein. David aber hatte Glück auf allen seinen Wegen; denn der Herr war mit ihm. Als nun Saul sah, daß er so viel Glück hatte, überkam ihn ein Grauen vor ihm. Bei ganz Israel und Juda aber war David beliebt; denn er zog aus und ein vor ihnen her.

Manchmal ist es gut, die Bilder einer fremden Kultur, etwa in einem chinesischen Museum oder in einer altägyptischen Ausstellung, zu betrachten und zu merken, wie selbstverständlich, fast alternativlos *unsere* Art, die Welt zu sehen, uns geworden ist. Wenn wir ein Bild betrachten aus unserer Kultur spätestens seit dem 16. Jahrhundert, sind wir gewöhnt an die perspektivische Darstellung. Alles läuft auf einen bestimmten zentralen Punkt in dem Gemälde zu, der nicht selber fixiert ist, aber von dem her alles seinen Aufbau, seine Folgerichtigkeit, seine innere Architektonik in der Verteilung von Groß und Klein bekommt. – Ein chinesisches Bild kennt nicht die perspektivische Gliederung. Alles scheint wie flächig nebeneinander zu sein. Man begreift sofort: Hier ist nicht das Unvermögen des Künstlers schuld an dem für uns Ungewohnten, hier drückt sich eine andere Art der Weltwahrnehmung aus. Noch wenn die alten Ägypter einen Teich malen konnten, zeichneten sie nicht die Daraufsicht, sondern sie malten ein Viereck wie von oben gesehen und dann an allen Seiten die Palmen, die den Teich umstehen sollten. Sie versetzten sich sozusagen in den Mittelpunkt des Teichs und schauten in alle Richtungen. Und alles, was sie sahen, war gleichberechtigt, nicht hintereinander geordnet, sondern nebeneinander. Eine solche Maltechnik kann man nicht perspektivisch nennen, sondern sollte sie besser bezeichnen als aspektivisch. Da werden bestimmte Ansichten nebeneinander gleichberechtigt aufgeführt. Man muß sie alle kennenlernen, um das Ganze zu verstehen, aber man darf nicht versuchen, mit der einen das andere auszuschließen. Für die Malerei sind uns solche Unterschiede noch recht geläufig, aber daß sie genauso gelten sollten für die Art des Erzählens, für die Literatur, ist uns fast gänzlich unbekannt.

Wenn wir eine Geschichte hören wie die eben aus dem 1. Buche Samuel, 16. Kapitel und die folgenden, sind wir verwirrt und überrascht, wie man überhaupt so erzählen kann, ob denn das nicht spätestens die Redakteure gemerkt haben müssen. Es kann doch nicht gut sein, daß man David an den Hof Sauls holt, läßt ihn da Harfe spielen, und im Kapitel drauf wird er völlig neu eingeführt. Alle Geschwister werden einem vorgestellt, als hätte man sie nicht bei der Szene, da David zum König gesalbt wurde, schon der Reihe nach antreten sehen. Schließlich als David in das Lager Sauls kommt, ist offenbar dem König sein eigener Harfenspieler nicht bekannt. Der Mann stattet den jungen Hirten mit den eigenen Waffen aus, sieht ihn ins Gefecht gehen mit diesem Wüstling von Philister, um späterdrein bei seinem eigenen Hauptmann sich zu erkundigen, wer denn das gemacht hat überhaupt. Also muß man sagen: So ist keine Erzählart, wie wir sie kennen. Für Historiker ist sie schier zum Verzweifeln, weil hinter all diesen Aspekten man auf den Ursprung nicht wirklich schließen kann. Wohin man packt, man greift sozusagen in den Sand und faßt nicht den Kern von alledem. David hat Goliat erschlagen, das lernt jedes Schulkind, aber siehe da – 2 Samuel, Kapitel 21, Vers 19 – ist es nicht David, sondern ein gewisser Elhanan aus dieser Horde der Tausendschaft, die man David übergeben hat. Den Historikern bleibt in aller Regel bei solcher Darstellung nichts weiter als die Flucht in die Hypothese. Wenn ein unbekannter Mann eine Heldentat vollbringt, dann wird er sie wahrscheinlich historisch wohl begangen haben; und wenn ein späterer König eine Heldentat begeht, hat man sie auf ihn übertragen, um seinen Ruf zu vermehren. Also, wir einigen uns: Elhanan hat den Goliat getötet und David nur die Legende, die Sage geerntet von einem seiner Hauptleute. Aber hilft uns das, irgend etwas zu verstehen, wenn wir so fortfahren? Ist David je von Samuel zum König gesalbt worden? Natürlich nicht. Wir wissen schon, wie alle diese Erzählungen in Konkurrenz zueinander liegen. Die Geschichte selber sagt's ja: Keiner hat je wissen dürfen, daß Samuel den David in Bethlehem gesalbt hat. Denn wär' das so gewesen, hätte Saul von Anfang an fürchten müssen, daß ihm da ein Konkurrent erwächst, und Samuel mitsamt dem Konkurrenten in Bethlehem erschlagen, wie später der Legende nach Herodes den künftigen Messias aus Israel.

Die ganze Geschichte ist später erfunden worden, eigentlich um David ganz und gar in Parallele zu setzen zu seinem Vorbild Saul selbst. Und wir erfahren, wie man auf drei Wegen zum König werden kann, ganz ähnlich wie es schon mal war mit Saul selber: durch prophetische Berufung und Salbung durch Gott – so war's bei Saul –, dann durch einen Glücksfall, durch Losorakel, hier bei David durch Musik und Spiel, und schließlich durch eine große geschichtliche Heldentat; ob begangen nun von David oder nicht, das Motiv bleibt, wie in der Saul-Überlieferung auch. Dabei sind zwei Stränge, zwei Schicksale, zwei Charaktere jetzt und fortan für immer unauflöslich miteinander verwoben in Aufstieg und Untergang, auf Entweder-Oder. Nur einer von beiden, so stehen die Weichen von Anfang an, so liegen die Würfel, wie sie gefallen sind ein für allemal, nur einer von beiden kann König sein. Die Salbung des David, die so unschuldig beginnt, ist erwachsen aus dem Fluch Gottes über Saul und Samuel ist der Vollstrecker des göttlichen Zorns. Da ist ein kleiner Hirtenjunge von Anfang an dazu erwählt, einen König zu vernichten, ein Motiv, das uns noch lange beschäftigen wird, weil es eine neue Seite in der Bibel selbst aufschlägt. So etwas gab es noch nie, weil es noch nie einen König gab, und es mischen sich Gefühle, menschliche, religiöse, Psychologie und Theologie auf nie gehörte und gefühlte Weise ineinander.

Der Übersichtlichkeit nach könnten wir die Handlungsstränge für den Augenblick entflechten. Und beginnen wir, weil er es verdient, mit Saul selber. Eines wissen wir schon: er ist der Statthalter eines Königtums, das die Propheten nie gewollt, nie akzeptiert haben, wenn sie nicht selbst am Hofe korrumpiert und korrodiert wurden zu reinen Literaten und Propagandisten der Macht. Die ehrlichen, die von Gott gesandten Propheten, so wird man später wissen, haben das Königtum nie gewollt, weil es den Weg zu Gott versperrt und von Gott eine Macht entlehnt, die dem Menschen nicht gehört. Der Vorwurf mag gelten für alle Machtbesessenen, aber er trifft Saul nicht, in keiner Weise. In gewissem Sinne wollte Saul nicht König werden. Selbst wenn wir die Legende abhorchen, es gibt nicht den geringsten Machtwillen dieses Mannes vom Ursprung her. Als Samuel ihn zum König machen will, erklärt er: Ich bin aus dem geringsten, aus dem Stamme Efraim; ich bin nicht wert, König zu sein. Er wird es trotzdem. Und dann reagiert er auf seine Weise, als der Ammoniterkönig Nahasch vorrückt, das Land Israel zu besetzen. Er muß kämpfen, als die Philister einbrechen in ihr Land. Immer ist Saul derjenige, der ein bedrohtes Volk retten will. Er wird nie etwas anderes sein als ein Kriegskönig, hart, bescheiden, pflichtbewußt, mutig, zur Stelle wann immer. Es gibt nichts Glänzendes über Saul, nichts Strahlendes, selten etwas Freudiges, alles ist düster und schwer. Aber verdient er diese Art von Verfluchung? Wie unsicher, das sahen wir, ist Saul in allem, was er tut! Wie wird man diesem unsichtbaren und unbekannten Gott eigentlich gerecht? Man muß ihn versöhnen und gnädig stimmen. Also opfert Saul. Aber dann kommt der eigene Prophet dieses Gottes und erklärt: Du hättest nicht opfern dürfen! Nichts hättest du übriglassen dürfen, totschlagen alles, aber kein Opfer für Gott! Gehorsam! Und es fährt Saul schrecklich in das Herz, so sehr, daß er beim nächsten Mal willens ist, seinen eigenen Sohn zu töten für ein geringes Vergehen. Er hat etwas Bienenhonig gegessen an einem Tag, den Saul vor der Schlacht dazu bestimmt hatte, überhaupt nichts zu essen, zu fasten, damit Gott auf der Seite der Heerscharen Israels stünde. Wie streng ist Saul da, wie verschüchtert in seiner Angst und wie gutwillig! Dieser Mann möchte alles ganz richtig machen. Und wir haben schon begriffen: was da über ihn fährt, wird doppelbödig und ganz korrekt von der Bibel bezeichnet als Gottes Geist. Es wird nicht einmal unterschieden zwischen bösem Geist und gutem Geist. Gottes Geist selber ist es, der den Saul verheert. Man müßte präzise sagen: Es sind die zwei Seiten, in die sich die Gottheit gespalten hat im Herzen des Saul; es ist die ganze Ambivalenz eines verängstigten

Mannes, der darum ringt, so gut er nur kann, den rechten Weg zu finden, und der in seiner Verstörung, in seiner Angst, in seiner Bedrohtheit ihn nie finden wird. Es ist dieselbe Gottheit, die ihn beruft und verstößt, derselbe Gott, dem er dienen möchte und der den Dienst ablehnt. Wie kann ein Mensch Vertrauen fassen, wenn die Religion selber so widersprüchlich wird, wenn sie Opfer verlangt und dann noch viel mehr als das Opfer, den ganzen Menschen einfordert, der in seiner Angst genau das gar nicht vermag, *ganz* zu werden? Ein zerrissener Spiegel ist die Seele des Saul, zerbrochen in so viele Stücke, die nie mehr sich zusammenfügen mögen.

Da ersinnt man am Hofe einen Ausweg, fast erschütternd. Man denkt, daß dieser Mann, der außer Krieg und Kampf und Streit und Totschlag und Angst und Flucht und Wieder-nach-vorne-Gehen und Verzweiflung nie etwas anderes kennengelernt hat, erheitert werden soll durch Musik. Da ist ein Kind, das die Leier spielt. Den soll man holen, den Jungen aus Bethlehem. Es ist ein phantastischer Gedanke. Da möchte man glauben, die Depression eines Menschen, sein Niedergedrücktsein, seine Angst, seine Ausgesetztheit könne zustande kommen durch eine rabiate Überforderung, eine Einseitigkeit, die das Schicksal ihm auferlegt; in diesem Haudegen Saul, diesem hartgewordenen Kriegskönig lebten ganz andere Schwingungen seiner Seele, und würde man die nicht zum Klingen bringen, würde er in seiner eigenen Seele nie frei werden. Es geht nicht einfach um Unterhaltung, Ablenkung, Entertainment, Amusement, es geht um Musik, um eine andere Tonart als das Gebrüll der Hörner zum Kampf. Es geht um eine Erholung von soviel Wüstenei der Geschichte. Das ist es, was Saul benötigt, aus seinen Depressionen sich zu lösen. Was den Leuten da unter den Beratern am Hofe einfällt, ist eine geniale Art der Psychotherapie. Wenn immer Sie Menschen antreffen vom Charakter Sauls, Überforderte, Gestreßte, Zusammengebrochene, Menschen, die unsicher sind, ob sie je in ihrem Leben etwas richtig gemacht haben bei allem guten Willen, wird es ein anderes Medikament schwerlich geben, als ihnen zu sagen, sie möchten langsam, ab und an wenigstens, herauskommen aus der Klammer ihrer Pflichten, sich lösen aus den Einengungen ihrer Aufgaben und diese andere Welt, die es doch auch gibt, wieder sehen lernen. Es darf nicht das *ganze* Dasein werden: König sein, verantwortlich sein. Sie können für Königsein hunderterlei andere Dinge setzen: Chefsein, Vatersein, Muttersein, Lehrersein, Pastorsein, was immer Sie wollen, Nachtwächtersein – überall, wo Sie ein Stück Verantwortung in dieser Welt tragen, stehen Sie vor demselben Problem: sie wird unter Ihrer Hand uferlos, und irgendwann wissen Sie nicht mehr, wo die Grenzen sind. Es hört ja nie auf, an Gefahr, an Herausforderung, an drohendem Scheitern, an Möglichkeit der Zerstörung von allem, Sie heimzusuchen, und wie wollen Sie's abwehren, außer indem Sie die Angst immer neu verunendlichen. Was soll dagegen helfen, außer buchstäblich sich zu erlauben, mindestens zeitweise davon Abschied zu nehmen und in eine andere Richtung zu blicken, die Wände des Kerkers zu öffnen und hinauszuschauen durch ein Fenster, das Ihnen ein Stück vom Himmel zeigt, und im Geschrei des Schmerzes und im Triumphgeheul des Sieges andere Töne doch auch wahrzunehmen. Man sage nicht, eine solche »Psychotherapie« sei ja nur die Wiederherstellung der alten Leistungsfähigkeit. Genau das darf sie nicht sein. Es müßte Formen des Spiels geben, die keinen anderen Zweck haben, als Freude zu machen. Es müßte Lied und Gesang geben, nicht, um damit etwas zu erreichen; es geht nicht sozusagen um eine Gliedermassage für die Seele, um die alte Kampfkraft wiederherzustellen, es geht um die Entdeckung von etwas gegensätzlich anderem, Ergänzendem, so anders, daß es keinem strategischem Ziel, keiner verzweckten Überlegung gehorcht, sondern in sich Gültigkeit besitzt. Würden wir diesen Gedanken weiter ausspinnen, würden wir einem ganz anderen Gott begegnen als dem Kriegs- und Schlachtengott Sauls. Aber tatsächlich bleibt der Auftritt Davids mit der Leier am Hofe Sauls immer nur ein Intermezzo, nie eine wirkliche Kur, niemals eine erfolgreiche Heilung, nur eine Unterbrechung des Schmerzes, nur eine vorübergehende Linderung, und der Text deutet an: viel anders war's auch nicht gemeint.

Dann sehen wir Saul schon wieder im Kampf gegen die Gegner, die historisch in sein Königtum so tief hineinreichen, daß sie es selbst begründet haben werden, die indogermanischen Philister. Manche Züge an ihnen sind ohne Zweifel historisch. Die Seevölkerbewegung muß sie an die Küste Palästinas getrieben haben, ein Raum, der um 1200 v. Chr. nach ihnen den eigenen Namen gewonnen hat. Eisen prägt ihre Waffen, die Strategie und die Kampfkraft ist den Bewohnern Kanaans weit überlegen, und selbst der Zug des Protagonisten, des Einzelkämpfers, der vor die Schlachtreihe tritt und den Gegner herausfordert, dürfte historisch wohl so gewesen sein; er spinnt sich nicht nur in den Legenden und Sagen fort, sondern hat vielleicht einen entsprechenden Zug auch der Wirklichkeit. Homer in einem ganz anderen Raum, aber ja fast zeitgleich vor Troja, berichtet Ähnliches, wie Achill da auftritt um mit einem Gegner die Kräfte zu messen anstelle des ganzen Heeres. Fast könnte man denken, dies hat Vernunft. Statt ein ganzes Volk totzuschlagen, läßt man die Geschichte sich abspielen durch zwei Stellvertreter. Die allerdings werden gezüchtet wie die Bienenköniginnen, trainiert, bis daß sie nichts anderes mehr sind als Kriegsknechte, von klein auf. Schon wie Goliat geschildert wird, ist furchterregend. Kein Teil seines Körpers, der noch verwundbar wäre unter soviel eiserner Wappnung, und er wird seine Waffen beherrschen, der Schrecken einer völlig neuen Auffassung von Krieg und Kampf. Da verteidigt man sich nicht mehr, da ringt man nicht um sein Leben, da triumphiert man in Glorie, indem man den Krieg virtuos handhabt. Man wird ein Held durch ihn, ein Ausgezeichneter. Und die Besten unter ihnen, die Recken, bilden eine eigene Elite, ganz wie die homerischen Helden im antiken Mykene. An diesen Zügen wird etwas Historisches sein, so verstellt in der Erzählung es auch immer gewesen sein mag.

Kehren wir zurück zu Saul. Wir haben am Ende einen König vor uns, der gesiegt hat, groß gesiegt hat, aber dem das Entscheidende nicht vergönnt war: der Triumph über diesen Riesen, über Goliat. Wir hören historisch getreu, wie die Frauen den zurückkehrenden Helden entgegenziehen, sie bejubeln ihres Sieges wegen. In Diskussionen über Krieg und Frieden ist dies ein geläufiges Argument geworden: die Kriege gingen auf die Konten der Männer, das seien Wüstlinge und Berserker von Natur aus, aber die Frauen, gütig, sanft, von friedfertigem Wesen, würden all dem Einhalt tun, wenn man sie nur ließe. Die Wahrheit ist: die Männer sind so geworden, weil's Frauen so wollten oder brauchten, und die Frauen wurden so, weil's die Männer so wollten; wir leben *zusammen* seit etlichen Jahrmillionen, Männer wie Frauen. Und dies jedenfalls ist noch heute so, daß die Frauen am Ende die Männer begrüßen als Helden. Du kehrst zurück als Sieger oder nie wieder! So ähnlich denkt man in heldischen Zeiten von guten Söhnen, die Mütter gebären. Da sind es die Frauen selbst, die ihre Männer so bilden, wie man sie liebt, und am meisten wird man sie lieben, wenn sie die Gegensätze in sich vereinigen, schön an Gestalt und trotzdem kampfesstark. Wie das geht, ist immer noch eine Preisfrage in den Bodybuildingzentren, aber nach dem Geschmack der Frauen. In David *ist* es verkörpert. Er ist ein Held an Gestalt, er ist ein Feingeist auf der Leier und gleichzeitig ein Krieger; selbst wenn wir schon wissen, wie man das Ganze montiert hat, faszinierend ist es und soll es auch sein.

Nur für Saul ist es das reine Grauen, und das kann man verstehen. Denken Sie sich in das Schicksal so vieler Leute hinein, die alles gegeben haben in ihrem Leben, was sie konnten, und dann kommt irgendein Hergelaufener, ein Hirtenjunge; mit dem ist Gott. Alles, was er anpackt, gelingt ihm. Die David-Geschichte hier ist noch nicht ein Kapitel alt, da hat David alles, was er will, die Zustimmung des Volkes, bereits das Versprechen der Tochter Sauls, er ist mitten im Königshof, inzwischen ein Verwandter, steht an der Seite der Thronfolgerin, und sogar der Kronprinz, der Sohn Sauls, Jonatan, wird sein Freund.

Eh' wir von der Tochter Sauls irgend etwas hören, ist diese Männerfreundschaft sehr viel wichtiger, eine Kriegskameradschaft, fast homosexuell geprägt. Jeder, der die Bibel einmal durchforscht, ob sie nicht andere Seiten noch kennt als die aus dem ersten Römer-Brief: Homosexuelle sollten hingerichtet werden, kann sich berufen auf Saul und Jonatan. So wie sie alles tauschen miteinander, zweimal betont, in der Liebe ihrer Zuneigung, ist es nicht nur Männerfreundschaft, sondern Schicksalsbündnis. Weit mehr als die Tochter Sauls wird David Jonatan lieben. In ihm ist all das, was er selber werden möchte, verkörpert – ein Königssohn. Aber für Saul wieder jetzt nichts als Bedrohung, als Gefahr. Er hat sich einen Trost an den Hof geholt, der ihn selber bedroht.

Er hat, um seine eigene Seele ausruhen zu lassen, sich die größte Gefahr selber bereitet. Nie hätte David in die Nähe Sauls kommen dürfen, so erscheint es ihm jetzt. Aber wie nun? Da können Menschen im Inhalt ihres ganzen Lebens sich wie entleert fühlen, einfach weil sie überholt werden von irgendeinem Jüngeren, einem anderen. Manch einer von Ihnen kennt die Verfilmung von Peter Shaffers Bühnenstück »Amadeus«, wie da in den Tagen Mozarts am Hof in Wien der Musikmeister Salieri ein solch düsterer, strenger, zuverlässiger Charakter gewesen sein soll, ein Mann, der in der Musik zum Lobe Gottes jede Note *richtig* zu komponieren versuchte. Aber alles blieb schwer, hölzern, steif. Und dann kommt ein Genie dahin! Alles scheinbar fällt ihm in den Schoß. Mit ihm ist Gott, er braucht nur die Finger zu rühren, gleich an welchem Instrument. Er braucht nur das Notenpapier in die Hand zu bekommen. Ihm tanzt die Musik, ihm ist sie Erfüllung und Rausch. Alles wird leicht, selbstverständlich, ganz natürlich, eine wirklich göttliche Kraft. Aber nichts ist daran Anstrengung, Arbeit scheinbar, nichts an Entbehrung, alles fällt wie umsonst Amadeus zu, und er hat es nicht verdient. Wenn ein Gott mit diesem ist, ist es ein ungerechter Gott. – Ist nicht die Art, wie das Schicksal mit Menschen umspringt, schier zum Verzweifeln? Man müßte irgendwo jemanden haben, der Sauls Leben einmal aus *seiner* Sicht erzählen würde, und er müßte ihm sagen: Saul, es kommt vielleicht nicht darauf an, wie viele Siege du errungen hast. Vielleicht gibt es einen Gott im Himmel, der nichts weiter sehen will als deine Person, die er berufen hat in deiner Art. Und was du konntest, hast du getan. Sobald du dich mißt mit anderen Leuten, an einem glücklicheren Schicksal, und verlangst von dir: so hättest du sein müssen, wirst du nie eine Bilanz finden, die dir erträglich wird, sie muß dich vernichten. Du bist nie David, das stimmt, und du kannst immer neidisch sein, daß da ein anderer anders ist als du. Aber es genügt vollkommen für den Schicksalsaugenblick, in dem du deine Erwählung gefunden hast, daß du Saul bist, mit all deinen Zweifeln, all deinen Niederlagen, deinen tapfer erkämpften Siegen, denen doch auch. Du bist Saul, der erste König Israels. Ist es nicht am allerschwersten in der Geschichte, etwas wirklich Neues zu versuchen? Soll das immer strahlend gehen, als erster in den Wind zu treten? Die dahinter im Schatten mögen's leichter haben, können die bewährten und probierten Formen neu zusammensetzen, aber du, Saul, warst der erste. Auf dir lag alles, die ganze Brandung der Geschichte ging über dich her, brach sich an dir. Du mußt nicht erwarten, daß du Erfolge hast wie David. Aber du bist Saul. – Es gibt in der ganzen Bibel keinen Gott, keinen Propheten, keinen Freund, der mit Saul je reden wird. Immer sitzt er auf dem Thron, einsam, verschattet, leidend und manchmal wütend, und man muß fast froh sein, daß er noch diese Möglichkeit hat des explosiven Zorns, sie ist das Gegenstück der lethargischen Depressionen. Oft ist viel gewonnen, wenn man mindestens die Gegenwehr reizt, und wie man sie so ausagieren läßt, daß sie nicht gleich den anderen an die Wand spießt, ist es schon viel im Umgang mit Menschen oft. Es wird immer schwerer fallen, Saul zu lieben, fast wird er bösartig werden wie ein knurrender Hund, der seine Zähne verliert. Aber er bleibt ein König, auch für David.

Die Geschichte wird weitergehen, und sie wird doch nur die Wegstrecken abschreiten, die längst vorgegeben sind. Auch Davids Schicksal ist uns bekannt, noch ehe es sich aufführt. Hier schon, gleich am Anfang: er wird zum König gesalbt im Wissen, daß dies eine revolutionäre Handlung ist. Der kleine David, der Hirtenjunge, hinter den Schafen weg wird von Samuel eingeführt als Kronprätendent. Er ist die lebendige Gefahr, die Revolution, der Aufruhr – nur das darf keiner wissen, und die ganze Geschichtsschreibung Israels wird so darüber hingehen, daß das eine Wahrheit ist, die man nie erfahren darf. Saul wird als König abgesetzt werden durch David, der aber darf das, was er erreicht, kaum gewollt haben. Es spielt sich mehr ein, als daß er es betrieben hat, soll man glauben. Wir müssen schon sehr listig die Schleichwege abgehen, um dahinterzukommen.

Aber dann sehen wir David zunächst einmal in völliger Unschuld eines Märchens vor uns – sein erster Königsweg. Es ist die Geschichte eines männlichen Aschenputtel-Motivs, der achte der Söhne Isais. Alle waren sie größer, älter, würdiger, und kein einziger von ihnen wurde erwählt von Samuel. Nehmen wir, unabhängig von der Frage, was daran historisch sei, das Märchen mal für uns. Lebt da nicht in jedem ein Gefühl, zu kurz gekommen zu sein, zu spät geboren zu sein, zu klein zu sein, gemessen an den anderen, und reaktiv das Bedürfnis, man könnte sie alle überflügeln? Immer in den Märchen ist es der Kleinste, der Jüngste, der Unansehnlichste, der später aufsteigt zur Erwählung. Für die Psychologen ein unerschöpfliches Motiv, wie wieder jetzt ein gewisses Minderwertigkeitsgefühl übersteigert wird zu einer Anspruchshaltung, irgendwann müßte jemand kommen, unsere wirkliche Würde zu entdecken. Aber könnt's nicht sein, daß diese Möglichkeit tatsächlich besteht? Menschen fühlen sich so gering, und sie hören doch nie auf, zu warten, jemand fände heraus, was der Wert ihres eigenen Wesens ist. So einer wäre ein Gottesmann, ein Prophet, und er nähme uns bei der Hand und zeigte uns, wieviel an königlicher Größe in uns schlummert. Das wäre eine Erwählung ins Leben, eine wunderbare Berufung, und wir vergäßen alle Brüder, wir vergäßen alle Könige, wir wüßten endlich nur, wer wir selber sind, was in uns schlummert wie mit Selbstverständlichkeit und weckt sich auf zu einem Gesang, der Traurige tröstet. So beginnt es mit David, dem späteren König.

Es hat Rilke einmal ein kleines Gedicht über die Szene von David am Hofe geformt, fast eine Elegie auf sich selber, das Lied eines zweifelnden Dichters in der Zeit in Paris; seine Ehe im Grunde bereits zerbrochen, ein Eheflüchtling er selbst auf der Suche nach einer eigenen Sprache, die sich fast überreift hat bereits. Für ihn wird der David am Hof wie ein Leitstern auf der Suche nach sich selber. Er schreibt:

Ach daß der König mich wieder vor sich beföhle:
seiner Schwermut Wucht
preßte Gesänge wie goldene langsame Öle
aus der abgeschlagenen Frucht
meiner jährigen Zeit.
Oder ich wollte, ich stünde wieder und reichte
ihm sein Schwert hinauf in den Streit,
und bliebe zurück, als der Leichte
unter der Herrlichkeit
der beladenen Schlacht.
Oder noch: mir träumte im Schlafe er sende
mich bis ans Ende des Reichs,
um aus dem Harem des äußersten Scheichs
eine Sklavin zu holen.
Und ich brächte durch sternige Nächte
auf dem fürstlich verhängten Kamele
ihre kaumverkörperte Seele,
die er befohlen.

Tatsächlich ist David ein solcher Seelenbringer. Obwohl wir von der Liebe Sauls kein Sterbenswörtlein hören, lebt doch in der Musik eine ebensolche Sehnsucht wie in jeder Dichtung, wie in jedem Zauberwort der Lyrik. Und das wird David *sein*: Als König später wird er der Sänger bleiben. Macht und Schönheit einigen sich in seiner Person. So jedenfalls beschreibt es die Bibel.

Was uns dann fasziniert an der Geschichte von Goliat und David, von Elhanan und dem Riesen, das stehe dahin. Historisch kann sie nicht sein, aber jeder, der sie einmal gehört hat in Kindertagen, hat sie nie mehr vergessen. Allein woran das liegt, verlangt nach Aufklärung. Hunderterlei andere Geschichten haben Sie gehört und fast vergessen, aber David und Goliat niemals. Drum scheint mir, daß ein tiefes Motiv darin liegen muß, diese Geschichte als ursprünglich, als unmittelbar für sich selber zu erleben und sich hineinzuphantasieren, so grausig sie auch ist: der schlimme Recke und Wüstling Goliat, hohnsprechend, ein Schrecken für all die Mannen Israels – und der kleine David mit der Schleuder. Mir scheint, das Motiv, das darin hängt, ist wirklich ein ursprüngliches. Es ist geboren einfach aus dem Erleben jedes Jungen, jedes Mädchens auch, von der Größe des eigenen Vaters, der eigenen Mutter. Dahinein formt sich zum erstenmal der Wunsch, daß doch die Großen irgendein Bein gestellt bekämen und stürzten hin. Ich entsinne mich noch, wie es wirklich geschah in meiner Schulklasse, als der Lehrer mal stolperte. Wir hatten überhaupt nichts gegen den Lehrer, aber das Joho war unbeschreiblich. Er, der Große, stürzt hin und ist klein wie wir! Allein der Abstand der Jahre, der Körperkraft, wie kann man standhalten als Kind, wenn da ein Vater ist? Der braucht einen nur zu nehmen und verhaut den Hosenboden, ohne Widerwehr, aber wider Willen um so mehr. Das alles muß beglichen werden irgendwann im Leben, und die Geschichte von David und Goliat ist genau die richtige dafür. Da kehrt die Weltordnung sich um, wie es die Kinder wünschen: mal nicht die Erwachsenen, sondern die kleinen Leute, die kommt zum Siege. Allein die psychologische Befriedigung dieser Geschichte macht sie kostbar. Aber dann lernen wir psychologisch etwas Wunderbares, viel früher noch als theologisch: Es hätte David in dieser Schlacht nie eine Chance, wenn er sich einließe auf die Wege Sauls. Ein Motiv dürfen wir nicht überhören, das ist der Haß des eigenen ältesten Bruders auf David. Wie wenn er den Kampf gegen Goliat vorwegnähme, steht da der älteste der Söhne Isais und erklärt: Du hättest nie hierher kommen sollen. Du bist nichts als kriegslüstern. Du solltest deine paar Schafe hüten in Bethlehem, das wäre *deine* Aufgabe; Hanswurst du, müßte man hinzufügen. Da muß ein David als erstes gegen den ältesten seiner Brüder sich durchsetzen, ehe er gegen den ganz Großen sich aufmachen kann, gegen einen Nachfolger *des Vaters*, müßte man psychologisch sagen. Und Sie können denken, daß überall, wo solche großen Heldenkämpfe ausgeführt und ausgefochten werden, immer wieder diese Problematik auch des eigenen Vaters förmlich im Hintergrund lauert. Kein Martin Luther ohne den Kampf auch gegen seinen Vater. Erikson hat eine eigene Studie dem gewidmet, wie der Haß auf den Papst eine Befreiung sein kann, weil er ablenkt den Zorn auf den eigenen Vater. Und wie lang kann der Weg sein, schließlich zurückzufinden in einen Frieden gerade mit ihm. – Wir verstehen, wenn wir so betrachten, daß der Kampf gegen Goliat, gegen den Vater, identisch ist mit dem Kampf auch gegen den *König*. Und das wird jetzt entscheidend. Kaum gibt es ein Königtum in Israel, beginnt, was man psychologisch nennen könnte die ödipale Auseinandersetzung, die Revolte, die Eifersucht gegen die Macht im eigenen Elternhaus, in der eigenen Familie, in der eigenen Kultur, bis hinein in die Religion, die die Macht auf dem Thron selbst verkörpert. David bekämpft in Goliat alles zumal, jede Macht über sich, auch die Sauls, und so ist es folgerichtig, daß, indem er den Philister überwindet, er zugleich auch Saul überwindet. Beides ist da eins.

Aber nun die Art seiner Kampfesführung. Noch ist Saul ihm günstig gesonnen, er schenkt ihm all die Waffen, mit denen er, Saul, zu kämpfen gewöhnt ist. Einzeln werden sie aufgezählt, die Teilstücke – und kein einziges von ihnen wird David gebrauchen können. Das ist im Umkehrschluß fast, was man Saul die ganze Zeit hat sagen mögen und einem jeden sagen muß, der in ähnliche Situation kommt. Wie viele Auseinandersetzungen lassen sich nicht vermeiden, egal wo, in der Arbeit, im Privatleben, in der Familie. Wie viele Menschen bereitet man vor auf eine bestimmte Auseinandersetzung, die sie eingehen *müssen*, ob sie's wollen oder nicht. Und die Angst ist so groß, weil der Gegner scheinbar alles kann, beherrscht, besser ausgestattet ist, besser alles weiß, einem jedes Wort im Mund umdreht. Er hat alle Vorteile auf seiner Seite, und man könnte vor lauter Angst geneigt sein, genau so werden zu müssen und noch ein bißchen besser, um ihn endlich aus dem Felde zu schlagen. Dann müßte David ein Kriegsheld werden, endlos lang trainieren, Fechten üben. Der Philister wär' längst tot, ehe David soweit wäre, ihn erschlagen zu können. So hat's keinen Sinn, und es wird nie *David* sein, der in den Kampf geht. – Das einzige, was wirklich hilft, ist die Konzentration auf sich selbst, auf die eigenen Möglichkeiten. Wer man selber ist, was man wirklich kann, was zu einem gehört und nicht zu einem gehört, diese Art der Meditation über die *eigenen* Fähigkeiten ist die einzige wirkliche Beruhigung, die es in solchen Momenten gibt. Da wird man sehen, daß objektiv allzumeist *mehr* gar nicht nötig ist, als sich so einzubringen, wie es zu einem selber stimmt. Alles andere ist Verfälschung, jede fremde Nachahmung von nur geliehenen Künsten Verrat an sich selbst und tödlich gefährlich. Gerade die wichtigsten Auseinandersetzungen im Leben kann und darf man nur bestehen mit sich selber. Um je mehr es geht, desto weniger erlaubt das Leben ein Ausweichen, ein Vorspiegeln falscher Tatsachen. Tatsächlich ist das das Normale, diese ständigen Konkurrenzauseinandersetzungen zwischen vermeintlich Hoch und vermeintlich Niedrig. Im akademischen Raum: Ganz selbstverständlich, jedes Buch muß man gelesen haben, jeden Artikel kennen, jedes Argument beherrschen, um's dem andern so zu unterschieben, daß er hinfällt, in die Stirn getroffen. Da werden Worte zu Kieselsteinen, Bücher zu Schleuderwaffen – eine rabiate Form zu leben. Aber auch in der Ehe: was alles kann sein! Wie viele Bemerkungen, einfach so hingeschleudert, wörtlich, dringen durch die Haut, vernichten den Verstand, zerstören das Selbstwertgefühl. Am Ende ist man nichts mehr. Und die Antwort darauf könnte immer wieder sein, in Harnisch zu gehen, gepanzert zu werden, unverwundbar sich zu machen: Es macht mir nichts aus! Der andere kann sagen, was er will, tun, was er will, es erreicht mich überhaupt nicht mehr, so fest bin ich gewappnet. Und dann kann's plötzlich ein ganz Kleines geben, und wir sind wie erledigt. Das Kämpfen in dieser Art ist irgendwie sinnlos.

Geht man die Geschichte von David und Goliat wirklich durch, macht sie sich im wirklichen Leben so nicht plausibel. Besser da eine altchinesische Erzählung: Der Kaiser von China hatte einmal einen Kampfhahn, ein prachtvolles Tier, und bringt ihn seinem Zuchtmeister und fragt nach ein paar Wochen, was aus dem Tier geworden sei. Der Meister sagt: Es ist noch nicht in Ordnung. Dieser Kampfhahn, wenn er einen andern sieht, schwillt ihm der Kamm, er fängt an zu scharren, spreizt das Gefieder, streckt den Hals – er will los. Es ist kein guter Kampfhahn. Der Kaiser wundert sich und denkt: Aber das sollte doch ein Kampfhahn, genau so sollte er sich verhalten; fragt nach Wochen wieder, und der Meister, nun befriedigt, sagt: Es ist ein sehr guter Kampfhahn, denn jetzt verhält es sich so: Wenn er einen andern Hahn sieht, rührt er sich überhaupt nicht, pickt weiter, geht seines Wegs, wie wenn er den andern gar nicht sieht. Kein Hahn der Welt mehr wird wagen, ihn anzugreifen. – Ein Stück davon liegt in dem, was David andeutet. Es gibt keine Furcht, es gibt keine Verletzung, weil es einen eigenen Stolz gibt. An dieser Stelle wird Psychologie fast zu Religion. Es geht nicht nur um David, es geht um den Gott Israels, versichern uns die deuteronomistischen Geschichtsschreiber. Man beleidigt nicht den Herrn der Heerscharen Israels straflos. So revanchistisch das alles gedacht ist, etwas ist ja dran. Gottvertrauen ist eine Form von Selbstvertrauen, so auch. Sich Gott in die Hand zu geben, besteht auch darin, das eigene Leben anzupacken und in die Hand zu nehmen. Zu Gott ja zu sagen, bedeutet auch, zu sich selber ja zu sagen, nicht sich ständig umzumodeln als ein anderer, sondern mit dem, was man ist, auf den Turnierplatz zu gehen. In gewissem Sinne geht es nicht einmal um Sieg dabei, sondern um Wahr-Sein oder Wahr-Werden, nicht um das Erschlagen der Gegner, sondern um die Treue zu sich selber. Dann können wir David und Goliat vergessen in gewissem Sinne.

Es bleibt uns die Erinnerung, daß David gerade als der Hirtenjunge mit der Steinschleuder, der Unbewaffnete fast, aufsteigt und es vermag, Anmut und Würde, Schönheit und Kraft, Macht und Musik, Sensibilität und – fast muß man sagen – Sadismus bis hin zur Grausamkeit auf eine paradoxe Art miteinander zu einigen, die uns schaudern machen muß und auch begeistert sein läßt. Es gibt kaum eine rätselhaftere Person als die des Königs David in der Bibel. Kapitel um Kapitel werden wir sie erforschen müssen und die Menschen an ihrer Seite. Aber eines bleibt: Davids Motiv, anders als bei jeder Gestalt vorher, scheint die Auseinandersetzung mit der Macht über ihm zu sein. Nennen wir sie *den eigenen Vater*, und wir halten's fest, denn wir werden später verstehen, warum das Hauptproblem der ganzen Regentschaft Davids darin liegen wird, wie er selber Vater sein kann zu seinen Söhnen. Die Thronnachfolge in bezug zu den eigenen Söhnen wird ein eigenes Geschichtswerk der Bibel sein, das früheste menschheitlich überhaupt überlieferte, geschlossene Geschichtswerk, das uns im Abstand von dreitausend Jahren übereignet wurde. So zentral ist für David die Frage: wie geht man um mit Vätern, und wie wird man selbst zum Vater. Wie wird man ein Mann, der leben läßt und dem Leben dient? Eine Frage, die jeder sich stellen müßte, der irgendwo mit Menschen zu tun hat. Wir hören im Grunde von Gott, aber wir lernen alles, was Gott zu sagen hat, nur kennen im Spiegel der Seele von Menschen. Ehe wir sie nicht verstehen und uns selber in ihr, werden wir ein göttliches Wort nimmer begreifen.

7. Mai 1994

5

Da kam ein böser Geist über Saul

SIE sind gekommen, in unserem Wortgottesdienst einem Stück der Bibel zuzuhören, das uns nicht gerade in lichtvolle, eher in düstere Verstrickungen von Menschen hineinführen wird. Es geht um die Fortsetzung der Geschichte von Saul und David, aber es ist nicht ein klarer durchgeführter Zweikampf zwischen dem König und seinem Thronrivalen, eher ein geheimnisvolles, intrigantes Versteckspiel zwischen offener Aggression und Hinterhalt, dann wieder von königlicher Berufung durch Gott selber, wie wir denken sollen, und Flucht und Ausweichen in die Fremde. Einbezogen in die Geschichten am Hof sind zwei Höflinge selbst, der Sohn und die Tochter Sauls. Ihr Schicksal, weit mehr noch als das des späteren Königs David, soll und wird uns hier beschäftigen.

Vom 18. bis zum 21. Kapitel erzählt das erste Buch Samuel wie folgt:

TEXT: 1 Sam 18, 17–30; 19, 1–24; 20, 1–9. 24–35. 41–42; 21, 1

Und Saul sprach zu David: Hier meine ältere Tochter Merab, die will ich dir zum Weibe geben; nur sei mir tapfer und führe die Kriege des Herrn. Saul dachte nämlich: Meine Hand soll nicht an ihn kommen; an ihn komme die Hand der Philister. David aber antwortete Saul: Wer bin ich? Und was ist meine Sippe, das Geschlecht meines Vaters, in Israel, daß ich des Königs Tochtermann werden könnte? Als aber die Zeit kam, da Merab, die Tochter Sauls, David gegeben werden sollte, wurde sie Adriel von Mehola zum Weibe gegeben. Aber Michal, die Tochter Sauls, hatte David lieb.

Als man Saul das hinterbrachte, war es ihm recht. Saul dachte nämlich: Ich will sie ihm geben, daß sie ihm zum Fallstrick werde und die Hand der Philister an ihn komme. Und Saul gebot seinen Dienern: Redet heimlich mit David und sagt: Siehe, der König hat Gefallen an dir, und bei all seinen Dienern bist du beliebt; so werde doch nun des Königs Tochtermann. Und die Diener Sauls redeten so zu David. David aber sprach: Dünkt euch das ein Geringes, des Königs Tochtermann zu werden, wo ich doch ein armer und geringer Mann bin? Die Diener Sauls hinterbrachten ihm dies und sprachen: Das und das hat David gesagt. Da sprach Saul: Saget so zu David: Der König begehrt keinen andern Brautpreis als hundert Vorhäute von Philistern, um an den Feinden des Königs sich zu rächen. Aber Saul gedachte David durch die Philister zu Fall zu bringen. Als nun seine Diener David diese Worte hinterbrachten, war David es zufrieden, des Königs Tochtermann zu werden.

So machte sich David auf und zog mit seinen Leuten hin und erschlug zweihundert Mann unter den Philistern. Und David brachte ihre Vorhäute und legte sie dem Könige vollzählig vor, um des Königs Tochtermann zu werden. Da gab ihm Saul seine Tochter Michal zum Weibe. Als aber Saul sah und erkannte, daß der Herr mit David war und daß ganz Israel ihn liebte, da fürchtete er sich noch mehr vor David. So wurde Saul Davids Feind für alle Zeit. Und die Fürsten der Philister zogen zu Felde; sooft sie aber auszogen, hatte David mehr Glück als alle Diener Sauls. So wurde sein Name hochgeehrt.

Nun redete Saul zu seinem Sohne Jonathan und zu allen seinen Dienern davon, David zu töten. Aber Jonathan, der Sohn Sauls, war David sehr zugetan. Darum hinterbrachte Jonathan dies David und sprach: Mein Vater Saul trachtet darnach, dich zu töten. So nimm dich nun morgen früh in acht, verstecke dich und bleibe verborgen. Ich aber will hinauskommen und neben meinen Vater treten auf dem Felde, wo du bist, und will mit meinem Vater von dir reden; und was ich da etwa erfahre, das will ich dir kundtun. Und Jonathan redete zu Davids Gunsten bei seinem Vater Saul und sprach zu ihm: Der König versündige sich nicht an seinem Knechte David; denn er hat sich nicht wider dich vergangen, und sein Tun ist dir sehr nützlich gewesen: er hat doch sein Leben aufs Spiel gesetzt und den Phi-

lister erschlagen, und so hat der Herr ganz Israel einen großen Sieg
verliehen. Du hast es mitangesehen und dich gefreut. Warum willst
du dich an unschuldigem Blut versündigen, indem du David ohne
Ursache tötest? Da hörte Saul auf Jonathan und schwur: So wahr
der Herr lebt, er soll nicht sterben! Nun rief Jonathan den David
und tat ihm alle diese Worte kund. Dann führte Jonathan den David
zu Saul, und er blieb wieder bei ihm wie zuvor.

Als aber der Krieg wieder ausbrach, zog David aus zum Kampfe
gegen die Philister und brachte ihnen eine schwere Niederlage bei,
so daß sie vor ihm flohen. Da kam ein böser Geist vom Herrn über
Saul, als er, den Speer in der Hand, in seinem Hause saß, während
David die Laute spielte. Und Saul versuchte David mit dem Speer
an die Wand zu spießen; der jedoch wich Saul aus, sodaß er den
Speer in die Wand stieß. David aber floh und entrann. In jener
Nacht sandte Saul Boten nach dem Hause Davids, ihn zu bewachen,
damit er ihn am Morgen töte. Michal aber, Davids Weib, verriet es
ihm und sprach: Wenn du nicht diese Nacht dein Leben rettest, so
wirst du morgen umgebracht. Und Michal ließ ihn durch das Fenster hinab, und er ging davon, floh und entrann. Dann nahm Michal
den Theraphim und legte ihn auf das Bett, das Geflecht von Ziegenhaaren aber legte sie zu seinen Häupten und deckte ihn mit der
Decke zu. Da sandte Saul Boten, David zu holen. Sie aber sprach: Er
ist krank. Saul aber sandte die Boten, nach David zu sehen, und
sprach: Bringt ihn mitsamt dem Bette zu mir herauf, daß ich ihn
töte. Als aber die Boten kamen, siehe, da lag der Theraphim auf dem
Bette und das Geflecht von Ziegenhaaren zu seinen Häupten. Da
sprach Saul zu Michal: Warum hast du mich so betrogen und meinen Feind laufen lassen, daß er entrinnen konnte? Michal erwiderte
Saul: Er sprach zu mir: »Laß mich gehen, oder ich töte dich!« David
aber floh und entrann und kam zu Samuel nach Rama und sagte
ihm alles, was ihm Saul getan hatte. Und er ging mit Samuel hin,
und sie wohnten im Prophetenhause. Es wurde aber Saul hinter-
bracht: Siehe, David ist im Prophetenhause zu Rama. Da sandte
Saul Boten, David zu holen. Als sie nun die Schar der Propheten in
Verzückung sahen und Samuel an ihrer Spitze, da kam der Geist
Gottes über die Boten Sauls, daß sie auch in Verzückung gerieten.
Als man das Saul meldete, sandte er andere Boten, aber auch sie

gerieten in Verzückung. Da sandte er noch zum dritten Male Boten, aber auch sie gerieten in Verzückung. Nun ging er selbst nach Rama, und als er zur Tennen-Zisterne auf der kahlen Höhe kam, fragte er: Wo sind Samuel und David? Man antwortete: Im Prophetenhause zu Rama. Als er nun von dort nach dem Prophetenhause in Rama ging, kam der Geist Gottes auch über ihn, und er war auf dem ganzen Wege in Verzückung, bis er zum Prophetenhause in Rama kam. Und auch er zog seine Kleider aus, und auch er war in Verzückung vor Samuel und lag nackt da jenen ganzen Tag und die ganze Nacht. Daher sagt man: Ist Saul auch unter den Propheten? David aber floh aus dem Prophetenhause in Rama.

Und David kam und sprach vor Jonathan: Was habe ich getan? Was ist meine Schuld und was ist mein Vergehen vor deinem Vater, daß er mir nach dem Leben trachtet? Er aber sprach zu ihm: Bewahre! Du wirst nicht sterben! Sieh, mein Vater tut nichts, weder Großes noch Kleines, ohne es mir zu offenbaren. Warum sollte denn mein Vater mir nun dieses verbergen? Es ist nichts daran. David erwiderte: Dein Vater weiß wohl, daß du mir zugetan bist; so wird er denken: »Jonathan darf das nicht erfahren, es könnte ihn bekümmern.« Aber, so wahr der Herr lebt und so wahr du lebst, es ist nur ein Schritt zwischen mir und dem Tode. Jonathan aber sprach zu David: Was begehrst du denn von mir? David sprach zu Jonathan: Siehe, morgen ist Neumond; da sollte ich mit dem König zu Tische sitzen. Aber laß mich, damit ich mich auf dem Felde verberge bis zum Abend. Wenn dann dein Vater mich vermißt, so sprich: »David hat sich von mir ausgebeten, nach seiner Heimat Bethlehem zu eilen, weil dort das Jahresopfer für das ganze Geschlecht stattfindet.« Sagt er dann: »Gut!« so steht es wohl um deinen Knecht. Gerät er aber in Zorn, so wisse, daß das Unheil bei ihm beschlossen ist. So übe nun Barmherzigkeit an deinem Knechte; denn du hast ja mit deinem Knechte einen Gottesbund geschlossen. Ist aber eine Schuld an mir, so töte du mich; warum denn wolltest du mich zu deinem Vater bringen? Und Jonathan sprach: Bewahre! Vielmehr, wenn ich merken sollte, daß bei meinem Vater beschlossen wäre, das Unheil über dich zu bringen, sollte ich es dir nicht anzeigen? David aber sprach zu Jonathan: Wenn es mir nur jemand anzeigen wollte, wenn etwa dein Vater dir hart antwortet! Jonathan nun sprach zu

David: Komm, laß uns aufs Feld hinausgehen! Und sie gingen beide aufs Feld hinaus. Und Jonathan sprach zu David: Der Herr, der Gott Israels, ist Zeuge: wenn ich morgen um diese Zeit meinen Vater ausforsche und es steht gut für David, so werde ich alsdann sicher zu dir senden und es dir offenbaren. Der Herr tue dem Jonathan dies und das: wenn mein Vater das Unheil über dich beschließt, so will ich es dir offenbaren und dich ziehen lassen, daß du ungefährdet von dannen gehest. Und der Herr sei mit dir, wie er mit meinem Vater gewesen ist! Und möchtest du, wenn ich noch lebe, o möchtest du dann doch Barmherzigkeit des Herrn an mir üben! wenn ich aber sterbe, o so entziehe niemals meinem Hause deine Huld! Und wenn der Herr die Feinde Davids Mann für Mann vom Erdboden vertilgt, so möge nicht der Name Jonathans neben dem Hause Davids ausgerottet werden, wohl aber möge der Herr Rache üben an den Feinden Davids! Dann schwur Jonathan dem David noch einmal, weil er ihn liebte; denn er liebte ihn wie sein eignes Leben. Und Jonathan sprach zu ihm: Morgen ist Neumond; da wird man dich vermissen, wenn dein Platz leer bleibt. Uebermorgen aber wird man dich erst recht vermissen; dann komme an den Ort, wo du dich versteckt hast am Tage jener Tat, und setze dich neben den Erdhaufen dort. Ich aber werde übermorgen mit Pfeilen nach seiner Seite schießen, als ob ich für mich nach einem Ziele schösse. Dann werde ich den Burschen schicken: »Geh, suche den Pfeil!« Sage ich zu dem Burschen: »Sieh, der Pfeil liegt herwärts von dir, hole ihn!« so komm, denn es steht gut für dich, und es hat keine Gefahr, so wahr der Herr lebt. Sage ich aber zu dem Jüngling: »Sieh, der Pfeil liegt hinwärts von dir!« so gehe, denn der Herr heißt dich gehen. Was wir aber, ich und du, miteinander geredet haben – siehe, da ist der Herr [Zeuge] zwischen mir und dir ewiglich. Da versteckte sich David auf dem Felde.

Als nun der Neumond kam, setzte sich der König zu Tische, um zu essen. Der König saß an seinem Platz wie immer, auf dem Platze an der Wand, Jonathan ihm gegenüber und Abner an der Seite Sauls; Davids Platz aber blieb leer. An diesem Tage sagte Saul nichts; denn er dachte sich: Es ist ihm etwas widerfahren; er ist wohl nicht rein, weil er sich noch nicht hat reinigen lassen. Als aber auch am Tage nach dem Neumond Davids Platz leer blieb, sprach Saul zu seinem Sohne Jonathan: Warum ist der Sohn Isais weder gestern noch heute zu Tische gekommen? Jonathan antwortete Saul: David hat sich bei mir Urlaub nach Bethlehem erbeten; er sagte: »Laß mich doch gehen; denn wir haben ein Familienopfer im Orte, und meine Brüder haben mich dazu entboten. Und nun, wenn du mir wohlgesinnt bist, so laß mich doch fort, meine Brüder zu sehen.« Darum ist er nicht zum Tische des Königs gekommen. Da entbrannte der Zorn Sauls wider Jonathan, und er sprach zu ihm: Du Sohn einer Zuchtvergessenen! Ich weiß ja wohl, daß du an dem Sohne Isais hängst, dir selbst und dem Leibe deiner Mutter zur Schande. Denn solange der Sohn Isais auf Erden lebt, wirst weder du noch dein Königtum Bestand haben. So sende nun hin und laß ihn zu mir her holen; denn er ist ein Kind des Todes! Jonathan antwortete seinem Vater Saul und sprach zu ihm: Warum soll er sterben? Was hat er getan? Da zückte Saul den Speer gegen ihn, um ihn zu treffen. Nun merkte Jonathan, daß es bei seinem Vater beschlossene Sache war, David zu töten, und Jonathan stand auf vom Tisch in glühendem Zorn und aß an jenem zweiten Tage des Neumondes nichts; denn er war um David bekümmert, weil sein Vater ihn geschmäht hatte.

Am Morgen aber ging Jonathan mit einem jungen Burschen aufs Feld hinaus, wie er mit David verabredet hatte, und er sprach zu seinem Burschen: Lauf und suche mir die Pfeile, die ich abschieße. Während nun der Bursche lief, schoß er den Pfeil über ihn hinaus. Und als der Bursche an den Ort kam, wo der Pfeil lag, den Jonathan abgeschossen hatte, rief Jonathan dem Burschen nach: Der Pfeil liegt ja hinwärts von dir! Und Jonathan rief dem Burschen nach: Schnell, eile dich! Steh nicht stille! Da las der Bursche Jonathans die Pfeile auf und brachte sie seinem Herrn. Aber der Bursche wußte von nichts; nur Jonathan und David wußten um die Sache. Dann gab Jonathan seine Waffen dem Burschen und sprach zu ihm: Geh, trage sie in die Stadt. Während nun der Bursche heimging, erhob sich David neben dem Erdhaufen, warf sich auf sein Angesicht zur Erde und verneigte sich dreimal; und sie küßten einander und weinten umeinander über die Maßen. Und Jonathan sprach zu David: Was wir beide einander im Namen des Herrn geschworen haben – da ist der Herr [Zeuge] zwischen mir und dir, zwischen meinen Nachkommen und deinen Nachkommen ewiglich! So machte sich

David denn auf und zog hinweg, Jonathan aber kehrte heim in die Stadt.

So manches Menschen Seele, der die Bibel aufmerksam zu lesen versucht, gleicht jenem Raben, den Noah ausschickte nach den Schrecken der Sündflut, Grund zu suchen unter den sich verlaufenden Wassern, und der ihn nicht fand. Was bei all den Berichten aus den Anfängen der Königszeit Israels ist da Märchen und Mahnmal der Mächtigen weit eher denn geschehende Geschichte und korrekte Geschichtsschreibung? Wie hindurchfinden durch dieses Geflecht von Irrungen und Wirrungen in den Herzen der Menschen und Träumen zwischen Tag und Nacht auf seiten der Hagiographen und der Historiographen?

Wenn man die Natur betrachtet, mag man mit Fug und Recht sagen, sie erscheine einem Menschen gerade so, wie er selber sich fühle. Beim Betrachten der menschlichen Geschichte kann man so einfach nicht sprechen, denn wir selber gehören ihr zu und gehen aus ihr hervor. Wollten wir die heilige Geschichte der Bibel reduzieren auf das, was sich wirklich ereignet hat, was bliebe uns dann noch erhalten von den Visionen und Intuitionen der Seher und Träumer und Hoffnungsspender unter den Augen Gottes? Wenn aber, um überhaupt Hoffnung zu schöpfen, wir immer wieder einen Blick in das Unsichtbare wagen müssen, niemals wirklich ganz sicher, ob wir dann die tiefere Wahrheit oder nur die besser verhüllte Lüge zu sehen bekommen, was soll uns dann für sichere Gewähr gelten beim Suchen nach der Wahrheit?

Äußerlich liest sich diese Geschichte im 18. bis 21. Kapitel des ersten Buches Samuel, mit theologischen Augen betrachtet, relativ einfach. David ist der designierte König über Israel, weil Gott es so beschlossen hat. Kein ohnmächtiger Zorn Sauls wird dagegen aufkommen. Schon hat der Prophet Gottes, Samuel, Saul selber verflucht. Samuel ist es, der längst schon in Bethlehem David zum König gesalbt hat, und er wird es sein in Rama, der David auf der Flucht begleiten und schützen wird, um sein Leben zu retten. Was vermag schon ein König, der nichts ist außer in der geliehenen Macht seines Gottes, gegen den Gottesgesandten, den Propheten selbst? Nicht einmal, daß David fliehen muß vor den Anschlägen des Königs, wird ihn endgültig hindern, auf der Bahn des Erfolges zum Ziel zu gelangen. Schon ist David Schwiegersohn des Königs, und selbst auf der Flucht noch nach langen Umwegen wird er irgendwann zurückkehren, den verwaisten Thron Israels zu bekleiden als der Bevollmächtigte, als der immer schon von Gott selbst gerade dazu Ersehene.

Wäre alles so einfach, wie die Theologen die Nachgeschichte der Geschichte rekonstruieren, wir hätten mit der wirklichen Geschichte keine allzu großen Probleme, aber wir wüßten genau, es wäre diese Art, das Leben der Menschen zu besehen, so ähnlich, wie wenn wir Preußens Geschichte kennenlernen wollten, indem wir von Berlin nichts weiter aufsuchen wollten als den Kaiser-Wilhelm-Dom, den preußischen Papstbau gewissermaßen, und hielten ihn für die ganze Wahrheit; immer schon waren Thron und Altar, waren Kaisergröße und Gottesfrömmigkeit ein und dasselbe und wurden niemals Kriege geführt, ohne von Gott selber beschlossen zu sein, und nie wurde anders regiert als zum Wohlgefallen des Allerhöchsten! Wer hätte das nicht geglaubt, als man es die Leute glauben machen wollte? Haben nicht allzu viele stets als Claqueure bereitgestanden im Talar und im Beffchen der bestellten Hofprediger, und die Masse, allzu leicht zu bestechen, war sie nicht immer liebäugelnd mit den vermeintlich Erfolgreichen und duckte sich und kuschte und huschte?

Vielleicht gibt es *einen* Zugang gleichwohl zu diesen merkwürdigen Texten, indem wir, statt die nachgereichten Darstellungskünste priesterlicher Hofschreiber nachzuvollziehen, ins Herz der Menschen zu schauen versuchen, von denen sie gleichwohl doch auch berichten. Dann wäre wirklich zwischen Märchen und Historie wohl niemals klar zu unterscheiden, indem das, was wir Geschichte nennen, zum Geschehen nur wird in der Kraft der Träume und der Alpträume in den Seelen der Menschen. Fast alles, was wir hier hören, sogar in den Teilen, die uns für historisch relativ glaubwürdig gelten müssen, hat die Kraft und das Format eines Märchenmotivs.

Gehen wir die Geschichte der Hauptakteure der Reihe nach einmal durch. Noch einmal und immer wieder die Geschichte Sauls und dann eines Typs von Menschen, der so in der Geschichte der Psychologie noch nie benannt wurde, der aber hier zu einem Format sich selber gestaltet, daß man zukünftig sprechen sollte von dem Typ der Sauliden, der Saul-Kinder, männlich wie weiblich, Jonatan und Michal, und dazwischen natürlich David. Aber auf ihn soll es uns heute abend weniger ankommen als auf all die Leute, die den Weg zu seiner Größe wie Statisten begleiten. Was wären denn sonst wir anders als immer wieder verbrauchbares Material des Herrschaftswillens der Mächtigen, außer wir lenkten den Blick einmal auf eben dieses Material, das doch in Wirklichkeit Menschen sind mit einem eigenen Schicksal, mit eigenen Gefühlen, nie nur die Manipulationsmasse in den Händen der Herrschenden, sondern eigene Persönlichkeiten. Dabei tut man Saul schon Unrecht, wenn man in ihm nichts weiter sehen wollte als einen herrschwütigen, oft aus der Haut fahrenden, melancholischen, depressiv gestimmten, dann wieder sadistisch empörten Monarchen. Saul selber, weiß Gott, *ist* eine eigene Persönlichkeit, stärker gezeichnet in der Bibel als die meisten seiner Nachfahren, wahrhaftiger konturiert in vielem als später David selbst, den bei aller Kritik schon am Hofe doch irgendwie die Gloriole des Verehrungswürdigen nie ganz mehr verlassen wird. Was stimmt in den Geschichten von Saul und David wirklich? Vieles *kann* sich so nicht aufgeführt haben. David wäre gekommen an den Hof Sauls als Sieger über den Riesen Goliat? Das ist unmöglich und steht in klarem Widerspruch zu dem ganz anderen Motiv, David sei berufen worden, an den Hof zu kommen, gewissermaßen in der Rolle eines Musiktherapeuten; die Harfe spielend, sei er bestimmt worden, die Melancholie des Königs aufzuheitern von Fall zu Fall, ein lebendes Medikament nach Bedarf. Der Riesentöter und der Musiktherapeut – beides in eins geht schlecht zusammen, geschichtlich gesehen. – Wie aber, wenn wir denken sollten, so sei es vielleicht doch in Wahrheit gewesen: David sei auserkoren gewesen, seelisch seinem König beizustehen in den Stunden tiefer Niedergedrücktheit, wütender Aussichtslosigkeit, schwerer Selbstwertzweifel, und indem er diese Aufgabe verrichtete, gerade dadurch sei er siegreich gewesen aus seiner Sicht gegen einen überragenden Riesen? Wir dürften ihn aber nicht länger mehr nennen Goliat, sondern vielmehr Saul selber. Merkwürdig, wenn die Bibel erzählt, wie Saul ergriffen wird von Zorn auf dieses Büblein und ausholt zum Speer, ihn an die Wand zu spießen, gibt sie selbst an, der König sei ergriffen worden von einem bösen Geist, von einem Dämon. Aber es ist der Geist Gottes auch, der über Saul fällt in solchen Momenten. – Sollten wir psychoanalytisch einmal uns denken, es sei das Unbewußte in dem König selbst, das imstande sei, die Brechungen, die Verwerfungen, die Ambivalenzen in David selbst zu einem Zeitpunkt bereits zu ahnen, wo sich nach außen gar noch nichts wirklich beweisen lasse? Es gibt eine merkwürdige Hellsichtigkeit, so wie sie den Dämonen im sogenannten Neuen Testament eignet, wenn sie über Jesus herfallen. Du bist der Sohn Gottes! schreien sie ihm entgegen. Ganz ähnlich hier Saul. Er ahnt offenbar in der Tiefe etwas, das im Bewußtsein durchaus noch nicht sich festmachen läßt. Dieser David, indem er scheinbar ihn erheitert, wird der wirkliche Grund seines Untergangs sein, und je mehr David tut, was er soll, desto gefährlicher wird er seinem König. Nehmen wir's nur einmal so als ein Motiv, das sich im menschlichen Leben ereignen kann. Da ahnt jemand etwas im Unbewußten von einem künftigen Intrigenspiel. Er kann es niemandem erklären, niemandem beweisen, und doch scheint es ihm subjektiv vollkommen sicher. Und das Paradox findet sich: er hat absolut recht. Alles, was Saul sieht wie einen Alptraum am Tage, genau das wird die Wirklichkeit werden, aber alle Welt wird ihm, auch moralisch, Unrecht geben dafür, die Welt so zu sehen. Ganz hellsichtig, fast prophetisch erkennt Saul, was David tun wird ins Zukünftige. Aber sobald er sich dagegen zu wehren sucht, sobald er gegen David aufzustehen sucht, wird ihm die Moral Unrecht geben und ihn einen Mörder schelten, der grundlos zum Spieß greift, und die Religion wird ihn noch schlimmer verurteilen, weil er, der von Gott selbst Designierte, den in Wahrheit von Gott Designierten bereit ist zu ermorden. In jedem Fall hat Saul unrecht genau da, wo er vollkommen recht hat. Es ist aber seine Wahrheit nicht beweisbar, nicht logisch, nicht vernünftig. Ja, man muß schließlich sogar sagen: es ist der Argwohn, die Mißgunst, der Neid, mit dem Saul am Ende selber sich ins Unrecht setzt und fördert sogar den Aufstieg des David. Selbst wo er ihn in die Flucht jagt und ins Ferne treibt, wird um so stärker später gestärkt noch David zurückkehren.

Was ist das für ein Entwurf von menschlichem Leben, bei dem jemand tun und machen kann, was er will, es gibt kein Entrinnen? Da kämpft ein König um seine Würde, und alles, was er tut, wird so unköniglich sein, ihn am Ende noch für den Rest der Geschichte, für alle Zeiten der Menschheit, solange sie die Bibel je lesen wird, zu desavouieren. Und in das Herz eines Saul, wer schaut da hinein? Kann es nicht sein, daß jemand für melancholisch gescholten wird, nur weil er fürchtet, nicht stark genug zu sein, den unaufhaltsamen Aufstieg eines Thronrivalen zu verhindern? Er sieht genau kommen, wie's kommen wird, aber ein Mittel zu widerstehen findet er nicht. Merkwürdig muß uns das heute erscheinen im Rückblick, daß da ein König ist, der sich seines Rivalen nicht anders zu erwehren gesonnen ist, als indem er selber hinlangt und macht die gesalbten Hände eines Königs zum Werkzeug eines Mords. Glaubhaft überliefert scheint das alles nicht, es sei denn, wir wollten denken, König Saul sei harmloser gewesen als alle, die ihm später auf dem Thron nachgefolgt wären. David wird später serienweise morden, und es wird nie Beweise gegen ihn geben. Das ist die List, wie wirklich Erfahrene im Umgang mit der Macht sich ihrer Konkurrenten entledigen. Was für ein Stümper, der Saul! Am Tage geht der König hin, um David selber vor aller Leute Augen am Hofe an die Wand zu nageln, und dann in der Nacht schickt er seine Boten, daß sie das mißlungene Auftragswerk besser verrichten! Glaubt denn ein solcher Saul allen Ernstes, daß am Morgen danach niemand drauf käme, in wessen Auftrag David ermordet worden wäre, in seinem eigenen Bett bei Nacht überfallen? So dumm können doch nicht die Menschen sein. Aber Saul hält sie anscheinend dafür. Fast muß man ihn beneiden, ein so harmloser Täter zu sein, so wenig kaschiert, so ewig gradeaus, so treuherzig unverlogen Saul. Was ist das für ein König, der persönlich mordet, statt auf der Klaviatur seiner Bediensteten zu spielen und am Ende alles so zu orchestrieren, daß es noch klingt wie ein Choral zu Gottes Wohlgefallen? So wird das David später arrangieren. Saul wird ihm niemals gewachsen sein an Finesse, nicht einmal in der Art der Hofberichterstattung, im Arrangement der eigenen Geschichte, die die Mächtigen sich zu schreiben pflegen.

Dann gibt es noch ein Motiv, das sich geschickter anhört. Saul dachte nämlich, wird uns dreimal versichert im 18. Kapitel des 1. Buches Samuel: Ich will David fallenlassen in die Hände der Philister. Aber wer ein bißchen genauer hinhört, wird sofort erkennen, daß diese Einschübe – *Saul dachte nämlich* – von späterer Hand stammen. Läßt man sie ganz einfach weg, was man ohne Schaden für den Fortgang der Erzählung tun könnte, liegt auf seiten Sauls durchaus nichts, was darauf berechnet wäre, David ermorden zu wollen, und sei's nur durch die eigenen Feinde. Das, was Saul in Auftrag gibt, ist durchaus angemessen. Man wird des Königs Schwiegersohn, wenn man sich bewährt hat im Felde. Ein paar Dienste muß man schon gebracht haben, um als ein Habenichts aus Bethlehem aufzurücken in die Nähe des Throns. Das geht in Ordnung. Mit anderen Worten: Selbst die Mordabsicht hat man Saul zugeschrieben später, um ihn ins Unrecht zu setzen von Anfang an gegen David. Das alles muß entstanden sein, als Saul tot war oder so gut wie tot. Dann wird man zur Beute derer, die die Geschichte so fingieren, wie man sie braucht.

Aber drehen wir einmal die Perspektive um. Nehmen wir die Geschichte, wie sie uns erzählt wird, aus der Sicht des David selber. Dann haben wir ein perfektes Märchen vor uns in allen Zügen, einmal, zweimal, die typische Märchenüberlieferung von Hunderten solcher Erzählungen: Man gelangt zur Geliebten, zur Königstochter nur, indem man einen Riesen überwältigt. Das war schon die Geschichte von David und Goliat, und wir sagten bereits: im Schatten dieses Riesen lebt viel vom eigenen Vaterkomplex. Jetzt sagt uns die Geschichte selbst sogar, daß es sich dergestalt verhalte. Kein Mann gewinnt die Liebe einer Frau, es sei denn, es gelänge ihm, sie herauszulösen aus den Fesseln ihres Vaters. Und da nun, sind die Märchen und Sagen in Überfülle zum Zeugnis bereit, wird der Vater der Braut allen Widerstand leisten. Er wird sich verbünden mit der eigenen Vatergestalt, und beide nun werden ins Feld ziehen. Ein ganz beliebtes Motiv solcher Sagen und Märchen ist die sogenannte Preisjungfrau. Man wird die Geliebte nur gewinnen können, wenn man eigentlich ins Tödliche gesetzte Aufgaben erledigt. Im Grunde sind sie so bestimmt, daß man sie lebendig gar nimmer bestehen könnte. Nur wer sein Leben riskiert, mit anderen Worten, gewinnt einen Zugangsweg zur Liebe. Die Art der Aufgaben Sauls hier – es gibt kein anderes Wort dafür – sind scheußlich und makaber, eine Philisterschlächterei. Die Unbeschnittenen sollen beschnitten werden mindestens als Leichname. Dahinter steht noch mehr, ein Grausiges, das sich vielleicht erklären wird lassen, aber dadurch nicht bessern lassen will, das ist, daß man Kriege eigentlich immer wieder archaisch führt, um Liebe zu erringen. Aber die Art, auf solche Weise sich Bahn zu brechen, wird fast immer damit erkauft, bis ins Sadistische, bis in die geschlechtliche Perversion hinein, andere Männer buchstäblich an der Zeugungskraft zu schädigen. Es ist ein Motiv, das weit zurückreicht offenbar in die Tierpsychologie. Manche Verhaltensforscher erzählen uns, daß es Paviane gibt, die auf solche Art – die Männchen untereinander – sich bekämpfen können, daß sie die Geschlechtsteile des anderen zu zerstören suchen, um die eigenen Gene durchzusetzen. Vielleicht ist das der Hintergrund dafür, warum es keine Kriegsgreuel gibt, die nicht immer wieder darauf hinauslaufen, daß den Opfern die Geschlechtsteile abgeschnitten werden, eine Barbarei, die sich bei allen Völkern findet, zu allen Zeiten überliefert wird. So gerade auch hier. Das Scheußliche müssen wir offenbar wohl zurückgeben dem allgemein Menschlichen, und es scheint am Ende gar eine Großtat, auf solche Weise zum Sammler geworden zu sein. Skalps oder Vorhäute, Ohren oder Brüste – es gibt keinen Triumph, der entsetzlich genug wäre, daß Menschen nicht gerade damit protzen würden.

Wirklich, wie in den Märchen erscheint da David noch einmal in der Rolle des verachteten Jüngsten, dem eine Aufgabe gestellt wird, die im Grunde unerfüllbar zu sein scheint. Aber wie im Aschenputtel-Märchen: in der Hälfte der Zeit vollbringt er die doppelte Leistung. Kaum gedacht, mit zweihundert Vorhäuten kehrt *er* zurück, legt sie dem König auf den Tisch, und der muß nun einwilligen zu tun, was er ursprünglich nimmermehr wollte. Bis dahin geht die Geschichte des David, der Königsschwiegersohn wird und erringt die Liebe der Geliebten.

Verändern wir einen Moment lang die Perspektive und wenden wir uns Jonatan zu, ein echter Saulide, der Sohn eines Königs, stets in Widerspruch zu seinem Vater. Nehmen wir seine Geschichte einmal für sich, als einen Schicksalsentwurf. Jonatan wird uns bald schon verlassen, er wird umkommen in einer der letzten Philisterschlachten an der Seite seines eigenen Vaters. Er wird seine Pflicht getan haben. Er wird nie David in den Weg treten, der auf der Philisterseite steht in jenen Tagen. Er wird gewissermaßen durch seinen Untergang den Thron freimachen für seinen Freund und seines Vaters Feind.

Was ist das für ein Leben, das Jonatan führt? Fordern Sie sich selber einmal auf, Jonatan, den Sauliden, wiederzuentdecken in so vielen Menschen, die nichts weiter tun, als die Pflicht, die der eigene Vater ihnen vorgibt. Jonatan schlägt alle Schlachten seines Vaters, tritt ein in jede Probe der Bewährung, ist mutig, tapfer, kühn, jugendlich und strahlend, und dennoch wird er hineingezogen in das ewige Mißtrauen, in die Angst, in den Schatten seines Vaters auch. Er selber leidet unter dieser Paradoxie, daß er einen König, einen Vater stützen muß, der im Grunde gar nicht wollen kann, daß man ihn auf diese Weise stützt, denn indem man ihm hilft, entmachtet man ihn zugleich. Indem man ihm den eigenen Arm leiht, erklärt man den Arm des Vaters für nicht machtvoll genug. Die ganze Ambivalenz des Verhältnisses zwischen Saul und Jonatan kehrt sich da in die lebendige Erfahrung eines Sohnes, der es seinem Vater rechtmachen möchte und nie rechtmachen kann. Im Grunde muß Jonatan ständig etwas tun, das er am Ende gar nicht vollbracht haben darf. – Man hat in der Psychiatrie in manchen Theorien gemeint, Menschen würden daran wahnsinnig, daß sie Eltern hätten, die ständig bestrafen, was sie selber befehlen, und ständig belohnen, was sie selber verbieten. Bei diesem Hin und Her kann kein Mensch zurechtkommen. Aber genau so lebt Jonatan. Um sich seine Gestalt in unseren Tagen vorzustellen, müssen Sie an all die Kinder denken, die im Schatten von halberfolgreichen Eltern großgeworden sind. Da hat ein Mann eine Firma gegründet, irgendein Projekt begonnen, das alle Kräfte von ihm verschleißt, das ihn im Grunde grenzenlos überfordert. Aber das ganze Projekt, das ganze Unternehmen, die ganze Firma wäre zu halten, wenn endlich der Sohn in die Fußstapfen des Vaters treten würde. Kaum geboren, ist er dazu prädestiniert, der Nachfolger seines Vaters zu werden, oder wenn nicht gerade als der Älteste als direkter Nachfolger, dann mindestens doch als Mitarbeiter in der Firma. Tut er es nicht, bricht alles zusammen, das ganze Familienunternehmen, die gesamte Dynastie.

Jonatan *kann* so nicht wollen. Als ein Saulide muß er die Größe seiner Familie bewahren, repräsentieren, erringen. Aber genau indem er das tut, nährt er umgekehrt wieder das Mißtrauen seines Vaters, wird er gleichzeitig auch zum Angstgegner, mit seinen Erfolgen zum Beweis für die Ohnmacht seines Vaters, für die mangelnde Durchsetzungsfähigkeit seines Vaters. Es läßt sich der Schatten des Saul niemals aufhellen, sondern alles ist so gestellt, daß das Licht, das Jonatan oder David in diesen Schatten werfen möchten, schon wieder verhüllt ist durch ihre eigene Person, die einen eigenen, noch viel größeren Schatten wirft. Niemals läßt sich dieses Drama auflösen. Schon haben wir gehört, daß Jonatan einen strahlenden Sieg über die Philister erringen kann, er allein, auf sich gestellt, und sein eigener Vater Saul, gebannt in die magischen Vorstellungen von Opferritualen, wäre bereit, am gleichen Abend noch ihn zu ermorden für ein weniges an Honig, das Jonatan brauchte, sich Kraft zu verschaffen im Kampf. – Man kommt nicht daran vorbei, daß manche Menschen wie bestellt scheinen nur zum Untergang und alles, was sie tun, nichts weiter ist als die Schwelle zum Erfolg von anderen.

Aber rühmen muß man schon hier Jonatan. Er ist groß, weit größer als viele, die wir zu kennen glauben, indem er in seiner Freundschaft zu David es fertigbekommt, mitten hinein in den Zorn seines Vaters zu sprechen, wie er wirklich denkt, und gibt sein eigenes Leben der Gefahr preis. Auch er soll beinahe getötet werden von Saul, aber diesen Mut hat er, Jonatan. Er ist seinem Vater treu in allem, sogar darin, der Wahrheit zuliebe ein offenes Wort zu wagen. Wer täte das schon unter allen Hofschranzen? Nehmen Sie nur das schreckliche Beispiel des sogenannten Dritten Reiches, wo die Männer des Kriegs, wo die eigenen Generale und Feldherrn dem »größten Feldherrn aller Zeiten«, dem Führer aller Deutschen, nicht ein einziges Wort über die Tragödie seiner Befehle zu sagen wagten. Sie alle am Ende, diese Mannesmutigen, diese Befehlshaber von Hunderttausenden, standen stramm und still. Nicht so Jonatan. Seine Größe liegt nicht auf dem Schlachtfeld, sondern in diesem privaten Mut, seinem Vater und König zu widersprechen, wenn es darauf ankommt, beim Neumondfest an der Tafel. Es ist ein *Spiel*, das David und Jonatan da veranstaltet haben. *Einen* Tag abwesend zu sein bei Neumond, das macht noch nicht Verdacht, sondern unrein geworden sein könnte David durch eine nächtliche Pollution, die ihn an einem kultischen Ritual nicht teilhaben läßt. Aber dieser Grund kann am zweiten Abend nicht mehr dienen. Da bricht es aus Saul heraus, als er sich die Narrengeschichte seines Sohnes anhören soll, die Ausrede, weswegen der Sohn Isais, wie es zornig schon heißt, nicht länger mehr David, in Bethlehem weilt statt am Hof. In Wirklichkeit weilt er in Lauerposition, was sein Freund Jonatan, nun als Spion eingesetzt, auch zu erspähen vermag in den Gedanken des Saul. Sie sind gerichtet auf das Tödliche. Es ist der Moment, wo Saul selber seinen Sohn verleugnet. Du Sohn einer aufrührerischen Hure! schreit er ihn an. Es ist, nebenbei gesagt, eines der klassischen Worte, die uns zeigen können, wie man auf hebräisch flucht oder lobt. Man redet vom Vater oder redet von der Mutter, aber man redet nicht von Vater oder Mutter, sondern man beschreibt das Wesen eines Menschen. So, wenn die Bibel uns nennt »Kinder Adams und Evas«; da will sie nicht sagen, wie der Weltkatechismus der römischen Kirche von 1993 uns glauben machen möchte, es hätten Adam und Eva wirklich historisch irgendeine Sünde begangen und dann seien wir, von ihnen abstammend, in die Folgen ihres Tuns geraten; es gibt nicht Adam und Eva, aber was es gibt in solchen Geschichten, ist ein Wesensportrait von uns Menschen, die gerade so sind, vom Ursprung an, wie da geschildert. »Sohn einer aufrührerischen Hure« besagt überhaupt nichts über Sauls Frau, wohl aber über das Wesen des Jonatan. Der Schoß, der dich gebar, soll es heißen, hat nichts hervorgebracht als Untreue, Verrat, Sich-Prostituieren an den erstbesten, Unzuverlässigkeit, Lieblosigkeit – ein Scheusal ist Jonatan. So unbedingt verlangt Saul, der Einsame, nach der Liebe seines Sohnes, und so bitter will er ihn zwingen, Partei zu ergreifen selbst da, wo er scheinbar ganz Unrecht hat. Nichts doch hat David dir getan! Das wird die ganze Zeit über die Meinung Jonatans bleiben. Es ist wirklich sein böser, hellsichtiger Geist, der Saul sehen läßt, was keiner sehen will, den harfespielenden, machtbesessenen, machtfähigen David, der sich einsingt in die Herzen aller, um den König zu stürzen, sobald es geht.

In diese Geschichte der Freundschaft dann auch ist hineinverwoben die Geschichte der Michal. Kehren wir das Märchenmotiv der

Liebe einmal um und erzählen wir es uns genau so wie in unseren Tagen spielend. Eine Saulidin, wenn Sie so wollen, wie lebt sie und wie fühlt sie? Wie kann sie zum Leben gelangen? Von Michal hören wir, daß sie David geliebt habe, aber an zweiter Stelle; im Grunde habe David die Merab gewollt, und sie, die Schwester, sei ihm versprochen worden, nur dann einem anderen gegeben. Schon das ist ein Motiv, das in der Bibel, in den Mythen, in den Märchen der Völker immer wieder erzählt wird. Da ist eine Frau, die liebt und doch denken muß, daß ihre Schwester in Wahrheit geliebt werde. Denken wir uns Merab und Michal einmal in Einheit, als ein und dieselbe Person. Dann hätten wir eine Frau vor uns, die nie weiß, wie sicher sie der Zuneigung ihres Geliebten, ihres Ersehnten sein kann. Immer nur zur Hälfte wird sie sich geliebt fühlen, immer auch weggegeben noch an einen ganz anderen, und der Grund für all dies muß gesucht werden in der Beziehung zum eigenen Vater. Immer wird Michal, selbst an der Seite Davids, Sauls Tochter sein und bleiben. Auch ihre Geschichte kann man nicht anders erzählen denn als die einer gewaltigen Vater-Abhängigkeit, eines wirklichen Vaterkomplexes. Und wie dann? Wie vieler Frauen Ehe läßt sich kaum anders verstehen als gerade so, daß sie nach einem Vater verlangt haben, wie sie ihn kannten in der Erinnerung, oder umgekehrt, wie sie ihn ersehnen mußten, weil es ihn so, wie gebraucht, niemals gab? Und in Erinnerung und Sehnsucht, in Verlust und Vermutung kondensierte sich das Bild des Geliebten später, stets außerstande, dieses Mischprodukt aller Ängste und Erwartungen jemals ganz aufzulösen. Da wartet eine Frau auf einen Mann, der sein müßte als König, wie der eigene Vater nie war. Wenn wir von Jonatan hörten, er habe Saul helfen müssen, König zu sein und zu bleiben, dürfen wir uns Michals Gedanken dahin vorstellen, daß sie einen Mann nur lieben wird, der ein wirklicher König ist, größer als Saul. Und das wird sie zu fördern suchen. Ihre Liebesbedingung wird es förmlich sein, einem wirklichen König zu begegnen. Nur welcher Mann unter den Sterblichen wäre das schon? Wieviel an Angst wartet da im Leben einer solchen Frau, wieviel an Enttäuschbarkeit, wieviel an Versagen, wieviel an kränkbarem Ehrgeiz! Und meint sie den Mann, den es wirklich gibt an ihrer Seite, denn jemals tatsächlich? Wann träte eine solche Michal je aus dem Schatten ihres Vaters heraus, wann würde sie sich selber sicher, geliebt zu sein als Person statt nur als des Königs Tochter, als das Sprungbrett zur Macht? Wieder ein Paradox: Eine Michal wird wünschen, daß ihr Mann König sei, und darin wird sie selbst ihre eigene Größe sehen. Aber kann sie je glauben, als Person gemocht zu werden, gerade weil sie diese Wünsche in sich trägt? – Die Menschen heute warten nicht mehr darauf, in äußerem Sinne Königinnen und Könige zu werden und zu heiraten, aber wie viele Bedingungen stellt oft die Liebe an den Erfolg, an das Geld, an die Größe, an die Ausstrahlung, an die Position, an die Rolle, die der andere einnehmen muß! Wie viele Frauen sind, die sich zu Großem berufen wähnen, und sie setzen alles daran, ihrem Mann, dem Geliebten all das zu schenken, was sie selbst von Geburt oder Adel oder Charakter oder Befähigung sind. Nur werden sie's nie realisieren ohne diesen anderen, den sie dahin überhaupt erst bestimmen oder drängen oder schieben müssen. Und wenn er dann dahin kommt, wo die Frau ihn haben möchte, wird sie zurücksinken in das ewige Gefühl, doch nur gebraucht und mißbraucht worden zu sein. Eine fast amerikanische Ehe, Michal und David, aber eine verzweifelte auch. Immer muß Michal fürchten für ihre Hoffnungen, für das Königtum ihres Geliebten, für die verborgene Majestät eines David, zum Opfer der Verfolgungen des eigenen Vaters zu werden. Nie darf sie ohne Schuldgefühle wünschen, was sie wünscht, und sie rettet ihren Mann fast abenteuerlich hier, indem sie seine leergewordene Stelle im Bett ausfüllt durch einen Hausgötzen. Sprechend genug. Die Erklärung der Theologen erhebt wieder den Zeigefinger mahnend und drohend: Sauls Tochter betet zu einem Hausgötzen – das ist Heidentum, das dürfte man nie und nimmer, das spricht für die ganze verruchte Linie des Hauses des Saul; nie waren sie ungeteilt im Gottesdienst. Aber wie, wenn wir diese Rettungsaktion einer Michal uns rein psychisch vorstellen sollten? Buchstäblich bewahrt sie ihren Geliebten vor dem Tod ihrer Liebe, indem sie ihn in genau das verwandelt: Sie hat keinen Ehemann, sie hat keinen Bettgefährten, was sie hat, ist ein Anbetungsgegenstand, ein Hausgötze, der fast ziegenbockähnlich umhängt wird, damit man ihn nicht gleich schon als solchen erkennt. Und gerade deshalb noch einmal wird Saul den für krank Erklärten im Bett zu ermorden suchen. Es ist ein Liebesleben von unglaublicher Zerrissenheit. Am Ende muß Michal wünschen, daß ihr geliebter David das Weite sucht. Immer scheinen solche Häuser praktischerweise an der Stadtmauer gelegen, so daß man nur das Fenster öffnet und schon ist der Geliebte in Freiheit. So geht's mit den Kundschaftern im Buche der Richter, die die Dirne Rahab bei sich beherbergten, so wird's später gehen mit Saul aus Tarsus, den man in Damaskus in irgendeinem Kübel in die Freiheit entläßt; so nun Michal ihren David. Aber nach soviel verlorener Liebe, nach soviel Tragik beim Suchen von Menschen, die wir allesamt, wenn wir sie so kennenlernen in ihrer Menschlichkeit, gar nie verurteilen möchten noch dürften, erfindet die Bibel immerhin schließlich auch ein gütiges Bild. Nie, müssen wir denken, hat David dem Samuel historisch gegenübertreten können; ganz sicher ist er nicht geflohen zu ihm nach Rama, das alles ist Erfindung. Aber dann, mitten in der Erfindung, lernen wir doch etwas kennen von dem, was Religion sein sollte. Es nimmt Samuel den flüchtenden künftigen König Israels nach Najot in eine Art von Prophetenkloster offensichtlich, und jeder nun, der dahin kommt, gerät selbst in prophetische Ekstase. Noch einmal ein Märchenmotiv: Eine Köchin, ein Koch, ein Vater, eine Mutter bestellen ihre Boten, um auszuziehen, einen Fernen, Ungeliebten, Bedrohlichen zu töten, und immer wird sein, daß die Boten ins Leere gehen, bis daß schließlich der Auftraggeber selber erscheint, nur um noch einmal und endgültig selbst irre zu werden. So die Geschichte etwa der Brüder Grimm vom »Fundevogel«. Saul ist da fast eine mythische Größe, die Verkörperung des Todes selbst, und seine Boten immer wieder versuchen, den flüchtigen Menschen zu erreichen, und vermögen's doch nie. Dieses alte Märchenmotiv an dieser Stelle wirft doch ein Licht auf das, was Religion in Wahrheit ist: Da zieht ein König aus, zu töten, aber all seine Vorläufer und schließlich er selber werden nicht im Tempel, nicht im Raum eines königlich errichteten Heiligtums, sondern dort, wo Menschen unmittelbar sind zu Gott, in der Nähe von Propheten, selber verwandelt, und ihr rasender Sinn formt sich zu Gottergriffenheit. Da, wo die Gottheit weilt, dürfen Menschen nackt sein; das ist die Geborgenheit einer Wahrhaftigkeit, wie sie Menschen möglich wird, wenn sie Gott begegnen ohne Angst. Für Saul hier wird es fast zu einer ihm aufgezwungenen Handlung, wie er sich die Kleider vom

Leib reißt und in Scham und Schande nichts weiter mehr ist als ein zu Boden geworfener Mensch, unfähig, David Unheil zuzufügen. – Wäre das die Religion, ein Ort, wo Menschen beschützt sind, ein fast magischer Taburaum, wo jeder, der fremd hereinkommt, in ein unsichtbares Kraftfeld getaucht wird, das seine schlimmsten Absichten am Ende zu Einsichten der Güte bestimmt, wir wüßten plötzlich von Prophetie und Göttlichkeit Unvergleichliches, Schönes, Gültiges für alle Zeiten. Nur bleibt uns die Frage, wann je die Phantasien schreibender Priester in der Wirklichkeit so sich erfüllt hätten.

Ein Mann, der den Mächtigen stets auf die Finger und noch mehr aufs Maul schauen wollte, ist der Kommunist und Dichter und Mensch Stefan Heym. In seinem »König David Bericht« auf den Seiten 37, 200 und 208 der Taschenbuchausgabe sinnt er einmal darüber nach, was denn das in der Bibel überhaupt ist, Geschichtsschreibung: Machtverherrlichung, Lobpreis auf Gott?

Es gibt, läßt er seinen Ethan einmal sagen, wie es scheint, zwei Arten von Wahrheit: die eine, die unser Freund Ethan zu finden wünscht, und eine andere, welche sich auf das Wort HErrn Jahwehs gründet, wie es von seinen Propheten und seinen Priestern vermittelt wird.

Aber wo die zwei Arten von Wahrheit nicht übereinstimmen, muß ich verlangen, daß wir der Lehre folgen. Wohin würden wir geraten, wenn jeder alles bezweifelte und sich selbst auf die Suche nach der Wahrheit machte? Der große und glanzvolle Tempel, den wir errichten, würde zusammenbrechen, bevor noch sein Bau beendet ist; der Thron, den König David schuf und auf dem sein Sohn Salomo sitzt, würde stürzen!... Widersprüche, Ethan, sind dazu da, um geglättet, nicht um hervorgehoben zu werden. Widersprüche verwirren und verbittern die Seele; aber der Weiseste der Könige, Salomo, wünscht, daß wir alle, und besonders die Autoren, die erbaulicheren Aspekte des Lebens betonen. Unsere Aufgabe ist es, die Größe unseres Zeitalters zu widerspiegeln, indem wir einen glücklichen Mittelweg wählen, zwischen dem, was ist, und dem, was die Menschen glauben sollen.

Es ist Ethan selber, der am Ende seines König-David-Berichtes sich eingesteht:

> …wie sehr ich gefangen war in meiner Zeit und außerstande, ihre Begrenzungen zu durchbrechen. Der Mensch ist wie ein Stein in der Schleuder, und wird geworfen auf Ziele, die er nicht kennt. Was kann er mehr tun denn versuchen, daß seine Gedanken ihn um ein weniges überdauern, als Zeichen, als undeutliches, den kommenden Geschlechtern. Ich habe es versucht.
> Möge man mich entsprechend beurteilen.

Auf dem Rückweg verharrte ich eine Weile, um den Fortschritt bei den Arbeiten am Tempel zu betrachten, den König Salomo dem HErrn errichten ließ; und ich sah die riesigen Steinblöcke, die maßgerecht behauen und einer auf den andern getürmt wurden, und den Säulenvorhof, und die Knäufe der Säulen, verziert mit geschnitzten Granatäpfeln und Lilien; aber ich sah auch die zerschundenen Rücken der Menschen, die all das erbauten, und ihre ausgemergelten Gesichter und gequälten Augen. Der HErr aber sandte einen Engel zu mir, der stellte sich neben meine Schulter, und sprach: »Was ist Stein, was sind Eisen und Kupfer, und was sind die Throne der Könige und die Schwerter der Mächtigen? Zu Staub werden sie werden, sagt der HErr; aber das Wort, und die Wahrheit, und die Liebe, das bleibt.«

14. Mai 1994

6
Saul hat Tausende erschlagen,
David aber Zehntausende

WIR wollen uns heute dem 21. und 22. Kapitel aus dem ersten Buche Samuel widmen. Vier Abschnitte zeigen uns dort das Leben des zukünftigen Königs David auf der Flucht vor dem regierenden König Saul. Wir haben die Geschichte von David verlassen in dem Moment, als David Reißaus nimmt vor den Nachstellungen Sauls und selbst die Probe seines Freundes, des Prinzen Jonatan, am Hof den ganzen Zorn, die Eifersucht und den Haß aufs tödlichste hin des Saul gegenüber seinem möglichen Thronrivalen verrät. Das Leben Davids wird auf lange Zeit das eines Mannes am Rand der Gesellschaft sein, aber alles, was wir hören, ist dazu bestimmt, ihn insgeheim bereits als den von Gott Erwählten erkennen zu lassen. Dazwischen, zwischen menschlicher Not und göttlicher Berufung, spielt die ganze Erzählung.

TEXT: 1 Sam 21, 2–16; 22, 1–23

Und David kam nach Nob zum Priester Ahimelech. Ahimelech aber ging David erschrocken entgegen und sprach zu ihm: Warum kommst du allein und ist niemand bei dir? David antwortete dem Priester Ahimelech: Der König hat mir etwas aufgetragen und zu mir gesagt: »Niemand darf von der Sache wissen, in der ich dich sende und die ich dir aufgetragen habe.« Drum habe ich auch meine Leute da und da hin beschieden. Und nun, hast du vielleicht fünf Brote zur Hand? So gib sie mir, oder was sich sonst vorfindet. Der Priester antwortete David: Ich habe kein gewöhnliches Brot zur Hand, es ist bloß heiliges Brot da. Wenn sich nur die Leute der Weiber enthalten haben! David erwiderte dem Priester: Bewahre!

schon seit einiger Zeit waren uns Weiber versagt. Als ich auszog, waren die Leiber der Leute rein, und doch handelt es sich nur um ein gewöhnliches Unternehmen; wieviel mehr werden sie heute rein sein am Leibe! Da gab ihm der Priester heiliges Brot, weil kein andres da war als das Schaubrot, das man vor dem Angesicht des Herrn wegnimmt, um frisches Brot aufzulegen an dem Tage, wo man [das alte] wegnimmt. Nun befand sich aber dort an jenem Tage, eingeschlossen vor dem Herrn, einer von Sauls Knechten, namens Doëg, ein Edomiter, der Oberste der Hirten Sauls. Und David sprach zu Ahimelech: Hast du hier nicht einen Speer oder ein Schwert zur Hand? Ich habe nämlich weder mein Schwert noch meine Waffen mitgenommen, da der Auftrag des Königs dringend war. Der Priester sprach: Siehe, das Schwert des Philisters Goliath, den du im Terebinthental erschlagen hast, ist hier hinter dem Ephod, in ein Tuch gewickelt. Willst du es an dich nehmen, so nimm es; ein andres außer diesem ist nicht da. David sprach: Es gibt nicht seinesgleichen. Reiche es mir!

Dann machte sich David auf und floh an jenem Tage vor Saul und kam zu Achis, dem König von Gath. Und die Diener des Achis sprachen zu diesem: Ist das nicht David, der König des Landes? Ist das nicht der, von dem sie im Reigen singen:

Saul hat seine Tausende erschlagen, David aber seine Zehntausende.

Diese Worte beunruhigten David, und er fürchtete sich sehr vor Achis, dem König von Gath; daher stellte er sich wahnsinnig und tat unter ihren Händen wie ein Rasender, trommelte gegen die Türflügel und ließ den Geifer in den Bart triefen. Da sprach Achis zu seinen Dienern: Ihr seht doch, daß der Mann verrückt ist! Warum bringt ihr ihn zu mir? Habe ich etwa nicht Verrückte genug, daß ihr den da herbringt, mich mit seiner Verrücktheit zu belästigen? Der soll in mein Haus kommen? Da ging David von dannen und entkam in die Höhle von Adullam. Als das seine Brüder und das ganze Haus seines Vaters hörten, kamen sie zu ihm dorthin. Und es sammelten sich um ihn alle, die bedrängt, verschuldet oder verzweifelt waren, und er wurde ihr Hauptmann. Es waren bei ihm ungefähr vierhundert Mann. Von da zog David nach Mizpe in Moab und sprach zum König von Moab: Laß doch meinen Vater und meine Mutter bei euch wohnen, bis ich weiß, was Gott mit mir tun will. Und er ließ sie bei dem König von Moab, und sie blieben bei ihm, solange David auf der Bergfeste war. Aber der Prophet Gad sprach zu David: Bleibe nicht auf der Bergfeste. Auf, und komm ins Land Juda! Da ging David fort und kam nach Jaar-Hereth.

Und Saul hörte davon; denn David und die Männer bei ihm waren bekannt geworden. Saul aber saß eben zu Gibea unter der Tamariske auf der Anhöhe, den Speer in der Hand, und alle seine Leute standen vor ihm. Da sprach Saul zu seinen Leuten, die vor ihm standen: Höret doch, ihr Benjaminiten! Wird der Sohn Isais euch allen auch Äcker und Weinberge geben, und wird er euch alle zu Anführern über Tausend und über Hundert machen, daß ihr euch alle wider mich verschworen habt und niemand es mir offenbarte, als mein Sohn sich mit dem Sohne Isais verbündete, und daß niemand unter euch Mitleid mit mir hatte und es mir offenbarte, daß mein Sohn meinen Knecht angestiftet hat, mir nachzustellen, wie es jetzt am Tage ist? Da antwortete der Edomiter Doëg, der gerade neben den Dienern Sauls stand, und sprach: Ich sah, wie der Sohn Isais nach Nob zu Ahimelech, dem Sohne Ahitubs, kam. Der befragte den Herrn für ihn; auch Wegzehrung gab er ihm und das Schwert des Philisters Goliath. Da sandte der König hin, den Priester Ahimelech, den Sohn Ahitubs, und seines Vaters ganzes Haus, die Priester in Nob, zu rufen; und sie kamen alle zum König. Und Saul sprach: Höre doch, Sohn Ahitubs! Er antwortete: Hier bin ich, Herr! Saul sprach zu ihm: Warum habt ihr euch wider mich verschworen, du und der Sohn Isais, daß du ihm Brot und ein Schwert gegeben und Gott für ihn befragt hast, so daß er sich wider mich auflehnt und mir nachstellt, wie es jetzt am Tage ist? Ahimelech antwortete dem König: Aber wer ist unter allen deinen Knechten so treu wie David, dazu des Königs Tochtermann und Oberster über deine Leibwache und geehrt in deinem Hause? Habe ich denn jetzt zum erstenmal Gott für ihn befragt? Mitnichten! Der König lege doch nicht seinem Knechte und dem ganzen Hause meines Vaters etwas zur Last; denn dein Knecht hat von alledem nichts gewußt, weder Kleines noch Großes. Aber der König sprach: Du mußt sterben, Ahimelech, du und deines Vaters ganzes Haus! Und der König befahl seinen Trabanten, die vor ihm standen: Tretet herzu und tötet die Priester des Herrn; denn sie halten auch zu David, und wiewohl sie wußten, daß er auf der Flucht sei, haben sie es mir nicht offenbart. Aber die Diener des Königs wollten nicht Hand anlegen, um die Priester des Herrn niederzustoßen. Da sprach der König zu Doëg: Tritt d u herzu und stoße die Priester nieder. Der Edomiter Doëg trat herzu und stieß die Priester nieder und tötete an jenem Tage 85 Männer, die das linnene Ephod trugen. Und Nob, die Stadt der Priester, schlug der König mit der Schärfe des Schwertes – Männer und Frauen, Kinder und Säuglinge, Rinder, Esel und Schafe mit der Schärfe des Schwertes.

Nur ein einziger Sohn Ahimelechs, des Sohnes Ahitubs, namens Abjathar, entrann und floh zu David. Und Abjathar meldete David, daß Saul die Priester des Herrn umgebracht habe. David aber sprach zu Abjathar: Ich wußte schon an jenem Tage, daß der Edomiter Doëg, der ja dort war, es Saul verraten würde. Ich bin schuld am Tode aller aus deines Vaters Hause. Bleibe bei mir und fürchte dich nicht! Denn wer dir nach dem Leben trachtet, der trachtet mir nach dem Leben; bei mir bist du in guter Hut.

Wie ein bittendes Fragen und ein bitteres Klagen um Sinn wirken diese Texte, die bei allem Nachsinnen und aller Nachsicht sich so wenig fügen wollen. Was eigentlich geschieht da wirklich, und wie versteht man's, und was soll es dazu beitragen, uns selbst bei allem Ringen um Antwort für unser Leben behilflich zu sein?

Tatsächlich ist die Texte aus den Samuel- und Königs-Büchern der Bibel zu lesen nicht verschieden von der Art, wie wir im Grunde morgens die Zeitung zu lesen pflegen oder uns gepflogen sein lassen sollten, sie zu lesen. Es ist im Druckbild einer modernen Gazette in aller Regel klar abgesetzt, was da der Nachrichtenteil, was der Kommentarteil ist, was den Zwecken der Werbung oder der Unterhaltung dient. Trotzdem reiben wir uns oft genug erschrocken, verwundert, erstaunt, müde, erblindet die Augen, weil offensichtlich jenseits der Druckeinteilung vieles durcheinander geht. Alle, die heute zwanzig oder vierzig Jahre alt sind, fragen ihre Eltern, wie sie denn damals, im sogenannten Dritten Reich, die Zeitung gelesen haben, warum sie von all dem nichts gewußt haben. Aber erstaunlich: Was wissen eigentlich wir heute, in diesen Tagen, was man mit uns macht, einfach so. Wir gehen Wahlen entgegen, das wissen wir, und wir sind ein demokratisches Volk, das sich beteiligen soll an der Art, wie es regiert wird. So die Erklärungen, so glauben wir das auch. Aber was geschieht hinter den Kulissen? Da gibt es kleine Nachrichten, drei Zeilen lang, vielleicht steckt's in denen. Zum Beispiel die Bundesregierung beschließt gerade, daß Ausfuhr von Rüstungsgütern nicht mehr abgewickelt wird von Deutschland aus, sondern über die Drehscheibe einer internationalen Behörde, nur so. Das ist gut, muß man sich denken, für den Waffenhandel. Plötzlich entzieht sich das unserer Kontrolle. Was da gemacht wird, wird in Proporz gesetzt auch zu andern Ländern. Buchstäblich zwei Seiten später in derselben Tagesausgabe liest man, daß die Franzosen dabei sind, ihre Streitmacht aufzurüsten zur größten in Europa. Wir sind gerade dabei, auf etwa 300 000 Mann uns herabzurüsten, weil wir kein Geld haben. Die Franzosen sind gerade dabei, auf 600 000 Mann hochzurüsten. Wofür eigentlich, fragt man sich. Wer bedroht die Franzosen aktuell in der Art? Und was bedeutet internationale Waffengemeinschaft zwischen Deutschen und Franzosen im Moment, außer daß wir Alibis brauchen, um die dritte Stelle beim Export von Waffen nur ja zu halten? – Dann hören wir von Treffen zwischen der jetzigen Regierung und irgendwelchen Unternehmern, ganz beiläufig. Mit dem Wahlkampf hat das nichts zu tun, scheinbar. Aber wie, wenn gemauschelt wird hinter den Türen, wer die kommende Regierung bildet, damit dem Gang der Dinge nur nicht Abbruch geschieht? Zwei kleine Nachrichten. Dann hören wir noch, daß man Ausländer, Kurden an der Spitze, PKK-Mitglieder, Kriminelle, abschieben muß. Selbst Folter nachweislich in der Türkei ist kein Grund, dieselben Leute, eine ganze Familie, nicht zurückzuschieben, denn Folter ist noch nicht lebensbedrohlich. Und im Westen der Türkei weiß man nicht, ob es so ist wie im Osten der Türkei. Im übrigen, die Türkei ist ja nicht *unser* Regierungsgebiet! – Die Leute, die 1935, 1942 davon hörten, daß man Juden abschiebt nach Auschwitz, Dachau, Oranienburg, irgendwohin, bekamen genau so dabei gesagt, sie hätten's zu tun mit Kriminellen, Volksschädlingen, Saboteuren, Kriegsdienstverweigerern, Anarchisten, Kommunisten – Abschaum in jedem Falle. Man kann denken, 1935,

1942 war es schwer, dagegen organisiert etwas zu tun, man lebte unter einer Diktatur. Wir, die wir in einer Demokratie leben und lesen scheinbar freie Presseorgane, müssen nicht erst den amerikanisch gelenkten CNN-Kanal und n-tv gucken, um nur das zu sehen, was wir zu sehen bekommen sollen, wir werden unstreitbar täglich an der Nase herumgeführt. Das *können* wir wissen, aber wollen wir's wirklich wissen? Und wenn wir's wirklich wüßten, was könnten wir dann ändern, was *wollten* wir dann ändern? Die Probleme sind heute nicht anders als damals. Sie müssen sich nur vorstellen, daß die Bibel noch keine unterschiedlichen Drucktypen bei ihrer graphischen Gestaltung verwendet in der Überlieferung, sondern daß sie alles handschriftlich hintereinander hängt, mehr noch, daß sie ihren Kommentar, der theologisch bestimmt ist, nicht abgrenzt mit erhobenem Zeigefinger, um zu sagen: jetzt kommt der Redakteur, der Herausgeber der Zeitung, und erklärt euch die Zusammenhänge, sondern er greift in das Geschehen selber ein, weil er glaubt, das sollte eigentlich ein Kommentator; er bildet nicht nur die Meinung, er bestimmt den Gang der Ereignisse. Und wenn wir soweit schon einmal sind, warum soll er nicht dann schon die Ereignisse erfinden geradewegs, die ihm helfen, die Ereignisse zu kommentieren? Ganze Szenen hier in der Geschichte von David sind offensichtlich so nicht aufführbar gewesen. Sie sind so grotesk *erfunden*, daß bei vorsichtigem Nachdenken man schon mißtrauisch werden muß. Aber wo ist da das rechte Maß? Wird man nicht selber verrückt, wenn man nur dauernd mißtrauisch ist? Mit wem kann man noch in Ruhe zusammen leben? Welche Regierung kann man noch ertragen, wenn man ständig erlebt, wie man belogen wird oder höchstwahrscheinlich hinters Licht geführt wird? Ist Arglosigkeit im 20. Jahrhundert nicht schon verbrecherisch, und war sie's nicht im ersten Jahrtausend vor Christus auch schon? Ist Dummheit, Anpassung, Bequemlichkeit nicht in sich schon eine schafsähnliche Stupidität, unmenschlich und unwürdig? Aber wer so anfängt, hat ein gutes Zeug zur Paranoia; man weiß am Ende nicht mehr: was ist die Wirklichkeit, die man befürchtet und sich nur einbildet, oder was ist die Wirklichkeit, die man befürchten muß, damit sie sich nie einbildet? Wo ist Realität und wo Wahn?

Paradox genug, die ganze Geschichte hier handelt von einem König, der selbst am Rand der Paranoia haust, Saul genannt. Und der verdient unser aller Mitleid, weil wir sehen, wie hier ein Mann mit allem guten Willen sich in den Abgrund schaufelt, immer mehr und unentrinnbar. Er ist eine der wenigen ganz geschlossen psychologisch durchgearbeiteten Gestalten der Bibel, dieser einsame König. Wir haben ihn verlassen bei seinem Zornesausbruch über seinen Sohn Jonatan, und genau da werden wir ihn jetzt abholen, nachdem schon allerhand geschehen ist mit David, den er haßt. Erst im nachhinein, wie stets zu spät, sehen wir Saul in Aktion treten. Er kann nichts mehr verhindern, er kann nur wütend und schnaubend hinter dem Gang der Ereignisse hecheln, die er für sich verschlimmert, indem er sie zu rächen, wo nicht zu verändern, wünscht. Was ist da Saul unter der Tamariske für ein Mensch? Ein Portrait fast für einen Maler, auf einem Berg sitzend, hoch erhaben, an Körpergröße die anderen überragend, den Speer wie ein Zepter in seiner Hand, vertraut Saul, der Mächtige, niemandem mehr von seinen eigenen Stammesgenossen, den Benjaminiten, von seinen eigenen Diensttuenden, den Trabanten. Er hat nur noch ein einziges Gefühl: von jedem hintergangen, betrogen und belogen zu werden. Auf niemanden mehr ist Verlaß, eine fast Shakespeare'sche Gestalt, ein König Lear gewissermaßen, ein Blindgewordener und Umnachteter, ein Ohnmächtiger mitten in seiner Macht.

Es ist offensichtlich all den Saul Umgebenden nicht möglich, ihren König milde zu stimmen. Man hat es versucht mit jener merkwürdigen Therapie des harfespielenden David; man hat es nur schlimmer gemacht. Man ist für ihn in den Krieg gegangen, und man hat wichtige Siege errungen – es ist nicht besser geworden, sondern nur verängstigter ist Saul, denn alles, was er fürchtet, ist, daß Menschen ihm zuvorkommen in seinem Anspruch, Herrscher zu sein, und schlimmer, daß Gott selbst ihn nicht will. Das ist für einen Mann, der nur das Gute im Sinn trägt, die Rettung Israels, unrettbar zerstörerisch.

In einer kleinen Szene eskaliert hier alles bis zum Übermaß des Entsetzlichen, ein allgemein, ein global geäußerter Verdacht: Keiner von euch hat mir gesagt, was der eigene Sohn mit meinem Erzfeind David plant. Da meldet sich dieser Fremdling, der Edomiter Doëg. – Man muß vorausschicken, daß das Verhältnis zwischen

Edomitern und Israeliten seit alters her über Jahrhunderte das eines rivalisierenden Erbfeindes ist, voller Haß und Ressentiments auf israelitischer Seite zumindest. Die Edomiter sind hervorgegangen von Esau, der der Schattenbruder Jakobs war, und so wird es quer durch die Jahrhunderte gehen. Voller Haß wird man, vor allem in der Zeit nach dem Exil, den Edomitern, die freilebend sind, nicht so heimgesucht in der Völkergeschichte wie Israel, jede Art von Vernichtung wünschen, und selbst bis in die Tage Jesu hinein wird der Idumäer Herodes der Große gemieden im Grunde von den Orthodoxen, den Pharisäerkreisen in Israel. Ein Edomiter ist sozusagen ein Halb-Israelit und deshalb gar kein Israelit. Gerade die Verwandtschaft, die Nähe ist das, wogegen man sich wehren muß, um ganz anders zu sein. Der Schatten, vor dem man sich schützen muß, das ist Edomiter-Sein in den Augen der Treuen; deutlich also, warum man diesen Edomiter erwählt als einen Günstling Sauls und im Grunde als denjenigen, der fähig ist, bis zum Verbrecherischen etwas zu tun, das am Hofe Sauls niemand wagt: die Priester von Nob zu ermorden.

Was hat sich da eigentlich zugetragen historisch, mag man sich fragen. Es könnte sein, daß David auf der Flucht vor Saul oder ganz unbedroht von Saul, nur aufs eigene Machtkalkül hin, Beziehungen gesucht hat zu den Kreisen der Propheten um Samuel, also unter dessen Jüngerschaft in Rama und höchstwahrscheinlich auch unter der Priesterschaft von Nob. Das ist sicher historisch, daß ein Mann wie Saul weder mit den Propheten noch mit den Priestern so zurechtkam, daß er für sein Königtum eine religiöse Ideologie, einen heiligen Überbau hätte bilden mögen oder können. Saul war nichts weiter als ein Kriegskönig, ein Mann, der seine Pflicht tun wollte, um die Feinde Israels an den Grenzen und in den Grenzen zu stellen und abzufangen. Das war seine Art von Gottesdienst. Aber eine heilige, göttliche Erwählung war zuviel für den Gesichtskreis seiner Art zu herrschen. In gewissem Sinne brauchte er nicht den Kultdienst am Hofe, nicht die Hofpropheten zu seinen Gunsten. Er hätte es als Lüge empfunden und als Heuchelei, so zu tun.

Ganz anders David. Er war von Anfang an umgeben von der Priesterschaft, später vom Kult, er rückte sehr schnell auf zum Königssohn des Göttlichen, zum Gottessohn nach pharaonischem Vorbild. Das Königtum Davids, welches das des Saul ablöst, ist eine heilige

Herrschaft, eine Hierokratie, etwas wirklich von Gott Gegebenes. Das also dürfte stimmen, daß David sehr früh die Bande gesponnen haben wird zu den maßgeblichen religiösen Kreisen, sich ihre Gunst einzuholen. Wer auf seiner Seite hat, was dem Volk für heilig gilt, der hat das Zeug zur Macht. Thron und Altar, das gehört zusammen. Es war eine Dummheit von Saul, das nicht gleich begriffen zu haben. Selbst die Faschisten vor fünfzig Jahren wußten das genau: ein Soldat ist soviel wert im Feld wie das, woran er glaubt. Das Christentum befördert den deutschen Soldaten, so sagten die Bischöfe, so sagte der Führer. Darin waren sie sich einig 1935: Ein Eid auf den Führer ist ein Eid auch auf Gott. Beides ist eins, Gottesdienst dieses wie jenes und Hingabe für Gott und das Volk gradewegs Pflicht. So muß man denken. – Dabei sehen wir David in einer fast aussichtslosen, verlorenen Lage. Er flüchtet ins Heiligtum von Nob mit seinen Leuten, und würde er dem Priester offen sagen, wovor er flieht und was der Grund seiner Angst ist, – kein Priester in Nob würde sich auf seine Seite stellen. Die Religion schon damals ahnte, daß der Schutz der Macht ihr wichtig ist. Ein Flüchtling des Königs findet niemals Aufenthalt und Gastsassenschaft in eines heiligen Tempels Raum.

Vielleicht ist auch das noch Teil der wirklichen Historie, wie sie sich abgespielt hat, doch dann öffnet der Abgrund sich tief vor unseren Augen. Da bedarf der kommende König des Segens der Priester, aber damit er dieses Segens sicher sein kann, baut er das gesamte Bündnis auf wirkliche Lüge. Was Saul stets fürchtet, tut David wirklich: Alles, was er Ahimelech erzählt, ist eine einzige erlogene und erfundene Geschichte, an welcher all die Priester und der gesamte Tempel in Nob zugrunde gehen werden. Sollte das ein Gleichnis sein für die Kooperation von Thron und Altar, von Staat und Kirche, von Religion und Macht, daß, wenn denn die Macht schon die Religion gebraucht, es nur geschieht, um sie am Ende zugrunde zu richten? Oh, keine Angst! Es wird David sehr leid tun, daß es so gekommen ist. Nein, Abjatar, das hab' ich wirklich nicht gewollt! Obwohl: ich hatte es doch befürchtet. Dieser Doëg! Ich hab's kommen sehen, und es ist *meine* Schuld, daß es so wurde. Ach, armer Abjatar, in *meiner* Hand bist du ganz sicher! – So wird die Geschichte weitergehen. Die eigenen Opfer werden bei den Handlangern Unterschlupf suchen müssen. Wieder wird die Geschichte sich tiefer bohren ins Holz der duldsamen Menschheit. Immer wird David später voller Reue und Leid bedauern, was er gerade getan hat, und er ist großartig zu nennen in dem Bedauern, während jeder nur zu genau weiß, daß er's insgeheim gar nicht besser hätte treffen können, als es da kam.

Die Einzelheiten dieses Gesprächs zwischen David und Ahimelech sind in sich fast kurios zu nennen. Es geht darum, daß David mindestens etwas zu essen bekommt und eine Waffenausrüstung. Er hat ohne jede Form von Nahrung und Ausrüstung seine Flucht Hals über Kopf antreten müssen. Das scheint die Wahrheit, aber flunkern muß er davon, einen geheimen Auftrag des Königs ausrichten zu sollen, so sehr, daß ein Priesterlein davon nicht in die diplomatischen Geheimnisse eingeweiht zu werden verdient. Ein Priester soll dienstbar sein, aber nicht sich um die Angelegenheiten der Mächtigen kümmern. Das wäre ja Einmischung, da braucht's Respekt, erklärt David dem armen Ahimelech, der seine Pflicht tut und keine Chance hat, zu merken, wie man mit ihm spielt. Eine ganze Mannschaft habe David bei der Hand, und wir erfahren, daß man das heilige Brot des Angesichtes Gottes, wie Luther übersetzt, die *Schaubrote*, eigentlich gar nicht essen darf; und täte man's, so dürften's nur Männer, die mit keiner Frau zusammen waren. Das ist sehr sonderbar, daß das Heilige getrennt wird von dem Normalen man die menschliche Gemeinschaft ausschließt von der Gemeinschaft mit dem Göttlichen. Das Essen hier des Heiligen ist gewissermaßen noch ein Teil der Oralität, der auch das Erleben der Sexualität mitbestimmt; man betrachtet da die Frau aus der Sicht der Männer, das Weib, wie man grob in den alten Bibelübersetzungen formuliert, tatsächlich wie eine Art Speise oder wie eine Art Nachtisch, auf das man verzichten muß, um des Göttlichen würdig zu werden. So ähnlich ist da noch die Logik, Tabuschranken, die das ganz alltägliche Glück zwischen Mann und Frau in den Bereich des Unheimlichen legen. Für David kein Problem. Seine Männer sind so, daß sie die Schaubrote verdienen ebenso wie das Schwert Goliats. Doëg, der selber sich bedienen läßt im Heiligtum von Nob, ist es, der später Saul berichtet, was er gesehen hat. David ist gekommen, wurde aufgenommen, fand Unterstützung, hat göttliches Urteil eingeholt.

Kaum erfährt Saul dies, als er die gesamte Priesterschaft von Nob vernichten will. Es ist einer der Züge in diesem König, die Art seiner Moralität, auf die wir schon mehrfach gestoßen sind. Er ist unfähig, so etwas wie subjektive Gefühle und Motive anzuerkennen oder gelten zu lassen. Saul lebt in einer Welt, in der nur das objektive Tun entscheidet über Gut und Böse. Entsprechend handelt er, genau so geht er mit sich selber um. Was er getan hat, aus welchen Gründen immer, ist richtig oder falsch, strafenswert oder lobenswert. Da fällt über völlig Unschuldige, die sich verteidigen, so gut sie können, das Todesurteil eines Königs, und es fällt derart grausam aus, daß man begreift, wie hier die Angst, der Neid, die Konkurrenz sich selber zuspinnen zum Tödlichen, Verbrecherischen, Antigöttlichen. Was Saul hier ausruft gegen das Heiligtum von Nob, ist soviel wie ein heiliger Krieg, ein Bann; Frauen, Kinder, Alte, Junge, der gesamte Viehbestand – nichts darf überleben, das ist das Gesetz des heiligen Kriegs, des Jahwe-Kriegs, hier aber geführt gegen Jahwes eigenes Heiligtum. Wir müssen denken, daß Nob, daß Ahimelech selber aus der Priesterschaft des Eli in Schilo entstammte, den wir schon im Hintergrund der Samuel-Überlieferung kennengelernt haben. Und sollten es wirklich in Nob 85 Priester gewesen sein, die dort Dienst taten, wäre es für damalige Zeiten ein sehr großes Heiligtum gewesen. Da ist also ein König, der einmal auszog, ein heiliges Volk zu schützen, und befindet sich jetzt im Krieg gegen seinen eigenen Gott. Schrecklicher kann es nicht kommen, und Doëg selber ist das ausführende Organ seines Königs, 85 Priester zu töten. Davor schaudert den Männern um Saul. Das tut er selber nicht, dafür hat er einen einzigen, und dieser ist wie sein Waffengefährte, zwei Kriminelle in Auftrag und Ausführung. – Wenn Sie sich die Tragödie Sauls ein Stück aus dem eigenen Leben verdeutlichen wollen, müssen wir uns nur fragen, wie er sich denn anders hätte verhalten können im ständigen Wissen, da wächst etwas auf gegen ihn, das wird ihn stürzen vom Thron. Er versucht, dagegen anzugehen, aber er hat nichts in der Hand. Er kann nicht einmal beweisen, daß David gegen ihn aufsteht. Ahimelech hat zu diesem Zeitpunkt vor jedem Gericht im Grunde recht, wenn er sagt: Ist nicht David der Treuesten einer? Nur Saul sieht das ganz anders, und wir wissen, wie wir den Fortgang der Geschichte kennen, nur zu gut, wie recht er hat.

Wie viele Ehedramen im Zusammenleben unter Menschen nehmen diesen Anfang und finden diesen Ausgang! Da ist jemand, der einfach nicht glaubt, er sei in seiner Position gefestigt genug, er verdiene Anerkennung, Würde, Wertschätzung genug. Also ist jeder andere ihm zum Konkurrent, zum Feind. Doch versucht er's nach der Art Sauls, ihn auszustechen, ihn zu verfolgen und zu jagen, wird sich der Boden unter seinen Füßen nur in immer stärkeres Beben setzen und den Mund auftun schließlich, ihn selbst zu verschlingen. Es gibt kein Halten auf diesem Weg der Angst. Würde aber Saul die Dinge einfach treiben lassen, würde er sich sagen: ich zwinge mich zu Geduld und Ruhe, ich tue gar nichts, würde er sich all den Haß, all den Groll nur ins Innere hineinfressen, und es würde wahrscheinlich auch nicht besser. Welch einen Ausweg gäbe es für Saul, außer daß er die Frage seines Königtums dahin zurückgäbe, wo sie ihren Ursprung haben müßte, ins Göttliche selbst, und würde sagen vor sich und den anderen: Es ist mir gleich, ob ich König bin oder nicht König bin, ich bleibe bei dem, was ich einmal gewollt habe, Israel dienen. Ob Richter oder König, wenn's euch nur hilft, alles andere müßtet ihr selber wissen. Nur so fände Saul seine Ruhe. Aber man hat ihn gesalbt, er soll König sein, ohne sich von innen her so zu fühlen.

Ein Mann wie David hat das Zeug, König zu sein, sagt Stefan Heym, der seine Biographie romanhaft nachgestellt hat. Er läßt dessen Frau Michal einmal sagen: Jonatan, mein Bruder, sagte zu mir: Um zu herrschen, darfst du nur *ein* Ziel sehen: die Macht, darfst du nur *einen* Menschen lieben: dich selbst. Sogar dein Gott muß ausschließlich *dein* Gott sein, der ein jedes deiner Verbrechen rechtfertigt und es mit seinem heiligen Namen deckt. – Besser kann man die Geschichte Davids kaum formulieren. Sie wird erzählt auf eine Weise, die so nicht stattgehabt haben kann, insbesondere nicht die eingeschobene Szene, wie David hinüberflieht nach Gat zu den Philistern, zu König Achisch, einem Mann, der auf altgriechisch heißen würde Anchises – bis in die Sprache hinein sind die Philister uns Indogermanen irgendwie nahe, auch in der Art des Königtums. Da soll also in Gat ein Regierender sein, der sich nicht gerade von Treulosen umgeben fühlt, aber von lauter Idioten, und er möchte nichts als seine Ruhe haben, doch nun kommt noch so einer daher. Offenbar hat die Soldateska ihn am Kragen gepackt und möchte, daß Achisch untersucht, mit wem er's zu tun hat; möglicherweise ein sehr gefährlicher Überläufer von seiten der Israeliten. – Daß David gegangen sei just zu den Philistern in diesem Zustand, ist monströs unglaubwürdig. Mit dem Schwert Goliats in der Hand, den er eben noch erschlagen hat, soll David, von dem wir gerade noch hörten, daß er zum Schwiegersohn Sauls, zum Mann der Prinzessin Michal nur wurde als Vorhautjäger auf der Spur der Philister, um Unterschlupf nachgesucht haben – das ist nicht möglich! Jemand, der denkt, Philister, die unbeschnitten sind, gehörten zu Hunderten erschlagen und dann beschnitten, vertritt im Grunde den Slogan, daß nur ein toter Philister ein guter Hebräer sei. Und wer erst einmal so denkt und, schlimmer noch, wer so handelt, wird bei den Philistern nicht gerade Freunde haben. – Wir könnten, historisch betrachtet, die Geschichte bei Achisch in Gat also streichen, außer daß wir nebenbei hören, daß insgeheim sogar die Gegner, die Philister, David bereits zitieren als den König im Lande. Alle Welt jubelt ihm zu, selbst die Feinde sind schon der Meinung, David sei der König, und ihm bleibt nichts anderes, als sich verrückt zu stellen, um sein Leben zu retten. Wir müssen darauf noch mal zurückkommen. Es genügt an dieser Stelle, zu vermerken, daß diese Geschichte so verrückt ist, daß man sich schon verrücktstellen muß, wollte man sie glauben.

Was wir historisch glaubwürdig hören, ist die Geschichte drauf. Sie ist bitter und wahrscheinlich ganz ernst zu nehmen. Die Flucht Davids vom Thron weg, wenn er da je bis dahin eine Rolle gespielt hat, – woran man immer noch zweifeln mag, als Musiktherapeut, als Heldenkämpfer gegen Goliat – lauter merkwürdige Motive –, hat hier ihr hartes Zeugnis. Wir hören, daß David im Gebirge lauter Desperados sammelt, vierhundert Leute an der Zahl, solche, die finanziell ruiniert sind, die bedrückt werden, ausgebeutet also, die nicht ein noch aus wissen, eine Räuberbande, mit anderen Worten. Deren Condottiere, deren Oberhauptmann wird David. Wir werden später noch hören, wie er das macht: außerordentlich schlau, kein Mafioso in Sizilien könnte sich das besser ausgedacht haben, nur daß es David von Gott erfährt, wie es gemacht wird, nicht gradewegs durch Raub, sondern durch Schutzleistungen. Tatsächlich: David wird es sein, der die Leute im Lande beschützt, und also, wenn sie Feste feiern, müssen sie ihm Abgaben zahlen. Das ist soviel, wie türkische oder griechische Restaurants heute vor die Wahl gestellt werden, entweder hochzugehen oder mindestens ein Fünftel ihrer Einnahmen irgendwohin zu schicken, diskret, wenn gerade ein Fest ist, muß man verstehen, – eine wirklich göttliche Praxis, die David beherrscht. Daß freilich den Leuten der Boden heiß ist, mag man daran erkennen, daß aus Bethlehem Davids ganze Familie zu ihm stößt. Sie hat offensichtlich Angst vor David bekommen. Es gibt zwischen dem Räuberhauptmann und dem gesalbten König inzwischen offenbar ein wirkliches Konkurrenzverhältnis. Was ist David: der wirkliche Richter in Israel, oder ist das der König? Und nach welchem Typ regiert man Israel? Das steht immer noch scheinbar zur Debatte. Alles in allem weiß David keinen besseren Weg, als sich abzusetzen, diesmal zu den Moabitern. Das ist ein Motiv der Bibel, auf das wir häufiger treffen. Die Moabiter sind irgendwie befreundet, obwohl die Geschichte von dem Abrahambruder Lot und seinen Töchtern eher ein verruchtes Volk aus inzestuösem Bunde als »Moabiter« bezeugt. Die Geschichte der Ruth wird uns sagen, daß just wieder von Bethlehem man aufbricht in Tagen der Hungersnot, Elimelech und seine Frau Noemi, hinüber ins Grasland von Moab. Wenn Israeliten nicht weiterwissen, ist Moab offensichtlich ein freundlicher Schutzort gewesen und geblieben, was nicht hindert, daß Kapitel später dann David sich an den Moabitern furchtbar rächt und Macht und Eroberung an ihnen ausläßt. Dankbarkeit ist selten die Tugend der Könige, außer sie nützte ihnen.

Wir hören noch, daß ein Prophet ist, Gad mit Namen, dem wir im 2. Buch Samuel, Kapitel 24 wieder begegnen werden, der David erklärt, er müsse zurück nach Juda; der Aufenthalt in der Höhle Adullam ist kein Dauerzustand, und selbst wenn, David muß dahin, wohin er dem ganzen Volke nach gehört. Und so tut er es.

Wir müßten historisch bis dahin an diese Konkurrenz um die Gunst des Volkes auf dem Lande denken gegen die Regierenden in Rama und in Gibea, am Hofe Sauls, wüßten wir bei all dem irgend etwas außer dem dauernden Cantus firmus des Theologenkommentars. David kann machen, was er will, er kann in die Fremde gehen, zu den Feinden gehen, es wird immer Gottes Wille sein, das Beste daraus hervorzubringen. Er kann Priester belügen – er wird trotzdem den einzigen wirklichen Priester von Nob unter seinesgleichen zählen können. Was immer David anpackt, es wird ihm gelingen, weil es Gottes Plan ist, ihn auf die Beine zu stellen. Aber was ist da Gottes Plan, wenn nicht einfach der sichtliche historische Erfolg, die Rekonstruktion aus späteren Zeiten?

Es gibt freilich auch ein Moment, das grade die Ungereimtheiten wieder zum Offenbarenden macht. Wir haben gesehen, daß die Geschichte in Gat historisch alles andere als glaubwürdig ist, daß der Aufenthalt in Nob so wie dargestellt sich auch kaum ereignet haben wird. Vielleicht genügte es für Saul, herauszufinden, daß die Priester in Nob mit David konspirieren, um kurzen Prozeß zu machen. So einfach wäre es historisch erzählt vielleicht. Wie auch immer, kann es nicht sein, daß grade diese erfundenen Momente etwas wiedergeben, das uns *mehr* sagen kann als alles Historische? Es sind typische Merkmale biblischer Erzählungen, so zu berichten von den großen Gestalten. Da muß Abraham schon hinüber nach Gerar aus Hunger und Not und kehrt später erst zurück ins Land der Erwählung. Da muß Josef in die Verbannung nach Ägypten und wird nie mehr zurückkehren in seine Heimat. Und ganz Israel zieht aus in die ägyptische Fron, um später dann heimzufinden an den Ort, der da fließt von Milch und Honig und göttlichem Segen. Jakob selber, auf der Flucht vor Esau, dem Vater der Edomiter, mußte zu seinem Mutterbruder Laban, eh er zurückkehrte, daß sich Gottes Segen erfüllte. Dieses Motiv, daß der Erwählte Gottes in die Fremde muß, zu den Gegnern, zu den Ungläubigen, zu den eigentlich Feindseligen, finden wir also quer durch die Bibel immer wieder. Es ist nicht das Historische, es ist das Typische. Und noch einen Schritt weiter müßten wir uns vorstellen, die David-Geschichte sei bis dahin der Anfang eines Märchens, auch sie, nicht nur die Geschichte von Saul und Samuel oder David und Samuel in Bethlehem, sondern auch der Fortgang. Dann machte die Erzählung vom Heiligtum in Nob eigentlich tieferen Sinn, als wir's glauben wollten. Da fragt ein künftiger König, ein Habenichts, voller Angst am äußersten Entfernungspunkt von seiner wirklichen Berufung um heiliges Brot und ein Schwert. Läse man das in den Märchensammlungen der Brüder Grimm, wüßten wir gleich klarer zu sprechen. In dem Märchen der »Zwei Brüder« beispielsweise wird einer der beiden in den Auftrag gesetzt, eine Königstochter zu retten und einen Drachen mit sieben Köpfen, feuerspeiend, töten zu sollen. Vor der Auseinandersetzung, eh er sie überhaupt zu bestehen wagen kann, bedarf es unbedingt des Trunks aus einem heiligen Becher in einer Kapelle und eines machtvollen Schwertes unter ihrer Schwelle. Erst mit solchen Insignien, der Kraftspeise und der Kraftwaffe, mit Zauberbrot und Zauberschwert, zieht der Held aus, sein Königtum zu erringen. Das ist ein Märchenmotiv, und daß er tief in die Fremde muß zu seinem Gegner, auch das gehört unbedingt mit dazu. Und nähmen wir beides jetzt als ein wirkliches traumhaftes, märchenhaftes Motiv, wüßten wir tatsächlich etwas mehr über die sonderbaren Rätselwege, die Menschen dahin bestimmen, königlich zu werden, in sich geschlossen, einheitlich in ihrer Seele. Zauberbrot und Zauberschwert sind das Gegenteil der ursprünglichen Fleischnahrung und der Keule, sozusagen der Naturzustand gewechselt in den Kulturzustand. Heilige Brote, die künstlich durch Anbau von Feldfrüchten und das Handwerk des Müllers, des Bäckers erschaffen wurden, und die Metallverarbeitung, die die Menschheit gerade erst errungen hat – auf beidem liegt geschichtlicher Fortschritt. Wir aber müßten, in Traumbildern denkend, uns die Bedeutung solcher Bilder dahin übersetzen, daß jemand, um zu sich selber zu finden, vor dem Abstieg ins Reich der Gegenwelt, vor der Hadesfahrt, sich beider Anteile versichern muß, seines Mutes und seiner Vitalität, seines eigenen Charakters und seiner eigenen Strapazierfähigkeit gewissermaßen. Seine physische wie seine moralische Natur muß ausgerüstet sein, eines der schrecklichsten Abenteuer zu bestehen, das darin gründet, nirgendwo mehr Grund unter den Füßen zu haben. Nehmen Sie dieses Moment jetzt einmal so wesentlich, wie es im Märchen erzählt wird, setzen wir, daß David und Saul, gerade die beiden sich bekämpfenden Konkurrenten, Teile ein und desselben Menschen sein könnten, – beide hängen sie zusammen, und wir verstehen im tiefsten, warum. Da ist ein grundehrlicher König, der gegen Gott wütet, und dann wieder jemand, der sich den Segen des Göttlichen erlügt und erschleicht und hat doch Erfolg. Da ist ein König, der das Heiligtum selber vernichtet parallel dazu, daß David ins Land der Unheiligen, der Unbeschnittenen flieht. Da hören wir, wie Saul, als er in Rama Samuel und den Propheten begegnet, einen

Tag lang in prophetischer Verzückung wie ein Rasender nackt im Straßenstaub liegt, und erfahren von David, daß er ganz ähnlich sich jetzt benimmt, fernab in Gat bei den Philistern, und die äußersten Pole des Heiligen und des Unreinen gehörten beide zusammen und wären eins? Sollte man da denken, die wirkliche Gottesbegegnung, so daß sie menschlich stimmig wird jenseits der klaren Kommentartexte priesterlicher Historienschreiber, erbaulicher Traktateverfasser, liege ganz woanders, darin womöglich, daß jemand lernen muß, das Heiligste aus den Kinder- und Vätertagen zu vergessen, um wie aus der Fremde zurückzuschauen in sein Eigenes? – Es hat einmal, so überliefert die Sage, der buddhistische große Wandermönch Bodhidarma auf die Frage, was seine Botschaft sei, was das Tao, an das er glaube, bedeute, geantwortet: Das Göttliche, das Tao, ist eine ungeheure Leere, die nichts Heiliges enthält. – Er wollte offensichtlich sagen: Wer Gott begegnen will, muß alle Vorstellungen des Göttlichen beiseite tun; anders wird er zu der Macht nicht finden, die möchte, daß er ist als ein freier, königlicher Mensch.

Was so etwas heute bedeuten mag, hat vielleicht niemand notvoller aufgezeichnet als der Pfarrerssohn Hermann Hesse schon um 1926 in seinem Roman »Der Steppenwolf«. Ich lese ein paar Passagen nur einmal daraus vor, um zu zeigen, was es psychisch, menschlich bedeuten kann, zu Achisch zu fliehen oder ein Heiligtum zu verbrennen oder bei den Moabitern auszuhalten, ehe man zurückkehrt, wohlgemerkt unter göttlicher Führung.

> Jedesmal, schreibt Hermann Hesse, war dem Abreißen einer Maske, dem Zusammenbruch eines Ideals diese grausige Leere und Stille vorangegangen, diese tödliche Einschnürung, Vereinsamung und Beziehungslosigkeit, diese leere öde Hölle der Lieblosigkeit und Verzweiflung...
> Bei jeder solchen Erschütterung meines Lebens hatte ich am Ende irgend etwas gewonnen, das war nicht zu leugnen, etwas an Freiheit, an Geist, an Tiefe, aber auch an Einsamkeit, an Unverstandensein, an Erkältung... eine immer größere Entfernung vom Normalen, Erlaubten, Gesunden... beruflos, familienlos, heimatlos... außerhalb aller sozialen Gruppen,

allein, von niemandem geliebt, von vielen beargwöhnt... ein Fremder. Religion, Vaterland, Familie, Staat waren mir entwertet und gingen mich nichts mehr an, die Wichtigtuerei der Wissenschaft, der Zünfte, der Künste ekelte mich an; meine Anschauungen, mein Geschmack, mein ganzes Denken, mit dem ich einst als ein begabter und beliebter Mann geglänzt hatte, war jetzt verwahrlost und verwildert.

...alles ohne es eigentlich zu wollen, so tun und leben und handeln die meisten Menschen Tag für Tag, Stunde um Stunde zwanghaft und ohne es eigentlich zu wollen, machen Besuche, führen Unterhaltungen, sitzen Amts- und Bureaustunden ab, alles zwanghaft, mechanisch, ungewollt, alles könnte ebensogut von Maschinen gemacht werden oder unterbleiben; und diese ewig fortlaufende Mechanik ist es, die sie hindert, gleich mir, Kritik am eigenen Leben zu üben, seine Dummheit und Seichtheit, seine scheußlich grinsende Fragwürdigkeit, seine hoffnungslose Trauer und Öde zu erkennen und zu fühlen. Oh, und sie haben recht, unendlich recht, die Menschen, daß sie so leben, daß sie ihre Spielchen spielen und ihren Wichtigkeiten nachlaufen, statt sich gegen die betrübende Mechanik zu wehren und verzweifelt ins Leere zu starren, wie ich entgleister Mensch es tue. Wenn ich in diesen Blättern zuweilen die Menschen verachte und auch verspotte, so glaube doch darum niemand, daß ich ihnen die Schuld zuwälzen, daß ich sie anklagen... möchte! Ich aber, der ich nun einmal so weit gegangen bin und am Rande des Lebens stehe, wo es ins bodenlose Dunkel fällt, ich tue unrecht und lüge, wenn ich mir und andern vorzutäuschen versuche, als laufe auch für mich jene Mechanik noch, als sei auch ich noch zu jener holden kindlichen Welt des ewigen Spiels gehörig!

Natürlich war es dumm von mir gewesen, den guten Leuten ihren Salonschmuck zu bespucken, ...aber ich konnte und konnte nun einmal nicht anders, ich konnte dies zahme, verlogene, artige Leben nicht mehr ertragen. Und da ich, wie es schien, auch die Einsamkeit nicht mehr ertragen konnte, da auch meine eigene Gesellschaft mir so unsäglich verhaßt und zum Ekel geworden war, da ich im luftleeren Raum meiner

Hölle erstickend um mich schlug, was gab es da noch für einen Ausweg? Es gab keinen... Nichts von allem war mir geblieben, nicht einmal Reue, nur Ekel und Schmerz. Nie, so schien mir, hatte das bloße Lebenmüssen so weh getan wie in dieser Stunde.

Wer bis dahin hat uns denn erzählt, daß David nur stromlinienförmig unter Gottes Segen aufgewachsen wäre, immer strahlend, immer auf der Karriere gradlinig? Wenn er der Führer von Verzweifelten wird, war's vielleicht nicht so ähnlich, wie Friedrich Schiller es einmal beschreibt in der Novelle von dem »Verbrecher aus verlorener Ehre« in der Gestalt des Kronenwirts, eines, der zu den Verrufenen geht, weil die Bürgerlichen ihn enttäuscht haben in allem und ihm die Bahn des Lebens verlegt haben. Niemand redet von den Zweifeln, von dem Abscheu, dem Selbsthaß auch eines Davids; alles projiziert sich nur in Saul. Aber wenn wir finden, sie gehören zusammen, die beiden Könige, wie Licht und Schatten und der Schatten oft mächtiger als das Licht, so ist's, wie wenn sie redeten mit einer einzigen Stimme:

Es ärgert mich nicht, ich bin längst daran gewöhnt. Ich habe ein paarmal die Meinung geäußert, jedes Volk und sogar jeder einzelne Mensch müsse, statt sich mit verlogenen politischen »Schuldfragen« in Schlummer zu wiegen, bei sich selber nachforschen, wie weit er selbst durch Fehler, Versäumnisse und üble Gewohnheiten mit am Kriege und an allem andern Weltelend schuldig sei, das sei der einzige Weg, um den nächsten Krieg vielleicht zu vermeiden. Das verzeihen sie mir nicht, denn natürlich sind sie selber vollkommen unschuldig: der Kaiser, die Generäle, die Großindustriellen, die Politiker, die Zeitungen – niemand hat sich das geringste vorzuwerfen, niemand hat irgendeine Schuld! ... Und ... solche Schmähartikel... das Ziel und Ende von allem ist wieder der Krieg, ist der nächste, kommende Krieg, der wohl noch scheußlicher sein wird, als dieser es war. Alles das ist klar und einfach, jeder Mensch könnte es begreifen, könnte in einer einzigen Stunde Nachdenkens dasselbe Ergebnis finden. Aber keiner will das, keiner will den nächsten Krieg vermeiden, keiner will sich und seinen Kindern die nächste Millionenschlächterei ersparen, wenn er es nicht billiger haben kann. Eine Stunde nachdenken, eine Weile in sich gehen und sich fragen, wie weit man selber an der Unordnung und Bosheit in der Welt teil hat und mitschuldig ist – sieh, das will niemand! Und so wird es also weitergehen, und der nächste Krieg wird von vielen tausend Menschen Tag für Tag mit Eifer vorbereitet. Es hat mich, seit ich es weiß, gelähmt und zur Verzweiflung gebracht, es gibt für mich kein »Vaterland« und keine Ideale mehr, das ist alles ja bloß Dekoration für die Herren, die das nächste Schlachten vorbereiten. Es hat keinen Sinn, irgend etwas Menschliches zu denken, zu sagen, zu schreiben... Natürlich wird es wieder Krieg geben.

Hermine, sozusagen ein weiblicher Götterbote des armen Steppenwolfs Harry, hatte mit Teilnahme zugehört; sie entgegnet dem Verzweifelten:

Darüber kann man natürlich traurig sein, einen Wert hat das aber nicht. Es ist grade so, wie wenn einer darüber traurig ist, daß er trotz allem und allem, was er dagegen tun mag, unweigerlich einmal wird sterben müssen.
Du, Harry, bist ein Künstler und Denker gewesen, ein Mensch voll Freude und Glauben, immer auf der Spur des Großen und Ewigen, nie mit dem Hübschen und Kleinen zufrieden. Aber je mehr das Leben dich geweckt und zu dir selber gebracht hat, desto größer ist deine Not geworden, desto tiefer bist du in Leiden, Bangigkeit und Verzweiflung geraten, bis an den Hals, und alles, was du einst Schönes und Heiliges gekannt und geliebt und verehrt hast, all dein einstiger Glaube an die Menschen und an unsere hohe Bestimmung, hat dir nicht helfen können und ist wertlos geworden.
Du hattest ein Bild vom Leben in dir, einen Glauben, eine Forderung, du warst zu Taten, Leiden und Opfern bereit – und dann merktest du allmählich, daß die Welt gar keine Taten und Opfer und dergleichen von dir verlangt, daß das Leben

keine heroische Dichtung ist..., sondern eine bürgerliche... Stube, wo man mit Essen und Trinken, Kaffee und Strick-strumpf, Tarockspiel und Radiomusik vollkommen zufrieden ist.

Du bist für diese einfache, bequeme, mit so wenigem zufriedene Welt von heute viel zu anspruchsvoll und hungrig... Wer statt Gedudel Musik, statt Vergnügen Freude, statt Geld Seele, statt Betrieb echte Arbeit, statt Spielerei echte Leidenschaft ver-langt, für den ist diese hübsche Welt hier keine Heimat...

Denken wir uns David vielleicht nicht nur schäbig, sondern so, wie wir ihn vor Stunden mal geträumt haben: ein junger Mann, der mochte, daß Macht und Schönheit, Herrschen und Harfespiel, Friede und Harmonie eine Einheit würden, Gottesverehrung und Menschendienst, und der schon deshalb nicht zurechtkommen mochte mit Saul, der in seinen besten Stunden nichts anderes war als ein tapferer Menschenschlächter, ein Verwalter von Macht, ge-trieben aus Not. Das hat keinen Stil, keine Größe, keine Vision. Das ist menschlich, aber auch nicht. Das mag geschichtlich wirksam sein, aber es ist auch stupid. Vielleicht sind all die Gefährdungen, die wir in David ahnen, tatsächlich der Schimmer seiner zukünf-tigen Größe, und wir täten ihm unrecht, wollten wir diese Seite sei-nes ehrlichen Suchens unterschlagen. Vielleicht ist der Condottiere im Bergland von Judäa an der Spitze einer Räubergemeinschaft von sechshundert Schlagetots, Desperados, wirklich Gott näher als spä-ter in Jerusalem beim Plan, einen Tempel zu bauen, und schon be-reit, ein Ehebrecher und kaltblütiger Mörder zu werden. Vielleicht ist das die wahre Geschichte: Wo Gott ist, wissen wir nie voraus und auch nicht rückwärts, im nachhinein. Wir wissen es nur, wenn wir uns auf ihn einlassen, und die Stunden des ehrlichen Suchens sind die wahren Stunden, ihm zu begegnen, ob bei Saul oder Jonatan oder Ahimelech und David. Das einzige, was wir wünschen müßten, durchsetzen sollten, wäre, daß göttliche Geschichte nicht immer so furchtbare Opfer braucht. Vielleicht eines Tages werden die Helden wirklich müde, und Hermine hat recht und es genügt, ein liebender Mensch zu sein. Aber das ist lang hin, im 1. Buch Samuel wie in unserem Leben.

28. Mai 1994

7

Da nahm Abigail schnell 200 Brote

D IE Kapitel 23 bis 25 aus dem ersten Buche Samuel sollen im Mittelpunkt stehen, Geschichten um die Auseinandersetzungen zwischen David, dem Condottiere im Bergland von Judäa, und dem rechtmäßigen König Saul, – mit den Augen der Bibel gelesen, ein verborgener, doch immer offensichtlicherer Führungsweg Gottes auf das künftige Königtum Davids in Israel hin. Wir, die wir lesen, wie merkwürdig diese Führungswege sind, wie widersprüchlich jenseits von Gut und Böse, vermischt ständig zwischen Recht und Unrecht, sind angehalten, mehr als betroffen uns zu fragen, was für ein Leben da gezeichnet wird und wer wir selber sind im Widerschein und im Porträt all der hier aufgeführten Gestalten, des Saul, des David, des Nabal, der Abigail und so vieler Unbekannter, der Bewohner von Keïla und von Sif.

Wir haben David bei Achisch, dem Fürsten der Philister, in der Stadt Gat verlassen und noch gehört, wie Saul das Heiligtum in Nob vernichtet und die Priester erschlägt, weil sie David unterstützt haben; der selber steckt in den Bergen Judäas.

TEXT: 1 Sam 23, 1–28; 24, 1–23; 25, 1–44

Und man meldete David: Siehe, die Philister belagern Kegila und plündern die Tennen. Da befragte David den Herrn: Soll ich hingehen und diese Philister schlagen? Und der Herr antwortete David: Geh hin, schlage die Philister und rette Kegila. Aber die Leute Davids sprachen zu ihm: Siehe, wir müssen uns schon hier in Juda fürchten, und nun sollen wir gar nach Kegila wider die Reihen der

Philister ziehen? Da befragte David den Herrn abermals, und der Herr antwortete ihm: Auf, ziehe hinab nach Kegila; denn ich werde die Philister in deine Hand geben. Also zog David mit seinen Leuten nach Kegila, stritt wider die Philister, trieb ihr Vieh weg und brachte ihnen eine schwere Niederlage bei. So rettete David die Bewohner von Kegila.

Abjathar, der Sohn Ahimelechs, aber war auf seiner Flucht zu David mit dem Ephod nach Kegila hinabgegangen. Nun wurde Saul gemeldet, daß David nach Kegila gekommen sei. Da sprach Saul: Gott hat ihn in meine Hand gegeben; denn er hat sich selbst eingeschlossen, indem er in eine Stadt mit Toren und Riegeln hineingegangen ist. Und Saul bot alles Volk zum Kriege auf, um nach Kegila hinabzuziehen und David samt seinen Leuten zu belagern. Als aber David erfuhr, daß Sauls böser Anschlag ihm gelte, sprach er zu dem Priester Abjathar: Bring das Ephod her! Und David sprach: Herr, Gott Iraels, dein Knecht hat gehört, daß Saul darauf sinnt, nach Kegila zu kommen und die Stadt um meinetwillen zu verderben. Wird Saul herabkommen, wie dein Knecht gehört hat? Herr, Gott Israels, tue das doch deinem Knechte kund! Da sprach der Herr: Er wird herabkommen. Dann fragte David: Werden die Bürger von Kegila mich und meine Leute Saul ausliefern? Der Herr antwortete: Sie werden dich ausliefern. Da machte sich David auf mit seinen Leuten, etwa sechshundert Mann, und sie zogen von Kegila fort und streiften hierhin und dorthin. Als Saul gemeldet wurde, daß David aus Kegila entronnen sei, stand er von seinem Zuge ab.

David nun hielt sich in der Wüste auf den Höhen auf, im Gebirge, in der Wüste Siph. Und Saul suchte ihn die ganze Zeit; aber Gott gab ihn nicht in seine Hand. David aber fürchtete sich, da Saul auszog, ihm nach dem Leben zu trachten. Als nun David in Hores in der Wüste Siph war, da machte sich Jonathan, der Sohns Sauls, auf und ging zu David nach Hores, stärkte ihn, indem er ihn auf Gott wies, und sprach zu ihm: Fürchte dich nicht; denn die Hand meines Vaters Saul wird dich nicht erreichen, sondern du wirst König werden über Israel, und ich werde der zweite nach dir sein. Auch mein Vater Saul weiß das wohl. Dann schlossen die beiden einen Bund miteinander vor dem Herrn; und David blieb in Hores, Jonathan aber ging nach Hause.

Einige Siphiter aber zogen hinauf zu Saul nach Gibea und sprachen: Sieh, David hält sich bei uns verborgen auf den Höhen in Hores, auf dem Hügel Hachila, südlich von der Einöde. Nun denn, ganz wie es dir beliebt, o König, komme herab; an uns wird es dann sein, ihn dem König auszuliefern. Da sprach Saul: Seid gesegnet von dem Herrn, daß ihr euch meiner erbarmt habt! Geht denn hin und gebt weiter acht, forscht und seht, an welchem Ort sein flüchtiger Fuß sich aufhält; denn man hat mir gesagt: Er führt sicher eine List im Schilde. Seht und forscht nach allen Schlupfwinkeln, wo er sich versteckt, und bringt mir sichern Bericht zurück, dann will ich mit euch ziehen. Ist er im Lande, so will ich ihn aufspüren unter allen Tausenden Judas. Da machten sie sich auf und gingen Saul voraus nach Siph. David aber und seine Leute waren in der Wüste Maon, in der Steppe südlich von der Einöde. Da nun Saul mit seinen Leuten hinzog, ihn zu suchen, hinterbrachte man es David, und er zog zu dem Felsen hinab, der in der Wüste Maon liegt. Als Saul das hörte, jagte er David nach in die Wüste Maon. Und Saul ging mit seinen Leuten auf der einen Seite des Berges, David aber mit den Seinen auf der andern. Während so David hastig floh, um Saul zu entgehen, Saul aber mit seinen Leuten David und seine Leute umzingelte, um sie zu greifen, kam auf einmal ein Bote zu Saul und sprach: Komm eilends; denn die Philister sind ins Land eingefallen. Da stand Saul von der Verfolgung Davids ab und zog den Philistern entgegen. Daher heißt man jenen Ort »Fels des Entschlüpfens«.

David aber zog von dort hinauf und weilte auf den Berghöhen von Engedi. Als nun Saul von der Verfolgung der Philister zurückgekehrt war, meldete man ihm: Siehe, David ist in der Wüste von Engedi. Da nahm Saul dreitausend Mann, auserlesen aus ganz Israel, und zog hin, um David und seine Leute zu suchen, östlich von den Steinbockfelsen. Und er kam zu den Schafherden am Wege; daselbst war eine Höhle. Und Saul ging hinein, um seine Notdurft zu verrichten; David aber und seine Leute saßen hinten in der Höhle. Da sprachen die Leute Davids zu ihm: Das ist der Tag, von dem der Herr zu dir gesagt hat: »Siehe, ich will deinen Feind in deine Hand geben; da magst du mit ihm machen, was dir gefällt.« Aber er sprach zu seinen Leuten: Da sei Gott vor! Nie werde ich meinem Gebieter, dem Gesalbten des Herrn, das antun, daß ich

Hand an ihn legte; denn er ist der Gesalbte des Herrn. Und David schalt seine Leute aus und duldete nicht, daß sie sich wider Saul erhöben. Dann stand David auf und schnitt heimlich den Zipfel von Sauls Mantel ab. Aber hernach schlug dem David das Gewissen, daß er den Zipfel von Sauls Mantel abgeschnitten hatte. Als nun Saul die Höhle verlassen hatte und seines Weges ging, erhob sich David hinterher, trat aus der Höhle und rief Saul nach: Mein Herr und König! Da schaute Saul zurück, und David neigte sich mit seinem Angesichte ehrfurchtsvoll zur Erde. Und David sprach zu Saul: Warum hörst du auf das Gerede der Leute, die da sagen: »Siehe, David sinnt auf dein Verderben«? An diesem Tage hast du doch mit eignen Augen gesehen, daß dich der Herr heute in der Höhle in meine Hand gegeben hat; aber ich weigerte mich, dich zu töten, und ich schonte deiner; denn ich dachte: Ich will nicht Hand an meinen Gebieter legen; denn er ist der Gesalbte des Herrn. Mein Vater, sieh, sieh doch den Zipfel deines Mantels in meiner Hand! Daran, daß ich den Zipfel deines Mantels abschnitt, aber dich nicht tötete, magst du erkennen und sehen, daß meine Hand rein ist von Bosheit und Verrat und daß ich an dir nicht gesündigt habe, du aber stellst mir nach dem Leben. Der Herr sei Richter zwischen mir und dir, und der Herr mag mich an dir rächen, aber meine Hand soll nicht wider dich sein – wie der Spruch der Altvordern sagt:

Von Frevlern mag Frevel ausgehen,
aber meine Hand soll nicht
wider dich sein!

Wen verfolgt doch der König von Israel? wem jagst du nach? Einem toten Hund! einem Floh! So sei der Herr Richter und entscheide zwischen mir und dir, er sehe darein und führe meine Sache und schaffe mir Recht gegen dich! Als nun David diese Worte zu Saul gesprochen hatte, fragte Saul: Ist das nicht deine Stimme, mein Sohn David? Und Saul hob laut zu weinen an und sprach zu David: Du bist gerechter als ich; denn du hast mir Gutes getan, ich aber habe dir Böses getan. Und heute hast du mir mehr Gutes getan als je zuvor, da mich der Herr in deine Hand gegeben und du mich doch nicht getötet hast. Wenn einer seinen Feind antrifft, läßt er ihn dann friedlich seiner Wege ziehen? Der Herr vergelte dir mit Gutem, was du heute an mir getan hast! Und nun siehe, ich weiß wohl, daß du

König werden wirst und daß das Königtum über Israel in deiner
Hand Bestand haben wird. So schwöre mir denn bei dem Herrn,
daß du meine Nachkommen nach meinem Tode nicht ausrotten
und meinen Namen aus meines Vaters Hause nicht austilgen wirst.
Und David schwur Saul. Dann zog Saul heim, David aber und
seine Leute stiegen auf die Bergfeste.

Da starb Samuel, und ganz Israel versammelte sich und hielt um
ihn die Totenklage, und man begrub ihn in seinem Hause zu
Rama. David aber machte sich auf und zog hinab in die Wüste
Maon. Nun war da ein Mann in Maon, der hatte sein Anwesen in
Karmel, und der Mann war sehr vermögend: er besaß dreitausend
Schafe und tausend Ziegen. Der war gerade an der Schafschur in
Karmel. Der Mann hieß Nabal, sein Weib aber hieß Abigail. Das
Weib war klug und von schöner Gestalt, der Mann aber war roh
und bösartig; er war ein Kalebiter. Als nun David in der Wüste
hörte, daß Nabal eben an der Schafschur sei, sandte er zehn seiner
Leute und befahl ihnen: Geht hinauf nach Karmel, kehrt ein bei
Nabal, begrüßt ihn in meinem Namen und sprecht zu meinem
Bruder: Heil dir und Heil deinem Hause, Heil allem, was du hast!
Ich habe eben gehört, daß du die Schafschur hältst. Nun haben wir
deinen Hirten, die bei uns gewesen sind, nichts zuleide getan, und
es ist ihnen nichts abhanden gekommen, solange sie in Karmel waren; frage nur deine Leute, die werden es dir sagen. So wollest du
dich denn gegen die Leute gütig zeigen; sind wir doch zu einem
Festtag gekommen. Gib also deinen Knechten und deinem Sohne
David, was du gerade hast. Als die Leute Davids hinkamen, redeten sie im Namen Davids mit Nabal genau nach ihrem Auftrag und
warteten dann. Aber Nabal antwortete den Knechten Davids: Wer
ist David? Wer ist der Sohn Isais? Es gibt heutzutage genug
Knechte, die ihrem Herrn davonlaufen! Soll ich mein Brot und
meinen Wein und mein Schlachtvieh, das ich für meine Scherer geschlachtet habe, nehmen und es Leuten geben, von denen ich nicht
weiß, woher sie sind? Da wandten sich die Leute Davids um auf
ihren Weg und kehrten zurück; und als sie heimkamen, berichteten
sie ihm alles, wie es sich zugetragen hatte. Da sprach David zu seinen Leuten: Gürte ein jeder sein Schwert um! Und ein jeder tat so,
auch David umgürtete sich mit seinem Schwert; und unter Davids

Führung zogen bei vierhundert Mann hinauf, zweihundert aber blieben beim Gepäck.

Der Abigail aber, dem Weibe Nabals, hatte einer von den Leuten berichtet: Sieh, David hat Boten aus der Wüste gesandt, unsern Herrn zu begrüßen; der aber hat sie angefahren. Dabei sind doch die Männer sonst sehr gut mit uns; es ist uns kein Leid geschehen und nichts abhanden gekommen, solange wir bei ihnen umherzogen, solange wir auf dem Felde waren. Eine Mauer waren sie für uns bei Nacht und bei Tage, solange wir bei ihnen die Schafe hüteten. Nun überlege und sieh zu, was du tun willst; denn das Verderben ist beschlossen über unsern Herrn und sein ganzes Haus. Er aber ist zu bösartig, als daß man mit ihm reden könnte. Da nahm Abigail schnell zweihundert Brote, zwei Schläuche Wein, fünf zubereitete Schafe, fünf Scheffel geröstetes Korn, hundert getrocknete Trauben und zweihundert Feigenkuchen und lud sie auf die Esel. Dann sprach sie zu ihren Leuten: Geht mir voran, ich komme euch gleich nach. Ihrem Manne Nabal aber sagte sie nichts davon.

Während sie nun, vom Berge verdeckt, auf dem Esel abwärts ritt, da stieß sie plötzlich auf David und seine Leute, die ihr entgegen herunterkamen. David aber hatte sich gesagt: Rein umsonst habe ich alles, was dem da gehört, in der Wüste behütet, sodaß nichts abhanden gekommen ist von allem, was er hat; er aber hat mir Gutes mit Bösem vergolten. Gott tue David dies und das, wenn ich von allen seinen Leuten bis am Morgen auch nur etwas übriglasse, was männlich ist! Als nun Abigail David sah, stieg sie eilends vom Esel, warf sich vor David auf ihr Angesicht und verneigte sich zur Erde, fiel ihm zu Füßen und sprach: Auf mir allein, o Herr, liegt die Schuld! Laß doch deine Magd vor dir reden und höre die Worte deiner Magd! Mein Herr möge sich doch nicht um diesen nichtswürdigen Menschen, den Nabal, kümmern! Denn wie er heißt, so ist er! Nabal [d. i. Tor] heißt er, und voll Torheit ist er. Ich aber, deine Magd, habe die Leute, die mein Herr gesandt hat, nicht gesehen. Und nun, o Herr, so wahr Gott lebt und so wahr du selbst lebst, den der Herr davon abgehalten hat, in Blutschuld zu fallen und dir mit eigener Hand zu helfen: mögen wie Nabal werden deine Feinde und die Böses sinnen wider meinen Herrn! Dieses Geschenk nun, das deine Magd für meinen Herrn mitgebracht hat, möge den Leuten gegeben werden, die in meines Herrn Gefolge sind. Vergib doch deiner Magd den Fehltritt; denn der Herr wird dir gewiß ein dauerndes Haus gründen, weil du des Herrn Kriege führst und nichts Böses an dir wird gefunden werden dein Leben lang. Und wenn sich ein Mensch erhebt, dich zu verfolgen und dir nach dem Leben zu stellen, so möge die Seele meines Herrn im Beutel des Lebens verwahrt sein bei dem Herrn, deinem Gott! Die Seele deiner Feinde aber schleudre er in der Schleuderpfanne fort! Wenn dann der Herr dir all das Gute, das er dir verheißen hat, tun wird und dich zum Fürsten über Israel bestellt, so wird dir das kein Anstoß noch ein Gewissensvorwurf sein, daß du ohne Ursache Blut vergossen und dir mit eigner Hand geholfen hättest. Wenn aber der Herr dir Gutes tun wird, so gedenke deiner Magd. Da sprach David zu Abigail: Gelobt sei der Herr, der Gott Israels, der dich heute mir entgegengesandt hat! Und gelobt sei deine Klugheit und gelobt du selbst, daß du mich heute davon abgehalten hast, in Blutschuld zu fallen und mir mit eigner Hand zu helfen! Aber so wahr der Herr lebt, der Gott Israels, der mich davon abgehalten hat, dir ein Leid zu tun: wärest du mir nicht eilends entgegengekommen, so wäre dem Nabal bis zum Anbruch des Morgens nichts übriggeblieben, was männlich ist! Also nahm David von ihr an, was sie ihm mitgebracht hatte; zu ihr aber sprach er: Zieh in Frieden wieder in dein Haus hinauf. Sieh, ich habe dir Gehör geschenkt und dich wohlwollend aufgenommen.

Als aber Abigail zu Nabal kam, da hielt er eben in seinem Hause ein Gelage wie ein König, und Nabals Herz war guter Dinge, und er war schwer betrunken. Daher sagte sie ihm nichts, weder Kleines noch Großes, bis der Morgen anbrach. Am Morgen aber, als der Rausch von Nabal gewichen war, erzählte ihm sein Weib, was vorgefallen war. Da erstarb ihm das Herz im Leibe, und er wurde wie ein Stein. Und es währte noch etwa zehn Tage, dann schlug der Herr den Nabal, daß er starb. Als David hörte, daß Nabal tot sei, sprach er: Gelobt sei der Herr, der meine Beschimpfung an Nabal gerächt und mich vom Unrecht abgehalten hat! Das Unrecht Nabals aber hat der Herr über sein Haupt gebracht. Und David sandte hin und ließ mit Abigail reden, um sie sich zum Weibe zu nehmen. Als die Knechte Davids zu Abigail nach Karmel kamen, redeten sie mit ihr und sprachen: David hat uns zu dir gesandt, um dich als sein

Weib heimzuführen. Da stand sie auf, verneigte sich mit ihrem Angesicht zur Erde und sprach: Da hast du deine Sklavin als Magd, um
den Knechten meines Herrn die Füße zu waschen. Und Abigail
machte sich eilends auf und setzte sich auf ihren Esel, während ihre
fünf Mägde sie begleiteten; dann folgte sie den Boten Davids und
ward sein Weib.

Die Ahinoam aber hatte sich David aus Jesreel geholt. So wurden
alle beide seine Frauen. Saul aber hatte seine Tochter Michal, das
Weib Davids, dem Palti, dem Sohne des Lais von Gallim, gegeben.

Manchmal tragen Kinderspiele dazu bei, von früh auf einen bestimmten Aspekt am Leben und im Leben sorgfältig kennenzulernen. So ein gewissermaßen philosophisches Spiel ist das Halma:
Lernet, mein Mädchen und mein Junge, daß sich das Leben niemals
gradlinig bewegt, mindestens im Zickzack. Und wenn es einmal
nach rechts geht, dann bestimmt beim nächsten Mal nach links und
dann wieder in die Gegenrichtung. Nur so überhaupt kommt man
vorwärts. Mindestens beim Lesen solcher Geschichten wie hier im
1. Buche Samuel kann man nur im Rösselsprung der Handlung auf
der Spur bleiben und ihr selber das abgewinnen, worauf der Erzähler so großen Wert legt: Einsicht in die Weisheit der Führung Gottes.

Danach, weiß Gott, sieht es überhaupt nicht aus, beim ersten
Blick nicht und beim zweiten auch nicht sogleich, ganz im Gegen-
teil. Man muß vermuten, daß jeder, der in der Macht sehr hoch
emporkommt, bestimmte Tricks, abenteuerliche Finten, dunkle
Machenschaften hinter sich haben wird, die später dringend der
Retusche bedürfen. Und die Stellen, an denen die meiste Schminke
aufgelegt wird, will sagen der stärkste Widerspruch gegen jeglichen
Verdacht auch nur erhoben wird, da, darf man sicher sein, liegt die
Wirklichkeit verborgen. Widerspruch in all diesen Texten richtet
sich von Anfang an auch nur gegen die Möglichkeit, es könnte David
schuld sein am Tode Sauls, er hätte ihn gewünscht womöglich, sogar betrieben höchstwahrscheinlich. Da sei Gott vor! Das wäre
nicht David gewesen, wenn wir ihm *das* zutrauen könnten! Und
noch ein anderes: David sollte gewünscht haben geradezu, daß

nicht nur Saul krepierte in den Händen der Philister, sondern im
ganzen alle seine Nachkommen, die gesamte Sippe der Sauliden. Ei
wohl, wenn wir später die Geschichten weiterlesen, hören wir, daß
merkwürdigerweise alle Sauliden sterben, der Reihe nach. Das wird
David bitter, bitter leid tun. Er wird sie später sogar beerdigen in der
Nähe des Grabs ihres Vaters, es wird rührend sein, und er hat nichts
damit zu tun, das versteht sich. Nein, hier gleich beim Anfang, als er
aus den Händen des Allmächtigen Saul, seinen Gegner, seinen Verfolger, seinen Todfeind in die Hand bekommen hatte, hat er ihn
verschont! Und Saul, weitsichtig damals schon, hat gesehen und
gewußt, in Dankbarkeit, das Leben gerettet zu wissen, daß David
König werden wird und sein Königtum Bestand haben wird, und
hat, man verstehe richtig, damals schon David darum gebeten, nur
ja seine Kinder später zu verschonen, wenn er auf dem Throne sitzt,
und David hat ihm das versprochen, und das hat er gehalten, weil es
ein Schwur bei Gott war. – Man muß sehr naiv sein, wenn man die
Geschichten so glauben will, wie sie da erzählt werden. Noch manches andere ist da sonderbar erzählt. Beginnen wir mal der Reihe
nach. – Wir haben gehört, was ganz unglaubhaft war, daß David
Zuflucht gesucht hätte bei Achisch in Gat, bei den Philistern. Das
war eine Idee, so verrückt, daß David sich hätte besoffen stellen
müssen, um lebend zu entkommen. Aber daß er mit den Philistern
paktiert hat, werden wir noch hören. Es stimmt. Auch als es eine
entscheidende Schlacht gab zwischen den Israeliten und den Philistern, stand David mit seinen Mannen abseits, ja sogar auf seiten
der Philister und wartete, bis Saul starb und mit ihm Davids Freund
Jonatan, der nach ihm noch König werden sollte. Ein Freund, der
nach seinem Freund König werden will –, ist das Liebe oder Berechnung? Besser ein toter Jonatan gleich mit einem toten Saul, scheint
es, wenn nur David wird König werden, im Pakt mit den Philistern
eine Weile lang, dann als der erklärte siegreiche Gegner aller Philister. Hernach beginnt Israel eine kleine Großmacht zu werden im
alten Orient und gnade Gott allen Randstaaten: den Ammonitern,
Amalekitern, Moabitern! Dann wird Schluß sein. Und gelernt hat
David beizeiten, wie man Schlußpunkte setzt. Aber wirklich nun der
Reihe nach. – Alles beginnt hier in Keïla. Es ist ein kleiner Ort, der
von den Philistern bedroht wird, weil er in ihrem Einzugsbereich,

ganz wörtlich gesprochen, liegt, denn man pflegt in jenen Tagen
einzuziehen, was grade greifbar ist, bei den Bauern am liebsten die
Ernteerträge, wenn sie auf der Tenne gerade gedroschen wurden.
Da ist gepflanzt worden, geerntet worden, da war schweißtreibende
Arbeit Monate lang. Das Korn war gedroschen – und dann kommen
diese Banditen! Das Leben von Bauern ist vernichtet, wenn man das
zuläßt. Weiß Gott, sie hätten eine starke Hand verdient, die sie beschützt vor den räuberischen Philistern. Saul wäre der Mann der
Stunde. Das wäre *seine* Tat, da einzuschreiten, und in den Augen
aller Israeliten wäre dies ein Gotteskrieg zugunsten der schutzlosen
Bevölkerung in Keïla. Saul, erzählt uns die Geschichte, tut gar
nichts. Er sitzt da wieder rum in Rama, während die Not in Keïla
brennend wird. Aber Gott sei Dank gibt es David in der Gegend,
und der schreitet ein. Er hat viel Angst, aus gutem Grunde. Die
Philister sind stark, und er hat ganze sechshundert Mann; seine eigenen Soldaten wollen nicht. Und er fragt Gott, der ihm erklärt: Nur
zu! Ich geb' sie dir in deine Hand. Und so geschieht's auch, sollen
wir glauben. Denn kaum hört Saul davon, es sei David in Keïla
gewissermaßen seßhaft geworden, bricht er auf, und David, ein
zweites Mal in höchster Not, offenbar nicht ein noch aus wissend,
befragt den Gottesfetisch, den Efod des entlaufenen Priesters Abjatar aus Nob, was jetzt zu tun sei. Du liebe Zeit! Man könnte sich's an
fünf Fingern ausrechnen, ob Saul wohl nach Keïla kommen wird.
Ja, das wird er. Und wie wird nun die Bevölkerung sich verhalten?
Wird sie aus Dankbarkeit David verteidigen, oder wird sie umgekehrt es mit dem stärkeren Saul halten? Es sei die Stimme Gottes
gewesen, erzählt uns die Bibel, die David belehrte, wie unzuverlässig und treulos statt dankbar und ergeben doch die Leute in Keïla
sein werden. Er flieht rechtzeitig und entrinnt Saul, wie die Maus
der Katze, so David dem Speer des Königs. – Es wäre fast eine rüh-
rende Geschichte, wenn wir mindestens irgendeine glaubhafte An-
gabe hätten, wie doch David vermocht hätte, mit den kräftigen
Schlägen, die er geführt hat gegen die Philister, ihnen mindestens
das Saatgut oder das Korn abzujagen, das sie entwendet hatten.
Wenn ein Krieg geführt wird und siegreich mit mächtigen Schlägen
dreingehauen wird, lieben es die Siegreichen, Zahlen zu nennen,
Gefallene und Tote zieren ihre Triumphbänder. Merkwürdig, daß

wir davon gar nichts hören. Das einzige, was wir ganz klar hören, ist, daß die Leute Davids gleich über die Rinder der Philister hergefallen wären. Wo die nun herkommen, weiß niemand. Daß man Rinder mitführt auf einem Zug, bei dem man Korn plündern will, ist widersinnig. Es gibt Exegeten, die sagen: Aber die Philister haben die Rinder gebraucht, weil sie wußten, wie groß die Tragelasten ihrer Beute sein würden, und David war so schlau, sich an den Troß der Philister zu machen. Das war besonders geschickt, denn dann konnte er die Philister selber schlagen. Aber eben, wir hören überhaupt nicht wirklich, wie David die Philister schlug. Sollte die Wahrheit ganz kleinlaut darin verborgen liegen, daß David überhaupt nichts weiter getan hat, als gegen die Plünderung der Philister eine eigene Plünderung vorzusehen, und mit den Rindern, die er dann erbeutet hätte, hätte er sich wichtig gemacht in der ganzen Gegend? Siegreich war *er* über die Philister! Wo Saul schlafend war, war er tapfer! Rinder sind ein gutes Argument, aber offenbar ein schwaches für die Bevölkerung in Keïla, die sich anderes erhofft hätte als irgendeinen Rinderdiebstahl. Erst bei solchen Fragen wird die Geschichte stimmig. Wir begreifen plötzlich, warum Saul ein Interesse hat, hinter David herzusein. Es ist nicht gut bestellt um ein Land, wenn da unerklärte Bürgerkriege stattfinden, wenn marodierende Söldner sich im Bergland aufhalten, wenn eigene Leute Krieg führen gegen eigene Leute und nicht mehr zwischen Freund und Feind unterscheiden. Irgendwann hat ein König wohl die Pflicht, für Ruhe und Ordnung zu sorgen in seinem eigenen Staate. Überhaupt besteht ein Staat darin, daß er sich sukzessive das Gewaltmonopol aneignet, sollte man denken. Wieso hat David überhaupt die Pflicht oder den Gottesauftrag gar, Krieg zu führen? Das wäre immer noch die Sache Sauls. Und wenn er schon so tapfer sein sollte, möchte er doch seine sechshundert Mann Saul unterstellen! Davon vernehmen wir nichts, weil ja alle Schuld bei Saul liegt, weil nur Saul ist böse, hinterhältig, verräterisch, gemein. Er verdient, abzudanken unter den Augen Gottes gegenüber David, den Gott erwählt hat, immer schon.

Gerecht kann man diese Art von Geschichtsschreibung kaum finden, aber es kann noch besser kommen. Die nächste Geschichte erzählt davon, daß in Maon Saul wirklich ein strategischer Streich zu gelingen scheint. Im Bergland jetzt, fernab aller Seßhaftigkeit, aller Ortsbefestigungen, versucht David, mit seinen Leuten zu überleben in den Höhlen, an denen es in Israel im Bergland noch niemals Mangel hatte. Man erfährt am Hofe des Saul, daß David und seine Leute sich aufhalten in Maon, und mit fünffacher Übermacht, dreitausend Leute gegen sechshundert, dabei noch erprobte Kämpfer, zieht Saul offenbar an der Spitze einer solchen konzentrierten Streitmacht aus, um David den Garaus zu machen. Die Sache scheint fast schon erfolgreich beendet. Die Mannen Sauls haben David und seine Leute eingekesselt, und alles wartet darauf, daß sie die Falle, die sie gestellt haben, zuschnappen lassen. Da hört man im letzten Augenblick, daß die Philister in das Land eingebrochen sind, und augenblicklich zieht Saul sich von David zurück, den Philistern entgegen. – Da haben wir plötzlich einen ganz anderen Saul, als er uns bisher geschildert wurde. Bisher hörten wir von einem Quasi-Paranoiker auf dem Thron, einem Halbirren, der kein anderes Ziel mehr hat, als irgendeinen privaten Krieg auszufechten, der gewissenlos genug ist, darüber die Aufträge Gottes zu verlassen. Vielleicht ist *dies* die Wahrheit in etwa: Saul wußte sehr genau, was zu tun war und weswegen er König wurde. Die wirkliche Gefahr sind die Philister, und wenn's drauf ankommt, verliert er jeden Rachegedanken an David und tut, was er muß. Wohlgemerkt, von Sauls Sieg, den wir annehmen dürfen, hört man kein Sterbenswörtchen; aber wie David entkam und wie es glückliche Fügung war, daß doch Gott im rechten Zeitpunkt die Philister geschickt hat, ist nicht nur parteiliche Geschichtsberichterstattung. Es ist auch eine merkwürdige Art, über Gottes Planungen zu denken, weil die Israelfeinde in seinen Händen so praktisch manipuliert werden, daß sie wie ein Deus ex machina vom Himmel über Israel fallen zur Stunde, da David ihrer Hilfe mehr als bedarf.

Wir sind einmal mißtrauisch genug geworden, um für die kommende Geschichte wohl gerüstet zu sein. Da wird uns eine Story aufgetischt, wie sie am Hofe des David erfunden worden sein muß. Sie ist wirklich rührend. Nach dem Fiasko bei Sif und Maon hätte Saul ein zweites Mal, diesmal in En-Gedi, versucht, den David zu packen, und wirklich, schon sei er gewesen mit seinen Leuten just an der Höhle, in welcher David war, nur diesmal wußte der König gar nicht, wo David sich aufhielt. Da sehen wir einen König, der gerade seine Notdurft verrichtet, und David, natürlich, sitzt genau dahinter – ein Schauspiel, und die Leute sagen: Also, dies ist die Chance, deine Chance, nur zu! Ein einziger Schwertstreich, ein Speerstoß, und das ganze Problem ist gelöst! Aber David, großartig David, großmütig David, wagt nicht, an Saul, den Gesalbten, Hand anzulegen. Man merke für alle Zukunft: Wenn David einmal König sein wird, lege niemand mehr Hand an ihn, denn er ist ein Gesalbter des Herrn. Weil er so tat, wird er wünschen auch in Zukunft, daß man mit ihm so verfahre. David, nur ein Zipfelchen vom Gewand, während Saul da sitzt und hockt und sein Geschäft verrichtet, stiehlt er ihm von hinten als Beweisstück, und als Saul, nunmehr erleichtert, müssen wir denken, das Freie aufsucht, da tritt David heraus aus der Höhle und kündet den Erfolg, wie gut er's gemeint hat. Allerdings, geschickt zu lügen war noch nie die Kunst von Hofberichterstattern. Es hätte David das Herz geschlagen sogar des Zipfelchens wegen, furchtbare Schuldgefühle hätten ihn überkommen – sollten wir da nicht doch nach Freudscher Regel denken, daß alle verdrängten Gedanken sich irgendwann durch die Poren von alleine ausschwitzen? Die Schuldgefühle gegenüber Saul hätte David schon gehabt, aber dann wahrscheinlich doch nicht des Zipfelchens wegen, sondern eines wirklich erklärten Mordplans wegen. Auch alles weitere ist ein Schauspiel, das wir nicht glauben mögen: ein weinender Saul, der seiner Reue geständig ist und wünscht, daß sein Thronkonkurrent zum Thronprätendenten wird und Gott alles weiter so fügen möge, daß es David zum Heil ausschlägt. – Es bleibt wahr, daß David direkt gegen Saul nicht vorgegangen sein wird, daß er es geschickt verstanden hat, die Fäden so zu ziehen, daß sie sich formten zu einem Strick, der am Halse des Saul immer enger wurde.

Womöglich gibt es bibeltreue Leser, die sagen: Aber nein, so darf man die Bibel wirklich nicht lesen. David ist später ein erwählter König in Israel, der größte, der in Israel je war, auf dem der Segen Gottes ruhte; Gott kann sich in der Wahl seiner Leute nicht derart geirrt haben. Irgendwann muß die Phantasie ihre Grenzen finden. Wenn die Bibel uns erzählt, daß David ein nobler Mann war, dann haben wir gefälligst zu glauben, *daß* er ein nobler Mann war, und wenn Gott das geglaubt hat, wieso sollten wir das dann nicht glauben? Es ist dann schon ein Glaubenssatz, zu glauben, was man von David glauben sollte. Aber die Bibel selber, sie selber, erzählt uns in der nächsten Geschichte ein Haudegenstück, ein Märchen beinahe, und es geht recht launisch zu, indem in dieser ganzen wüsten Männerorgie endlich mal eine Frau auftaucht. Aber was erzählt man uns da über David?

Es gab einen Mann in Karmel, der reich war: dreitausend Schafe und tausend Ziegen und die Leute natürlich, die sie hüten, und ein Schafschurfest in Karmel. Der Mann hieß Nabal. Das ist so, wie eine Mutter mitunter ihr Kind anredet: mein Dummchen. Das ist ganz liebevoll gemeint, und so etwas vielleicht bleibt hängen sogar als Name für den Erwachsenen noch, wie auch immer. Nabal, man ist ganz sicher, ist ein kalibitischer Hund, ein brutaler Kerl, ein Weinsäufer und Freßsack. Stefan Heym sagt sogar: der sich vollfraß wie eine Wurst, so daß es stinkend war für seine Frau. So genau wissen wir das nicht, ich gebe es zu. Aber bei David sehen wir klar. Er schickt seine Leute aus und spricht ihnen vor, wie sie papageiengleich reden sollen, und sie tun so. Dreimal hören wir da: Frieden Nabal, Frieden seinem Hause, Frieden den Schafscherern! Immer schon waren die Verhältnisse zwischen Davids Leuten und den Hirten Nabals auf das beste bestellt; nie ist ihnen ein Härchen gekrümmt worden. Und jetzt doch, was ihr habt, gebt doch dem David! Und dann schweigen sie buchstäblich still und warten, was passiert. Das ist wie das Drehbuch für einen amerikanischen Gangsterfilm über den »Paten«. In der Mafia-Sprache wird da gerade abkassiert, genau dies und nichts anderes. Man ist Tribut schuldig dem David, weil er die Schafscherer bislang ungeschoren gelassen hat, und mehr ist nicht zu erwarten. Wir hören nebenbei, daß er sie auch beschützt hat vor anderen Feinden, aber die sind weit und breit nicht zu sehen. Auch Nabal hat nie welche gesehen im Gebirge von Karmel außer David, nach dem er fragt, wer der eigentlich sei, der Sohn Isais. Streunende Hunde und wegelagerische Diebe gibt's haufenweise, und die noch zu fördern und zu unterstützen, ist nicht seine Absicht. Man mag über Nabal denken, was man will, aber dies hat einiges für sich. So ist es geradeaus und logisch gedacht. Aber wer David sein kann und wer er wirklich war, das sagt er selber zu Abigail später im nachhinein: Wärst du nicht gekommen, bis zum nächsten Morgen von all den Leuten Nabals hätte nicht ein einziger überlebt. – Man sagt mitunter, die Bibel sei frauenfeindlich, mitunter ist sie auch männerfeindlich. Ich kenne jedenfalls keine Kultur, in der man »alles, was männlich ist«, umschreibt mit: was an die Wand pißt, und das immerzu, mindestens wenn man den Zorn hat auf die Männer. Abgeschlachtet gehören sie, meint David, sie waren nicht botmäßig. Jetzt, glaube ich, verstehen wir zum erstenmal, und zwar unzweideutig, aus den Texten der Bibel selber, wie die Art der Lebensführung Davids in der ganzen Zeit war im Bergland von Juda. Er hatte sechshundert Mann zu versorgen, und das ging offenbar nur mit Raub und Plünderung, ganz sicher nicht mit rechtschaffener Arbeit. Er sagte sich: Wenn wir die Leute einfach überfallen, wenn wir sie ausnehmen wie Vogelnester, haben wir überall nur Feinde; aber seht, ihr guten Leute, Gott hat mir einen besseren Einfall gegeben. Wir schwingen uns auf und werden die Beschützer der Leute, wir machen sie uns zu Freunden. Gerade soviel Furcht jagen wir ihnen ins Herz, daß sie spüren, was über sie kommen könnte, wenn sie sich nicht versehen. Aber es wird ganz leicht sein, sich zu versehen, sie müssen nur uns versehen mit allem, was wir brauchen. Dann können wir beide in Frieden, in Frieden zusammen leben, in Frieden. Nur, wer so nicht tut, leider, dem müssen wir zeigen, was ihm blüht, solchen Nabals zum Beispiel – Die Geschichte bis dahin ist gräßlich, weil wir denken müssen, es wird dem David nicht erspart geblieben sein, zu tun, was er hier androht, immer mal wieder. Er wird nicht an jedem Ort seiner Raubzüge eine kluge und schöne Abigail gefunden haben.

Deren Geschichte ist nun ein anderes Drama, und je länger überhaupt die Bibel erzählt, rückt diese Frau in den Vordergrund. Es geschieht nicht häufig in der Bibel, daß eine Frau einmal die Hauptrolle spielt. Hier tut sie's. Alle Fäden laufen bei ihr zusammen. Man kann nicht sagen, daß sie aus Edelmut handelt; weit eher nach Bertolt Brechtscher Logik wie eine Art Mutter Courage, die glaubt, im rechten Moment ihrem Selbsterhalt am besten zu dienen, wenn sie sich der Willkür und der Macht rechtzeitig beugt. Sogar die Hirten des Nabal sagen das, sie haben keine Chance gegen die Soldateska Davids. Das einzige, was sie tun können, ist das, wovon sogar das BKA überzeugt ist, daß mehr als drei Viertel aller ausländischen

Gaststättenbesitzer so handeln *müssen*. Organisiertes Verbrechen nennt man das. Man muß sich fügen und hinterher darüber so reden, daß es nie passiert ist. Angst macht die Münder stumm. In diesem Augenblick reden die Hirten Nabals zu Abigail: Dein Mann ist ein Teufelskerl, was anerkennend gemeint sein wird, ein Stiernacken von Charakter, unbeugsam, einfach drauf, ein Mut zum Verrücktwerden, standfest zum Erschlagenwerden. Aber wer es überleben will, der muß jetzt nachgeben, der muß abgeben, und es kann gar nicht schnell genug kommen. Dies begreift Abigail. Die Esel vollgepackt, die Vorräte, die da sind, aufgeschnürt und voran, nur schon voran, damit David versöhnt wird! Dann kommt sie selber, hinterdrein merkwürdigerweise; wir werden uns dieses kleine Detail merken müssen. Denn als sie zu David kommt, beugt sie sich tief in den Staub und hält eine Rede, wie sie bei Shakespeare stehen könnte. Immer wieder: mein Knecht – deine Magd, und: wenn der Herr – Gott ist gemeint – meinem Herrn all das geben wird, erinnere dich deiner Magd! – Da wird Abigail fast eine prophetische Frau, mindestens hat sie die richtige Intuition, den Instinkt für die Macht. David wird Erfolg haben. Burschen von dieser Art werden am Ende schwimmen wie Kork auf der Sintflut. Immer überleben diese, also kann man gar nicht früh genug zu ihnen überlaufen. Daß man den Gang der Geschichte dabei als die Fügungen »unseres Herrn« erklärt, der »meinem Herrn« alles so wohlfeil in die Hände spielt, das sei dahingestellt; Magd sein ist alles. Abigail wird später sagen: Ich werde die Füße der Knechte meines Herrn waschen. Jeder Sklavendienst ist ihr lieb und wert, wenn sie's nur überlebt. Das ist das eine. Aber das andere ist: auf diesem Weg der Unterwürfigkeit, der Lebenssicherung durch Anpassung, des Sich-Duckens ins Gras, bis der Sturmwind darüberfährt, wird Abigail eine Königin. Das weiß sie noch nicht, obwohl sie es scheinbar schon andeutet: Gott wird dir, David, ein Haus bestellen. Heißt das nicht soviel wie: Ich werde deine Hausfrau werden und es einrichten durch Nachkommen und selber deine Dynastie begründen? – Die Rätselsprache der Frauen ist schwer zu verstehen. Oft wissen sie mehr, als die Männer selbst wahrhaben wollen, weil sie tiefer ins Herz sehen. Abigail, eine Frau, die so redet wie diese hier, ist wirklich klug; taktvoll, sagt David später, sehr taktvoll, respektvoll auch, mindestens schlangengleich schlau.

Es gibt mindestens noch ein zweites Motiv. Nicht nur, daß Abigail das Wasser bis zum Halse steht, man muß denken, daß es stimmt, was über ihren Mann gesagt wird. Es ist nicht nur, um David zu beschwichtigen. Nabal heißt er und Nabal ist er; auf deutsch: mit ihm ist nichts anzufangen. Wär's nicht der Wunsch sogar, ihn endlich loszuwerden? Erinnern wir uns noch, wie David einmal geschildert wurde, was *das* für ein Kerl war; schön aussehend und sensibel beim Harfespiel und stark auch, den Philister, den Goliat, zu erschlagen. Das alles war Sage oder Legende, aber wenn eine Frau träumt, wo ist da die Grenze zwischen Wirklichkeit und Sage, man sage selber? In den Augen der Abigail steht zu vermuten, daß David eine günstige Partie ist. Überlaufen und dabeibleiben, das wäre das Richtige. Und wieder, sonderbar, fügt Gott es zur rechten Stunde richtig. Nabal, vom Rausche erwacht am andern Morgen, erfährt die Wahrheit seiner Frau so unverblümt und gradeaus, daß ihm das Herz stillsteht vor Schrecken. Das muß man können, so die Wahrheit sagen, daß sie ins Herz dringt bis zum Schlaganfall! Psychologische Kriegsführung, Abigail schafft das. Sie macht's noch besser. Zehn Tage lang liegt der arme Kerl da, man hört nicht, daß man ihm je geholfen hätte. Er wird tot sein, David wird's erfahren selbstredend, und Abigail wird kommen, wie angefordert übrigens, es ist Befehlston, mit dem David gebietet, daß sie kommen soll.

Ein Mann wie Stefan Heym, ein Bühnenautor oder Dramaturg, natürlich macht sich selbst bei dem, was wir ganz dicht an der Bibel erzählen, seine Gedanken. Wieso kam eigentlich Abigail so spät hinter ihren Mägden her? Und wie hat sie David angesehen, als sie mit ihm sprach? Und wieso so eilig konnte David später, als er hörte, Nabal sei tot, auf sie zurückgreifen als seine Frau, wo er gerade doch die Ahinoam schon, man muß sagen, sich an Land gezogen hat? Das alles wohlgemerkt fällt nicht zurück auf David, spricht nicht gegen ihn, weil ja Saul inzwischen die rechtmäßige Frau des David wiederverheiratet hat mit einem anderen. Michal ist nicht mehr Davids Frau, sondern irgendeines unbekannten Kerls in Lajisch. Also muß man sagen: ein Ehemann, dem *so* mitgespielt wird, hat *jedes* Recht. Und nun gar eine schöne, kluge Frau wie Abigail? Aber wie hätte er's gesehen? Ich wage einmal, Ihnen die Überlegungen von Stefan Heym anzutragen zu diesem Thema.

Dieser Nabal, schreibt er, hatte Tausende von Schafen, alle fett, und trugen die feinste Wolle, und Ziegen der besten Sorte, auch Tausend; ... Sie (Abigail) war stattlich anzuschauen und trug feine Gewänder und Ringe an den Fingern und Spangen an den Knöcheln ihrer Füße. ... Sie war kein Lämmchen mehr, als sie dem Sohn des Jesse begegnete; sie war ihre sechs oder acht Jahre älter als er; aber ihr Fleisch war stramm und ihre Brüste standen hervor wie Rammböcke. Sie leitete das Haus, und befahl den Dienern, und rechnete ab, während Nabal, ihr Gatte, sich vollfraß und vollsoff, bis er wie ein gestopftes Stück Darm war, und so verlockend für eine Frau wie dieses. Es hieß, daß meine Herrin einen Eseltreiber zu sich nahm, und einen wandernden Töpfer, und einen Stallburschen, und einen Erzähler von Geschichten und Legenden, und einen Steuereinnehmer; aber sie war eine tugendhafte Frau und zog die Gesellschaft ihrer fünf Jungfern vor, von denen ich eine war, und wir mußten sie hätscheln und tätscheln, und küssen und kosen, und streicheln und drücken, bis sie wollüstig aufseufzte und die Augen ihr übergingen. Möge HErr Jahweh dies Tröpfchen flüssigen Sonnenscheins segnen. Als nun Abigail, meine Herrin, die Jünglinge sah, die David zu Nabal geschickt hatte, ihrem Gatten, und als sie hörte, wie Nabal sie beschimpfte, da sagte sie zu mir: Debora, meine Liebe, wenn dieser David ben Jesse ähnlich ist wie seine Jünglinge, können wir uns auf etwas gefaßt machen. Nimm daher diese Scherbe und stelle mir zusammen, was ich darauf aufgezählt habe, und laß die Sachen auf Esel laden, und beeile dich, und gehe voraus mit den Treibern; siehe, ich werde dir nachkommen. Sprich aber nicht darüber mit Nabal, meinem Gatten, fügte sie hinzu, denn er ist ein solcher Sohn Belials, er würde mich mißverstehen. Als sie uns dann einholte auf ihrem Reitesel, da hatte sie sich die Augen bemalt und die Wangen gerötet; ihre Lippen aber waren wie das Fleisch des Granatapfels, und sie duftete wie ein ganzer Blumengarten. Und da wir hinabzogen in den Schatten des Berges, erhob sich ein großer Lärm, und David und seine Männer kamen auf uns zu; aber Abigail, meine Herrin, ritt uns voraus, ihnen entgegen.

…Da war er aufrecht im Sattel, rotes Haar über gebräuntem Gesicht, und in seinen Augen leuchtete es; Abigail aber, meine Herrin, glitt vom Esel, und fiel nieder vor David auf ihr Angesicht. David fragte: Wer ist die Frau vor mir im Staube? Also hielt ich's für richtig, ihm Auskunft zu geben, und ich sagte: Mein Herr, sie ist meine Herrin, Abigajil, die Frau des Nabal, aus Maon, der seine Besitzungen in Carmel hat. Und David stieg ab und sprach, so daß alle es hörten: Tut mir leid, schöne Frau, aber ich habe alles beschützt, was Nabal auf der Weide hatte, und er vergilt mir Gutes mit Bösem. Abigail aber, meine Herrin, erhob ihr Antlitz zu David, so daß ihm sichtbar wurde, daß ihre Brüste hervorstanden wie Rammböcke. Und sie sprach: Mir, Herr, laste die Missetat an. Achte nicht des Nabal, ich bitte dich; er ist ein Dummkopf. Vielmehr blicke gnädig auf deine Magd, denn das Herz deiner Magd schlägt höher vor deinem Angesicht, weil mein Herr für die Sache Jahwehs ficht und kein Übel ist an dir zu finden gewesen all deine Tage. Und jetzt diese Segnungen, welche deine Magd dir gebracht hat, nämlich zweihundert Laib Brot, und zwei Häute Wein, und fünf gebratene Schafe, und fünf Maß geröstetes Korn, und einhundert Beutel Rosinen, und zweihundert Beutel Feigen, laß diese verteilen unter deine Jünglinge. Und wenn Gott meinem Herrn wohlgetan haben wird, dann gedenke deiner Magd.

…Siehe, wie (David ben Jesse) sie aufhebt von der Erde und sie zartfühlend stützt. Gesegnet sei der HErr, der GOtt Israels, sagte er zu ihr, der dich heutigen Tags mir entgegengesandt hat. Und gesegnet seist du, die du mir heutigen Tags verwehrt hast, Blut zu vergießen. Denn so wahr der HErr GOtt Israels lebt, hättest du dich nicht geeilt und wärst mir begegnet, so wäre dem Nabal bei Morgenlicht nicht einer übriggeblieben, der an die Wand pißt. Und David verbeugte sich vor ihr, und die zwei wandelten ein Stück in die Wildnis, und als sie zurückkehrten, da trug meine Herrin den Kopf so, daß sie zehn Jahre jünger wirkte. David aber sagte zu ihr: Ziehe in Frieden nach Hause; denn ich habe deinen Worten gehorcht und mich deiner angenommen.

… Also kehrte Abigail, meine Herrin, zurück zu Nabal, ihrem Gatten; und er war trunken und lag in seinem Erbrochenen, da er die ganze Zeit gefeiert hatte, weshalb sie ihm nichts sagte bis zum Morgenlicht. Aber als er stöhnend erwachte, und stinkend wie ein Schweinestall, und nicht wußte, wo sein Kopf sich befand und wo sein Ellenbogen, da trat sie vor ihn, frisch wie der Tau auf der Rose, und sprach: Ach, du Fettsack, du Saufbold, du Gebirge von Impotenz: ich habe dein Leben gerettet, indem ich eilte, dem David ben Jesse entgegenzuziehen und ihm von deinen Reichtümern Brot und Wein und gebratenes Fleisch und geröstetes Korn und Rosinen und Feigen zu bringen, denn bestimmt hätte David von den Deinigen keinen übriggelassen, der an die Wand pißt. Nabal sprang auf rascher denn ein Floh, und hob die Hände, und schrie auf zu Jahweh: Hast du gehört, GOtt, was diese Teufelin, diese Hure Belials, gesprochen hat? Sie ist mein Untergang, sie wird mich durchaus zugrunde richten! Schafe, und geröstetes Korn, und Feigen! Mögen ihre Brüste welken und ihr Geschlecht vergilben, denn du, HErr GOtt, bist ein gerechter GOtt, der die Bösen bestraft. Und er rief nach seinem Verwalter, und nach seinen Knechten, und zürnte und tobte, bis seine Lippen sich blau färbten und darauf sein ganzes Gesicht, und er auf den Rücken fiel und dalag wie ein Stein. Der Verwalter sagte, man müsse Nabal zur Ader lassen, und die Diener liefen, den Bader zu holen; aber Abigail, meine Herrin, sprach: Betet, soviel ihr wollt, zu Jahweh, aber rührt nicht an das Blut eures Herrn, denn es wird verdickt von GOtt und am Fließen gehindert, und der Wille GOttes geschehe. Zehn Tage lang beteten die Knechte, und wartete der Bader, und saß meine Herrin an der Seite Nabals, ihres Gatten, der wie ein Stein dalag; aber am zehnten Tag schlug der HErr den Nabal, daß er starb.
Sie hatte eine große Seele. … Zehn Tage dazusitzen und zuzusehen, wie der eigne Mann stirbt, und Sorge zu tragen, daß er stirbt, zeugt wahrhaftig von Charakter.

Stefan Heym, wie Sie wissen, ist ein Kommunist und wirbt für die PDS; aber die Bibel einmal so zu lesen hat wirklich Charakter; man

macht sich nicht länger ein X für ein U vor, man glaubt den Mächtigen nichts mehr, am wenigsten, wenn sie Gott im Munde führen.
Dennoch denke ich, die Geschichten könnten uns vielleicht auch
noch was anderes lehren. Wir müßten sie dann nur lesen ganz und
gar symbolisch.

Vor einer Weile, im Verlauf vieler Monate, erzählte mir ein Mann
sein Leben, der an David und Saul und Abigail mit keinem Worte
dachte. Aber mir, der ich nachdachte über Saul, David und Abigail,
schien, es könnte irgendwie zusammenstimmen. Man muß nur einmal denken, daß man beim Zuhören von Menschen nie weiß, wie
ihre Geschichten ausgehen. Das einzige, was uns wirklich hindert,
Texte dieser Art zu lesen, ist, daß wir immer schon aus der Perspektive des Rückblicks erzählt bekommen. Das ist, wie wenn wir uns ein
Fußballspiel anschauen, dessen Ausgang wir im Grunde in den
Nachrichten schon gehört haben. Es ist nur noch interessant, wie
das Ergebnis zustande kommt, aber die wirkliche Spannung ist verloren. So hören wir die Saiten nicht mehr richtig tönen, sie sind zu
schlaff auf dem Konzert, das Gott auf ihnen bereitet. – Was dieser
Mann erzählte, hörte sich ungefähr so an; nicht daß er's gradewegs
so hätte sagen können, aber wir kamen nach und nach dahinter: Es
ist, wenn Sie so wollen, mein ganzes Leben eine einzige Flucht gewesen vor meinem Vater. Was heute vor Ihnen sitzt, sieht so aus wie
ein geborener Chef, ein gemachter Gewinner, ein erfüllter Traum.
Alle sehen in mir etwas Gelungenes und Besonderes, aber ich weiß
ja, daß das nicht stimmt. In Wirklichkeit bin ich gerannt und gerannt. Hochgekommen bin ich, nicht wie ich's gewollt hätte, einfach
durch Verdienst und Leistung, das schafft niemand heute in der
Wirtschaft. Man muß an so vielen Rädchen drehen, man muß Beziehungen aufbauen, man muß die Beziehungen spielen lassen, man
muß die richtigen Klinken schmieren und vor allem seine Lippen,
daß sie so glatt sind, daß sie die rechten Worte finden, wenn's drauf
ankommt, sich einzuschmeicheln. Sie merken, ich hab' vor mir
keine Achtung mehr, ich hab' sie verloren, je mehr ich zu gewinnen
suchte. Ich weiß nicht mehr, wer ich bin. Das, was mich am meisten
beschwert, ist, daß ich lange Jahre gelebt hab' wie ein Dieb. Dem
Bürgerlichen Gesetzbuch nach hätte ich mir nichts vorwerfen müssen; trotzdem war das, was ich mir aus dem Leben herausholte,

gefühlsmäßig wie eine Konterbande, wie etwas, das man an der Grenze verbergen muß, damit es die Zollschutzpolizei einem nicht wegnimmt. Ich hatte ewig Schuldgefühle. Dahinter muß mein Vater stehen. Den habe ich gehaßt. Nie, daß ich ihm hätte wirklich etwas am Zeuge flicken wollen. Äußerlich betrachtet sogar, habe ich mich loyal verhalten. Aber es gibt so viele Dinge, die ich ihm nie vergebe. Erlebt hab' ich ihn wie meinen Alptraum, meinen ständigen Verfolger. Er hat mich gedrängt, das zu werden, was ich heute bin, und ich bin ganz sicher, ich bedrohe ihn durch das, was ich bin. Es ist ganz paradox. Er wollte einen Sohn haben, der ihm nachfolgt, der seine Firma weiterträgt, und in Wirklichkeit wollte er von dem Thron nie weg. Was sollte ich machen, als ihn wegzuwünschen, hinwegzudrängen, indem ich tat, was er von mir verlangte. Ich wurde, wie er wollte, und ich spürte, daß ich's im Grunde nie gesollt hätte. Es ist, wie um verrückt zu werden dran. – Sie können sich selber denken, wie mein Liebesleben aussieht, total chaotisch. Die Frau, die ich habe, gehört mir nie. Irgendein böser Schatten steht ständig zwischen uns, und es ist, wie wenn der Geist meines Vaters wie beim Prinz Hamlet immer wieder käme, sie mir zu stehlen. Was Wunder, daß ich mich schadlos gehalten habe, wie um mich zu trösten, an allen anderen, wirklich an allen anderen, wie wenn's egal wäre, ständig auf der Suche wie ein Wolf. Und schon wieder schäme ich mich dafür. Das ist ja keine Liebe. Nur wie lerne ich jetzt beides, die Nähe zu mir selber, die Nähe zu den Menschen, wie lerne ich überhaupt, ein Mensch zu sein. Wie gelingt es mir, das auszufüllen, was ich nach außen bin? Oder sollte ich das alles fahrenlassen und wegtun als hinderlich? Ich weiß nicht mehr ein noch aus.

Vielleicht lassen wir die Geschichte Davids an dieser Stelle einmal stehen. Denn so gelesen, sollten wir den Mut nie ganz aufgeben, daß Gott uns trotzdem zur Seite steht. Daß die Bibel es dauernd so erzählt, daß selbst die Schurken ein gutes Gewissen behalten, können wir ihr schwer nachsehen. Aber wenn wir denken, daß alle Schurken arme Schweine sind, dann müßten wir denken, es sei nicht ganz verkehrt, zu hoffen, Gott ginge mit ihnen durchs Tal der Tränen und sogar über die Hügel ihrer Erfolge, er ließe sie nie ganz im Stich. Vielleicht ist das das einzige, was wir lernen aus der Bibel, aus diesen Königsgeschichten: was alles dazu gehört, bis Menschen wirklich Könige sind, Kinder des ewigen Königs. Aber das alles ist nur Symbolismus, das alles erzählt die Bibel nicht wirklich, das alles müßten wir verdichten in unserem Leben, bis daß es wahr wird, indem wir manchmal der Bibel unrecht geben, damit sie Gott und die Menschen nicht länger belügt.

4. Juni 1994

8

Ach, sind auch Könige nicht von Bestand

HÖREN Sie, meine lieben Schwestern und Brüder, einmal einen langen Bericht, der in seiner Erzählmontage wie in seinem Inhalt fast wie ein moderner Roman anmutet. Verlassen haben wir die Geschichte von Saul und David, als zum letztenmal David den gefährlichen Nachstellungen des Königs getrotzt hat, ihnen auswich und den König selber angeblich zu schonen verstand in der Höhle von En-Gedi. Gehört haben wir auch, daß sich bereits die Philister von neuem formieren, gegen Israel aufzustehen. Nun kommt es, wie folgt.

TEXT: 1 Sam 26, 1–25; 27, 1–12; 28, 1–25; 29, 1–11; 30, 1–31; 31, 1–11; 2 Sam 1, 1–27

Da kamen die Siphiter zu Saul nach Gibea und sprachen: Wisse, David hält sich auf dem Hügel Hachila, östlich von der Einöde, verborgen. Da machte sich Saul auf und zog zur Wüste Siph hinab, mit ihm dreitausend Mann, die Auserlesenen Israels, um David in der Wüste Siph zu suchen. Und Saul lagerte sich auf dem Hügel Hachila, der östlich von der Einöde am Wege liegt; David aber weilte in der Wüste. Als David nun sah, daß Saul ihm in die Wüste nachgekommen war, sandte er Kundschafter aus und erfuhr zuverlässig, daß Saul da sei. Da machte sich David auf und kam an den Ort, wo Saul sein Lager hatte. Als nun David den Ort sah, wo Saul mit seinem Feldhauptmann Abner, dem Sohne Ners, lag – Saul lag nämlich in der Wagenburg, und die Leute waren rings um ihn her gelagert –, da hob David an und sprach zu dem Hethiter Ahimelech und zu Abisai, dem Sohne der Zeruja, dem Bruder Joabs: Wer kommt mit mir hinab zu Saul ins Lager? Abisai sprach: Ich komme mit dir hinab. Als nun David und Abisai bei Nacht zu den Leuten kamen, siehe, da lag Saul schlafend in der Wagenburg, und sein Speer stak in der Erde zu seinen Häupten. Abner aber und die Leute lagen rings um ihn her. Da sprach Abisai zu David: Gott hat deinen Feind heute in deine Hand gegeben. So will ich ihn nun an den Boden spießen, mit einem Stoß; ein zweiter wird nicht nötig sein. David aber sprach zu Abisai: Bringe ihn nicht um! Denn wer könnte Hand an den Gesalbten des Herrn legen und bliebe ungestraft? Und David sprach: So wahr der Herr lebt! Vielmehr wird der Herr ihn schlagen, oder es kommt seine Stunde, da er sterben muß, oder er zieht in den Krieg und wird weggerafft. Da sei Gott vor, daß ich Hand an den Gesalbten des Herrn legen sollte! So nimm nun den Speer zu seinen Häupten und den Wasserkrug und laß uns gehen! Dann nahm David den Speer und den Wasserkrug zu Häupten Sauls, und sie gingen weg. Und es war niemand, der es sah oder merkte, niemand erwachte, sondern sie schliefen alle; denn Tiefschlaf, vom Herrn gesandt, war auf sie gefallen.

Und David ging auf die andre Seite [des Tales] hinüber und stellte sich fernab auf den Gipfel des Berges, sodaß der Raum zwischen ihnen groß war. Dann rief David die Leute und Abner, den Sohn Ners, an: Gibst du keine Antwort, Abner? Und Abner antwortete: Wer bist du, der du den König anrufst? David sprach zu Abner: Du bist doch ein Mann, und deinesgleichen gibt es nicht in Israel! Warum hast du deinen Herrn, den König, nicht behütet? Denn es ist einer von den Leuten eingedrungen, deinen Herrn, den König, umzubringen. Es ist nicht recht, was du getan hast. So wahr der Herr lebt, ihr seid des Todes, weil ihr euren Gebieter, den Gesalbten des Herrn, nicht behütet habt! Und nun, sieh doch nach: Wo ist der Speer des Königs? und wo der Wasserkrug zu seinen Häupten? Da erkannte Saul die Stimme Davids und sprach: Ist das nicht deine Stimme, mein Sohn David? David sprach: Es ist meine Stimme, mein Herr und König. Und er sprach: Warum verfolgt mein Herr seinen Knecht? Was habe ich denn getan? und was ist Böses an meiner Hand? So höre doch nun mein Herr und König die Worte seines Knechtes: Hat der Herr dich wider mich gereizt, so mag er Opfer riechen; wenn aber Menschen, so seien sie verflucht vor dem

Herrn, weil sie mich heute verstoßen, daß ich am Eigentum des Herrn nicht teilhaben soll, indem sie sprechen: »Geh, diene andern Göttern!« So falle nun mein Blut nicht auf die Erde fern vom Angesicht des Herrn; denn der König Israels ist ausgezogen, auf mein Leben Jagd zu machen, wie der Geier das Rebhuhn jagt auf den Bergen.

Da sprach Saul: Ich habe gefehlt; komm zurück, mein Sohn David, ich will dir forthin kein Leid mehr tun, weil mein Leben dir heute teuer gewesen ist. Ja, ich habe töricht gehandelt und mich sehr schwer vergangen. David antwortete: Hier ist der Speer des Königs; es komme einer von den Leuten herüber und hole ihn. Der Herr aber vergilt einem jeden seine Gerechtigkeit und Treue; denn der Herr hat dich heute in meine Hand gegeben, ich aber wollte nicht Hand an den Gesalbten des Herrn legen. Und siehe, wie heute dein Leben mir wert gewesen ist, so möge mein Leben dem Herrn wert sein, und er möge mich aus aller Not erretten! Da sprach Saul zu David: Gesegnet seist du, mein Sohn David! Gewiß wirst du es vollbringen und obsiegen. Darnach ging David seines Weges, Saul aber kehrte zurück an seinen Ort.

David aber dachte bei sich selbst: Nun werde ich eines Tages durch Sauls Hand weggerafft werden. Es gibt für mich nichts Besseres, als daß ich ins Philisterland entrinne. Dann wird Saul es aufgeben, mich weiterhin im ganzen Gebiet von Israel zu suchen, und ich entrinne seinen Händen. Also machte sich David auf und ging mit den sechshundert Mann, die bei ihm waren, hinüber zu Achis, dem Sohne Maochs, dem König von Gath. Und David blieb bei Achis in Gath samt seinen Leuten, ein jeder mit seinem Hause, David mit seinen beiden Frauen, Ahinoam aus Jesreel und Abigail, dem Weibe Nabals aus Karmel. Als nun Saul gemeldet wurde, daß David nach Gath geflohen sei, suchte er ihn nicht mehr. David aber sprach zu Achis: Wenn du mir wohlgesinnt bist, so gebe man mir einen Platz in einer der Städte auf dem Lande, daß ich daselbst wohne; denn wozu soll dein Knecht bei dir in der Königsstadt wohnen? Da gab ihm Achis an jenem Tage Ziklag. Daher gehört Ziklag den Königen von Juda bis auf diesen Tag. Die Zeit aber, da David im Lande der Philister wohnte, betrug ein Jahr und vier Monate.

Und David zog mit seinen Leuten hinauf, und sie fielen in das Land der Gesuriter, Girsiter und Amalekiter ein; denn dies sind die Bewohner des Landes, das sich von Telam bis nach Sur und bis nach Ägypten erstreckt. Und wenn David das Land heimsuchte, ließ er weder Mann noch Weib am Leben und nahm Schafe, Rinder, Esel, Kamele und Kleider weg; alsdann kehrte er zurück und kam zu Achis. Fragte dann Achis: »Wo seid ihr heute eingefallen?« so antwortete David: »Im Südland von Juda«, oder »im Südland der Jerahmeeliter«, oder »im Südland der Keniter«. Männer und Frauen aber brachte David deshalb nicht lebendig nach Gath, weil er dachte: Sie könnten gegen uns aussagen und sprechen: »So und so hat's David getrieben.« Und das war sein Verfahren, solange er im Lande der Philister wohnte. Achis aber traute David, weil er dachte: Er hat sich bei seinem Volke, bei Israel, gründlich verhaßt gemacht; darum wird er für immer mein Untertan bleiben.

Und es begab sich zu jener Zeit, daß die Philister ihr Heer zum Kriegszug sammelten, um wider Israel zu streiten. Da sprach Achis zu David: Du wirst wissen, daß du mit mir im Heer ausziehen mußt, du und deine Leute. David aber sprach zu Achis: Gut, nun wirst du erfahren, was dein Knecht zu leisten vermag. Achis sprach zu David: Gut, ich mache dich zum Hüter meines Hauptes für die ganze Zeit.

Samuel war gestorben, und ganz Israel hatte die Totenklage um ihn gehalten und ihn in seiner Stadt Rama begraben. Saul aber hatte das Land von Totenbeschwörern und Wahrsagern gesäubert. Nun versammelten sich die Philister, drangen ein und lagerten sich bei Sunem; Saul aber versammelte ganz Israel, und sie lagerten sich am Gilboa. Als Saul das Heer der Philister sah, fürchtete er sich, und sein Herz zitterte sehr. Und Saul befragte den Herrn, aber der Herr gab ihm keine Antwort, weder durch Träume noch durch das heilige Los noch durch die Propheten. Da sprach Saul zu seinen Dienern: Suchet mir ein Weib, das Macht hat über Totengeister, daß ich zu ihr gehe und sie befrage. Seine Diener sprachen zu ihm: Ein Weib, das Macht hat über Totengeister, gibt es in Endor. Da verstellte sich Saul, zog andre Kleider an und ging mit zwei Männern hin, und sie kamen bei Nacht zu dem Weibe. Und er sprach: Wahrsage mir doch durch den Totengeist und bringe mir den herauf, den ich dir nenne. Das Weib sprach zu ihm: Du weißt doch, was Saul getan hat: daß er die Totenbeschwörer und Wahrsager im Lande ausgerottet hat; warum legst du mir eine Schlinge, daß ich getötet werde? Saul aber schwur ihr bei dem Herrn und sprach: So wahr der Herr lebt, es soll dich keine Schuld in dieser Sache treffen. Da fragte das Weib: Wen soll ich dir heraufbringen? Er antwortete: Den Samuel bring mir herauf! Da schaute das Weib Saul an, schrie laut auf und sprach zu ihm: Warum hast du mich getäuscht? Du bist ja Saul! Der König aber sprach zu ihr: Fürchte dich nicht! sondern sage, was siehst du? Das Weib sprach zu Saul: Einen Geist sehe ich aus der Erde heraufsteigen. Er sprach zu ihr: Wie sieht er aus? Sie sprach: Es kommt ein alter Mann herauf, umhüllt mit einem Mantel. Da merkte Saul, daß es Samuel sei, und er neigte sich mit seinem Angesichte ehrfurchtsvoll zur Erde. Samuel aber sprach zu Saul: Warum störst du meine Ruhe und läßest mich heraufkommen? Saul sprach: Ich bin in großer Not; die Philister streiten wider mich. Gott aber ist von mir gewichen und gibt mir keine Antwort mehr, weder durch Propheten noch durch Träume; darum habe ich dich rufen lassen, daß du mir zeigest, was ich tun soll. Samuel sprach: Warum fragst du mich denn, da doch der Herr von dir gewichen und dein Feind geworden ist? Der Herr hat dir getan, wie er durch mich geredet hat: der Herr hat dir das Königtum entrissen und es dem andern gegeben, dem David. Weil du auf die Stimme des Herrn nicht gehört und seinen grimmigen Zorn an Amalek nicht vollstreckt hast, darum hat der Herr dir heute das getan und hat auch Israel mit dir in die Hand der Philister gegeben; und morgen wirst du samt deinen Söhnen bei mir sein. Auch das Heer Israels wird der Herr in die Hand der Philister geben. Da fiel Saul entsetzt der ganzen Länge nach zu Boden, und er war in großer Furcht ob der Worte Samuels; auch war keine Kraft mehr in ihm, denn er hatte den ganzen Tag und die ganze Nacht nichts gegessen. Das Weib aber ging zu Saul hin, und als sie sah, daß er ganz verstört war, sprach sie zu ihm: Siehe, deine Magd hat dir gehorcht; ich habe mein Leben aufs Spiel gesetzt und habe auf die Worte gehört, die du zu mir geredet hast. Und nun, höre doch auch du auf deine Magd: ich will dir einen Bissen Brot vorsetzen; iß, damit du bei Kräften bist, wenn du deine Straße ziehst. Er aber weigerte sich und sprach: Ich mag nicht essen. Da nötigten ihn seine Diener und auch das Weib, und er willfahrte ihnen. Und er stand auf von der Erde und setzte sich auf das Lager. Das Weib aber hatte ein gemästetes Kalb im Hause; das schlachtete sie eilends. Dann nahm sie Mehl, knetete es und buk daraus Brotfladen; das setzte sie Saul und seinen Dienern vor. Und als sie gegessen hatten, standen sie auf und gingen noch in selbiger Nacht davon.

Die Philister also versammelten ihr ganzes Heer bei Aphek, Israel aber lagerte sich an der Quelle bei Jesreel. Als nun die Fürsten der Philister mit Hunderten und Tausenden einherzogen und zuletzt David und seine Leute mit Achis einherzogen, sprachen die Obersten der Philister: Was sollen die Hebräer da? Achis antwortete ihnen: Das ist doch David, der Knecht Sauls, des Königs von Israel; er ist nun schon ein oder zwei Jahre bei mir, ohne daß ich etwas an ihm auszusetzen gefunden hätte seit der Zeit, da er zu mir überging, bis auf diesen Tag. Aber die Obersten der Philister wurden zornig auf ihn und sprachen zu ihm: Schick den Mann zurück! Er soll wieder an seinen Ort gehen, den du ihm angewiesen hast, und nicht mit uns in den Kampf hinabziehen und im Kampf uns zum Widersacher werden. Womit könnte der sich bei seinem Herrn besser in Gunst setzen als mit den Köpfen dieser Männer? Ist das nicht der David, von dem sie im Reigen singen:

Saul hat seine Tausende geschlagen,
David aber seine Zehntausende.

Da rief Achis David und sprach zu ihm: So wahr der Herr lebt, du bist redlich, und mir wäre es lieb, wenn du bei mir im Lager aus und ein gingest; denn ich habe nichts Arges an dir gefunden seit der Zeit, da du zu mir gekommen bist, bis auf diesen Tag. Aber den Fürsten gefällst du nicht. So kehre nun um und gehe hin in Frieden, daß du nicht etwas tuest, was den Fürsten der Philister mißfällt. David sprach zu Achis: Aber, was habe ich denn getan, und was hast du an deinem Knecht gefunden seit der Zeit, da ich in deinen Dienst getreten bin, bis auf diesen Tag, daß ich nicht mitkommen und wider die Feinde meines Herrn, des Königs, streiten darf? Achis antwortete und sprach zu David: Du weißt, daß du mir lieb bist wie ein Engel Gottes, aber die Obersten der Philister haben gesagt: »Er darf nicht mit uns in den Kampf ziehen.« So mache dich nun morgen frühe auf, du und die Knechte deines Herrn, die mit dir gekommen sind, und zieht an den Ort, den ich euch angewiesen habe, und denke nicht an etwas Böses; denn du bist mir lieb – macht euch also morgen frühe auf und ziehet ab, sobald es Tag wird. Da machten sich David und seine Leute frühmorgens auf den Weg, um in das Land der Philister zurückzukehren. Die Philister aber zogen hinauf nach Jesreel.

Als David mit seinen Leuten am dritten Tage nach Ziklag kam, waren die Amalekiter ins Südland und in Ziklag eingebrochen, hatten Ziklag überfallen und verbrannt, hatten die Frauen und alles, was dort war, klein und groß, gefangengenommen, aber niemand getötet, hatten sie dann weggetrieben und waren ihres Weges gezogen. Als nun David mit seinen Leuten zur Stadt kam, da war sie verbrannt, und ihre Frauen, Söhne und Töchter waren weggeführt. Da hoben David und die Leute, die bei ihm waren, laut zu weinen an, bis sie nicht mehr konnten. Auch die beiden Frauen Davids, Ahinoam aus Jesreel und Abigail, das Weib Nabals aus Karmel, waren weggeführt. Da kam David in große Not, denn die Leute gedachten ihn zu steinigen. Alle waren verzweifelt, ein jeder wegen seiner Söhne und wegen seiner Töchter. David aber hatte festes Vertrauen zum Herrn, seinem Gott; und er sprach zu dem Priester Abjathar, dem Sohn Ahimelechs: Bringe mir doch das Ephod her. Da brachte Abjathar das Ephod zu David, und David befragte den Herrn und sprach: Soll ich dieser Horde nachjagen? Werde ich sie einholen? Er antwortete ihm: Jage nach! denn einholen wirst du und entreißen! Da zog David aus mit den sechshundert Mann, die bei ihm waren, und sie kamen an den Bach Besor. David nun und vierhundert Mann setzten die Verfolgung fort, zweihundert Mann aber, die zu müde waren, um über den Bach Besor zu gehen, blieben zurück. Da fanden sie einen Ägypter auf dem freien Felde; den führten sie zu David und gaben ihm Brot zu essen und Wasser zu trinken, und sie gaben ihm ein Stück Feigenkuchen und zwei getrocknete Trauben. Als er gegessen hatte, kam er wieder zu sich; denn er hatte drei Tage und drei Nächte nichts gegessen und getrunken. David sprach zu ihm: Wem gehörst du an und woher bist du? Er sprach: Ich bin ein ägyptischer Knecht, der Sklave eines Amalekiters; mein Herr hat mich heute vor drei Tagen zurückgelassen, weil ich krank wurde. Wir sind ins Südland der Kreter und ins Gebiet von Juda und ins Südland von Kaleb eingefallen, und Ziklag haben wir verbrannt. Da sprach David zu ihm: Willst du mich zu dieser Horde hinabführen? Er sprach: Schwöre mir bei Gott, daß du mich nicht töten noch meinem Herrn ausliefern wirst, so will ich dich zu dieser

Horde hinabführen. Und er führte ihn hinab. Da waren sie über das ganze Land zerstreut, aßen und tranken und hielten ein Fest ob all der großen Beute, die sie aus dem Lande der Philister und aus dem Lande Juda geraubt hatten. Und David schlug sie von der Dämmerung an bis zum Abend und vollstreckte an ihnen den Bann, sodaß keiner von ihnen entkam außer vierhundert Knechten, die auf die Kamele stiegen und flohen. So rettete David alles, was die Amalekiter genommen hatten; auch seine beiden Frauen rettete David. Und es mangelte ihnen nichts, weder Kleines noch Großes, weder Beute noch Söhne und Töchter noch sonst etwas, was sie mit sich genommen hatten; alles brachte David wieder zurück. Und sie nahmen alle Schafe und Rinder und trieben diese Herde vor ihm her und sprachen: Das ist Davids Beute.

Als nun David zu den zweihundert Mann kam, die zu müde gewesen waren, um ihm zu folgen, sodaß er sie am Bach Besor gelassen hatte, zogen sie David und den Leuten, die bei ihm waren, entgegen und begrüßten sie, als David mit den Leuten herzukam. Aber die Schlimmen und Nichtswürdigen unter denen, die mit David gezogen waren, hoben an und sprachen: Weil sie nicht mit uns gezogen sind, wollen wir ihnen nichts geben von der Beute, die wir wiedergewonnen haben, sondern nur einem jeden sein Weib und seine Kinder; die mögen sie mitnehmen und ihres Weges ziehen. Da sprach David: Ihr sollt nicht so handeln, nachdem uns der Herr beschenkt und uns behütet und diese Horde, die über uns gekommen ist, in unsre Hand gegeben hat. Wer sollte euch denn darin willfahren? Vielmehr, wie der Teil dessen, der in den Kampf zieht, so soll auch der Teil dessen sein, der beim Gepäck bleibt; gleichen Anteil sollen sie haben. Und so ist es seit der Zeit und fortan geblieben: er machte es zum Gesetz und Brauch für Israel bis auf diesen Tag.

Als David nach Ziklag kam, sandte er von der Beute an die Ältesten von Juda in den einzelnen Städten und ließ ihnen sagen: Da habt ihr ein Geschenk aus der Beute der Feinde des Herrn – nämlich denen in Bethel, denen in Ramath im Südland, denen in Jattir, denen in Aroer, denen in Siphmoth, denen in Esthemoa, denen in Karmel, denen in den Ortschaften der Jerahmeeliter, denen in den Ortschaften der Keniter, denen in Horma, denen in Bor-Asan, denen in Athach und denen in Hebron und überallhin, wo David mit seinen Leuten umhergezogen war.

Als aber die Philister wider Israel stritten, da flohen die Männer Israels vor ihnen, und manch einer fiel durchbohrt auf dem Gebirge Gilboa. Und die Philister setzten Saul und seinen Söhnen zu, und sie erschlugen Jonathan, Abinadab und Malchisua, die Söhne Sauls. Und der Kampf war heftig um Saul her, und die Bogenschützen fanden ihn heraus, und er wurde in den Unterleib getroffen. Da sprach Saul zu seinem Waffenträger: Ziehe dein Schwert und durchbohre mich damit, daß nicht diese Unbeschnittenen kommen und ihr Gespött mit mir treiben. Aber sein Waffenträger wollte nicht; denn er scheute sich zu sehr. Da nahm Saul das Schwert und stürzte sich darein. Als nun sein Waffenträger sah, daß Saul tot war, stürzte auch er sich in sein Schwert und starb neben ihm. So starben Saul und seine drei Söhne und sein Waffenträger miteinander am selben Tage. Als aber die Männer Israels, die in den Städten der Ebene und in den Städten am Jordan wohnten, sahen, daß die Männer Israels geflohen und daß Saul und seine Söhne tot waren, verließen sie ihre Städte und flohen. Da kamen die Philister und setzten sich darin fest.

Am folgenden Tage aber, als die Philister kamen, um die Gefallenen zu berauben, fanden sie Saul und seine drei Söhne erschlagen auf dem Berge Gilboa. Da hieben sie ihm das Haupt ab und zogen ihm die Rüstung aus, und sie sandten rings im Lande der Philister umher, die Siegesbotschaft ihren Götzen und dem Volke zu verkünden. Und sie legten seine Rüstung im Hause der Astarte nieder, seinen Leichnam aber spießten sie an die Mauer von Bethsan. Als die Bewohner von Jabes in Gilead hörten, was die Philister Saul getan hatten, machten sich alle streitbaren Männer auf, gingen die ganze Nacht hindurch, nahmen den Leichnam Sauls und die Leichen seiner Söhne von der Mauer von Bethsan weg, brachten sie nach Jabes und verbrannten sie dort. Dann nahmen sie ihre Gebeine und begruben sie unter der Tamariske in Jabes und fasteten sieben Tage lang.

Nach dem Tode Sauls, als David von dem Siege über die Amalekiter zurückgekehrt war und seit zwei Tagen wieder in Ziklag weilte, da, am dritten Tage, kam aus dem Lager von Saul her ein Mann mit zerrissenen Kleidern und mit Erde auf dem Haupte. Als der zu David kam, warf er sich ehrfurchtsvoll zur Erde nieder. David sprach zu ihm: Wo kommst du her? Er antwortete: Aus dem Lager Israels bin ich entronnen. David sprach zu ihm: Wie ist es gegangen? Erzähle mir! Er sprach: Das Volk ist aus der Schlacht geflohen; auch ist viel Volks gefallen und umgekommen; auch Saul und sein Sohn Jonathan sind tot. David sprach zu dem Burschen, der ihm die Kunde brachte: Woher weißt du, daß Saul und sein Sohn Jonathan tot sind? Der Bursche, der ihm die Kunde brachte, sprach: Ich kam von ungefähr auf den Berg Gilboa, siehe, da stand Saul auf seinen Speer gelehnt, und Wagen und Reiter jagten auf ihn zu. Da wandte er sich um, und als er mich sah, rief er mich an. Ich antwortete: Hier bin ich. Und er fragte mich: Wer bist du? Ich antwortete ihm: Ich bin ein Amalekiter. Da sprach er zu mir: Tritt her zu mir und gib mir den Todesstoß; denn der Krampf hat mich ergriffen, und noch immer ist das Leben in mir. Da trat ich auf ihn zu und gab ihm den Todesstoß; denn ich wußte, daß er seinen Fall nicht überleben werde. Dann nahm ich das Diadem auf seinem Haupte und die Spange an seinem Arm und bringe sie hierher zu meinem Herrn. Da faßte David seine Kleider und zerriß sie, und ebenso alle Männer, die bei ihm waren, und sie hielten die Totenklage und weinten und fasteten bis zum Abend um Saul, um seinen Sohn Jonathan und um das Volk des Herrn und um das Haus Israel, weil sie durchs Schwert gefallen waren. Und David sprach zu dem Burschen, der ihm die Kunde brachte: Wo bist du her? Er sprach: Ich bin der Sohn eines Beisassen aus Amalek. David sprach zu ihm: Wie? du hast dich nicht gescheut, Hand anzulegen, um den Gesalbten des Herrn zu verderben? Dann rief David einen von seinen Leuten und sprach: Komm her, stoße ihn nieder! Und der schlug ihn tot. David aber sprach zu ihm: Dein Blut über dein Haupt! Denn dein eigner Mund hat wider dich gezeugt, da du sprachst: Ich habe den Gesalbten des Herrn getötet.

Und David sang dieses Trauerlied auf Saul und seinen Sohn Jonathan – man soll es die Söhne Judas lehren; es steht ja aufgezeichnet im Buche des Wackern –:

Wehe, du Zierde Israels,
 auf deinen Höhen erschlagen!
Wie sind die Helden gefallen!
Saget es nicht zu Gath,
verkündet es nicht in den Gassen
 zu Askalon,
daß sich nicht freuen
 die Töchter der Philister,
die Töchter der Unbeschnittenen
 nicht frohlocken!
Ihr Berge Gilboas, nicht Tau,
 nicht Regen falle auf euch,
ihr treulosen Gefilde,
denn dort ward entweiht
 der Schild der Helden,
der Schild Sauls,
 die Waffen des Gesalbten!
Vom Blut der Erschlagenen,
 vom Fett der Helden
wich Jonathans Bogen nicht zurück,
kam Sauls Schwert nicht leer wieder.
Saul und Jonathan,
 die Geliebten und Holden,
im Leben und im Tode ungetrennt:
sie waren schneller als die Adler,
 waren stärker als die Löwen!
Ihr Töchter Israels, weinet um Saul,
der euch mit Purpur
 lieblich gekleidet,
der Goldschmuck geheftet
 auf euer Gewand!
Wie sind die Helden gefallen
 mitten im Streit!
Jonathan auf deinen Höhen
 erschlagen!
Es ist mir leid um dich,
 mein Bruder Jonathan,

du warst mir so hold!
Deine Liebe war mir köstlicher
    als Frauenliebe!
Wie sind die Helden gefallen,
dahin die Rüstzeuge des Krieges!

Manchmal muß man die Texte der Bibel betrachten, wie es heutzutage, um der Wahrheit näherzukommen, die Archäologie versucht. Wo irgend in der Geschichte der Erdboden an Grabungsstellen aufgerissen wurde und die Spuren später vom Staub der Zeit verweht wurden, wächst heute auf den Wiesen und Feldern das Gras und Getreide gerade dort um ein winziges rascher und höher als an den übrigen Orten. Auf ebener Erde sieht man gar nichts, aber aus größerem Abstand, vom Flugzeug aus beispielsweise, zeigen sich plötzlich die Linien keltischer Tempel und Dorfanlagen, römischer Villen, mittelalterlicher Brunnen und Straßen – die Zeit selber öffnet ihren Mund und beginnt zu reden. Es ist das wenige des Überschießenden am Getreide, das uns die Augen öffnet. So in der Archäologie. – Nicht sehr viel anders verhält es sich in der Tiefenpsychologie. Wenn jemand immer wieder, mehr als nötig, weit mehr als erforderlich, etwas Bestimmtes beteuert, werden wir skeptisch. Wir beginnen uns zu fragen, warum er auf einer bestimmten Sichtweise der Dinge so fest beharrt, welch einem Zweifel oder Einwand oder einer ganz widersprechenden Blickweise er damit zu widerstreiten sucht, unbewußt vielleicht auch nur.

Wenn wir die Geschichtsbücher lesen, mehr noch, wenn wir die Zeitung lesen, brauchen wir Archäologie und Tiefenpsychologie gleichzeitig in der Beschäftigung mit dem Gegenwärtigen. So vieles kann tot sein oder tödlich werden in der Seele von Menschen, und so halbbewußt, unbewußt oder absichtlich zur Täuschung im eigenen Leben oder zur Täuschung der nur allzugern Genarrten im Lande schreiben sich merkwürdige Geschichten, zum Beispiel solche, wie David König wurde. Das Thema ist noch lange nicht abgeschlossen, obwohl der einzige wirkliche Stolperstein, der Sperr-Riegel gegenüber allzu frühen Machtgelüsten, schon durch göttlichen Willen die Bühne der Geschichte verlassen hat, Saul. Gott bewahre, David hat ihm nur gut gewollt! Das müssen wir denken, sollen wir glauben, hören wir immerzu, gleich hier schon zum zweiten Male. Saul war es, der David verfolgt hat, weil die Siphiter seinen Aufenthalt angezeigt haben. Mordgierig, mit fünffacher Übermacht, eine Elitemannschaft hat Saul in die Wüste geschickt, um dieses »Rebhuhn im Gebirge«, wie David selber sich plastisch ausdrückt – dichten kann er offenbar stets –, endlich zur Strecke zu bringen. Aber David nun, ganz der Besonnene, bringt in Erfahrung, wo doch das Lager Sauls befindlich ist und wie es sich verteilt. Er selber, ja wozu eigentlich?, möchte, daß mindestens ein Begleiter sei, der ihm zur Seite mitten ins Lager vordringt zu Saul hin. Hat je ein König oder General ein solches Bubenstück absichtlich auf sich genommen? Für gewöhnlich sind die Befehlsgebenden in der Etappe zu finden, sie müssen sich schonen und jeden Krieg überleben, schon um die Fortsetzung entweder zu feiern oder zu gewährleisten; niemals hört man, daß ein Kriegsfeldherr selber zu seinem eigenen Spion wird. Was also treibt denn David in die Gefahr hinein, dem schlafenden Saul seinen Speer und die Feldflasche vom Haupt zu entwinden? Es begleitet ihn nicht der für tapfer geltende Hethiter unter seiner Truppe, wohl aber sein eigener Neffe, der Sohn der Davidschwester Zeruja, Abischai. Er ist aus gleichem Blut, soll man glauben, ein Haudegen auch er jedenfalls. Die beiden nun im Schutze der Nacht dringen vor, so daß selbst der gesamte Heerbann von über dreitausend Leuten nicht mehr imstande ist, den König zu schützen vor einem einzigen Listigen und Klugen. Auch Abner, der Feldherr des Saul, ist offensichtlich unwachsam in jener Nacht, und das nicht aus Zufall. Es ist ein Zauberschlaf, den Gott selber über die Augen des ganzen Heerlagers Sauls gebreitet hat. Gott hat so fein den von ihm Erwählten im voraus beschützt, daß ihm, wie wir jetzt hören, keine Gefahr drohte, bei soviel Schlafmützigkeit unter dreitausend gar keine! Aber immerhin, David fordert Abischai auf, er soll Speer und Feldflasche nehmen, die griffbereit liegen zu Häupten des Königs. Merkwürdig, daß wir dann hören, David selber habe sie genommen und jenseits des Tals am anderen Morgen zunächst den Abner aufgerufen und ihm geweissagt, daß er todesschuldig ist. Abner hat die Pflicht versäumt, als er schlief, wo es zu wachen galt. Das ist eine der Merkwürdigkeiten aller König-David-Erzählungen, wie prompt seine Flüche in Erfüllung gehen. Abner wird nicht mehr lange leben; genauer gesagt, ist er der verbliebene letzte Widerstand aus dem Hause Sauls, der David dran hindern könnte, spornstreichs König über *ganz* Israel zu werden. Aber das Ganze will recht eingefädelt sein. Wir hören, daß jemand, der seinem eigenen König untreu wird durch Schwäche des Fleisches, durch Schläfrigkeit, nichts anderes verdient als den Tod. Wir haben keinen tapferen Abner, keinen wirklich kampfesmutigen und kampferprobten Feind Davids vor uns, sondern einen längst schon Gerichteten, den David in seinem Urteilsspruch bereits zur Rache zieht für Saul, den König, an dessen Wohl ihm, dem David, doch all die Zeit liegt. So verhält es sich, sollen wir allen Ernstes glauben. – Und auch Saul, zum zweiten Mal jetzt, wird geständig sein, wie sehr er doch unrecht tat, David zu verfolgen bis in die Wüste hinein. Mein Sohn David, du wirst es vollbringen! sagt Saul selbst. Was dieses »es« sei, dürfen wir raten. Wir müßten umschreiben »mich zu verdrängen aus der Stelle des Königs und dich selber aufzuschwingen auf den Thron Israels«, als wäre es Sauls eigener Wunsch jetzt, in Erkenntnis, wie unrecht er tat, sich dagegen gewehrt zu haben, wo's doch aber auch Gottes erkennbarer Wille all die Kapitel lang längst schon ist, auf wessen Seite man zu stehen hat, nicht auf der des Königs von Israel, sondern eines Räuberhauptmanns in den Bergen mit seiner marodierenden Soldateska von sechshundert Mann. *Das* ist die Zukunft Israels, und wer die Zeichen der Zeit nicht erkennt, den bestraft die Geschichte, ja der liebe Gott selber.

Wir sind noch lange nicht soweit, denn wir müssen uns zunächst noch klarwerden, was diese ganze Erzählung im Lager soll. Soviel steht fest: Es ist das zweite Mal, daß die Siphiter David anzeigen beim König. Und lesen wir das nach der normalen Logik des gesunden Menschenverstandes, sollten wir draus folgern, daß die Bevölkerung, überall wo David auftaucht, unter ihm zu leiden hatte, ihn nie begrüßt hat als Befreier, sondern froh war, wenn er verschwand, und daß sie dachte: Ein König im Lande hat die Pflicht, von dem obersten Ganoven, dem Obermafioso im Lande uns zu befreien, wenn's drauf ankommt. So vielleicht wäre die Rivalität zwischen Saul und David eine ganze Weile lang gewesen; eine Ordnungsmacht, die nicht zum Ziel kommt, weil der Gegner rasch genug ausweicht und überläuft zur anderen Seite, zu den Philistern. Das ist prosaisch gedacht, aber wenn Menschen phantasieren, selbst wenn sie Lügengeschichten erfinden, ist immer noch ein Körnchen Mitteilung über ihren Seelenzustand darin enthalten.

Was treibt zum zweitenmal den David just in die Nähe der Gefahr, gleich hin zu Saul, den er so fürchtet? Einmal wird, während dieser auf der Toilette sitzt, ihm ein Zipfelchen vom Mantel abgeschnitten, jetzt ein Speer und die Feldflasche. Man müßte die Schule Freuds nie besucht haben, um nicht darin verhüllte oder ganz offen ausgesprochene Kastrationssymbole zu erkennen. Mit anderen Worten, wir haben den Zustand eines Mannes vor uns, der völlig ambivalent buchstäblich darauf aus ist, einen Mord zu begehen und den Mann aus dem Weg zu räumen, der ihm am Vormarsch zur Macht hinderlich vor den Füßen steht. Auf der anderen Seite aber hat David offenbar einen großen Respekt vor dem König, vor dem an Leibeslänge das ganze Volk Überragenden, vor dem Kriegskönig mit dem Speer. Wenn man diese väterliche Übermacht zerstören könnte! Wie er, David, der die Vorhäute der Philister, zweihundert von ihnen, brauchte, um liebenswert zu sein bei Sauls Tochter Michal, nunmehr den König selber als Mann zerstört, darum drehen sich all diese Wüsteneien, die Phantasien, und wir könnten bis dahin begreifen, daß jemand sich immer wieder erklärt: ich habe etwas Bestimmtes nie gewollt, und wir verstehen, wie nötig er's hat, so zu reden, weil mindestens unbewußt der Tötungswunsch auf der Lauer liegt. – In manchen Seelenzuständen der Zwangsneurose erleben wir, dann in der Sprache eines psychischen Symptoms, solche Mitteilungen. Eine Frau kann immer wieder Schutzmaßnahmen ergreifen, daß ihrem Kind nur ja nichts passiert. Alle Nadeln beispielsweise im Raum müssen sorgfältigst entfernt werden, damit die Tochter, damit der Sohn sie nicht schluckt, oder sie muß des Morgens bereits dreimal, fünfmal das Bad, vor allem die Toilette putzen und schrubben, damit die Tochter sich nicht infiziert, der Sohn nicht durch irgendeine Krankheit dahingerafft wird. Mitunter kann es sein, daß jemand kommt und nicht mehr weiß, hat er einen Mord begangen oder nicht, anonym oder gerichtet auf eine bestimmte Person? Beim Fahren des Wagens hat es plötzlich merkwürdig geruckelt. Lag da eine Leiche auf der Straße? Man kann das klären, man ruft an bei der Polizei. Es ist nicht gemeldet, aber es kann sein, der Tote oder der Schwerverletzte ist vielleicht in ein Krankenhaus gefahren worden. Soll man alle Krankenhäuser Paderborns durchgehen, anrufen? Ist man jetzt schon verrückt geworden oder doch dabei, die Realität überhaupt zu verlassen? Was geht in einem vor, wenn man so phantasiert? Man spürt keine Aggression, ganz im Gegenteil eine überdimensionierte Vorsorge, Vorsicht. Schutzmaßnahmen begleiten alles Tun. – In etwa diesem Sinne, wenn denn diese Texte je die Wahrscheinlichkeit hätten, historische Berichte zu sein, sollten wir uns David vorstellen als jemanden, der alles mögliche tut und beteuert, um etwas zu verhindern, das er insgeheim möchte. Dafür spricht dieser kleine, nebensächlich uns vorkommende Zug, daß Abischai, sein Neffe, Speer und Feldflasche nehmen soll, aufgefordert von David selber. Der beide Utensilien aber an sich zieht, ist David. Wir müßten das so ähnlich verstehen wie in manchen Romanen oder in manchen Fernsehkrimis, wo der »Fall für zwei« eigentlich nur konstruiert wird, um den inneren Dialog auf zwei Personen zu verteilen. Es ist beides offenbar in David, der Abischai, der sagt: ein einziger Speerstoß und ich nagele Saul an den Boden, daß er nie mehr aufsteht; Gott hat es in die Hand gegeben, diese Chance!, und David, der sagt: nur nicht das. Wär's möglich, daß wir diese Ambivalenz, diesen Widerspruch, erneut auf zwei Personen verteilt, in ein und demselben David vorfänden? Oder noch einen Schritt weiter, es wär' überhaupt kein Widerspruch in David, sondern selbst der Widerspruch wäre nur erfundene Konstruktion, um dem Volk mitzuteilen, was es glauben soll: Eine Schuld Davids, des Königs, des Erwählten von Gott, an seinem unglückseligen Vorgänger Saul gibt es nie und nimmer!

Dann müßte man den König-David-Bericht wirklich so lesen wie Stefan Heym: Es ist nötig, daß die Mächtigen die Geschichte selber schreiben. Sie haben drei Möglichkeiten. Entweder sie berichten bestimmte Dinge gar nicht, dann gibt es Lücken im Text, oder sie lügen einfach drauflos, dann kommt man ihnen allzu leicht auf die Schliche, oder sie schreiben die Geschichte diskret, denn Diskretion, das ist die Wahrheit, wenn sie sich ausspricht im Munde der Weisheit. Wenn kein Mensch mehr genau weiß, was innen ist und außen, was in der Seele des Menschen vor sich geht und was überhaupt je vor sich geht, dann hat man die diskrete Geschichtsschreibung. Immer wird sie erfunden, nicht einmal von den Mächtigen selbst, sie wären zu töricht, zu plump, zu direkt zum Werk der Diskretion, aber sie haben ihre Hoftheologen, einen Abjatar, immer in der Nähe, irgendwelche Angestellten, die ihre Pflicht tun im Dienste Gottes, nicht nur der Macht; wo ist der Unterschied zwischen der gestaltenden Kraft der Geschichte, die wir die Macht nennen, und dem Allmächtigen, in dessen Wille sie sich aufführt? Der König ist von Gott berufen, jedes Alphatier an der Spitze ist der Repräsentant des Höchsten selber – wieso könnte er anders an der höchsten Stelle stehen? Ihm zu dienen, der Macht sich zu beugen und Gott anzubeten, ist ein und dasselbe. Und so die Geschichte. Sie macht *die* Menschen allmächtig, die der Allmächtige selbst berufen hat. Und der Ruf, der sich um sie breitet, ist schon die Berufung Gottes, wenn nur das Volk glaubt. Was sollen wir glauben von diesen Geschichten außer einem ganz Sicheren? Das wird uns angegeben mit einer endlich mal präzisen Zahl: Ein Jahr und vier Monate war David bei den Philistern. Dieser große Volksführer Israels war ein Überläufer! Aber nur aus Not, versichert uns der Text, nur auf der Flucht vor der Verfolgung, der ungerechten, durch Saul; er konnte nicht anders, er riskierte sogar, im Heidenland zu sterben, außerhalb des Segens Gottes. Er mußte fürchten, sogar in die Hände der feindlichen Götzen zu geraten, so mutig war David, als er überlief zu den Philistern, den unbeschnittenen, gottlosen Heiden, man sage selber. Was er dann trieb, bei Achisch in Gat, muß allerdings den größten Davidfreund mißtrauisch stimmen. Es macht die Rechtfertigung schwierig, wenn wir hören, wie vertrauensselig, gutmütig gradewegs der Philister Achisch, der Anchises mit griechischem Namen, diesen Überläufer aufnimmt. Er hat ein barbarisch treffliches Argument: Jemand, der sich derlei stinkig gemacht hat bei seinem eigenen Volk, kann nicht mehr ganz leicht zurück in die alte Position; also ist der Fuchs im Bau, und man ist seiner sicher. Es ist nur die Frage, wie man ihn ans Hühnerfangen dressiert. Aber das wird sich finden. David ist gelehrig. Er läßt sich außerhalb von Gat auf dem Lande gleich nieder bei Ziklag, und im Glauben befindet sich Achisch, daß er da einen Einsatz hätte für ihn, der Philisterkönig von Gat. Das alles freilich hören wir anders. In all der Zeit soll David nicht für die

Philister tätig gewesen sein, sondern ringsum – Achisch sagt es gradewegs – Raubzüge begangen haben, gegen Amalekiter vor allem, alte Feinde Israels. Aber war das ein Tun wirklich für Juda? Sollen wir nicht gradewegs sagen, es waren Raubzüge aus eigener Entschlußkraft, auf eigene Faust durchgeführt, zu keinem andern Zweck, als David selber reicher und reicher zu machen? Und was für Raubzüge sind das, die man verschweigen muß vor dem eigenen Verbündeten und Freund, wie wir denken sollen, vor jemandem, der David anreden wird: du Engel Gottes? O heilige Einfalt! David, wenn er seine Züge im Lande plant – auch das dürfen wir glauben –, schlägt tot sogar die eigenen Opfer, nur um an den Viehbestand heranzukommen; er wird sorgfältig aufgelistet. Aber alle – zweimal hören wir das: Männer, Frauen, Kinder – werden ermordet und ermordet. Es könnte brutaler in keinem Fernsehfilm sich aufführen, als daß mitleidlos zum Raub der Mord hinzugefügt werden *muß*, damit es keine Überlebenden, keine Zeugen für später gibt. Und nur der wirklich Skrupellose hat am Ende die Aussicht, weiterzukommen. Genau das ist David hier. Man sage zu seiner Entschuldigung nicht, daß er ja den Feinden Israels, den Feinden »unseres Gottes« diese Schläge im Lande zugefügt hat. Auch die Amalekiter sind Menschen; und auch sie haben ihre Art, sich zu rächen an Ziklag, wenn David gerade nicht da ist.

Was in all der Zeit wird mit Saul, wo David so umtriebig in der Ferne sein Reich begründet? Saul tut, weswegen er überhaupt König wurde: Israel zu schützen gegen die Übermacht an Zahl und Bewaffnung der Philister. Und er kämpft auf verlorenem Posten. Wenn die Begegnung in der Wüste irgendeinen Sinn gemacht hätte und Saul würde gesprochen haben »mein Sohn David«, was hätte David dann hindern dürfen oder auch nur können, seine sechshundert Mann dem Königsbefehl zu unterstellen, da wo es nottut, im Kampf gegen die Philister? Er hätte dann freilich verzichten müssen auf allen geheimen Thronanspruch, auf alle Konkurrenz, auf alle Habgier, auf alle Machtsucht, er hätte aufhören müssen, David zu sein, er wäre nichts weiter gewesen als ein Untertan. Er hätte sich nur nützlich, aber nicht wichtig gemacht. *Das* hinderte David, mit Saul je Frieden zu schließen. Und nun kommt es wirklich arg. In der Stunde, da Israel fast verloren ist, bringt uns die priesterliche Erzählung bei, es habe ja Gott selber Saul und sein Volk in die Hand der Philister gegeben, um Saul zu strafen. Wofür eigentlich? Es ist eine der dunkelsten, sonderbarsten Geschichten des ganzen Alten Testaments, offensichtlich eine ernstzunehmende lokale Sage aus En-Dor. Auch darin, erfahren wir wie nebenbei, hat Saul auf grimmige, treue Art, so wie wir ihn uns vorstellen müssen, ein dunkler König, pflichtbewußt bis zum Fanatischen, ausgerottet alle Geisterbeschwörer. Es ist der theologische Anspruch des sogenannten Alten Testaments, lieber an überhaupt kein Leben jenseits der Todesmarke zu glauben, als daß man zwischen Gott und den Menschen Geister, Ahnen, Verstorbene stellen könnte, ein Orakelwesen bilden könnte; alles seelische Interesse gehört einzig Gott, Jahwe. So handelt Saul. Aber jetzt, beim Anblick des Heers der Philister, gerät er in furchtbare Angst, und dies allein schon, einer Aufgabe sich gegenüber zu finden auf Leben und Tod und zu fühlen, daß sie nicht zu bewältigen ist, daß man unterliegen wird, macht, daß Saul aufs verzweifeltste fleht um Gottes Wort in dieser Stunde und erfährt's nicht, nicht im eigenen Inneren, im Traum, nicht von draußen durch den Mund eines Propheten, nicht durch die Dinge, die man im Losorakel in die Hand nimmt, auf daß sie Zukunft tröstend künden. Es ist zum äußersten, daß Saul flieht buchstäblich, dieser Sage entsprechend, in die Arme seines dunklen Schattens, Samuels selber. Damit beginnt die ganze Zerbrochenheit dieses ersten Königs Israels, daß er den Propheten gegen sich hat, der keinen König will, keine Menschenherrschaft anstelle Gottes, und auf seiner Seite doch nichts als die geschichtliche Notwendigkeit, Israel zu bündeln im Kampf ums Überleben. Worin redet nun Gott, aus der Not des Volkes oder dem reinen Anspruch der Religion? Samuel war immerzu der Zweifel in der Seele, der Fluch über dem Leben Sauls, aber genau dorthin begibt sich dieser Sage nach Saul in der Stunde, da er nicht ein noch aus weiß. Natürlich, an seinem Hof weiß man, wo die letzten Überlebenden der Orakelstätten, der Geisterbeschwörenden, geblieben sind, in En-Dor ein Weiblein. Dorthin in der Nacht, mit zwei Gefährten, in verhüllender Verkleidung, begibt sich Saul. Es ist erkennbar uns ein Einschub der sogenannten deuteronomistischen Geschichtsschreibung, daß Samuel, als er auftaucht wie ein Schatten aus der Unterwelt, dessen Ruhe gestört wurde durch die

Wißbegier des abtrünnigen Königs, erinnert, was im 1. Buch Samuel im 15. Kapitel als Fluch über Saul erging: Er hat im Amalekiterkrieg nicht niedergemacht Frau, Kind und Mann und alles Vieh. Das war seine Schuld, soll man denken. So schreibt sich die Geschichte Israels in der Stunde, als es bedroht wird von den Babyloniern und dicht bis an die Grenze der eigenen Vernichtung getrieben wird, eine Obsession von Wahn und Rache, Ressentiment und Zorn. Da will man, daß nichts an der Seite Israels überlebt hätte, so grenzenlos sind da die Angst und der Sadismus. Da wird Saul zum Schuldigen in der Retrospektive, weil er nicht gründlich genug gemordet hat.

Diese drei wichtigen Verse der späteren Geschichtsschreibung könnten wir aus der ganzen Sage hier streichen; dann bliebe übrig das erschütternde Bild eines Königs, der zu Boden sinkt, er, der Hochragende, in den Staub. Stellen Sie sich vor, daß es in unserem Leben Augenblicke gibt, wo wir nachts erwachen und sehen den Tod vor uns und nicht nur die Gewißheit, wie in einen dunklen Tunnel hineingedrückt zu werden, sondern daß dies geschehe wie zur Strafe für etwas, das wir gar nicht wirklich genau kennen, wie zu einem Fluch, und das sei ganz unvermeidbar. – Vor einer Weile sah ich im Fernsehen Bilder der Soldaten 1943 in Rußland bei dem letzten großen Aufbäumen der Wehrmacht in dem Unternehmen »Zitadelle« vor Kursk. Über 20000 Panzer noch einmal, die besten der großdeutschen Produktion, wurden da unter Hitler an die Front geworfen, aber der ganze Aufmarsch und Kriegsplan war über die Schweiz längst verraten, in dreifacher Staffelung warteten die russischen Linien nur auf den Vorstoß, um ihn niederzumachen. Man sah unmittelbar in den letzten Stunden vor dem Angriff deutsche Soldaten auf ihren Panzerwagen, Todgeweihte, und die meisten von ihnen konnten's ahnen, und die Denkenden von ihnen hätten sich sagen müssen: Recht geschieht uns, was haben wir verloren Hunderte von Meilen außerhalb der Heimat, nur um zu morden, zu plündern und zu zerstören. Da wird nicht nur gestorben, da wird etwas abgeschafft, und es scheint fast wie richtig. – Dabei, noch einmal, hat es Saul nur gut gemeint, ein Soldat, der einem Befehl folgt, wie er ihn verstand, vor dem Ende. – Manchmal ahnt man den Niedergang, längst ehe er hereinbricht, da braucht's kein Weiblein von

En-Dor, nur ein bißchen Sensibilität. Das hindert nicht, daß Rainer Maria Rilke diese unglaublich packende Szene auf seine Art zu verdichten, zu vertonen versucht hat.

Samuels Erscheinung vor Saul

Da schrie die Frau zu Endor auf: Ich sehe –
Der König packte sie am Arme: Wen?
Und da die Starrende beschrieb, noch ehe,
da war ihm schon, er hätte selbst gesehn:

Den, dessen Stimme ihn noch einmal traf:
Was störst du mich? Ich habe Schlaf.
Willst du, weil dir die Himmel fluchen
und weil der Herr sich vor dir schloß und schwieg,
in meinem Mund nach einem Siege suchen?
Soll ich dir meine Zähne einzeln sagen?
Ich habe nichts als sie... Es schwand. Da schrie
das Weib, die Hände vors Gesicht geschlagen,
als ob sie's sehen müßte: Unterlieg –

Und er, der in der Zeit, die ihm gelang,
das Volk wie ein Feldzeichen überragte,
fiel hin, bevor er noch zu klagen wagte:
so sicher war sein Untergang.

Die aber, die ihn wider Willen schlug,
hoffte, daß er sich faßte und vergäße;
und als sie hörte, daß er nie mehr äße,
ging sie hinaus und schlachtete und buk

und brachte ihn dazu, daß er sich setzte;
er saß wie einer, der zu viel vergißt:
alles was war, bis auf das Eine, Letzte.
Dann aß er wie ein Knecht zu Abend ißt.

Es ist die Geschichte der Totenbeschwörerin, der Hexe von En-Dor, darin ergreifend, daß sie ein menschliches Mitleid zeigt für den Geschlagenen, für den Gefallenen. Da gibt es im Volk in einem kleinen

Ort ein verbliebenes menschliches Mitgefühl unterhalb des theologischen Geredes von den Wegen Gottes, von seinen Absichten mit der Geschichte, von Strafe, Rache und Untergang, da gibt es eine Frau, die einem Verzweifelten, widerspenstig Essenden gegen seinen Appetit Brot schenkt auf dem Weg, den er gehen *muß* buchstäblich durch die Nacht. – Vielleicht spricht Gott, möchte man denken, weder durch Totengeister noch durch Propheten noch durch Geschichtsschreiber noch durch Theologen noch durch Könige, vielleicht ist dies das einzig wirkliche göttliche Wort der ganzen Geschichte, daß eine Frau sagt: Ich hab' mein Leben gewagt, als ich tat, was du wolltest, gegen den Befehl meines Königs einen Toten zu beschwören; aber du, der du noch lebst, solltest dich lebend vollziehen, und jede Stunde verdient, bewahrt zu bleiben. – So nah kann die Schwinge des Nicht-Seins uns umwehen. Das Mitleid einer Frau, die Brot backt, das fordert Respekt.

Was sich dann anschließt, ist Ihrer Überlegung wert. Es gibt zwei Berichte über das, was nun folgt. Saul kämpft tapfer bis zum Untergang, gewissermaßen ein hebräischer Teja auf dem Berg der Vernichtung. Alle werden sie erschlagen, sogar seine eigenen Söhne, Jonatan, Davids Freund, an der Spitze. Es ist ein Motiv, das man nach all dem Gesagten sehr wohl verstehen könnte: Ein Mensch sieht keinen Ausweg mehr, und besser, als den Unbeschnittenen in die Hände zu fallen, ist, sich selber ins Schwert zu stürzen. So dachte 1944 bei der Großdeutschen Wehrmacht General Kluge, als die deutsche Front beim Einmarsch in die Normandie sich endgültig nicht mehr halten ließ und er sah, wie's kommen mußte. Lieber Selbstmord als Schande, so dachte Rommel, indem er die Giftampulle nahm im Auto bei der Fahrt nach Ulm. Besser so gestorben, als in einem öffentlichen Schauprozeß vorgeführt zu werden. So sieht es Saul vor sich: er würde lebend so behandelt, buchstäblich um den eigenen Kopf gebracht, in den Heiligtümern des Feindes verspottet und verhöhnt und angenagelt an die Stadtmauern? So etwa ist es, unterlegen zu sein. Vae victis! sagten die siegerprobten Römer, wehe den Besiegten! Auch die Philister offenbar hatten ihre heilige Kriegsführung, und selbst die Waffenrüstung Sauls wird niedergelegt im Tempel der Astarte. Es gibt immer noch Leute, die meinen, daß das Matriarchat soviel besser gewesen sei als das Patriarchat; aber wenn

Frauen einmal Götter oder besser dann ja Göttinnen sind, wie die Geschichte uns zeigt: Astarte-Anat, waren sehr wohl imstande, bis zu den Lenden im Blut zu waten, wenn's drauf ankam – das sind nicht nur Männerphantasien, muß man denken. Es sind die Töchter der Philister, die nicht triumphieren und singen sollten, meint David später in diesem erschütternd großen Trauergesang über Saul und Jonatan. Da ist eine Stelle in der Bibel, wo wir über den Tod, sogar den freiwillig verfügten, einmal nachdenken dürfen. Wann eigentlich hat das Leben seine Grenze? Wieviel muß ein Mensch durchmachen, um zu wissen, daß es nicht mehr weitergeht?

Das aber ist nur die eine Perspektive, die Sauls sozusagen. Erstaunlicherweise hören wir eine ganz andere. In der Schicksalsstunde Sauls und Israels befindet sich David gerade auf einem neuen Plünderungszug gegen die Amalekiter, mal wieder. Sie sind zurückgekommen nach Ziklag, um sozusagen zurückzuerbeuten, was man ihnen gestohlen hat. Nun macht sich David auf mit sechshundert Mann, hinterdrein hinter den Amalekitern, sein Sieg ist großartig, sollen wir glauben, wie stets. Alle sind sie niedergemacht worden, außer daß wir dann hören, vierhundert Mann auf den Kamelen, das heißt die ganze Kavallerie zum mindesten sei entkommen. Wie solche Siege vor sich gehen, können wir uns leicht denken: Es wird vielleicht gestimmt haben, man war in bester Laune, man tanzte, man freute sich, und da geschah es, daß David über die Überraschten kam, und sie flohen tatsächlich vor ihm, und übrig blieb der gesamte Troß. Mag's so gewesen sein. Ein Genie ist David darin, sich Freunde zu schaffen. Noch weiß er überhaupt nicht, was sich bei Afek ereignet, da ist er dabei, aus der Beute der »Feinde eures Gottes« in ganz Israel die Städte für sich zu gewinnen. Im Beuteverteilen ist David ein Meister. Es ist wie im »Biberpelz« sozusagen von Gerhard Hauptmann etwa: Wenn du's erst hast, fragt dich niemand, woher es kommt. So bei David. Es ist ganz koscher, was er herumreichen wird, um ruhmreich zu werden. Er ist, noch ehe Saul stirbt, längst schon dabei, unaufhaltsam den Thron Israels zu besteigen. Aber dann begibt sich etwas, das uns merkwürdig, sehr merkwürdig anmuten muß, eine ganz andere Geschichte, wie Saul starb. Es findet sich bei David ein Amalekiter ein, und der erzählt, zutreffend, Saul und seine Söhne sind tot und Israel geschla-

gen. Aber ein Detail ist doch anders. Wir hören, Saul habe gar nicht
Selbstmord begangen in jener Stunde, auch sein Waffenträger nicht.
Wie wär' denn die Geschichte überhaupt zugegangen? Ich hoffe, Sie
lesen manchmal Krimis, sonst werden Sie die Bibel nie verstehen.
Da soll, hören Sie recht, es soll ein König gestorben sein durch
Selbstmord und sein Waffenträger gleich mit nach einem längeren
Gespräch. Wo sind dann die Zeugen geblieben, die uns erklären
könnten, wie Saul und sein Waffenträger starben? Es gibt niemanden, der den Tathergang beobachten konnte. Es gibt einen einzigen,
einen Amalekiter. Der kommt und bringt David gleich mit den
Thronreif des Königs und seine Spange. Ist das nicht merkwürdig,
der König stirbt, und seine Königsinsignien werden prompt zu David gebracht? Ja könnte es nicht sein, dieser Amalekiter, der im
Heere der Israeliten überhaupt nichts zu suchen hat, der eigentlich
ein geborener Feind Davids selber sein müßte und ganz Israels,
wäre, so sollte man denken, zu Saul geschickt worden, um hinterrücks...? – Es schreibt Stefan Heym einmal, daß sein Gewährs-
mann Ethan selber, um der Sache auf die Spur zu kommen, nach
En-Dor gegangen sei und habe dort haschischessend bei der Hexe,
einem schönen Weiblein, beide, Davids Geist und Samuels Geist,
hervorgerufen, und Samuel selber habe David verklagt, daß er dem
Willen Gottes noch zuvorkam durch eigenes Tun.

(Ethan ist sehr verwirrt, und) Esther sagte zu mir: »Was beun-
ruhigt dich, Ethan? Seit deiner Rückkehr aus En-dor sprichst
du zu mir wie einer, dessen Geist abwesend ist; mit Hulda hast
du keine Geduld; und Lilith schleicht mit verweinten Augen
durchs Haus.«
Ich zögerte. Aber ich hatte mehr wilde Gedanken im Kopf, als
sich auf Dauer in einem Schädel halten ließen, so daß ich
Esther endlich erzählte, was mir das Weib, das einen Wahrsa-
gergeist hatte, kundgetan. Und ich sagte: »Wie es scheint, soll
ich keine Ruhe finden, bis ich die Antwort habe auf die Fragen,
die mich verfolgen: ist es wahr, daß David den jungen Mann
aus Amalek aussandte, König Saul zu erschlagen und ebenso
den Jonathan, mit dem er einen Bund geschlossen hatte? Und
ist es wahr, daß der Mörder tat, wie David ihm befahl; und

müssen wir denn zu all dem anderen Blut in den Schuhen Davids auch das Blut des Sauls hinzurechnen und das Blut Jonathans, auf dessen Tod David schrieb:

> Es ist mir leid um dich, mein Bruder Jonathan.
> Ich habe Wonne an dir gehabt:
> Deine Liebe zu mir war wunderbar,
> Schöner denn Frauenliebe...«

»Und was würde es dir helfen, wenn du die Antworten hättest?« sagte Esther. »Könntest du sie hineinschreiben in den König-David-Bericht oder in irgendein anderes Buch?«
»Kaum. Aber ich selber muß es wissen. Ich muß wissen um den Menschen David. War er ein Raubtier, das einfach zuschlägt? Oder sah er ein Ziel vor sich, dem er nachjagte, was es auch koste? Oder ist alles Streben eitel, und sind selbst die Größten unter uns wie Sandkörnchen, die der Wind der Zeit vor sich hertreibt?«
»Armer Mensch«, sagte Esther.
»David?« fragte ich.
»Nein, du.« Und sie küßte mich auf die Augen.

Sie können über diese Texte denken, wie Sie wollen. Sie können denken, dieser zweite Bericht von dem Amalekiter sei erfunden worden, um zu sagen: Von Sauls Haupt ging gradewegs der Glanz des Thronreifs auf das Haupt Davids über; aber nie und nimmer wollte er das, nicht diese Direktheit. – Doch sehr wahrscheinlich ist das nicht. Vielleicht, daß der dumme Amalekiter wirklich mit der Krone so offensichtlich ins Heerlager kam; wenn das nicht todeswürdig ist, was dann noch? So offen den Auftraggeber zu blamieren, das gehört sich nicht, darauf steht allemal die Todesstrafe und daß er in späterer Hinsicht nicht herumschwätzt, weswegen er's tat. Sagen Sie nicht: das sind üble Phantasien. Gewiß, eines Tages, wenn je gedruckt wird, was wir hier überlegen, werden die Exegeten kommen und sagen, dies sei eine üble Phantasie, da werde die ganze Bibel geschändet! Doch Sie müssen nur die Bibel weiterlesen. Da wird permanent gestorben. Das gesamte Haus Sauls sukzessive springt über die Klinge oder geht über die Wupper, wie Sie wollen. Alle Feinde Davids nach und nach verschwinden, und jedesmal, aber wirklich jedesmal hat David ein Bedauern dafür. Es ist genau betrachtet der Bruder des Abischai, sein eigener Neffe Joab, der den schmutzigen Dienst tut, und in dem Punkt ist David sehr viel schlauer als der einfältige Saul, der hinter David einmal hergejagt sein soll, gerade in die Schlafstube seiner eigenen Tochter Michal, um den Burschen zu packen. So was macht man doch nicht selber! Dafür hat man seine Leute, wofür ist man König. David weiß *das* ganz bestimmt und wie man die Leier so rührt, daß es die Herzen rührt. Vielleicht war er wirklich so, gar nicht nur ein Untier, sondern vielleicht tat's ihm auch leid. Vielleicht weinte er am Ende so wie Nero, als Rom in Brand stand? Es tat ihm wirklich leid, und er bekam seine besten ästhetischen Empfindungen immer dann, wenn es sich auch lohnte, einmal der Größe der Tat selber wegen, aber dann auch fürs Volk, das es sehen sollte. Wann ist Dichtung einmal wirklich wahr und spielt nicht in den Zwischenräumen des Betrugs, der Halbgefühle, des erschwindelten Lebens, und der reumütige, fromme David wäre der Wunsch eines ganz anderen? Und wie die beiden zueinander passen, das wird ein Rätsel sein.

Rilke hat ein Gedicht noch als Klage um Jonatan nachgeschoben, das mehr die Liebesbeziehung zwischen David und Jonatan besingt, die homosexuelle Komponente, aber auch die Trauer, wofern sie je echt war. Wenn ein wirkliches Gefühl in diesem Moment bei David stimmt, dann wäre es so gewesen, ein Ersatz für die Liebe von Frauen.

Klage um Jonathan

Ach sind auch Könige nicht von Bestand
und dürfen hingehn wie gemeine Dinge,
obwohl ihr Druck wie der der Siegelringe
sich widerbildet in das weiche Land.

Wie aber konntest du, so angefangen
mit deines Herzens Initial,
aufhören plötzlich: Wärme meiner Wangen.

O daß dich einer noch einmal
erzeugte, wenn sein Samen in ihm glänzt.

Irgend ein Fremder sollte dich zerstören,
und der dir innig war, ist nichts dabei
und muß sich halten und die Botschaft hören;
wie wunde Tiere auf den Lagern löhren,
möcht ich mich legen mit Geschrei:

denn da und da, an meinen scheusten Orten,
bist du mir ausgerissen wie das Haar,
das in den Achselhöhlen wächst und dorten,
wo ich ein Spiel für Frauen war,

bevor du meine dort verfitzten Sinne
aufsträhntest wie man einen Knäul entflicht;
da sah ich auf und wurde deiner inne: –
Jetzt aber gehst du mir aus dem Gesicht.

Wenn es so stünde, wäre das Wort über David das eines genial be-
gabten, homosexuellen, dichterfähigen, skrupellosen, machtbesessenen, frommen, mörderischen, trauernden, in jedem Falle einsa-
men Menschen, der sich nie vorwagen wird, soviel wir auch von ihm
hören, ein komplexer Charakter, ein vielschichtiger Mensch, gebrochen mindestens, zerbrechend für viele, zerbrochen vermutlich in
allem selbst. Seine Schwester Zeruja hat zwei Kinder geboren, die
wie Todesmaschinen an seiner Seite seine künftigen Opfer fabrizie-
ren werden, und er am Ende wird selbst den Joab fallenlassen, wenn
er ihn nicht mehr brauchen kann. Das allerdings ist eine andere
Geschichte. Was wir bis dahin lernen, ist, wenn von Gott die Rede
geht, sehr mißtrauisch zu sein, ist doch die Sprache von Gott oder
der Wahrheit zumeist nur die Rechtfertigung der Untaten derer auf
den Thronen, die Propaganda ihres Herrschaftswillens, die Verfälschung der Menschlichkeit. – Nicht die hoch aufgewachsenen Grä-
ser- und Getreidespuren, sondern vielleicht unterhalb davon die
kleinen Pflanzen, die kleinen Gräser, eine unbekannte Frau in En-
Dor, dem Tode nahe und der Tröstung mächtig, ist wirklich bei
Gott.   *11. Juni 1994*

9

Der König weinte laut am Grabe

WIR haben gehört, wie in einer Schlacht zwischen Saul und den Philistern im Gebirge eine schlimme Niederlage für die Israeliten die Folge war. Saul selber ist dabei ums Leben gekommen, ebenso sein Sohn Jonatan. Merkwürdig ist uns noch erschienen, daß es zwei Versionen gibt, wie denn Saul gestorben sei. Durch Selbstmord, lautet die eine Tradition. Er, der geschlagene König, verzweifelt, aus Scheu sogar von seinem eigenen Schwertträger im Stich gelassen, habe sich in einer Mischung aus Ehrgefühl und Schande den Tod selber gegeben. Aber dann taucht im Lager Davids, der gerade befangen ist mit Kriegen gegen die Amalekiter, ein Bote auf, der berichtet, er sei's gewesen, der Saul ermordet habe, und bringt handgreifliche Beweise vor. Der Mann, um in keinem Falle auch nur entfernt als Mittäter erkennbar zu sein, um sich völlig freizusprechen von jedem Mitwissen und jeder Mitschuld und jeglicher Mittat, wird von David standrechtlich ermordet. Der Bericht ist eindeutig: Nie hat David gewollt, daß Saul stirbt. Im Gegenteil, er wird ein Trauerlied verfassen über Saul und Jonatan. In Shakespeares Drama würde da stehen: Und Mortimer starb für Graf Lancaster sehr förderlich. – Aber genau an dieser Stelle halten wir, und da wird die Erzählung weitergehen. Was wird aus David?

TEXT: 2 Sam 2, 1–32; 3, 1–39

Darnach befragte David den Herrn und sprach: Soll ich in eine der Städte Judas hinaufziehen? Der Herr antwortete ihm: Ziehe hinauf. David sprach: Wohin soll ich ziehen? Er antwortete: Nach Hebron.

So zog denn David dort hinauf mit seinen beiden Frauen, Ahinoam aus Jesreel und Abigail, dem Weibe Nabals aus Karmel. Auch die Männer, die bei ihm waren, führte David hinauf, einen jeden mit seiner Familie, und sie ließen sich in den Ortschaften um Hebron nieder. Da kamen die Männer von Juda und salbten David dort zum König über das Haus Juda. Als nun David gemeldet wurde, die Männer von Jabes in Gilead hätten Saul begraben, sandte David Boten an die Männer von Jabes in Gilead und ließ ihnen sagen: Gesegnet seid ihr vom Herrn, daß ihr Saul, eurem Herrn, diesen Liebesdienst erwiesen und ihn begraben habt. So erweise euch nun der Herr Liebe und Treue, und auch ich will euch Gutes tun dafür, daß ihr das getan habt. So fasset nun Mut und zeigt euch als wackere Männer; denn Saul, euer Herr, ist tot. Auch hat mich das Haus Juda zum König über sich gesalbt.

Abner aber, der Sohn Ners, Sauls Feldhauptmann, nahm Isbaal, den Sohn Sauls, und brachte ihn nach Mahanaim. Dort machte er ihn zum König über Gilead, über Asser, Jesreel, Ephraim, Benjamin, kurz über ganz Israel. Isbaal, der Sohn Sauls, war vierzig Jahre alt, als er König über Israel wurde, und regierte zwei Jahre lang. Nur das Haus Juda hielt es mit David. Die Zeit aber, da David in Hebron über das Haus Juda regierte, betrug sieben Jahre und sechs Monate.

Einst rückte Abner, der Sohn Ners, mit den Knechten Isbaals, des Sohnes Sauls, von Mahanaim aus nach Gibeon. Joab aber, der Sohn der Zeruja, rückte mit den Knechten Davids aus von Hebron, und sie stießen am Teich von Gibeon auf sie; die einen lagerten sich diesseits, die andern jenseits des Teichs. Da sprach Abner zu Joab: Die jungen Burschen mögen auftreten und ein Kampfspiel vor uns aufführen! Joab sprach: Es sei! Da traten sie auf und wurden abgezählt; zwölf aus Benjamin, von Isbaal, dem Sohne Sauls, und zwölf von den Knechten Davids. Und ein jeder (der Benjaminiten) packte den Gegner mit der Hand beim Schopf und stieß ihm das Schwert in die Seite, und sie fielen miteinander. Daher nannte man den Ort »das Messerfeld«, das bei Gibeon liegt.

Da entspann sich an jenem Tage ein sehr heftiger Kampf, und Abner und die Männer Israels wurden von den Knechten Davids geschlagen.

Nun waren dabei die drei Söhne der Zeruja: Joab, Abisai und Asahel. Asahel aber war leichtfüßig wie eine Gazelle auf dem Felde. Und Asahel jagte Abner nach und wich nicht von ihm, weder zur Rechten noch zur Linken. Da wandte sich Abner um und sprach: Bist du es, Asahel? Er sprach: Ich bin's. Abner sprach zu ihm: Wende dich rechts oder links und mach dich an einen von der Mannschaft und nimm dir seine Rüstung. Aber Asahel wollte nicht von ihm ablassen. Da sprach Abner noch einmal zu Asahel: Geh von mir weg! Warum soll ich dich zu Boden schlagen? Wie dürfte ich dann deinem Bruder Joab noch unter die Augen treten? Aber er weigerte sich, zu weichen. Da stach ihn Abner rückwärts in den Bauch, sodaß der Speer hinten herausdrang; und er stürzte dort nieder und starb auf der Stelle. Jeder aber, der an den Ort kam, wo Asahel gefallen und gestorben war, stand stille. Nun jagten Joab und Abisai dem Abner nach, und die Sonne war eben untergegangen, als sie nach Gibeath-Amma kamen, das am Wege in der Steppe von Gibeon liegt. Da sammelten sich die Benjaminiten hinter Abner zu einem geschlossenen Haufen und stellten sich auf der Höhe von Gibeath-Amma auf. Dann rief Abner dem Joab zu und sprach: Soll denn das Schwert ohne Ende fressen? Weißt du nicht, daß das bittere Ende nachkommt? Wann willst du endlich den Leuten befehlen, von ihren Brüdern abzulassen? Joab sprach: So wahr Gott lebt! hättest du nicht geredet, dann hätten sich die Leute erst am Morgen von der Verfolgung ihrer Brüder zurückgezogen. Und Joab ließ in die Posaune stoßen, und alles Volk hielt inne und jagte Israel nicht mehr nach und stand ab vom Kampfe. Abner und seine Leute zogen jene ganze Nacht durch die Jordansteppe, überschritten den Jordan, marschierten durch die ganze Bithronschlucht und kamen nach Mahanaim.

Als Joab von der Verfolgung Abners abstand und alle seine Leute sammelte, da wurden von den Knechten Davids neunzehn Mann und Asahel vermißt. Die Knechte Davids aber hatten von den Benjaminiten, unter den Leuten Abners, 360 Mann erschlagen. Und sie hoben Asahel auf und begruben ihn in seines Vaters Grab zu Bethlehem. Dann marschierten Joab und seine Leute die ganze Nacht, und sie kamen nach Hebron, als der Tag anbrach.

Und der Krieg zwischem dem Hause Sauls und dem Hause Davids zog sich lange hin; David wurde immer stärker, das Haus Sauls aber wurde immer schwächer.

In Hebron wurden Davids Söhne geboren; sein Erstgeborner war Amnon, von Ahinoam aus Jesreel; sein zweiter Kileab, von Abigail, dem Weibe Nabals aus Karmel; der dritte Absalom, der Sohn der Maacha, der Tochter Thalmais, des Königs von Gesur; der vierte Adonia, der Sohn der Haggith; der fünfte Sephatja, der Sohn der Abital; der sechste Jithream, von Egla, dem Weibe Davids. Diese wurden David in Hebron geboren.

Solange der Krieg zwischen dem Hause Sauls und dem Hause Davids währte, hielt Abner treu zum Hause Sauls. Nun hatte Saul ein Kebsweib gehabt, mit Namen Rizpa, die Tochter Ajas. Isbaal aber, der Sohn Sauls, sprach zu Abner: Warum bist du zum Kebsweib meines Vaters gegangen? Da wurde Abner sehr zornig über die Worte Isbaals und sprach: Bin ich denn jetzt ein judäischer Hundskopf, nachdem ich dem Hause deines Vaters Saul, seinen Brüdern und Freunden, Liebe erwiesen und dich nicht in die Hände Davids habe geraten lassen? Und du machst mir heute Vorwürfe wegen eines Weibes? Gott tue dem Abner dies und das – was der Herr dem David geschworen, das will ich für ihn tun: ich werde das Königtum dem Hause Sauls nehmen und den Thron Davids aufrichten über Israel und Juda von Dan bis Beerseba. Da vermochte er dem Abner kein Wort mehr zu erwidern, so fürchtete er sich vor ihm.

Und Abner sandte Boten an David und ließ ihm sagen: Schließe einen Vertrag mit mir, so werde ich dir helfen, ganz Israel auf deine Seite zu bringen. Der antwortete: Gut! ich schließe einen Vertrag mit dir; nur fordere ich eines von dir: Du darfst nicht vor mir erscheinen, du bringest denn Michal, die Tochter Sauls, zu mir, wenn du kommst, vor mir zu erscheinen. David sandte nun Boten an Isbaal, den Sohn Sauls, und ließ ihm sagen: Gib mir mein Weib Michal heraus, das ich mir um die Vorhäute von hundert Philistern gefreit habe. Isbaal schickte hin und ließ sie ihrem Manne, Paltiel, dem Sohn des Lais, wegnehmen. Ihr Mann aber ging mit ihr und folgte ihr weinend bis Bahurim. Da sprach Abner zu ihm: Geh wieder heim. Und er ging heim.

Abner aber hatte mit den Ältesten Israels verhandelt und gesagt: Schon längst habt ihr euch ja David zum König gewünscht; so führt es nun aus! Denn der Herr hat zu David gesagt: Durch meinen Knecht David will ich mein Volk Israel aus der Hand der Philister und aller seiner Feinde erretten. Ebenso redete Abner zu den Benjaminiten. Darnach ging Abner auch hin, um David in Hebron alles zu berichten, was Israel und das ganze Haus Benjamin beschlossen hatten. Als nun Abner mit zwanzig Mann zu David nach Hebron kam, veranstaltete David zu Ehren Abners und seiner Begleiter ein Mahl. Und Abner sprach zu David: Ich will mich aufmachen und hingehen und ganz Israel um meinen Herrn, den König, sammeln, daß sie einen Vertrag mit dir machen und du König werdest, so weit dein Herz begehrt. Dann ließ David den Abner in Frieden wieder ziehen.

Da kamen gerade die Knechte Davids mit Joab von einem Streifzug heim und brachten reiche Beute mit. Abner aber war nicht mehr bei David in Hebron, sondern er hatte ihn in Frieden wieder ziehen lassen. Als nun Joab und die ganze Heerschar mit ihm heimgekommen war, da berichtete man Joab: Abner, der Sohn Ners, ist zum König gekommen, und der hat ihn in Frieden wieder ziehen lassen. Da ging Joab zum König hinein und sprach: Was hast du getan? Abner ist also zu dir gekommen; warum hast du ihn in Frieden wieder ziehen lassen? Hast du nicht gemerkt, daß Abner, der Sohn Ners, gekommen ist, um dich zu hintergehen, um dein Tun und Lassen zu erkunden und alles zu erfahren, was du vorhast? Und als Joab von David herauskam, sandte er Abner Boten nach; die holten ihn von der Zisterne Sira zurück, ohne daß David etwas davon wußte. Als Abner nach Hebron zurückkam, führte ihn Joab abseits in den Winkel des Tores, um heimlich mit ihm zu reden; dort stach er ihn in den Bauch, daß er starb – um das Blut seines Bruders Asahel zu rächen. Als David das hernach erfuhr, sprach er: Ich und mein Königtum sind für ewig unschuldig vor dem Herrn an dem Blute Abners, des Sohnes Ners. Es falle zurück auf das Haupt Joabs und auf sein ganzes Geschlecht! Möge es im Hause Joabs nie an solchen fehlen, die an Fluß und Aussatz leiden, die an Krücken gehen, die durch das Schwert fallen und die nichts zu essen haben. Joab und sein Bruder Abisai hatten Abner ermordet, weil er ihren Bruder Asahel bei Gibeon im Kampf getötet hatte.

David nun sprach zu Joab und zu allem Volk, das bei ihm war:

Zerreißet eure Kleider, gürtet das Trauergewand um und erhebt die
Totenklage vor Abner her! Der König David aber folgte der Bahre.
Und als sie Abner in Hebron begruben, weinte der König laut am
Grabe Abners; und alles Volk weinte mit. Dann sang der König das
Klagelied auf Abner und sprach:

> Mußte Abner sterben,
>> wie ein Gottloser stirbt?
> Deine Hände waren nicht gebunden,
> noch deine Füße
>> in Ketten geschlagen.
> Wie ein Ruchloser fällt,
>> bist du gefallen.

Da beweinte ihn alles Volk noch mehr. Als es noch Tag war, kam
alles Volk, um David zum Essen zu nötigen. Aber David schwur:
Gott tue mir dies und das, wenn ich Brot oder sonst etwas genieße,
bevor die Sonne untergeht! Als alles Volk das erfuhr, gefiel es ihnen
wohl; alles, was der König tat, gefiel dem ganzen Volke wohl. Und
alles Volk und ganz Israel erkannten an jenem Tage, daß die Ermordung Abners, des Sohnes Ners, nicht vom König ausgegangen war.
Und der König sprach zu seinen Knechten: Wißt ihr nicht, daß
heute ein Fürst und Großer in Israel gefallen ist? Ich bin heute zu
schwach und zu gering für die Königsherrschaft, und diese Männer,
die Söhne der Zeruja, sind mir durch Gewalttat überlegen. Der Herr
vergelte dem, der die Untat verübt hat, nach seiner Untat!

Folgen wir den Erklärungen der Theologen, liest sich die Bibel unter
zwei Voraussetzungen. Zum einen: sie schildert, wie Gott selber die
Geschichte seines Volkes und aller Völker zu jeder Zeit lenkt und
leitet, treu, sorgsam, gerecht und weise. Und die zweite Voraussetzung: daß die Art, in welcher in der Bibel selbst darüber Buch geführt wird, als Offenbarung zu betrachten ist, als Leuchtpfad gewissermaßen, auf dem die Menschen zu sich selbst und eines Tages
zum Berge Sion wallfahrten könnten. Machen wir die Probe aufs
Exempel einmal bei diesem Text. Es wird uns zudem noch von

Theologen gern versichert, daß, anders als sonst in der Geschichte
der Völker, die Bibel, eben weil sie Gottesoffenbarung sei, das Geschehen in Raum und Zeit darstelle aus der Perspektive nicht der
Siegreichen, nicht der Mächtigen, sondern der Ohnmächtigen und
der Leidenden, mit ihnen verbündet sei der Gott Israels, das sei der
Kern, der Inhalt des ganzen Offenbarungsgeschehens. – Es läßt sich
nicht leugnen, daß es einzelne Texte aus Prophetenmund, rebellisch
und aufrührerisch, gibt in der Bibel und daß sie sich unterscheiden
von vielem, dem meisten gar, was wir sonst zu lesen bekommen.
Aber diesen Text, den wir gerade gehört haben, und noch den folgenden zu lesen, ist grad wie in der Zeitung sich zurechtfinden zu
wollen und es im Grunde jeden Morgen nicht zu können. Der Trick
der Regierenden ist einfach. Die Quantenphysik belehrt uns darüber, daß nach der Karambolage einer Billardkugel mit sechs anderen es unmöglich ist, noch vorherzusagen, wie sie beim siebten Male
rollen wird. Wohlan! wenn's uns gelingen würde, so viele Karambo-
lagen zu erzeugen, daß das Ergebnis sich nicht mehr rückverfolgen
läßt, daß beim siebenten Mal kein Beobachter mehr eine Chance
besitzt, zurückzurechnen, wie die Kugel denn gelaufen ist, könnten
wir dann nicht im Grunde tun und machen, was wir wollten? Kein
Mensch mehr käme uns auf die Schliche, wir müßten nur die Handlungen so komplex gestalten, so unübersichtlich und verworren, daß
die Täter im Hintergrund blieben. Zwar auch sie könnten ab der
siebenten Kugel nie *genau* rechnen, nie exakt sein, aber das gerade ist
das Faszinierende womöglich am Spiel der Macht. Immer kann
man um ein Haar auch unterliegen, aber man kann auch gewinnen,
und wenn man's auf lange Zeit hin geschickt genug betreibt, wird die
Statistik womöglich bestimmen, wer als Sieger aus all dem hervorgeht. Da sind offenbar zwei heterogene Ideen miteinander zu verbinden. Der Alterspräsident des Bundestages, Stefan Heym, läßt einmal
einen ägyptischen, weise gewordenen Beobachter über die Art, wie
König David herrscht und seine Taten später darzustellen beliebt,
sich so ausdrücken:

> Wahrlich, Ethan, du erstaunst mich. Hast du, der du die Ereig-
> nisse der näheren und ferneren Vergangenheit durchforschst,
> denn nie bemerkt, daß das Denken der Menschen ganz sonder-

bar zwiegespalten ist, wie auch ihre Zunge? Ist es doch, als
lebten wir in zwei Welten: in einer, die beschrieben ist in den
Lehren der Weisen und Richter und Propheten, und einer anderen, die wenig Erwähnung findet, die aber nichtsdestoweni-
ger Wirklichkeit ist; in einer, die eingezäunt ist durch das
Gesetz und das Wort deines Gottes Jahweh, und einer anderen, deren Gesetze nirgends aufgezeichnet sind, aber überall
befolgt werden. Und gepriesen sei dieser Zwiespalt des Geistes,
denn durch ihn kann der Mensch tun, was die Gesetze der
wirklichen Welt erfordern, ohne deshalb den schönen Glauben
an die Lehren der Weisen und Richter und Propheten aufgeben zu müssen: und nur jene enden in Verzweiflung, die in
Erkenntnis des großen Zwiespalts sich vornehmen, die Wirklichkeit den Lehren anzupassen. Denn es gibt keinen Weg
zurück zu dem Garten Eden, von dem ich in euren Büchern
gelesen habe, und keiner kann die Sünde eures Vorvaters ungeschehen machen, der die Frucht vom Baum der Erkenntnis von
Gut und Böse aß; doch haben die Menschen gelernt, mit der
Erkenntnis zu leben.

Die erste Erkenntnis, die wir gewinnen, hören wir dem zweiten Buche Samuel vom zweiten Kapitel an, ist, daß David ein mutiger und
frommer Mann ist. Kaum ist Saul, der Konkurrent und Verfolger,
tot – ein gewisser Verdacht ist bis heute nicht ausgeräumt, David
könne da seine Hand im Spiel gehabt haben –, da faßt David einen
Beschluß, kühn, weitsichtig und folgenschwer. Er faßt ihn aber
nicht, sondern wir hören, daß er Gott zweimal befragt habe, ob er
nicht in eine Stadt in Juda gehen solle mit seiner bis dahin von den
Philistern ausgehaltenen Räuberbande, und Gott habe ja gesagt.
   – Und wohin, Herr? habe David gefragt.
   – Nach Hebron.
   Das trifft sich gut, denn dort liegen die Patriarchengräber, heilig
bis heute. Der Mann, dem Hebron gehört, hat etwas Großes an
Aura. Und was David nun tut, so sollen wir glauben, ist nicht das
Kalkül seiner Macht, sondern frommer Gehorsam gegenüber dem
Willen Gottes selbst, der sich kundtat in einem Orakel. Mit seinen
Frauen, mit seinen Männern, mit der ganzen Mannschaft nimmt

David Hebron in Besitz, oder sollen wir denken: in Beschlag. Vorbereitet hat er diesen Schritt lange genug durch Geschenke, die er machte aus den Raubzügen gegen die Amalekiter. Aber eines muß selbst dem Dümmsten die Ohren spitzen: In Hebron unverzüglich, weil ja von Gott selber so berufen, wird David zum König gesalbt über Juda. Das verschlägt einem den Atem, denn es gibt unter den Sauliden einen Mann, den die Bibel fortan nicht mal mehr bei seinem Namen nennen wird. Er hieß »Ischio – der Mann Jahwes«, das ist »zu Jahwe getreu«. Man legt ihm den Namen Ischbaal bei, ein Mann, der den Gegengötzen Israels verehrt, den Baal eben, und den darf man nicht aussprechen, sondern man setzt für ihn »Isch-Boschet – der Mann des Scheusals«; der Teufel also selber sitzt im Norden auf dem Thron. Bisher hören wir nur davon, daß David König ist über Juda, das ist *halb* Israel. Erst im Gegenzug beschließt Abner, der General des gefallenen Saul, dessen Sohn, jenen Ischio – Ischbaal, zum König einzusetzen. Das geschieht weit im Nord-Osten, im Bergland, offenbar aus Furcht vor den Philistern, daß sie nicht nachrücken.

Wie kommt David dazu, von den Philistern weg zum König aufzusteigen? Es ist nur möglich mit Duldung der Philister. Aber das ist eine Wahrheit, die wir so nicht hören. Historisch kann es sich anders jedoch überhaupt nicht verhalten haben. Es müssen die Philister, die ewigen Feinde des heiligen Volkes, gewesen sein, die sich dachten: Zwei Könige in Israel sind besser als einer. Solange sie sich wie die Krebse mit den Scheren verhaken, sind sie um so besser für uns beherrschbar, und schlagen sie nur lange genug aufeinander ein, rücken wir in ein befriedetes Land. David ist da nichts weiter als die Bulldogge der Philister. Freilich, das wird nicht so bleiben, und wir werden sehen, wie David auch das Kalkül der Philister noch einmal umdrehen wird. Aber gut Ding muß Weile haben.

Das erste ist: Er riskiert einen Bürgerkrieg, nicht mehr und nicht weniger. Schuld an der Reichsspaltung jetzt zwischen dem Norden und dem Süden ist David, nicht die Nachfolgegeneration Sauls, auch nicht Abner. Rechtmäßiger Erbe des einzigen von Gott gewählten und eingesetzten Königs in Israel ist kein anderer als der Saulide Ischbaal. Aber auch da haben wir von der Bibel schon anderes gehört, wie doch schon David gesalbt wurde, auch aus Protest gegen Saul, und wie er immer schon, der Gute und Fromme, verfolgt ward von Saul. Tatsache bleibt, und sie läßt sich im Text sogar erhärten, daß der Grund zur Spaltung, zu dem harten Krieg, der jetzt beginnt, von David vom Zaun gebrochen und in Kauf genommen wird. Auch das *sagt* uns der Text mit keinem Wort. In Frieden scheinbar sitzt David in Hebron, glücklich, zufrieden mit dem Erreichten. Doch sein eigener General, Joab, der Sohn seiner Schwester Zeruja, und dessen zwei Brüder, ziehen mit der Streitmacht Davids und stoßen auf die aus der Gegenrichtung kommende Armee Abners. Alles, was wir von diesem Mann hören, scheint klug und bedächtig. Er, Abner, hat offensichtlich seine eigene Rechnung im Spiel um die Macht. Als General hat er den noch jungen Königserben völlig in der Hand. Abner will nicht König werden, aber in Wirklichkeit ist er mehr als ein König, der wahre Regent, keine Repräsentationsfigur, sondern der Mann, der die Fäden der Geschichte selbst in der Hand hat. Also aber trägt er auch Verantwortung, und alles, was wir hören, spricht dafür, daß er den wirklichen Krieg vermeiden will, den Blutzoll für die Reichseinheit. Es ist eine merkwürdige Szene, daß die beiden Heere aufeinanderstoßen und eine Art Spiel veranstalten. Zweimal zwölf Leute ermorden sich da wie in einem römischen Amphitheater zur Belustigung der Streitmacht. Das ist gräßlich, unbegreifbar, unmenschlich. Aber der Plan stammt von Abner, und er erscheint ihm vielleicht so übel nicht. Wenn Männer bereit sind, aufeinander einzuschlagen, Siege zu erringen, Heldentaten zu vollbringen, ist es dann nicht unter Umständen das geringere Übel, man läßt sie stellvertretend in begrenzter Zahl aufeinander los, und sie mögen treiben, was sie wollen? Am Ende hat man sich nur glänzend amüsiert über ein paar Tote, aber das große Gemetzel blieb erspart. So ähnlich muß Abner gedacht haben.

Für den Mann Davids, für Joab, verhält es sich anders. Da fiedelt der Tod nur zum Auftakt der großen Schlacht. Über dreihundert Tote wird sie den Gegner kosten bei relativ geringen eigenen Verlusten. Wie immer es war, die Berichterstattung der Sieger ist *nur* so; ihre Siege sind, abgezählt beim Body-Counting, über alle Maßen triumphal, und immer gelingt es ihnen, die eigenen Verluste gering zu halten. – Tatsächlich aber scheint die Streitlust, der Kampfeswille Abners begrenzt zu sein. Selbst als Joabs Bruder Asaël ihm auf den Spuren ist und ihn ermorden will, scheint Abner, nachdem er ihn zweimal gewarnt hat, lediglich stehengeblieben zu sein und die stumpfe Seite seines Speers dem Verfolger zugewandt zu haben. Er sollte ins Holz laufen, sich verletzen, aber offenbar nicht sich durchbohren. Das jedoch ist passiert. Es tut Abner leid, und es ist in derselben Stunde, daß er den Vorschlag macht, den Krieg zu beenden; jetzt und für immer, müßte man denken. Es erstaunt, daß uns genau an dieser Stelle versichert wird, daß der Kampf zwischen Nord und Süd lange dauert; wie lange, wird uns nicht gesagt.

Der nächste Schritt ist wie ein Sprung. Es ist erneut Abner, der darüber nachsinnt, wie man die prekäre Bürgerkriegssituation auflösen kann. Der Anlaß dazu ist scheinbar beliebig: Abner hat eine Nebenfrau Sauls zu sich geholt, und das ist eine Demonstration seines möglichen Willens, doch die Königswürde anzustreben. Ischbaal jedenfalls liest das genau so. Es ist nicht, wie wir vielleicht psychologisch denken könnten, die Eifersucht darauf, daß eine Frau in der Nähe seiner eigenen Mutter zusammenkommt mit seinem eigenen General, der wie an Vaters Statt für ihn regiert. Nicht solche Motive persönlicher Eifersucht stehen da auf dem Spiel, wohl aber ein richtiger Instinkt: Wer eine Nebenfrau des Königs sich zueignet, erhebt selber Anspruch auf königliche Würde. Abner leugnet das. Ein Mann von seinem Format, von Verstand, von klar berechnetem Machtanspruch geht nicht auf den Leim für irgendeine Frauengeschichte. Allein die Perspektive, so sagt er, sei völlig unter seiner Würde. Was er im Sinn trägt, ist natürlich das Heil des Volkes, und irgendeine Liebelei spielt da keine Rolle. So müßte Ischbaal denken, wenn er vernünftig sei. Trotzdem aber sitzt der Stachel auch in Abner. Es ist seine Idee, daß man besser als den schwachen, von ihm selber zum König eingesetzten Ischbaal den stark gewordenen David friedfertig nach und nach als rechtmäßigen König einführe, auch bei den Stämmen des Nordens. Es ist Abner selber, der einen friedfertigen Übergang für den Machtgewinn Davids arrangiert. Wenn es denn so stimmt, ist in der Geschichte schwerlich ein Beispiel denkbar, wo ein General auf Frieden gesonnen hätte durch Machtverzicht in seinem eigenen Dominium. Für ganz selbstlos dürfen wir das allerdings nicht halten. Gerechnet haben wird er, daß für so viele Verdienste *er* später unter

David als einer der Größten dasteht. Und kaum so gedacht, steht er schon wieder in Konkurrenz zu dem wirklichen General Davids, zu Joab. Zwischen den beiden freilich wird es keine Freundschaft, kein Bündnis geben dürfen, geben können. David scheint auf die Vorstellungen Abners in Hebron mindestens nachdenklich-offen reagiert zu haben. Eine einzige Bedingung stellt er: Sauls Tochter Michal, die er um den Totschlag von hundert Philistern als Braut errang, soll ihm zugeführt werden. Paradoxer geht es aus der Sicht des armen Ischbaal überhaupt nicht. Da hat er sich dem widersetzt, daß sich sein eigener Heerführer die Hand einer Frau seines Vaters zu eigen macht, und nun wird er, Ischbaal, um des Friedens willen von Abner dahin gedrängt, Sauls Tochter Michal selber aus ihrer rechtmäßigen Ehe mit jenem Paltiël herauszunötigen und sie wie zum Kauf feilzubieten in Hebron für David. Dessen Rechnung ist klar: Noch einen Schritt weiter, schon steht er in der scheinbar legitimen Rechtsnachfolge Sauls. Er ja war der Mann der Saul-Tochter Michal, und das soll nun wieder so werden. In all den Jahren der Abwesenheit, herumlungernd im Gebirge bei den Philistern im Südland, haben wir von Davids Liebe zu Michal kein Sterbenswort gehört. Die Wahrheit ist, daß ihr rechtmäßiger Mann jetzt, Paltiël, ihr nachzieht, trauernd. Der Bibel ist das einen einzigen Satz wert, aber er zählt mit zum Kostbarsten der ganzen Geschichte. Es ist ein schwaches, ganz schwaches Echo von einem Mann, der eine Königstochter liebte, wirklich sie selbst, und dabei nicht an Krone, Macht und Würde dachte, sondern in ihr nur eine Frau sah, und auch sie lebte an seiner Seite als eine liebenswerte, glückliche Frau. Das duldet weder die Planung Abners noch das Planspiel Davids. Ein einziges »Verschwinde!« aus Abners Mund, und kein Paltiël mehr wird seine Michal begleiten. Sie wird gehen ins Nichts, eine Steigbügelhalterin der Macht, ein Püppchen, das dabei behilflich ist, das Königstheater zu vervollständigen, eine nützliche Schachfigur. Als Mensch wird Michal noch ein letztes Mal auftreten, und wieder wird die Bibel es ihr vorwerfen als unsensibel gegenüber ihrem gottbegnadeten Mann, wie er einzieht, in Ekstase, die Bundeslade des Herrn nach Jerusalem zu holen. Das ist dann später; noch sind wir in Hebron.

Was ist passiert, als wir hören, wie Joab mit seinen Leuten wieder einmal von einem Plünderzug nach Hebron kommt? Natürlich brauchen Könige auch Geld, auch Beute, auch Bestechungsmittel, auch diplomatische Schmiermasse – all das will aufgetrieben sein, um sich beliebt zu machen, und man findet's. Kaum also kommt Joab an den Thron seines Herrn und erfährt, daß Abner gegangen sei, entlassen worden sei, regt es ihn auf. Diese Chance zu vertun, Abner in Händen zu haben, die Katze ins Haus geholt zu haben, ertappt beim Mausen um die Macht, und man läßt sie laufen, unerschlagen! – Ein zweites Mal ist es Joab, der die gewaltsame Lösung will, aber wenn es denn je in der Berichterstattung über David ein schreiend-beredtes Schweigen gibt, ist es an dieser Stelle. Ganz genau sagt Joab, was er möchte: Abner ermorden, gleichwie, ob in gerader Verfolgung, ob heimtük-kisch im Torweg, egal wie: ermorden!, weil ja Abner ein Jemand ist, auf den man überhaupt kein Vertrauen setzen kann. Ein Mann, der seinen eigenen König verrät an seinen Feind, wird auch den neuen König verraten. Ein solcher Lügner *kann* nicht überleben. Da die Mächtigen zuverlässige Mörder brauchen, wenn denn überhaupt – ein solcher Joab empfiehlt sich. Das ist der Plan. David weiß das ganz genau. Gibt es an dieser Stelle von David irgendein Wort, irgendeinen Kommentar? Genau nichts. Joab zieht ab, hinter Abner her. Aber als er dann soweit ist, macht uns die Bibel weis, daß Joab gehandelt hat aus reinen Rechtsgründen, weil ja sein Bruder Asaël ermordet wurde von Abner, der wiederum ihn tötete, weil Asaël den Abner ermorden wollte. Das ist der Fall der Blutrache, so daß wir schließen müssen, wenn jetzt Joab den General Ischbaals tötet, heimtückisch, daß da Recht gewirkt wird und Gottes Ordnung wiederhergestellt. Sollen wir aber wirklich denken, die Spirale der Gewalt dreht sich weiter und aus der Blutpresse entsteigt wie eine Frucht die Gerechtigkeit? Schon das ist widerlich und gemein. Aber was dann David treibt, ist unge-heuer. Nichts, aber wirklich gar nichts hat *er* zu tun mit der Ermor-dung Abners! Es wird David als König den Joab selber zwingen, in Bußgewändern bei der Beisetzung Abners, eines so Großen in Israel, anwesend zu sein. Es wird das Trauerfasten gehalten werden, es wird David ein Klagelied singen über den armen Abner, der es nicht ver-dient hat, erschlagen zu werden wie ein Verbrecher von Verbrechern, die man eigentlich gar nicht kennt. Es gibt bei soviel Trauer nieman-den zu verfolgen, wohl aber zu verwünschen: Joab und sein ganzes Geschlecht sollen nächstens am Blutfluß leiden und an allem möglichen; aber das kann man wünschen für die Zukunft, darüber gibt es keine Rechtsprechung, das dem Volk zu sagen, ist der König sich wohl schuldig, aber tun, wirksam, wird er überhaupt nichts außer der Farce eines Staatsbegräbnisses mit einem ergriffen weinenden König, und dem Volk wird's gefallen, und es wird genau so glauben, wie es muß: David ist unschuldig.

Was, vermuten Sie, wird die nächste Geschichte sein? Saul ist tot. Ein Amalekiter kam und hat's gemeldet, und David hat ihn ermordet, weil er damit nichts zu tun hat. Abner ist tot. Und David ist voller Trauer, weil er damit nichts zu tun hat. Es lebt noch Ischbaal.

Text: 2 Sam 4, 1–3. 5–12; 5, 1–3

Als aber Isbaal, der Sohn Sauls, hörte, daß Abner in Hebron umgekommen war, entsank ihm der Mut, und ganz Israel erschrak. Nun hatte Isbaal, der Sohn Sauls, zwei Männer als Anführer von Streifscharen: der eine hieß Baana, der andre Rechab, die Söhne Rimmons aus Beeroth in Benjamin; Beeroth wird nämlich auch zu Benjamin gerechnet. Die Beerothiter jedoch waren nach Gittaim geflohen und dort Beisassen geworden bis auf den heutigen Tag.

Da machten sich nun die Söhne Rimmons aus Beeroth, Rechab und Baana, auf den Weg und kamen um die heißeste Tageszeit zum Hause Isbaals, als er gerade den Mittagsschlaf hielt. Und siehe, die Pförtnerin des Hauses war beim Weizenreinigen eingenickt und schlief; so stahlen sich Rechab und sein Bruder Baana durch, drangen in das Haus, während er in seinem Schlafgemach auf dem Bette lag, und schlugen ihn tot. Dann hieben sie ihm den Kopf ab und nahmen ihn mit; und nun gingen sie die ganze Nacht durch die Jordansteppe, brachten den Kopf Isbaals zu David nach Hebron und sprachen zum König: Da hast du den Kopf Isbaals, des Sohnes Sauls, deines Feindes, der dir nach dem Leben stellte. Der Herr hat heute meinem Gebieter, dem König, Rache gewährt an Saul und seinem Geschlecht. Aber David antwortete Rechab und seinem Bruder Baana, den Söhnen Rimmons aus Beeroth, und sprach zu ihnen: So wahr der Herr lebt, der mich aus aller Not erlöst hat: den, der mir die Kunde brachte: »Saul ist tot!« und der meinte, er sei ein Freudenbote, den griff ich und tötete ihn in Ziklag und gab ihm so den Botenlohn. Wieviel mehr, wenn ruchlose Menschen einen rechtschaffenen Mann im eignen Hause auf seinem Lager ermordet haben – sollte ich da nicht sein Blut von euch fordern und euch von der Erde vertilgen? Und David gab den Knechten Befehl, die machten sie nieder, hieben ihnen Hände und Füße ab und hängten sie am Teiche zu Hebron auf. Den Kopf Isbaals aber nahmen sie und begruben ihn in Abners Grab zu Hebron. Nun kamen alle Stämme Israels zu David nach Hebron und sprachen:

Wir sind ja dein Gebein und Fleisch. Schon längst, als Saul noch über uns König war, bist du es gewesen, der Israel ins Feld und wieder heim führte, und der Herr hat dir verheißen: Du sollst mein Volk Israel weiden, du sollst Fürst sein über Israel. Da kamen alle Ältesten Israels zum König nach Hebron, und der König David schloß mit ihnen in Hebron einen Vertrag vor dem Herrn; dann salbten sie David zum König über Israel.

Es ist das dritte Mal, daß auf dem Wege zur Alleinherrschaft über ganz Israel jemand stirbt zur Überraschung Davids, und wieder kommen sie und melden David die Freude über den erschlagenen Feind, ihm selbst zur Rache, in hoffendem Wahn auf reiche Belohnung. – Was für arme Teufel, diese beiden Heerführer des Ischbaal, die soviel strategische Vernunft besitzen, daß der König des Nordens längst verloren ist nach der Ermordung Abners! Er hat im Grunde keine Chance mehr. Sie aber können überlaufen, und in ihrer Optik macht es Sinn, zu glauben, wenn sie David den letzten Stein auf dem Weg zum Thron seiner Macht wegräumen, würden sie selbst ganz dicht zum Thron des künftigen Königs erhoben und erhaben dastehen. Aber soll das nur die Idee dieser beiden gewesen sein? Es ist immer dieselbe Logik: Man bestellt sich die Handlanger, und wenn ihre Tat zu schlimm ist, als daß sie sich herumreden dürfte, muß der Auftraggeber sie rasch beseitigen. 1939 meldete Hitler den Überfall auf den deutschen Sender Gleiwitz und daß jetzt Bombe mit Bombe vergolten werde. Bestellt hatte man im KZ arme Teufel, die in der Uniform von Polen den Überfall inszenieren sollten. Man hatte ihnen gesagt: Danach seid ihr frei! Ihr müßt nur mal eine Nacht wie im Pfadfinderlager einen Überfall machen! Alles wird gut! Aber das durfte die Weltöffentlichkeit nicht wissen, diese Leute waren die ersten Opfer des Krieges. Denn natürlich mußte der Sender Gleiwitz von wirklichen Polen überfallen worden sein! Und die, die es dann getan hatten, waren am nützlichsten, wenn sie mundtot waren, so wie hier die beiden Mörder des Ischbaal. – Es scheint zum Kalkül der Macht zu gehören, daß sie Morde in Auftrag gibt und nur selber mordet, um sich die Hände reinzuwaschen. Und immer wieder wird das Volk es glauben. Beim Lesen in den Zeitungen war's immer die gerechte Sache, immer hat Gott auch den Aufstieg gewünscht, befohlen gradezu, und durch seine Gnade alles zum Besten geregelt. Jetzt plötzlich auch beugt sich ganz Israel wie Gras im Wind und neigt sich David entgegen. Immer schon wollte man ihn zum König. Die ganze Zeit des jahrelangen Bürgerkriegs war ein Mißverständnis, und David ist klug genug, das auch so zu sehen. In gewissem Sinn ist er jetzt schon am Ziel: zum zweitenmal geweiht zum König.

Was sich dann begibt, läßt sich ein Stück weit voraussagen: Es wird die Macht zu festigen sein, aber wie in dieser Lage? Hebron liegt tief im Süden. Es war als erster Ort, den Fuß in die Tür zu bekommen, äußerst nützlich, doch wird es darum gehen müssen, das Zentrum zu verlagern. Es darf weder im Süden bleiben noch hoch im Norden liegen. Das Auge Davids wird auf Jerusalem fallen. Die Stadt gehört den Jebusitern. Sie ist eigentlich überhaupt kein jüdisches Gebiet, aber eben deshalb würde Jerusalem eine echte Königsstadt sein, etwas, das wie ein Kronjuwel nur David selber gehört.

Dann bleiben aber immer noch etliche von der Sippe Sauls übrig. Ischbaal ist tot, aber es gibt noch andere. Was wird aus denen wohl werden? Fast können Sie's denken. Es wird wieder Leute geben, die sie verschwinden lassen, und wieder wird David sehr traurig sein, ganz unglücklich, daß es aber auch *so* kommen mußte, und wieder einen Schritt weiter gehen mit dem Schwert in der Hand und der Harfe, mit Lügen und Psalmen, ein würdiger König in Israel.

Wer hat uns eigentlich gesagt, die Bibel schildere, wie Gott in der Geschichte handelt? Erzählt sie uns nicht vielmehr mit faustdicken Fiktionen, was den Mächtigen alles einfällt, um ihr eigenes Volk, die ewig Dämlichen, die allzu Gläubigen, an der Nase herumzuführen? Wann hätten sie je Gott befragt, statt ihm vorgeschrieben, was er zu reden hätte? Dann nannten sie's ein Orakel, wenn's gut ausging. Wann hätten sie je Skrupel gehabt, sich nach seinen Geboten zu richten? Wenn es dem Erhalt der Macht und der Blendung des Volks nützlich war, dann war natürlich das Gebot und das Recht der zu verteidigende Grund von neuen Missetaten. Aber eben das scheint die Macht zu gebieten. Am Ende, rückwärts, wird man von Gott sagen, daß er auf krummen Wegen gerade schreibt, weil die Mächtigen es lieben, fünf gerade sein zu lassen. Und wo steht, daß die Bibel erzählt aus der Perspektive der Leidenden? Oh, das wäre schön, die Geschichte Ischbaals mal zu erfinden, von einem Jungen, der keine Kindheit hatte, weil sein Vater als König, wie er glaubte, sich ehrlich herumschlug mit den Philistern. Saul war nie so korrupt, sich mit den Philistern zu verbünden, um König in Israel zu werden. Die Geschichte kommt noch, wie David, nachdem er wirklich König in Israel geworden ist, mit seinen ehemaligen Freunden, den Philistern, umspringen wird. Er wird sie scheuchen, und schon deshalb wird man ihm alles vergeben. *Er* ist der wirkliche Philistersieger. Saul war zu schwach dafür. Ischbaals ganze verlorene Jugend, die Pflicht eines schwachen Mannes, König zu sein im Schatten eines Generals, der versucht, Ordnung zu schaffen, und der jeder Lösung der Gewalt, so gut es geht, ausweicht, – wo hätte man verantwortungsbewußtere Männer in der Geschichte je getroffen? Keiner von denen wird's überleben; aber David! Er wird der größte König in Israel.

Wenn die Bibel kein Brechmittel werden soll, muß man sie manchmal aus der Sicht des Neuen Testaments lesen, wenn Jesus die Leute seiner Zeit fragt: Was ist eigentlich der Messias? Ist er wirklich der Sohn Davids? Und Jesus stellt das in Frage im Markus-Evangelium, sehr dicht an der Zeit schon, daß man auch ihn totschlagen wird. Zwischen den Zeilen möchte Jesus offenbar andeuten: Wenn denn Gott Heil wirkt in der Geschichte und ihr nennt den Mann, durch den es geschehen soll, den Messias, ist es dann wirklich so sicher, er käme daher nach dem Vorbild Davids, dieser Art von König? Oder nicht vielleicht doch ganz anders, wenn er wirklich von Gott ist, und wendet sich ab voller Grausen von dem, was ein Davidisches Großreich je war, nimmt nicht länger in Kauf, was dazu nützlich war, es zu gründen, sondern versucht es einmal ganz anders? Dann wären wir wirklich bei dem Erbarmen mit den Armen und bei dem Mitleid mit den Leidenden. Aber dann hat die ganze menschliche Geschichte, nicht nur die Königszeit im Alten Testament, einen Kontrast mit sich, so groß, wie zum Beispiel der zwischen hebräischer Liebeslyrik und hebräischer Geschichtsschreibung.

Der libanesische Dichter Khalil Gibran hat nicht grade einen Trost, aber doch eine gewisse Perspektive zu formulieren versucht, als er meinte, jeder Mensch habe in sich etwas, das ihn weit übersteigt, und statt die Geschichte nur immer wieder zu lesen als eine Kette von zugeschlagenen Türen, von zerstörten Hoffnungen, von als Illusion sich erweisenden hoffnungsvollen Erwartungen, solle man denken, der Weg eines jeden mit sich selber gehe weiter und weiter durch die Zeit in die Ewigkeit, und womöglich sei sogar die menschliche Geschichte imstande, den Wahn der Mächtigen eines Tages aufzuklären und ihm zumindest nicht länger zu folgen. Khalil Gibran schreibt:

> Du bist dein eigener Vorbote,
> und die Festen, die du errichtet hast,
> sind nur das Fundament für dein größeres Ich.
> Dieses größere Ich ist wiederum nur ein Fundament.
> Auch ich bin mein eigener Vorbote,
> und der lange Schatten,
> den die Sonne bei ihrem Anfang vor mir ausbreitet,
> zieht sich nach Mittag allmählich
> unter meinen Füßen zusammen.
> Doch ein neuer Aufgang der Sonne
> wird neuen Schatten vor mir ausbreiten,
> und auch der wird zusammenschrumpfen
> nach einem neuen Mittag.
> Schon immer waren wir unsere eigenen Vorboten,
> und wir werden es immer sein.
> Alles, was wir gesammelt haben,
> und alles, was wir noch sammeln werden,
> sind nur Samen für Felder, die noch brach liegen.
> Wir sind die Felder und auch der Sämann.
> Wir sind die Erntenden und die Ernte zugleich.

Als du noch ein unbestimmtes Verlangen im Nebel warst,
befand auch ich mich dort als ein ungewisser Wunsch.
Wir suchten einander,
und aus unserer Sehnsucht entstanden unsere Träume.
Und Träume sind unbegrenzte Zeit und grenzenloser Raum.
Als du noch ein unausgesprochenes Wort
auf den Lippen des Lebens warst,
war auch ich dort ein anderes unartikuliertes Wort.
Dann sprach uns das Leben aus,
und wir durchwanderten die Jahre.
In uns lebte die Erinnerung an das Gestern
und die Sehnsucht nach dem Morgen.
Das Gestern ist der besiegte Tod,
und das Morgen ist die erwartete Wiedergeburt.
Nun sind wir in Gottes Händen.
Du bist eine Sonne in seiner rechten Hand,
und ich bin eine Erde in seiner Linken.
Dein Glanz ist nicht heller als der meine.
Wir, die Sonne und die Erde,
sind nur der Anfang einer größeren Sonne und einer größeren
      Erde.
Immer werden wir Anfang sein.
Du bist dein eigener Vorbote,
du, der Fremde,
der an meinem Gartentor vorübergeht,
und ich bin mein eigener Vorbote,
wenn ich auch im Schatten meiner Bäume sitze
und es den Anschein hat,
als ob ich ohne Bewegung wäre.

Vielleicht genügt es, von der Bibel dies übrig zu behalten: Wir sind
wie von der Sehne eines Bogens fortgeschnellte Pfeile in die Zukunft,
und alles an uns ist wie ein Übergang. Dies zu glauben, was wir sind,
was jeder einzelne ist, stehe in den Händen Gottes, und wir miß-
brauchten's nicht zynisch gegen Menschen und über Menschen;
das wäre ein letzter Rest der großen, pompösen, ideologischen
Theologie von der Weltgeschichte als dem Weltgericht oder der List

der göttlichen Vernunft, die die Gemeinheiten der Menschen destilliert zu himmlischer Größe. Ein wirklicher Mensch zu sein und ein bißchen Hoffnung nicht ganz zu verraten, schon das wäre angesichts solcher Geschichten unendlich viel und eigentlich alles, was wir einander wünschen könnten.

Mit der weiteren Lektüre im zweiten Buche Samuel nähern wir uns dem ältesten Geschichtswerk, das, geschlossen, die Menschheit überhaupt überliefert hat, der sogenannten Thronnachfolge Davids, einer Erzählung, die an seinem Hof entstanden sein wird und zu den intelligentesten, sprachlich virtuosesten, aber auch hinter- und abgründigsten in der Geschichtsschreibung der Völker zählt. Wir werden von Gott kaum ein Wort darin lesen, von Menschen aber dafür um so mehr, und wenn wir auch nur ein bißchen Licht in soviel Finsternis bekommen, wär' uns Gott sehr nahe.

29. Oktober 1994

10

Du sollst Fürst sein über Israel

WIR wollen weiterlesen in den Königsberichten über David. Das ist eine schwierige, in gewissem Sinne gefährliche, zumindest anstrengende und muterfordernde Arbeit. Was uns beschäftigen, faszinieren, aufregen oder erregen wird, ist der Umstand, daß Königsgeschichte hier berichtet wird als Gottes Geschichte mit den Menschen. Die Idee selbst ist keineswegs beschränkt auf Israel, sie ist in jener Zeit so gut wie ganz normal. An den Außenwänden der altägyptischen Tempel zeichnete man über tausend Jahre früher im Reich am Nil Menschengeschichte als Gottes Werk für die Generationen der Späteren auf. Entscheidend ist, daß in unserem Kulturraum es die Bibel ist, aus welcher dieses Denken uns überkommen ist. Der Aufstieg Davids von einem einfachen Truppenführer oder Räuberhauptmann, einem Condottiere, eingespannt in den beiden Machtbügeln der Philister, einem indogermanischen Volksstamm, und dem rechtmäßigen Königtum Sauls über Israel, zu dem größten König, den Israel selbst je gekannt hat, wird uns beglaubigt als eine Führung des Gottes Jahwe selber. Da haben wir das Vorbild für die Art, wie noch zweitausend und dreitausend Jahre später Geschichte geschrieben werden soll: den Mächtigen zum Ruhm und in Dankbarkeit für den Herrn. Was uns im folgenden bevorsteht, ist ein Stück geistiger Säkularisation, der Bruch mit einem Mythos, das langsame, mühevolle Erlernen von Kritik, gerade wenn die menschliche und allzu menschliche Geschichte sich in das Gewand des Göttlichen kleidet. Welche Spannungen da zu bestehen sind, welcher Tricks sich die Geschichtsschreibung bedient, welche Finten sie schlägt, um die zu wenig Mißtrauischen, die immer zu Arglosen hereinzulegen und zu Beifallsstürmen und Ge-

beten zu veranlassen, das zu dokumentieren in der Bibel und nachzuzeichnen mit immer neuen Fragen, sei unsere Aufgabe bei der
weiteren Lektüre, in welcher jenseits der Handlungen die einzelne
Persönlichkeit sehr viel stärker zum Vorschein kommen wird.

So wollen wir uns vorbereiten, mit dem Geist der Moderne und vor
allem dem der Aufklärung die folgenden Texte, beginnend mit dem
fünften Kapitel aus dem zweiten Buche Samuel, zu hören. Sie entstammen aller Wahrscheinlichkeit nach drei verschiedenen Quellen. Zum einen einer Überlieferung über die Bundeslade Gottes; die
erste Hälfte davon haben wir früher einmal gehört, wie nämlich die
Gotteslade in die Hände der Philister geraten ist. Eine andere
Quelle besteht aus Namenslisten über die Kinder, vor allem die
Söhne Davids und seiner Frauen. Eine dritte Quelle beschäftigt sich
offensichtlich mit dem Aufstieg Davids durch eine Abfolge militärischer Maßnahmen. All diese Texte müssen im Archiv des Königs
selber in Jerusalem gelegen haben, ehe ein Geschichtsschreiber in
theologischer Absicht sie zusammenfügte, mitunter unabhängig
von der historischen Reihenfolge montierte, aber auf jeden Fall in
einen übersichtlichen, in gewissem Sinn sogar logischen, wenigstens
plausiblen Zusammenhang stellte. Im ganzen hört sich, was er dabei geschaffen hat, folgendermaßen an:

Text: 2 Sam 5, 1–25; 7, 1–29; 8, 1–18

Nun kamen alle Stämme Israels zu David nach Hebron und sprachen: Wir sind ja dein Gebein und Fleisch. Schon längst, als Saul
noch über uns König war, bist du es gewesen, der Israel ins Feld und
wieder heim führte, und der Herr hat dir verheißen: Du sollst mein
Volk Israel weiden, du sollst Fürst sein über Israel. Da kamen alle
Ältesten Israels zum König nach Hebron, und der König David
schloß mit ihnen in Hebron einen Vertrag vor dem Herrn; dann
salbten sie David zum König über Israel. David war dreißig Jahre
alt, als er König wurde, und vierzig Jahre regierte er. In Hebron
regierte er über Juda sieben Jahre und sechs Monate, und in Jerusalem regierte er über ganz Israel und Juda 33 Jahre.
Als der König mit seinen Leuten nach Jerusalem wider die Jebu-

siter zog, die im Lande wohnten, sprach man zu David: Da kommst du nicht hinein, sondern die Blinden und Lahmen werden dich vertreiben, das sollte heißen: Da kommt David nicht hinein. Aber David nahm die Burg Zion ein; das ist die Davidstadt. An jenem Tage sprach David: Wer einen Jebusiter erschlägt und die Lahmen und Blinden, die David in der Seele verhaßt waren. Daher sagt man: Es soll kein Blinder noch Lahmer in das Haus kommen. Darnach ließ sich David auf der Burg nieder und nannte sie Stadt Davids; und er baute die Stadt ringsum, vom Millo an einwärts. Und David wurde immer mächtiger, und der Herr, der Gott der Heerscharen, war mit ihm. Und Hiram, der König von Tyrus, sandte Boten an David mit Zedernstämmen, auch Zimmerleute und Steinmetzen, und sie bauten David einen Palast. Und David erkannte, daß der Herr ihn als König über Israel bestätigt und sein Königtum emporgebracht habe um seines Volkes Israel willen.

In Jerusalem nahm sich David noch mehr Kebsweiber und Frauen, nachdem er von Hebron [dorthin] gekommen war, und es wurden David noch mehr Söhne und Töchter geboren. Dies sind die Namen derer, die ihm in Jerusalem geboren wurden: Sammua, Sobab, Nathan, Salomo, Jibhar, Elisua, Nepheg, Japhia, Elisama, Beeljada und Eliphelet.

Als aber die Philister hörten, daß man David zum König über ganz Israel gesalbt habe, zogen sie alle herauf, um David zu suchen. Sowie David das erfuhr, ging er nach der Bergfeste hinab. Als nun die Philister eingedrungen waren und sich in der Ebene Rephaim ausgebreitet hatten, da befragte David den Herrn und sprach: Soll ich wider die Philister hinaufziehen? Wirst du sie in meine Hand geben? Der Herr antwortete David: Ziehe hinauf, denn ich werde die Philister sicherlich in deine Hand geben. Da zog David nach Baal-Perazim und schlug sie dort; und er sprach: »Der Herr hat meine Feinde vor mir her durchbrochen, wie das Wasser den Damm durchbricht.« Daher nannte man jenen Ort Baal-Perazim [d. h. Herr der Durchbrüche]. Und sie ließen ihre Götzen dort zurück; David aber und seine Leute nahmen diese mit fort.

Die Philister jedoch zogen noch einmal herauf und breiteten sich in der Ebene Rephaim aus. Als nun David den Herrn befragte, antwortete er: Ziehe ihnen nicht entgegen, sondern falle ihnen in den

Rücken und komme von den Bakabäumen her über sie. Wenn du es in den Wipfeln der Bakabäume einherschreiten hörst, dann brich los; denn alsdann ist der Herr vor dir her ausgezogen, das Heer der Philister zu schlagen. Und David tat so, wie ihm der Herr geboten hatte, und er schlug die Philister von Gibeon an bis Geser.

Und David versammelte wiederum alle Auserlesenen in Israel, 30000 Mann. Dann machte sich David auf und zog mit allem Volk, das bei ihm war, nach Baala in Juda, um von dort die Lade Gottes heraufzuholen, die nach dem Herrn der Heerscharen benannt ist, der auf den Cheruben thront. Und sie setzten die Lade Gottes auf einen neuen Wagen und führten sie so hinweg aus dem Hause Abinadabs, das auf dem Hügel stand. Ussa und Ahjo, die Söhne Abinadabs, leiteten den Wagen: Ussa schritt neben der Lade Gottes her, während Ahjo vor der Lade her ging. David aber und das ganze Haus Israel tanzten mit aller Macht vor dem Herrn her, unter Gesängen und mit Lauten, Harfen und Handpauken, mit Schellen und mit Zimbeln. Als sie zur Tenne Nachons kamen, griff Ussa mit der Hand nach der Lade Gottes und hielt sie fest, weil die Rinder sie umwerfen wollten. Da entbrannte der Zorn des Herrn wider Ussa, und Gott schlug ihn dort, weil er mit der Hand nach der Lade gegriffen hatte, so daß er dort neben der Lade Gottes starb. Da wurde David unmutig, daß der Herr an Ussa einen Riß gerissen, und man nannte jenen Ort Perez-Ussa [d. h. Riß Ussas] bis auf diesen Tag. Und David fürchtete sich vor dem Herrn an jenem Tage und sprach: Wie soll da die Lade des Herrn zu mir kommen? Und David wollte die Lade des Herrn nicht zu sich in die Stadt Davids bringen lassen, sondern hieß sie beiseite führen in das Haus Obed-Edoms aus Gath. So verblieb die Lade des Herrn drei Monate im Hause Obed-Edoms aus Gath, und der Herr segnete den Obed-Edom und sein ganzes Haus.

Als man nun dem König David meldete: »Der Herr hat das Haus Obed-Edoms und alles, was ihm gehört, um der Lade Gottes willen gesegnet«, da ging David hin und holte die Lade Gottes mit Freuden aus dem Hause Obed-Edoms in die Stadt Davids herauf. Und als die Träger der Lade des Herrn sechs Schritte gegangen waren, opferte er ein Rind und ein gemästetes Kalb. David aber tanzte mit aller Macht vor dem Herrn her, mit einem linnenen Ephod umgürtet. So führten David und das ganze Haus Israel die Lade des Herrn unter Jubel und Posaunenschall hinauf. Michal aber, die Tochter Sauls, hatte zum Fenster hinausgeschaut, während die Lade des Herrn in die Stadt Davids einzog; und als sie den König David vor dem Herrn hüpfen und tanzen sah, da verachtete sie ihn in ihrem Herzen. Nachdem man aber die Lade des Herrn hereingebracht, stellte man sie an ihren Platz, in das Zelt, das David für sie aufgeschlagen hatte. Darnach brachte David vor dem Herrn Brandopfer dar und Heilsopfer. Und als David mit den Brandopfern und Heilsopfern fertig war, segnete er das Volk im Namen des Herrn der Heerscharen und gab allem Volk, der ganzen Menge Israels, Männern und Frauen, einem jeden einen Brotkuchen, ein Stück Fleisch und einen Rosinenkuchen. Dann ging alles Volk nach Hause. Als aber David heimkam, die Seinen zu begrüßen, ging ihm Michal, die Tochter Sauls, entgegen und sprach: Wie würdig hat sich heute der König Israels benommen, da er sich heute vor den Mägden seiner Knechte entblößt hat, wie nur gemeine Leute sich entblößen! David aber sprach zu Michal: Vor dem Herrn will ich tanzen! Gesegnet sei der Herr, der mich vor deinem Vater und seinem ganzen Hause erwählt hat, um mich zum Fürsten über das Volk des Herrn, über Israel, zu bestellen! Vor dem Herrn will ich tanzen und mich noch mehr erniedrigen als diesmal und vor dir mich noch verächtlicher machen; aber bei den Mägden, von denen du redest, bei ihnen will ich mich zu Ehren bringen! Michal aber, die Tochter Sauls, blieb kinderlos bis an den Tag ihres Todes.

Als einst der König in seinem Palaste saß – der Herr aber hatte ihm Ruhe verschafft vor all seinen Feinden ringsumher –, da sprach er zu dem Propheten Nathan: Sieh doch, ich wohne in einem Zedernhause, die Lade Gottes aber steht unter dem Zeltdach. Nathan antwortete dem König: Wohlan, alles, was du im Sinne hast, das tue; denn der Herr ist mit dir. Aber noch in derselben Nacht erging das Wort des Herrn an Nathan: Gehe hin und sage zu meinem Knechte David: So spricht der Herr: Solltest du mir ein Haus bauen, daß ich darin wohne? Habe ich doch in keinem Hause gewohnt von dem Tage an, da ich Israel aus Ägypten heraufführte, bis auf diesen Tag, sondern in einer Zeltwohnung bin ich umhergezogen. Habe ich etwa, solange ich in ganz Israel umherzog, zu einem der Richter Israels, die ich als Hirten meines Volkes Israel bestellt habe, jemals gesagt: Warum habt ihr mir kein Zedernhaus gebaut? Drum sollst du nun zu meinem Knechte David also sprechen: So spricht der Herr der Heerscharen: Ich habe dich von der Weide hinter den Schafen weggeholt, damit du Fürst werdest über mein Volk Israel. Ich bin überall mit dir gewesen, wohin du auch gezogen bist, und habe alle deine Feinde vor dir ausgerottet. Ich will dir einen Namen machen gleich dem Namen der Größten auf Erden, und ich will meinem Volke Israel eine Stätte bereiten und es daselbst einpflanzen, daß es ruhig wohnen bleibe und sich nicht mehr ängstige und daß Ruchlose es nicht mehr bedrücken wie vordem, seit der Zeit, da ich Richter über mein Volk Israel bestellt habe, und ich will ihm Ruhe schaffen vor all seinen Feinden. Dich aber will der Herr groß machen; denn der Herr wird dir ein Haus bauen. Wenn einst deine Zeit um ist und du dich zu deinen Vätern legst, dann will ich deinen Nachwuchs aufrichten, der von deinem Leibe kommen wird, und will sein Königtum befestigen. Der soll meinem Namen ein Haus bauen, und ich will seinen Königsthron auf ewig befestigen. Ich will ihm Vater sein, und er soll mir Sohn sein. Wenn er sich vergeht, will ich ihn mit menschlicher Rute und mit menschlichen Schlägen züchtigen; aber meine Gnade will ich ihm nicht entziehen, wie ich sie Saul entzogen habe, der vor dir gewesen ist, sondern dein Haus und dein Königtum sollen immerdar vor mir Bestand haben; dein Thron soll in Ewigkeit feststehen.

Ganz nach diesen Worten und nach diesem Gesicht redete Nathan mit David. Da ging der König David hinein, ließ sich vor dem Herrn nieder und sprach: Wer bin ich, Gott mein Herr, und was ist mein Haus, daß du mich bis hierher gebracht hast? Und auch das war dir noch nicht genug, o Gott mein Herr; du hast sogar dem Hause deines Knechtes auf ferne Zukunft hin Verheißungen gegeben und hast mich viele Geschlechter von Menschen schauen lassen, o Gott mein Herr! Was soll David weiter zu dir sagen? Du kennst ja deinen Knecht, o Gott mein Herr! Um deines Knechtes willen und nach deinem Herzen hast du gehandelt, indem du all dies Große deinem Knechte kundtatest. Darum bist du groß, o Gott mein Herr; denn keiner ist dir gleich, und kein Gott ist außer dir, nach allem, was wir mit unsern Ohren gehört haben. Und wo ist eine andre Nation auf Erden wie dein Volk Israel, um derentwillen ein Gott hingegangen wäre, sie sich zum Volke zu erkaufen und ihr einen Namen zu machen und für sie so große und furchtbare Dinge zu tun, vor ihr ein [andres] Volk und seine Götter zu vertreiben? Du aber hast dir dein Volk Israel auf ewig zum Volke bestimmt, und du, Herr, bist sein Gott geworden. So erfülle nun, o Gott mein Herr, für alle Zeiten die Verheißungen, die du deinem Knecht und seinem Hause gegeben, und tue, wie du geredet hast! Dann wird dein Name groß sein für alle Zeiten, daß man sagen wird: »Der Herr der Heerscharen ist Gott über Israel«, und das Haus deines Knechtes David wird vor dir Bestand haben. Denn du, Herr der Heerscharen, Gott Israels, hast deinem Knecht geoffenbart: »Ich will dir ein Haus bauen.« Darum hat sich dein Knecht ein Herz gefaßt, so zu dir zu beten. Und nun, o Gott mein Herr, du bist Gott, und deine Worte sind Wahrheit; du hast deinem Knechte solches Glück verheißen – so wolltest du denn das Haus deines Knechtes segnen, daß es ewig vor dir bestehe; denn du, o Gott mein Herr, hast geredet, und durch deinen Segen wird das Haus deines Knechtes immerdar gesegnet sein.

Darnach begab es sich, daß David die Philister schlug und sie unterwarf. Und David nahm den Philistern die Zügel der Hauptstadt aus der Hand. Er schlug auch die Moabiter und maß sie mit der Meßschnur ab: er ließ sie auf den Boden legen und maß zwei Schnurlängen ab, um sie zu töten, und eine Schnurlänge, um sie am Leben zu lassen. So wurden die Moabiter Davids Untertanen, die ihm Tribut entrichten mußten. Dann schlug David den König von Zoba, Hadad-Eser, den Sohn Rehobs, als er hinzog, um seine Macht am Euphrat wieder aufzurichten. Und David nahm von ihm 1700 Reiter und 20000 Mann Fußvolk gefangen; und er lähmte alle Pferde, nur hundert von den Pferden ließ er übrig. Da kamen die Syrer von Damaskus Hadad-Eser, dem König von Zoba, zu Hilfe; aber David erschlug von den Syrern 22000 Mann, und er setzte Vögte über die Syrer von Damaskus. So wurden die Syrer Davids Untertanen, die ihm Tribut entrichten mußten; denn der Herr half David überall, wo er hinzog. David nahm auch die goldenen Schilde, welche die Leute Hadad-Esers getragen hatten, und brachte sie nach Jerusalem; und aus Tebah und Berothai, den Städten Hadad-Esers, führte der König David Erz in Menge weg.

Als aber Thou, der König von Hamath, hörte, daß David das ganze Heer Hadad-Esers geschlagen habe, sandte er seinen Sohn Hadoram zu König David, um ihn zu begrüßen und ihm Glück zu wünschen zu seinem Siege über Hadad-Eser – Hadad-Eser hatte nämlich im Krieg mit Thou gelegen –, und er brachte silberne, goldene und eherne Geräte mit. Auch diese weihte der König David dem Herrn, gleich dem Silber und Gold, das er dem Herrn weihte von allen Völkern, die er unterwarf: von Edom, von Moab, von den Ammonitern, von den Philistern, von Amalek und von der Beute, die er Hadad-Eser, dem Sohne Rehobs, dem König von Zoba, abgenommen hatte. So machte sich David einen Namen. Und als er von dem Siege über die Syrer zurückkam, schlug er die Edomiter im Salztale, 18 000 Mann. Und er setzte Vögte über Edom; über ganz Edom setzte er Vögte, und ganz Edom wurde David untertan; denn der Herr half David überall, wo er hinzog. So war David König über ganz Israel, und er schaffte all seinem Volke Recht und Gerechtigkeit.

Joab, der Sohn der Zeruja, war über das Heer gesetzt, Josaphat, der Sohn des Ahilud, war Kanzler, Zadok und Abjathar, der Sohn Ahimelechs, des Sohnes Ahitubs, waren Priester, Seraja war Staatsschreiber, Benaja, der Sohn Jojadas, war über die Kreter und Plether [d. h. die Leibwache] gesetzt, und die Söhne Davids waren Priester.

Eine Mischung aus Romantik und Vernunft ist nötig, sich eine Welt vorzustellen, in der Geschichte, die von Menschen gemacht wird, menschlich sein könnte. Das Schlimmste aber, was einer solchen Hoffnung widerspricht, ist ein Verstand, der die Gefühle der Menschen als Instrument und Waffe benützt, Macht zu erringen. Kein Gefühl im Menschen ist stärker als die Empfindung des Heiligen. Drum gibt es keine größere Gefahr als eine Geschichtsschreibung, die den Aufstieg eines Menschen zur Macht als Weg Gottes darstellt. Genau das aber tun die Texte, die wir gerade gehört haben. Sie erinnern sich, wie David aufhörte, nichts weiter zu sein als der Anführer einer Diebes- und Räuberbande im Grenzgebiet zwischen Philistern und Amalekitern: Irgendwann in einer Schlacht gegen die Feinde Israels, gegen die indogermanischen Philister, fiel König Saul. Aber merkwürdig – wir müssen immer wieder uns dies ins Gedächtnis rufen –, da kam ein amalekitischer Bote und erklärte David selbst, *er* sei's gewesen, der den König ermordet habe; nicht Selbstmord, sondern Mord. Daß David augenblicklich den Boten dieser Nachricht hinrichten ließ, wofür nun spricht das: für die Unschuld Davids oder seine Mittäterschaft, für seinen Gerechtigkeitssinn oder sein schlechtes Gewissen? Dies jedenfalls muß uns sehr wundern: Als die Bevölkerung von Jabesch-Gilead hingeht, um Saul, dem König, ein würdiges Begräbnis auszurichten, ist es David, der augenblicklich dieser Bevölkerung Heil wünscht für ihr so wohlgefälliges Werk an dem König, an Saul. Und noch während er das spricht, lädt er sie ein, ihn als König anzuerkennen. Für was eigentlich bedankt sich da David? Für die Beerdigung Sauls, das ist ganz wahr, nur hat das Wort einen doppelten Klang. Sein ewiger Gegner und Konkurrent ist beseitigt; das ist Grund zur Dankbarkeit und ganz sicher Grund für die Bewohner von Jabesch-Gilead, die Fahne zu wechseln. Was auch bleibt ihnen anderes übrig? Und wie wir schon hörten, geht es so weiter. David – auf Gottes Orakel hin, muß man glauben – besetzt Hebron, die Stadt der Patriarchengräber. Und was er damit riskiert und in Kauf nimmt, geschieht augenblicklich: ein Bürgerkrieg mit den Söhnen Sauls, vor allem mit Ischbaal oder Isch-Boschet, wie er genannt wird, dem Ältesten der Sauliden. Dessen General Abner organisiert die Streitmacht, und zwischen Süd und Nord entbrennt ein bitterer Krieg, stets begleitet von Verhandlungsangeboten und vernünftigen Einladungen, Menschenleben zu schonen, aus dem Munde des Generals Abner. Dieser Mann wird ermordet mit sicherem Wissen Davids selber durch seinen eigenen Neffen, den General Joab, buchstäblich zwischen Tür und Angel. Aber auch das ist im Grunde eine geheime Blutrache, läßt uns die Geschichte mutmaßen. Bleibt noch Ischbaal selber. Auch er wird ermordet von zwei Kerlen, die eigentlich sich bei David dienstbar machen möchten. Aber wie können sie wissen, daß sie sich so David dienstbar machen, außer er hätte es sie wissen lassen? Auch diese beiden werden umgebracht von David, der vor lauter Trauer seine Gewänder zerreißt und Klagelieder singt, – es ist erschütternd! Das ganze Volk seinerseits ist erschüttert über den trauernden König, der so tief ergriffen ist über die Ermordung eines anderen Königs.

Und nun beginnt unsere Geschichte. Ganz Israel kommt zu David, um ihm untertan zu sein. Es gibt niemanden mehr, der regierungsfähig wäre nach sovielen Razzien und Morden außer David selber. Aber immer steht er unter der Mandorla des göttlichen Segens; immer ist, was er tut und plant, begleitet von soviel Menschlichkeit, Vernunft, Weisheit – auf ihm ruht der Segen Gottes. Das ist die Voraussetzung. Sogar die Ältesten werden kommen und sich ihm beugen. Doch kaum daß sie's versuchen, muß man den Wortlaut hören. Alles beginnt damit, daß die Ältesten selber David anbieten, König zu sein. Das klingt ganz danach, wie wenn sie ihn wählen würden. Dann wäre David ein designierter König zwar, aber ein gewählter König. Der nächste Satz lautet eindeutig, wie wenn die Katze nach der Maus schnappt: Und es schloß David einen Bund mit den Ältesten. *So* verhält es sich. Wer mit diesem Mann paktiert, wird augenblicklich zum Vasallen. Man bietet ihm das Königtum an, und er ist so gnädig, es auch anzunehmen, aber die Folge ist die Untertänigkeit. Unterworfener Davids zu sein, das bedeutet fortan, in Israel zu leben. Damit herrscht David über zwei Reiche, den Norden und den Süden, Israel und Juda. Er eint in seiner Person sozusagen ein Doppelkönigtum. Was nicht erreicht wird und eigentlich auch niemals Bestand hat in der Geschichte des auserwählten Volkes ist eine in sich vereinigte Königschaft, die mehr wäre als nur die Personalunion; Davids Reich ist keine Reichseinheit, sondern das Genie eines Mannes. Das freilich muß man würdigen, geschichtlich, politisch, diplomatisch, militärisch, taktisch. Politik wird so gemacht, wie sie hier beschrieben wird. Hörten wir von Friedrich dem Großen Ähnliches, es hätte die Preußen bis hin zu Heinrich von Kleist immer noch begeistert. Die eine Seite, wie da ein Mann gleich einem Märchenprinzen aus dem Nichts aufsteigt auf die Höhen des Triumphes, müssen wir in diesem Kontext würdigen. Vergessen wir einmal die Phrasen also, wie Gott das alles geführt hat, halten wir's für die späteren Zeugnisse der Dankbarkeit oder der Unterwerfung oder der irregeleiteten Phantasterei oder der Ideologie der Priester und Propheten am Hof, würdigen wir einmal David nur als geschichtliche Persönlichkeit, dann hat er allerdings für die vierzig Jahre seiner Herrschaft, davon dreiunddreißig Jahre über Jerusalem, eine enorme Kraft und Energie. Ob wir sie verbrecherisch nennen oder groß, gewaltig bleibt sie in jedem Falle. Die Eroberung Jerusalems ist die erste taktische Meisterleistung, die zeigt, wie hier schrittweise Macht ausgedehnt und erobert wird. Zwei Reiche kann man nur gleichzeitig beherrschen, indem man das Zentrum in die Mitte verlagert. Jerusalem, seit den Zeiten der Landnahme, galt und gilt für uneinnehmbar. Das liegt im wesentlichen an seiner Lage, steil abfallend an den Rändern, nur am Nordhang zugänglich, aber so stark befestigt, daß für damaliges Begreifen eine militärische Eroberung auszuschließen war. Die Jebusiter halten dort ihre Stellung. Daß David ausgerechnet diese Stadt, die niemandem in Israel gehört, sich zum Ziel einer Königsburg, einer eigenen, nur ihm gehörigen Königsstadt erwählt, ist mutig, überspannt aber den Bogen des Risikos nicht. Wir hören sehr exakt berichtet: Es sind die »Mannen Davids« selber, sozusagen immer noch die Kerntruppe seiner Privatarmee unter dem General und Neffen Joab, dem Sohn der Zeruja, die Jerusalem angreifen sollen. Der Hohn, der sie im voraus dabei abschrecken oder begleiten soll, ist ein Sprichwort geworden: Die Blinden und die Lahmen werden denjenigen vertreiben,der Jerusalem erobern will. Sei's, daß zur Rache sogar geschichtlich stimmt, was dieser schwierige, kaum übersetzbare Satz im Hebräischen dann sagt: David hätte alle Lahmen und Blinden aus Haß auf sie ausrotten lassen in Jerusalem. Vielleicht war's aber auch nur, daß Jerusalem eine heilige Stadt wurde, so gottwohlgefällig, daß man Blinde und Lahme, Krüppel und Behinderte dort nicht mehr vertrug; nur noch die starken, gesunden, des Königs würdigen Menschen sollten die Stadt bevölkern. Wie man sie erobert hat, bleibt unklar. Nur die Prämie ist deutlich: wer sie zuerst erobert, ist Oberst. Das dreht die militärische Logik auf den Kopf. Diesmal soll nicht der General aus der Etappe befehlen, sondern vornean sich mit seinem Haupt durch die Feindesreihen schlagen. Aber vielleicht war es so mutig denn doch nicht, wie die Eroberung klingt. Es gibt einen Wasserkanal, der von der Oberstadt herunter gegraben wird zur Gihon-Quelle am Fuß von Jerusalem. Und mag es sein, daß durch diesen Kanal, der den Wasserweg der Stadt sicherte, eine Mannschaft geklettert ist an die Oberstadt und vom Rücken her die Verteidiger überrascht hat, mag's auch sein, Joab, ein Haudegen, wie er geschildert wird – zuzutrauen wär's ihm – hätte auf gradem Weg die Jebusiter zum Teufel geschlagen, das Ergebnis ist eindeutig: Jerusalem wird das Kronjuwel in der Hand Davids. Augenblicklich beginnt er die Stadt auszubauen zur Festung, vom Bastionskern, vom Millo aus, die ganze Stadt. Fortab ist sie die Davidsstadt schlechthin, die Zentrale des Imperiums, Basis seiner Mannschaft.

Das muß es gewesen sein, was zwischen den Philisterkriegen liegt. Es ist uns in Erinnerung, wie David sich mit ihnen über lange Zeit günstig stellen mußte, als er vor Saul auf der Flucht war. Wir haben auch noch vor Augen, daß die Philister gar nicht unglücklich darüber waren, ihren Kettenhund wieder zurückzulassen in den Süden Palästinas, in der Hoffnung, daß, wenn der Norden und der Süden sich nur kräftig zerbeißen, sie, die Philister, allemal den Gewinn daraus haben. Aber jetzt zu sehen, wie David sich durchbeißt, wird ihnen gefährlich. Sie wollen Davids habhaft werden, als wär' er immer noch die Wüstenspringmaus, als die sie ihn kennengelernt haben. Sie haben es zu tun inzwischen mit einem König, und wenn nicht damit, dann mit einem militärischen Genie und einem Politiker von seltenem Format. Kriege in dieser Zeit werden als Gotteskriege geführt, das kennen wir schon, aber immer, wenn David einen wirklich guten Einfall hat, berichtet die Bibel, daß er zuvor die Gottheit befragt. Wie es hier berichtet wird, kann es den Worten nach schon nicht gewesen sein: Von Jerusalem sei David hinabgezogen ins Tal, da die Philister sich lagerten, sich breitgemacht hatten. Von Jerusalem aus zieht man nicht *hinab*, viel wahrscheinlicher ist, daß der erste Philisterkrieg noch vor der Einnahme Jerusalems spielt und David einen Überraschungsangriff von der Festung Adullam aus gestartet hat. Wie auch immer, der Sieg war seiner, und der zweite Angriff nun im Rücken gilt schon für ein Mysterium. Da raschelt das Terebinthenlaub, da neigen sich die Dornsträucher wie ein Gottesschrecken dem Heere Davids vorweg, das die Philister vernichtend schlägt. – Womit wir es in Wirklichkeit zu tun haben, ist ein wirklicher Hinterhalt, kein großer Sieg, sondern offensichtlich die Ausnutzung der Unachtsamkeit des Gegners, wie man jedem sagt, der auf Posten steht: der Feind kommt immer von hinten;

man braucht nicht grade einen Gottesspruch dafür, um die Idee zu haben. Aber wie David solche Ideen benützt, mal von vorn oder von hinten, wie er Katz und Maus spielt mit dem Volk, das in seinem Raum politisch damals für das gefährlichste gelten mußte, eben mit den Philistern, das tut er virtuos.

Was sich dann begibt, ist eine Merkwürdigkeit. Nach soviel politischen Erfolgen sollte man denken, daß David eigentlich seinen Magen gefüllt hätte an Eroberungen; der wirkliche Auftrag, welcher die gesamte Königsinstitution in Israel vorbereitete und notwendig machte: die Philister fernzuhalten, ist erfüllt. David hat schon weit mehr als Saul erreicht in diesen beiden Philisterschlachten. Es *ist* aber David nicht genug. Bevor er freilich an weitere Eroberungen denkt, greift zumindest der Berichterstatter, und wahrscheinlich sehr glaubwürdig, die Ladetradition wieder auf. Das ist eine merkwürdige Geschichte; die Lade war stehengelassen worden, weil niemand sie wollte. Sie brachte den Philistern Pestbeulen, als sie sie erobert hatten, und dann verfaulte und verschimmelte sie irgendwo, kein Mensch schien sie weiter nötig zu haben. Warum kommt David darauf, daß das Heiligtum Gottes aus der Zeit der Wüstenwanderung herbeigeholt werden soll in der größten Prozession, die Israel je gesehen hat, mit dreißigtausend Leuten und allem, was an Musik- und Paradeinstrumenten zur Verfügung steht, und all den Ochsen, die zu Opfertieren werden? Man begreift sehr wohl: Es gibt einen Punkt, an welchem David sich immer noch nicht sicher sein kann; sooft es uns die Bibel einhämmert und erzählt, alles sei gewirkt von Gott, ist dies der allerschwächste Punkt. Durch Mord sich an den Thron zu bringen – nun ja, wenn es Erfolg hat im alten Orient und selbst in neuen Zeiten –, wem von den Mächtigen hätte man's je übelgenommen? Aber es müßte so etwas geben wie eine wirkliche göttliche Berufung. Daß sie fingiert wurde, indem man sie zurückführte auf die Tage Samuels, haben wir schon gehört. Doch es bleibt dabei: *Saul* war der rechtmäßige König, das ist der ganze Schwachpunkt der Königsideologie Davids. Also muß ein neuer Garant her, ein Alibi, das Volk darf nicht nur beherrscht werden, es muß *gläubig* werden an die Macht, das ist entscheidend. Das geht nicht anders, als indem die Königsstadt eine *heilige* Stadt wird und der Ort, wo der König regiert, just die Stätte wird, wo Gott selber wohnt. Also die

Bundeslade. Mit dem Fliegenwedel sozusagen in die Spinngewebe fahrend, holt man sie hervor, eine wunderbare Prozession. Mitmal wird das ganze Volk eingeladen zu einem riesigen Schaustück. Sie werden begeistert sein, sie werden Rosinenkuchen bekommen, sie werden auf die Knie fallen, und David wird tanzen, wirklich begeistert, berauscht von seiner eigenen Idee. Wann wüßten die Mächtigen am Ende selber, wann sie das Volk belügen oder wann sie selber beginnen, an die eigenen Lügen zu glauben? Die Bundeslade nun in einem Zelt in Jerusalem. – Was wirklich geschieht, sagt uns der Text wieder nur in Andeutungen, man muß sehr genau hinhören: David sei nur bekleidet gewesen mit einem linnenen Efod. Das ist die Kleidung eigentlich des Hohenpriesters, nicht ganz so feierlich, aber doch fast so ähnlich, wie wenn sich jemand, sagen wir aus irgendeiner Requisitenkammer, ein Meßgewand ausleihen wollte. So David hier. Nicht daß man ihm sagen könnte, er maßte sich an, Hoherpriester zu *sein*, nur daß er just eben eine Kleidung trägt, die so ähnlich aussieht. Aber wenn er am Ende des Abends das ganze Volk segnet, dann begreifen wir, daß fortan König in Israel zu sein etwas anderes wird, als es je vorher war und je hätte werden dürfen im Sinn eines Samuel. Jetzt wird der König Hoherpriester. Er wird einen Hohenpriester später als Angestellten halten, das steht auf einem anderen Blatt, aber der König selber ist es, von dem der wahre Segen ausgeht, er ist der wirkliche Mittler zwischen Gott und Mensch, und aller Priesterdienst wird nichts weiter mehr als Hofkult sein, bezahlt vom Hof, dienstbar dem Hof, auf daß Gott selber David zu dienen hat, weil ja doch David Gott so sehr dient. Natan später wird es unverschämtermaßen gradewegs sagen: Mach doch, was du willst, der Herr ist sowieso mit dir. Darauf läuft's allemal hinaus, nur daß das Volk, nicht gar so schnell wie sein Führer, langsam dahin erzogen werden muß, buchstäblich mit Brot und mit Spielen, mit Kult und Verpflegung. Jetzt sind wir in Jerusalem soweit. Und kaum getätigt, kommen die nächsten Maßnahmen, jetzt militärischer Art; eben noch fromm, gleich darauf gewalttätig, drei Schläge in drei verschiedene Richtungen. Die Moabiter – sie sind eigentlich bis dahin Davids Verbündete, in gewissem Sinne über verwandtschaftliche Beziehungen ihm vertraut gewesen; daß er mit ihnen verfährt, wie's berichtet wird, zwei von dreien werden ermor-

det, ist eine Hinrichtung, wie wir sie kennen: da wird einfach durchgezählt nach dem Bandmaß und hingemordet, und der Rest wird
David tributpflichtig, es ist grausam und bitter. – Als dann Hadad-
Eser im Nordosten auszieht, zu dem großen Fluß, zum Euphrat,
seine Hände zu strecken, sieht David die Chance gekommen, das
kleine Königreich von Zoba anzugreifen. Er nutzt einfach die
Stunde, indem er dem Heerzug in die Flanke fällt. Er organisiert
einen Zweifrontenkrieg, und das genügt. Wo andere Krieg führen,
läßt sich allemal etwas gewinnen. David siegt über Zoba, das ihm
nie etwas getan hat. Gefährlich freilich wird für ihn, daß Aram, das
heißt die Zentrale der Aramäer im Norden, Damaskus, als Verbün-
deter sich auf die Seite Hadad-Esers schlägt. Also muß David selbst
Damaskus in die Knie zwingen, vielleicht seine gefährlichste Tat,
die unvorhergesehenste. Aber auch sie gelingt ihm. Selbst Damaskus für eine Weile wird David tributpflichtig, genauso die Edomiter.
Am Ende haben wir ein Reich vor uns, von dem die Zionisten in
unseren Tagen träumen möchten: das Reich Davids als Gottesgeschenk. Seine Grenzen können wir ungefähr abschätzen. Sie erstrek-
ken sich bis in die Tiefebene hinunter ans Mittelmeer ins Philistergebiet. Sie erstrecken sich nach Südwesten hin bis zum Toten Meer,
nach Osten hin fast bis an den Euphrat, nach Norden hinauf weit
über Damaskus. Größere Ausdehnung hat Israel nie besessen. Geschont werden die Phönizier im Gebiet von Tyrus; ihr König Hiram
liefert Zedernholz, Marmorsteine und sogar die Steinmetze und
Holzschneider, die den Palast des Königs in Jerusalem ausrichten.

Das Werk könnte damit vollendet sein, aber es gibt noch andere
Taten. Wie stellt man die persönliche Größe in der Geschichte auf
Dauer? Das ist die kritische Frage eines jeden, der Macht will und
erreicht. Sie überblüht und überlebt sich so schnell, nichts ist zu
gründen auf den Treibsand der Geschichte. David braucht Nachfolger, und so merkwürdig eingestreut die ganze Kette hier seiner Ne-
benfrauen und Söhne erscheinen mag, zweimal aufgespalten, so
wichtig sind im Grunde diese Notizen. David braucht seine Kebsweiber, um seine Dynastie zu festigen. Je schönere Frauen und je
mehr Kinder im Lande, desto größer wird die Sippe Davids, und
wenn man sie nun verstreut auf alle möglichen Posten und Pöstchen,
ihnen alle möglichen Funktionen überträgt, selbst die eigenen

Söhne zu Priestern macht, dann wird dagegen später auf lange Zeit hin kein Kraut gewachsen sein. Stark im Krieg, groß in der Liebe – was für ein Thema für Romantiker! Freilich, daß an Liebe kaum zu denken ist. Es gibt einen anderen Plan, und in ihm nun verfängt sich David bis zu dem Punkt, der uns religiös interessieren muß. Wie er da sitzt in seinem phönizisch gestylten Palast, begibt sich ein Dialog zwischen David und dem Hofpropheten Natan, ob man denn das sich so ansehen könne: derart vornehm wohnt der König, und die Gottheit haust so bescheiden nebenan in ihrem Zelt. Das muß sich verbessern und ändern lassen. An dieser Stelle liegt ein springender Punkt der ganzen israelitischen Religionsgeschichte. Denn was Natan im Traum irgendwie, in Wahrheit sehr hellsichtig, denn doch noch ahnt wenigstens, trotz des Willens seines Königs, ist, daß die Gottheit der Väter, der Jahwe des Moses, überhaupt nichts zu tun hat mit der Anbetung, die andere Völker ihren Göttern schulden. Der Gott Israels ist keine seßhafte, sondern wandernde Gottheit, und das ist *wesentlich* zu nehmen. Sie ist nie lokalisierbar, nie feststellbar, nie statuarisch. Sie ist die Dynamik selber. Eine Gottheit im Tempel ist eine verfügbare, erklärbare, ritualisierbare, bedienbare und deshalb dienstbare Gottheit. Es dahin zu bringen, muß das Interesse jedes wirklichen Herrschers sein, Davids natürlich auch, und daß es ihm geraten wird, erklärt uns sogar der Text an dieser Stelle, wenngleich eine Generation später. Dahinter könnte stehen, daß David *doch* nicht den Bogen überspannen darf. Zu dem Palast noch ein Tempel, plus all der Kriege, plus all der Maßnahmen zur Grenzsicherung, plus all der Aktionen zum Ausbau der Macht – das überfordert ein kleines Staatswesen. Kommt noch hinzu, daß man den Priestern im Lande an den vielen verstreuten Heiligtümern nicht durch einen zentralen Tempel alles Ansehen wegnehmen kann. Immer hat David versucht, sich mit den Priestern auf gutem Fuß zu halten, ganz anders als Saul. Man muß *mit* der Gottheit regieren, das ist ein wirklich davidischer Gedanke, nie gegen die Gottheit. Man muß das, woran das Volk glaubt, so instrumentalisieren, daß es wie ein Zugpferd vor dem eigenen Karren läuft. Wer gegen das, was das Volk glaubt, regieren will, muß ein sehr, sehr starker Aufklärer sein und sehr viel Macht schon im voraus besitzen, dann kann er wie ein Marquis de Pombal die Jesuiten zum Deibel jagen und eine ganze Stadt wieder aufbauen. Aber soweit sind wir bei König David noch lange nicht. Er hat vielleicht den Zynismus im Herzen, aber noch lange nicht die Möglichkeiten, ihn offen auszuleben. Da ist ein absolutistischer Regent, und niemand weiß, wie aufgeklärt er werden darf. Nur soviel ist ganz sicher: daß David hört, was ein König, der einen Tempel baut, bedeutet: Er wird, steht da wirklich, Gott zum Vater haben, indem er selber sein Sohn ist. Ein unglaublicher Gedanke für israelitische Ohren, der reine Götzendienst seit den Tagen des Moses! Ja, weswegen ist man aus Ägypten eigentlich geflohen vor dem Pharao, bloß um wieder dabei anzukommen? Der König – Gottes Sohn? Das ist über tausend Jahre alt im alten Ägypten. Genau das, erklärt ihm jetzt der Prophet Gottes am Hofe, Natan, so wird sein. O ja, er schmälert das ab, er wird sagen: Gott behandelt eben seinen Sohn auch wie ein großes Kind; wenn es nicht pariert, gibt's was hinten drauf, ganz wörtlich so: züchtigen wird Gott ihn. Aber das dachten die Ägypter auch; ein König ist dafür da, zu tun nach Gottes Willen, was Recht und Weisheit ist; und tut er das nicht, richten ihn die Götter selber, so originell ist dieser begrenzende Gedanke nicht gerade. – Was wir in Wahrheit miterleben, ist ein ungeheuer steiler Aufstieg bis in schwindelnde Höhen. Kein Wunder, daß David an dieser Stelle, wie uns der Text sagt, sich zur Ruhe setzen kann. Wir sollen denken, daß er über *sein* Volk zumindest, nach soviel Verbrechen an anderen, Gerechtigkeit habe walten lassen. Auch das hören wir aus dem Munde seines eigenen Sohnes wenig später noch ganz anders, aber denken wir's an dieser Stelle mal und geben Ruhe mit der Kritik.

Dann bleibt eine Frau übrig, der wir gedenken müssen, das ist die Saulstochter Michal. Über sie existiert so gut wie keine Geschichte. Sie hat David einmal das Leben gerettet. Sie wurde erkauft für die Vorhäute der Genitalien von hundert Philistern. Sie muß David einmal geliebt haben, ehe er sie im Stich ließ mit anderen, ehe sie zwangsverheiratet wurde mit einem gewissen Paltiël. Aber dann hörten wir schon, daß David genau diese Frau, die Saulstochter Michal, an seinen Hof zurückholt. Paltiël läuft buchstäblich neben ihr und hinter ihr her, bis daß Abner ihn wegjagt. – Das einzige Mal, daß Michal noch auftritt, ist beim Einzug Davids, halbnackt tanzt er vor der Bundeslade. Da sagt sie, daß sie seiner sich schäme. Und während David erklärt, wie tief er sich erniedrigen würde für den Gott, der ihn so sehr erhöht hat – die Niedrigen, muß man denken, zieht er aus dem Staube –, wird Michal unfruchtbar ihr Leben lang. Und diesen Satz allein, wenn Sie ihn bedenken, können Sie drehen und wenden in jede Himmelsrichtung, – er wird zu Ihnen sprechen; und genauso schillernd ist alles, was Sie hier zu lesen bekommen. Die einfache Frage: warum denn bekommt Michal für David kein Kind? – drei, vier Romane könnten Sie schreiben über dieses Thema. Der eine kann lauten, daß Michal David zu hassen gelernt hat, weil er nichts weiter will als die Macht. Stefan Heym läßt sie sagen: David, wo du kommst, weht der Wind der Kälte, und du selber wirst lernen zu frieren. Genau so wird's kommen: Der alternde David wird im Bett liegen und sich Abischag von Schunem als Mätresse, als Wärmeofen gewissermaßen, ins Bett nehmen; es wird ihm aber nichts nützen. Die späte Rache der Michal, *so* wird sie ausfallen für die Lieblosigkeit, nichts weiter im Leben zu wollen als Macht und Gottesdienst oder den Götzendienst der Macht. Kann sein, daß Michal sich versperrt und verpreßt hat, ein Kind zu gebären, daß sie unfruchtbar wurde aus Instinkt – nicht für diesen Thron! – kann aber sein auch, ganz umgekehrt, daß David Michal nur an den Hof holte, damit sie niemals Kinder mehr bekommen sollte. Jedes Kind aus ihrem Schoße wäre ein Kind aus der Sippe Sauls, also eine zusätzliche Gefahr. Man muß Michal inhaftieren sozusagen und langsam verwelken lassen. Auch dann wär's ein Gottesurteil: Diese Frau wirklich hätte einen Rest von Stolz bewahrt, inmitten des Pomps ein gesundes Urteil; wie soll Gott sie da nicht strafen mit Unfruchtbarkeit? Bei dieser Einstellung der Michal kommt für David nichts heraus, das ist ganz sicher. Unfruchtbarkeit – was für ein Symbol!

Wenn wir aus Geschichten dieser Art aber noch etwas lernen wollen, dreitausend Jahre danach, mehr als nur kritisch zu sein bei den Dingen, die die Mächtigen uns tagaus und tagein erzählen wollen, dann wär's vielleicht, das Bild zu gewinnen für uns selbst, das man im Orient malte von dem Einzigen, dem König. Sieht man recht, besteht die Entwicklung der politischen Kultur der letzten dreitausend Jahre unter anderem darin, den Inhalt dessen, was einmal ein König war, zu verteilen in das Selbstbewußtsein eines jeden einzelnen. Alle Demokratie, wenn denn der Sturz der Monarchen vor zweihundert Jahren in Frankreich noch Sinn macht, besteht darin, dem einfachsten Bürger zu sagen: Ein König bist *du*, ein Souverän, alle Macht geht aus allein von *dir*. Was da als politisches Ordnungssystem formuliert wurde, ist in Wahrheit ein psychisches Programm. Für die alten Ägypter war der König ein Sohn Gottes, und er vereinigte wie David zwischen Nord- und Südreich in Ober- und Unterägypten zwei Länder. Er herrschte über Tag und Nacht, über das Reich der Lebenden und der Toten, über Oben und Unten, Licht und Schatten. Was wäre, wir würden die Religion einmal zu beidem benützen: alle Könige vom Throne zu stürzen, aber selber es zu lernen, selbständig, mutig und seelisch integriert zu leben? Wir könnten die ganze Geschichte dann noch einmal symbolisch und tiefenpsychologisch uns selber erzählen, und sie klänge dann etwa so: Es gibt in deinem Leben etwas, das du buchstäblich dir erobern mußt, bis daß es zum Sitz eines Heiligtums wird. Es gibt einen Ort, wo du selber zu Hause sein wirst, in dem du ganz dir gehörst. Es mag sein, daß es keinen geraden Weg dahin gibt, aber nötig wird es sein, etwas in dir zu entdecken, daß gottunmittelbar ist. Die Wahrscheinlichkeit ist sehr groß, daß dieser Ort genau derjenige sein wird, der vormals als letzter Rest des Heidentums galt, doch vielleicht gerade der wird dein Jerusalem, und du müßtest Gott da suchen, wo er nie vermutet wurde. Der Einzug des Heiligen kommt sehr viel später, und es wird ein Augenblick deiner Freude sein. Und lernen mußt du, dich durchzusetzen gegen eine Menge von Widersprüchen, inwendig wie äußerlich. Du mußt lernen, mutig zu sein.

Es ist eine ganz große Frage: Wie weit können wir Geschichten, die berichten, wie Gott mit einem ganzen Volk geht, und die uns unglaubwürdig geworden sind, weil sie hochmythologisch uns scheinen, zurückbeziehen auf einen einzelnen, indem wir wenigstens ihm Mut machen zu glauben, mit seinem kleinen Leben sei etwas gemeint, etwas Göttliches gar, über ihm sei eine Hand gebreitet, die sich ausstreckt, ihn zu führen, zu schützen, zu leiten, nie ihn zu schlagen oder zu erdrücken.

Berichtet wird im siebenten Kapitel des zweiten Buches Samuel, diesem Höhepunkt aller Davidsgeschichten, diesem Gipfelpunkt der gesamten alttestamentlichen Geschichtsschreibung, daß David selbst sich vor dem Herrn niedergesetzt habe, und er soll gesprochen haben, was wie ein Gebet sein könnte, wenn wir's symbolisch nähmen, für jeden von uns, ein großartiges Gebet, eines selbstbewußten Menschen würdig.

Wer bin ich, Herr Jahwe, und was ist mein Haus, daß du mich bis hierher hast kommen lassen? Und das war noch zu wenig in deinen Augen, Herr Jahwe. Du hast dazu noch über das Haus deines Knechtes auf ferne Sicht geredet und hast das einen Menschen schauen lassen, Herr Jahwe. Und was soll David noch weiter zu dir reden? Du kennst ja deinen Knecht, Herr Jahwe. Um deines Wortes willen und nach deinem Herzen hast du gehandelt, wenn du deinem Knecht all diese großen Dinge kundgetan hast. Darum hast du dich groß erwiesen, Herr Jahwe, denn keiner ist wie du und kein Gott außer dir nach allem, was wir mit unseren Ohren gehört haben. Und wer ist wie dein Volk, wie Israel? Ja gibt es ein einziges Volk auf Erden, für das ein Gott hingegangen wäre, um es sich als Volk zu erkaufen und ihm einen Namen zu machen und für sie große und furchtbare Dinge zu tun? Vertriebst du doch vor deinem Volke her, das du her aus Ägypten erkauft hast, Völker und Götter. So hast du dir dein Volk Israel auf ewig zum Volk bestimmt, und du, Herr, bist ihnen zum Gott geworden. Und nun, Herr Gott, laß doch das Wort, das du über deinen Knecht und sein Haus gesagt hast, fest stehen auf ewig und tu, wie du gesagt hast. Dann wird dein Name groß sein auf ewig, wenn es heißt: Der Herr der Heerscharen ist Gott über Israel, und das Haus deines Knechtes David wird vor dir bestätigt sein. Denn du, Herr der Heerscharen, Gott Israels, hast deinem Knecht das Ohr aufgetan und gesprochen: Ich will dir ein Haus bauen. Drum hat dein Knecht sich ein Herz gefaßt, zu dir dieses Gebet zu beten. Und jetzt, Herr Jahwe – du selbst bist Gott und deine Worte bestehen in Wahrheit – hast du deinem Knecht dieses herrliche Wort gesagt? Sei nun so gut und segne das Haus deines Knechtes, daß es auf ewig bestehe vor dir. Denn du, Herr Jahwe, hast es gesagt, und von deinem Segen wird das Haus deines Knechtes gesegnet sein für immer. *5. November 1994*

11

Da begab es sich, daß er ein Weib sich baden sah

W IR hören, daß die Bibel wahr sei, denn, so erklären die Theologen, sie berichte die Offenbarung Gottes in menschlicher Geschichte. Aber ist diese Auskunft nicht im Grunde ein Anlaß, tiefer nachzusehen, in gewissem Sinne mißtrauischer zu werden? Wenn jemand uns seinen Traum erzählt, dürfen wir sicher sein, daß sich darin seine Seele widerspiegelt, aber wir werden das Antlitz der Gestalt eines anderen Menschen nur wahrnehmen können, wenn wir in dem Traum die Arbeit der eigenen Wünsche, der Gefühle der Angst, die Auslassungen des Verdrängten, die Spuren also eines inneren Kampfes um das innere Gesicht uns selber und dem anderen deutlich machen. Wenn wir hören, daß Dichter über die Geschichte schreiben, wissen wir, daß sie eine bestimmte ideale Form der Aussage konstruieren möchten. Niemand wird glauben, daß er in Schillers »Johanna von Orleans«, vor allem in ihrem völlig gegen die Geschichte frisierten Finale, etwas von der historischen Wahrheit über eine bestimmte Frau im 15. Jahrhundert wiederfinden wird. – Wenn wir hören, daß Theologen Geschichte schreiben, um von Menschen so zu reden, daß darinnen Gott redet, ist zweierlei Vorsicht angesagt: die des Historikers, die ahnt und vermutet, wie leicht da aus Geschichtsschreibung ideologische Klitterung wird, aber auch die des Theologen, der fürchten muß darum, daß ein bestimmtes Gottesbild, eine bestimmte Form des zeitgenössischen Denkens, sich verewigt für die Generationen.

Wir setzen bei Geschichten ein, die nicht eigentlich mehr aus der Sicht Davids erzählt werden, sondern schon seines Nachfolgers, seines Sohnes Salomo. Was es mit dem auf sich hat, steht gleich zu

Beginn im Vordergrund. Zur Voraussetzung ein paar Stichworte noch aus der Erinnerung vergangener Texte. David inzwischen ist König der Jebusiterfestung Jerusalem. Er hat sie erobert, ihrer mittleren Lage wegen zwischen Hebron und Gibea, der ursprünglichen Residenz seines Widersachers Saul. David hat in seine eigene Armee aufgenommen eine Elitetruppe, sozusagen eine Söldner- oder Fremdenlegionärstruppe aus Kretern und Philistern. Seine ehemaligen Erzfeinde, die Indogermanen am Südwestrand Israels, werden als Unterworfene zum Teil tributpflichtig, zum Teil sogar in die Bewaffnung der eigenen Armee aufgenommen. König David hat sodann sich erinnert an das Heiligtum der Bundeslade. Bei deren Überführung in die Königsstadt hat es einen Unfall gegeben. Als die Ochsen ungleichmäßig am Gefährt zogen und die Bundeslade vom Wagen zu rutschen drohte, hatte jemand sie mit den Händen abstützen wollen. Das Heiligtum zu berühren aber war mit seinem Tod verbunden. Deuten wir den Vorfall uns psychologisch als eine Art Voodoo-Tod. Da stirbt jemand aus Angst; da wird die Nähe des Göttlichen selber höchst ambivalent erfahren. Auch David scheint sich zu fürchten. Wochenlang läßt er die Lade wie im Probierzustand bei einem Ausländer unterstellen. Als man dann hört, daß dessen Ernte guten Ertrag bringt, wird die Lade unter großem Festzug nach Jerusalem gebracht, alles in allem ein virtuoses Spiel mit dem Heiligen, mit dem Heiligtum. Man soll es fürchten und lieben, man soll seine Macht ahnen. So wird die Stadt des Königs zugleich die Residenz des Gottes. Es wird aus dem König, mit anderen Worten, auf der Stelle selbst der Gottesstellvertreter, der oberste aller Priester, der höchste Mittler zwischen Himmel und Erde. Und sein Gerät dabei, sein Instrument, soll sich beglaubigen in den Herzen der Menge. – Mehr oder minder beseitigt sind da die vielen kleinen Heiligtümer im Lande, auch der Kult hat seine autoritäre Zentrale in den Händen des Königs. All das wird auf Jahrhunderte hin zum Dorn im Auge der Propheten. Aber nehmen wir diesen Vorspann noch rein historisch, müssen wir sagen, daß David, so archaisch immer uns Heutigen diese Texte vorkommen mögen, Israel, das Volk der Erwählung, *modernisiert*. Er bringt es in den Status einer Großmacht im Nahen Osten, er rückt es herauf auf die kulturelle, politische Ebene umliegender Staatsgebilde, vor allem nach dem

Vorbild des antiken Ägyptens. Die Modernisierung geht einher mit einer großen religiösen Veränderung. Sie mündet in der Vision des siebenten Kapitels des zweiten Buches Samuel, als der Hofprophet Natan weissagt, Gott selber ruhe auf den Werken des Königs David, und aus seinem Geschlecht wurden die segensreichen Nachfolger auf dem Thron stammen: Die Dynastie ist gegründet. Da hinein hörten wir noch, daß Sauls Tochter Michal mit Unfruchtbarkeit geschlagen sein wird. Sie hat es empört, den König tanzen und hüpfen zu sehen halbnackt vor der Lade dessen, den er erklärt als seinen und des Volkes Gott. Auf diesen Punkt müssen wir noch einmal zurückkommen. David hat Kriege geführt, in drei Himmelsrichtungen siegreich, und es gibt Stadtgebiete bereits, die freiwillig ihm entgegenkommen, sich lobpreisend zu unterwerfen. Hamat gehört dazu, das syrische Homs auf der heutigen Landkarte; es huldigt, um die Eroberung zu vermeiden, indem es sich unterwirft. Soweit sind wir. Der Gott, der David segnet, ist in der Tat furchtbar geworden, zumindest für jeden, der sich David widersetzt. Aber innenpolitisch bleibt noch eine Menge zu tun. Und wie das geschieht, hören wir heute.

Mit dem neunten Kapitel des zweiten Buches Samuel beginnt das, was man die Thronnachfolgegeschichte Davids genannt hat, eine der ältesten Erzählungen der Menschheitsüberlieferung, deren Fortsetzung noch hineinreicht in den Anfang des ersten König-Buches, wie immer in der Bibel mehrfach unterbrochen durch andere Sammlungen, ergänzt durch redaktionelle Übermalungen, im ganzen aber das Werk eines einzigen Mannes am Hofe Davids oder Salomos selber. Wer dafür in Frage kommt, steht dahin, der Arkiter Huschai, den wir später kennenlernen werden, ein überaus gerissener, weiser, fast dämonischer Mann, der David aus der schlimmsten Krise rettet, vielleicht auch Priesterkreise, die ein hohes Interesse daran hatten, Salomo zu rechtfertigen als den wahren Nachfolger des wahren Königs über Gesamtisrael, der Priester Abjathar? Wer auch immer, der Mann, der das geschrieben hat, was Sie jetzt hören, ist einer der größten Schriftsteller des ganzen sogenannten Heiligen Buches. Er wußte nicht nur, wovon er schrieb, er wußte auch, was er nicht schreiben durfte; er wußte, wie er schreiben mußte, und er wußte, mit welchen Menschen er es zu tun hat, auf der Seite derer, die handeln, auf der Seite derer, die die Opfer der Handelnden werden, und vielleicht sogar auf seiten derer, die das alles einmal lesen werden.

Text: 2 Sam 9, 1–13; 10, 1–19; 11, 1–27; 12, 1–25

David sprach: »Ist noch jemand vom Hause Sauls übriggeblieben? So will ich Barmherzigkeit an ihm üben um Jonathans willen.« Nun war im Hause Sauls ein Knecht mit Namen Ziba; den rief man zu David, und der König sprach zu ihm: »Bist du Ziba?« Er antwortete: »Dein Knecht!« Der König sprach: »Ist niemand mehr da vom Hause Sauls, daß ich Barmherzigkeit Gottes an ihm üben könnte?« Ziba antwortete dem König: »Es ist noch ein Sohn Jonathans da, der an den Füßen lahm ist.« Der König fragte ihn: »Wo ist er?« Ziba antwortete dem König: »Im Hause Machirs, des Sohnes Ammiels, in Lodebar.« Da sandte der König David hin und ließ ihn aus dem Haus Machirs, des Sohnes Ammiels, aus Lodebar holen. Als nun Meribaal, der Sohn Jonathans, des Sohnes Sauls, zu David kam, warf er sich auf sein Angesicht und verneigte sich. Da sprach David: »Meribaal!« Er antwortete: »Siehe hier deinen Knecht.« David sprach zu ihm: »Fürchte dich nicht; denn ich will Barmherzigkeit an dir üben um deines Vaters Jonathan willen, und ich will dir den ganzen Grundbesitz deines [Groß-]Vaters Saul zurückgeben; du aber sollst allezeit an meinem Tische essen.« Da verneigte er sich und sprach: »Was ist dein Knecht, daß du dich um einen toten Hund wie mich bekümmerst?« Dann berief der König den Ziba, den Knecht Sauls, und sprach zu ihm: »Alles, was Saul und seinem ganzen Haus gehört hat, gebe ich dem Sohne deines Herrn. Und du sollst ihm das Land bebauen, du und deine Söhne und deine Knechte, und die Ernte einbringen, daß das Haus deines Herrn genug zu essen habe; doch Meribaal, der Sohn deines Herrn, soll allezeit an meinem Tische essen.« Ziba aber hatte fünfzehn Söhne und zwanzig Knechte. Und Ziba sprach zum König: »Ganz wie mein Herr, der König, seinem Knecht gebietet, so wird dein Knecht tun.« Meribaal aber aß am Tische Davids wie einer von den Söhnen des Königs. Meribaal aber hatte einen kleinen Sohn, mit Namen Mi-

cha; und alle Hausgenossen Zibas waren Knechte Meribaals. Meribaal also wohnte in Jerusalem; denn er aß allezeit an des Königs
Tische. Er war aber lahm an beiden Füßen.

Darnach begab es sich, daß Nahas, der König der Ammoniter,
starb und sein Sohn Hanun König wurde an seiner Statt. Da dachte
David: »Ich will mich freundlich zeigen gegen Hanun, den Sohn des
Nahas, wie sein Vater sich gegen mich freundlich gezeigt hat.« So
sandte denn David hin und ließ ihm durch seine Leute sein Beileid
aussprechen wegen seines Vaters. Als nun die Leute Davids ins
Land der Ammoniter kamen, sprachen die Fürsten der Ammoniter
zu ihrem Herrn Hanun: »Meinst du etwa, David wolle deinen Vater
ehren, indem er Leute zu dir sendet, dir sein Beileid auszusprechen?
Sendet er nicht vielmehr darum seine Leute zu dir, um die Stadt zu
erforschen, um sie auszukundschaften und dann zu zerstören?« Da
ließ Hanun die Leute Davids greifen, ihnen den Bart zur Hälfte ab-
scheren und die Kleider zur Hälfte, bis an das Gesäß, wegschneiden,
und schickte sie dann fort. Als dies David gemeldet wurde, sandte er
ihnen entgegen – denn die Männer waren schwer beschimpft –, und
der König ließ ihnen sagen: »Bleibt in Jericho, bis euch der Bart
gewachsen ist; dann kommt wieder heim.« Als aber die Ammoniter
sahen, daß sie David verhaßt geworden waren, sandten sie hin und
warben die Syrer von Beth-Rehob und die Syrer von Zoba an, 20000
Mann Fußvolk, und den König von Maacha mit tausend Mann und
die Leute von Tob, zwölftausend Mann. Als David davon hörte,
sandte er Joab mit dem ganzen Heere und den Helden. Die Ammoniter aber rückten aus und stellten sich in Schlachtordnung am Eingang des Tores, während die Syrer von Zoba und Rehob und die
Männer von Tob und Maacha gesondert im freien Felde standen.
Als nun Joab sah, daß der Angriff von vorn und hinten gegen ihn
gerichtet war, traf er eine Auswahl unter allen Auserlesenen in Israel und stellte sich den Syrern entgegen. Das übrige Volk aber
übergab er seinem Bruder Abisai und stellte ihn den Ammonitern
entgegen und sprach: »Wenn die Syrer stärker sind als ich, so komm
mir zu Hilfe; wenn aber die Ammoniter stärker sind als du, so will
ich dir zu Hilfe kommen. Sei tapfer und laß uns tapfer eintreten für
unser Volk und für die Städte unsres Gottes! Jahwe aber tue, was
ihm wohlgefällt!« So rückte denn Joab mit dem Volk, das bei ihm

war, zum Kampfe wider die Syrer vor, und sie flohen vor ihm. Sowie die Ammoniter die Syrer fliehen sahen, flohen auch sie vor Abisai und zogen sich in die Stadt zurück. Als nun die Syrer sahen, daß sie von Israel geschlagen worden waren, sammelten sie sich wieder. Und Hadad-Eser sandte hin und ließ die Syrer jenseits des Euphrat ausrücken, und sie kamen unter Sobach, dem Feldhauptmann Hadad-Esers, nach Helam. Als David dies gemeldet wurde, sammelte er ganz Israel, zog über den Jordan und kam nach Helam; und die Syrer stellten sich David entgegen und kämpften mit ihm. Aber die Syrer flohen vor Israel, und David tötete den Syrern [die Bemannung von] siebenhundert Streitwagen sowie 40000 Mann Fußvolk; auch Sobach, ihren Feldhauptmann, verwundete er, daß er dort starb. Als sich nun alle die Könige, die Hadad-Eser untertan waren, von Israel geschlagen sahen, machten sie Frieden mit Israel und unterwarfen sich. Und die Syrer fürchteten sich, den Ammonitern noch fernerhin zu helfen. Im folgenden Jahre aber, um die Zeit, da die Könige ins Feld ziehen, sandte David den Joab mit seinen Leuten und ganz Israel aus; die verheerten das Land der Ammoniter und belagerten Rabba, während David in Jerusalem blieb.

Da begab es sich eines Abends, als David von seinem Lager aufstand und auf dem Dache des königlichen Palastes sich erging, daß er vom Dache aus ein Weib sich baden sah. Das Weib aber war von sehr schöner Gestalt. Und David sandte hin und ließ nach dem Weibe fragen, und man sagte: »Das ist ja Bathseba, die Tochter Eliams, das Weib des Hethiters Uria.« Da schickte David Boten hin und ließ sie holen; und als sie zu ihm hineinkam, schlief er bei ihr. Sie aber war gerade daran, sich von ihrer Unreinheit zu reinigen. Dann kehrte sie nach Hause zurück. Und das Weib ward schwanger. Da schickte sie hin und ließ David melden: »Ich bin schwanger.« Darauf sandte David zu Joab: Schicke mir den Hethiter Uria; und Joab schickte den Uria zu David. Als Uria zu ihm kam, fragte David, wie es mit Joab und dem Volke und mit dem Kriege stehe. Dann sprach David zu Uria: »Geh in dein Haus hinab und wasche deine Füße.« Und als Uria den Palast des Königs verließ, trug man ihm ein Geschenk des Königs nach. Uria aber legte sich am Eingang des königlichen Palastes bei allen Knechten seines Herrn nieder und ging nicht in sein Haus hinab. Als man nun David meldete: Uria ist nicht in sein Haus hinabgegangen, sprach David zu ihm: »Du kommst doch von der Reise heim! Warum bist du nicht in dein Haus hinabgegangen?« Uria aber sprach zu David: »Die Lade und Israel und Juda wohnen in Zelten, und mein Gebieter Joab und die Knechte meines Herrn lagern im freien Felde, und ich sollte in mein Haus gehen, um zu essen und zu trinken und bei meinem Weibe zu schlafen? So wahr Jahwe lebt und so wahr du lebst, ich kann das nicht tun!« Da sprach David zu Uria: »Bleibe auch heute noch hier; morgen will ich dich dann entlassen.« So blieb Uria an jenem Tage in Jerusalem. Am folgenden Tage aber lud ihn David ein, bei ihm zu essen und zu trinken, und er machte ihn trunken; am Abend jedoch ging er hinaus, um sich auf seinem Lager bei den Knechten seines Herrn schlafen zu legen, in sein Haus aber ging er nicht hinab. Am Morgen schrieb David einen Brief an Joab und sandte ihn durch Uria. Er schrieb aber in dem Briefe: »Stelle Uria voran, wo der Kampf am heftigsten ist; dann laßt ihn im Stiche, daß er in der Schlacht umkomme.« So stellte denn Joab, als er die Stadt belagerte, Uria an den Ort, wo er wußte, daß streitbare Gegner standen. Als nun die Männer der Stadt ausfielen und mit Joab kämpften, fielen etliche von dem Volke, von den Leuten Davids; auch der Hethiter Uria kam um.

Da sandte Joab hin und ließ David den ganzen Verlauf des Kampfes melden, und er befahl dem Boten: »Wenn du dem König den ganzen Verlauf des Kampfes berichtet hast, und wenn dann der König zornig wird und zu dir spricht: ›Warum seid ihr zum Kampfe so nahe an die Stadt herangerückt? Wußtet ihr nicht, daß sie von der Mauer herabschießen? Wer hat Abimelech, den Sohn Jerubbaals erschlagen? Hat nicht ein Weib einen Mühlstein von der Mauer herabgeworfen, daß er bei Thebez umkam? Warum seid ihr so nahe an die Mauer herangerückt?‹ – dann sage: ›Auch dein Knecht Uria, der Hethiter, ist tot.‹« Der Bote ging hin, und als er ankam und David alles meldete, was Joab ihm aufgetragen hatte, da wurde David zornig. Der Bote aber sprach zu David: »Die Männer hatten die Oberhand über uns und rückten gegen uns aus ins freie Feld; wir aber drängten sie bis an den Eingang des Tores. Da schossen die Schützen von der Mauer herab auf deine Knechte, so daß etliche von den Knechten des Königs umkamen; auch dein Knecht Uria, der Hethiter, ist tot.« Da sprach David zu dem Boten: »So sollst du zu Joab sprechen: ›Laß dich das nicht anfechten; denn das Schwert frißt bald so, bald so, kämpfe nur unentwegt wider die Stadt und zerstöre sie.‹ So sollst du ihn ermutigen.«

Als das Weib Urias hörte, daß ihr Mann Uria tot sei, hielt sie die Totenklage um ihren Gatten. Sobald aber die Trauerzeit vorüber war, sandte David hin und ließ sie in sein Haus holen, und sie ward sein Weib und gebar ihm einen Sohn. Jahwe aber mißfiel, was David getan hatte. Und Jahwe sandte den Propheten Nathan zu David. Als der bei ihm eintrat, sprach er zu ihm: »Es waren zwei Männer in derselben Stadt, der eine reich, der andre arm. Der Reiche hatte sehr viele Schafe und Rinder; aber der Arme hatte nichts als ein einziges kleines Schäflein, das er sich gekauft hatte, und er zog es auf und es ward bei ihm zugleich mit seinen Kindern groß. Es aß von seinem Bissen und trank aus seinem Becher und schlief an seinem Busen, und er hielt es wie ein Kind. Da kam einst zu dem reichen Mann ein Gast. Weil es ihn nun reute, von seinen Schafen und Rindern eins zu nehmen, um es dem Wanderer herzurichten, der zu ihm gekommen war, nahm er das Lamm des armen Mannes und richtete es dem Manne zu, der zu ihm gekommen war.« Da entbrannte der Zorn Davids heftig wider den Mann, und er sprach zu Nathan: »So wahr Jahwe lebt: der Mann, der das getan hat, ist ein Kind des Todes! Das Lamm soll er vierfach ersetzen, weil er das getan und kein Erbarmen bewiesen hat.« Da sprach Nathan zu David: »Du bist der Mann!« Da sprach David zu Nathan: »Ich habe gegen Jahwe gesündigt.« Nathan erwiderte David: »So hat auch Jahwe deine Sünde vergeben; du wirst nicht sterben! Doch, weil du Jahwe durch dies dein Tun verhöhnt hast, so muß der Sohn, der dir geboren ist, sterben!« Und Nathan ging nach Hause.

Aber Jahwe schlug das Kind, welches das Weib Urias dem David geboren hatte, sodaß es krank wurde. Und David suchte Jahwe auf um des Kindes willen und fastete; und wenn er heimkam, blieb er übernacht im Trauergewand und schlief auf der Erde. Da traten die Ältesten seines Hauses zu ihm hin und baten ihn, von der Erde aufzustehen; aber er wollte nicht und aß nicht mit ihnen. Am siebenten Tag starb das Kind. Die Diener Davids aber fürchteten sich, ihm zu sagen, daß das Kind tot sei; denn sie dachten: »Als das Kind noch

am Leben war, redeten wir ihm zu, und er hörte nicht auf uns. Wie
sollen wir da zu ihm sagen: ›Das Kind ist tot!‹ – daß er sich noch ein
Leid antut?« Als David sah, daß seine Diener miteinander flüster-
ten, merkte er, daß das Kind tot war, und David fragte seine Diener:
»Ist das Kind tot?« Sie antworteten: »Es ist tot.« Da stand David
von der Erde auf, wusch und salbte sich, zog andre Kleider an und
ging in das Haus Jahwes, um anzubeten. Und als er wieder heimkam, hieß er Speise auftragen und aß. Da sprachen seine Diener zu
ihm: »Was hat das zu bedeuten, was du da tust? Als das Kind noch
lebte, hast du gefastet und geweint; nun, da es gestorben ist, stehst
du auf und issest!« Er antwortete: »Als das Kind noch lebte, da habe
ich gefastet und geweint, weil ich dachte: Wer weiß, vielleicht ist
Jahwe mir gnädig, und das Kind bleibt am Leben! Nun es aber tot
ist, was soll ich da fasten? Kann ich es etwa noch zurückholen? Ich
werde wohl zu ihm gehen, es aber kommt nie wieder zu mir.« Und
als David sein Weib Bathseba getröstet hatte, ging er zu ihr hinein
und schlief bei ihr. Und sie gebar einen Sohn, den hieß er Salomo;
und Jahwe liebte ihn. Und er übergab ihn dem Propheten Nathan;
der nannte ihn Jedidja [d. h. Liebling Jahwes] um Jahwes willen.

Dieser erste Abschnitt der Thronnachfolgegeschichte Davids endet
mit einem mehr als deutlichen Hinweis: Salomo, dieses Kind aus
einem Ehebruch und einem Vatermord, ausgerechnet dieses, dieser
Bastard königlicher Gier und Leidenschaft, wird unter allen Söhnen
Davids Träger des göttlichen Segens sein, geboren um Jahwes selber
willen, wie der Hofprophet Natan auf andere Weise den Namen Salomo ausspricht. Er wird ein Friedensfürst sein in Israel, sollen wir
glauben schon hier. Die Geschichte wird sehr anders noch weitergehen, als sie bis dahin so wunderbar präludiert scheint. Aber was
wundern wir uns? Sie fing weiß Gott auch ganz anders an.
  Alle Maßnahmen, die David unternommen hat, waren politisch
und historisch in gewissem Sinne von größter Bedeutung. Aus
einem Hirten- und Bauernvolk in ein paar Jahrzehnten eine zu
fürchtende, respektable Macht auf dem Boden des alten Orients zu
schaffen, das hat vor ihm und nach ihm niemand in Israel zu tun
vermocht. Aber es ist nicht immer einfach, mit solchen Genies

der Geschichte zu leben; sie verlangen von ihrem Volke viel, oft mehr, als es zu geben bereit ist. Die Beseitigung der Kultstätten im Lande – offenbar scheint die Priesterschaft nicht ernstlich sich dagegen haben wehren zu können; aber allein die Abgaben fürs Militär, eine stehende Streitmacht, die Steuern für die Königs- und Gottesstadt Jerusalem, die dauernden Grenzbefestigungen, die Rekrutierungen der Söhne für neue Militäreinsätze, die ständige Aufregung – große Zeiten sind schlecht für schwache Nerven. Irgendwie muß es eine Sehnsucht gegeben haben nach den Tagen, da man nur kämpfte, wenn man in Not war, so wie Saul es tat, ein Mann, der keinen Prunk kannte, sondern selber noch den Stachel der Ochsentreiber in die eigene Hand nahm und sein eigenes Feld bestellte. Das war ein König für die einfachen Leute. Die ganze Zeit geistert der ermordete Saul wie ein Gespenst um die Stadt Davids und womöglich auch um das Schlafgemach Davids. *Ein* Problem muß der neue König notwendig, entsprechend dem Denken seiner Zeit, haben: Man wird König nicht durch Wahl, wie es schien, als die Ältesten David sich zum König bestellten; ein König ist der, der selbst sich sein Volk wählt. Er setzt es sich durch Bund, das haben wir gerade gehört. Aber dann sind es seine eigenen Lenden, die den König zeugen, indem er zeugt durch die generativen Kräfte der Generationen. Es ist die Biologie, welche die Historie trägt. Ein König wird man nicht, ein König ist man durch Herkunft und Abkunft. Ein solcher sucht sich das Volk. Das wird mehr als zweieinhalbtausend Jahre sogar im Abendland so bleiben. Noch Maria Stuart, von Frankreich kommend, wird sich auf die Suche machen nach einem Volk, über das sie regieren könnte, und wird es finden im katholischen Schottland, sehr zum Ärger der Königin Elisabeth. Es ist der Monarch, die Monarchin, welche aus einem Volk einen Staat machen. Die Frage bleibt: Wer ist der rechte König durch die Abfolge der Geschlechter? Geweiht wurde Saul, und jedes Kind, das legitim sich zurückführen kann auf Saul, ist eine Gefahr für die Dynastie, die Natan am Hofe dem David weissagte. Was also bleibt? – Die wenigsten von Ihnen werden die Bibel so gut kennen, daß sie schon sagen könnten, was passiert, aber Mutmaßungen dürften Sie haben. Was wohl wird David tun, um vor den möglichen Nachfolgern Sauls ganz sicher zu sein? Ich sagte schon: Geschichten, wie die Bibel sie erzählt, sind oft

merkwürdig gestellt; die Reihenfolge stimmt nicht, mit Absicht werden Dinge, die zusammengehören, weit auseinandergerückt, wie
um den Verdacht zu entfernen, auf den man eigentlich sofort
kommt: Um zu begreifen, womit die Geschichte in Kapitel neun
einsetzt, müßte man aufschlagen das 21. Kapitel. Da werden von
den Söhnen Sauls gleich sieben ermordet auf bestialische Weise:
man spießt sie auf Hinrichtungspfähle. Das tut nicht David, Gott
bewahre! David würde einen solchen Mord doch nicht…! Er wird
all die sieben später beisetzen, feierlich beerdigen. Die Gibeoniter
haben verlangt, daß *ein Opfer* gebracht wird, weil eine furchtbare
Dürre über das Land kommt, und es regnet vielleicht doch nur,
wenn Blut und Tränen auf Erden rinnen. Die Gottheit ist gerecht.
Vielleicht hat Saul ein Verbrechen gewirkt in Gibeon, und man gibt
den Gibeonitern ein Zeichen, wie man das Unrecht des Saul an den
Söhnen Sauls sühnen könnte. Mit anderen Worten: die Frage, mit
der diese Geschichte hier beginnt, ist mehr als berechtigt: Ist vom
Hause Sauls noch jemand übrig? Das verdient erforscht zu werden,
fast so, wie Schneewittchens Mutter sich erkundigt, was wohl aus
ihrer Tochter geworden ist, ob sie noch lebt oder nicht – um sie, falls
immer noch lebend, zu töten. Man holt sich Ziba, einen reichen
Mann aus der Nähe Sauls. Der erläutert: Es gibt da einen Merib-
Baal, er ist lahm und wird versorgt von dem begüterten Machir.
Und jetzt beginnt David so zu handeln wie all die Zeit schon, da wir
ihn kennenlernen durften. Wir setzen mal, daß er für die Hinrichtung der sieben Söhne Sauls so gut gekonnt hat wie für die Ermordung Abners, wie für die Ermordung des Saulssohns und Königs
Ischbaal, wie für die Ermordung Sauls womöglich selber. Dann ist
es rührend zu nennen, daß er sich doch annimmt eines Mannes aus
dem Hause Saul. Der Text wird gar nicht müde, uns zu versichern,
daß dies ein Mann ist, gelähmt an den Gliedern, ein »toter Hund«,
sagt er von sich selber. So einer darf überleben; er ist als König
ungeeignet und also keine kommende Gefahr mehr. – Man kann
Texte dieser Art gar nicht genau genug hören. Ganz im Vorübergang, ganz am Ende dieser Episode wird uns erklärt: Aber es hatte
Merib-Baal einen Sohn Micha. Das wird mehr gehaucht als gesprochen. Nur ein einziges Mal wird dieser kleine Micha überhaupt
erwähnt, aber vermutlich war er es, der die ganze Versetzung des

Merib-Baal auf Pension für lebenslänglich an die Königstafel wert war, denn solange man den Sohn des Merib-Baal, den Enkel Sauls, am eigenen Hof hat, wird es niemanden geben, der auf die Idee kommt, ihn auf den Schild als möglichen König zu heben gegenüber dem größten Gönner seiner ganzen Existenz, David. Er wird all die Zeit über die Pflicht haben, dankbar zu sein für die Wohltaten, die erwiesen wurden schon seinem Vater Merib-Baal. – Denken Sie sich einen Mann, der gerade kaltblütig sieben Söhne Sauls ermordet und dem achten erklärt, er beruft ihn an den Hof, um ihm Gunst, Huld zu erweisen, noch schöner, um ihm die Huld Gottes zu erweisen. Soweit sind wir, daß die Huld des Königs für die Huld Gottes selber gilt! Himmlisch, wie es da zugeht! Merib-Baal hat die größte *Angst*, zu hören, daß er an den Hof dieses Mannes geladen wird. Wir müssen es ihm glauben, wenn er langgestreckt am Boden liegt, und man hört genau, daß er förmlich winselt um sein Leben. Er fürchtet seine Ermordung. Aber David ist virtuos in der Handhabung seiner Mittel. Er kann grauenhaft und gräßlich sein, dieser König, aber nie auf primitive Weise, so daß es auffällt und man ganz klar sieht. Er wird nie so plump sein wie Saul: einfach den Speer in der Hand und drauf! Das ist nicht nach Davids Art, sondern: morden *und* begraben, beseitigen und erniedrigen *und* erhöhen und begütigen, immer beides, immer angemessen, immer zusammenpassend, wie man ein gutes Kochgericht bereitet: nie nur aus Zucker, sondern immer ein bißchen Salz, und nie nur Salz, sondern ein bißchen auch aus Zucker, das macht den rechten Geschmack. Man soll, sagt ein amerikanisches Sprichwort, nicht in der Küche arbeiten, wenn einem die Hitze weh tut. David ist ein Meisterkoch der Geschichte, wie wir sie kennen: Merib-Baal, der Saulide selber, steht in Gunst bei dem König! Kann in diesen Tagen noch offen jemand sagen: David selber hat das ganze Haus Sauls auf dem Gewissen? Aber ja, das wird man sagen! Kapitel 16 im zweiten Buche Samuel kommt eine Stunde, da David fliehen muß vor seinem eigenen Sohn, und ein Mann aus der Umgebung Sauls, Schimi, wird auf dem Wege, rasend vor Schadenfreude und Zorn, wie ein Wahnsinniger hinter David herschreien: Du Blutmensch, du Blutsauger, du Mörder! *Er* ist der Täter von all dem! Das hat man gewußt, aber wer, der die Bibel liest, hält nicht diesen Schimi für einen Verrückten unter anderen? Doch David selber wird sagen: Laßt ihn rufen; ich muß büßen für die Schuld an Batseba. Nicht für die Ermordung Sauls und seiner Söhne, nicht für die Usurpation eines Throns, der ihm nicht zustand, das nicht, sondern wenn schon Verbrechen, dann solche, die sich sühnen lassen, eine Frauengeschichte! Nun ja.

Wir machen einen Sprung und kommen zu einer geschichtlichen Überlieferung, die in eine Thronnachfolgeerzählung eigentlich nicht hineingehört, die Schlacht gegen die Ammoniter. Sie wird vom Zaun gebrochen diesmal vielleicht nicht direkt von David; vermutlich ging eine Rechnung dem König diesmal nicht auf. Sinnes war er, das Sterben des Nahasch, eines alten Gegners Sauls, mit Beileid zu versehen. Das könnte sein. Die Feinde meines Feindes sind stets meine Freunde in der Politik. Nahasch, die Schlange der Ammoniter, hatte sich immer wieder angelegt mit Saul; Grund genug für David, diesen Nahasch zu mögen und auch seinen Sohn Hanun vielleicht. Mächtig, wie David geworden ist, lohnt es in jedem Fall, Kondolenzbesuche einzurichten und auf diese Weise schon die Ammoniter ebenfalls mit göttlicher Huld zu belehnen. Was die davon denken allerdings, weil sie noch wähnen, stark genug zu sein, ist so ehrlich, wie es Menschen sich erlauben können, die für sich geradestehen. Sie wissen, wie David zu handeln imstande ist; sie sind aus begründeten Überlegungen heraus äußerst mißtrauisch. Wenn David Kondolenzboten nach Ammon schickt, dann wahrscheinlich nur, sagen sogar die eigenen Ratgeber des Königs, um Spione auszusenden und späterhin keinen Stein mehr auf dem anderen zu lassen. Die Ammoniter – die ganze Geschichte muß viel früher spielen, noch in den Anfangsjahren der Festigung des Throns – denken sich einen David, mit dem man Faxen treiben kann; sie beleidigen seine Diener aufs gröblichste. Den Bart zu stutzen, das ist soviel, wie jemandem sein Würdezeichen als Mann zu rauben. Und ihm dann noch den Rockschoß hinten so aufzuschneiden, daß er nackig über die Straße laufen lernt, das ist ein Possen, an den man denken kann. So soll es David treffen, diesen Hundsfott! Und das, was man zu sehen kriegt unter den weggeschnittenen Kleidern – nur draufgehauen richtig! So offenbar die Logik dieser Schande. Es ist nicht, daß David aus Beleidigung jetzt reagiert, es ist einfach, daß die Ammoniter wissen: der Krieg ist unvermeidbar. Der Machtgewinn Davids selber ist eine Herausforderung für das kleine Ammon, und so halten sie sich an die Macht, die späterhin zur Großmacht aufsteigen wird im ganzen Raum zwischen Israel und dem Zweistromland, die Aramäer. Die Geschichte, die wir da hören, kennen wir aus dem achten Kapitel schon von Hadad-Eser, eine Doppelüberlieferung. Es geht schlimm aus für die Feinde. Alles wird von den Aramäern und Ammonitern in die Flucht getrieben und Hadad-Eser vernichtend geschlagen. Nie wieder werden die Aramäer wagen, das kleine Ammon in einem Hilfskrieg gegen David zu unterstützen oder vor sich herzuschieben, und die Ammoniter werden nie mehr eine große Rolle spielen. Es bleibt ihre Burg, Rabbat-Ammon, das heutige Amman in Jordanien. Die wird belagert von Joab, dem General und Neffen Davids. Noch einmal: Die Geschichte stammt zeitlich aus einem früheren Moment, und sie ist eingeschoben in die Thronnachfolge Davids im Grunde nur für das, was jetzt erzählt wird.

An einem Nachmittag, schwülheiß, dürfen wir denken, sucht sich David auf der Terrasse seines Palastes zu ergehen, als in der tiefstehenden Sonne sein Blick herabfällt auf eine Frau, die sich wäscht – ein Lieblingsmotiv der Maler in allen Museen der Welt, eine Augenweide für die Männer; soweit kann man's verstehen; aber für David, wie blind, Grund genug, hinzuschicken und die Frau holen zu lassen. Man sagt ihm, daß er die Frau kennt, nur offensichtlich so geschaut hat, daß er sie nicht wiedererkannte, daß er zu obszön geschaut hat. Es ist doch die Frau deines eigenen Offiziers, des Hetiters Urija, sagt man ihm. Kein Grund für David, darauf zu verzichten, die Glut seiner Lenden zu stillen. Batseba muß an den Hof. Natürlich ist das, was David da tut, dem Gesetz nach verboten, aber Batseba hat kein Recht, auf irgendein Gesetz sich zu berufen. Wenn der König es befiehlt, hat die Frau sich zu fügen, weithin im Lande, das ist die Regel. Ein eigener Psalm Israels besingt es gerade so: Die Jungfrau soll sich freuen, weil das Verlangen des Königs auf ihr ruht. Daß Batseba grad sich reinigt von den Tagen einer Frau, mutet sonderbar an. Wenn wir hören, daß sie danach schwanger wird, dürfen wir denken, bei dem einen Mal wird's nicht geblieben sein können. Die rituelle Reinigung wird befolgt, das Detail geachtet, das wahre Gesetz aber, wie es unter Menschen gelten soll, aufs schändlichste gebrochen.

Erzählen wir die Geschichte uns nur einmal so fürs erste, wie sie denn erzählt wird. Das Problem ist, daß Frauen ab und an ein Kind bekommen können, etwas, mit dem Männer nicht immer rechnen, ein wirkliches Malheur, wenn es passiert unter Umständen, da sich's nicht fügt. Batseba stellt es fest, frühestens also nach zwei Monaten, und David gerät nicht in Unruhe, aber Besorgnis. Man muß etwas tun. Der Zeitpunkt ist womöglich gerade noch früh genug; manche Kinder, man weiß, kommen nicht nach neun Monaten zur Welt, sondern, gerade in vornehmen Kreisen, geht's gern auch a bißerl schneller. Es ist aber Eile vonnöten: Wie lang wird es sein, nach Rabbat-Ammon und zurück? Wenn man sich beeilt, zweimal vier Tage; da geht wieder eine gottverdammte lausige Woche hin, aber Urija muß her. Er muß zu seiner Frau, das ist das einzige, was er muß. Und dann wird man weitersehen. Batseba wird schon eine Begründung finden, warum das Kind – sieben Monate, neun Monate – irgendwann richtig zur Welt kommen wird. Und es wird ganz die Züge seines Vaters haben: die Haarfarbe hetitisch, nicht jüdisch; indogermanisch – ganz du, wird sie ihm sagen. Und wie er lacht! Mutig und ein König, ein Junge ganz bestimmt, wird ihm geboren, dem Urija zur Freude. Nur, er muß zu seiner Frau, er muß zu seiner Frau! – Die Geschichte erzählt uns nicht von einem Wort, das Urija mit Batseba gesprochen hätte. Wir hören, wie er alles tut, dieser arme Offizier, dieses arme Frontschwein, einem König standzuhalten, ohne daß er ihm mit *einem* Wort nur sagen kann, was er weiß. Woher Urija weiß, erfahren wir gar nicht. Das Hin und Her der Boten, das Herumgelaufe am Hofe, all das mag Gerüchte gemacht haben. Vielleicht aber hat auch Batseba selber schon dafür gesorgt, die Geschichte auszuplaudern, um Druck auf den König zu machen. Wie oft kommt es vor, ein Monarch reist über Land, hinterläßt Spuren, aber wer will die verfolgen? Wie es denn geht im Leben: nur was gefällt, wird gefälligst auch später anerkannt. Batseba möglicherweise hat Leute in ihr Vertrauen gezogen, die Urija längst gesagt haben, was vorgefallen ist. Aber nun ist die Frage: Was kann ein Mann tun, dem der eigene König die eigene Frau wegnimmt in dieser Weise? Man soll sich nicht nur Hörner aufsetzen und zum Hahnrei machen lassen, man soll sogar noch selber bei der Vertuschung helfen! So weit soll's gehen. Urija soll ein Kind adoptieren, das er selber zeugt. Das ist viel verlangt von einem Mann mit Charakter, und ein solcher ohne Zweifel war Urija, gradeaus, ehrlich, so im Kampf, so im persönlichen Leben offenbar, der gerade Weg immer der richtige, also der tödliche. Das ganze Spiel ist so frivol erzählt, wie man es in einigen gedrängten Sätzen besser nicht schildern kann. Was kann ein Untergebener tun, wenn er ganz genau weiß, sein Vorgesetzter, von dem er abhängig ist, auf Leben und Tod sogar in seine Hände gegeben, lügt, handelt verbrecherisch, mißbraucht die Macht? Alles läg' auf der Zunge, voller Wut zu sagen, was da passiert, und den König anzuklagen entsprechend den Gesetzen, die er befolgen muß, wenn er denn König *ist*, Stellvertreter Gottes. Als solcher steht er nicht über den Gesetzen, er hat das Gesetz zu *sein*, indem er sich danach richtet. Genau das aber kann der Untergebene seinem Vorgesetzten nicht sagen.

Das einzige, was bleibt, ist die Travestie des Königs selber. Der König ist ganz die Huld in Person. Urija, ein verdienter Offizier im Heer, wird befragt nach der militärischen Lage. Sagen Sie selbst: Allein schon über strategische Dinge mit einem *Hetiter* zu reden, zeugt von Hochachtung auf seiten des Königs. Er ist der Mann, der die Lage beurteilt, der den König informiert – eine Auszeichnung. Der Pour le mérite würde vergeben in unseren Tagen dem Urija. Und natürlich gehört sich, daß man ihm eine ordentliche Freudenfeier zu Hause einrichtet. Da werden gleich die Stücke vom Bankett des Königs ihm hinterdrein getragen, alles nach Hause zu Batseba. Er soll dem Duft folgen, der von den Speisen ihm in die Nase zieht. – Was Urija sagt, ist meisterlich im Hohn. Er geht *nicht* zu Batseba, mit der Begründung: das Heiligtum Gottes, die Lade selber wohnt nur in Zelten, die Kriegsleute in Israel und Juda wohnen in Zelten. Wo doch mein König so rührend bemüht ist um die Ehrung seines unwürdigen Offiziers, kann denn ein solcher dem König anders vergelten, als indem er in Treue so lebt gemeinsam, wie man im Kriege muß, entbehrend und enthaltsam? Zum andern sind alle Kriege Davids heilige Kriege; in diesen haben die Männer von den Frauen sich fernzuhalten, schon um ihre Kraft nicht sinnlos zu vernutzen. Urija wird stets auf dem Posten bleiben. Natürlich weiß er, daß David kocht vor Wut in dieser Nacht. Und selbst wenn er am anderen Tag betrunken gemacht wird an königlicher Tafel, wird man denken: er wird den Wein schlucken und schlucken, er wird genau spüren, wie seine Glieder schwer werden, wie's zwischen seinen Ohren beginnt zu rauschen, und doch: er wird diesen Gedanken, auf hoher See genau in diese Richtung zu kreuzen, beibehalten. Was immer er tut, selbst wenn es ihn umwirft im eigenen Erbrochenen, er wird auf der Treppe des Königs einschlafen; und wird sich so betrinken, daß er getragen werden müßte nach Hause, zu dem, was man will von ihm, wird es nicht kommen, selbst als Besoffener nicht. Dann nur *richtig* betrunken, bis zur Unfähigkeit eines Mannes, und David wird ein zweites Mal betrogen, mit eigenen Mitteln geschlagen als König.

Was dann passiert, ist von einer ungeheuren Direktheit auf seiten Davids, infam ist gar kein Ausdruck. Am andern Tag wird David einen Brief an General Joab schreiben, und Urija selber wird der Bote dieses Briefes, in eigener Hand das eigene Todesurteil: Ein Himmelfahrtskommando ist zu arrangieren, ein Angriff auf Rabbat-Ammon; die Mannschaft hinter ihm soll sich zurückziehen; Urija wird sterben, ein Kriegsopfer, leider, wie das Schwert im Kriege so frißt, mal hier, mal da.

Was kann ein König tun außer trauern mit der hinterbliebenen Gattin! So wird es sein. Und er wird die Gattin selber eines verdienten Offiziers an den Hof holen zur Auszeichnung. Wieder wird der König sich rührend bemühen um die Hinterbliebene. – Wenn wir bisher die Art, wie David mordet und trauert, beseitigt und beerdigt, in dieser Dialektik gewürdigt haben, hier sind wir dem Täter offen auf der Spur. Das waren keine Hirngespinste, als wir dauernd Gespenster über die nächtlichen Gassen geistern zu sehen meinten! So wie er hier handelt, David, wird er's all die Zeit getan haben. Nicht *er* mordet, er fügt nur die Umstände, daß am Ende die Leute nicht mehr sind, die ihm in die Parade kommen könnten. Joab begreift sofort, daß ein paar Leute aus dem Heer noch mit dran glauben werden müssen. Nun, sei's. Um die Leute sorgt sich David; man kann nicht sagen, daß er für seine Truppe nicht einsteht. Fehler im Heer verzeiht er nicht, sie machen ihn wütend. Fast denkt er wie Napoleon: Schlimmer als ein Verbrechen ist eine Dummheit. Das darf man nicht tun. – Ehe wir darauf kommen, wie denn David vom Hofpropheten Natan zur Rede gestellt wird, müssen wir darüber nachdenken, daß manchmal die Geschichte sich doch wiederholt.

Der Definition nach ist die Historie das schlechterdings Einmalige, aber siehe, die Menschen bleiben sich gleich, und manchmal fügt es sich derart, daß es fast ins Wort sich zu gleichen scheint. Als Stefan Zweig die Geschichte von dem Schäfchen des Armen, das der Reiche raubt, den Wanderer zu bedienen, in der Bibel las, fiel ihm eine Geschichte ein aus dem 18. Jahrhundert, und er verdichtete sie zu einem Drama unter dem Titel »Das Lamm des Armen«.

Napoleon Bonaparte war dabei, Ägypten den Mameluken zu entreißen, die europäische Großmacht dehnte sich zum kolonialen Imperialismus, die Grande Nation fing an, die Welt zu erobern für Freiheit, Gleichheit und Brüderlichkeit, für die Aufklärung und die Vernunft, versteht sich. Man hatte hehre, göttliche Ziele, die Weltvernunft auf seiner Seite. – Im Lager bei Kairo traf Bonaparte auf die Frau seines Offiziers Fourès, auf die schöne Bellilotte. Sie war mitgereist, um an der Seite ihres Mannes zu bleiben. Schöne Frauen können manchmal so sein: sie wissen, wie sie auf Männer wirken, aber sie lieben den einen und möchten ihn nicht verlieren. Je mutiger sie sind, desto treuer können sie werden. So wohl war Bellilotte. Bonaparte gefiel sie, als er sie sah, derart, daß er sie haben *mußte* und selbstverständlich auch bekam. Fourès, der sehr viel später davon hörte, war willens, die Sache seinem Kommandaten vorzutragen, als dieser ihn losschickte mit einer versiegelten Depesche, ganz schnell zu überbringen nach Paris, von größter Dringlichkeit. In dem Brief stand, man solle Fourès in Paris lange Zeit beschäftigen. Leider, die Depesche wurde abgefangen von den Engländern auf hoher See im Mittelmeer. Die ahnten, was es mit Fourès und seiner plötzlichen Versetzung auf sich hatte, und um Napoleon zu kitzeln, sandten sie Fourès just zurück ins Lager von Mansourah. Da war's soweit, daß Fourès von Napoleon selber abkommandiert wurde. Er ging nicht dabei drauf, wie er sollte. Es kam ein Tag, da fand er sich wieder in Paris. Napoleon war gerade dabei, sich über Italien herzumachen, und als sein Stellvertreter in Sachen des Inneren und des Rechtlichen fungierte einer der übelsten Charaktere der französischen Geschichte, einer der genialsten, Fouché, fast der einzige, der in der Nationalversammlung die Wirren der Revolution lebend überstanden hatte. Marat, Robespierre, all die hatten sich gegenseitig an die Guillotine geliefert, aber Fouché, wie ein Aal, war zwischen ihnen immer auf der richtigen Seite gewesen und jetzt sogar bei Napoleon aufgestiegen zum Polizeiminister. Ihm war's angelegen, die lästige Geschichte des Hauptmanns Fourès vom Tisch zu bringen. Nur wie? Bei Stefan Zweig hört sich das entscheidende Gespräch so an:

Fourès: Also daher weht der Wind. ...
Fouché: Nun hören Sie vernünftig zu, Fourès! Morgen – ich halte Sie für ehrenhaft genug, um Ihnen ein militärisches Geheimnis anzuvertrauen – morgen übernimmt der Konsul das Kommando der Südarmee. Ein großer, ein entscheidender Feldzug in Italien ist im Gange – das Schicksal der Republik hängt an dieser Entscheidung. Sagen Sie selbst als Soldat – ist dies der Augenblick, den Führer unserer besten Armee anzuklagen? Ob Recht oder Unrecht – gegen Sie steht jetzt das höhere Recht des Vaterlands.
Fourès: Das Vaterland, ho ho, das Vaterland! Ich habe nur gewartet, daß Sie diese große Flagge hochziehn, hinter der ihr ja immer eure schmierigen Geschäfte versteckt. Danke für Belehrung, Bürger Minister, aber ich hab der Republik mit meiner Haut sieben Jahre gedient, ehrlich, brav und blind. Doch jetzt sind mir in Ägypten allerhand Lichter aufgegangen, und ich habe die Ehre, Ihnen zu sagen: ich furze auf ein Vaterland, das einen Freibeuter über die Freiheit stellt. Warum ich, warum immer nur wir, das Volk, die Dummen, uns rackern und opfern für das Vaterland? Beim Gewinn und beim Ruhm, da sind die Herren voran, aber wenn's an die Opfer geht, dann schleppt man uns vor. Hat Bonaparte ans Vaterland gedacht, als er meine Frau wegholte? Nein, Bürger Minister, mit diesen großen Worten trommelt man mich nicht mehr nieder. Ich fordere als Bürger Recht von meinem Vaterland, Gerechtigkeit fordere ich! Und ich werde so lange schreien, bis man mich hört.
Fouché: Nein, Fourès, keine Illusionen! Es wird *Sie* niemand hören. Dafür ist gesorgt. Sie wollen durchaus mit dem Kopf durch die Wand. Aber hinter dieser Wand steht ganz Frankreich. Deshalb – was immer Sie tun, es wird trotzdem keine

Affäre Fourès geben, – einfach deshalb, weil ich sie nicht dulde... Sollten Sie aber dennoch weiterquerulieren, so würde ich... – ... dann würde ich höchstens annehmen, Sie seien von dem Wahn befallen, man verfolge Sie... sozusagen von einem Verfolgungswahn... und Sie wissen ja, wie man derlei Leute behandelt. Sie würden nicht vor ein Tribunal kommen, sagen Sie dieser Hoffnung Adieu, sondern nach Bicêtre... ein Haus mit sehr festen Türen und sehr dicken Wänden... ein Haus, wo die Tür nur nach innen aufgeht... Ich hoffe, Sie haben mich verstanden.

Fourès: Und eine solche Infamie wagen Sie offen auszusprechen?

Fouché: Ja. Und ebenso rücksichtslos durchzuführen, jawohl, Bürger Fourès. Mein Gewissen und die Geschichte werden mir recht geben, wenn ich nicht dulde, daß irgendein Leutnant Fourès dem General Bonaparte in einem Schicksalsaugenblick der Nation Ungelegenheiten macht. Für die Justiz ist Ihre Person jetzt nicht wichtig genug, merken Sie sich das endlich, Bürger Fourès – nur *ein* Mann ist in dieser Stunde uns allen wichtig: Bonaparte. Wenn Sie gegen ihn kämpfen, werden Sie unterliegen, und nicht einmal in Ehren; kein Hahn wird nach Ihnen krähen, und es gibt nichts Dümmeres auf Erden als ein Opfer ohne Sinn. So steht die Sache, Leutnant Fourès. – Jetzt sind Sie informiert! Bitte, zweifeln Sie nicht an meiner Entschlossenheit. Im übrigen wäre ich Ihnen dankbar, wollten Sie mir jene Maßnahme ersparen. Ich verabscheue die Gewalt, solange sie vermeidbar bleibt. Und trotz Ihrer Provokation habe ich Sie bisher geschont.

Fourès, als Bellilotte hinzufügt, er solle sich um Gottes willen schonen, er solle nicht in den Tod gehen, nicht ins Irrenhaus gehen, er solle die Sache beigeben, die Großen gingen über alle hinweg – Fourès, sagt sie, töte mich nicht ein zweites Mal, ich bin schuldig an dir geworden, aber nicht dein Unglück, – da bleibt Fourès doch, was er war, und schreit, als er das Bild Bonapartes an der Wand sieht:

Ah, der Sieger, der große Bonaparte! Lorbeer um die Schläfen
wie Cäsar, jedes Blatt gedüngt mit fremdem Schweiß und Blut.
Salaam, Padischah der Franken! Salaam, weiser Herrscher der
Welt, – Salaam, Salaam! Recht hast du, recht – die Menschen
sind ein Dreck, den man mit den Stiefeln tritt; einzig über Leichen marschiert man in die Unsterblichkeit! Nur stehlen, und
man wird reich! Nur andere erniedrigen, und man wird selber
groß! Salaam, du Weisester der Sterblichen, du... du... Du
Dieb, du Massenmörder...

Der Schrei des Stefan Zweig, wenig bevor man seine Bücher verbrannte als für Deutsche nicht länger ehrbar, geschrieben von einem
Juden, sollte aus dem Munde des Hauptmanns Fourès, des Hauptmanns Urija, ein Schrei sein all der Opfer der Jahrtausende, die
Hekatomben der Schuldlosen für die Machtgier der Herrschenden
in unsere Ohren rufen.

Man sage nicht, die Bibel sei groß darin, daß sie die Schwäche der
Könige erzählt. Das tut sie an dieser einen Stelle ausnahmsweise,
aber vielleicht auch wieder nicht. Ich sagte einleitend schon, die
Hauptfigur merkwürdigerweise ist hier überhaupt nicht David
mehr. Ihm zur Schande wird das erzählt, was hier berichtet wird.
Aber die Wahrheit ist, die ganze Erzählung läuft auf Salomo hinaus.
Wie er zur Welt kam, weiß jeder; offenbar läßt sich das nicht gut
verschweigen. Aber wie wäre es, man würde eine wunderbare Geschichte erzählen, wo Verbrechen und Reue die Niedrigkeit des
Menschen und die Größe Gottes, Sünde und Erbarmen, Opfer und
Erhörung sich so fügen und mischen, daß es keine Erzählung in der
ganzen Bibel gibt, die erschütternder und ergreifender, zu Herzen
gehender uns belehren würde, wieso Salomo wirklich *Salomo* war,
der *Frieden* Davids selber und also des ganzen Volkes?

Vielleicht nur, um's einzublenden: Hatten Sie nicht ein paar
Zweifel, woher Urija so genau wußte, was ihm mitgespielt wurde die
ganze Zeit schon? Selbst wenn die Wände Ohren haben, woher kamen die Stimmen? Vom Hofe, man konnte es vermuten. Aber jeder,
der dort die Zunge zu weit rausstreckt, dem würde sie bald abgeschnitten samt seinem Kopfe. Sollte man denken, daß Urija das
einfachste getan hat: Er ist gar nicht als erstes zu seinem König

gegangen, sondern wirklich zu Batseba? Nur, *die* Geschichte wird
uns nicht erzählt, sie wäre die allernormalste. Also setzen wir mal, so
wär' es gewesen. Dann hätten wir eine Frau vor uns und einen
Mann, die sich in den Armen liegen und weinen. Vielleicht. Vielleicht aber auch nicht. Wir würden hören, daß Batseba erklärt, er,
Urija, solle um keinen Preis jemandem verraten, daß er bei ihr war,
denn die Sache verhalte sich so: Das Kind in ihrem Schoß – sie
erklärt es ohne Umschweife, sie will es ihm überhaupt nicht unterschieben – ist vom König selber. Damit das rauskommt, darf Urija
Batseba nicht getroffen haben, auch nicht fünf Minuten bei ihr gewesen sein. Nehmen wir an, Urija habe diesen Rat der Batseba befolgt, sie wären beide Sinnes gewesen, sich zu rächen an dem König.
Sollte man nicht glauben, daß Batseba wußte, hätte wissen können,
daß David – was soll er schon tun? – in diesem Falle Urija umbrin-
gen wird? Am Leben lassen kann er ihn nicht mit diesem Wissen.
Wär's denkbar, wir müßten die ganze Geschichte überhaupt anders
erzählen? Wir müßten glauben, daß Batseba, eine Frau, die schön
ist und sich wäscht – gewiß, es kommt vor –, aber so öffentlich, daß
es der König sieht, eine göttliche Fügung, läßt sich's nicht arrangieren? wär's möglich, aus der Perspektive der Batseba, daß sie nicht
nur das Opfer war, sondern daß, wie es die Bibel manchmal erzählt,
zwischen Mann und Frau man gar nicht mehr weiß: tritt der Mann
nach der Schlange oder stößt die Schlange nach seiner Ferse? Wer
eigentlich siegt da über wen? Fest steht nur eins: Salomo war keineswegs dazu ausersehen, König über Israel zu werden. Mindestens
drei Söhne mußten verschlissen werden, damit der Weg für Salomo
frei wurde. Amnon, der seine Schwester vergewaltigte, Absalom,
der aufstand gegen seinen Vater David, Adonija, den man umbrin-
gen ließ, als er als dritter trachtete, jetzt oder nie den Thron zu besteigen – hinter all dem steht lauernd wie ein Reptil Batseba immer
wieder. Eine Frau, die soviel Energie für die Macht zeigt, – ihr
wird's nicht in den Schoß gefallen sein, in keiner Bedeutung dieses
Wortes; sie muß es sich geholt haben, arrangiert haben. Auf soviel
Berechnung kommt man nicht später, das hat Ziel und Planung.
Vielleicht sollten wir denken, auch das hätten wir schon mal gehört.
Da gab es einmal eine Frau des Nabal, eines Mannes, der hieß schon
wie ein lebender Leichnam, ein Fettsack, wie die Bibel uns versi-

chert, und sie war eine sehr schöne Frau, Abigail. *Der* Mann starb
zum rechten Zeitpunkt, während Abigail gerade dabei war, David
aufzusuchen. Das haben wir uns schon erzählen lassen. Könnte es
bei Batseba nicht ähnlich gewesen sein? Dieser Urija – ein Hetiter,
ein wüster Kriegsmann, nichts weiter, außerdem nicht von edler
Geburt, nicht zum wirklichen Volk gehörig, irgendwie muß man
sich für ihn schämen. Wir wissen nicht, wie die Tochter Eliams in
diese Beziehung kam. Aber was sie tat, in eine bessere hineinzukom-
men, das hören wir gerade und erfahren wir noch später. Diese Frau
wird ihren David führen wie einen Esel, dem man eine Möhre vor
die Schnauze bindet, daß er immer schön durch die Stadt trabt. Nie
wird David wirklich wissen, welcher seiner Söhne König werden
soll. Doch dann: Salomo, Davids Bastard mit Batseba – auf ihm
wird ruhen der Segen Gottes.

Dann bleibt die Wahrheit, daß David, wenn sich's nicht vermei-
den läßt, fähig ist zu echter Reue. Die Art, wie er aufspringt, den
Mann in der Natan-Parabel zu strafen, zeugt auch von einem klaren
Rechtsempfinden. Auch im Umgang mit sich selbst haben wir einen
Menschen vor uns, der beides ist: skrupelhaft und skrupellos, gewis-
sensfromm und vollkommen gewissenlos.

Vielleicht das Klarste über die ganze Wesensart Davids erfahren
wir, als sein Kind stirbt trotz aller Opfer, trotz aller Gebete nach
einer Woche. Möglich, daß die Schuldgefühle im Schoß seiner Frau
so wirken, daß sein Kind, das eigentlich gar nie hätte gezeugt werden dürfen, auch gar nicht geboren werden darf. Ein Fluch Gottes
liegt darauf. Wie auch immer, was wir hören, ist, daß David ernsthaft Gott zu versöhnen sucht durch die Zeit seiner Gebete und Buße,
aber kaum daß das Kind tot ist, wieder ans Werk geht, essend und
trinkend und, um Batseba zu trösten, bei ihr eingehend und ein
neues Kind zeugend. Wie praktisch muß ein Mann fühlen, damit er
ein solcher König wird! Nicht um menschliche Gefühle für ein ver-
storbenes Kind geht es da, nicht um eine Frau, der ihre Hoffnung
zerbricht, sondern praktisch wird da kalkuliert: Das Trauern lohnt
sich, solange es sich lohnt. Solange das Kind noch lebt, kann's ja
sein, Gott wirkt ein Wunder. Aber wenn's nun mal tot ist und sich
das Trauern nicht lohnt, dann hat es auch keinen Zweck mehr zu
trauern. Dann beginnt das wirkliche Leben. Dazu gehört beides

wieder: Realismus und Zynismus, Pragmatik und Vernunft. Wie wollen Sie einen Mann kennzeichnen, der so handelt und hat die Freiheit oder die Frechheit, zu sagen: Wo mich Gott gestraft hat, wasche ich die Hände und bin quitt mit dem höchsten aller Herren, – jetzt erst richtig Batseba und noch einmal, und kein Gott mehr wird und soll etwas dabei finden? Salomo wird geboren durch den Mut, an Schuld nicht zu zerbrechen. Auch so kann man's sehen. Fast ist es wie Selbstmord, wenn David am Boden liegt und die Speise verweigert, und es ist das erste Mal, daß er ans Sterben denkt. Dieser Sohn kommt nie mehr zu ihm, er bald schon wird nachfolgen dem so früh verstorbenen Kind. Alles, was noch geschieht, wird sich aufführen im Schatten dieser Gewißheit. Und der Fluch über ihn wird weitergehen. Das Schwert wird nicht aufhören zu wüten. Aber das greift dem Gang der Ereignisse vor. Wir müssen hören, wenn später am Hofe Salomos Razzien ausbrechen, Kronprätendenten ermordet werden, wenn mit Gift und Schwert immer wieder, offen und unkaschiert, Menschen ums Leben kommen, nicht mehr wie weiland in den Tagen Davids die Sauliden, daß all dies keine vom König Salomo organisierten Verbrechen sind, um sich auf den Thron zu morden, wie Batseba es wollte, sondern man muß verstehen: das ist der Fluch für die Schuld, die David, der Vater, auf sich geladen hatte, und der unschuldige Sohn muß es halt büßen. Der Fluch der Geschichte hat seine sonderbare Dialektik, und er spricht frei die Leute, die wahrhaft würdig sind, in die Fußstapfen ihrer Väter zu treten. Es ist wie ein Trost, wenn die biblische Überlieferung ein Gebet David selber zutraut in jener Stunde, den Psalm 51. Ihn wollen wir lesen zum Abschluß.

Text: Psalm 51, 1–13

Ein Psalm Davids, als der Prophet Nathan zu ihm kam, nachdem er sich mit Bathseba vergangen.

> Sei mir gnädig, o Gott,
>   nach deiner Güte,
> nach deinem großen Erbarmen
>   tilge meine Verfehlung.

Wasche mich rein von meiner Schuld,
reinige mich von meiner Sünde.
Denn ich selber kenne
    mein Vergehen,
und meine Sünde
    steht mir immerdar vor Augen.
An dir allein habe ich gesündigt,
habe getan, was dir mißfällt.
Du mußt Recht behalten
    in deinem Spruch,
mußt rein dastehen
    in deinem Richten.
Siehe, in Schuld bin ich geboren,
und meine Mutter hat mich
    in Sünden empfangen.
Siehe, an Wahrheit im Innersten
    hast du Gefallen;
tue mir im Verborgnen
    Weisheit kund.
Entsündige mich mit Ysop,
    daß ich rein werde;
wasche mich,
    daß ich weißer werde als Schnee,
Sättige mich mit Freude und Wonne,
daß die Gebeine frohlocken,
    die du zermalmt hast.
Verbirg dein Angesicht
    vor meinen Sünden
und tilge alle meine Missetaten.
Schaffe mir, o Gott,
    ein reines Herz
und gib mir einen neuen gewissen Geist
    Verwirf mich nicht von deinem Angesicht
und nimm deinen heiligen Geist
    nicht von mir.

19. November 1994

12

Dann aber faßte Amnon einen tiefen Widerwillen gegen sie

WIR waren dabei stehengeblieben, da der General Davids, Joab, vor den Mauern Rabbat-Ammons die Streitmacht Israels versammelt hat, um die Burg der Ammoniter einzunehmen. Es ist in dieser Zeit gewesen, daß die Affäre zwischen David und Batseba sich zugetragen hat. Der General Urija, Gemahl Batsebas, wurde in die Schlacht geworfen, nur um heimtückisch getötet zu werden. Batseba selber wurde an den Hof geholt, gewissermaßen als Kriegerwitwe, welche zu ehren der König die Pflicht hat. Der Sohn, der aus dieser mörderischen Beziehung hervorging, starb wie unter einem Gottesurteil, aber aus der legitim gewordenen, zumindest äußerlich rechtlich anerkannten Beziehung zwischen dem König und seiner ehedem Geliebten, nunmehrigen Königsgemahlin ist der Sohn hervorgegangen, auf dem die Hoffnung Israels ruhen wird. »Salomo – sein Friede« hat David ihn genannt. Die ganze Geschichte aber, in die diese Erzählungen eingebettet sind, zählt zu den frühesten historischen Überlieferungen der Menschheit überhaupt, die sogenannte Thronnachfolgegeschichte Davids. Sie hat im Grunde ein einziges Thema: Wer wird der rechtmäßige Nachfolger Davids werden? Und was kaum jemand bis dahin vermuten wird, dieser Sohn aus einem mörderischen Ehebruch, Salomo, wird sich als König erweisen. Wie das? fragt man sich.

Die Geschichte, mit der wir heute abend beginnen werden, wird es uns zeigen. Sie ist ein Tendenzbericht, wie das meiste in der Bibel in ihren geschichtlichen Passagen; sie ist zugleich ein Zeugnis von der Verwobenheit der allgemeinen historischen Ereignisse mit dem Tun und Unterlassen einzelner Menschen, mit ihrer Größe und ihrer Niedrigkeit, ihren Tugenden und ihren Neigungen zum Verbre-

cherischen; wie sich das Kollektive mit dem Individuellen, das Gute
und das Böse vermischt, fast untrennbar, so daß wir als Leser immer
wieder entsetzt, erschrocken, staunend davorstehen, uns fragend,
was all das mit Gott zu tun hat, das macht die Lektüre der Bibel fast
modern, so chiffriert, so verworren, so gebrochen erscheint sie jedem, der versucht, betend, klagend, anklagend, bittend, fluchend
aus der Lektüre seiner Zeitung am Morgen sich sein Bild von der
Welt, vom Menschen und von Gott zu machen.

Wie im Kontrast hört sich der folgende Text an, den ich noch einmal
beginnen möchte im 12. Kapitel des zweiten Buches Samuel:

TEXT: 2 Sam 12, 26–31; 13, 1–38

Joab aber bestürmte Rabba [die Hauptstadt] der Ammoniter, und
nahm den Stadtteil am Wasser ein. Dann sandte Joab Boten an David und ließ ihm sagen: »Ich habe Rabba bestürmt und die Wasserstadt auch eingenommen. So sammle nun den Rest des Volkes, bela-
gere die Stadt und nimm sie ein, daß nicht ich die Stadt einnehme
und mein Name über ihr ausgerufen werde.« Da sammelte David
alles Volk, zog gegen Rabba, bestürmte es und nahm es ein. Und er
nahm dem Milkom die Krone vom Haupte, die einen Zentner Goldes wog; es war auch ein Edelstein daran, der kam auf das Haupt
Davids. Auch führte er sehr reiche Beute aus der Stadt hinweg. Die
Bewohner aber, die darin waren, führte er weg und beschäftigte sie
an den Sägen, an den eisernen Pickeln und eisernen Äxten und ließ
sie mit Ziegelformen arbeiten. So verfuhr er mit allen Städten der
Ammoniter. Dann kehrte David mit allem Volke nach Jerusalem
zurück.
   Absalom, der Sohn Davids, hatte eine schöne Schwester mit Namen Thamar. Nun begab es sich, daß Amnon, der Sohn Davids,
eine Liebe zu ihr faßte. Und Amnon grämte sich ganz krank um
seiner Schwester Thamar willen; sie war nämlich eine Jungfrau,
und es schien Amnon unmöglich, ihr etwas anzutun. Nun hatte Amnon einen Freund mit Namen Jonadab, Sohn von Davids Bruder
Simea; und Jonadab war ein sehr kluger Mann. Der sprach zu ihm:
»Warum bist du Morgen für Morgen so elend, Königssohn? Willst

du es mir nicht sagen?« Da sprach Amnon zu ihm: »Ich liebe Thamar, die Schwester meines Bruders Absalom.« Jonadab erwiderte
ihm: »Lege dich aufs Bett und stelle dich krank. Wenn dann dein
Vater kommt, dich zu besuchen, so sprich zu ihm: ›Laß doch meine
Schwester Thamar kommen, daß sie mir zu essen gebe. Wenn sie die
Speise vor meinen Augen zubereitet, daß ich es sehen kann, so
nehme ich von ihr zu essen.‹« So legte sich denn Amnon nieder und
stellte sich krank. Als nun der König kam, ihn zu besuchen, sprach
Amnon zum Könige: »Laß doch meine Schwester Thamar kommen, daß sie vor meinen Augen zwei Herzkuchen backe; dann will
ich von ihr zu essen nehmen.« Da sandte David zu Thamar ins Haus
und ließ ihr sagen: »Geh doch ins Haus deines Bruders Amnon und
bereite ihm das Essen.« Thamar ging ins Haus ihres Bruders Amnon; er aber lag zu Bette. Und sie nahm den Teig, knetete ihn,
formte ihn vor seinen Augen zu Herzen und buk die Kuchen. Dann
nahm sie die Pfanne und schüttete sie vor ihm aus; aber Amnon
weigerte sich zu essen und sprach: »Es soll jedermann hinausgehen!« Und jedermann ging hinaus. Da sprach Amnon zu Thamar:
»Bringe die Speise ins Gemach, dann will ich von dir zu essen nehmen.« Da nahm Thamar die Kuchen, die sie gemacht hatte, und
brachte sie ihrem Bruder Amnon ins Gemach. Als sie ihm aber zu
essen bot, ergriff er sie und sprach: »Komm, meine Schwester, lege
dich zu mir!« Sie aber sprach zu ihm: »Nicht doch, mein Bruder!
Entehre mich nicht! So etwas tut man nicht in Israel. Begehe nicht
eine solche Schandtat! Wo sollte ich mit meiner Schmach hin? Und
du selbst würdest als ein Verworfener gelten in Israel. Nun aber,
rede doch mit dem Könige; er wird mich dir nicht versagen.« Aber
er wollte nicht auf sie hören, sondern überwältigte sie und entehrte
sie und legte sich zu ihr. Dann aber faßte Amnon einen tiefen Widerwillen gegen sie, so daß sein Widerwille größer war als die Liebe, die
er zu ihr gehabt hatte. Und Amnon sprach zu ihr: »Mach, daß du
fortkommst!« Sie aber sprach zu ihm: »Nicht doch, Bruder! Denn
mich fortzujagen, das wäre noch ein größeres Unrecht als das andere, das du mir angetan hast.« Aber er wollte nicht auf sie hören,
sondern rief seinen Burschen, der ihn bediente, und sprach: »Jage
mir doch diese da hinaus und verriegle die Tür hinter ihr.« Sie trug
aber ein Ärmelkleid; denn so kleideten sich von alters her die Königs-

töchter, solange sie Jungfrauen waren. Als nun sein Diener sie hinausgejagt und die Türe hinter ihr verriegelt hatte, streute Thamar Asche auf ihr Haupt und ging laut schreiend davon. Da sprach ihr Bruder Absalom zu ihr: »Ist dein Bruder Amnon bei dir gewesen? Nun denn, meine Schwester, schweige still. Er ist dein Bruder; nimm dir die Sache nicht zu Herzen.« So blieb Thamar einsam im Hause ihres Bruders Absalom. Als der König David das alles hörte, wurde er sehr zornig; aber er wollte seinem Sohne Amnon nicht wehe tun; denn er liebte ihn, weil er sein Erstgeborner war. Absalom aber redete kein Wort mit Amnon, weder im Bösen noch im Guten; denn Absalom haßte Amnon, weil er seine Schwester Thamar entehrt hatte.

Nach zwei Jahren nun begab es sich, daß Absalom in Baal-Hazor, das bei Ephron liegt, Schafschur hielt; dazu lud Absalom alle Söhne des Königs ein. Und Absalom kam zum König und sprach: »Sieh dein Knecht hält Schafschur; da wolle doch der König samt seinen Dienern mit deinem Knechte hingehen.« Der König aber sprach zu Absalom: »Nicht doch, mein Sohn! Wir wollen doch nicht alle mitgehen, daß wir dir nicht beschwerlich fallen.« Auch als er in ihn drang, wollte er nicht mitgehen, sondern verabschiedete ihn. Absalom sprach: »Wenn nicht, so möge doch mein Bruder Amnon mit uns gehen!« Der König aber sprach zu ihm: »Warum soll er mit dir gehen?« Als aber Absalom in ihn drang, da ließ er Amnon und alle Königssöhne mit ihm gehen. Und Absalom veranstaltete ein Gelage wie ein König. Absalom aber gebot seinen Knechten: »Gebt acht! Wenn Amnon vom Weine guter Dinge geworden ist und ich zu euch sage: ›Erschlagt Amnon!‹ so tötet ihn. Fürchtet euch nicht, ich befehle es euch ja. Seid mutig und zeigt euch als tapfere Männer!« Die Knechte Absaloms taten Amnon, wie ihnen Absalom geboten hatte. Da erhoben sich alle Söhne des Königs, bestiegen ein jeder sein Maultier und flohen. Als sie noch auf dem Wege waren, war schon das Gerücht zu David gedrungen: »Absalom hat alle Königssöhne erschlagen, sodaß nicht einer von ihnen übriggeblieben ist.« Da stand der König auf, zerriß seine Kleider und legte sich auf die Erde; auch alle seine Diener, die um ihn her standen, zerrissen ihre Kleider. Da hob Jonadab, der Sohn von Davids Bruder Simea, an und sprach: »Mein Herr, denke doch nicht, daß man die jungen Leute, die Söhne des Königs, alle getötet habe. Amnon allein ist tot; denn Absaloms Miene ließ nichts Gutes ahnen seit dem Tage, da jener seine Schwester Thamar entehrt hat. So rede sich mein Herr, der König, doch nicht ein, daß alle Königssöhne tot seien, sondern Amnon allein ist tot.« Als nun der Wächter Ausschau hielt, sah er viele Leute auf dem Wege nach Horonaim den Berg herabkommen. Da ging der Wächter hinein und meldete dem König: »Ich habe Männer vom Wege nach Horonaim an der Seite des Berges kommen sehen.« Da sprach Jonadab zum König: »Siehst du? die Söhne des Königs kommen! Wie dein Knecht gesagt hat, so ist es gegangen.« Kaum hatte er ausgeredet, da kamen auch schon die Söhne des Königs und hoben laut zu weinen an; auch der König und alle seine Diener weinten überlaut, und der König trug Leid um seinen Sohn die ganze Zeit. Absalom war zu Thalmei geflohen, dem Sohne Ammihuds, dem König von Gesur. Dort blieb er drei Jahre.

Liest man die beiden Geschichten von der Eroberung Rabbat-Ammons durch König David und der Schändung Tamars durch ihren Halbbruder Amnon in dieser Weise parallel, so fragt man sich bestürzt, wie es um unser moralisches Urteilsvermögen bestellt ist. Die Tat des Amnon bis heute unstreitig gilt uns für ein verfluchenswertes, strafwürdiges Verbrechen, kaum ein schlimmeres könnte gedacht werden. Geht aber ein König hin und vergewaltigt ein ganzes Volk, geht er in die Bibel ein als ein gottbegnadeter Eroberer, als ein Heilbringer, als ein Staatengründer und -lenker, als ein Großer der Geschichte und der Politik. Man kann die Vorgänge im Land der Ammoniter gar nicht genau genug lesen in den Details. Da wird David sein Großreich gründen, indem er Völker, die ihm nichts getan haben, einverleibt. Sie sind nur Ammoniter, Grund genug, ihre Städte zu verwüsten, Tausenden von Frauen ihre Männer, Kindern ihre Väter wegzunehmen, und – Sie lesen völlig richtig – so geschieht's im ganzen Land, als die Burg Rabbat-Ammon erst einmal gefallen ist, – das gesamte Volk wird in die Knechtschaft geführt. Ja, wir müssen bei der Lektüre des hebräischen Textes uns fragen, ob es überhaupt in die Gefangenschaft geführt wurde. Der Wortlaut legt nahe, zu denken: er stellte sie an die Sägen und die Pickel, das hieße, er ließ sie – zur Strafe – auf diese gräßliche Weise in Massen zersägen und zerstückeln, nicht Zwangsarbeit, – Mord! Zur Strafe für was? Daß sie sich gewehrt haben gegen dieses Schicksal, das genügt für den Despoten. Möglich ist eine solche Übersetzung allemal und sogar wahrscheinlich. Wir hier haben das gelesen schon, im achten Kapitel des zweiten Buches Samuel, wie es mit den Moabitern ging, wie da nach dem Bandmaß durchgezählt wurde, und auf wen das Los fiel, der wurde ermordet, in Serie. König David als Sieger! Stimmen wird es zum Teil, daß man sich die Unterworfenen zunutze macht als Sklavenvölker. Als sprechende Tiere sind sie nützlich zum Aufbau der großen Vorhaben, die David noch im Sinn trägt.

Wer, wenn er das hört, kommt umhin, sich zu erinnern, daß all das in unseren Tagen genau so geschieht? Ein kleines Volk wie die Tschetschenen hat nichts verbrochen, außer daß es sich seit zweihundert Jahren wehrt, in Rußland einverleibt zu werden, wie wenn sie Russen wären, ohne Unterschied. Von den Zaren bis zu Stalin bis zu Jelzin wollten sie nichts weiter, als ein Volk sein mit einem eigenen Stimmrecht. Das genügt. Sogar die Vorgehensweise bis ins Detail scheint sich zu ähneln. Ich habe die Königsstadt erobert! ich habe die Königsstadt erobert! – das klingt fast so wie: Ich habe den Bahnhof besetzt, Herr Gratschow! ich habe den Bahnhof besetzt! – wie oft eigentlich? Aber als er melden kann, er habe die Wasserstadt besetzt, da wird es stimmen. Wenn man die Trinkwasserzufuhr abschneidet, ist der sogenannte Feind nichts weiter mehr als eine Beute in der Reife der Zeit. Aber es muß gründlich gesiegt werden, der ganze Heerbann muß aufgeboten werden. Wir sind am Anfang der Eisenzeit im Nahen Osten. Heute lesen wir in den Zeitungen, daß man Panzerkolonnen braucht von Wladiwostok bis Weißrußland, der ganze Heerbann muß aufgeboten werden, damit der Sieg möglichst großartig ausfällt. Es muß sogar der Präsident her zum Zeugen, damit nicht der General im Ruhm steht, sondern sein Auftraggeber, und es ist für eine große Tat zu halten, in der Art gesiegt zu haben.

Das Problem, vor dem wir da stehen, hat sich nicht geändert. Die gesamte Staatenbildung basiert auf willkürlichen Grenzen, gezogen von der Macht. Die Unterdrückung der Jahrhunderte schafft sich da vermeintlich ihr eigenes Recht. Und was nennt sich dann Staatsrecht? Die Konventionen des Völkerbunds, den wir in Gestalt der UNO in unseren Tagen immerhin als eine Rechtsinstitution vor Augen haben, sprechen vom Selbstbestimmungsrecht der Völker. In Wirklichkeit existiert ein solches nicht, sondern eine diplomatische Regelung der Nichteinmischung in die inneren Angelegenheiten fremder Staaten. Da zählt es nicht, was ein Volk will. Nach der Eroberung des Staatsgebiets der Ammoniter wird alles weitere eine innere Angelegenheit des Davidischen Großreiches sein, so scheint es. Menschenrecht, Völkerrecht, Recht, das von unten wachsen würde, zerbricht da unter dem Diktat der Macht, die sich ihre eigene Willkürordnung schafft. Aber ist sie erst einmal etabliert, wer wollte sie dann ändern? Das Schlimmste: daß die Besiegten alles, was sie sind, ihre ganze Arbeitskraft, ihre ganze menschliche Energie einsetzen sollen, um im Dienst ihrer Unterdrücker die Herrscher noch stärker zu machen, als sie vorher waren. Vae victis! sagten die Römer und wußten, wovon sie sprachen. Wehe den Leuten, die erst einmal besiegt sind!

Daß auf all dem Segen ruht, möchte die Bibel uns glauben machen. Aber im Grunde scheint sie's fast besser zu wissen, nur verschiebt sie plötzlich die Ebene der Handlungen. Ehe wir jedoch darüber nachdenken, was wir mit fremden Völkern in der Bibel geschehen sehen, wollen wir noch einen Moment lang darüber nachdenken, wie wir's denn selbst halten in eigenen Landen. Ehe wir über David versuchen uns Klarheit zu schaffen, sei uns die eigene Praxis zum Kommentar. Ein Selbstbestimmungsrecht der Völker, ein Menschenrecht – ja gewiß. Was aber in unseren Tagen haben uns dann die 40 000 Vietnamesen getan? Der Beschluß ist gerade eine Woche alt, sie abzuschieben. Herr Kanther beschließt, daß 40 000 Vietnamesen unter uns hier nicht länger wohnen dürfen. Es ist, wie wenn man nicht mehr wüßte, wie sie hierher gekommen sind, als Boat people auf der Flucht vor dem Kommunismus, den wir bekämpft haben. Sie hatten als wesentliche Schuld, unter dem Kolonialsystem der Franzosen und dann der Amerikaner so weit sich verwestlicht zu haben, daß sie die Idee der Freiheit vorzogen, vielleicht dem sicheren Tod sogar gegenüber. Sie sind geflohen, wohin sie irgend kommen konnten, an ihrer Zahl 40 000 nach Deutschland. Können Sie sich noch entsinnen, wie das war, als eine kleine Gruppe von ihnen hier nach Paderborn kam? Kein Mensch wußte, in welcher Sprache man mit ihnen reden sollte. Im August, wenn wir unser Ausländerfest in den Paderwiesen haben, gibt es einen kleinen Stand für Vietnamesen. Im nächsten Jahr wird es ihn nicht mehr geben. Und das war's dann? Wir werden diese Leute zurückschikken, da wo sie keiner haben will, ganz sicher niemand haben will. Sie sind die Verräter, die Deserteure, sie waren die Feinde des Volkes, sie standen dem Regime immer entgegen. Es ist ein reines Lippenbekenntnis, daß das kommunistische Vietnam sie integrieren wird. Und wunderbar, wir haben hundert Millionen Mark für Vietnam als Schmiermasse parat für die Repatriierung der Vietnamesen in ihre Heimat. Hundert Millionen Mark, das sind gerade soviel wie zwanzigmal die Georgskirche zu reparieren in Paderborn. Davon kann man gerade das Gefängnis bauen, in das man die Leute einpferchen wird, oder die Arbeitslager, in die sie kommen werden. Ja warum auch soll uns das interessieren? Wir sind sie los, rechtens, nach Gesetz, nach Ordnung, nach legitimen Paragraphen, die wir eingeführt haben, es gibt überhaupt keinen Widerspruch. Gestern nacht sprach ich mit einem Bürgermeister. Der sagte: Wir errichten hier ein Mahnmal für die Progrome an den Juden, und weiß Gott, in unserer Stadt hat es genug davon gegeben. Er war ein wunderbarer Mann. Als ich ihm sagte: Es ist richtig, daß Sie das tun, aber erinnern Sie daran, daß das Problem nicht aufgehört hat, sagte er von sich her: Die Juden heute sind die Kurden, Vietnamesen, die Opfer unserer Gesetze. Und ich werde das bei der Einweihung auch sagen. – Wir bauen den Propheten Denkmäler, die man getötet hat, aber nur, um alle Fehler zu wiederholen. Was vor fünfzig Jahren war, tut uns bitter leid, aber das geht nur dann in Ordnung, wenn wir es benützen als Lehre für heute statt als Alibi für die Gegenwart. Vielleicht sollte man die Geschichte wirklich anders schreiben, als die Bibel sie uns liefert: Das eigene Volk ist immer im Recht, gotterwählt, begnadet, mit dem Segen der Kirche ausgestattet, kein Widerspruch der Religion gegenüber der Politik, die Einheit von Kirche und Staat, Thron und Altar. So sind wir großgeworden, und es ist ein Aberglaube, zu denken, die Bibel, ausgerechnet sie, erzählte uns die Geschichte der Menschheit aus der Perspektive der Leidenden. Das kommt *auch* manchmal vor, aber sehr selten. Der Großteil der biblischen Geschichte sieht großartig aus, so wie vor Rabbat-Ammon. – Man muß das sagen, weil es Verblendete immer noch gibt. Für manche Bibelfundamentalisten ist jede Kritik an diesen Texten untersagt. Es gibt strenge Zionisten, die erklären: Gott hat uns das Land gegeben, – das bedeutet: die Grenzen des Davidischen Großreiches müssen wir wiederherstellen!, also nicht nur die West-Bank gehört Israel, sondern wahrscheinlich müßte man auch Rabbat-Ammon, ganz Jordanien noch mal ausheben, damit Gott eine zweite Gnadentat wirkt. So wird man es vielleicht nicht gerade heraus sagen, aber wer glaubt, er kann unhistorisch im Abstand von drei Jahrtausenden die Bibel lesen, ist für jede Art von Tollheit ideologisch vorbereitet. Hier geschieht Vergewaltigung und unsägliches Leid, und wir müssen denken, es ist verbrecherischer, als ein einzelner Mensch wie Amnon je tun kann in seiner Not.

Das Geheimnis der sogenannten Thronnachfolgegeschichte Davids liegt darin, daß es die Bühne der Weltgeschichte benützt als Anlaß zum Auftreten einzelner Personen, die dann wieder verschwinden, und es hebt sich auf ins Allgemeine, geschichtlich Bedeutsame. Wenden wir uns dem Sohn Davids zu, Amnon, müssen wir hinzufügen, daß er der Älteste ist, der Sohn der Ahinoam – vielleicht entsinnen Sie sich noch: David nahm sie zur Frau, eigentlich um sich für Sauls Tochter Michal zu entschädigen. Wir sollen denken, daß er auf lange Zeit hin gehofft hat, dieser Sohn Amnon werde der Thronfolger, war er doch der älteste aller, der Erstgeborene mit all den Rechten, die ihm zustanden, also ein besonders Erwählter. – Und nun dieses Verbrechen! Die Bibeltheologen haben immer wieder gesehen und darauf hingewiesen, daß in Amnon etwas fortlebt, das mit David selbst begonnen hat. Tut er, indem er seine Halbschwester Tamar vergewaltigt, nicht etwas Vergleichbares dem, was David tat, als er Batseba zu sich in den Palast holte? War nicht die Ahnung schon des Propheten Natan, es würde sich die Sünde des Vaters rächen und sich in seinen Söhnen gegen ihn selbst wenden? Das ist wahr, aber es ist viel zu abstrakt gedacht, außerdem viel zu magisch, als wenn da Gott die Menschen benutzen würde wie Gliederpuppen, um irgendeine Tragödie zu inszenieren, deren Sinn am Ende noch weniger klar wird, als sie den Beteiligten selber sich offenbaren mag.

Fragen wir uns also, was denn in Amnon selber vor sich geht. Da beginnen alle Rätsel schon damit, daß wir ihn nicht sprechen hören. Fast ist er wie stumm, und wir müssen denken, die handelnden Personen hier können über sich selbst, über ihre Gefühle, ihr inneres Erleben gerade so wenig mitteilen, wie der Text hier tut. Er kann Satz um Satz schildern, wie Tamar irgendwelche Speisen herrichtet, ohne im übrigen zu verraten, um welche Speisen es sich handelt, noch ob sie etwas kocht oder backt. Alles das ist merkwürdig umständlich. Aber das, was in der Seele dieses Amnon vor sich geht, scheint wie unbegreifbar. Hat nicht Tamar vollkommen recht, wenn sie sagt: Denk doch an mich. Was soll aus mir werden? Denk an dich selber. Wie wirst du dastehen? Aber das Sonderbarste, sie verspricht ihm, was durchaus möglich wäre: er brauchte sich nur an den Vater zu wenden und sie würde ihm als seine Geliebte in die Ehe gegeben. Es könnte alles ganz einfach seinen geordneten Gang nehmen. Vielleicht, um ein wenig Klarheit zu schaffen, müssen wir sagen, daß Absalom und Tamar beide die Kinder der Maacha sind, der Frau, die Königsgemahlin in Geschur ist, die Tochter des Talmai. Mit anderen Worten: Tamar ist eine Prinzessin. Sie selber würde auf das beste verehelicht werden mit dem Thronprätendenten am Hofe Israels, es wäre der Herkunft und der Abkunft nach eine solche Ehe auch diplomatisch durchaus wünschenswert. Alles spräche dafür, der Leidenschaft des Herzens die Ordnung der Vernunft hinzuzufügen. Nichts von dieser Tragödie, die sich hier anbahnt, müßte nach menschlicher Logik sich wirklich ereignen, gäbe es nicht am Ende noch eine dramatische Besonderheit, indem der gleiche Mann, der über seine Halbschwester herfällt, kaum daß er sie besessen hat, die Geschändete wegschickt und die Tür verriegeln läßt, um sie nie wieder zu sehen. Was geht in diesem Manne vor sich? Es gibt die plumpe, sagen wir die fast zynische Erklärung, die darauf hinausläuft, daß manche Männer halt so sind. Exegeten früherer Jahre konnten Amnon einfach zu den Exzentrikern zählen, zu den Wüstlingen. Sehr viel besser ist nicht einmal die Phantasie des großen Stefan Heym. Er läßt eine typisch männliche Rachephantasie über Tamar kommen: die begehrte Frau war unter der Hitze des Andrangs ihres Halbbruders offenbar nicht genügend schmelzbereit, sie lag nur steif da, sie beleidigte den Herrn, indem sie sich nicht willig und gradewegs begeistert über das Ansinnen seiner Liebe zeigte. Er mußte sie wirklich vergewaltigen. So etwas beleidigt den männlichen Stolz; Grund genug, sie wegzuwerfen wie eine leergerauchte Zigarette, auf die man mit den Füßen tritt, damit sie keinen Schaden stiftet.

Um die wirkliche Tragödie eines Amnon zu verstehen, müssen wir von vorn beginnen in dem, was wir in Theologensprache den Fluch Gottes für die Taten Davids selber nennen hören. Wir müssen uns einmal vorstellen, was aus einem Jungen wird, der erfährt, daß sein Vater, der König in Israel, handeln kann wie David. – Um zur Einleitung ein Stück Hilfe zum Verständnis zu geben, greife ich einmal in die Philosophiegeschichte und erwähne die Tragödie eines Mannes, der zu den größten Geistern Europas zählt, Sören Kierkegaard. Er war noch relativ jung, als er dahinterkam, daß sein Vater ihn müsse gezeugt haben mit einer Frau, die, als sie mit ihm schwanger ging, noch die Stallmagd im Hause war, während die erste Frau seines Vaters damals krank im Bett lag, sterbenskrank. Kierkegaard hat seinen schwermütigen Vater über alles geliebt, er *war* sein König, größer als je ein König im Herzen eines Menschen sein kann. Aber nun zu denken, daß dieser Mann fähig war, seine Frau auf dem Sterbebett zu betrügen mit einer anderen, unwürdigen, und die ist heute seine Frau, das war für Kierkegaard ein solcher Schock, daß er nie beschrieben hat, wie es wirklich auf ihn gewirkt hat. Wir wissen aber aus seinem Leben, daß es ihn unfähig gemacht haben muß, in irgendeiner Weise noch sich jemals einer Frau zu nähern. Seine einzige Geliebte, Regine Ohlsen, ein junges Mädchen noch, hat er beizeiten wieder entlassen, aus Angst, sie mit seiner Schwermut zu erdrücken. Es gibt eine kleine Äußerung in seiner Biographie, die uns etwas ganz anderes ahnen läßt. Der junge Sören Kierkegaard muß plötzlich gespürt haben, daß, wenn er sich Regine nähert, etwas in ihm aufbricht, das sein könnte wie bei seinem Vater, und ihr das anzutun, so zu werden wie sein Vater, ein gemeines Vieh – das niemals, unter keinem Umstand! Um das zu vermeiden, ist es besser, man setzt Kopenhagen einen Possen vor und spielt denjenigen, der zynisch genug ist, clownesk gradezu, die unschuldige Regine, aber in Ehren vor den Augen der Öffentlichkeit, zu entlassen; alle Schuld liegt auf dem gemeinen Liebhaber. – Kierkegaard hat im »Tage-

buch eines Verführers« in allen Facetten geistig sich hineinphanta-
siert in einen Mann, der eine Frau liebt, sie einlädt, sie umwirbt, mit
ihr redet in den zärtlichsten Worten, ihren Körper umschmeichelt,
aber immer im Wissen, daß seine Gefühle nie Wirklichkeit werden
dürfen. Dieser Mann wird ein Ästhet, aber nie ein Don Juan. Er hat
ein magisches Verhältnis zu der Angebeteten, aber gerade deshalb
wird alles dämonisch und unheimlich.

Übertragen wir diese Konstellation einmal auf die Geschichte
von Amnon. Da ist ein Vater, der in seiner Größe den Maßstab zur
Bewährung seines Sohnes vorgibt. Er ist das Vorbild für Amnon,
den Prinzen selber. Der Sohn der Ahinoam hat keinen Grund, über
David, der Saul vom Thron drängt, irgend etwas Negatives zu mutmaßen, bis der Tag kommt, da David Batseba an den Hof holt. Man
muß sich vorstellen, daß in der Seele eines Jungen, der seinen Vater
liebt, nicht nur ein Schrecken ausbricht, sondern ein deutliches Gefühl von Haß, Abscheu, Ekel, Zorn, Aufruhr – aber das alles darf
nicht geäußert werden. Man ist der Sohn, man hat den Vater zu
respektieren, man darf ihn nicht beleidigen. Alle Gefühle zerbrechen und werden widersprüchlich in sich selbst, und sie kehren sich
von dem verabscheuenswerten Tun des Vaters auf die eigene Person. Es entsteht ein glühender Wunsch: so wie der Vater wird man
um keinen Preis sein wollen. Dieses Ungeheuer, dieses Monstrum
wird man niemals in irgendeinem Punkte in sein Leben einlassen.
Allein das genügt, um ganz normale Empfindungen und Gefühle bis
zum Unheimlichen wegzudrängen. Was zwischen Junge und Mädchen, Mann und Frau ein ganz gewöhnliches Liebesleben sein
könnte, droht augenblicklich in diesen Sog, jetzt negativ, des väterlichen Vorbildes zu geraten. Mit anderen Worten: Es ist nicht möglich, einfach zu lieben und darin etwas Legitimes, Menschliches,
Glückliches zu sehen. Wenn es möglich ist, daß die Leidenschaft
einen Mann wie David so verbrennt und den eigenen Vater derartig
ins Unheimliche stellt, wie stark muß dann diese Leidenschaft im
Herzen eines Mannes sein können! Also hüte dich, Amnon, jemals
davon etwas zu empfinden! Meide, Amnon, jegliches Gefühl, das
einer Frau gelten könnte!

Stellen wir uns einen Jungen vor, der neurotisiert wird durch das
Lastgewicht seines Vaters, im Grunde ein ehrgeiziger Thronpräten-

dent, gleichzeitig kontaktscheu, frauenflüchtig, dann ist eigentlich die Sackgasse schon gebahnt, in die wir Amnon laufen sehen. Eine normale Werbung ins Weite, ein freies Spiel des Lockens und Sich-leiten-Lassens in der Liebe ist ihm versagt. Es gibt aber in seiner unmittelbaren Nähe eine einzige, seine Halbschwester Tamar, die uns als wunderschön geschildert wird. Sie braucht er nicht zu umwerben, sie umgibt ihn von allein. Er muß sie nicht laden, sie ist einfach da. Er könnte sie so lieben, daß alles Glück auf der Verbindung ruhen würde. Aber denken wir uns jedes grade Gefühl derart verbogen, wie es unter den Erschütterungen der Geschichte von David und Batseba in der Seele Amnons geschehen sein muß, so verstehen Sie, daß ein Gegenwille eingesetzt haben wird, derart, daß Amnon krank wird an seiner Liebe, weil er die natürlichsten Gefühle selber wie eine Kränkung und Krankheit erlebt, eine Infektion, ein Fieber, das nicht sein darf. Es wütet in seinen Eingeweiden, aber es darf im Grunde nicht vordringen zu seinem Herzen. Die ganze Psychopathologie der Liebe besteht darin, daß man die Liebe nur fühlen darf dort, wo sie verboten ist, wo man sie vermeiden muß. Und die Tragödie dieser Geschichte ist, daß all das Verdrängte, Gemiedene, sich dennoch durchsetzt, wiederaufersteht und buchstäblich unter Zwang sich wiederholt. Es ist unmöglich, außerhalb der Neurosepsychologie eine solche Geschichte zu verstehen. Wir *müssen* sie aber begreifen, eine Kriminalgeschichte des Verbrecherischen in der menschlichen Seele, bei der die Fakten offenliegen, aber die Motive zum Allerseltsamsten gehören. Es wäre in der Zeit damals durchaus möglich gewesen, eine Halbschwester zu ehelichen; am Hof der Ägypter war dies üblicher Brauch; und das Gesetz des Moses, das es verbietet, ist sehr viel später entstanden. Am Hofe Davids wäre eine normale Ehe mit Tamar einzuleiten gewesen, aber genau das wird Amnon sich verboten haben. Eine Frau zu lieben mit Gefühlen, die er empfindet als verbrecherisch, nur schon weil es leidenschaftliche Gefühle, also sehr starke sexuelle Gefühle sind, und es dann zu legalisieren wie sein Vater, das wäre das Unheimliche, das Verruchte. Noch viel schlimmer als das Verbrechen, das David begangen hat, als er Batseba an seinen Hof holte, war es ja, daß am Ende die Ordnung herstellte, daß er über den Abgrund des Verbrechens die Brücke der Ordnung formte. Das eben darf nicht sein, und so, denke ich mir, wird Amnon sich quälen und zermartern mit einer Liebe, die er gar nicht legalisieren *darf*, schon um seinem Vater nicht ähnlich zu werden. Und das Unheimliche ist: genau deswegen wird im ganzen ersten Teil gerade das passieren, wie unter Zwang, wie unter Hypnose, wie unfrei wird Amnon zu seiner Tat gezogen, nicht mehr als ein Handelnder, sondern wie ein verwüsteter Wüstling. – Die Krankheit, die ihn peinigt, stellt sich den anderen dar als eine Auszehrung bis ins Herz. Am Hofe findet sich ein Verwandter Davids selber, so etwas wie ein Trickster, ein Geist, der immer einen praktischen Ausweg kennt, ohne in Wahrheit die Verantwortung zu übernehmen für seine so nützlichen Ratschläge. Wenn man doch Tamar sehen möchte, welch eine Kunst wär's, einen Vorwand zu ersinnen! Die Krankheit müßte nur richtig gepflegt werden, und man begreift: Tamar selber wäre die beste und erwünschteste Krankenschwester. Genau so geschieht's. Psychoanalytisch betrachtet, regrediert hier die Liebe auf die Oralität. Tamar soll Speisen bringen, sie soll wie eine Mutter sein, gar nicht wie eine Schwester. Wenn sie zu Amnon in ein Verhältnis tritt wie eine Krankenschwester, wie eine Pflegerin – vielleicht wäre das eine Brücke, der leidenschaftlichen Glut der Liebe zu entsagen. Vielleicht war das, was Amnon tat, als er seine Schwester bat, gar noch nicht zynisch, überhaupt nicht berechnet, nur daß wir von dem Auftritt des Vaters hören, der sich erkundigt nach dem Befinden seines Sohnes. Gewiß, das ist treusorgend, und so geschieht es am Hof in jenen Tagen. Aber vielleicht sollten wir psychologisch genauer sagen: Es ist buchstäblich das Auftreten des Vaters im Krankenzimmer, das die Tat mit provoziert. Es genügt am Ende eine kleine Handbewegung, die körperliche Nähe der Begehrten, ihre Nähe am Bett, und es bricht alles in Amnon durch, wogegen er angekämpft hat bis zur Krankheit, bis zur Erschöpfung. Nur so wird man die bizarre Reaktion verstehen, die augenblicklich dann einsetzt. Beleidigter Mannesstolz, mag sein, das auch, aber wahrscheinlich gar nicht, sondern: zu spüren, daß die Vergewaltigte selber die eigene Person, den eigenen Willen mit einer solchen Gewalt besetzt halten konnte. Jetzt, wo sich's entleert hat, haßt Amnon nicht nur seine Halbschwester, sondern genauso sich selbst, und es sind seine eigenen moralischen Gefühle, die darin eingehen. Das Unglaubliche ist, daß die schlimmsten Verbrechen gerade begangen werden können aus dieser Mischung von einer strengen Sittlichkeit und einer ausufernden Sinnlichkeit, einer chaotischen Mischung zwischen Über-Ich und Es, und dazwischen eine winzige Person, die in dem Andrang von zwei vollkommen sich widerstreitenden Gesetzmäßigkeiten keine Entscheidung mehr fällen kann. Derselbe Mann, der eben noch wie unter der Woge der Leidenschaft in der Brandung seiner Gefühle in die Arme seiner Halbschwester geworfen wurde, wirft sie jetzt fort wie eine Muschel am Strand. Es ist wie eine Kränkung, wie ein Haß, der sich ergibt durch eine Tat, die man so nicht gewollt hat. Man hat jemanden zum Opfer gemacht, aber selbst ist man dabei zum Opfer geworden.

Was sich jetzt begibt, zählt zu der sonderbaren Psychologie solcher Handlungen, fast unverständlich, die Tragik noch steigernd. Eine Frau, die vergewaltigt wurde, wird noch heute in aller Regel verschweigen, was man ihr angetan hat, so sehr schämt sie sich. Sie kann für das, was ihr zugefügt wurde, überhaupt nichts; klüger, vernünftiger, besonnener, redlicher als Tamar hier mit ihrem Bruder vor der Tat geredet hat, kann keine Frau sprechen. Ihre physische Gegenwehr hat sich überwinden lassen, auf ihre moralische ist in keinem Wort gehört worden. – Warum also muß eine Frau sich schämen, wenn ihr etwas zugefügt wird, das ist wie ein Unfall, etwas von außen Verursachtes, für das sie überhaupt nicht kann? Doch jede Frau schämt sich für die Vergewaltigung, für die Erniedrigung selber, weil es den Rest an Stolz und Selbstachtung, weil es die eigene Person zerbricht, als wäre da etwas, das man fast so verdient hätte. Derart gemein wurde man behandelt, und das ist nun der Maßstab. Das hat man nicht verhindern können. Was da ineinander geht, ist bis heute im Grunde nicht aufgeklärt. Vielleicht einfach dieses: daß eine Frau wie Tamar ihren Stolz darein setzen konnte, schön zu sein, und es war ihr lockendes Werben selbst, das Gefühl, daß Männer sie mögen konnten und sie selber die Wahl hatte, wer für sie der rechte sei, und daß all das sich nun umkehrt und eine Frau sich nichts weiter sein soll als ein Objekt von Begierden, die sie ein Stück weit hervorgelockt hat, aber so nie gewollt – kann man sich das jemals selbst vergeben, derart ausgeliefert, wehrlos zu sein? Diese Schande geht ins Psychische, und sie ist viel früher, weit tiefer

als alles Körperliche. Es ist so, wie wenn eine Frau geschlagen wird
von ihrem Mann, der als Alkoholiker nicht mehr bei Sinnen ist in
seinem Zorn und in seiner blinden Eifersucht. Eine solche Frau wird
niemals sagen: mein Mann hat mich geschlagen; sie wird irgendwelche Erklärungen finden, warum ihr Gesicht so geschwollen und die
Augen blutunterlaufen sind. Irgendwie ist sie selber die Treppe her-
untergefallen oder gestürzt oder gestolpert. Daß man einfach zu-
sammengeprügelt, einfach wehrlos zum Opfer fremder Gewalt geworden ist, zählt zu dem Entehrendsten und Schändlichsten. Da
hört man auf, ein Mensch zu sein, man fühlt sich am Ende wie ein
Stein, wie etwas Totes. Die Gefühle gehen aus dem eigenen Körper;
so jetzt auch bei Tamar. Nur nie wieder so etwas spüren! Hinzu
kommt die soziale Schande. Das Kleid ihrer Jungfrauenschaft, das
sie trug mit dem Stolz eines Lebens, das sich öffnete zur Hoffnung
auf Glück, zerreißt sie jetzt selbst, so wie ihre Unversehrtheit zerrissen wurde, und sie legt die Hand auf den Kopf, wie um zu zeigen,
daß etwas geschah, das sich niemals begreifen läßt, und streut sich
Asche über den Körper, um ihre Unansehnlichkeit zu verewigen.
Nie mehr soll dieses Fleisch geliebt werden, das zur Beute ihres
Halbbruders Amnon wurde!

Daß sich im folgenden immer wieder Leute finden, die unmenschli-
che Befehle ausführen, die die Riegel vorschieben, die abführen, wie
man sie abführen läßt, das gehört zur Psychologie der Subalternen,
wie man Tamar fortschafft, das ist nicht eigentlich Gegenstand dieser Geschichte.

Aber wenn wir noch einmal suchen nach Beispielen, wie denn die
Tat eines Menschen von Begierde umschlagen kann in Haß, gibt es
keine andere Erklärung, als daß die Reue selbst paradoxerweise
neuerliche Schuld gebiert. Es ist Amnon unmöglich zu sagen: Genau so, Tamar, hab' ich dich geliebt, und dazu stehe ich; so laß uns
beide glücklich sein. So wäre es menschlich, so hätte es eine innere
Logik und eine gute Chance, sich zu vermenschlichen. Aber wenn
etwas geschieht unter dem Abwehrkampf der Moral, dann geht am
Ende das Schuldgefühl in den Zwang über, sich selbst ruinieren zu
wollen förmlich. Emile Zola hat dies einmal beschrieben in seinem
Roman »Die Sünde des Abbé Mouret«. Ein Pfarrer verliebt sich
dort in seine Nichte Albine. Er selber ist schwer krank, sucht zu

genesen unter dem Rat eines Arztes durch die Schönheit dieses jungen Mädchens im »Paradou«. Die Welt könnte sein wie ein Garten der Lust. Aber kaum geschieht es so – ein einziger Blick durch das Mauerwerk hinunter auf das Dorf, und die Kirche zersprengt die gesamte mühsam geformte Welt zweier Liebender, und nichts bleibt mehr, als die Verweigerung, das Nein, die Abkehr, die Umkehr, die Buße, der Tod, das Wüten gegen sich selber. Da sind zwei Menschen, die aus Moral zum Allernormalsten nicht mehr zu finden vermögen. Wir aber stehen, wenn das alles so stimmt, erschrocken vor dem verwüsteten Leben zweier Menschen, zerstört durch eine bestimmte moralische Reaktion. Das ist das Paradoxe. Das Hebräische gebraucht für den Zustand der *Tamar* das Wort, sie sei »eine Verwüstete«. Aber ist Amnon etwas anderes?

Als David davon hört, steigt Zorn in ihm auf, aber er zeigt sich unfähig, Amnon zu strafen, und das macht fast Sinn. Müßte nicht David seinen eigenen Sohn gerade mit dem Urteilsspruch überziehen, der für ihn selber Geltung hätte? Findet der Vater nicht, daß sein eigener Sohn unter etwas leidet, an dem er selbst die Ursache trägt, und kann deswegen die Strafinstanz gar nie sein? Wer will da noch richten unter den Menschen?

Übrig bleibt Absalom, der Halbbruder der Tamar. Was er tut zwei Jahre später, scheint wie mit Plan und Bedacht demonstrativ und ostentativ angelegt, hinterhältig freilich auch. David selber soll eingeladen werden und der ganze Palast, alle Söhne Davids, beim Schafschurfest, das Absalom hält. Offensichtlich kommt es dem jungen Prinzen darauf an, daß sein Vater bei dem, was er dort vorhat, Zeuge ist, selber dabei ist. Absalom plant – wir hören völlig richtig – *die* Tat zu vollziehen, die David hätte tun müssen. Es ist die umgekehrte Seite der Moral, nicht die Gemeinsamkeit der Schuld, sondern die klare Trennung des Schuldspruchs. Das wäre Davids Aufgabe als König. Er, Absalom, leidet nicht unter David, ganz im Gegenteil, er tritt in seine Spuren als Stellvertreter. Absalom und Amnon sind wie die Polaritäten unter demselben Problem: der eine, indem er zum identischen Opfer des Lastgewichts Davids wird, Absalom, indem er das Gegenbild seines Vaters wird. Die Bibelexegeten meinen, hier in seinem Mord an Amnon, seinem Halbbruder, handle Absalom fast so wie David an Urija. Sexualität und Sadismus, die Grausam-

keit der Leidenschaft und der Aggression polarisieren sich da in zwei
Söhnen. Wir müßten aber denken, daß Absalom hier seinem Vater
nicht vergibt, daß er nicht die Verkörperung des Rechts ist, und
zwar sogar nach dem Verbrechen nicht ist. Er möchte David zu
etwas zwingen, das David gar nicht halten *kann*: über seinen Sohn
ein Todesurteil zu sprechen, das im Grunde auf sein eigenes Haupt
zurückfiele. Genau betrachtet, ermordet Absalom in Amnon seinen
eigenen Vater, sie beide zugleich, aber mit dem Anspruch des
Rechts. Da ist ein Fest, das sich zelebriert vor aller Augen, und es
soll und darf Freude in Israel erst dann zurückkehren, wenn alle
Schuld gesühnt ist – Absalom, der Rächer mit dem guten Gewissen.
Genau betrachtet, könnte die Tat begangen werden von einem einzelnen, ihm selber zum Beispiel, nach Art einer Blutrache gewissermaßen. Sie muß aber vollzogen werden kollektiv. Offenbar kommt
es darauf an, daß viele beteiligt sind. Ein Femegericht wird da verhängt, wo die Gemeinschaft selbst den einzelnen ausstößt. Der Text
an dieser Stelle freilich läuft merkwürdig verderbt; endlos wird uns
erzählt, wie auf der Bahurimstraße, offenbar durch das Tal, das wir
heute den Ölberggarten nennen, die Söhne Davids kommen, während der König selber alle seine Söhne gemordet glaubt. Noch einmal wird Jonadab aufstehen und diesmal mit logischem Verstand
praktisch erneut den König zu trösten versuchen: Ja, nur ein einziger! Doch dieser feine Berater verschweigt, daß die ganze Tragödie
zurückgeht auf seine so klugen, einfachen Ratschläge, wie man die
Dinge da dreht.

Traurig ist David über seinen Ältesten, Amnon; verloren aber hat
er auch Absalom, den zweiten und womöglich besten seiner Söhne.
Über ihn *müßte* er das Todesurteil sprechen. Absalom kann nach
dieser Tat im Haus seines Vaters nie mehr zu Hause sein. Er selber
zieht sich zurück ins Haus seines Großvaters Talmai bei seiner Mutter Maacha in Geschur, gelegen im heutigen Syrien. Dort wird er
bleiben und warten, und keiner wird wissen, wie's weitergehen soll.

Texte dieser Art lesen wir, um uns aufzuklären, wie hilflos Menschen sich selbst gegenüber sind. Dreitausend Jahre Abstand trennen uns von diesen Gestalten, ihren Gefühlen, ihren Motiven; *alle*
kennen wir sie in uns selber: gleiche Empfindungen, gleiche Moralität, gleiche Triebe, gleiche Verwerfungen, und dennoch bedürfen

wir des Sprechens darüber, damit wir ins Unbewußte Licht werfen und nennen's nicht länger Verhängnis oder Fügung, schreiben's nicht Gott zu oder dem Teufel, sondern lernen eines Tages, verantwortlich zu werden für das, was in uns vor sich ging.

Stefan Heym formt einmal eine Szene im Irrenhaus in Jerusalem, das Ethan, sein Schreiber, besucht.

> Ich fragte die Priester nach Tamar, der Tochter Davids. Sie öffneten ihr Maul wie in stummem Lachen, und einer von ihnen sprach: »Was besagt ein Name? Wir haben hier einen König von Persien, und zwei Pharaonen, und mehrere Engel des HErrn, darunter zwei weibliche, und andere mehr, die vorgeben, Propheten zu sein und Gesichter zu haben. Soll ich dir Ashtareth zeigen, die Göttin der Liebe? Die Brüste sind ihr verdorrt, ihr Haar ist wie Spreu, ihre Zehen sind abgefault, aus ihren Augen tropft Eiter. Tamar, die Tochter Davids! Warum nicht Eva, das Weib Adams?«
>
> Ich (sagt Ethan) nahm Lilith (meine Frau) bei der Hand und flüchtete mit ihr aus der Hütte, und aus dem Hof des Tempels, und den Berg hinab, bis wir zu den Feldern gelangten; und dort fiel Lilith zu Boden und verbarg ihr Gesicht. Ich aber gedachte der Wege des HErrn, und wie sehr schwierig und gewunden sie seien. Doch siehe, da kam eine Frau entlang des Pfades, die trug ein buntes Kleid, wie des Königs Töchter tragen, so sie noch Jungfrauen sind. Ihr Kopf war ganz sonderbar geneigt, und sie sang mit dünner, kindlicher Stimme:
>
> > ...Tue mir auf, liebe Freundin, meine Schwester,
> > meine Taube, meine Reine; denn mein Haupt ist voll
> >   Taues,
> > und meine Locken voll Nachttropfen...
>
> Und ich sah, daß ihr buntes Kleid zusammengestückelt war aus allerart Flicken, und ihr Gesicht war alt und abgehärmt und verzerrt, und ihre Augen starrten ins Leere. Lilith hatte sich erhoben und sagte ehrfürchtig: »Tamar, Davids Tochter...« Die Frau aber schlurfte blind an uns vorbei und sang:

Ich öffnete meinem Liebsten;
aber mein Liebster war weg und hingegangen.
Da erstarb meine Seele nach seinem Wort;
ich suchte ihn, aber ich fand ihn nicht,
ich rief, aber er antwortete nicht.

Und Lilith eilte ihr nach und faßte sie an: »Tamar, liebe
Schwester, meine Liebste...«
Die Frau ging weiter.

Wie betet man angesichts von so viel Elend?
Anflehung Gottes um Gnade und um Hilfe in schwerer
      Bedrängnis
Ein Maschil Ethans aus Esrah:
Hab Mitleid, o HErr, mit den Geschöpfen deines Geistes, die
      du geformt hast aus dem Lehm dieser Erde.
Du gabst ihnen den Verstand zum Verständnis, und ihre
      Zunge, daß sie damit sprächen; du gibst und nimmst fort
      nach deiner Weisheit.
Und auch das Herz hast du ihnen gegeben, welches nur
      einmal bricht; sei gnädig, o HErr, verschließe dich nicht
      dem Leid und dem Schweigen.
Siehe, dort geht sie in ihrem bunten Kleide; sie hat
      gesprochen vor dir, jetzt aber wendet sie sich und ist fort,
      ihr Elend verschlossen in ihrer Brust.
Wie ist die Tochter des Mächtigen erniedrigt: ihre Augen
      sind tot, ihre Hände greifen ins Leere.
Ich aber lauschte den Stimmen, die da kommen von dunklen
      Ufern, und dem Gestammel der Irren, und ich bete zum
      HErrn in den Höhen um meine Seele.
Eile, o GOtt, mich zu erretten; mir zu helfen eile dich, o
      HErr.

14. Januar 1995

13

Seht, mein eigener Sohn trachtet mir nach dem Leben

WIR begegnen heute einem Abschnitt, der zu den drama-
tischsten der ganzen Bibel zählt, ein Ausschnitt nur der
Geschichte Israels, in Wirklichkeit aber eine Frage nach
dem Wert der Macht, nach der Treue der Menschen, nach Verantwortung gegenüber einem Auftrag und einer Vision, und was uns
bleiben wird, ist ein sonderbares Gefühl der Rätselhaftigkeit, der
Brüchigkeit aller menschlichen Planungen. Und wo ist da Halt? Im
Grunde nur darum wird es gehen. Bewegend ist dieser Abriß des
Aufstands und der Flucht, bewegend schon die Gleichniserzählung
am Anfang, die beinahe zur Versöhnung führt, doch was in Aussicht
steht: Kampf auf Leben und Tod.

Wir beginnen in dem Moment, da Absalom seinen Bruder Amnon erschlagen hat, weil dieser seine Schwester Tamar vergewaltigt
hat. Daraufhin ist Absalom geflohen nach Geschur, zurück zu seiner
Familie.

TEXT: 2 Sam 13, 38–39; 14, 1–33; 15, 1–37; 16, 1–14

Dort blieb er drei Jahre.

Darnach stand des Königs Gemüt davon ab, mit Absalom zu ha-
dern; denn er hatte sich über den Tod Amnons getröstet. Als nun
Joab, der Sohn der Zeruja, merkte, daß des Königs Herz an Absalom hing, sandte er nach Thekoa, ließ eine weise Frau von dort holen
und sprach zu ihr: »Stelle dich doch trauernd und ziehe Trauerklei-
der an, salbe dich nicht mit Öl und gebärde dich wie ein Weib, das
schon lange um einen Toten Leid trägt. Dann geh zum König hinein
und rede mit ihm so und so« – und damit legte ihr Joab die Worte in

den Mund. Die Frau von Thekoa ging zum König hinein, warf sich
auf ihr Angesicht zur Erde, verneigte sich und sprach: »Hilf doch, o
König!« Der König sprach zu ihr: »Was fehlt dir?« Sie sprach:
»Ach, ich bin eine Witwe; mein Mann ist gestorben. Nun hatte
deine Magd zwei Söhne; die bekamen Streit miteinander auf dem
Felde, und da zwischen ihnen niemand schlichtete, schlug der eine
seinen Bruder tot. Und nun hat sich die ganze Verwandtschaft wider deine Magd erhoben und sagt: ›Gib den Brudermörder heraus,
daß wir ihn töten für das Leben seines Bruders, den er ermordet hat,
und auch den Erben ausrotten.‹ So wollen sie den Funken auslöschen, der mir noch geblieben ist, daß meinem Manne weder
Name noch Nachkommenschaft auf Erden bleibe.« Der König
sprach zu der Frau: »Geh heim, ich werde deinetwegen Befehl geben.« Die Frau von Thekoa aber sprach zum König: »Auf mir, mein
Herr und König, liege die Schuld und auf meines Vaters Haus, der
König aber und sein Thron seien ohne Schuld!« Der König sprach:
»Wer etwas von dir will, den bringe zu mir; er soll dich künftig nicht
mehr antasten.« Sie sprach: »Der König gedenke doch Jahwes, seines Gottes, daß der Bluträcher nicht noch mehr Unheil anrichte und
daß man meinen Sohn nicht verderbe!« Er antwortete: »So wahr
Jahwe lebt, es soll nicht ein Haar [vom Haupte] deines Sohnes auf
die Erde fallen!« Da sprach die Frau: »Dürfte doch deine Magd zu
meinem Herrn, dem König, ein Wort reden!« Er antwortete:
»Rede!« Die Frau sprach: »Warum denn hast du solches wider das
Volk Gottes im Sinn – indem der König so entschieden hat, ist er ja
selbst gleichsam ein Schuldiger –, daß der König seinen Verstoßenen nicht zurückkehren läßt? Denn sterben müssen wir zwar und
sind wie Wasser, das auf die Erde geschüttet wird und das man nicht
wieder fassen kann. Aber rafft Gott das Leben nicht hinweg, so sinnt
er darauf, daß ein Verstoßener nicht aus seiner Nähe verstoßen
bleibe. So bin ich nun gekommen, zu meinem Herrn, dem König,
dieses Wort zu reden, weil die Leute mir Angst machten. Deine
Magd aber dachte: Ich will es doch dem König sagen. Vielleicht
erfüllt der König die Bitte seiner Magd; denn der König wird seine
Magd erhören und sie aus der Hand des Mannes erretten, der darnach trachtet, mich samt meinem Sohne aus dem Erbe Gottes zu
vertilgen. Und deine Magd dachte: Das Wort meines Herrn, des

Königs, wird mir eine Beruhigung sein; denn mein Herr, der König, ist wie der Engel Gottes, daß er Gutes und Böses unterscheiden kann. Jahwe, dein Gott sei mit dir!«

Da antwortete der König und sprach zu der Frau: »Verhehle mir doch nichts, wonach ich dich frage.« Die Frau sprach: »Mein Herr, der König, rede!« Der König sprach: »Hat nicht bei alldem Joab die Hand im Spiele?« Die Frau antwortete: »So wahr du lebst, mein Herr und König, es ist nicht möglich, weder zur Rechten noch zur Linken auszuweichen bei allem, was mein Herr, der König, sagt. Ja, dein Knecht Joab, er hat es mir befohlen, und er hat alle diese Worte deiner Magd in den Mund gelegt. Um der Sache ein anderes Aussehen zu geben, hat dein Knecht Joab das getan; aber mein Herr ist so weise wie der Engel Gottes, daß er alles weiß, was auf Erden geschieht.« Da sprach der König zu Joab: »Wohlan, ich erfülle diese Bitte. Geh hin und hole den Jüngling Absalom zurück.« Da warf sich Joab auf sein Angesicht zur Erde, verneigte sich und segnete den König, und Joab sprach: »Heute erkennt dein Knecht, daß du mir wohlgesinnt bist, mein Herr und König, weil der König die Bitte seines Knechtes erfüllt.« Dann machte sich Joab auf und ging nach Gesur und brachte Absalom heim nach Jerusalem. Aber der König sprach: »Er soll in sein Haus gehen und mir nicht unter die Augen treten!« So ging denn Absalom in sein Haus und trat dem König nicht unter die Augen.

Und Absalom wohnte zwei Jahre in Jerusalem, ohne dem König unter die Augen zu treten. Dann schickte Absalom nach Joab, um ihn zum König zu senden; aber er wollte nicht zu ihm kommen. Da schickte er noch ein zweites Mal hin; aber er wollte nicht kommen. Nun sprach er zu seinen Knechten: »Seht, Joab hat da einen Acker neben mir und Gerste darauf. Geht hin und zündet ihn an!« Da zündeten die Knechte Absaloms den Acker an. Nun machte sich Joab auf und kam zu Absalom ins Haus und sprach zu ihm: »Warum haben deine Knechte meinen Acker angezündet?« Absalom antwortete Joab: »Ich habe doch nach dir geschickt und dir entboten: Komm her, ich will dich zum König senden und ihm sagen lassen: ›Warum bin ich von Gesur heimgekommen? Es wäre mir besser, ich wäre noch dort!‹ Jetzt aber will ich dem König unter die Augen treten! Ist eine Schuld an mir, so töte er mich!« Da ging Joab zum König hinein und sagte es ihm, und der ließ Absalom rufen. Als er zum König hereinkam, verneigte er sich vor ihm und warf sich vor dem König mit dem Angesicht zur Erde; der König aber küßte Absalom.

Darnach geschah es, daß Absalom sich Wagen und Pferde anschaffte, dazu fünfzig Trabanten, die vor ihm herliefen. Und alle Morgen in der Frühe stellte sich Absalom neben dem Torweg auf, und jeden, der einen Handel hatte, so daß er zum König kam, um sich Recht sprechen zu lassen, den rief Absalom an und sprach: »Aus welcher Stadt bist du?« Wenn der dann sagte: »Dein Knecht kommt aus dem und dem Stamm Israels«, so sprach Absalom zu ihm: »Siehe, deine Sache ist ja gut und recht, aber du hast beim König keinen, der dich anhört.« Und Absalom sprach: »O wäre doch ich zum Richter im Lande bestellt, daß jeder zu mir käme, der einen Streit und Rechtshandel hat! Ich wollte ihm zu seinem Recht verhelfen!« Und wenn dann jemand nahte, sich vor ihm zu verneigen, so streckte er seine Hand aus, faßte ihn und küßte ihn. So machte es Absalom mit allen Israeliten, die zum König kamen, um sich Recht sprechen zu lassen, und so stahl sich Absalom das Herz der Männer Israels.

Nach vier Jahren sprach Absalom zum König: »Laß mich doch hingehen und in Hebron das Gelübde erfüllen, das ich Jahwe getan habe. Denn als dein Knecht zu Gesur in Syrien weilte, hat er gelobt: ›Wenn mich Jahwe nach Jerusalem zurückkehren läßt, so will ich Jahwe in Hebron ein Opfer bringen.‹« Der König sprach zu ihm: »Geh hin in Frieden!« Da machte er sich auf und ging nach Hebron. Auch schickte Absalom Kundschafter durch alle Stämme Israels und ließ sagen: »Wenn ihr den Schall der Posaunen hört, so ruft: Absalom ist König geworden in Hebron!« Mit Absalom zogen auch zweihundert Männer von Jerusalem, die geladen waren und arglos mitgingen, ohne daß sie um irgend etwas wußten. Absalom ließ auch den Ahithophel von Gilo, den Ratgeber Davids, aus seiner Stadt Gilo rufen, als er die Opfer darbrachte. So wurde die Verschwörung immer stärker, und immer mehr Leute hielten zu Absalom.

Da kam einer und meldete David: »Das Herz der Männer Israels hat sich Absalom zugewandt.« David aber sprach zu allen seinen

Leuten, die bei ihm in Jerusalem waren: »Auf, laßt uns fliehen! denn sonst gibt es für uns kein Entrinnen vor Absalom. Macht euch eilends auf den Weg, damit er uns nicht ereile und Unheil über uns bringe und die Stadt mit der Schärfe des Schwertes schlage!« Da sprachen die Leute des Königs zu ihm: »Ganz wie unser Herr, der König, will – wir sind deine Knechte.« So zog der König aus und sein ganzer Hof ihm nach. Der König ließ aber zehn Kebsweiber zurück, den Palast zu hüten. So zog der König aus, und alle seine Leute ihm nach. Beim letzten Hause machten sie halt, während alles Kriegsvolk an ihm vorüberzog; auch alle Kreter und Plether [d. h. die Leibwache] und alle Leute des Gathiters Ithai, sechshundert Mann, die ihm aus Gath gefolgt waren, zogen am König vorüber. Da sprach der König zu Ithai aus Gath: »Warum willst du auch mit uns gehen? Kehre um und bleibe beim König! Denn du bist ein Fremder und sogar aus deiner Heimat verbannt. Gestern erst bist du gekommen, und heute schon sollte ich dich mit auf die Irrfahrt nehmen, da ich wandere und weiß nicht, wohin? Kehre um und nimm deine Brüder mit zurück. Jahwe wird dir Güte und Treue erweisen.« Ithai aber antwortete dem König: »So wahr Jahwe lebt, und so wahr mein Herr, der König, lebt, nein! Wo mein Herr, der König, sein wird, es gehe zum Tode oder zum Leben, da wird auch dein Knecht sein!« Da sprach David zu Ithai: »Wohlan, so zieh vorüber!« So zog denn Ithai aus Gath mit all seinen Leuten und seinem ganzen Troß vorüber. Und das ganze Land weinte laut, während alles Kriegsvolk vorüberzog. Der König aber ging über den Bach Kidron, und alles Volk zog hinüber in der Richtung nach der Steppe. Siehe, da waren auch Zadok und Abjathar mit allen Leviten; die trugen die Lade Gottes und stellten sie dort nieder, bis alles Volk aus der Stadt vollständig vorbeigezogen war. Aber der König sprach zu Zadok: »Bringe die Lade Gottes wieder in die Stadt! Finde ich Gnade vor Jahwe, so wird er mich zurückführen, daß ich sie und seine Wohnung wiedersehe. Spricht er aber: Ich habe kein Gefallen an dir – nun, da bin ich; er tue mir, was ihm gefällt!« Und der König sprach zu dem Priester Zadok: »Seht, du und Abjathar, kehrt ihr nur ruhig in die Stadt zurück; auch dein Sohn Ahimaaz und Jonathan, der Sohn Abjathars, eure beiden Söhne mit euch. Seht, ich bleibe bei den Furten in der Wüste, bis

Botschaft von euch kommt und mir Nachricht gibt.« So brachten denn Zadok und Abjathar die Lade Gottes nach Jerusalem zurück und blieben dort. David aber stieg weinend den Ölberg hinan, verhüllten Hauptes und barfuß; auch alles Volk, das bei ihm war, stieg verhüllten Hauptes und weinend hinan. Nun hatte man David gemeldet: »Auch Ahithophel ist unter den Verschwörern bei Absalom.« Da sprach David: »O Jahwe, vereitle doch den Rat Ahithophels!« Als aber David auf den Berggipfel kam, wo man Gott anzubeten pflegt, siehe, da trat ihm der Arkiter Husai entgegen mit zerrissenem Rock und Erde auf dem Haupte. Und David sprach zu ihm: »Wenn du mit mir gehst, so fällst du mir zur Last; wenn du aber in die Stadt zurückkehrst und zu Absalom sagst: ›Ich will dein Knecht sein, o König! Vordem war ich deines Vaters Knecht; nun aber will ich dein Knecht sein‹, so kannst du mir den Rat Ahithophels zunichte machen. Dort sind ja auch die Priester Zadok und Abjathar bei dir. Alles nun, was du aus des Königs Hause hörst, sollst du den Priestern Zadok und Abjathar zu wissen tun. Sieh, die haben dort ihre beiden Söhne bei sich, Zadok den Ahimaaz und Abjathar den Jonathan; durch diese könnt ihr mir alles berichten, was ihr hört.« So kam Husai, der Vertraute Davids, in die Stadt, als Absalom eben in Jerusalem einzog.

Als David den Gipfel ein wenig überschritten hatte, siehe, da kam ihm Ziba, der Knecht Meribaals, mit einem Paar gesatelter Esel entgegen; die trugen zweihundert Brote, hundert getrocknete Trauben, hundert frische Früchte und einen Schlauch Wein. Da sprach der König zu Ziba: »Was willst du damit?« Ziba sprach: »Die Esel sind zum Reiten für die Familie des Königs, die Brote und Früchte zum Essen für die Diener und der Wein zum Trinken für die Ermatteten in der Wüste.« Der König sprach: »Wo ist aber der Sohn deines Herrn?« Ziba antwortete dem König: »Sieh, der ist in Jerusalem geblieben; denn er hat gesagt: ›Heute wird mir das Haus Israel das Königtum meines Vaters zurückgeben.‹« Da sprach der König zu Ziba: »So soll alles, was Meribaal hat, dein sein!« Ziba sprach: »Ich werfe mich nieder! Laß mich [auch ferner] Gnade vor dir finden, mein Herr und König!«

Als aber der König David bis Bahurim gekommen war, siehe, da trat dort ein Mann vom Geschlechte Sauls heraus mit Namen Simei,

Sohn des Gera; der stieß in einem fort Verwünschungen aus und warf mit Steinen nach David und allen Dienern des Königs David, obgleich alles Volk und alle Helden zu seiner Rechten und zu seiner Linken gingen. Simei sprach aber, als er fluchte: »Hinaus! hinaus! du Blutmensch! du Nichtswürdiger! Jahwe hat alles Blut des Hauses Sauls, an dessen Statt du König geworden bist, über dich gebracht und hat das Reich deinem Sohne Absalom gegeben, und siehe, nun steckst du in deinem Unglück, weil du ein Blutmensch bist.« Da sprach Abisai, der Sohn der Zeruja, zum König: »Warum soll dieser tote Hund meinem Herrn und König fluchen? Ich will hinübergehen und ihm den Kopf abschlagen.« Aber der König sprach: »Was habe ich mit euch zu schaffen, ihr Söhne der Zeruja? Laßt ihn fluchen! Wenn Jahwe zu ihm gesagt hat: ›Fluche dem David!‹ wer darf dann fragen: ›Warum tust du so?‹« Und David sprach zu Abisai und allen seinen Dienern: »Seht, mein eigner leiblicher Sohn stellt mir nach dem Leben; wieviel mehr jetzt der Benjaminit! Laßt ihn fluchen! Jahwe hat ihn geheißen. Vielleicht sieht Jahwe mein Elend an und gibt mir wieder Glück für den Fluch, der mich heute trifft.« So zog David mit seinen Leuten weiter, während Simei an der Seite des Berges neben ihm herging und in einem fort Verwünschungen ausstieß, Steine nach ihm schleuderte und ihn mit Erde bewarf. Und der König kam mit allem Volk, das bei ihm war, müde an den Jordan, und dort erholte er sich.

Alles beginnt mit einer äußerst eindrucksvollen Szene. Wie ist es möglich, einen Mann versöhnlich und gnädig gar zu stimmen, der mit der Strenge des Rechtsempfindens seinen eigenen Sohn ablehnt und in gewissem Sinne haßt? Anfangs mögen uns die Gründe für das merkwürdige Verhältnis zwischen David und Absalom nicht recht klar sein, ja, wir müssen mutmaßen, den beiden Akteuren dieser Tragödie wohl selber kaum. Alles, was sie durchleiden und durchleben, gestaltet sich vielmehr erst nach und nach und wird ihnen durch das eigene förmlich aufgenötigte Handeln überhaupt erst bewußt. Ohne ein Urteil aus dem Munde Davids abgewartet zu haben, hat Absalom das Richtige getan, als er nach Geschur in die damit selbstgewählte Verbannung floh. David scheint den Schmerz um die Ermordung seines Sohnes Amnon jahraus, jahrein in sich zu verpressen. Kein Wort, kein Gedanke an Absalom. Dabei ist gerade dieser an Gestalt und Schönheit wie prädestiniert, der künftige Thronanwärter in der Dynastie des Hauses Davids zu sein, prachtvoll von Äußerem, beeindruckend in der Aura seines Wirkens und so, wie wir ihn kennenlernen, ein Mann von kühnen, raschen Entschlüssen, eine Persönlichkeit des unbedingten Denkens, kompromißlos geradeaus, ungestüm und ungeduldig.

Wie ist es möglich, zugunsten des Staatsgefüges David auszusöhnen mit seinem Sohn? Es geht dem Sohn der Zeruja, dem Neffen Davids und General seiner Truppe, Joab, kaum um das Wohlergehen des Absalom; wir werden später noch hören, daß Joab selber ungerührt Hand anlegen und ihn ermorden wird. Es ist nicht das persönliche Mitleid, eher die Staatsräson, die Joab nötigt, eigene Wege zu beschreiten. Aber nun beginnt dieses fein gesponnene Werk. Alles hebt mit dem deutlichen Wissen an, daß man Menschen nicht mit Gründen der Vernunft alleine lenken kann und den König auf dem Thron wohl am wenigsten. Keines der Worte des General Joab würde bei David, dem König, verschlagen, und wäre es noch so zielbewußt, noch so logisch im Sinne des Machterhalts. Eine Frau muß her, eine Repräsentantin der Logik des Herzens, eine kluge Frau, wie uns versichert wird, aus Tekoa, dem Ort, wo der Prophet Amos später zur Welt kommen wird. Von dieser Frau nun wissen wir nicht einmal den Namen. Was bei ihr Klugheit heißt, erfahren wir erst durch die Art ihres Wirkens, eine sonderbare Mischung aus Menschenkenntnis, Takt, äußerst innigem Gefühl, schauspielerischer Kunst – in der Tat, das vorweggenommene Urteil kann nur bestätigt werden: diese Frau ist Joabs richtige Wahl. Wir erfahren, es habe der General seiner Dienerin jedes Wort eingegeben, das sie sprechen sollte; aber das kann unmöglich sein. Was diese Frau dem König vorträgt, ist eine eigene Dramaturgie, eine durchlebte, durchlittene Geschichte, eine Inszenierung, wie nur eine Frau sie so gestalten könnte, Mitleid heischend. Sie tritt in den Palast des Königs, müssen wir uns vorstellen, und noch ist das Königtum keine Generation alt, da nehmen wir bereits en passant wahr, daß es so etwas gibt wie ein Hofzeremoniell nach Art der fremden Völker. Zu Boden wirft sich diese Frau, sich windend, wehklagend, weinend, denn jammerswert ist die Geschichte, die sie vorbringt. Selbst nach dem Tod ihres Mannes verwitwet, ruht all ihre Hoffnung auf den beiden Söhnen. Die aber auf dem Feld gerieten in Streit, und einer erschlug den anderen. Die Geschichte von Kain und Abel scheint niemals zu enden. So verbleibt dieser Frau wenigstens der letzte, ihr Sohn, als einzige Zuversicht in die Zukunft, wäre da nicht das bittere Gesetz der Gerechtigkeit, genauer gesprochen der Blutrache. Die Sippe tritt heran und verlangt zur Strafe die Herausgabe dieses letzten, um ihn zu morden, um das Töten zu sühnen durch das Töten. Gerade das, was Gott über Kain sprach: niemand soll den Mörder erschlagen, sondern ganz in der Hand des Allmächtigen selbst liegt das Maß der Bestrafung, ist zerbrochen durch das, was die Menschen im Gefälle der Blutrache sich selber zusprechen. Ihre Angst, die des einen vor dem anderen, überwiegt jegliches Vertrauen in irgendeine göttliche Gerichtsbarkeit. Es selbst in die Hand zu nehmen und das gleiche durch das gleiche zu strafen – so ist das grausame ius talionis. Es braucht keinen König, braucht keine Staatsmacht, selbst besteht die Männlichkeit darin, den Tod eines Mannes zu sühnen. Gedanken dieser Art sind über dreitausend Jahre alt, aber auf unserer Erde bis heute nicht ausgestorben. Noch vor einer Weile wurde ein achtzehnjähriger Kurde vor ein deutsches Gericht gestellt, weil ihn die Sippe bestellt hatte als den Bluträcher. Zwei ganz verschiedene Rechtssysteme stoßen da aufeinander. Wer will da richten?

Woran die Frau appelliert, ist das Gefühl, daß es mehr geben muß als Gerechtigkeit. Wem denn ist gedient mit dieser Abstraktion der Blutjustiz? Der Frau würde der letzte Halt im Leben zerbrochen, und nichts weiter mehr besäße sie als die Traurigkeit und die Verzweiflung. Wenn irgend Gerechtigkeit, Rache, Tapferkeit und Strenge des Gesetzes dem Erhalt des Lebens dienen sollen, dann müssen sie am Interesse des Lebenserhalts selbst ihre Grenze finden. Aber so logisch argumentiert nicht diese Frau. Sie möchte das Herz des Königs rühren, und tatsächlich gelingt's ihr. Der König, bewegt von ihrem Vortrag, spricht, sie möge ruhig und gelassen nach Haus gehen, denn auf ihn, den König, werde Verlaß sein. Niemand werde ihrem Sohn ein Haar krümmen, dafür verbürgt sich der Herrscher selbst. Dieser Frau aber ist daran gelegen, daß nicht ein

Einzelfall erörtert wird, sondern daß etwas Grundsätzliches entschieden wird. Es geht ihr darum, daß David selbst sich verpflichtet bei Nennung des Gottesnamens. Ein neues, göttliches Prinzip soll da die menschliche Strafbereitschaft zügeln, sogar die des Königs. Und David spricht das Gotteswort: So wahr Gott lebt, soll dein Sohn am Leben bleiben. – Damit ist ein Gottesurteil gesprochen, das David selbst in die Pflicht nimmt. Und nun beginnt etwas, das kein Joab, kein Souffleur dieser Frau vorweg hat sagen können, ein Entscheidungsaugenblick beginnt. Martin Buber, als er diese Stelle las, hat sie in einem kleinen Aufsatz über die Frau in der Bibel seiner Tochter gewidmet und neben zwei anderen Frauengestalten diese als eine wesentliche Figur des ganzen Buches Israels hingestellt. Plötzlich hört das Klageweiblein auf, in der Sprache der Tränen, in der Sprache des Flehens zu reden. Plötzlich reckt sie sich auf vor dem König, schaut in seine Augen und redet in sein Gewissen. Auf ihn, den König selbst, fällt das gleiche Urteil zurück. Wenn es nicht Recht ist, entsprechend der Blutrache den Täter zu verfolgen, im Fall, daß damit alle Hoffnung erstirbt, dann muß das gleiche gelten für den König und seine eigene Familie. Der Name Absalom wird mit keinem Wort erwähnt, aber der König begreift: um gerade diesen geht's.

Man könnte bis dahin immer noch meinen, wir hätten es zu tun mit weiblichem Geschick, mit geschmeidiger Diplomatie, mit feinfühliger Suggestion, aber plötzlich, nachdem sie über den Einzelfall des Rechts ins Allgemeine des Gottesurteils geraten ist, schreitet die Frau noch ein Stück tiefer und redet ein Wort solcher Menschlichkeit, daß es den Himmel erschüttert. Plötzlich ist nicht mal mehr die Rede von Amnon und Absalom und David und Joab und der Zukunft des Volkes, plötzlich spricht die Frau aus Tekoa über die Hinfälligkeit des menschlichen Wesens. Sterbliche sind wir, wie Wasser geronnen zu Boden, das niemand mehr sammeln kann. Soll denn die Hinfälligkeit des Staubs sich formen zu der Härte des Gesteins? Sollen denn wir, dem Tode Ausgelieferte allesamt, den Tod in die Hand nehmen und als Waffe richten gegen unseresgleichen? Ist nicht ein jeder von uns schutzbedürftig, ausgesetzt, schwach und ohnmächtig und also der Güte bedürftig, mehr als der Gerechtigkeit, vom Verstehen lebend weit mehr als vom Verurteilen? Und ist dann überhaupt zu sein auf dieser Erde nicht ein Zeichen, daß das Leben selbst als ein ungeheures Gottesgeschenk uns übergeben ist? Wenn doch Gott noch zögert, uns in die Grube fahren zu lassen, denkt er dann nicht selbst, unverstoßen zu lassen den beinahe schon gänzlich Verstoßenen? – Es gibt kaum einen Satz in der Bibel, wo so dicht miteinander die Erbärmlichkeit und Not unserer Existenz sich verflicht und verpflichtet mit dem Erbarmen und der Güte Gottes, das wir selbst üben sollten, um Menschen zu bleiben.

Man hat immer wieder gern die Art, wie Männer denken, zu unterscheiden versucht von der Weise, wie Frauen sprechen. Vielleicht ist dies ein Beispiel, es zu belegen. Ging's nach den Männern, wäre der Tod fast eine Pflicht, aber eine Frau, eine Mutter in Israel, eine Unbekannte aus Tekoa redet ein Weisheitswort über das, was wir Menschen sind und was Menschlichkeit sein könnte. Danach fällt sie zurück in das Händeringen, Lispeln, Klagen und Seufzen. Die Geschichte geht weiter, und die drei Sätze, die sie sprach, das Konzentrat ihrer ganzen Botschaft, wird eingehüllt in ein Schleierband der Worte, wie um die Kühnheit ihrer direkten Rede wieder aufzuheben.

Natürlich weiß der König und hat längst gemerkt, worum es geht, aber die Frau noch zum letzten hat ihn, der sie auf ihre Rolle anspricht, als den Engel Gottes selbst bezeichnet in seiner Weisheit und seiner Größe. Und damit ist die Bahn frei, um Verständnis auch zu hoffen für die Antwort auf Davids Frage, ob sie nicht lediglich die Gesandte seines Generals, des Joab, sei. Sehr klug ist die Frau, wenn sie dem König die Wahrheit offenbart, indem sie ihm schmeichelt: So weise ist doch mein Herr, mein König, daß an seiner Person man niemals vorbei kann, rechts nicht und links nicht, und klug ist mein Herr, mein König, daß er alles weiß, was auf Erden geschieht. Wie wäre ein einzelnes ihm da zu verbergen? Natürlich, Joab steht hinter dem Ganzen, und sie hat nur gesprochen, was er ihr eingab, sie war nichts als ein Sprachrohr. – Die Geschichte spielt im tiefsten Patriarchalismus. Frauen haben da die Rolle zu übernehmen, die Männer ihnen zuweisen. Das alles mag uns empörend scheinen dreitausend Jahre danach. Aber welch eine Virtuosität einer Unbekannten, welch eine Größe einer Person, die aus dem Schatten ihrer Rolle für einen Lichtaugenblick heraustritt, das Herz ihres eigenen Königs derart zu erleuchten!

Absalom also kehrt wieder zurück, weil David es gestattet, aber er darf das Angesicht des Königs nicht schauen. Zürnend, wie von Wolken verschleiert, bleibt das Antlitz seines Vaters, wie ein Gewitter dräuend lagert es über dem Palast, in den Absalom einzieht.

Jahre sind so vergangen, als Absalom auf eine Entscheidung drängt. Auf Leben oder Tod, was ist jetzt Recht und was Unrecht? Zürnt David ihm rechtens? Dann soll er den Mut haben, ihn, Absalom, wirklich zu töten. Ist es aber nicht recht, ihn zu töten, dann ist es auch nicht recht, zu zürnen. Dann muß jetzt Zugang sein zu dem bis dahin Versperrten. Die Art, wie Absalom handelt, scheint für ihn charakteristisch. Als Joab, gebeten einmal, gebeten zweimal, nicht zu ihm kommt, in der richtigen Ahnung wohl, welch eine Mission ihm bevorstehe, läßt er das Feld des Generals dicht neben seinem benachbarten Landgut niederbrennen, wie um zu sagen: So brennend heiß ist mein Wunsch und so wütend verwüstend, wenn du nicht kommst, jetzt oder nie. Wir hören, nebenbei gesagt, von der sozialen Schichtung des Königtums in Israel um diese Zeit, daß sich da noch mischen Landarbeit und Herrschaft. Zeiten sind dies, wo Könige nicht nur Rosen schneiden, sondern die Hand an den Pflug legen. Das war in den Tagen Sauls so. Man versorgt sich, ein wenig zumindest, noch selber und hält sich nicht *ganz* steuerfrei schadlos. Immer noch ist da eine Verbindung zwischen Herrscher und Volk, bis in die Abhängigkeit vom eigenen Dienst. So kommt die Szene zustande, die uns erschüttern mag. David empfängt seinen Sohn nach all den Jahren, und die beiden sprechen kein Wort. Keiner kennt mehr den anderen. Von all den Jahren der Fremde kein Bericht, nur eine Umarmung, ein Kuß. Das Bestürzende an dieser Szene ist, daß Menschen es immer wieder oft herzlich versuchen, sie möchten einander gutsein, und sie haben nicht einmal die Kraft, die Voraussetzungen zu schaffen, um die Brücke über den Abgrund ihrer Entfremdung zu schlagen. Absalom hat erreicht, was er wollte, aber stimmt das, was er in Händen zu halten meint? David hat Absalom wiedergewonnen als seinen Sohn, aber darf er zählen auf diesen Mörder seines ältesten Sohns? Wie kann eine Geschichte der Versöhnung sich fortspinnen, wenn sie zustande kommt mehr erzwungen, mehr resigniert vor der Zeit, als durch Überzeugung, geläuterten Herzens gewissermaßen?

Es ist wie ein Paukenschlag, wenn der nächste Satz gleich weitergeht: Danach war's, Absalom hält sich ein Gefährt. Nun ja, das wäre soviel wie ein Rolls-Royce oder ein großer Mercedes, ein Standessymbol, und eine Leibgarde, fünfzig Mann, die vor ihm herlaufen – auch das sei ihm gegönnt. Nur, so fangen sie alle an, die Herrscher im Orient. Der Hofzeremoniellstil setzt sich ein Stück weit fort, alles wird großartiger, moderner, anspruchsvoller, angeglichener dem, was ringsum geschieht. Und diese kleine Geste schon des Absalom scheint ein bestimmtes Programm zu enthalten. Auf Absalom ruht die Jugend, die Vision, wie man König sein sollte in Israel; nicht mehr die alten Vorurteile, die die Propheten nährten, die prinzipiellen Einwände der Wüstenzeit. Königtum, das hat zu sein stilvoll, wie es ringsum bei den Ägyptern, bei den Mesopotamiern geübt wird. Da hat ein König eine gewisse Souveränität zu wahren. Man müßte den ganzen Hofstil selber in eine Politik gießen, die so geschmeidig ist, so wendig, so grazil und gleichzeitig so machtbewußt, wie es allenthalben geschieht. In gewissem Sinn, obwohl David gar noch nicht so lange regiert, scheint er wie altmodisch geworden. Absalom in seiner Schönheit lockt die Blicke im Lande an und zieht sie auf seine Person als Hoffnungsträger. Es kommt noch stärker. Wir rühren an ein Problem, das uns das ganze Verhalten des Absalom noch einmal offenbart. Er stellt sich am Eingang des Gerichtsgebäudes auf. Und wenn sie kommen von Israel im engeren Sinn, aus dem Nordreich also, fragt er sie nach ihrem Begehren, nach dem Grund ihrer Bitten. Und dann wird es sein, daß er ihnen erklärt im voraus schon: sie werden *doch* nicht Gehör finden bei David; vielmehr, wenn erst mal er, Absalom, auf dem Thron säße, dann würde die Gerechtigkeit selber Platz nehmen an der Stätte der Herrschaft. Wir müssen denken, daß dies nicht nur intrigant ist. Ich stelle mir vor, daß in Absalom eine Frage arbeitet und arbeitet wie ein Gift, das durch die Venen fließt. Ist David der König, an den sie glauben? Vermutlich wird Absalom nicht aus einzelnen Urteilen seine Meinung gewonnen haben, der König sitze und urteile falsch, er wirke Unrecht im Namen der Gerechtigkeit; es wird das Grundgefühl sein, das Absalom hatte schon Amnon gegenüber. Dessen Problem haben wir kennengelernt: nur nicht so werden wie mein Vater! Mein Vater, das war der König, der gleichzeitig das Schwert

und die Zither in der Hand hielt, der Gewalt und Poesie zusammen-
bekam, Frömmigkeit und Machtwillen. David *war* ein Mann, den
man ehren konnte bis zu der Szene von Batseba und der Ermordung
des Urija. Wir haben angenommen, daß der Schrecken darüber
Amnon bis in das Herz seiner Seele verwüstet hat, Absalom aber,
müssen wir denken, nicht minder. Amnon hat nie etwas anderes
gewagt, als gewissermaßen scheu um Liebe zu betteln, und als er sie
fand, sie sich gewaltsam zu rauben. Absalom hat sich vorgesetzt
offenbar, anders zu sein als sein Vater, indem er ihn überbietet und
kraftvoll ihn von seiner Seite verdrängt. Ein Mann, der tun kann,
was David getan hat, hat kein Recht, Amnon zu strafen, soviel steht
fest. Aber ein Mann, der nicht einmal den Vergewaltiger seiner
Schwester strafen kann, weil es ihm an der nötigen Unschuld ge-
bricht und der Manneskraft – ein solcher Mann kann nicht Richter
sein in Israel. Absalom scheint wie fanatisch besessen von diesem
Gedanken zu sein: Es muß Gerechtigkeit sein, es muß Ordnung in
das menschliche Leben kommen, und sie muß dynamisch gelebt
werden. Das ist es jedenfalls, was er jedem verspricht, der nach Jerusalem kommt, bei David eine Entscheidung zu suchen. Er, Absalom, wäre die Zukunft des Gerechtigkeitswillens Gottes in Israel.
Man scheint ihm das geglaubt zu haben, an seinen Worten muß
etwas Wahres gewesen sein.

Vor allem: viel tiefer als die Szene um Amnon oder Batseba liegt
die Behandlung Sauls auf Davids Gewissen und Geschichte. Wir
hören wie nebenbei, daß ganz Israel, das Nordreich, im Grunde
bald schon hinter Absalom steht. Der Tag kommt, wo unter dem
Vorwand, ein Gelübdeopfer darzubringen, sich Absalom nach Hebron begibt. Dort sammelt er seine Macht, schickt Boten aus, erklärt den Aufstand, und Israel steht hinter ihm. Noch ist keine Tat
der Gewalt verübt, da ist David nicht länger mehr König. In Judäa
wird es Mitläufer geben, das mag man glauben, aber schon scheint
der Aufstand wie ein Erdrutsch alles umzuspülen, was von David so
fest gegründet schien, und nun überschlagen sich die Ereignisse. Es
kommt von Gilo Ahitofel, der Berater vom Hof Davids. Offensichtlich hat er in Jerusalem seit langem nichts mehr verloren gehabt.
Der Grund ist nicht erzählt, wird aber angedeutet im zweiten Buch
Samuel, 23. Kapitel, Vers 34: Da hören wir, daß Ahitofel der Groß-

vater Batsebas war! Könnte es sein, daß dieser Mann, dessen Enkelin jetzt auf dem Thron sitzt, nie vergeben hat, in welcher Art und Weise sie dahin kam, und der sich geweigert hat, einen König zu beraten zu immer noch schlimmeren Verbrechen? Dann verstehen wir, warum Ahitofel hinübergeht zu Absalom. Es wird endlich Moral, Ordnung, Sitte und Klarheit einziehen in das Haus der Unzucht, der Gewalt, des Plünderns und der endlosen Kriege; Absalom als Friedensfürst, als »Vater des Friedens«, wie schon sein Name heißt: »Abschalom«. Ahitofel aber ist ein Witz von Name; er heißt soviel auf deutsch wie »mein Bruder ist die Dämlichkeit« – so kann man nicht heißen, selbst in Israel nicht. Wahrscheinlich haben wir es zu tun mit einer späten Rache an einem wirklichen Hofgenie. Elifelet kann er vielleicht geheißen haben. Man hätte dann zwei Konsonanten vertauscht und zusätzlich die Konsonantengruppe geändert in einer Lautverbindung, die man gern in Israel übt, wenn man jemanden besonders haßt: man unterstellt die Vokalisation von »Boschet«, das ist »das Scheusal« – Ahitofel also auf deutsch »ein Miststück« für die Hofberichterstatter. Denn verraten hat er seinen König, soviel steht fest. Aber aus welchen Gründen? Und wie er es tun wird und wie es endet mit dem Mann aus Gilo, das müssen wir sehen.

Es ist Davids Genie in dieser Stunde, im Augenblick zu erkennen, was das Richtige ist. Man könnte glauben, ein König, der bedroht ist, beschließt augenblicklich, die Burg zu verriegeln, die Stadttore zu schließen, die Mannschaft zu rüsten und sich in der Festung einzuigeln. Handelte David so, hätte er vermutlich keine Chance, der ganze Heerbann Israels käme über ihn, und über den Geschwächten fielen zugleich die ehemaligen Anhänger in Judäa her. Eines erkennt David deutlich: er ist nicht einmal in Jerusalem seiner Sache sicher. Steht erst mal Absalom draußen, könnte es sein, daß es einen Aufruhr selbst in der eigenen Königsstadt gibt. David entscheidet völlig richtig: in der Stunde der Gefahr hinaus ins Freie und die gesamte Heeresmacht, die ihm noch verbleibt, heil und gerettet hinaus! – Wenn Sie in diesen Tagen die tschetschenische Tragödie lesen, möchte man wünschen, Dudajew hätte diese Geschichte gelesen. Wie man wirklich Krieg führt gegen einen überlegenen Feind, David hätte es zeigen können: Um Gottes willen doch nicht die Verteidigung der Hauptstadt gegen einen Gegner, der mit jeder beliebigen Macht zuschlagen wird, und es ist nur eine Frage der Zeit, bis nichts mehr aufeinander steht! Raus mit allen Mannschaften, die man hat, und dann im offenen Gelände, entweder in der Art des Guerillakrieges oder der offenen Feldschlacht, gleich, wie es kommen mag, aber dann kompakt zugeschlagen – so das Kalkül Davids. Außerdem gilt es, die Königsstadt zu schonen. Selbst die Nazis wußten das, als sie Rom räumten vor der Eroberung durch die Alliierten.

In diesem Sinn ist David schlau, aber was wir noch hören, ist weit mehr: wie er mit Menschen umzugehen weiß, als wäre ihr Herz ein virtuos zu spielendes Klavier. Da rückt die Fremdenlegion, die Kreter und die Pleter, vor ihm aus, Benaja, ihr Gouverneur, wird gar nicht erst erwähnt, statt dessen Ittai, ein Mann mit 600 Philistern. Das war bisher der erklärte Gegner der Israeliten. Da aber Ittai mit seinem Freikorps gerade zur rechten Zeit aus Gat kommt, könnte man denken, David wäre froh, diesen Rückhalt in seiner Mannschaft zu haben. Natürlich ist er das. Aber bittet er Ittai darum: Hilf mir jetzt, wo ich in Not bin; du, der Philister, hilf mir, dem Hebräer? Es ist unglaublich, daß wir David sagen hören allen Ernstes zu Ittai: Geh du nach Hause; du bist ein Fremdling und du verteidigst hier nicht deine Sache; das ist eine Geschichte unter uns. – Und natürlich kalkuliert David völlig richtig. Es gibt unter Männern so etwas wie Kameradschaft, eine irrsinnige Tugend. Sie hat nichts zu tun mit Freundschaft, sie gilt eigentlich nicht der Person des andern, nicht einmal der Sache, mit der man sich identifiziert; es ist eine Form der Absprache; aber für diese so lockere Beziehung können Menschen in den Tod gehen. Da gibt es eine merkwürdige Form von Bündnistreue, von Zusammengehörigkeitsgefühl. Man will zuverlässig sein. So Ittai. Er wird wenig später belohnt werden und der drittwichtigste General am Hofe sein; aber das weiß er hier nicht. David wird ihn königlich später belohnen, aber jetzt, wo es um alles geht, kann Ittai nur sagen, wie er eigentlich sprechen soll: Mein Herr König, nein. Wenn du stirbst, sterb’ ich mit, und wenn du lebst, leb’ ich mit.

Dann kommen drei Begegnungen, die wir gar nicht genau genug würdigen können, weil sie über alles entscheiden. Es kommt Ziba zu David. Das ist der Verwalter des Merib-Baal; wahrscheinlich kennen Sie den Mann nicht mehr, er ist der Sohn Jonatans, mit anderen Worten, der Enkel Sauls, der letzte aus der Sippe. Im vierten Kapitel des zweiten Buches Samuel hören wir: Auf der Flucht, als ein kleines Kind noch, ist er so unglücklich gefallen an der Hand seiner Amme, daß er sich die Glieder brach und gelähmt war. Diesen Merib-Baal hatte David an den Hof bestellt, im Grunde um ihn kaltzustellen, und ihm den Verwalter Ziba gegeben. Merib-Baal hat David so sehr gelobt, daß wir schon damals Grund hatten zu mutmaßen, er denke im Grunde voller Angst, David werde auch ihn töten, so wie all die Sauliden vor ihm. Aber er bekennt die Größe und die Güte des Königs, der es wert ist, daß der Segen Gottes auf ihm ruht. Wie sehr das alles Heuchelei war, hören wir jetzt. Dieser Merib-Baal muß verrückt genug gewesen sein, zu glauben, Absalom inszeniere den Aufstand mit Israel, damit ausgerechnet er, Merib-Baal, der Gelähmte, wieder König werde rechtmäßig in der Nachfolge Sauls – diese Ideen waren wirklich nicht ausgerottet, David hatte Grund, um seine Macht zu fürchten. Aber Merib-Baal war schlimmer als ein Phantast. Die Marionette des Königs will sich hier aufschwingen, Weltgeschichte zu machen; das ist soviel, wie wenn ein Korken in der Flut glaubt, ein Schiff zu steuern. Ziba weiß, woran er ist, als er sich an David hält, er bringt ihm Proviant und wird augenblicklich eingesetzt in den Besitz schon von allem, was Merib-Baal je gehört hat; um *den* Mann wird's geschehen sein, auch um sein Leben. Solche Dinge wird auch David, der fromme und der treue, nicht vergeben.

Dann kommt Zadok mit der Bundeslade, die man mitgenommen hat. Man bringt Opfer dar, man scheint, was eine Flucht war, wie einen heiligen Krieg im Beistand des Allerhöchsten zu organisieren. Aber wieder ist David schlau und fromm gleichzeitig, und wir wissen nie: was ist da Heuchelei, was ist Geschick, was ist einfach nur virtuos? Er, David, erklärt, daß er die Bundeslade nicht brauchte; derselbe Mann, der sie geschleppt hat nach Jerusalem, damit er um so sicherer dem Volk imponieren könnte, erklärt hier, daß ihm kein Gott in Gestalt der Bundeslade nötig sei; *tiefer* nämlich glaubt er an Gott. Entweder er wird siegen – dann trifft er die Bundeslade just in Jerusalem wieder, oder es geht alles schief – dann hilft ihm auch die Bundeslade nicht. Dann spricht Gott auf seine Art und Weise, dann ist der Fetisch überflüssig. Aber die paar Männer, die ihm bleiben, sind wichtig, die Kampftruppe, die Erprobten, die Giborim, die Schlagetots durch Technik und Dauertraining, auf die muß Verlaß sein, und die durchzubringen bis zum Bachtal, das ist der ganze Plan. Trauernd, weinend, verhängt – ein erschütternder Zug.

Aber nebenbei hören wir noch, daß Zadok mit seinem Sohn und Abjatar, der Hofpriester, mit seinem Sohn in Jerusalem sein müssen, und das ist alles andere als bloßer Gottesdienst. Die beiden sollen, grob gesagt, als Priesterspione sich nützlich machen. Wenn die Bundeslade da ist, wird sie niemand vertreiben, und das einzige, was nottut, ist, daß sie offene Ohren behalten und ihre beiden Söhne geschwinde Beine. David verrät, wo man ihn finden kann, und dorthin soll's berichtet werden.

Dann droht nur noch eine einzige Gefahr. Absalom ist jung und unerfahren. Aber Ahitofel ist ein schlauer Fuchs. Wenn die Begeisterung der Jugend und die Klarheit eines alternden Verstandes zusammenkommen, dann braut sich ein Taifun über David zusammen. Wie man den abfangen kann, das wissen die Götter oder die Teufel oder der Arkiter Huschai. Er ist ein anderer Berater am Hof, und er schlägt sich in der Stunde der Entscheidung zu David, doch der König erklärt, daß er selbst in der Stunde der Entscheidung nichts tun könne. Hingegen: Ein schlauer Mann mit schwachem Körper nutzt jetzt nichts im Heerbann, aber in der Nähe Absaloms wäre er brauchbar, er muß nur hören, was da gesprochen wird und es zermahlen, bis aus den besten Statuen der Visionen Absaloms abgeschmirgelter Sand und Staub wird. Wenn Gott doch zunichte machen könnte die Pläne Absaloms! Wenn's Gott nicht tut, muß es Huschai tun, und ich darf Ihnen verraten, er wird es tun. Was kann ein Mann in äußerster Not tun, als noch auf dem Schlacht- oder Schachfeld die Figuren und die Truppen so aufzustellen, daß es für den Gegner wie eine Falle wird. Zurückgelassen hat er noch die zehn Kebsweiber; Stefan Heym meint, die ihm häßlichsten, aber das sagt nicht die Bibel.

Von Absalom hören wir noch, daß seine Tochter, wunderschön, Tamar hieß, und wir müssen vermuten, das war absichtlich der Name seiner Schwester, so daß das Mädchen, das groß wurde an der

Hand seines Vaters, auslöschen sollte die Schande der bis zum Wahnsinn Geschändeten. Das ist das Motiv. Da kämpfen Menschen um Gerechtigkeit, aber wir nun, im Rückblick auf all das, müssen uns fragen: Worum eigentlich kämpfen sie? Kann's sein, daß wir Dinge tun, die aussehen wie ein Erfolg, und dann knicken sie zusammen wie ein Kartenhaus? Gerade noch sitzt David im Zentrum der Macht und ist plötzlich ein Vertriebener! Absalom glaubt, der Gerechtigkeit den Weg zu bereiten, aber was er tun wird, ist Verrat, Aufruhr und der Tod für viele Hunderte und Tausende. Was ist menschliche Geschichte, wenn sie so ist wie hier? Worauf gründet sich Verlaß, wenn Menschen sich selber kaum kennen, geschweige wie sie miteinander umgehen?

Am eindrucksvollsten ist der Auftritt des Saulisten Simei. Er wird zu dem lautesten Zeugen der Untaten Davids in der ganzen Bibel. Es ist, wie wenn die Not dem Vertriebenen den Königsmantel von der Schulter gezogen hätte und seine Armseligkeit, seine Blutrünstigkeit, seine Nichtswürdigkeit würde jetzt aus dem Munde Simeis jedem offenbar gemacht. Natürlich, man kann auch ihn mundtot machen, man kann auch ihn totschlagen, doch wäre das nur die Bestätigung all seiner Vorwürfe. Was bleibt David anderes, als sich auf Gedeih und Verderb in die Hand Gottes zu geben, mit all seiner Schuld, mit all seinem Schmerz, mit all seiner Schande?

Es gibt ein erschütterndes Gebet, das die Bibel David zutraut. Kein Mensch weiß, wann es gesprochen ist, der Psalm 23, aber wahrscheinlich fühlt der König in dieser Stunde, vom Kidrontal zum Ölberg emporsteigend, gerade so, wie's dieser Psalm beschreibt. Nicht einmal auf sich selbst ist Verlaß, auf Menschen kaum, auf Macht schon gar nicht, auf Klugheit begrenzt, auf Einfluß nur mäßig. Dieser Rest, wenn man alles wegnimmt, ist in der Bibel Gott genannt, und von ihm meint der Psalm 23: *Nur* – müßte man ergänzen – der Herr ist mein Hirte.

TEXT: Psalm 23

Ein Psalm Davids.

Der Herr ist mein Hirte,
mir wird nichts mangeln.
Auf grünen Auen läßt er mich lagern,
zur Ruhstatt am Wasser führt er mich.
Er stillt mein Verlangen;
er leitet mich auf rechtem Pfade
um seines Namens willen.
Und ob ich schon wanderte im finstern Tal,
ich fürchte kein Unglück;
denn du bist bei mir,
dein Stecken und Stab, der tröstet mich.
Du deckst mir den Tisch
im Angesicht meiner Feinde;
du salbst mein Haupt mit Öl
und schenkst mir den Becher voll ein.
Lauter Glück und Gnade werden mir folgen
all meine Tage,
und ich werde
    in des Herrn Hause weilen
mein Leben lang.

21. Januar 1995

14

Siehe, der König weint

BEIM sogenannten Thronnachfolgebericht Davids handelt es sich, wie schon mehrfach betont, um eine der frühesten Geschichtsschreibungsurkunden der Menschheit, und sie ist, gemessen an dem Gros der biblischen Überlieferung, das Modernste, oft uns am erschreckendsten Nächste, was wir an menschlicher Größe und Niedrigkeit, Denkungsart und Handlungsweise in der Bibel antreffen. Alles, was wir hören, ist wie gelagert über dem Abgrund, aber selbst das, was Vertrauen schaffen soll, ist merkwürdig irritierend und zwielichtig.

Wir haben die Szene begleitet, in der David fliehen muß aus Jerusalem, der Königsstadt, die er selber eingerichtet hat, um vor Absalom, seinem Sohn, das Leben und seine Truppe in der judäischen Wüste in Sicherheit zu bringen. Wir setzen ein an der Stelle, da Absalom Einzug hält in die Stadt seines Vaters und, wie man glauben soll, in die Stadt seines Gottes.

TEXT: 2 Sam 16, 15–23; 17, 1–29; 18, 1–32; 19, 1–15

Absalom aber und alle Männer Israels waren nach Jerusalem gekommen; auch Ahithophel war bei ihm. Als nun der Arkiter Husai, der Vertraute Davids, zu Absalom hineinkam, sprach er zu ihm: »Es lebe der König! es lebe der König!« Absalom aber sprach zu Husai: »Ist das deine Liebe zu deinem Freunde? Warum bist du nicht mit deinem Freunde gezogen?« Husai erwiderte Absalom: »Nein! sondern wen Jahwe erwählt hat und dieses Volk und alle Männer Israels, zu dem gehöre ich und bei dem bleibe ich! Und zweitens: Wem diene ich denn? Doch dem Sohne! Wie ich deinem

Siehe, der König weint

Vater gedient habe, so will ich auch dir zu Gebote stehen.« Und
Absalom sprach zu Ahithophel: »Gebt einen Rat! Was sollen wir
tun?« Ahithophel antwortete Absalom: »Geh zu den Kebsweibern
deines Vaters, die er zurückgelassen hat, das Haus zu hüten; dann
wird ganz Israel erfahren, daß du dich bei deinem Vater verhaßt
gemacht hast, und alle, die zu dir halten, werden ermutigt werden.«
Da schlug man auf dem Dache für Absalom das Zelt auf, und Absalom ging vor den Augen von ganz Israel zu den Kebsweibern seines
Vaters. Wenn nämlich Ahithophel damals einen Rat gab, so galt es,
wie wenn man Gott befragte; so galt jeder Rat Ahithophels bei David wie bei Absalom.

Hierauf sprach Ahithophel zu Absalom: »Ich will mir zwölftausend Mann auswählen, mich aufmachen und David gleich heute
nacht verfolgen und ihn überfallen, während er noch müde und ver-
zagt ist. Wenn ich ihn so aufschrecke, wird alles Volk, das bei ihm
ist, fliehen, und ich kann den König allein erschlagen; dann will ich
alles Volk zu dir zurückbringen, wie eine junge Frau zu ihrem Gatten zurückkehrt. Du stellst ja nur einem Manne nach dem Leben,
das ganze Volk aber soll unversehrt bleiben.« Die Rede gefiel Absalom und allen Ältesten Israels. Aber Absalom sprach: »Ruft noch
den Arkiter Husai, damit wir auch hören, was er dazu sagt.« Als
Husai zu Absalom hereinkam, sprach Absalom zu ihm: »Das und
das hat Ahithophel geraten. Sollen wir tun, was er geraten hat? Wo
nicht, so rede du!« Da sprach Husai zu Absalom: »Der Rat, den
Ahithophel diesmal gegeben hat, ist nicht gut.« Und Husai fuhr
fort: »Du weißt, daß dein Vater und seine Leute Helden sind und
grimmen Mutes, wie eine Bärin auf dem Felde, der man die Jungen
geraubt hat. Dazu ist dein Vater ein Kriegsmann; der hält nicht
Nachtruhe mit dem Volk. Gewiß liegt er jetzt irgendwo in einer
Schlucht versteckt oder sonst an irgendeinem Ort. Wenn nun gleich
am Anfang etliche von den Leuten fallen und man hört davon, so
heißt es: Das Volk, das zu Absalom hält, hat eine Niederlage erlitten! Und dann wird auch der Tapferste, der beherzt ist wie ein
Löwe, ganz und gar verzagen; denn jeder Israelite weiß, daß dein
Vater ein Held ist und seine Leute tapfere Männer. Vielmehr rate
ich: Ganz Israel von Dan bis Beerseba soll sich um dich versammeln, so zahlreich wie der Sand am Meer, und du selbst sollst unter

ihnen ausziehen. Treffen wir ihn dann an irgendeinem Orte, wo er sich finden läßt, so wollen wir über ihn herfallen, wie der Tau auf die Erde fällt, und so soll von ihm und all den Männern, die bei ihm sind, auch nicht einer übrigbleiben. Zieht er sich aber in eine Stadt zurück, so soll ganz Israel Stricke um jene Stadt legen, und wir schleifen sie zu Tal, bis dort auch nicht ein Steinchen mehr zu finden ist.« Da sprachen Absalom und alle Männer Israels: »Der Rat des Arkiters Husai ist besser als der Rat Ahithophels.« Jahwe nämlich hatte es so gefügt, daß der kluge Rat Ahithophels vereitelt wurde, um das Unheil über Absalom zu bringen.

Darnach sprach Husai zu den Priestern Zadok und Abjathar: »Das und das hat Ahithophel dem Absalom und den Ältesten Israels geraten, und das und das habe ich geraten. So sendet nun eilends hin und laßt David sagen: ›Bleibe nicht übernacht an den Furten in der Wüste; hinüber [d. h. über den Jordan] mußt du gehen‹, damit nicht der König und alles Volk, das bei ihm ist, aufgerieben werden.« Jonathan aber und Ahimaaz standen an der Walkerquelle, und eine Magd ging jeweilen hin und brachte ihnen Nachricht; dann gingen sie und meldeten es dem König David; denn sie durften sich nicht sehen lassen und in die Stadt kommen. Aber ein Knabe sah sie und hinterbrachte es Absalom. Da gingen die beiden eilends hin und kamen zum Hause eines Mannes in Bahurim; der hatte eine Zisterne in seinem Hofe, in die stiegen sie hinab. Und das Weib nahm eine Matte und breitete sie oben über die Zisterne und streute Getreidekörner darüber, so daß man nichts merkte. Als nun die Knechte Absaloms zu dem Weibe ins Haus kamen und fragten: »Wo sind Ahimaaz und Jonathan?« sagte das Weib zu ihnen: »Sie sind von hier nach dem Wasser [d. i. dem Jordan] weitergegangen.« Da suchten sie nach ihnen; doch als sie nichts fanden, kehrten sie nach Jerusalem zurück. Sobald sie weg waren, stiegen jene aus der Zisterne, gingen weiter, brachten dem König David Bericht und sprachen zu ihm: »Auf! Geht eilends über das Wasser; denn das und das hat Ahithophel wider euch geraten.« Da machten sich David und alle seine Leute auf und gingen über den Jordan; bis der Morgen tagte, fehlte auch nicht einer, der nicht über den Jordan gekommen wäre. Als aber Ahithophel sah, daß sein Rat nicht ausgeführt wurde, sattelte er seinen Esel, machte sich auf und zog heim in seine

Stadt, bestellte sein Haus und erhängte sich und starb und ward in seines Vaters Grab begraben.

David aber war schon nach Mahanaim gekommen, als Absalom und alle Männer Israels mit ihm über den Jordan gingen. (Absalom hatte Amasa an Joabs Statt über das Heer gesetzt. Amasa aber war der Sohn eines Ismaeliters mit Namen Jithra, der mit Abigail verkehrt hatte, der Tochter Isais und der Schwester der Zeruja, der Mutter Joabs.) Dann lagerte sich Absalom mit Israel im Lande Gilead. Als nun David nach Mahanaim gekommen war, hatten Sobi, der Sohn des Nahas, von Rabba, [der Hauptstadt] der Ammoniter, und Machir, der Sohn Ammiels, von Lodebar, und der Gileaditer Barsillai von Rogelim bereits Ruhebetten, Decken, Schalen und irdene Geschirre gebracht; auch Weizen, Gerste, Mehl, geröstetes Korn, Bohnen, Linsen, Honig, Sahne, Schafe und Kuhkäse hatten sie für David und für seine Leute zum Essen hergeschafft; denn sie dachten: Die Leute sind in der Wüste hungrig und müde und durstig geworden.

Dann musterte David das Volk, das bei ihm war, und setzte Anführer ein, je über Tausend und je über Hundert. Und David teilte das Volk in drei Teile: das erste Drittel unter Joab, das zweite unter Abisai, dem Sohne der Zeruja, Joabs Bruder, das dritte unter dem Gathiter Ithai. Und der König sprach zum Volke: »Auch ich will mit euch ausziehen!« Aber das Volk sprach: »Du darfst nicht ausziehen! Denn wenn wir fliehen, so wird man sich um uns nicht kümmern, und sollte auch die Hälfte von uns fallen, so wird man sich um uns nicht kümmern; aber du wiegst zehntausend unsresgleichen auf. Auch ist es jetzt besser, wenn du in der Stadt bereitstehst, uns zu helfen.« Der König sprach zu ihnen: »Was euch gut dünkt, will ich tun!« Und der König trat neben das Tor, während alles Volk nach Hunderten und Tausenden auszog. Der König gab aber Joab und Abisai und Ithai den Befehl: »Verfahret mir glimpflich mit dem jungen Mann, dem Absalom!« Und alles Volk hörte es mit an, wie der König allen Anführern wegen Absaloms Befehl gab.

So zog das Volk ins Feld, Israel entgegen, und es kam zur Schlacht im Walde Ephraim. Hier wurde das Volk Israel von den Knechten Davids geschlagen, und die Niederlage war groß an jenem Tage: [es fielen] 20000 Mann. Der Kampf breitete sich daselbst über das ganze Land aus, und der Wald raffte mehr Leute hin, als das Schwert an jenem Tage hingerafft hatte. Da kam Absalom von ungefähr den Knechten Davids zu Gesichte. Absalom ritt nämlich auf seinem Maultier, und das Maultier lief unter die dichten Zweige der großen Eiche, so daß er mit dem Kopf in der Eiche hängen blieb und zwischen Himmel und Erde schwebte, während das Maultier unter ihm weglief. Als das ein Mann sah, meldete er es Joab und sprach: »Siehe, ich habe den Absalom an der Eiche hangen sehen!« Da sprach Joab zu dem Manne, der ihm die Meldung brachte: »Wenn du ihn doch gesehen hast, warum hast du ihn nicht an Ort und Stelle zu Boden geschlagen? Ich hätte dir zehn Lot Silber und ein Wehrgehänge gegeben.« Der Mann aber sprach zu Joab: »Und wenn man mir tausend Lot Silber darwöge, ich würde meine Hand nicht an den Königssohn legen; denn vor unsern Ohren hat der König dir und Abisai und Ithai den Befehl gegeben: ›Habt mir acht auf den jungen Mann, den Absalom!‹ Oder hätte ich heimtückisch an ihm handeln sollen? Dem König bleibt ja nichts verborgen, und du würdest dich abseits stellen.« Joab sprach: »So will ich denn vor deinen Augen den Anfang machen!« Und er nahm drei Spieße in die Hand und stieß sie Absalom ins Herz, während er noch lebend an der Eiche hing. Dann traten zehn Knappen, die Waffenträger Joabs, herzu und schlugen Absalom vollends tot. Nun ließ Joab in die Posaune stoßen, und das Volk stand von der Verfolgung Israels ab; denn Joab gebot dem Volke Halt. Und sie nahmen Absalom und warfen ihn im Walde in die große Grube; dann errichteten sie über ihm einen mächtigen Steinhaufen. Ganz Israel aber floh, ein jeder nach seinem Hause.

Ahimaaz aber, der Sohn Zadoks, sprach: »Ich möchte gern zum König laufen und ihm die Freudenbotschaft bringen, daß Jahwe ihm Recht verschafft hat gegenüber seinen Feinden.« Doch Joab sprach zu ihm: »Du bist heute nicht der Mann für eine Botschaft. Ein andermal magst du Botschaft bringen; heute aber darfst du nicht Bote sein, darum weil des Königs Sohn tot ist.« Dann sprach Joab zu dem Mohren: »Geh und melde dem König, was du gesehen hast!« Der Mohr warf sich vor Joab nieder und lief hin. Ahimaaz aber, der Sohn Zadoks, sprach noch einmal zu Joab: »Werde, was will, ich laufe auch, dem Mohren nach!« Joab sprach: »Was willst

du denn laufen, mein Sohn? Du bekommst doch keinen Botenlohn.«
Aber er erwiderte: »Werde, was will! Ich laufe!« Da sprach er zu
ihm: »So lauf!« Also lief Ahimaaz auf dem Wege, der zur [Jordan-]
Aue führt, und überholte den Mohren. David nun saß in der Tor-
halle, der Wächter aber stieg auf das Dach des Tores, auf die Mauer.
Als er nun seine Augen erhob, sah er, wie ein einzelner Mann daher-
lief. Da rief der Wächter und meldete es dem König. Der König aber
sprach: »Ist es nur *einer*, so bringt er gute Botschaft.« Während der
nun immer näher kam, sah der Wächter einen zweiten Mann daher-
laufen, und er rief ins Tor hinein: »Da läuft noch ein einzelner Mann
daher!« Der König sprach: »Auch der ist ein Freudenbote.« Der
Wächter rief: »Mich dünkt, der erste laufe wie Ahimaaz, der Sohn
Zadoks.« Und der König sprach: »Das ist ein trefflicher Mann; der
bringt gute Botschaft.« Ahimaaz aber kam heran und sprach zum
König: »Heil!« Dann warf er sich vor dem König auf sein Angesicht
zur Erde und sprach: »Gelobt sei Jahwe, dein Gott, der die Leute
preisgegeben hat, die ihre Hand erhoben haben wider meinen Herrn
und König!« Der König aber sprach: »Geht es dem jungen Mann,
dem Absalom, gut?« Ahimaaz erwiderte: »Ich sah einen großen
Auflauf, als Joab, der Knecht des Königs, deinen Knecht entsandte;
aber ich weiß nicht, was es war.« Der König sprach: »Tritt beiseite
und stell dich dahin!« Und er trat beiseite und stellte sich hin; da
kam auch schon der Mohr und sprach: »Mein Herr und König lasse
sich gute Botschaft melden! Denn Jahwe hat dir heute Recht verschafft gegenüber allen deinen Widersachern.« Der König aber
sprach zu dem Mohren: »Geht es dem jungen Mann, dem Absalom,
gut?« Der Mohr antwortete: »Möge es den Feinden meines Herrn
und Königs und allen, die sich feindselig wider dich auflehnen,
ebenso ergehen wie dem Jüngling!« Da fuhr der König zusammen,
und er stieg in das Obergemach am Tor hinauf und weinte; noch im
Gehen rief er: »O mein Sohn! o Absalom! mein Sohn, mein Sohn!
o Absalom! O wäre ich für dich gestorben! O Absalom, mein Sohn,
mein Sohn!«

Und es wurde Joab gemeldet: »Sieh, der König weint und trägt
Leid um Absalom.« An diesem Tage ward der Sieg zur Trauer für
das ganze Volk; denn an diesem Tage hörte das Volk sagen: »Der
König härmt sich um seinen Sohn.« So stahl sich denn das Volk an

diesem Tage in die Stadt hinein, wie Leute sich davonstehlen, die sich mit Schmach bedeckt haben, weil sie in der Schlacht geflohen sind. Der König aber hatte sein Angesicht verhüllt und schrie laut auf: »Ach mein Sohn Absalom! Absalom, mein Sohn, mein Sohn!« Da ging Joab zum König ins Haus und sprach: »Allen deinen Knechten, die doch heute dir, deinen Söhnen und Töchtern, deinen Frauen und Kebsweibern das Leben gerettet haben, hast du heute einen Schimpf angetan, indem du die liebst, die dich hassen, und die hassest, die dich lieben; denn du hast heute gezeigt, daß die Hauptleute und Knechte dir nichts gelten. Ja, jetzt weiß ich: wenn nur Absalom noch lebte, ob auch wir alle heute tot wären, dann wäre es dir eben recht. Nun aber stehe auf, geh hinaus und rede freundlich mit deinen Knechten; denn bei Jahwe schwöre ich: Wenn du nicht hinausgehst, so wird heute nacht kein Mann mehr bei dir bleiben, und das wird für dich schlimmer sein als alles Unheil, das von deiner Jugend an bis heute über dich gekommen ist.« Da stand der König auf und setzte sich ins Tor. Und man gab allem Volke bekannt: »Siehe, der König sitzt im Tor!« Da kam alles Volk vor den König.

Nachdem aber Israel geflohen war, ein jeder nach seinem Hause, da zankten sich die Leute in allen Stämmen Israels und sprachen: »Der König hat uns aus der Hand unsrer Feinde errettet, er hat uns aus der Hand der Philister befreit, und jetzt hat er vor Absalom aus dem Lande fliehen müssen. Nun aber, da Absalom, den wir [zum König] über uns gesalbt hatten, im Kampf gefallen ist, warum zögert ihr, den König heimzuholen?« Als der König David erfuhr, was in ganz Israel geredet wurde, da sandte er zu den Priestern Zadok und Abjathar und ließ ihnen sagen: »Redet mit den Ältesten von Juda und fragt sie: ›Warum wollt ihr die letzten sein, den König heimzuholen in sein Haus? Ihr seid doch meine Brüder, seid von meinem Gebein und Fleisch; warum wollt ihr die letzten sein, den König heimzuholen?‹ Und zu Amasa sagt: ›Bist du nicht von meinem Gebein und Fleisch? Gott tue mir dies und das, wenn du nicht dein Leben lang bei mir Feldhauptmann wirst an Joabs Statt!‹« So wandte sich das Herz aller Männer Judas, und einmütig entboten sie dem König: »Kehre zurück, du und alle deine Knechte!«

Was haben wir zu tun mit diesen bewegenden, bewegten Ereignissen am Anfang der Eisenzeit in Israel vor dreitausend Jahren? Diese Geschichten gehen uns etwas an, weil ihre handelnden Personen uns unmittelbar ansprechen. Es ist, wie wenn die Zeit stehengeblieben wäre, so zeitgenössisch empfinden wir die Gedanken und Gefühle der Akteure dieser ewigen Tragödie der menschlichen Geschichte. Nur die Zurüstung und die Ausrüstung scheint sich geändert, vielleicht gar fortschrittlich gebessert zu haben, die Menschen, die sich derer bedienen, keinesfalls. Wie blind verstehen wir sie alle: unheimlich und abgründig, unzuverlässig und boshaft selbst dort, wo sie am treusten sind; verlogen, wo am aufrichtigsten, groß da, wo scheinbar am meisten schurkisch, gebrochen alle, zerbrechend den, der ihren Händen preisgegeben ist.

Alles beginnt mit dem Auftritt des Arkiters Huschai, des alternden Ratgebers am Hofe Davids. Sie entsinnen sich, daß er mit dem Troß des Königs auf die Flucht gegangen war, von David aber, weil unnütz im Heer, zurückbeordert wird, das Zünglein an der Waage zu spielen, den Weichensteller an der entscheidenden Wegmarke in Absaloms Verderben. Wie arrangiert man's, wenn man einen Menschen vernichten will? Die ersten Worte, die Huschai spricht, sind: Es lebe der König! Es *lebe* der König! Soll man's ihm glauben? Es ist der reine Todeswunsch, aber die Begrüßung ist nicht nur höflich, sondern enthusiastisch, doppelt ausgesprochen und also doppelt unglaubwürdig. Selbst Absalom wird einen Moment lang mißtrauisch. Wieso ausgerechnet kommt der Ratgeber seines Vaters zu ihm, dem Sohn, der den König entthront hat, um selber König zu sein? Huschais Erzählung weicht ein wenig von den Worten ab, die David ihm in den Mund gelegt hat. Sagen hätte er sollen, daß mit der nämlichen Treue, die er dem Vater erwiesen, er nun eintritt auch für den Sohn. Aber auch Huschai erläutert seine Motivation theologisch: Dem Erwählten Gottes – Absalom also – muß treu sein und ergeben in Rat und Dienst der Arkiter Huschai. Wie glatt das inzwischen von den Lippen geht! Der Erwählte des Herrn! Es ist die Formel, mit der David König wurde gegen Saul. Es ist nicht *eine* Generation später, und der Inbegriff des ganzen Führungsgedankens der Bibel, daß Gott seine Berufenen selber erwählt, ist nichts weiter als eine wohlfeile Phrase. Gott hat erwählt, das heißt: du hast die Zügel der Macht jetzt in Händen. An Gott zu glauben ist gerade soviel, wie an den zynischen Opportunismus zu glauben. Dem Mächtigsten sich untertänig zu erweisen, das heißt Gottes Erwählung in Rechnung zu stellen, schnell die Fronten zu wechseln, wie die Lage es gebietet. Wohlgemerkt, Huschai denkt nicht wirklich so, aber daß er vorgeben kann, so zu denken, um gerade dadurch Glauben zu finden, das zeigt, was sich geändert hat. Aus Religion ist nichts weiter geworden, als der Pragmatismus der Macht, als die Anbetung der Gunst der Stunde. Hätte Huschai irgendeinen anderen Grund nennen können, schwer genug womöglich, es hätte Absalom ihm nicht geglaubt. Ein vorgebliches Zerwürfnis zwischen dem alternden Ratgeber und seinem König, wie soll das durchgehen? Aber wenn ein Mann sagt: Ich glaube unter dem Firmenschild Gottes an überhaupt nichts als ans Kalkül der Macht, ist das augenblicklich glaubwürdig und tragfähig. Nicht Treue, nicht Menschlichkeit, nicht Verbundenheit, nicht persönliche Zusammengehörigkeit – das alles ist nichtig, unglaubwürdig, weil nicht nütze. Aber Macht, *die* zu glauben, das ist ein Fundament, ein eherner Sockel der Zusammenarbeit. Das versteht Absalom, so denkt er selber, das ist sein Mann, die Eintrittskarte an den neuen Hof, der Passierschein, der unverdächtig macht, keine Konterbande mehr in den Mantelstücken und dem Quastensaum, *der* Mann erobert Absaloms Herz.

Nur fragen müssen wir uns, was Absalom denn bisher hat lernen können am Hof seines Vaters, wenn von *Gott* die Rede ging, außer das zumindest für sich selbst gerade so zu interpretieren: Gott ist die Umschreibung für den Machtwillen der Herrschenden. Man muß nur ein kluger und starker Sohn sein, und man begreift, wozu die Flausen dienen und was sie wirklich bedeuten. Der Arkiter Huschai, jetzt ist er der Berater Absaloms! Und es kommt noch ein Argument hinzu: der Dienst an der Dynastie. War es nicht Davids Wille, geboten sogar vom Propheten Natan, der es ihm weissagte – 2 Samuel 7: Gott wird das ganze Haus Davids begleiten und erwählen? Also was beschwert sich dieser Mann in der Wüste? Wenn er eine Dynastie will, muß er die Macht für seine Söhne wollen. Träte er beizeiten zurück und ließe ihnen Spielraum, brauchte kein Machtkampf zu entstehen. Wer die Dynastie will, öffnet sich selbst in die Zukunft. Wie kann man dann vier Jahre lang den besten unter seinen Söhnen

mit Mißachtung strafen, den Mann, der die Gerechtigkeit am Ju-
stizpalast Morgen für Morgen beim Empfang der Männer aus Israel
im Munde führt? Wie kann man so egozentrisch auf seinem Thron
sitzen, daß man die Zeichen der Zeit nicht begreift? Natürlich, Huschai, du rettest die Zukunft, du begleitest den Wandel, du stehst auf
der Seite der Richtigen. *Den* Eindruck muß dieser Mann erwecken,
um Absalom in die Hand zu bekommen wie eine Marionette am
Strick.

Wir haben nur eine kleine Facette dieses ganzen Berichts bis dahin gehört, und wir begreifen plötzlich, wie unheimlich Menschen
sich selber sein können. Wer unter theologischem Aspekt denkt wie
der Verfasser hier, Gott habe seine Hand im Spiel und habe von eh
und je beschlossen, auf seiten Davids zu stehen und den Verrat, den
Aufstand, die Rebellion des Absalom niederzuschlagen, der muß
denken, daß Gottes Wege zum Ziel nur führen um den Preis der
Infamie, der Lüge, der Doppelgesichtigkeit, der Schmeichelei, der
trügerischen Rede, der Virtuosität der Falschheit. Armer Absalom!
Wir sahen ihn bisher kühn, visionär, begeisterungsfähig, ein junger,
schöner Mann mit dem Traum, ein König zu sein, machtbesessen
ohne Zweifel, machtfähig wohl auch, aber in diesen Künsten am
Hof nicht bewandert, *so* schlecht noch nicht, zu wissen, wann man
Menschen gar nicht glauben *darf*.

Es gibt einen anderen, Ahitofel; sein Wort in jener Zeit gilt, wie
wenn man Gott selbst befragte. Das sagt der Schreiber hier ganz
ernst, und was er damit ausdrückt, ist das vielleicht deutlichste
Zeugnis eines Humanismus, wie er mit David am Hof in Jerusalem
sich ausbreitet in einer Kühnheit, die erschaudern läßt. Gott befragen soll soviel sein wie Ahitofel reden hören? Worauf denn läuft das
anders hinaus, als daß Gott befragen identisch damit ist, *selbst* zu
denken und die eigene Vernunft zu gebrauchen? Plötzlich fällt's wie
ein Licht rückwärts. Wie oft hörten wir David schon Gott befragen,
vor irgendeinem Heerzug irgendeine Entscheidung zu treffen, und
immer kam uns das schon sehr verdächtig vor, wie ein magisches
Versicherungsritual, womöglich auch nur eine Täuschung der
Abergläubigen im Volke. Ahitofel ist modern genug, an keinen Gott
zu glauben. Er gebraucht seinen Verstand und zählt richtig bis drei;
und was dabei herauskommt, hat eine große Wahrscheinlichkeit,

daß Gott es will, jedenfalls wenn man sich einbildet, es sei ein Gott, der die menschliche Geschichte gestaltet zu menschlichem Vorteil, nach Plan und nach Wunsch. Hilf dir selbst, dann hilft dir Gott, hätte man gesagt in Potsdam am Preußenhof. Ahitofel ist ein Mann von präzisem, sehr genauem Verstand. Während Absalom noch herumrätselt und redet, was nun zu tun sei, zeigt sich politische Größe darin, im Augenblick die Zukunft zu ergreifen, sie vorweg zu kennen, wie sie logisch zu sein hat, und entsprechend jetzt zu handeln, Schritt für Schritt. Genau so Ahitofels Rat. Erstens: Es muß demonstriert werden zeremoniell, es muß öffentlich publik gemacht werden, daß es zwischen Absalom und David keine Versöhnung, keinen Kompromiß mehr gibt; und das Zeichen dafür ist: man erklärt den alten Greis in der Wüste für lebendig tot, man erhebt Anspruch auf die zurückgelassenen Kebsweiber, man betätigt sich als der Mann der Frauen des eigenen Vaters. Der biblischen Logik nach ist das ein Verbrechen; andere, im Buch der Genesis, Kapitel 35, Kapitel 49, wie Ruben, einer der zwölf Söhne Jakobs, wurden dafür verflucht. Aber die Psychoanalytiker sagen uns: so etwas gibt es und nennen's Ödipuskomplex. Mehr noch, sie glauben, nach langen Untersuchungen, daß ein Hauptmotiv, wenn Männer grausam sind, darin gelegen ist, daß sie aufs verzweifelte die Liebe einer Frau suchen, selbst dann, wenn sie Städte berennen und bestürmen, ja, wenn sie ganze Bevölkerungsteile abschlachten. Am Ende mündet's in die Orgien der Vergewaltigung von Frauen, und man ahnt, daß dies das Triebziel von allem war, eine Frau so zu umarmen, daß sie der Angst eines Mannes gehören würde, um Ruhe zu finden. Es ist eine wahnsinnige Motivation für Menschen, die das Leben erfahren wie ein Tollhaus, aber wohl nur so macht der Ritus archaischen Sinn. – Verhaltensbiologen erklären uns, daß der Wechsel in einer Pavianhorde gerade so sich vollziehen wird: Das alternde Männchen, nicht mehr potent und kräftig genug, wird weggebissen von dem stärksten seiner Jungen im Harem; der hat kein anderes Ziel und keine andere Aufgabe, als die Weibchen im Harem sich zu eigen zu machen und zu unterwerfen. Genau das ist zu tun, wenn Absalom König sein will. Menschlichkeit ist da gerade soviel wie die Tierheit, ausgestattet mit Berechnung.

Aber Ahitofel hat noch einen anderen Plan, so will es scheinen.

Wir kennen ihn, den Mann aus Gilo, als den Großvater Batsebas. Und nun muß man genau hören hier. Die ganze Erzählung hat im Grunde nur ein einziges theologisches Ziel: sie will erläutern, warum der Sohn Batsebas, warum Salomo König auf dem Throne Davids wird, wieso Salomo, ausgerechnet der Sohn des Ehebruchs und des Vatermords, prädestiniert ist von Gott, um zu herrschen. Wenn es gilt, daß Ahitofel selber Absalom so berät, dann müssen wir denken, daß es einen Moment lang in dem Großvater der Batseba, der geschändeten Frau des Königs, einen noch anderen Plan gab: den verhaßten Gemahl zu stürzen, sei es mit *ihrem* Sohn, sei es mit irgendeinem andern Sohn. Es scheint, als habe Ahitofel zum Aufstellen des Brautzelts für die Kebsweiber des verhaßten Königs genau den Ort gewählt, von dem aus David herabschaute, als Batseba sich badete in der untergehenden Sonne am Abend, ein geheimes ius talionis, Rache für die Enkelin. Ganz Israel soll sehen, was ganz Israel nicht wissen durfte bei der Schändung Batsebas. So ist es gerecht im Untergrund, in dem Sinne, wie Friedrich Nietzsche die Gerechtigkeit definierte, auf deutsch gekrächzt: Ich bin gerächt, sagen die Gerechten. Ahitofel ist kein gütiger Mensch, aber sein Haß ist klug wie der einer Schlange. – Man stellt das Zelt auf, und Absalom geht ein zu den zehn Kebsweibern und geht hervor wie der junge Morgen, wie die Sonne aus dem Wolkendräuen als der Stern, der den Heerbann Israels führen soll. Damit ist der Würfel gefallen.

Was jetzt noch zu tun bleibt, ist die Abrechnung selbst. Kaum ist der König aus den Armen der pflichtgemäßen Liebe erwacht, steht wieder vor dem Zelt Ahitofel, eigentlich um dem König zu sagen, daß er getan hat, was er sollte, er wird im Grunde nicht gebraucht. Er, der alte Ahitofel, wird die Sache in die Hand nehmen. Was er dazu benötigt, sind zehn- bis fünfzehntausend Mann, und die sofort, und die noch heute nachmittag für die jetzige Nacht. Es gibt keine klarere Bestimmung dessen, was politisches Handeln ist, als daß man begreift, daß bestimmte Momente ausgenützt werden müssen bis zum äußersten. Wer dies nicht versteht, verpaßt alles; er macht nicht einen *Fehler*, er richtet später grauenhaftes Leid an. Clausewitz, der preußische Militärtheoretiker, konnte so sagen, daß, wer einen Krieg stümperhaft führt, schlimmer ist als ein Verbrecher. Ein Krieg muß chirurgisch präzise geführt werden. Der Taoismus war eine friedliebende Religion, aber er konnte sagen: Ein Metzger muß ein Tier schlachten, indem er genau weiß, an welche Stellen zwischen den Knochen das Messer geführt werden muß, sonst tut er nur sinnlos weh. Genau so will Ahitofel Krieg geführt sehen. Ein einziger Schlag, eine einzige richtige Stunde, zehntausend Mann überfallartig unter dem Vorteil der Nacht werden über den geschwächten David herfallen, und es gilt, daß die Leute in Angst und Panik fliehen. Keine Verfolgung, keine Niedermetzelung, ein einziger ist das Objekt: David. Nur um ihn geht es, der Mann gehört getötet. – Alles wiederholt sich in der Geschichte. Was war 1917 bei der Russischen Revolution, als Lenin die Romanows erschießen ließ? Man hat es ihm nie vergeben, die Ermordung der Zarenfamilie, aber es war dieselbe Logik. Ein Feind ist so lange gefährlich, als er lebt; er wird wieder im Lande Anhänger bekommen. Es droht ein Bürgerkrieg, solange David existiert – ein Mann wie er wird niemals nachgeben – also bleibt keine Alternative zur physischen Vernichtung dieses einen. Danach, sieht Ahitofel schon voraus, ist Generalamnestie zu erteilen, die gesamte Truppe Davids ist augenblicklich zu rekrutieren für Absalom. Niemandem von den Soldaten wird man vorwerfen, daß er auf der falschen Seite treu gewesen ist. Aber David gehört ermordet, *ein* Toter genügt. Nicht frontal kämpfen gegen die drei Truppenkontingente Davids, kein Krieg – ein Überfall. Brillanter läßt sich nicht denken und entscheiden. Absalom bräuchte überhaupt nichts zu tun, er könnte wieder im Zelt verschwinden und die nächste Runde der Liebe genießen, er hätte einen Mann, der es besorgen würde. Aber: Absalom ist König, also muß er entscheiden, also muß er wissen, wie die Zügel geführt werden, also kann er in diesem Augenblick die Macht nicht schon wieder aus der Hand geben und damit seine Jugend und Unfähigkeit dokumentieren.

Noch ein anderer Berater tritt auf: Huschai. Wie wird der sagen? Huschai wird so sprechen, daß der Irrwitz sich paart mit orientalischer Poesie und der Traum eines ganz großen Sieges die absolute Niederlage intoniert. Es gibt wenige Beispiele, daß man durch Großschwätzerei jemanden so hereinlegen kann, wie die Rede des Huschai. Alles beginnt mit der Angst, die er in Absalom erweckt: Dein Vater ist ein furchtbarer Krieger, seine Mannen erprobte Soldaten, und stark ist er wie eine Bärin im Kampf um die Jungen. Das ist fast zynisch, denn David ist gerade dabei, den eigenen Jungen zu fressen, aber im Kampf um den Jungen ist die Bärin stark, und aus dem Augenblicksvorteil, den Huschai eben noch vor Augen sah als schreckliche Drohung im Munde Ahitofels, macht er's ganz unterschiedlich und gegenteilig. Es wird ja David an irgendeinem Ort – alles ganz diffus – in einer Höhle oder am Waldrand oder im Gebirge den Angriffsvorteil selber bestimmen. Er wird nicht einmal der Mannschaft eine Nachtruhe lassen, als wenn es einen David gäbe, der mit ermüdeter Truppe in die Schlacht marschieren würde. Aber dann ganz großartig: Man muß den Heerbann Israels aufbieten, eine Generalmobilmachung von Dan bis Beerscheba. Das ist eine Aktion, die kann Wochen dauern. Bis dahin hat David jede Zeit, die er benötigt, um seine Truppen neu zu formieren, um Proviant herbeizuschaffen, seine Strategie zu wählen, den Ort des Kampfes selber zu bestimmen. Und was macht ein Heerbann von Leuten, die überhaupt nicht kämpfen *wollen*, die bloß mit Knüppeln dahermarschieren und groß singen und Staub aufwirbeln gegen eine geordnete Mannschaft, eine kasernierte Soldateska wie die Giborim, die Schlagetots, die David an seiner Seite hat? Da genügen ein paar tausend trainierte Soldaten, und sie sind besser als der ganze Haufe. Natürlich weiß Huschai das, aber wer's nicht wissen will, ist Absalom. Selbst die Berater aus Israel, die Ältesten aus dem Nordreich, stimmen Huschai zu bei dem tollen Plan, man könnte eine Zyklopenmauer, wie sie eingerichtet wurde zur Stadtverteidigung in der frühen Eisenzeit, notfalls mit Seilen und Stricken zu Tale schleifen – eine ganz neue Technik der Belagerung, die Huschai sich einfallen läßt. Aber man wird über die Gegner kommen wie der Tau, wenn er herabregnet über die Steine der Wüste – ein großartiger Sieg. Wieviel Irrsinn ist in einer einzigen Vision! Aber so paßt es zum träumenden Absalom.

In dieser Stunde, als Ahitofel merkt, wie die Dinge am Hofe laufen, sattelt er seinen Esel und reitet zurück nach Gilo. Es gibt in der Bibel nur ganz wenige Beispiele völliger Verzweiflung: Saul, der sich das Leben nimmt, Judas im Neuen Testament und hier Ahitofel, ein Mann, der alles auf eine Karte gesetzt hat und der weiß, daß es Stunden gibt, wo man mit grausamem Kalkül Geschichte machen *muß*. Er hat alles verloren. Er wird, wenn sich die Gunst der Stunde auf Davids Seite geneigt hat, keine Chance mehr haben; sein

Leben ist vertan. Und wir lernen neben der Psychologie der Logik der Lüge zugleich die Psychologie der Zerstörungskraft der Verzweiflung. Es kann sein, daß eines Menschen Leben da zu Ende ist, wo er den wichtigsten Auftrag, den er in seinem Leben fühlte, befolgt hat und zu Ende kam – gleichwie. Danach ist für ihn nichts zu tun mehr. In Frieden im Grabe des Vaters zu ruhen ist alles, was Ahitofel noch will. Auch da ist dieser Mann von einer modernen Klarheit, fast skrupellos, bindungslos, nüchtern, ohne jedes Vorurteil, ohne jeden falschen Trost. Shakespeare könnte ihn ersonnen haben, aber das Leben hat ihn vorweg erfunden, Jahrtausende zuvor, Ahitofel.

Inzwischen spielt sich etwas anderes ab, und zwar so, wie es die Bibel immer wieder erzählt. Während am Hof der Rat des Huschai ausgeführt wird, eilen die Söhne der Priester Zadok und Abjatar hinüber zu David und melden die Ereignisse, die der König wissen muß, um nunmehr *seine* Maßnahmen zu treffen. Es werden aber die Söhne abgefangen beinahe. Ihr Botendienst wird beobachtet, und eingeschoben – scheinbar retardierend in die ganze dramatische Erzählung – wird nun berichtet, daß die beiden Boten, noch ehe sie bei David anlangen, im Hof einer Frau von Bahurim sich verstecken im Brunnen und die Frau über die Brunnenöffnung ein Fell spannt, in das hinein sie Körner legt. Die Verfolger bemerken's nicht, die Boten werden gerettet. An dieser Stelle genügt es nicht, zu sagen: So ist halt die Bibel, so erzählt sie – mal das Wichtigste, das Geschichtsgestaltende, und dann wieder Lappalien, Nichtigkeiten, scheinbar ohne Sinn und Verstand für die Gewichtung der Einzelheiten. Vielleicht nämlich ist das ganz genau die Gewichtung des Ganzen. Da plant man am Hof und denkt, alles in der Hand zu haben, als wäre die Zeit und das Schicksal eine Knetmasse in den menschlichen Planungen. Huschai, der alles bereits erreicht hat mit seinen Worten und der mit Absalom spielt wie die Katze zwischen ihren zwei Pfoten mit der Maus, käme zu gar nichts, wäre von diesem Zufall nicht zu berichten, mit dem eine Unbekannte in Bahurim wirklich zum Schicksal *wird*. Die besten Planungen der Menschen hängen mitmal am dünnsten Seil. Nicht Hegels Weltvernunft reitet da auf dem Esel durchs Jordantal, sondern, wenn man so will, haben wir es zu tun mit Stefan Zweigs »Sternstunden der Menschheit« immer wieder.

Das vermeintlich Allergrößte ereignet sich durch eine Summation fast beliebiger Momente. Wäre diese unbekannte Frau, deren Namen wir überhaupt nicht einmal erfahren, nicht von dieser Entscheidungskraft im Moment, von dieser Hinterlist im Augenblick, es könnte alles vertan sein für Huschai wie für seinen Freund David. Da rettet den König ein unbekanntes Weib auf dem Wege zum Jordan. So kann es sein: am Ende würden selbst die Könige keinen Erfolg haben ohne die Tatkraft, Entschlossenheit und praktische Vernunft von vielen, vielen Kleinen im Lande. – Es hätte aber dasselbe auch noch völlig anders kommen können. Eine andere Frau, ein Hof ohne Brunnen, ein Brunnen ohne Fell mit vorhandenen Saatkörnern – jedes Moment in diesem Augenblick ist der blanke Zufall. Und daran hängt, was wir am Ende die Geschichte nennen. Wer da noch den Mut hätte, von Planung und Umsicht bei den Menschen oder bei Gott zu reden, müßte offensichtlich ein Phantast sein. Ein kleines Stück nur, eingeschaltet in den großen Gang der Dinge, und plötzlich sind wir ganz dicht dabei, zu sehen, wie die Schlange der Sinnlosigkeit dahinkriecht über dem Stein und wir an jedem Moment gefährdet sind zwischen Sein und Nichtsein und Leben und Tod.

Davids Lage aber verbessert sich inzwischen, und zwar stürmisch. Ihm gebracht wird Proviant, kein Fleisch, das leicht verdirbt, aber Röstkörner, wie praktisch, Ruhebetten für die Mannschaft und ihn selber. Das hat den großen Vorteil, daß David ins Jordantal nicht einbrechen muß, um Zwangsproviantierungen vorzunehmen. Er muß nicht die Dörfer leerplündern. Ganz anders, können wir unterstellen, bei Absalom und dem großen Heerbann Israels; die werden liegen nicht wie Tau, sondern wie Mehltau über den Leuten, eine einzige Plage fürs Land. David geschickter: sogar von Rabbat-Ammon, das er beherrscht und dessen Einwohner er niedergemetzelt hat, kommt jetzt Nachschub, nicht aus Freundlichkeit, darf man vermuten, obwohl mit freundlichen Worten, weit eher aus Angst. Ein Mann, der so handeln *kann*, so brutal grausam wie David, wird so leicht nicht verlieren, und selbst wenn er auf der Flucht ist und gerät in Not, wird er kämpfen wie eine Ratte im Winkel, noch viel unberechenbarer. Nicht ein zweites Mal ein David über Rabbat-Ammon! Besser, man kommt ihm entgegen und gibt ihm ins Maul, was er braucht, dann hat man Ruhe. Aber so darf man nicht sagen, man muß diplomatisch ihm Offerten anbieten, nützliche Offerten. Man merke: Wenn man einem Mächtigen entgegenkommt, ist es meist der Weg, um ihn schnell loszuwerden, so Nahasch, dessen Name schon »die Schlange« heißt. Auch Ammoniter haben ihre Klugheit.

David inzwischen mustert sein Militär und teilt es ein in drei große Formationen zu Tausenden, zu Hunderten; der General Joab an der Spitze, das versteht sich; ebenso Abisai; dann aber der Hetiter Ithai, das versteht sich ganz und gar nicht. Von ihm hörten wir, daß er im Grunde nach Gat hätte zurückgehen sollen, aber in der Stunde der Not erwies er sich als echter Kamerad und Haudegen Davids. Der Mann gehört jetzt, obwohl aus der Fremdenlegion Davids stammend, an die Spitze der gesamten Mannschaft.

Unterdessen hat auch Absalom sein Heer dem Ismaeliten Amasa unterstellt. Von dem, nebenbei, erfahren wir eine kurze Ehegeschichte, die nicht recht verständlich ist. Er ist zu Abigail eingegangen; das soll soviel wohl heißen, daß er, der Beduine, der Ismaelit, eine Frau vergewaltigt hat, die er dann hatte heiraten müssen, vielleicht so. Wie auch immer, es scheint, daß Amasa als Beduinenheerführer für Guerillataktik und Überfallangriff geeignet ist, aber ganz sicher nicht für eine große strategische Operation, wie sie Absalom vorschwebt. Und wir müssen aus dem Munde Huschais noch eines hören: Du mußt mit, hatte er Absalom gesagt. Du mußt an der Spitze des Heeres stehen, hat er ihm weisgemacht. Man ahnt, was damit bewirkt werden soll. Da schmeichelt man dem Stolz des Sohnes, der nicht nur ein Mann des Rechtes, nicht nur ein Mann der Macht, sondern jetzt auch der Heerführung und der strategischen Vernunft sein muß. In Wirklichkeit braucht man Absalom als Angriffsziel für die Mannen Davids. So will das Huschai ganz ohne Zweifel. Und daß es so berechnet ist, sieht man auf der Gegenseite. Wenn David sagt, er wolle mitgehen, muß man wieder das Gegenteil denken von dem, was er spricht, und so verstehen's auch die Leute. Höre, David, wenn wir umkommen in der Schlacht und krepieren zu Zehntausenden, davon wird kein Geschichtsbuch je die Zeile noch berichten; über uns macht niemand sich Gedanken. Aber du bist der König. Es geht zu wie im Schachspiel, könnten wir sagen: die Bauern kann man opfern, aber der König muß in Sicherheit, in die rückwärtigen Positionen, er ist für den Endkampf vorgesehen. Alle Opfer haben nur Sinn, wenn der König überlebt; also: David in die Etappe, irgendwo in eine befestigte Burg, aber nicht in die Schlacht. Gerade weil es um alles geht und weil man weiß, daß die ganze Stoßrichtung nur in dem Sinn der Tötung eines der beiden Könige, des alten oder des neuen, gelegen sein wird, darf David nicht mit in die Schlacht. Aber Huschai hat's fertigbekommen; Absalom *muß* dabeisein.

So beginnt der Krieg im Waldland, für eine große Truppe äußerst ungünstig, für die kampferprobten Soldaten Davids offenbar das geeignete Gelände. Zwanzigtausend Mann fallen dahin, und was wir hören: es fressen der Wald, der Hunger und die Dunkelheit, mehr Männer als das Schwert in offener Schlacht. Das ist so wahr geblieben bis heute, wie es damals war. Selbst wenn die Kampfhandlungen abgeflaut sind, geht das Sterben weiter. Der Golfkrieg beispielsweise ist mit sechsmonatigen Siegesparaden eigentlich längst vorbei; aber wer weiß schon, wie viele tausend Kinder im Irak heute sterben an den Folgen dieses Krieges? Wer will schon wissen, daß die Amerikaner in den letzten Tagen, als der Krieg wirklich militärisch längst gewonnen war, hergingen, um systematisch die Wasserkraftwerke, die elektrischen Kraftwerke, die Nachrichtenleitungen und die Brücken, die gesamte Infrastruktur, wie wir sagen, zu zerbomben und anschließend mit dem Waffenembargo jede Wiederherstellung zu verhindern? Zerschlagung der Trinkwasseraufbereitung, das bedeutet, daß alle Kinder, die im Irak zur Welt kommen, verseuchtes Wasser trinken. Embargo über Medikamente, das bedeutet, daß, wenn sie sich infizieren, und das tun sie zu Tausenden, es keine Behandlung gibt. Es bedeutet, daß sie keine Grundnahrungsmittel bekommen, keine Milch, denn auch die Milchproduktion ist systematisch ausbombardiert worden in den letzten Tagen. Die Elektrizitätswerke ausgeschaltet, das bedeutet, daß keine Operation in einem Krankenhaus möglich ist, die Notstromaggregate sind längst am Ende. So führt man Krieg auf amerikanisch. Man zeigt in der Presse, wie die Häuser alle noch stehen, und die Journalisten werden sagen: Bagdad besteht, nichts ist passiert – ein chirurgischer Schlag. Das war er wirklich, aber der Krieg geht *jetzt* weiter.

Drei Jahre danach sterben womöglich mehr Menschen als damals unter dem Bombardement. Und es ist der Wald, heute das Schweigen, die Desinformation, die Unwissenheit, das Dunkel und der Hunger immer im Schatten des Krieges. Es genügte damals wohl, daß man herumirrte, daß man Feinde dort sah, wo es keine gibt, daß man achtundvierzig Stunden lang ohne Wasser auskommen mußte. Das ist im Randgebiet der Wüste soviel schon wie das Ende.

All das brauchte nicht zu sein, wenn ein einziger Mann schneller gestorben wäre, ein Mann mit Namen Absalom. Was wir da noch betrachten müssen, ist der Höhepunkt der ganzen Geschichte. David, bevor der Kampf begonnen hatte, erklärte ausdrücklich: Tut nichts zuleide meinem Sohne Absalom. Vor allem Volk hat er so gesprochen. Aber es ist die Frage, wann wir David irgendein Wort glauben können. Er hat eben noch Ithai gesagt: Geh, und wir wissen, er hat nur darauf gewartet, daß Ithai sagt: Ich bleibe. Er hat eben noch gesagt: Ich will mit euch in den Kampf gehen, und wir dürfen denken, er hat nur darauf gewartet, daß die Soldaten ihm sagen: Verschwinde, das machen wir. Wann darf man David mal glauben, daß das, was er sagt, so gemeint ist, wie es klingt? Wenn er jetzt sagt: Schont meinen Sohn Absalom, sollen wir das einem Vater glauben, der seinen Sohn für lebendig tot erklärt hat, der drei Jahre lang zugesehen hat, wie er sich in Geschur verhocken mußte, und als er dann mit dem Trick einer Frau aus Tekoa zurückgeholt wurde nach Jerusalem, ihn überhaupt nicht sehen wollte? Dann hat derselbe David schließlich den Sohn umarmt, wortlos; jedenfalls berichtet uns die Bibel keinen einzigen Satz der wirklichen Versöhnung. Soll David wirklich blind gewesen sein, all die Zeit nicht zu merken, was für ein Spiel Absalom treibt und wie er sich als Kronprinz aufwirft, ohne es sein zu dürfen? Soll wirklich der Aufstand des Absalom über den sonst so vernünftigen David hereingekommen sein wie ein Komet um Mitternacht? Doch wohl nicht. Und wenn's nicht so war, muß David seinen Sohn Absalom gefürchtet und gehaßt haben. Aber das wird nur die eine Wahrheit sein. Die andere wird lauten, daß er sich in seinem Sohne Absalom wiedererkannt hat, genau so wie in seinem Sohne Amnon, und daß er in beiden Söhnen ein und derselbe war, er, der Vater, so wüst und wollüstig wie Amnon, der seine Halbschwester Tamar vergewaltigte, und so rechtbesessen und fanatisch auch wie Absalom; so träumend verloren wie Amnon und so klar denkend machtlüstern wie Absalom, und der Tod des einen war sein eigener Tod, also daß der Todeswunsch sich richtete gegen Absalom. Aber dann auch wieder wird Absalom Davids Hoffnung auf Leben verkörpert haben, auch in *ihm* hat er sich erkannt. Und es muß ein Schuldgefühl, ein unbewußtes Ahnen gegeben haben, an der Tragödie selbst der Hauptverantwortliche zu sein. Ein Mann wie David kann nicht strafen, und all die Worte, die geredet hätten werden müssen, konnten nicht geredet werden. Man kann verstehen, wie David klagend und weinend an der Burg steht und stammelt den Namen seines Sohnes Absalom.

Dabei tut Joab genau das, was der König nicht sagt, aber will. Wir sprechen in der Psychologie vom double bind und meinen damit eine Beziehung zwischen zwei Menschen, in der der eine abhängig ist vom andern, dieser andere aber ständig das sagt und zu wünschen vorgibt, was er in Wirklichkeit bestraft, und umgekehrt wieder: das, was er den Worten nach zu bestrafen vorgibt, in Wirklichkeit belohnt. Es ist aber aus dieser Beziehung kein Entrinnen, für beide nicht. So Joab und David. Genau weiß Joab, wenn es heißt: Schonet meinen Sohn Absalom, daß gemeint ist: Erschlagt ihn als ersten. Wir sprechen so in der Psychoanalyse vom Unbewußten und meinen, daß wir in der Gegenbesetzung die stärkste Abwehr moralisch bewußt gegen die Wünsche richten, die eigentlich unser Herz zerbrennen und zerfressen. Natürlich muß David gewünscht haben, daß Absalom aus diesem Krieg nicht mehr lebend zurückkehrt. Was eben noch Ahitofel über David sagen konnte, gradeaus und vernünftig, genau das muß David im Innersten seinem Sohn Absalom gewünscht und gewollt haben. Aber daß er sich's zugeben hätte wollen und können, das wahrscheinlich dürfen wir nicht denken. Und dann sind die Reue und das Weinen um so schlimmer, als genau das eintritt, was man wünschte und sich gleichzeitig verbot zu wünschen – die Trauer Davids. Auch Joab handelt im übrigen nicht gradeaus, zwar zielsicher, aber fast rituell.

Da ist ein Mann, der in der Schönheit seines Haares sich in der Terebinthe verfing. Manchmal sterben Menschen, wie sie gelebt haben, und Absaloms Eitelkeit ist selbst am Ende das Urteil seiner Hinrichtung. Sollte man nicht denken, ein Mann, der ein Schwert in der Hand hat, könnte mindestens sich von einem Baum losschneiden? Mitten in der Schlacht wird da herumgezappelt und gezögert, daß ihm die Haare mehr wert sind als sein Leben – was soll das für ein König sein? Zufällig kommt ein Mann, der beschwörend erklärt: aber des Königs Sohn! aber des Königs Sohn! – Aber mit so einem hält ein Joab sich nicht auf. Die drei Speere oder Stäbe werden in den Leib Absaloms gestoßen, nicht um ihn zu töten, sondern um ihn zur Tötung freizugeben. Zehn Mann im Kollektiv, so tötet man in Israel. Kein einzelner macht das, sondern eine Art Feme vollzieht sich da, und darüber wird sich wölben ein Steinhaufen. Der wieder hat symbolische Bedeutung. Es gibt im Kidrontal noch heute die »Mütze Absaloms« für alle Palästinafahrer; nur, sie hat mit Absalom historisch nichts zu tun. Was es mal gegeben hat, war eine »Hand Absaloms«, und das darf sein ein Euphemismus für das phallische Vermögen Absaloms. Er hatte keine Kinder, wird hier gesagt. Das muß uns Wunder nehmen. In 2 Samuel 18, 18 hörten wir, daß er zwei Söhne hatte und eine Tochter; jetzt plötzlich wird uns beigebracht, daß Absalom, der tote wohlgemerkt, überhaupt ein impotenter Kerl war, der es zu gar nichts brachte, weder zu Kindern noch zu Macht, überhaupt zur Dynastie nicht tauglich war. Weg mit ihm und verscharrt wie ein Hund! Statt dessen hat er, überkompensiert, würden wir sagen, sich ein phallisches Mahnmal gesetzt, um seine Schwäche zu verbergen. So einer hat's nötig. Was ihm bleiben wird, ist ein steinernes Denkmal seiner Schande irgendwo im Wald von Efraim.

Soweit die Geschichte Absaloms. Wenn wir David irgend etwas glauben dürften, sollte es menschlich sein die Trauer um seinen Sohn. Da geht Joab selber hin und erklärt: Es gibt eine Vernunft, eine politische. Ein Mann hat nicht herumzuheulen in der Stunde der Entscheidung. Jemand, der einen Heerbann in die Schlacht führt, hat am Ende die Siegesparade abzunehmen und nicht zu weinen aus privaten Gründen. David ist eine öffentliche Person, er hat ein beherrschter Charakter zu sein, er ist ein Mann und keine Memme! David hat vor der Truppe zu erscheinen, oder es werden die Soldaten ihm am Abend weglaufen.

Man könnte denken, all das stimmt genau so, vielleicht aber war doch wieder noch alles ganz anders? Warum wird uns hier so lang

und breit erzählt über die Trauer Davids? Die Trauer Davids, das
kennen wir. Er trauerte um Saul, er trauerte um Ischbaal – es ist
überhaupt bis dahin keiner mit Namen gestorben, über den David
nicht getrauert hätte. Wahr ist, daß er zur Stunde Amasa einsetzt als
General und Joab absetzt als General. Der Mann, der hoch deko-
riert werden müßte, weil er ihm die Kastanien aus dem Feuer geholt
hat, Joab, genau der wird abgesetzt, und der Mann der Gegenpartei, der General, der ihn bekämpft hat, Amasa, zum eigenen Heerführer ernannt, und der ganze Zweck der Sache: es gilt *Israel* zu
gewinnen. Wieder: Ein Politiker, ein politischer Verstand muß in
der Gegenwart die Zukunft sehen, und die lautet: es darf kein Bürgerkrieg sein, nicht wieder zwischen Israel und Juda. Es gilt das
Herz Israels zu gewinnen, und das geht nur, wenn man erklärt, daß
der König in seiner Bedrängnis so menschlich war, zu trauern sogar
um den Revolutionär Absalom und damit zu trauern sogar um alle,
die ihm anhingen. Wollt ihr denn die letzten sein, die mich zurückholen in die Stadt? erklärt er und greift die Frage auf, die man in
Israel sich selber stellte. – Das wieder ist David, wie wir ihn kennen;
virtuos, die menschliche Seele benutzend wie ein Orchester, das er
dirigiert, und nie weiß man: Hat er Gefühle wirklich, demonstriert
er Gefühle, wie er sie braucht, ist er empört, weil es ihm nützt, weint
er, damit man es sieht, verhüllt er sein Weinen, damit man es *nicht*
sieht und um so deutlicher bemerkt, riskiert er sogar das Zerwürfnis
mit seiner Truppe, um dem Gegner zu bedeuten, daß er genauso
erwünscht ist? So wird es wohl sein. Wahrscheinlich wird man aus
David niemals klug, weder aus dem, was er glaubt noch was er nicht
glaubt, um was er trauert, was er liebt, was er haßt. Nur eines wissen
wir: Wir wohnen einer Geschichte bei, in der kein Mensch so lebt,
wie er fühlt, und redet, wie er denkt, und handelt, wie er ist – ein
Gewebe voller Trug: die menschliche Geschichte. Es lagert darüber
wie ein Nebel, der sich nicht lichten will, und selbst wenn von Gott
gesprochen wird, hat's einen bitteren Beigeschmack, fast so wie
Mandelgeruch, wie Blausäure, wie Gift, das das Ganze nur um so
ungenießbarer, wo nicht gefährlicher macht. Ist nicht der Gott, an
den da geglaubt wird, genauso eifersüchtig, rachsüchtig, machtbesessen? Welch ein Trost liegt in all dem? Wir wohnen dem Augenblick bei, wie ein Staat gegründet wird, Israel als Königtum. Die

Kirchenväter werden später sagen: Staaten sind große Räuberbanden; einzig die Monstrosität ihrer Verbrechen sichert ihnen Schuldfreiheit zu, und Recht nennen sie lediglich die Gewohnheit ihrer Gewalt. Die einzelnen wird man bestrafen, wenn sie töten, aber die Großen wird man feiern, wenn sie genug getötet haben. Wenn sie's tun wenigstens wie kunstfertige Schlächter, hält man sie für groß in dem Geschichtsbuch. Aber wollte man suchen nach Menschen, die man kennenlernen möchte aus all der Geschichte, wahrscheinlich wär's nur die Frau in Bahurim. Sie wird nicht einmal gewußt haben, ob sie den Richtigen oder den Falschen hilft. Da waren Leute auf der Flucht, und sie fand: Solche verdienen Schutz, egal, wie's weitergeht. Menschen, die Angst haben, muß man beschützen. Das versteht man und es ist das einzige gute Werk in all dem Ungeheuren.

Wir müssen die Bibel weiterlesen und weiterlesen, wir werden nie zu Ende kommen, mit uns selber nicht und mit diesen Leuten nicht. Die Thronnachfolgegeschichte Davids wird bald zu Ende gehen, aber was sie angestoßen hat, wird nie aufhören.

Ich möchte zum Abschluß Ihnen ein Gedicht von Rainer Maria Rilke »Absaloms Abfall« vorlesen, das zu tun hat mit der strahlenden Größe eines Siegers und dem steilen Abfall ins Nichts. Er schreibt in den »Neuen Gedichten«:

Sie hoben sie mit Geblitz:
der Sturm aus den Hörnern schwellte
seidene, breitgewellte
Fahnen. Der herrlich Erhellte
nahm im hochoffenen Zelte,
das jauchzendes Volk umstellte,
zehn Frauen in Besitz,

Die (gewohnt an des alternden Fürsten
sparsame Nacht und Tat)
unter seinem Dürsten
wogten wie Sommersaat.

Dann trat er heraus zum Rate,
wie vermindert um nichts,

und jeder, der ihm nahte,
erblindete seines Lichts.

So zog er auch den Heeren
voran wie ein Stern dem Jahr;
über allen Speeren
wehte sein warmes Haar,
das der Helm nicht faßte,
und das er manchmal haßte,
weil es schwerer war
als seine reichsten Kleider.

Der König hatte geboten,
daß man den Schönen schone.
Doch man sah ihn ohne
Helm an den bedrohten
Orten die ärgsten Knoten
zu roten Stücken von Toten
auseinanderhaun.
Dann wußte lange keiner
von ihm, bis plötzlich einer
schrie: Er hängt dort hinten
an den Terebinthen
mit hochgezogenen Braun.

Das war genug des Winks.
Joab, wie ein Jäger,
erspähte das Haar –: ein schräger
gedrehter Ast: da hings.
Er durchrannte den schlanken Kläger,
und seine Waffenträger
durchbohrten ihn rechts und links.

28. Januar 1995

15

Warum vernichtest du das Erbe Jahwes?

MIT dem 19. Kapitel stecken wir tief in der sogenannten Thronnachfolgegeschichte Davids. Es handelt sich um eine der frühesten geschichtlichen Darstellungen überhaupt, und worin ihre bleibende Aktualität für die Menschheit liegt, läßt sich vielleicht in einem Vergleich deutlich machen. Wenn Sie nach Schleswig-Holstein fahren, ins Mündungsgebiet der Schlei, können Sie Archäologen treffen, die im Abstand von tausend Jahren die Spuren der Wikinger nachzugraben und zu erforschen trachten: Haithabu und die Handelsbeziehungen in Nord- und Ostsee damals, fast schon eine Staatengemeinschaft im nordgermanischen Raum, aber keinerlei schriftliches Zeugnis. – Vor zweitausend Jahren in Manching (oder irgendwo in Italien oder Gallien) können wir nachgraben den Spuren der Kelten. Wir haben über sie Aufzeichnungen, aber nur aus der Perspektive ihrer Sieger; die Römer haben uns Informationsmaterial hinterlassen, wie ihre Feinde geschlagen wurden. – Die altorientalischen Reiche haben ihre mythologische Geschichtsschreibung über die Anfänge der Königwerdung und der Staatengründung. Es ist, als wenn mit Absicht eine Lücke der Unkenntnis gelassen werden sollte an einem wichtigen Punkt. Wenn wir von Staat sprechen, haben wir vor uns ein imposantes Gebäude, versichert, abgesichert mit Rechtstiteln aller Art, Paragraphen, Grundsatzerklärungen, historischen Urkunden, etwas Unantastbares, Unangreifbares. Jeder, der im Fundament da noch wühlen wollte, ist schon staatsgefährdend. Um so wichtiger, daß wir in diesem Text, wie Israel ein einiges Königtum bekommt in der Person Davids, eine Fundgrube haben über all das, was heute Staat heißt im Abstand von dreitausend Jahren. Alle Probleme, die mit dem

Wort Staat kaschiert oder etabliert werden, lassen sich hier in ein paar Kapiteln der Bibel rekonstruieren. Keines der Probleme ist wirklich gelöst, alle sind unverfälscht erhalten, nur sehr schwer zu erkennen. Um so wichtiger, daß wir diesen Texten nachspüren.

Wir haben David verlassen, als er nach dem Sieg über seinen eigenen Sohn Absalom, ermordet von General Joab, zurückkehren will in die Stadt, die er als Königsstadt und Gottesheiligtum selbst in der Dezision der Macht gegründet hat, nach Jerusalem. Und was sich da ereignet, auf dem Wege dorthin, und wie es dann weitergeht, sei nun das Thema.

TEXT: 2 Sam 19, 9 b–44; 20, 1–22. 23–26

Nachdem aber Israel geflohen war, ein jeder nach seinem Hause, da zankten sich die Leute in allen Stämmen Israels und sprachen:»Der König hat uns aus der Hand unsrer Feinde errettet, er hat uns aus der Hand der Philister befreit, und jetzt hat er vor Absalom aus dem Lande fliehen müssen. Nun aber, da Absalom, den wir [zum König] über uns gesalbt hatten, im Kampf gefallen ist, warum zögert ihr, den König heimzuholen?« Als der König David erfuhr, was in ganz Israel geredet wurde, da sandte er zu den Priestern Zadok und Abjathar und ließ ihnen sagen:»Redet mit den Ältesten von Juda und fragt sie:›Warum wollt ihr die letzten sein, den König heimzuholen in sein Haus? Ihr seid doch meine Brüder, seid von meinem Gebein und Fleisch; warum wollt ihr die letzten sein, den König heimzuholen?‹ Und zu Amasa sagt:›Bist du nicht von meinem Gebein und Fleisch? Gott tue mir dies und das, wenn du nicht dein Leben lang bei mir Feldhauptmann wirst an Joabs Statt!‹« So wandte sich das Herz aller Männer Judas, und einmütig entboten sie dem König: »Kehre zurück, du und alle deine Knechte!« Da kehrte der König zurück, und als er an den Jordan kam, waren die von Juda nach Gilgal gekommen, um dem König entgegenzugehen und ihn über den Jordan zu geleiten.

Auch der Benjaminit Simei, der Sohn des Gera aus Bahurim, eilte mit den Männern Judas hinab dem König David entgegen und tausend Mann aus Benjamin mit ihm. Ziba aber, der Knecht des Hauses Sauls, war samt seinen fünfzehn Söhnen und seinen zwanzig

Knechten vor dem König her an den Jordan geeilt, und sie übernahmen es, die Familie des Königs überzusetzen und zu tun, was er wünschte. Und Simei, der Sohn des Gera, warf sich vor dem König nieder, als er den Jordan überschreiten wollte, und er sprach zum König: »Mein Herr rechne mir die Schuld nicht an und gedenke dessen nicht, was dein Knecht gefrevelt an dem Tage, da mein Herr und König aus Jerusalem wegging, und der König nehme es sich nicht zu Herzen. Dein Knecht weiß, daß er gesündigt hat. Aber sieh, ich bin heute zuerst vom ganzen Hause Joseph herabgekommen, um meinem Herrn und König entgegenzuziehen.« Da hob Abisai, der Sohn der Zeruja, an und sprach: »Soll Simei nicht dafür getötet werden, daß er dem Gesalbten Jahwes geflucht hat?« David aber sprach: »Was habe ich mit euch zu schaffen, ihr Söhne der Zeruja, daß ihr mir heute zum Versucher werdet? Heute darf niemand in Israel getötet werden. Weiß ich doch, daß ich heute König über Israel bin!« Und der König sprach zu Simei: »Du sollst nicht sterben.« Und der König schwur ihm.

Auch Meribaal, der Enkel Sauls, war herabgekommen, dem Könige entgegen; er hatte seine Füße und seinen Bart nicht gepflegt und seine Kleider nicht gewaschen seit dem Tage, da der König weggegangen war, bis zu dem Tage, da er wohlbehalten zurückkehrte. Als er nun von Jerusalem dem König entgegenkam, sprach der König zu ihm: »Warum bist du nicht mit mir gezogen, Meribaal?« Er antwortete: »Mein Herr und König! Mein Knecht hat mich betrogen; denn dein Knecht hatte ihm befohlen: ›Sattle mir die Eselin, daß ich sie besteige und mit dem König ziehe‹ – dein Knecht ist ja lahm. Aber er hat deinen Knecht bei meinem Herrn und König verleumdet. Doch mein Herr und König ist [so weise] wie der Engel Gottes. So tue, was dich gut dünkt. Denn obschon das ganze Haus meines Vaters von meinem Herrn und König nichts als den Tod erwarten durfte, hast du doch deinen Knecht unter die gesetzt, die an deinem Tische essen. Was habe ich da noch für einen Anspruch und was für Grund, den König weiter anzurufen?« Der König sprach zu ihm: »Wozu die Worte? Ich entscheide: Du und Ziba, teilt euch in das Gut!« Meribaal sprach zum König: »Mag er gleich das Ganze nehmen, nachdem mein Herr und König wohlbehalten heimgekehrt ist!«

Auch der Gileaditer Barsillai war von Rogelim herabgekommen und zog mit dem König nach dem Jordan, um sich von ihm am Jordan zu verabschieden. Barsillai aber war sehr alt, ein Mann von achtzig Jahren. Er hatte den König mit Speise versorgt, während er in Mahanaim weilte; denn er war ein sehr reicher Mann. Nun sprach der König zu Barsillai: »Du mußt mit mir kommen, und bei mir in Jerusalem will ich in deinen alten Tagen für dich sorgen.« Barsillai aber antwortete dem König: »Wie lange habe ich denn noch zu leben, daß ich mit dem König nach Jerusalem hinaufziehen sollte? Ich bin jetzt achtzig Jahre alt; wie kann ich da noch unterscheiden, was gut und was schlecht ist? Oder kann dein Knecht noch schmecken, was er ißt und trinkt? Oder kann ich noch der Stimme der Sänger und Sängerinnen lauschen? Warum soll dein Knecht dem Herrn und König noch zur Last fallen? Denn nur ein wenig hat dein Knecht dem Könige gedient. Warum will der König mir so reich vergelten? Laß doch deinen Knecht umkehren, daß ich in meiner Stadt beim Grabe meines Vaters und meiner Mutter sterbe. Aber dein Knecht Chimham da, der mag mit meinem Herrn und König ziehen; ihm tue, was dich gut dünkt!« Der König sprach: »So soll Chimham mit mir ziehen; ich will an ihm tun, was dir gefällt, und alles, was du von mir wünschest, will ich dir tun.« Nun ging alles Volk über den Jordan, der König aber blieb noch stehen; und der König küßte Barsillai und entließ ihn mit Segenswünschen. Der nun kehrte zurück in seine Heimat, der König aber zog weiter nach Gilgal, und Chimham mit ihm. Ganz Juda zog mit dem König und auch halb Israel.

Da kamen auf einmal alle Männer Israels zum König und sprachen zu ihm: »Warum haben unsre Brüder, die Männer Judas, dich entführt und den König und sein Haus über den Jordan gebracht und alle seine Männer mit ihm?« Da antworteten alle Männer Judas denen von Israel: »Weil der König uns verwandt ist! Und warum zürnt ihr deswegen? Haben wir etwa ein Stück vom König gefressen, oder ist er von uns weggenommen worden?« Aber die Männer Israels entgegneten denen von Juda: »Wir haben zehnfachen Anteil am König; dazu sind wir auch als die Erstgebornen euch voraus! Warum habt ihr uns verachtet? Und haben wir denn nicht zuerst davon geredet, unsern König heimzuholen?« Die von Juda aber redeten noch heftiger als die von Israel.

Nun war dort von ungefähr ein nichtswürdiger Mensch mit Namen Seba, Sohn des Bichri, ein Benjaminit; der stieß in die Posaune und rief:

> »Wir haben keinen Teil an David,
>   kein Erbe an dem Sohn Isais!
> Ein jeder zu seinen Zelten, Israel!«

Da fielen alle Männer Israels von David ab zu Seba, dem Sohne Bichris; die Männer Judas aber hielten zu ihrem König [und folgten ihm] vom Jordan bis nach Jerusalem. Als David nach Jerusalem in sein Haus kam, nahm er die zehn Kebsweiber, die er zurückgelassen hatte, um das Haus zu hüten, und tat sie in Gewahrsam und sorgte für ihren Unterhalt; aber er ging nicht zu ihnen, und sie blieben eingeschlossen bis an den Tag ihres Todes, gleichsam Witwen zu Lebzeiten des Mannes.

Und der König sprach zu Amasa: »Biete mir die Männer Judas auf! Drei Tage – und du bist hier zur Stelle!« Amasa ging, um Juda aufzubieten. Als er aber über die bestimmte Frist hinaus verzog, sprach David zu Abisai: »Nun wird uns Seba, der Sohn Bichris, gefährlicher werden als Absalom. Nimm du die Knechte deines Herrn und jage ihm nach, daß er nicht etwa feste Städte für sich gewinnt und uns so entwischt.« Da zogen Joab, die Kreter und Plether und alle Helden unter Abisai ins Feld; sie zogen aber von Jerusalem ins Feld, um Seba, dem Sohn Bichris, nachzujagen. Als sie nun bei dem großen Stein in Gibeon eintrafen, war Amasa schon vor ihnen angekommen. Joab aber war unter seinem Gewande mit einem Schwert umgürtet, und darüber trug er ein Schwert, das in der Scheide an seiner Hüfte festgemacht war; das glitt heraus und fiel zu Boden. Und Joab sprach zu Amasa: »Geht es dir gut, mein Bruder?« Dann faßte Joab mit der rechten Hand Amasa beim Bart, um ihn zu küssen. Amasa aber hatte nicht acht auf das Schwert in Joabs Hand, und so stieß der es ihm in den Leib, daß er seine Eingeweide zur Erde schüttete, und er starb ohne einen zweiten Stoß. Joab aber und sein Bruder Abisai jagten Seba, dem Sohne Bichris, nach. Und einer von den Knechten Joabs mußte bei ihm [d. h. Amasa] stehenbleiben und rufen: »Dem Joab nach, wer zu Joab hält und zu David gehört!« Amasa aber lag tot in seinem Blute mitten auf der Straße. Als der Mann sah, wie alle Leute stehenblieben, schaffte er Amasa von der Straße weg aufs Feld und warf ein Gewand auf ihn, weil jeder, der herankam, nach ihm sah und stehenblieb. Als er nun von der Straße weggebracht war, folgte jedermann dem Joab, um Seba, dem Sohne Bichris, nachzujagen.

Der zog durch alle Stämme Israels bis nach Abel-Beth-Maacha, und alle Bichriter versammelten sich und folgten ihm nach. Aber sie [d. h. Joab und seine Leute] kamen und belagerten ihn in Abel-Beth-Maacha, und sie schütteten einen Damm auf gegen die Stadt, und alles Volk, das bei Joab war, untergrub die Mauer, um sie zu Fall zu bringen. Da trat eine weise Frau auf die Vormauer und rief von der Stadt aus: »Höret! höret! Saget doch Joab, er solle herkommen, ich wolle mit ihm reden!« Als er nun zu ihr hinkam, fragte die Frau: »Bist du Joab?« Er sagte: »Ich bin's.« Da sprach sie zu ihm: »So höre die Worte deiner Magd an.« Er erwiderte: »Ich höre.« Sie sprach: »Vor Zeiten pflegte man zu sagen: Man frage doch in Abel und in Dan, ob nicht mehr gilt, was die Getreuen Israels verordnet haben. Und du willst eine Stadt und Mutter in Israel verderben? Warum vernichtest du das Erbe Jahwes?« Joab antwortete: »Bewahre! bewahre! Ich will nicht vernichten noch verderben! So ist es nicht gemeint! Sondern ein Mann vom Gebirge Ephraim mit Namen Seba, Sohn des Bichri, hat sich wider den König David empört. Gebt den allein heraus, so will ich von der Stadt abziehen.« Da sprach die Frau zu Joab: »Siehe, sein Kopf soll dir über die Mauer zugeworfen werden.« Dann ging die Frau in die Stadt hinein und redete allem Volke in ihrer Weisheit zu. Und sie hieben Seba, dem Sohne Bichris, den Kopf ab und warfen ihn Joab zu. Da ließ er in die Posaune stoßen, und sie zogen von der Stadt ab und zerstreuten sich, ein jeder nach seinem Hause. Joab aber kehrte zum König nach Jerusalem zurück.
Text: 2 Sam 20, 23–26

Jakob war über das ganze Heer gesetzt, Benaja, der Sohn Jojadas, über die Kreter und Plether und Adoniram über die Fronarbeiter. Josaphat, der Sohn Ahiluds, war Kanzler, Seja war Schreiber, und Zadok und Abjathar waren Priester; auch der Jairiter Ira war ein Priester Davids.

Beim Blick in die menschliche Geschichte muß man sich oft und immer wieder die Augen reiben, so in dieser Situation, da wir David am Ende seines Sieges über den eigenen Sohn Absalom sehen. Weder den Ohren noch den Augen glaubt man da zu trauen, wie schnell die ehemaligen Gegner jetzt zu Gefolgsleuten des siegreichen Königs werden. Geradezu im Konkurrenzkampf miteinander befinden sich jetzt Israel und Juda, nicht mehr gegeneinander, sondern miteinander, um die Gunst des gemeinsamen Königs. Als wenn da nicht gerade 20000 Menschen, versichert uns die Bibel, gestorben wären, wie wenn das plötzlich völlig vergessen wäre und keiner mehr wüßte, wofür dieser Krieg überhaupt angezettelt wurde. Tatsächlich sind die Erklärungen der Männer aus Israel diplomatisch richtig gewählt, und alles spricht dafür, daß David es gerade so erwartet hat. Als wären nicht die Ältesten aus Israel selber am Hofe Absaloms versammelt gewesen und hätten dem Rat des Arkiters Huschai zugestimmt, man solle mit dem ganzen Heerbann von Israel und Juda David den Garaus machen, gleich in welcher Stadt er sich aufhalte. Das spätere Schicksal des Scheba ben Bichri sollte *David* zugedacht werden; *jetzt* sind die Männer Israels Feuer und Flamme, gar nicht schnell genug können sie am Jordan sein, um David zurückzugeleiten in seine Stadt. Mehr noch; David, als er bemerkt, mit welchem Eifer jetzt aus Israel ihm Nachfolge gelobt wird, hat nichts Schleunigeres zu tun, als den Männern *in Juda* zu sagen: *Ihr* seid meine Brüder, ihr steht mir nahe. Er spürt offensichtlich, was der Eifer der Israeliten bewirken soll: Wenn die Leute vom Norden sich selber zu Vasallen Davids machen, so um ihn besser zu kontrollieren. Man sichert sich durch die Botmäßigkeit den Einfluß am Hof, und dem wiederum muß David zuvorkommen, indem er sich Rückhalt schafft in Juda. Das uralte Prinzip, das wir im antiken Rom später antreffen: Herrschen durch Teilen – David beherrscht es meisterlich. Er erfindet es in diesem Augenblick. König zu sein über Nord und Süd setzt voraus, beide wie bissige Hunde zähnefletschend um die gleiche Wurst sich zanken zu lassen. Solange sie gleich stark sind, kann der König das Zünglein an der Waage spielen. Auf Einigung zwischen beiden Völkern in dem gemeinsamen Stämmeverband ist kaum zu zählen. Wie kann aus dem Verbund der zwölf Söhne Jakobs, geschlossen unter Josua im Reichstag, jetzt ein gemeinsames Volk unter einer gemeinsamen königlichen Krone werden? Das ist die wirkliche Frage, und wir begreifen, daß geschichtlich hinter dem Aufstand des Absalom weit mehr stand als nur der Haß eines Sohnes auf seinen Vater.

Kehren wir noch einmal zurück zu den Tagen, da David nach und nach seinen Thron in Jerusalem gründete. Über der ganzen Thronnachfolgegeschichte Davids liegt der dunkle Schatten Sauls, und nie wird er abzuschütteln sein, solange es ein Königtum, gleich ob in Israel oder in Juda, geben wird. Absalom hätte nie wagen können, seinen eigenen Vater herauszufordern, ohne daß er sich des Rückhalts des Nordens versichert hätte. Seine eigene Abstammung mütterlicherseits in Geschur, dem heutigen Syrien, scheint ihm eine natürliche Nähe zum Norden zugetragen zu haben, und er brauchte gewissermaßen nur den Resonanzboden der Bevölkerung im Norden zum Schwingen zu bringen, und er war reif für den Aufstand. Dahinter steht Saul. Und wenn man sich noch fragt gegenüber all den theologischen Redensarten, warum denn all die Leute immer wieder so bösartig sind, dem Erwählten Gottes, dem König David, übel mitzuspielen, gibt es dafür eine einzige Erklärung, die David selber verursacht und verkörpert: es hätte eine Einigung aller Stämme geben können unter einem einigen König, wäre Saul König geblieben und hätte er seine Söhne zur Dynastie reifen lassen können. Dagegen stand nur ein einziges: der Machtwille eines Condottiere, eines Mannes, der um jeden Preis und für jedes Opfer König werden wollte, und sei es um den Bürgerkrieg. Der Mann hieß David, und sein Aufmarschgebiet war der Süden, war Hebron und etappenweise Jerusalem und muß jetzt werden Gilgal, muß der Norden werden. Und da steht's nun voller Haß gegeneinander. Nach soviel Mord, nach soviel Lüge und Intrige gibt es keine Einheit, lediglich die Gewalt schweißt hier ein Volk zusammen, und will man wissen, wie Staaten sich gründen in der menschlichen Geschichte, dann immer so. Es scheint die Blutspur als Unterschrift unter die Gründungsurkunde gesetzt. – Im alten Ägypten wird die Reichseinheit von Norden und Süden hergestellt unter Namer mit Gewalt. Und Sie finden's hier in Israel durchaus nicht anders, und es geht bis in die deutsche Geschichte des vergangenen Jahrhunderts hinein: lieber, man bricht einen irrsinnigen Lügenkrieg gegen

Frankreich vom Zaun mit der Emser Depesche, wenn man der Eiserne Kanzler der Deutschen heißt, als daß nicht die Deutschen selber zur Reichseinheit kommen – Politik der Vernunft unter Bismarck. Ein bißchen mehr als 120 Jahre ist das her, von David bis Kaiser Wilhelm über 3000 Jahre ein und dieselbe Manier und Manie: Herrschen, und sei es durch Unterdrückung.

Was sich als staunenswert bewundern läßt, parallel dazu, ist die Gefügigkeit und Biegsamkeit derer, die später die Untertanen heißen. Das scheint unglaublich, diese Art der Wendigkeit, der Wendehälsigkeit, wie wir nach dem Fall der Berliner Mauer sagen. Kaum besiegt, sind es die Unterworfenen, die als erste ausschwärmen, den Mächtiggewordenen, den König David, der sich jetzt in dieser Stunde überhaupt erst als den Herrn über Israel und Juda bezeichnet, zu begrüßen und willkommen zu heißen. – Wenn wir diese Art von Mentalität ein Stück in der aktuellen Lage uns verdeutlichen wollen, brauchen wir nur gerade ins Jahr 1995 und im Abstand davon in das Jahr 1945 zu schauen. Es wird dieses Jahr nicht noch zwei Monate älter werden, und wir werden förmlich überschüttet werden mit Gedächtnisstunden und Danksagungsstunden für den Widerstand im Dritten Reich und für die Alliierten, die uns befreit haben vom nationalsozialistischen Joch. Vor allem die Kirche werden wir sprechen hören, wie sie doch immer gegen die braune Flut sich als der wahre Deich angestemmt hat. 1945 war der Krieg nicht zwei Tage zu Ende, als die Bischöfe, die am meisten braun waren, nicht mal in violettem Bußgewand erschienen, sondern in reiner weißer Albe vor dem Volke. Nennen wir nur drei kurze Beispiele, um zu zeigen, wie das gemacht wird, daß man aus dem Unterworfenen und Besiegten zum Kooperateur, ja zum Steigbügelhalter der künftigen Macht wird.

In Freiburg gab es einen Bischof Gröber. Als der Krieg anfing 1939, gab's keine Rede in seiner eigenen Diözese, die nicht mit Spendenaufrufen fünfzehn Monate lang über eine Million Reichsmark für den Führer und den Krieg aus den Gläubigen herauspumpte. 1945 konnte derselbe Mann erklären, daß die Kirche im Widerstand gewesen sei und er, Gröber, immer gewarnt habe, daß es nie gut enden werde, wenn eine Macht aufstehe gegen die Kirche. Das war richtig gesprochen, denn der Nationalsozialismus drohte wirklich aus den Schulstuben die Kreuze zu entfernen, und dagegen hatte man protestiert. Es drohte außerdem den Geistlichen der Zutritt in den Konzentrationslagern verboten zu werden. Auch dagegen hatte man protestiert. Es drohte bei dem Programm zur Ausrottung von Geisteskranken die Sterilisation eingeführt zu werden. Dagegen hatte man wirklich aus moralischen Gründen protestiert. Aber es war von den KZs kein Wort die Rede gewesen, all die Zeit nicht, von der Ermordung von Millionen Juden kein Wort, kein einziges, von der Ausrottung von Homosexuellen, Zigeunern kein Wort! Jetzt aber: man war gewesen gegen die braune Flut, man hatte gewarnt davor! – Kardinal Frings, das zweite Beispiel, ging 1945 auf die Kölner Kanzel und erklärte, daß er in seinen Predigten immer schon vor der wahllosen Ausrottung von Menschenleben beschwörend gewarnt habe. Jeder, der das hörte, mußte es beziehen auf den Angriff auf Köln durch die Royal Air Force mit zweitausend Bombern, aber nicht auf die KZs. 1950 waren die deutschen Bischöfe schon wieder soweit, dem deutschen Volke zu erklären, daß es gefühlsduselig sei, notfalls nicht auf den Krieg vorbereitet zu sein für die Sache der Gerechtigkeit. Amerikanische, antisowjetische CDU- und adenauergestützte Politik wurde dem deutschen Volk in den entscheidenden Stunden von der katholischen Kirche verabreicht. 1945 konnten die Bischöfe mit Bedauern sprechen von den Kriegswaisen, von den Witwen, von den Kriegsgefangenen und Gott bitten um Güte, aber dieselben Leute hatten sechs Jahre lang gepredigt, daß man Opfer bringen müsse bis zum Äußersten, daß der Fahneneid geleistet werden müsse in den Stunden der Bewährung! Das hat Millionen Menschen das Leben gekostet – und hinterher das Bedauern, es war alles nicht so gemeint. – Nehmen wir Kardinal Jäger von Paderborn. Da waren sowjetische Bürger durch den Atheismus am Rand des Tierseins verkommene Subjekte, so sprach er bei seiner Bischofsweihe 1942. Kein Wort über das Lager Stukenbrock! Derselbe Mann, fähig zum Kardinal und all die Zeit militärfreundlich und -günstig. – Herr Faulhaber, um es noch zu komplettieren, konnte seinen Schmöker aus den Jahren 1914 und '15, »Die Waffen des Geistes«, der neuen Bundeswehr empfehlen. Es gibt keine Flegelei, die nicht möglich gewesen wäre, aber den Mächtigen hochwillkommen, und das Volk wird es immer glauben, zu Hunderttausenden am Ende.

Man sollte denken, wer nach den frühesten Dokumenten von Persilscheinen auf der Suche ist, hier, 2 Samuel 19, im Verhalten Israels, da wird er sie finden. Und das Erstaunliche: daß die Mächtigen genau das erwarten und darauf zu spielen wissen, als wäre die Seele ihres Volkes ein Klavier. Nachdem gemeinsam Israel und – früh genug unbedingt – Juda im Gilgal zusammengezogen ist, treffen wir's in einer Kaskade von Personalentscheidungen. An der Spitze Schimi. Sie müßten ein schlechtes Gedächtnis haben, wenn Sie den Mann nicht noch in Erinnerung hätten. Als David auf der Flucht war vor Absalom, konnte dieser Mann, parallel zum Zug des Heeres des Königs, Staub aufwirbelnd fluchen über David, völlig respektlos, daß er ein Hund sei, ein Blutmensch, ein Blutsauger, und hatte völlig richtig dabei vor Augen die Razzien an den Sauliden, an dem gesamten Hofe Sauls. Derselbe Schimi, der David schuldig spricht seiner Verbrechen wegen, vermutlich an Saul selber, ganz sicher aber an Ischbaal, höchstwahrscheinlich an Abner, seinem General, derselbe Schimi, wie wenn von Recht und Moral überhaupt keine Rede sei, spricht jetzt zum König: Ich weiß doch, daß *ich* schuldig bin; mein Herr König vergebe mir! Und sein Herr König, das sieht Schimi völlig richtig, kann in diesem Moment ihn nicht bestrafen, das ist unmöglich. In diesem Moment ist alles darauf angelegt, auf die Reichseinheit hinzuwirken und sich nicht noch neue Feinde zu schaffen. Nicht aus Güte, wie wir denken sollen, aus Weitherzigkeit, wie uns die Kommentare versichern, aus Gottesfurcht gradewegs, sondern aus völlig richtigem Kalkül nimmt David, so sehr es ihn anwidern mag, sogar den Bruderkuß des Schimi an. Wie David wirklich denkt, erfährt man grundsätzlich später. Im ersten Buch der Könige, Kapitel zwei, da wird der sterbende David seinem Sohne Salomo sagen: Paß rechtzeitig auf, es gibt diesen Schimi aus Bahurim, daß er mit seinen weißen Haaren ins Grab sinkt. Du wirst schon wissen, wie's geschehen soll. Und Salomo wird sich seines Vaters als würdig erweisen. Jetzt hingegen ist nicht der Augenblick der Rache, das ist wahr. Aber man muß denken, wie Konrad Adenauer es einmal aussprach: Man muß die Rache kalt genießen können. Rache kalt genießen – drei Widersprüche in eins: die heftigsten Emotionen des Hasses, mit Gefühlskälte und Berechnung gepaart, und dann wieder das genießen, wie wenn man Wein schlürft, wie um sich zu besaufen – König David.

Was sind das für Menschen? fragt man sich die ganze Zeit. Sind das Schurken, Kriminelle unter sich, Mafiosi, die so lange pokern, bis daß sie sich selber zum Recht hochstilisieren? Aber was bleibt einem Schimi übrig, als die Gunst der Stunde zu nutzen, wie sie ist? Daß Ziba gleich an seine Seite kommt, dürfen wir auch nicht für Zufall halten. Der Mann ist seinem Herrn Merib-Baal entlaufen; im rechten Augenblick hat er sich auf die Seite des Mannes geschlagen, den er für den künftigen, weil klügeren König betrachtete. Ziba ist mit dem Esel seines Herrn Merib-Baal, des gelähmten Nachfolgers Sauls, David entgegengezogen und flüchtet sich jetzt unter seinen Schirm. Von ihm ist weiter nicht viel zu vermelden, aber daß gleichzeitig Merib-Baal wie gekrochen kommt, winselnd um sein Leben, das zeigt noch mal, in welcher Machart er selbst an den Hof Davids geholt wurde. Aus der Nachkommenschaft Sauls kein Thronfolger Davids, das ist die eherne Logik, die hier herrscht. Also ist jeder, der aus den Lenden Sauls hervorgegangen ist, gefährlich für David. Merib-Baal, dieser Krüppel, läßt sich am Hof stillhalten und aushalten, abfüttern bis zum Tode. Und er hat jetzt Grund, David zu erklären, er sei verleumdet worden. Das wissen wir besser. Dieser Dummkopf muß ernsthaft geglaubt haben, wenn Absalom David im Felde schlägt, wird er, Merib-Baal, zum König gewählt werden, Absalom sei sozusagen sein eigener Vorläufer, und der Sohn Davids habe überhaupt nichts Besseres im Sinn, als den Sohn Sauls zum König zu krönen – ein Phantast, dieser Mann, aber klug genug, um sein Leben zu winseln im richtigen Moment. Er will jetzt nichts mehr, keinen Landbesitz, gar nichts, nur noch das nackte Leben.

Was kann Angst aus Menschen machen? das ist die Frage. Da kämpfen sie eben noch für Recht, und jeder wußte, es geht um ihre Interessen. Jetzt weiß man: Es geht überhaupt nicht mehr um Recht, es geht nur noch um den Anspruch, dabeizusein und überleben zu dürfen; es geht nicht um Treue, es geht um die Sicherung von Einfluß; es geht nicht um Wahrheit, es geht um Kalkül. Und wer *die* Kunst des Zynismus beherrscht, hat das Zeug zum politischen Handeln.

Wir hören in der Bibel oft, daß Saul verflucht war von Gott selbst, daß seine Dynastie abgetan ist vom Thron, aber wir begreifen jetzt die Wahrheit. Saul, der ganzen Mentalität nach, ist ein frühgeborener König, ein Primitivling der Macht. Sauls Natur war, daß zweimal zwei vier ist und der kürzeste Weg zwischen zwei Punkten immer die Gerade. Wenn er David haßt, dann nimmt er den Speer und spießt ihn an die Wand, so einfach, und wenn er jemandem treu ist, dann hält er dazu und rechnet nicht mit Lüge, so im Umgang mit seinem Sohn Jonatan. Und wenn er eine Frau hat, hält er sie für seine Frau. Saul in diesem Sinne ist ein Mann der geraden Ordnung, des aufrechten Charakters, soviel wie eine Eiche im Sturm. Solche können brechen, aber sie werden bis dahin sich festkrallen in der Erde. – Die Kunst Davids ist, wie eine Liane sich im Wind zu wiegen und jeden Feind zu erdrosseln, indem sie ihn umklammert, bis sie seiner mächtig wird. David weiß, daß man, wenn man töten will, dies nie tun muß von vorn, sondern von hinten, nie die Karambolage im Billardspiel, sondern über drei, vier Banden gespielt bis zum Anstoß, immer kompliziert, nie zu greifen, kaschiert, wohlberechnet, kalkuliert. Es liegen Welten zwischen Saul und David, und das scheint der wahre Preis der Staatengründung durch David zu sein. Es herrscht eine mondäne Welt. Das Tor tut sich auf zu dem, was ringsum des noch fast primitiv zu nennenden Volkes Israel am Anfang der Eisenzeit längst schon gelernt worden ist: man darf nicht sagen, was man denkt, man muß sagen das, wovon man sich Wirkungen erhofft in der richtigen Richtung, wenn es die Menschen glauben; man darf nicht so tun, wie man fühlt, man muß Aktionen setzen, die darauf berechnet sind, daß sie in der Masse den rechten Anstoß bewirken. Ein Mensch als Statist der Macht hört auf, eine Person zu sein.

Sollten wir der Phraseologie des großen, vergebenden Davids, des demütigen, Gott anbetenden Königs Glauben schenken, wird diese Ouvertüre gleich abgebrochen, noch ehe die Oper anhebt, wenn wir sehen, was David als erstes tut, als er in Jerusalem ist. Die zehn Frauen, die einmal seinem Harem gehörten, die er zurückgelassen und verraten hat und zu denen auf den Rat Ahitofels hin Absalom eingegangen ist, um die Trennung von seinem Vater komplett zu machen, diese zehn Frauen, die das Haus hüten sollten, werden in umhütetem Hause gehalten in lebendiger Witwenschaft bis zum

Ende. Sie können für ihr Schicksal nicht das mindeste. Von mora-
lischer Schuld kann nicht die geringste Rede sein. Eine Tragödie wie
im Vorübergehen – aber was hat David damit zu tun? Sowenig wie
Absalom diese Kebsweiber liebte, sowenig hat David mit ihnen im
Sinn, kaum daß sie geschändet sind von dem anderen. Es geht nicht
um Menschen, es geht darum, daß man Menschen zur Staffage der
Demonstration von Macht erklärt, und nur wer das begreift, kann
da mithalten.

Einer, der sehr bald schon nicht mehr mithalten kann, ist der
Ismaelite Amasa. Es hat uns schon gewundert, warum David ihn
anstelle Joabs zum General erklärt. Amasa führte den Heerhaufen
Absaloms. Genau der General der Gegenpartei wird hier eingesetzt
als der erste Mann des Militärs am Hofe Davids. Die Stunde der
Bewährung kommt, noch ehe überhaupt Amasa seine eigene
Truppe kennenlernen kann. David ist gerade in Jerusalem, da
bricht die nächste Woge über ihn herein, und sie scheint sich unter
dem Sturm Absaloms aufgetürmt zu haben. Scheba ben Bichri heißt
der Mann, immer heißt er Scheba *ben Bichri*, wie wenn wir diesen
Zusatz »Sohn des Bichri« nur ja nicht vergessen sollten. Wir müssen
die Bibel gut kennen, um die Anspielung zu verstehen. Genesis Kapitel 46, Vers 21 hören wir von einem *Becher*, einem Sohn Benjamins.
Das ist immerhin ein erster Hinweis, und wir hören aus 1 Samuel
9, 1, daß ein *Bechorat* einer der Vorfahren Sauls war. Es scheint vieles
dafür zu sprechen, daß dieser Scheba ben Bichri mit der Sippe Sauls
zusammenhängt. Und wieder steht gleich einem Vampir der Schatten des ermordeten Saul auf. Erneut dieselbe Brut, stellt sie David
nach wie ein Skorpion im Wüstensand. Die Redewendung ist die
übliche: Scheba ist ein Nichtsnutz; auf gut russisch würde das heute
heißen: ein Verbrecher. Dudajew – ein Verbrecher; seine Anhänger
in Tschetschenien – eine verbrecherische Bande; so nennt man die
Leute, die den Mächtigen gefährlich werden können, denn die
Mächtigen, wohlverstanden, sind das Recht selber, sie verkörpern
es. Wer sich dagegen auflehnt, ist von vornherein im Unrecht. So
Scheba auch. Das einzige, was er tut, ist, daß er die Unabhängigkeit
des Nordens jetzt glaubt gegen David durchsetzen zu können. Und
sofort hat er Zulauf. Dieselben Leute, die eben noch sagten: König
David! König David!, brauchen nur einen neuen Kristallisations-

punkt, und schon ziehen sie mit Scheba. Das Ganze ist dilettantisch, unvorbereitet vom Zaun gebrochen, es hat alles andere als eine feste Struktur – dennoch eine große, gefährliche Brandung, und David weiß, wie gefährlich. Genau so, wie Ahitofel dem Absalom geraten hat, handelt jetzt David. Es gilt, unverzüglich, im Augenblick, Gegenmaßnahmen einzuleiten. Wenn das auch nur *eine* Woche dauert, was sich da zusammenbraut, kann Scheba sehr gefährlich werden. Seine Augenblickshandlung, wenn sie sich auf Dauer stellt, kann dazu führen, alle befestigten Städte im Norden zu organisieren, und man würde sie dann Burg für Burg knacken müssen. Das ist unmöglich. Man muß Scheba nachsetzen und im offenen Feld, indem man ihm keine Ruhe gönnt, auf den Fersen bleiben. Das soll organisieren Amasa mit einem Heerhaufen, den er nicht kennt, mit Leuten, die er erst rekrutieren soll. Der Termin von drei Tagen wird nicht gesetzt nach den Möglichkeiten des Amasa, sondern nach der Not der Stunde. David selber sitzt in gewissem Sinne in der Patsche. Er hat Amasa bestellt, um die Gegenpartei militärisch für sich zu gewinnen. Er hat Joabs Kopf in gewissem Sinn geopfert aus diplomatischer Rücksicht. Und jetzt braucht er Kerle wie Joab, den Sohn der Zeruja, seiner eigenen Schwester.

Was ihm bleibt, ist Abischai, der Bruder des Joab. Der setzt mit Kretern und Pletern, der davidischen Fremdenlegion, wenn Sie so wollen, den Kriegsleuten praktisch der stehenden, kasernierten Soldateska am Hofe Davids, und mit allem, was sich noch auftreiben läßt, hinterdrein hinter Scheba. Ganz nebenbei hören wir, daß Joab mit dabei ist, weiß der Teufel, in welchem Rang. Es genügt, daß er dabei ist, und sein eigenes Ziel ist, Amasa aus dem Wege zu räumen. Wie er das tut, entspricht noch heute dem, was man nur auf amerikanisch für die Politik des Nahen Ostens formulieren kann: by kissing and killing. Man geht auf den Mann zu, man streichelt ihm den Bart, man holt seinen Mund an den seinen, und heraus aus dem Gürtel fällt der Dolch, ihn zu ermorden. Ein bitteres Wort, das da heißt: kein zweiter Stoß war nötig, gleich war er tot – Joab eben. Was noch stört, ist die Leiche; die Leute könnten sich dran aufhalten. Alles ist berechnet auf Tempo, auf Geschwindigkeit, eines der hauptstrategischen Ziele: die Überraschung, der Angriffsvorteil. Augenblicklich setzt sich Joab selber wieder an die Spitze und jagt

Scheba ben Bichri weit hinauf, quer durch ganz Israel, nach Norden, nach Abel-Bet-Maacha, das liegt noch im Norden des Hule-Sees, irgendwo fast schon im Quellgebiet des Jordan, die letzte Bastion, die ihm bleibt, und alle Kriegskunst wird augenblicklich in Szene gesetzt: Belagerungstechnik, Rammböcke, Wälle bis zum Stadttor zum Erstürmen. Augenblicklich – es liegen keine hundert Jahre zwischen der Seßhaftwerdung Israels und dieser Art der Kriegführung – hat man alles gelernt, was man braucht militärisch.

Bleibt nur noch die Frage: Wie kann David später leben mit Joab? Es ist die Frage, die wieder bis in die Gegenwart reicht. Offensichtlich gibt es zwischen Militär und Macht ein so enges Bündnis, daß beide schwer voneinander zu trennen sind. Einzig daran scheint es zu liegen, daß keine Staatskunst bis heute weltweit ohne Militär auszukommen vermag. Die Stunde könnte historisch noch so günstig sein, immer müssen die Mächtigen dafür sorgen, daß die größten Anteile der Volkswirtschaft ins Militär gesteckt werden. David selber kommt aus dem Militär, war ein Wegelagerer und Räuberhauptmann, war Landsknecht der eigenen Feinde, der Philister, hat sich hochgemordet bis zum Königtum. Joab selber bleibt sein General, er hat keine Allüren, König zu werden. Aber wie kontrolliert die Macht das Militär, wie kontrolliert sie praktisch sich selbst? Das bleibt eine ewige Frage. Wir sind noch lange nicht soweit, daß wir sie auf dem Rechtswege lösen können. Wir erklären das Militär zu einem Ort der Exekutive, nie der Legislative. Wir verbieten heute den Soldaten zwar nicht, daß sie politisch denken, aber wir verbieten ihnen, daß sie politisch handeln. Sie können jede Überzeugung haben, aber sie bleiben dem Befehl unterstellt. Das schwören sie unter Eid. – In unseren Tagen haben wir zugleich noch andere Leute vor uns, die auch als Militär Politik machen auf direktem Wege. Sie müssen sich nicht wie Herr Gratschow hinter Jelzin verstecken, sie können's selber und besser als die Könige. In den Augen der Militärs sind die Regierenden allemal schwache Hanseln, die Kompromisse schließen, wo *sie*, die rechten Kerle, draufhalten. So war das wohl damals: Immer ist Joab ein Stück voraus dem, was David will. Es ist nicht diplomatisch, aber praktisch: Abner, der General der Sauliden, ermordet zum rechten Zeitpunkt; wer es tut, ist Joab; Absalom gegen Königsbefehl ermordet; Amasa, dieser unfähige Schwächling, ermordet, damit die Sache vorankommt, David selber wäre sonst in Gefahr, und wer ihn herausholt, ist Joab.

Es gibt ein kleines Beispiel in der Geschichte der letzten Jahrzehnte, wo der gleiche Konflikt noch einmal tobte, Ende des Koreakrieges 1952. Die gesamte amerikanische Armee stand damals hinter ihrem Volkshelden General MacArthur, ein weißer Engel gewissermaßen, der Mann, der auf dem Flugzeugträger den Japanern die Kapitulation diktiert hatte 1945, der Held, der das kommunistische Nordvietnam und im gleichen Rotchina besiegt hatte. Man feierte ihn, er war einer der militärisch Größten in der Geschichte der Vereinigten Staaten. Der gleiche Mann dachte: Wenn wir schon Krieg führen und verheizen 20000 amerikanische G. I.s in Korea für einen Krieg, der uns eigentlich nur etwas angeht, um die Hydra des Kommunismus endgültig zu besiegen, dann besiegen wir sie jetzt halt endgültig, und das geht nicht, indem wir an irgendeinem Breitengrad zwischen Nord- und Südkorea stillstehen. Wir müssen den Yalu im Norden Koreas überschreiten und geradewegs auf Peking marschieren. Da sitzt der Kommunismus, da ist der Quell von allem, was Ostasien bedroht. Amerikaner in Peking, das ist vernünftige Politik. – Es war Eisenhower nicht anders möglich, als den Hund wieder an die Leine zu legen – ein großes Defilee der Trauer bei der Entlassung dieses großen Generals zugunsten einer richtig verstandenen Politik. Aber noch zwei Jahre später wartete man auf den amerikanischen Flugzeugträgern im Pazifik auf den Einsatz zum Atombombenschlag gegen Rotchina. Fünfzig Millionen Tote, hundert Millionen Tote – wenn's doch sein muß! Das sind die Joabs heute, immer mit gutem Gewissen. Vielleicht liegt der schlimmste Fehler im 20. Jahrhundert darin, daß wir den Militärs, statt sie zu kontrollieren, die Definition von Verantwortung bis heute überlassen haben. Verantwortlich war alles, vom Giftgas bis zur Wasserstoffbombe, bis zur Neutronenbombe, bis zum Star-Wars-Programm. Solange die dran sind, wird's nie aufhören. Da ist Grosny und Tschetschenien nur ein winziges Nebenbeispiel. Übrigens, im Rückblick, was man uns weisgemacht hat 35, 40 Jahre lang, läßt sich am Beispiel Tschetschenien doch wohl sehen. Angeblich war nichts gefährlicher als der Angriff der Roten Armee gegen das freie Europa, gegen die gesamte westliche Welt. Die russische Armee

braucht derzeit drei Monate, um eine Stadt wie Paderborn zu erobern, so gefährlich war sie all die Zeit bis zur massivsten Aufrüstung, bis zu Hunderten von Milliarden jedes Jahr. Wen eigentlich
wollte man das glauben machen? Immer brauchen die Militärs die
Gefahr, die sie sich selber schaffen.

Zum Testament Davids wird auch das gehören, daß er seinem
Sohne Salomo sagt: Schaff Joab beiseite. Nur lebendig wird er's dem
Lebenden persönlich nicht sagen. David wird Joab als Oberbefehls-
haber seiner Streitmacht wohl oder übel akzeptieren müssen. Auch
der Löwe von Juda wird irgendwann alt, langsam lockern sich seine
Zähne.

Dann noch die Episode in Abel-Bet-Maacha – die Geschichte
einer weisen Frau. Sie sorgt dafür, daß eine Stadt verschont wird.
Ein uns unbekanntes Sprichwort geht da um: Frag nach in Abel-
Bet-Maacha und in Dan, und es wird ein gutes Ende nehmen. Wir
sind die Friedlichsten, wir sind die Treuesten, sagt sie. Offenbar war
diese kleine Stadt ganz im Norden so etwas wie ein hebräisches Del-
phi, zu dem man ging, um Streitereien zu schlichten, gütlich, wenn's
denn ging. Und diese Stadt jetzt zu verwüsten, ihre Insassen zu ermorden, wehrt sich diese Frau als Mutter in Israel. Noch einmal so:
Wenn man Dudajew fangen will, tötet man nicht Tausende von
Tschetschenen. Wenn man Saddam Hussein jagen will, tötet man
nicht Hunderttausende von Irakis und läßt am Ende den Diktator
leben. Aber selbst große Köpfe wie H. Kissinger können ernsthaft
sagen: Wenn wir dem Diktator in Bagdad zwei verlorene Kriege
zumuten und lassen die elektrischen Kraftwerke, die Wasserauf-
bereitungsanlagen, die gesamte Infrastruktur zerbomben, dann
müßte irgendwas an der politischen Struktur im Irak nicht stimmen, wenn der Diktator nicht gestürzt würde. Das klingt vernünftig,
ist aber der blühende Unsinn. Was würde denn stimmen an einer
politischen Struktur, wenn man sie schon als Diktatur bezeichnet?
Was will man denn erhoffen von dem jahrelangen Leid der Zivilbe-
völkerung? Doch nicht, daß sie den Diktator stürzt, sowenig wie wir
Deutschen es mit Hitler gemacht hätten, nie und nimmer. – Eine
weise Frau in Abel-Bet-Maacha ist da klüger: Man muß das Volk
auffordern, den Krieg zu beenden, indem sie den Kriegsgrund aus-
liefert. Das war derselbe Rat, den Ahitofel mal gegeben hatte: Du

mußt nur David töten, Absalom, niemals das Volk. Wenn du David hast – Generalamnestie für alle. – Es ist eine Zeit noch, in der ein Volk soviel wert ist wie der Führer. Nur, wann hört das Volk auf, sich Führer gefallen zu lassen, und fängt selber an zu denken? Und worum geht es eigentlich noch zwischen Joab und Scheba? Wird der Konflikt so gelöst?

Wir stehen im Grunde schon am Ende der Thronnachfolgege-schichte Davids. Eine Liste wird uns in 20, 23 – 26 noch geboten wie in 2 Samuel 5, wo aufgezählt wird, wer am Hofe Dienst tut. Die Namen variieren ein wenig. Es bleibt uns die Frage: Wer hat eigent-lich die Thronnachfolgegeschichte Davids geschrieben, und was ist der Sinn all dessen, was wir da hören? Wir erfahren von einem Ira, der zum königlichen Priester wird, und wir hören richtig: es hat die Ehe zwischen Thron und Altar schon einen neuen Fortschritt ge-bracht. Es gibt nicht mehr nur Hochpriester, gewissermaßen Bi-schöfe, im Reich, es gibt inzwischen schon Prälaten, noch höhere, die der Krone ganz nahestehen. Ein solcher Gottesdienst, der vom König für den König zelebriert wird, dafür steht dieser Ira, von des-sen Wirken wir sonst nicht mehr viel hören.

Joab führt den ganzen Heerbann, das versteht sich. Dann hören wir noch von den Priestern Zadok und Abjatar, und vermuten darf man, daß vielleicht just dieser Abjatar Verfasser der Thronchrono-logie sei. David war ihm in Nob begegnet, und Abjatar hat offenbar die Reichsreligion Davids mit organisiert. Ihm stünde es an, alles, was kommt, als Gottes Wille zu stilisieren, zu frisieren, geschickt und zutiefst menschlich. Es gibt kaum einen Bericht, der mit soviel Anteilnahme und Menschenkenntnis in der Bibel aufgeführt wird wie die Thronnachfolgegeschichte Davids. – Aber auch diesem omi-nösen Huschai, dem Arkiter, wird man ein solches Schriftwerk zu-trauen, nur kommt er selbst zu ausführlich darin vor. Texte dieser Art verfaßt man am besten, ohne daß man den Autor später noch erwähnt, er muß im verborgenen bleiben, eine graue Eminenz. Neh-men wir also an: Abjatar. Die Logik, in der das alles gestaltet wird, vollzieht sich, wenn wir die ersten zwei Kapitel des nächsten Buchs der Könige lesen; dazwischen noch eine Reihe Aufführungen und Nachträge. Aber eines wird ganz deutlich: Gelöst wird vorweg das Problem eines Mannes, der bislang kaum noch mit Namen erwähnt wurde, Salomo. Von ihm wissen wir bisher lediglich, daß er der Sohn einer Ehebrecherin und eines Mörders war. Und wie gerade aus dem ein König wird, das ist ein Kunststück, darzustellen. Das Problem hat wieder David selbst sich eingehandelt. Als er Saul stürzte, hoffte er offenbar, daß er die Saulstochter Michal zurückbekommt. Die war inzwischen verheiratet mit jemand anderem, aber sie mußte nach Jerusalem an den Hof Davids. Nur, wie das Schicksal so spielt, Michal gebar den königlichen Lenden keinen Nachfolger, überhaupt niemanden, nicht Tochter noch Sohn. – Ein Streik, ein Zeichen Gottes, vielleicht aber auch nur die späte Rache einer geschändeten Frau, die sich sagte: Dies ist zuviel: meinen Vater ermorden, meinen Mann mir wegnehmen, meine Brüder hinterhältig töten und jetzt gewissermaßen die Stute in Davids Zuchtstall – nicht mit mir! Mag sein nicht mal, sie hat so gedacht, es genügt, daß sie so gefühlt hat. Unfruchtbarkeit einer Frau, das hat viele Gründe, psychosomatische möglicherweise. Von Michal jedenfalls bekommt David kein Kind und also auch keinen Thronnachfolger, der zwischen Sauliden und Davididen vermitteln könnte. Die ganze Synthese, die man mit Gewalt und Biologie herbeizeugen und -zwingen möchte, geht in der Rechnung nicht auf. Das ist das Problem, das David sich einhandelt. Was ihm noch bleibt, ist, die eigene Nachfolge durchzumustern. Von Amnon hörten wir schon, und wir begreifen, warum sein Schicksal so breit erwähnt wurde. Der erste der Söhne Davids ist ein Wollüstling, der die eigene Halbschwester vergewaltigt. Auch das stammt von David, auch das trägt sein Siegel, aber es taugt nicht, um König zu werden. Dann Absalom – um ihn trauert die Welt, und man meint den Schreiber selbst weinen zu sehen, während er Davids Klageruf formuliert: Mein Sohn Absalom! Er war so schön, leidenschaftlich, phantasievoll, ein geborener König. Warum eigentlich mußte David ihn ermorden lassen? Ja, auch das wohl: ein bestellter Mord, ein Fingerzeig in der Sprache Davids genügte: Schützt Absalom, das heißt – für gewitzte Ohren soviel wie –: Macht ihn zum Angriffsziel. Und Joab hat nur zu genau begriffen, was der König will. Aber warum denn? Wär's nicht möglich, daß ein König einmal abträte, wenn die Zeit für ihn kommt, und hätte Absalom das Feld geräumt und gesagt: Nun, mein Sohn, ich bestimme dich vor meinem Tode zu meinem Nachfolger? – Es ist das Übel der Mächtigen, daß sie nie früh genug verschwinden können. Eher richten sie ein ganzes Volk zugrunde, ja, zerstören sie ihre eigenen besten Hoffnungen. Und je mächtiger sie sind, desto stärker versuchen sie noch, die Geschichte zu beeinflussen, wählen sie ihre eigenen Diadochen. Man sagt, daß der jetzige Papst in Rom beispielsweise jetzt schon drei Viertel des gesamten Kardinalskollegiums zusammengesucht habe, damit sein Nachfolger gewiß nach seinem Gusto ausschlage. Solche Rechnungen müssen nicht aufgehen; selbst Gorbatschows können hervorgehen aus der Clique um Breschnew, selbst ein Anwar al Sadat kann hervorgehen aus dem korrupten Offizierskolleg der Nasser-Gruppe. Alle Diktaturen sind irrational und können sich anders bewegen. Aber auf Absalom immerhin hätte man setzen mögen, auf Salomo bis dahin kein einziger. Wir werden noch hören, daß der dritte der Davidssöhne, Adonija, es wagt, und er wäre dran, aber er wird zum Abschuß freigegeben von Salomo. Das also wird der rechtmäßige König, der Friede selbst, wie schon sein Name heißt, ein vorbildlicher König, auf dem aller Segen Gottes ruht, der aufgrund der Verbrechen Davids sich damals noch nicht ganz auswirken konnte. Freilich, wir werden Salomo noch kennenlernen. Er wird alles tun im Rang eines wirklichen orientalischen Fürsten. Er braucht nicht zu huren, er hat über tausend Mätressen in seinem Harem. Wenn er mordet, hat er immer gute Gründe und wird genau so verborgen bleiben wie sein Vater David. Er wird sich den Thron durch Razzien erst erobern müssen, und seine Mutter Batseba wird ihm dabei behilflich sein, eine Füchsin am Hofe, gierig nach Fleisch. Und sie wird's bekommen. Salomo heißt dieser König, und ein einziges Mal wird der Norden und der Süden in der Klammer einer Dynastie vereinigt sein. Recht aber behalten wird Natan, als er auf die Tat des David, da er Urija ermordete, frank und frei sagte: Nie mehr wird das Schwert weichen vom Hause Davids.

Ein kleines Stück Geschichtsschreibung im Meer der menschlichen Geschichte – es wird überrollt und überrollt durch immer neue Deutungsversuche. Der ganze Text ist uns erhalten in den zwei Büchern Samuel bis hinein ins Buch der Könige, und auch das ist nicht die Endfassung, man wird im 6. Jahrhundert im Kreise des Propheten Jeremia all die Geschichtsüberlieferungen des König-

tums zusammenfassen in dem, was wir literarkritisch die deuteronomistische Geschichtsschreibung nennen, und man wird den Propheten recht geben, es wäre besser gewesen, nie ein Königtum im
Namen Gottes gewünscht zu haben. Wär's nicht möglich, die Babylonier, die Heiden, erlösten das heilige Volk davon und befreiten es,
und man lernte die Frömmigkeit Gottes noch einmal so wie in den
Tagen der Wüste, und Gott beglaubigte sich nicht durch die Macht
der Regierenden, sondern durch die Ursprünglichkeit der Menschen? Was wird da alles diskutiert in zwei Kapiteln Bibel! Welch
ein Aufriß von Menschen wird da gegeben!

Es gibt einen einzigen, von dem man möchte, er behielte mit seinen leisen Worten das Echo der Geschichte für sich. Das ist der alte
Barsillai, achtzigjährig. Er hat David geholfen beim Verproviantie-
ren und soll geschmeichelt werden, er und seine ganze Sippe, indem
sie am Hofe sich aushalten läßt in der Dankbarkeit des Königs.
Doch dieser freie, unabhängige Mann pfeift David was auf seine
Dankbarkeit. Soll ich denn, achtzigjährig, mir die Tänzerinnen ansehen und anhören?, sagt er, soll ich die Speisen essen am Königshof? Das ganze mondäne Geschäft widert den ehrlichen Barsillai an.
Aber was Heimat ist und das Grab der Väter und wie man lebt in
Ehren auf der eigenen Scholle und lernt das Sterben in Würde, das
ist Barsillai, das ist ein wahres menschliches Leben. Die Könige
brauchte man dazu gar nicht, den Hof mit all seinem Aufwand gar
nicht. Es werden Menschen geboren, und es werden Menschen sterben, und wie sie von dem einen kommen zum andern und bewahren
sich selbst, das wäre die Frage. Aber wie kommt man von Jerusalem
zurück zu den Gräbern Barsillais, zu den Häusern seiner Söhne?
Nur den Chimha läßt er mitgehen zum Hof; und schon beginnt die
neue Runde der Diplomatie. Tue du so mit ihm, wie du wünschst,
sagt Barsillai zu David, und der revanchiert sich: Ich werde tun, wie
du es willst. – Artigkeit für Artigkeit, Höflichkeit für Höflichkeit. So
wird nie lernen ein Barsillai zu leben, er wird froh sein, dessen ledig
zu sein.

4. Februar 1995

16

Zu Davids Zeiten war einst eine Hungersnot

GESTORBEN ist Absalom, wie er gelebt hat. Die Schönheit seiner Haare und die Eitelkeit seines Machtanspruchs wurden ihm zum tödlichen Verhängnis. Getötet wurde Scheba, der die Woge des Aufstands, den Absalom entfachte, noch einmal zur Bündelung der Stämme im Nordreich gegen David sammeln wollte. Erschlagen ließ ihn eine weise Frau. Was bleibt, ist, daß in der Person Davids der Norden wie der Süden sich in *einer* Hand befinden, befriedet vermeintlich. Was also gäbe es noch zu berichten?

Zwei Nachtragsepisoden, die aus früherer Zeit datieren, sind buchstäblich angehängt, dazwischen eingeschaltet zwei psalmenähnliche prophetische Stücke, die das gesamte Wirken Davids aus seinem eigenen Munde deuten sollen. Es wird uns schwerfallen, diese theologische Version einer brutalen Geschichte mitzubeten, es sei denn, wir würden sie lesen als eine Hoffnung, die trotz allem nicht erstirbt. Denn was sich wirklich begibt, können wir kaum kritisch genug lesen, so wie zum Teil schon der Berichterstatter selbst hin und her gerissen war zwischen Bewunderung und Trauer, Gefügigkeit und Zorn, Wahrheitsliebe und Dichtung, Hoftheologie und Menschlichkeit. So widersprüchlich wie die Geschichte selber sind die Geschichten, die aus ihr hervorgehen, und daß Menschengeschichte Gottesgeschehen sei, wo ist das zwischen Anspruch und Erfahrung anzusiedeln?

Nachträge also aus den Kapiteln 21 bis 24 im zweiten Buch Samuel:

Text: 2 Sam 21, 1–22; 23, 8–23; 24, 1–25

Zu Davids Zeiten war einst eine Hungersnot, drei Jahre lang, ein Jahr nach dem andern. Als David das Angesicht des Herrn aufsuchte, sprach der Herr: Auf Saul und seinem Hause lastet eine Blutschuld, weil er die Gibeoniten getötet hat. Da ließ der König die Gibeoniten rufen und sprach zu ihnen – die Gibeoniten gehörten nämlich nicht zu Israel, sondern zu dem Rest der Amoriter; obschon nun die Israeliten ihnen geschworen, hatte Saul sie doch in seinem Eifer für Israel und Juda zu vernichten gesucht –, David sprach also zu den Gibeoniten: Was soll ich für euch tun? und womit kann ich euch Sühne schaffen, daß ihr das Eigentum des Herrn segnet? Die Gibeoniten antworteten ihm: Es ist uns nicht um Silber oder Gold zu tun gegenüber Saul und seinem Hause; aber es steht uns nicht zu, einen Mann in Israel zu töten. Er sprach: Was verlangt ihr, daß ich für euch tue? Da sprachen sie zum König: Von den Söhnen des Mannes, der entschlossen war, uns aufzureiben, und darauf sann, uns zu vertilgen, daß wir im ganzen Gebiete Israels nicht mehr bestehen sollten, von dessen Söhnen sollen uns sieben Männer ausgeliefert werden, daß wir sie an den Pfahl spießen vor dem Herrn, zu Gibeon auf dem Berge des Herrn. Der König sprach: Ich werde sie ausliefern. Doch verschonte der König den Meribaal, den Sohn Jonathans, des Sohnes Sauls, wegen des Eides bei dem Herrn, der zwischen ihnen bestand, zwischen David und Jonathan, dem Sohne Sauls. Aber die zwei Söhne, welche Rizpa, die Tochter Ajas, dem Saul geboren hatte, Armoni und Meribaal, dazu die fünf Söhne, welche Merab, die Tochter Sauls, dem Adriel von Mehola, dem Sohne Barsillais, geboren hatte, nahm der König und lieferte sie den Gibeoniten aus; die pfählten sie auf dem Berge vor dem Herrn. So kamen alle sieben auf einmal um. Sie wurden aber in den ersten Tagen der Ernte getötet, zu Anfang der Gerstenernte. Da nahm Rizpa, die Tochter Ajas, das Trauergewand und breitete es für sich [als Lager] über den Felsen aus, vom Anfang der Gerstenernte an, bis Regen vom Himmel sich über sie [d. h. die Toten] ergoß, und sie ließ nicht zu, daß am Tage die Vögel des Himmels über sie herfielen noch des Nachts die Tiere des Feldes. Als man David meldete, was Rizpa, die Tochter Ajas, Sauls Kebsweib, getan hatte, ging David

343

hin, ließ sich von den Bürgern von Jabes in Gilead die Gebeine Sauls und seines Sohnes Jonathan herausgeben, die sie von dem großen Platz in Bethsan heimlich weggenommen hatten, wo sie von den Philistern aufgehängt worden waren an dem Tage, da diese den Saul am Gilboa schlugen, und brachte die Gebeine Sauls und seines Sohnes Jonathan von dort herauf. Dann sammelte man die Gebeine der Gepfählten und begrub sie mit den Gebeinen Sauls und seines Sohnes Jonathan im Lande Benjamin zu Zela im Grabe seines Vaters Kis: man tat alles, was der König geboten hatte. So ließ sich Gott für das Land gnädig stimmen.

Darnach brach wiederum Krieg aus zwischen den Philistern und Israel. David zog hinab und seine Knechte mit ihm, und sie setzten sich in Gob fest und stritten wider die Philister. Da erhob sich Dod, einer von den Riesen – sein Speer wog dreihundert Lot Erz, und er war mit einem neuen Schwert umgürtet –, und gedachte David zu erschlagen. Aber Abisai, der Sohn der Zeruja, kam ihm zu Hilfe und schlug den Philister tot. Damals beschworen den David seine Leute: Du darfst nicht mehr mit uns in den Kampf ziehen, daß du die Leuchte Israels nicht auslöschest! Hernach kam es bei Gob nochmals zum Kampf mit den Philistern. Damals erschlug der Husathiter Sibbechai den Saph, einen von den Riesen. Und es kam bei Gob nochmals zum Kampf mit den Philistern. Da erschlug Elhanan aus Bethlehem, der Sohn Jairs, den Goliath von Gath, dessen Speerschaft war wie ein Weberbaum. Und es kam nochmals zum Kampfe, und zwar bei Gath. Da war ein hochgewachsener Mann, der hatte an den Händen je sechs Finger und an den Füßen je sechs Zehen, im ganzen 24; auch der stammte von den Riesen. Als er nun Israel verhöhnte, erschlug ihn Jonathan, der Sohn Simeas, des Bruders Davids. Diese vier stammten von den Riesen in Gath, und sie fielen durch die Hand Davids und seiner Leute.

Dies sind die Namen der Helden Davids: Isbaal, der Hachmoniter, das Haupt der Drei; er schwang seinen Speer über achthundert, die auf einmal erschlagen wurden. Nach ihm kommt unter den drei Helden Eleasar, der Sohn Dodis, der Ahohiter; er war bei David in Pas-Dammim, als die Philister sich dort zum Kampf versammelt hatten. Wie nun die Männer Israels sich zurückzogen, da hielt er stand und schlug die Philister, bis seine Hand erlahmte und am

Schwerte haften blieb; so gab der Herr an jenem Tage einen großen
Sieg. Da kehrte das Volk hinter ihm her wieder um, nur um [die
Toten] auszuplündern. Nach ihm kommt Samma, der Sohn Ages,
der Harariter. Einst sammelten sich die Philister in Lehi; dort war
ein Stück Acker voll Linsen. Als nun das Volk vor den Philistern
floh, da trat er mitten in den Acker, behauptete ihn und schlug die
Philister; so gab der Herr einen großen Sieg. Einst kamen drei von
den Dreißig im Anfang der Ernte zu David hinab in die Höhle von
Adullam, während die Schar der Philister in der Ebene Rephaim
lagerte. David war damals auf der Bergfeste, während die Besatzung
der Philister in Bethlehem war. Nun verspürte David ein Gelüste,
und er sprach: Wer holt mir Wasser zum Trinken aus dem Brunnen
am Tor von Bethlehem? Da brachen die drei Helden durch das Lager der Philister, schöpften Wasser aus dem Brunnen am Tor von
Bethlehem, trugen es hin und brachten es David; aber er wollte es
nicht trinken, sondern goß es aus als Spende für den Herrn und
sprach: Davor bewahre mich der Herr, daß ich dies tue! Das Blut
der Männer, die ihr Leben gewagt haben und hingegangen sind – –?
Und er wollte es nicht trinken. Das taten die drei Helden.

Abisai, der Bruder Joabs, der Sohn der Zeruja, der war das Haupt
der Dreißig; er schwang seinen Speer über dreihundert Erschlagenen und war berühmt unter den Dreißig. Unter den Dreißig, da war
er geehrt, und er war ihr Oberster; aber an die Drei reichte er nicht.
Benaja, der Sohn Jojadas, ein tapferer und reichbegüterter Mann,
stammte aus Kabzeel. Er erschlug die beiden Söhne Ariels aus
Moab; er war es auch, der an einem Schneetag in eine Zisterne hin-
abstieg und einen Löwen erschlug. Er erschlug auch einen Ägypter,
einen hochgewachsenen Mann. Der Ägypter hatte einen Speer in
der Hand; er aber ging mit einem Stock zu ihm hinab, riß dem
Ägypter den Speer aus der Hand und tötete ihn mit seinem eignen
Speer. Das tat Benaja, der Sohn Jojadas, und er war berühmt unter
den dreißig Helden. Unter den Dreißig war er geehrt; aber an die
Drei reichte er nicht. Und David setzte ihn über seine Leibwache.

Und der Zorn des Herrn entbrannte abermals gegen die Israeliten, und er reizte David wider sie, indem er sprach: Geh hin, zähle
Israel und Juda. Und der König sprach zu Joab und zu den Heeresobersten, die bei ihm waren: Zieht umher in allen Stämmen Israels

von Dan bis Beerseba und zählt das Volk, damit ich weiß, wieviel Leute es sind. Joab erwiderte dem König: Der Herr, dein Gott, füge zu diesem Volke noch hundertmal soviel, als ihrer jetzt schon sind, und mein Herr und König möge es noch mit eignen Augen schauen! Aber warum trägt mein Herr und König nach solchem Tun Verlangen? Doch der Befehl des Königs blieb fest gegenüber Joab und den Heeresobersten. So zogen denn Joab und die Heeresobersten vom König hinweg, um das Volk Israel zu zählen. Und sie gingen über den Jordan und fingen an bei Aroer und bei der Stadt mitten im Tale, in der Richtung nach Gad und Jaeser. Dann kamen sie nach Gilead und in das Land der Hethiter nach Kades. Als sie nach Dan gekommen waren, bogen sie von Dan gegen Sidon um; dann kamen sie zu der festen Stadt Tyrus und allen Städten der Hewiter und Kanaaniter und weiter ins Südland von Juda nach Beerseba. So durchzogen sie das ganze Land und kamen nach neun Monaten und zwanzig Tagen nach Jerusalem. Da gab Joab dem König das Ergebnis der Volkszählung an: Israel zählte 800000 Krieger, die das Schwert trugen, und Juda 500000 Mann.

Aber hinterher schlug David das Gewissen, daß er das Volk gezählt hatte, und er sprach zum Herrn: Ich habe schwer gesündigt mit dem, was ich getan. Und nun, Herr, vergib doch deinem Knechte die Schuld; denn ich habe sehr töricht gehandelt. Es war aber das Wort des Herrn an den Propheten Gad, den Seher Davids, ergangen: Gehe hin und sage zu David: So spricht der Herr: Dreierlei lege ich dir vor; erwähle dir eins davon, daß ich es dir antue. Als nun David am Morgen aufstand, da kam Gad zu David, tat ihm dies kund und sprach zu ihm: Willst du, daß drei Jahre Hungersnot über dein Land kommen oder daß du drei Monate vor deinem Feinde fliehen müßtest und er dich verfolge oder daß drei Tage lang die Pest in deinem Lande sei? So besinne dich nun und siehe zu, was ich dem, der mich sendet, antworten soll. David sprach zu Gad: Mir ist sehr bange – aber wir wollen lieber in die Hand des Herrn fallen; denn seine Barmherzigkeit ist groß! In die Hand der Menschen aber möchte ich nicht fallen. So wählte sich David die Pest. Es war gerade die Zeit der Weizenernte, als die Seuche begann, und es starben im Volke von Dan bis Beerseba 70000 Mann. Als David den Engel sah, der das Volk schlug, sprach er zum Herrn: Siehe, ich habe ja gesün-

digt und ich habe mich vergangen; aber was haben diese da, die
Herde, getan? Deine Hand treffe mich und meines Vaters Haus! Als
aber der Engel seine Hand gegen Jerusalem ausstreckte, um es zu
verderben, da reute den Herrn das Unheil, und er sprach zu dem
Engel, der unter dem Volke würgte: Genug! Ziehe nun deine Hand
zurück! Der Engel des Herrn aber befand sich gerade bei der Tenne
des Jebusiters Arauna. An jenem Tage kam Gad zu David und
sprach zu ihm: Gehe hinauf und errichte dem Herrn einen Altar auf
der Tenne des Jebusiters Arauna. Da ging David hinauf, wie Gad
gesagt und der Herr geboten hatte. Als nun Arauna Ausschau hielt
und den König mit seinen Dienern auf sich zukommen sah – Arauna
war nämlich gerade beim Weizendreschen –, ging er hinaus und
verneigte sich vor dem König mit dem Angesicht zur Erde. Und
Arauna sprach: Warum kommt mein Herr und König zu seinem
Knecht? David sprach: Um dir die Tenne abzukaufen und dem
Herrn einen Altar zu bauen, damit der Seuche im Volke Einhalt
getan werde. Arauna sprach zu David: Mein Herr und König
nehme sie und opfere, was ihn gut dünkt. Siehe, da sind die Rinder
zum Brandopfer und da die Dreschschlitten und das Geschirr der
Rinder als Brennholz. Das alles schenkt der Knecht meines Herrn
und Königs dem Könige. Und Arauna sprach zum König: Der
Herr, dein Gott, sei dir gnädig! Der König aber erwiderte Arauna:
Nein! sondern ich will es dir abkaufen; denn ich mag dem Herrn,
meinem Gott, nicht Brandopfer darbringen, die ich umsonst habe.
So kaufte David die Tenne und die Rinder um fünfzig Lot Silber.
Dann baute David dem Herrn dort einen Altar und brachte Brand-
opfer und Heilsopfer dar; und der Herr ließ sich für das Land erbitten, und der Seuche ward Einhalt getan in Israel.

Vor einer Weile in einem Interview fragte ein Journalist, wie es meiner Meinung nach um die Bibel bestellt sei, und es entfuhr mir die
Äußerung, ich sei froh, daß die Leute sie kaum noch läsen. So ward's
gedruckt und entsprechend zornig die Antwort der Frommen. Was
ist zu halten von der Theologie eines Theologen, der sagt, die Bibel
solle man nicht lesen? George Bernard Shaw vor über sechzig Jahren brachte seine Einstellung zu dem heiligsten aller heiligen Bücher

in einen Bildvergleich. Richtig sei die Regel, meinte er, man solle schmutziges Wasser nicht weggießen, wenn man kein besseres habe; aber ganz falsch sei die Regel, im Gebrauch eines gereinigten Wassers das schmutzige weiterzuverwenden, und am schlimmsten, das reine mit dem schmutzigen zu vermischen. Die Bibel ist ein großer menschheitlicher Strom, will sagen kein reines Trinkwasser, sondern eine gigantische Flut mit Stoffen aller Art zum Düngen der Felder und zum Vergiften auch von Lebewesen. Niemand sollte sich die Erlaubnis nehmen, im Abstand von dreitausend Jahren diese Texte, ohne sie durch die Kläranlage zu leiten, den Menschen als Trinkwasser zu empfehlen. Wenn wir einen Gottesdienst an Hand dieser Texte zu halten versuchen, dann im Sinne einer solchen Wiederaufbereitungsanlage oder Kläranlage für Trinkwasser aus einem Menschheitsstrom, der Leben bringt, ohne Zweifel, aber nur durch sorgsamste Prüfung und kritische Lektüre.

Alles beginnt in dieser Geschichte mit einer unheilschwangeren Situation. Sie kann unmöglich zu dem Zeitpunkt spielen, da sie der Einordnung nach uns entgegentritt, in der Spätzeit des Königtums Davids; vielmehr vermutlich im neunten, zehnten Kapitel sollten wir sie einordnen im zweiten Buch Samuel, keinesfalls im einundzwanzigsten. Sie muß liegen vor dem Augenblick, da David Merib-Baal, den Krüppel aus dem Geschlecht Sauls, an seinen Hof holt, um ihn gewissermaßen als lebenden Eunuchen fettzufüttern und dadurch unschädlich zu machen. Die Ausrottung der gesamten Sippe Sauls muß vorangegangen sein, sonst verstünden wir nicht, wieso Merib-Baal, auf dem Boden liegend und winselnd, nichts als Dankbarkeit ist für die Großzügigkeit seines Herrn. Diese Geschichte muß spielen auch vor dem Fluch, den Schimi dem vor Absalom fliehenden König auf dem Zug von Jerusalem in die judäische Wüste staubaufwirbelnd nachschleudert: Du Mörder! du Blutsäufer! Diese Geschichte begründet den Zorn. Daß sie erst jetzt eingetragen wird, mag damit zu tun haben, daß sie innerlich mit der ganz anderen Geschichte von der Pest und der Tenne des Jebusiters Arauna einmal verbunden war.

Wir lernen den König aus Israel noch einmal anders kennen, sagen wir, im Rückblick, ein Stück ehrlicher, genauer, erschreckender, gräßlicher, weil großartiger. Denn diese Szene von der Ermordung der Sauliden und ihrer späteren Bestattung bietet einen solchen Kontrast von furchtbarer Machtlust, scheinbarer Frömmigkeit und tiefempfundener Menschlichkeit, daß aus diesen drei Zuflüssen sich all das speist zwischen Labsal und Gift, was David verkörpert.

Der Anfang der Geschichte ist eine ökologische Katastrophe, die drei Jahre lang währt: der Himmel verschließt sich unter einer stählernen Kuppel und will nicht regnen. Immer wieder hat man in biblischer Zeit für einen solchen Schicksalsschlag einen göttlichen Ratschluß namhaft gemacht. Das archaische Denken will es so. Je ohnmächtiger Menschen sich den Unbilden der Natur gegenüber fühlen, desto mehr verlagert sich ihr Anspruch, ihr Wille, gleichwohl etwas tun zu müssen und zu können, in die Projektion des Göttlichen; der Allmächtige muß auffangen, was sie selbst nicht zu tun vermögen. Irgend etwas aber muß ja geschehen, damit das Geschehene sich noch wandle. Vermeintlich hängen die Gräßlichkeiten einer gleichgültigen Natur mit den Grausamkeiten von Menschen zusammen. Eine Schuld vielleicht hat den Allmächtigen zornmütig und strafwütig werden lassen. Aber wie sühnt man solche Schuld? Dieses Denken ist so archaisch und im Grunde so überholt, daß viele bis zum Atheismus reichende Fragestellungen in unseren Tagen noch immer wieder sich damit verbinden. Alles, was geschieht auf Erden, geschieht unter den Ratschlüssen eines allwissenden und allmächtigen Gottes, also auch die Katastrophen, die über ganze Völker und Regionen ergehen. Da aber Gott gerecht ist und gut, kann er Katastrophen nur verhängen in Weisheit. Also müssen Menschen sich vergangen haben, und es ist die Frage, was denn geschehen sein mag. Um die Psychologie dieses Denkens so deutlich wie möglich zu charakterisieren, handelt es sich gewissermaßen um die Fragestellung eines rechtlosen Kindes, das immer mal wieder verprügelt wird, wenn den Eltern die Hände ausrutschen. Es weiß nie genau, weshalb ihm das geschieht, aber es hat die Pflicht, darüber nachzudenken und es herauszufinden; irgend etwas wird es schon gewesen sein. Und daran hat sich die Buße, die Reue und die Besserung zu entzünden, bis zum nächsten Mal. Das Schlimme ist, daß David die Angst der Menschen, den Notschrei der Bevölkerung, die verzweifelten Gebete der Gläubigen ausnutzt zum Machtvorteil. Aber so sagt er es nicht; auch der Berichterstatter nennt es nicht so.

Nur: Genau darum handelt es sich, wenn wir uns nicht sehr viel Staub in der trockenen Wüste in die Augen schleudern lassen. Zwar, glauben sollen wir, daß David in dieser Stunde Gott selbst befragt hat. Freilich, wir haben das oft genug erlebt, wie die Befragungen Gottes durch David aussehen: sie sind die logisch kalkulierte Vernunft auf dem Thron. Ein Mann wie Ahitofel konnte dafür stehen, – für ein fast säkularisiertes, modernes Denken, das die sakrale Umkleidung und Umschreibung nur noch benötigt, um das Volk desto lenksamer und gefügiger zu machen. Man befrage Gott, um die Menschen fraglos zu beherrschen, das ist die Rezeptur. Es ist aber sehr geschickt, indem David sich anschickt, den noch verbliebenen Zorn einer bestimmten Gruppe im Norden in Israel zu bündeln und sich selber zunutze zu machen. Saul soll ein Verbrechen begangen haben. Wie das? fragt man sich. Kennengelernt haben wir Saul als einen geraden Charakter, der, wenn er schlimme Dinge tut, sie so tut, wie er meint, sie tun zu müssen. Ein Lügner jedenfalls war er nie. Er hat die Gibeoniter ausgerottet, die doch keine Israeliten sind, sondern von den Amoritern abstammen. Er hat einen Genozid begangen. Und das soll eine Schuld sein? muß man beinahe paradox hier fragen. Nach allem menschlichen Gefühl gibt es nichts Schrecklicheres, als ganze Völker abzuschieben oder auszurotten. Aber war das nicht Saul selber vom Propheten im Namen Gottes, von Samuel persönlich, gesagt worden, er sei verflucht, weil er in Kapitel 15 des ersten Buches Samuel nach der Schlacht gegen die Amalekiter nicht alles ausgerottet hat, nicht Frauen und Kinder, nicht alles Vieh, sondern hat Menschen leben lassen, die überleben wollten? Durfte man überhaupt König sein in Israel, ohne daß man mordete zugunsten des Stammeswürgegottes Jahwe? Jetzt plötzlich dreht sich die schlachtenfreudige Frömmigkeit gegen den Wüstling, eigentlich nur, um desto besser selbst herrschen zu können. Was steckt hinter der Tat, über welche die Gibeoniten sich beklagen? Merkwürdig ist, daß David ihnen anempfiehlt, sie sollten sich wieder segnen dürfen, ihr Volk im Namen des Herrn. Das spricht dafür, daß in Gibeon einmal ein Heiligtum stand, dessen Hüter die Gibeoniter waren, und so kann es gewesen sein, weil Gibeon sehr nahe benachbart liegt dem Heiligtum Nob. Und da allerdings hat Saul gewütet, nicht aus rassistischen Gründen, sondern sehr persönlichen. Die Priesterschaft von Nob hatte er in Verdacht, es mit David zu halten, der mit seiner marodierenden, plündernden Soldateska über Nob gekommen war, und man hatte ihn dort furagiert und verproviantiert. Das war Saul zuviel. Geflohen aber aus Nob war Abjatar, der Hofpriester Davids. Wär's möglich, daß die ganze Befragung Jahwes sich einfach so liest: es hätte dieser Abjatar, Hofpriester bei David, eine alte Rechnung zu begleichen zugunsten seines Königs gegenüber dem Mann, dem er den Untergang des alten Heiligtums von Nob und ausgedehnt auf ganz Gibeon zu verdanken oder zu verfluchen hat? Gleichviel. Es gehört bereits zum einleitenden Geschick, daß David aus der Befragung seines Gottes eine Befragung der Gibeoniten macht, was sie denn wollen. Man merke, niemals sollte ein Herrschender an erster Stelle sagen, was er will, sondern er sollte andere zu Rate ziehen, damit sie aussprechen, was er hören möchte, und dann wird er, der Unterstützer eines echten Volksbegehrens, durchführen, was ihm für unvermeidlich aufgedrungen wurde. Zum Beispiel wer in unseren Tagen die ARD abschaffen will, kann das nicht an erster Stelle sagen, sondern muß zunächst Ministerpräsidenten vorschicken, dann muß er selber sprechen, und dann wird man überhaupt nicht sprechen über die Machterweiterung einer ganzen Sendergruppe, über *das* Thema kein Wort, aber man hat ein Scheinthema, ein ganz anderes, und darüber kann man ein halbes Jahr lang diskutieren: die Gebühren der Sendeanstalten, in dieser Reihenfolge. – Es war die Dummheit Sauls, so haben wir immer wieder gesehen, an der Spitze eines Heeres, an der Spitze eigener Entscheidung die volle Verantwortung zu übernehmen. David ist ungemein wendiger, diplomatischer, schon deshalb im biblischen Sprachgebrauch ein von Gott Gesegneter. Die Gibeoniten werden längst verstanden haben, was ihr König möchte, und der wiederum weiß sich ihrer zu bedienen. Keine Tributzahlungen in Geld! Das Recht zu töten einfach im Sinne der Blutrache hat man längstens nicht mehr, es ist schon ein Rechtsstatus entstanden, in dem ein gewisses Gewaltmonopol in Justizfragen beim Staat liegt. Wenn die Gibeoniten ihre Rache wollen, dann durch die Hand ihres Herrschers. Da wird die Macht in Jerusalem anerkannt auch im Norden in Israel. So aber geschieht's, merkwürdigerweise: Die gesamte Sippe Sauls, die heilige Zahl Sieben, wird bestellt zum Schlachtopfer. Wieder: Wenn

Sie's lesen, steht es so gar nicht da; es heißt nicht: die Sippe Sauls wurde ausgerottet durch David. Gott bewahre! Es steht da, daß David den Merib-Baal, Sohn des Jonatan, Sohn des Sauls *schützte* eines Vertrags wegen zwischen David und Jonatan. So treu ist der König! Er hält sein Versprechen. Das ist eine Berichterstattung ungefähr so, wie daß in den Tagen, da der russische Präsident Jelzin mit allem, was sein General Gratschow ihm zur Verfügung stellte, Grosny bombardieren ließ aus allen Bombenschächten und aus allen Panzerrohren, aber die Frankfurter Allgemeine zur gleichen Stunde titelt auf der Headline: Jelzin bietet Verhandlungen an. Verhandlungen zur Kapitulation, versteht sich. Aber so muß man's ausdrücken. David rottet nicht die Sauliden aus, Gott bewahre, er beschützt den letzten der Sauliden! Warum, wissen wir: weil dieser Krüppel ihm ungefährlich war. Niemand würde den Merib-Baal für hoffähig und regierungsfähig erachten, aber die anderen unbedingt. Rizpa, die Königsgemahlin Sauls, und ihre zwei Söhne Armoni und Merib-Baal sind die legitimen Nachfolger der Sippe Sauls. Sie stellen die erste Gefahr dar für den Hochkömmling David aus Bethlehem und Hebron, den Günstling der Philister aus vormaligen Zeiten. Die gehörten, wenn Blutadel irgend etwas gilt, an der Spitze auf den Thron. Es ist nur der Wunsch der Gibeoniter, die Schändung des Heiligtums zu rächen, weswegen die Söhne der Rizpa, der Tochter Ajas, auf Pfähle gespießt in der Zeit der Gerstenernte, grausam ermordet werden. Und die Söhne der Merab. Da brauchen Sie ein gutes Gedächtnis. Merab war die Frau, die einmal als Tochter Sauls David versprochen war. Wäre die Heirat zustande gekommen und wäre sie fruchtbarer gewesen als Michal, die ihren Schoß vielleicht dem König bis zur Unfruchtbarkeit verweigerte, hätte David längst, was er wollte: mischblütige Söhne für die kommende Dynastie. Aber so müssen alle fünf Söhne der Merab ausgerottet werden auf dem Pfahl, bis hin zu Stumpf und Stiel. Niemand hat da zu überleben, damit David *sein* Blut, *seine* Sippe rein durchsetzt von Jerusalem aus.

All das ist Macht, ist Brutalität, ist Skrupellosigkeit im Gewand einer unglaublichen Heuchelei. Sie ist aber zugleich eingebettet in ein uraltes magisches, abergläubisches Denken. Fast herrscht hier ein Analogiezauber. Wenn der Himmel nicht regnen will, ist es, daß man ihn zu Tränen der Trauer rühren muß, ist es, daß, wenn Blut von Menschenleibern fließt, Regen auf die Erde träufelt, und das eine bereitet das andere vor. Aus dem Leiden der Menschen und dem Mitleid des Himmels preßt sich hervor die Gnade der Fruchtbarkeit. – Riten dieser Art erscheinen uns barbarisch; sie waren aber offensichtlich im Neolithikum schon, am Beginn der Feldbestellung, in den Zeiten der Getreideernte geläufig. Wir haben Texte, nach denen man im Libanon in den Erntetagen im April beim Schneiden der Gerste Lieder sang wie »Eilanu – Wehe uns!«, und man beklagte den Korngott, der stirbt unter den Sichelhieben der Schnitter. So kommen um in den Tagen der Gerstenernte auf dem Berge die sieben Sauliden. Sie sterben gewissermaßen in einem kultischen Ernteopfer – eine archaische Magie.

Was kann man tun gegen die Angst und den Aberglauben der Menge, außer man zerstört ein bestimmtes Denken über Gott, man versperrt die Gifteinleitung dieser Miasmen, man erklärt eindeutig: Durch das Leiden von *keinem* Menschen wird irgendeinem anderen Menschen ein Leiden erspart, und ein Gott, der nur gütig sein kann, indem er sich erbarmen läßt durch schändliche und gräßliche Opfer, verdient nicht länger den Namen eines Gottes, sondern hat zu tragen den eines blutsaufenden Götzen. Auch wenn die Bibel es so berichtet, ihr ins Angesicht muß man schwören, nie wieder dies für Glauben zu nennen. Und doppelten Grund haben wir dafür, nicht nur, weil eine enorme Verführungskraft bis in die Deutung schließlich des Karfreitags im Christentum von solchen Texten ausgeht; immer wieder verführerisch zu Litaneien: man muß Opfer bringen! man muß Opfer bringen!, sondern weil die größte Zahl der Opfer immer wieder dem Mißbrauch des Aberglaubens im Volk durch die Regierenden dienstbar wird. Nicht ein Gott im Himmel, sondern die Götter auf den Thronen haben Nutzen und Größe von den Grausamkeiten, die sie erzwingen.

Es wäre keinerlei Hoffnung in diesen Texten, wenn nicht wie so oft ein winziges Beispiel ganz anderer Gesittung und Gesinnung *auch* überliefert würde. Fast hält die Erde den Atem an, als man sieht, was in Gibeon wie unter dem Anspruch des Rechts und der Frömmigkeit abgetan wird. Kaum noch wagt eine Hand sich zu rühren, da geht, rührend genug, Rizpa, die Tochter des Aja, Sauls Weib, hin auf das Feld, bereitet sich auf Sackleinen eine Lagerstatt und be-

wacht die unbestatteten Toten, ihre zwei Kinder, eine hebräische
Antigone. Wenn Menschen Menschen erschlagen, – Tiere können
nicht dafür, an den Leibern zu nagen, aber es ist ein Gebot der Pie-
tät, die Schändung des Leichnams zumindest zu verhindern. Und so
wacht sie, die ohnedies in Trauer Schlaflose, an den Leibern ihrer
zwei Söhne, bei Tag und bei Nacht, vor dem Gevögel und dem Ge-
tier, bis – eine Zeitangabe plötzlich – es vom Himmel her regnet. Da
hört man ganz richtig eine winzige, kaum bemerkbare Korrektur:
Nicht die Hinrichtung der Sieben erweicht den Himmel zur Milde,
nicht die Blutströme der Grausamkeit, sondern die Tränen einer
Mutter; das rührt die Gottheit. Noch einmal gefragt: Wenn dies
denn eine Gottheit ist, die sich erst rühren läßt durch die Qualen der
Menschen, wer wäre sie denn, wenn sie selbst ein solches Opfer in
Auftrag gegeben hätte? Aber gegenüber David ist diese Stelle doch
kostbar. Nicht *seine* Machenschaften gründen die Fruchtbarkeit im
Lande, sondern die Liebe einer Mutter in Israel. – David, nach ar-
chaischem Denken, als König, so lehrt uns die Kulturgeschichte, die
Ethnologie auch, ist von vornherein beruflich in der Rolle des Re-
genmachers. Manche Anthropologen meinen, daß ein König ursprünglich nichts anderes gewesen sei als der Stammeshäuptling,
der seine Macht magisch erwies, indem er in Tagen der Unfruchtbarkeit Regen über das Land zauberte. Eigentlich ist die Bibel von
diesem Denken weit entfernt, König David ist kein Regenmacher
mehr, aber was er ist im politischen Verstand, ist ein Virtuose des
Betrugs im Spielen mit menschlichen Gefühlen. Das muß man können, etwas, das Saul nie begriffen hat: Gefühle von Menschen können den Regierenden gefährlich werden. Diese Menschlichkeit Riz-
pas auf dem Hinrichtungsfeld ihrer eigenen Kinder zum Beispiel
läßt das Volk schaudern und also schauerlich erscheinen demjeni-
gen auch, der es bestellt hat. Da ist Gefahr im Verzuge, und was
kann nun er, David, tun, der gerade noch Dankbare für die Hinrichtung? Es ist unglaublich, aber so wird man David historisch am
besten begreifen können, – es ist wie immer: Kaum waren Saul und
Jonatan tot nach der Philisterschlacht und es wird David gemeldet,
wie wenn dies das erste wäre, was er hören wollte nach der Verfolgung hinter den Amalekitern her, da ist der König voller Trauer. –
Als Abner, der die Streitmacht Sauls gegen Süden zu führen droht,

ermordet wird, ist es David, der vor Trauer sich kaum fassen kann. – Als Ischbaal, der Saulide, ermordet wird hinterrücks, rächt er die Ermordung des Ischbaal und ist voller Trauer. Ein Ehrenbegräbnis! – Wir würden diese ganzen Possen vielleicht sogar wirklich unverdächtig nehmen, hörten wir nicht, mit wieviel Trauer auch Urija bestattet wurde, den David in klarem Text und Auftrag ermorden ließ, nicht mehr nur indirekt oder durch Mitwissen oder durch kleinen Fingerzeig wie: man muß Absalom schützen! man muß Absalom schützen, – nur damit er desto zielgerader aus dem Feld geräumt wird. Alle sterben an der Seite Davids außerordentlich gelegen.

Aber der König wird hingehen genau so jetzt und die trauernde Rizpa trösten auf königliche Weise. Wie kann man das besser, sagen Sie selbst, als erneut durch ein Ehrenbegräbnis! Und nicht nur für die Sauliden, für die Nachfolger Sauls, sondern jetzt sogar für Saul selber, jetzt sogar bei seinem Vater Kisch, jetzt für die ganze Sippe ein Grabmal, für alles, was von Saul gewesen war und übrig bleibt – man kann es sich jetzt leisten, weil sie alle tot sind. Im Mausoleum, wo keiner mehr gefährlich ist, da möge man wallfahren zu den Sauliden, und David an der Spitze wird es einrichten. Er wird der trauernden Rizpa die eigenen Kinder, die Leichname der Ermordeten, wegnehmen zu einem würdigeren Begräbnis, nicht würdelos auf einem Feld soll sie sich verhocken! David ist der Gönner der Sauliden, so muß man denken. Er hat Merib-Baal begnadigt! Er hat die Sauliden beerdigt! Er ist der Stifter einer großen Grabeskapelle aller Sauliden! *Das* ist König David: gnädig, großzügig, der Staatshaushalt gibt es her! – Wie man am Ende aus der Barbarei noch Größe zaubert, das ist unglaublich. Rizpa wird sich bedanken müssen, daß der Mörder ihrer Kinder sogar noch der Grabwächter wird, sogar noch derjenige, der das Ehrenbeileid ausspricht. Da bleibt nicht mal den Trauernden noch irgendein ehrliches Gefühl. Da ist die Entfremdung komplett. Der Staatsakt findet seinen Abschluß, und daß es noch einmal heißt, daß nunmehr der Himmel versöhnt sei, sollte uns nie mehr beruhigen.

Es ist die Frage, wie man die Bibel liest. *Ein* Vorwurf lautet stereotyp: Indem wir mit der Psychologie herangehen, verfälschen wir die Geschichtsschreibung auf das Niveau des Märchens. Daran ist

355

etwas Richtiges. Denn viel wäre darum gegeben, wir könnten die Bibel lesen wie ein Märchen. Daß wir's oft gar nicht *dürfen*, ist das Entsetzliche. Gleich im nächsten Abschnitt schon geht es ja weiter. Wir haben vor uns offenbar eine Vierersammlung aus dem königlichen Archiv von sagenhaften Heldentaten. Die Helden, die hier aufgezählt werden, sind offenbar Berufssoldaten, Profis im Tötungshandwerk, darunter ein Dreigestirn von besonderem Format, darunter gestaffelt eine Heerschar von dreißig Leuten, wahrscheinlich aus der Zeit, als David noch im Philistergebiet von Ziklag selber regierte und gegenüber den Fremden so etwas wie eine stehende Leibwache benötigte, treu Ergebene. Wie er sich diese Männer verschworen hat allerdings, ist wieder nicht anders denn als virtuos zu bezeichnen. Eine kleine Episode, die daran erinnert, wie etwa siebenhundert Jahre später der große Alexander bei seinen Kriegszügen, so berichtet Arian, gehandelt hat: Das ganze Heer war voller Durst, aber jemand hatte in seinem Helm Wasser gesammelt und gereicht, damit der König trinke; und Alexander, in diesem Moment ein wirklich Großer, goß den Becher vor seinen Leuten aus, um mit ihnen gemeinsam am Durst teilzuhaben und nicht besser zu stehen als Heerführer über den Männern des Heeres. Ganz ähnlich hier David. Er möchte nicht Erleichterung haben durch die Todesgefahr seiner Leute. Das verbündet den Befehlsgeber mit seinen Gefolgsmannen, das schweißt zusammen. Von solchen Episoden muß das Leben Davids voll gewesen sein.

Was uns dann berichtet wird, ist schlimm, einfach weil die Sage einem bestimmten Totschlägertyp den Nimbus des Heldischen notwendig umkleidet. Die ganze Aufzählung der Leute hier hat mich seit Kindertagen erinnert an eine Art Bilderbuch aus dem Jahre 1944, das ich damals in die Hand bekam. Es war eigentlich ein erweitertes Buch, das schildern sollte mit vielen Bildern, wie schon Kinder, und Erwachsene erst recht, sich beim Einschlagen von Bomben schützen: man soll nicht am Fenster sitzen, man soll dies und das tun. Aber damit der Bombenkrieg, der das Ruhrgebiet heimsuchte, etwas Heldisches behielt, verzichtete das Buch nicht darauf, achtzig wirkliche Größen aus dem Ersten Weltkrieg abzubilden. Ich hab' sie nie vergessen, so oft hab' ich sie mir vorerzählen lassen. Da stand also: Boelcke, ich glaube mit 89 Abschüssen im

Ersten Weltkrieg; Immelmann mit beinahe 70; all die Leute sind noch zu bewundern in einem bestimmten Berliner Stadtviertel, wo Straße um Straße nach ihnen benannt wird, selbst nach dem Zweiten Weltkrieg unverändert, die wirklich Großen an Namen immer gemessen an der Zahl ihrer Opfer: Er schwang den Speer über achthundert, über dreihundert – solche Männer braucht die Geschichte, so scheint es. – Bertolt Brecht war, mir scheint zu Recht, der Meinung, daß, wenn ein Staat große Taten braucht, er in niedrige Zeiten abgleitet. Was wäre, wir könnten es uns leisten, aus dem Schlachthof der Geschichte herauszutreten und das Heldentum da zu suchen, wo es menschlich ist! Aber das gerade ist der Unterschied zwischen einer Sage und einem Märchen. Hier hören wir, daß die Helden herantreten, viermal die Rafaim zu schlagen. Das ist offenbar eine Umschreibung für bestimmte großgewachsene Philister, die als Indogermanen von der Körperstatur vermutlich allemal mächtiger, vierschrötiger erschienen als mediterrane Menschen von Statur, die ihnen entgegentraten. Wir hören, daß es hier ein Elhanan, keinesfalls mehr ein David, war, der den Goliat erschlug; gleichviel! Am Anfang tat es David, jetzt tat's ein anderer, was kommt's uns so genau drauf an, wenn nur die Riesen der Gegenseite alle tot sind! – Hätten wir es zu tun hier mit einem Märchen, könnte man Weisheit daraus schöpfen. Die Märchen sind voll davon, daß irgendwann jemand, um eine Frau wirklich zu lieben, einem Drachen sieben Köpfe abschlägt oder drei Riesen, die ihren Kopf zu vorwitzig durch eine Mauer stecken, nach und nach zur Strecke bringt – immer geht es dabei um Nachfolger bestimmter väterlicher Ängste, ödipaler Nöte. Es gilt, daß man den Mächtigen aufs Haupt schlägt seelisch, um frei zu werden. So macht es Sinn, nach innen gezogen. – Aber die Sage beharrt darauf, daß die Schwerter geschwungen werden, bis sie mit der Hand unlöslich sich verbinden, sozusagen die erweiterten Krallen von menschlichen Raubtieren, eher gibt's keine Ruhe. Die Gattung der Sage, die die Bibel bevorzugt, muß man entweder umändern in märchenhafte Bilder, die wir deuten dürfen, um die Auseinandersetzungen der Seele zu bestehen, oder wir sollten sie überhaupt beiseite tun, damit sie in der Projektion von Grausamkeit als Handlungsvorschrift der menschlichen Geschichte uns nicht länger in die Irre führen. – Gleichwohl erreichen all die aufgezählten Großtaten nicht jene drei; das scheint daran zu liegen, daß sie nicht allein reckenhaft standen, als das ganze Heer hinter ihnen floh, sondern daß sie solche mannhaften Beweise ihrer Kraft und Tapferkeit gaben in *heiligen* Kriegen. Vermutlich stammen diese Berichte aus einem Buch, das immer wieder erwähnt, aber nicht überliefert wurde: Von den Kriegen Jahwes. Da ist das Morden von Menschen ein göttlicher Auftrag, da sind die Ritterkreuzträger selber hier Priester eines solchen schrecklichen Gottes.

Übergehen wir dies Intermezzo und kommen im Kapitel 24 noch einmal zu einer bemerkenswerten Situation. Manche Alttestamentler meinten, es sei sogar die wichtigste der ganzen Bibel. Tatsächlich, die letzte Geschichte im Buche Samuel beginnt damit, daß eine Pest ausbricht. Aber sonderbar, sie geschieht zur Bestrafung einer Maßnahme, die Gott selber David eingeflüstert hat. Es hat nämlich David sich einfallen lassen, das Kriegsvolk zu zählen. Wir sollten denken, daß es auch in Israel keinen Gott gab, der seinem König diesen Gedanken eingab. Wir sollten vermuten, daß David selber, wie wir schon gehört haben, auch diesmal sich wieder auf seinen Gott berief, der es grade so befahl. Aber was er hier tut, steht einem archaischen Verständnis von Gott gerade im Wege. Erinnern Sie sich noch, wie es war in den Tagen der Richter? Wenn Israel in äußere Not geriet, stand jemand auf, ein Charismatiker, und versammelte das Volk spontan für den Augenblick, um sich zu wehren. So noch in den frühen Tagen Davids wurde offenbar der Heerbann einberufen, eine Versammlung der Kriegsfähigen spontan für einen bestimmten Moment. Die Stunde der Geschichte scheint reif, in der Ausübung der Macht soviel Spontaneität und also Unkontrollierbarkeit nicht länger hinzunehmen. David braucht inzwischen kalkulierbare Mannschaften, Sollstärken seines Heeres, planbare militärische Streitmacht, fertige Logistik für den Aufmarsch, Einsatzpläne für kommende Gefahren. Die Politik Davids ist die einer beginnenden altorientalischen Großmacht. Er braucht gewissermaßen ein Heer in überschaubarer Einsatzformation. Das ist den Gedanken eines Gottes, der heilige Kriege führt, stracks zuwider. Es modernisiert sich die ganze Auffassung vom Krieg. Sie wird rationaler, weniger magisch, in gewisser Weise vernünftiger, dafür aber im Quantum der Menschen, die verbraucht werden, scheußlicher.

Wieder sehen wir im Rückblick, wie das Räderwerk der Gewalt in der Geschichte immer ein Stück weiter sich bewegt, immer logischer, immer konsequenter, immer schrecklicher. Selbst Joab, sonst ein bedenkenloser Schlächter, hat in diesem Moment Schaudern. Ihm scheinen die Leute, die sich freiwillig in Begeisterung versammeln, in gewisser Weise zuverlässiger als die rein nach Zahl beorderten Rekruten, Leute, die nicht wirklich kämpfen wollen, die man vom Lande holt hinterm Pflug weg. Die lieben den Frieden, die haben keinen Mumm. Da weiß man schon, wie in den Tagen Gideons, daß mit ein paar hundert wirklich motivierten Mannschaften besser auszukommen ist als mit ganzen Heeresgruppen und Armeekorps. David dennoch setzt sich durch. Drei Vierteljahr lang durchkämmt man das ganze Gebiet im Südosten, jenseits des Jordan, am Arnon beginnend, auslassend eigentlich nur den Stamm der Leviten, der keine Waffen führen darf, und das schwer kontrollierbare Gebiet Benjamin; dann ist die Stärke Israels und Judas erfaßt auf über eine Million Mann. Wenn diese Zahlen stimmen, entsteht zum erstenmal das Großreich Davids als Militärstaat und wird auch in der Folge sich nur so erhalten. Und Arnold Toynbees Gedanken werden recht behalten: Macht, die sich *wesentlich* aufs Militär gründet, wird an den eigenen Praktiken zugrunde gehen. Die Lasten werden zu schwer, die auf dem Volke wuchten. Ein Drittel des Staatshaushaltes, wie in unseren Tagen, für Panzer und Raketen, das vertragen die Bürger, wenn man ihnen vormacht, es sei für ihre Sicherheit, das heißt für ihren Frieden; aber mehr als die Hälfte, zwei Drittel, das ist zuviel. Wenn das zur Normalität wird, gerät es zum Untergang.

Was ausbricht in Israel, dreigestaffelt an Möglichkeiten, wäre Hungersnot durch Trockenheit oder politisches Chaos mit Flucht des Königs neuerlich wie vor Absalom oder am besten womöglich die Pest. Daß David sie heraufruft über sein Volk, gilt hier als Ehrentat. Besser, in die Hand Gottes zu geraten, als in die Hände von Menschen! Daran ist soviel wahr, daß Menschen schlimmer sein können als die Gottheit, wenn sie straft. Sie hat ihr Maß und ihr Mitleid. Da mag man David folgen. – Was sich dann begibt in den Bildern der Pest, ist ein letztes Mal in der Literatur Europas verarbeitet worden bis ins Wörtliche bei Albert Camus in seinem Roman unter dem Titel »Die Pest«. Als sie wütet in Oran, beschwört er aus dem Munde des Jesuitenpaters Paneloux auf der Kanzel gerade dieses Bild, wie der Pestengel dasteht mit seinem Speer und bezeichnet damit die Hütten und Häuser der Menschen; und wo immer er sein Zeichen setzt, dort wird der Schuld der Menschen wegen der Schwarze Tod wüten. Das ganze Weltbild, das daran hängt, bricht zusammen in Albert Camus' Roman. Doktor Rieux ist kein Theologe, aber daß ein Mann, der am Krankenbett seinen Dienst tut im Kampf gegen die Seuche, nicht glauben *kann*, hier geschehe irgendeine göttlich beglaubigte Gerechtigkeit, wenn Menschen nichts mehr sind als unter Fieberschauern sich windendes Fleisch, Kinder dahingerafft werden, alte Leute, unterschiedslos, und man weiß um den Erreger – kein göttlicher Engel, sondern ein Bazillus, den man vernichten kann, dessen Herkunft man kennt – das ist das Ende dieses Bildes der Bibel zur Deutung von Volksseuchen. Ob Trockenheit, wie in den Tagen der Hinrichtung der Sauliden, oder ob Pest, wie in den Spättagen Davids, gleichviel, Gott und die Naturordnung treten auseinander, nur so zieht man die rechte Konsequenz aus dem Leiden der Menschen. – Aber genau anders ist die Konsequenz, die David zieht, und sie wird bezeichnet sein parallel zur Entwicklung der Gewalt nun für die Geschichte der Frömmigkeit. Es muß eine Lokallegende geben für die Tenne des Jebusiters, eines Nicht-Israeliten, mit Namen Arauna, an diesem Ort sei der Engel Gottes sichtbar geworden. Ein Prophet mit Namen Gad kündet's, und David selbst sieht es. Wo der Bauer nichts vor Augen hat als die Ernteerträge seines Ackers, erscheint dem Propheten und König die Gottheit selbst, gnädig gestimmt und sich anschickend, der Pest ein Ende zu bereiten. Und der König wird kaufen für mehr als fünfzig Silberschekel das Gelände dieser Tenne, um darauf einen Altar zu errichten. Das Bedeutsame daran ist, daß dies die Stätte sein wird, da Salomo den Tempel baut. Sollten wir in letzter Konsequenz sagen: Aller Kult ist nichts weiter als die versteinerte Angst der Menschen, die gefrorene Not für alle Fälle? So wie man im Mittelalter, in der Gotik, angesichts des Schwarzen Todes die Kathedralen immer höher zum Himmel steigen läßt, zugleich mit den Gebeten und dem Weihrauch der Menschen, so wird hier der Tempel begründet aus den Qualen von Unschuldigen, immer im Wahn, die Mächtigen vermöchten sie abzuwenden durch ihre Stellung als Kö-

nig, als Priester. Und man wird Tiere opfern statt Menschen, um
Gott zu versöhnen, damit er nicht Unheil bringe über die Menschen. – Vielleicht muß man George Bernard Shaw recht geben:
anstelle solcher Texte sollten wir den Propheten Micha lesen: Gott
will keine Opfer, sondern einzig ein gütiges Herz, nicht das Hinrichten von Menschen zu Rache und Ausrottung, sondern Menschen
von der Art der Rizpa, Tochter des Aja.

Es gibt zwei Deutungen am Ende des zweiten Buchs Samuel,
einen Psalm, den Sie unter der Nummer 18 bei den Psalmen selber
finden und der sachgleich ist mit den Worten, die hier David redet
zum Herrn, als ihn der Herr aus der Hand all seiner Feinde und aus
der Hand Sauls gerissen hatte, ein Gebet, schwer zu hören, wenn es
David gedichtet hat für seinen Gott, der mächtig ist in den Erschei-
nungen der Natur und gewaltig in den Werken der menschlichen
Geschichte, alles in eins. Dennoch, der Psalm ist großartig in seiner
Hingabe, lyrisch in seiner scheinbaren Aufrichtigkeit. Er läßt sich
beten, nehmen wir ihn ganz innerlich und alle Bilder der Natur für
Beschreibungen unseres eigenen Herzens.

TEXT: Psalm 18, 1–36

Von David, dem Knecht des Herrn, der dem Herrn die Worte dieses
Liedes sang zur Zeit, als der Herr ihn aus der Hand aller seiner
Feinde und aus der Hand Sauls errettet hatte; er sprach:

> Ich liebe dich, Herr, meine Stärke!
> Der Herr ist mein Fels und
>   meine Burg und mein Erretter,
> mein Gott, mein Hort,
>   auf den ich mich verlasse,
> mein Schild und meines Heiles Horn
>   und meine Zuflucht.
> Gepriesen, rufe ich, sei der Herr;
> so werde ich vor meinen Feinden
>   errettet.
> Mich hatten die Wogen des Todes
>   umfangen,

und die Bäche des Verderbens
    erschreckten mich;
die Bande der Unterwelt
    umstrickten mich,
auf mich fielen
    die Schlingen des Todes.
Als ich in Angst war,
    rief ich den Herrn an
und schrie zu meinem Gott;
da hörte er meine Stimme
    von seinem Tempel,
und mein Schreien drang an sein Ohr.
Da wankte und schwankte die Erde,
und die Grundfesten der Erde
    erbebten; sie wankten,
denn er war zornentbrannt.
Rauch stieg auf in seiner Nase,
verzehrendes Feuer
    ging aus seinem Munde,
glühende Kohlen sprühten aus ihm.
Er neigte den Himmel
    und fuhr herab,
Wolkendunkel unter seinen Füßen.
Er fuhr auf dem Cherub und flog daher
und schwebte auf Flügeln
    des Windes.
Er machte Finsternis zu seiner Hülle,
dunkle Wasser und dichte Wolken
rings um sich her zu seinem Gezelt.
Aus dem Glanz vor ihm
    brach sein Gewölk,
Hagel und glühende Kohlen.
Da donnerte der Herr im Himmel,
der Höchste
    ließ seine Stimme erschallen.
Er schoß seine Pfeile und streute sie,
er schleuderte Blitze und jagte sie.

Da sah man die Bette des Meeres,
und aufgedeckt wurden
 die Gründe der Erde
vor deinem Schelten, o Herr,
vor dem Schnauben deiner Nase.
Er langte herab aus der Höhe,
 ergriff mich,
zog mich aus großen Wassern,
entriß mich
 meinem mächtigen Feinde,
meinen Hassern,
 denn sie waren mir zu stark.
Sie überfielen mich
 an meinem Unglückstage,
doch der Herr ward meine Stütze
und führte mich heraus ins Weite,
befreite mich,
 weil er Gefallen hat an mir.
Der Herr tat mir
 nach meiner Gerechtigkeit,
nach der Reinheit meiner Hände
 vergalt er mir;
denn ich hielt des Herrn Wege,
fiel nicht frevelnd ab
 von meinem Gott.
Denn alle seine Rechte
 hatte ich vor Augen,
und seine Satzungen
 tat ich nicht von mir.
Ich war unsträflich gegen ihn
und hütete mich vor meiner Sünde.
Darum vergalt mir der Herr
 nach meiner Gerechtigkeit,
nach der Reinheit meiner Hände
 vor seinen Augen.
Gegen den Frommen
 zeigst du dich fromm,

gegen den Redlichen redlich;
gegen den Reinen zeigst du dich rein,
gegen den Verkehrten verkehrt.
Ja, du hilfst gedrücktem Volke,
doch hochfahrenden Sinn
      demütigst du.
Ja, du lässest meine Leuchte strahlen,
der Herr, mein Gott,
      erhellt meine Nacht.
Ja, mit dir zerbreche ich Wälle,
mit meinem Gott
      überspringe ich Mauern.
Gottes Weg ist unsträflich,
und das Wort des Herrn ist lauter;
Schild ist er allen,
      die auf ihn vertrauen.
Denn wer ist Gott als nur der Herr?
wer ist Fels außer unserm Gott?
– dem Gott, der mich mit Kraft umgürtet
und ebene Bahn mir schafft,
der meine Füße gleich den Hinden macht
und mich auf Höhen stellt,
der meine Hände den Streit lehrt
und meinen Arm,
      den ehernen Bogen zu spannen.
Du reichst mir den Schild deiner Hilfe,
deine Güte macht mich groß.

TEXT: 2 Sam 23, 1–7

Dies sind die letzten Worte Davids:

    Es spricht David der Sohn Isais,
es spricht der Mann,
      der hoch gestellt ward,
der Gesalbte des Gottes Jakobs,
der Liebling der Lieder Israels:

Der Geist des Herrn redet in mir,
und sein Wort ist auf meiner Zunge.
Gesprochen hat der Gott Jakobs,
zu mir geredet der Fels Israels:
Wer gerecht herrscht
über die Menschen,
wer herrscht in der Furcht Gottes,
der strahlt wie das Licht am Morgen,
wie die Morgensonne ohne Wolken,
die nach dem Regen
Grün aus der Erde sprossen läßt.
Aber die Nichtswürdigen,
wie verwehte Dornen sind sie alle;
man nimmt sie nicht in die Hand,
ja niemand berührt sie,
außer mit Eisen oder Speerschaft,
und im Feuer werden sie verbrannt.

Da ist eine Welt klar geordnet nach Gut und nach Böse, nach Recht
und Unrecht, nach Verbrechen und Frömmigkeit. Wie anders kannten wir all das!

Davids Geschichte wird noch zwei Kapitel dauern, und ausbrechen wird noch einmal das wirkliche Durcheinander des menschlichen Lebens. Vielleicht, daß jetzt schon das vorletzte Wort unser
Alterspräsident im Bundestag, Stefan Heym, hat, der vor Jahrzehnten im »König David Bericht« seine Bilanz zog:

Wie sehr war »ich gefangen in meiner Zeit und außerstande,
ihre Begrenzungen zu durchbrechen. Der Mensch ist wie ein
Stein in der Schleuder, und wird geworfen auf Ziele, die er
nicht kennt. Was kann er mehr tun denn versuchen, daß seine
Gedanken ihn um ein weniges überdauern, als Zeichen, als un-
deutliches, den kommenden Geschlechtern. Ich habe es versucht.
Möge man mich entsprechend beurteilen.«

11. Februar 1995

17
So wurde Salomos Herrschaft gefestigt

MIT der Bibel ist es anders als mit Büchern, die Sie sonst vielleicht gewöhnt sind. Als man vor einer Weile in Frankreich eine neue Höhle, die Grotte Chauvet, mit eiszeitlichen Malereien entdeckte, begann sogleich der Streit der Gelehrten. Sind dies Bilder nun im Abstand von etwa zwanzigtausend Jahren, vierzehntausend Jahren? Da ist es möglich, daß an ein und derselben Wand Bilder voneinander getrennt sind durch riesige Zeiträume. Wie sind die Bilder, die Symbole überhaupt zu deuten? Eine Hand, die sich eingeprägt hat, will sie soviel besagen wie ein Graffiti an der Toilettenwand: Ich war auch hier? Oder hat sie eine kultische Bedeutung? Werden da böse Geister abgewehrt am Höhleneingang? Sind bestimmte Bilder zu einer Szene zu gruppieren, oder sind sie, getrennt durch Jahrtausende, völlig unabhängig voneinander so angeordnet worden, daß die Späteren das Ältere einfach übermalt haben? Und wenn sie's getan haben, in welcher Absicht? Um das Alte zu verdrängen, zu ergänzen? – In der Bibel haben wir es nicht mit Texten zu tun, die um Jahrtausende voneinander getrennt sind, wohl aber um Jahrhunderte. Die Thronnachfolgegeschichte Davids, so wissen wir seit den Tagen des Alttestamentlers Rost, muß entstanden sein fast zeitgenössisch zu den Ereignissen, das ist um 1000 vor Christus. Aber dieser Text selber liegt uns heute vor als Teil der sogenannten deuteronomistischen Geschichtserzählung, beginnend mit dem fünften Buch Moses, endend mit dem zweiten Buch der Könige, und selbst dieses Geschichtswerk ist im ersten und zweiten Buch der Könige in eine Grundschrift eingetragen worden, die noch zweimal selber wieder mit verschiedenen Tendenzen übermalt worden ist. Die Situation, die da vorausgesetzt wird, ist eindeutig nach dem Jahr 587 v. Chr. zu datieren, als die Babylonier Jerusalem verwüsten und das Volk in die Verbannung schicken. Wie diese Katastrophe zu verstehen ist, was es mit Gott ist, daß er sein Volk scheinbar so im Stich läßt, daß er das Leid und die Gebete der Menschen fast zu ignorieren scheint und daß die Kräfte – aus biblischer Sicht – des Gegengöttlichen so hoffnungslos übermächtig zu sein scheinen, das alles sind die Probleme des deuteronomistischen Geschichtswerks.

Wenn wir hören vom ersten und zweiten Buch der Könige, sollten wir denken, es gäbe *zwei* Bücher, die irgend jemand verfaßt hätte. Tatsächlich ist schon die Untergliederung in zwei Bücher der Könige sehr viel später vorgenommen worden, es gibt im Grunde nur ein einziges, aber das geht nicht zurück auf das Werk *eines* Verfassers, eines hebräischen Herodot, sondern ist ein Kompilat aus sehr verschiedenen Quellen.

Ehe wir uns das ansehen bis zum Kapitel 11 im ersten Buch der Könige, die Zeit, die Salomo umspannt, wollen wir uns die Frage vorlegen, auf was denn nun die sogenannte Thronnachfolgegeschichte hinausläuft. Der Schlußstein, der Endpunkt einer solchen Erzählung ist soviel wie in einem Roman moderner Prägung: alles ist vom letzten Satz her, vom Achtergewicht, vom Steuerruder aus gekennzeichnet. Von dorther wird die ganze Richtung des Werks neu gedeutet. Der letzte Satz aber, den wir hören werden, lautet: So wurde Salomos Herrschaft gefestigt. Und was das »so« bedeutet, ist die ganze Geschichte in sich selbst schon. Welch ein Urteil wir darüber fällen, die wir's lesen, kann sich manchmal unterscheiden vom Urteil derer, die es miterlebten, muß sich oft unterscheiden vom Urteil derer, die es schrieben, kann sich aber nur ganz gering unterscheiden von jedem, der menschlich fühlt. Und noch einmal wird die Frage sich stellen: Wie kommt man dazu, das Tun von Menschen in eins zu setzen mit dem Wirken Gottes? Das Problem wird uns begleiten, solange wir die Bibel lesen.

Wenn wir die späteren deuteronomistischen Eintragungen am Ende der Thronnachfolgegeschichte Davids fortlassen, dürfte der ursprüngliche Text wohl etwa so lauten:

TEXT: 1 Kön 1, 1–35. 38–45. 49–53; 2, 13–23. 25–26. 28–31. 34–43. 46

König David aber war ein betagter Greis geworden. Man bedeckte ihn mit Decken, aber es wurde ihm nicht warm. Da sprachen seine Diener zu ihm: Man möge für meinen Herrn König ein jungfräuliches Mädchen suchen, daß es dem König aufwarte und seine Pflegerin sei; wenn es in deinem Schoße schläft, wird meinem Herrn König warm werden. So suchte man im ganzen Gebiet Israels nach einem schönen Mädchen, fand Abischag von Schunem und brachte sie zum König. Das Mädchen war überaus schön; so wurde sie die Pflegerin des Königs und bediente ihn. Der König wohnte ihr jedoch nicht bei.

Adonija nun, der Sohn der Haggit, war überheblich und dachte: Ich bin's, der König werden wird. Er schaffte sich Wagen und Pferde an und fünfzig Mann, die vor ihm herliefen. Sein Leben lang hatte ihn sein Vater nicht getadelt, indem er gesagt hätte: Warum machst du das? Er selber war von sehr schöner Gestalt, und ihn hatte (seine Mutter als nächsten) nach Abschalom geboren. Der führte Verhandlungen mit Joab, dem Sohn der Zeruja, und mit dem Priester Abjatar, und sie standen mit ihrer Hilfe hinter Adonija. Der Priester Zadok sowie Benaja, der Sohn des Jojada, der Prophet Natan, Schimi, Reï und die Helden Davids standen nicht auf Adonijas Seite. Nun schlachtete Adonija Schafe, Rinder und Mastvieh beim »Schlangenstein« neben der Walkerquelle und lud alle seine Brüder, die königlichen Prinzen, und alle Männer aus Juda, die in des Königs Dienst standen, ein. Aber den Propheten Natan und Benaja und die Helden (= Leibwache) sowie seinen Bruder Salomo lud er nicht ein.

Da sprach Natan zu Batseba, der Mutter Salomos: Hast du nicht gehört, daß Adonija, der Sohn der Haggit, König geworden ist, ohne daß unser Herr David davon weiß? Und nun, wohlan, ich will dir einen Rat geben, damit du dein Leben und das Leben deines Sohnes Salomo rettest. Auf, gehe hinein zu König David und sprich zu ihm: Hast du, mein Herr König, nicht selber deiner Magd geschworen: Dein Sohn Salomo soll König sein nach mir, und er ist es, der auf meinem Thron sitzen soll? Warum aber ist Adonija König geworden? Und siehe, während du noch dort mit dem König sprichst, will ich selber nach dir eintreten und deine Worte bestätigen.

So ging Batseba zum König in das innere Gemach. (Der König aber war sehr alt, und Abischag von Schunem bediente den König.) Batseba verneigte sich und warf sich nieder vor dem König. Da sprach der König: Was hast du? Sie sprach zu ihm: Mein Herr, du hast selber deiner Magd *bei deinem Gott Jahwe* geschworen: Dein Sohn Salomo soll König sein nach mir, und er ist es, der auf meinem Thron sitzen soll. Nun aber ist doch Adonija König geworden, ohne daß ›du selber‹, mein Herr König, davon weißt. Er hat Rinder und Mastvieh und Schafe in Fülle geschlachtet und (dazu) alle Söhne des Königs, den Priester Abjatar und den Heerbannführer Joab eingeladen; deinen Diener Salomo jedoch hat er nicht eingeladen. Auf dich aber, mein Herr König, sind die Augen von ganz Israel gerichtet, daß du ihnen kundtust, wer auf dem Thron meines Herrn Königs nach ihm sitzen soll. Wenn sich dann mein Herr König zu seinen Vätern legt, wird es so kommen, daß ich und mein Sohn Salomo als Schuldige dastehen.

Und siehe, während sie noch mit dem König sprach, kam der Prophet Natan, und man meldete dem König: Der Prophet Natan ist da. Er trat herein vor den König und neigte sich gegen den König mit dem Gesicht auf die Erde nieder. Dann sprach Natan: Mein Herr König, hast du selber angeordnet: Adonija soll nach mir König sein, und er ist es, der auf meinem Thron sitzen soll? Denn er ist heute hinabgezogen und hat Rinder und Mastvieh und Schafe in Fülle geschlachtet und hat (dazu) alle Söhne des Königs, die Obersten des Heerbanns und den Priester Abjatar eingeladen. Und während sie vor ihm aßen und tranken, riefen sie: Es lebe König Adonija! Jedoch mich, deinen Diener, den Priester Zadok und Benaja, den Sohn des Jojada, sowie deinen Diener Salomo hat er nicht eingeladen. Wenn diese Sache von meinem Herrn König selber ausgegangen ist, so hast du deinen ›Diener‹ nicht wissen lassen, wer auf dem Thron meines Herrn Königs nach ihm sitzen soll.

Da antwortete der König David und sprach: Ruft mir Batseba! Sie trat herein vor den König und stellte sich vor den König. Und der König schwor und sprach: So wahr Jahwe lebt, *der mich aus aller Not erlöst hat,*

wie ich dir *bei Jahwe, dem Gott Israels,* geschworen habe:
dein Sohn Salomo soll König sein nach mir, und er ist es, der auf
meinem Thron sitzen soll
an meiner Statt – so will ich heute handeln.

Da verneigte sich Batseba mit dem Gesicht zur Erde, warf sich vor
dem König nieder und sprach: Es lebe mein Herr König David
ewiglich!

Darauf befahl König David: Ruft mir den Priester Zadok, den
Propheten Natan und Benaja, den Sohn des Jojada. Als diese vor
den König kamen, sprach der König zu ihnen: Nehmt die Diener
eures Herrn mit euch und laßt meinen Sohn Salomo meine eigene
Mauleselin besteigen und führt ihn hinab zum Gihon. Dort soll ihn
der Priester Zadok [und der Prophet Natan] zum König über Israel
salben. Dann sollt ihr in die Posaune stoßen und rufen: Es lebe König Salomo! Darauf zieht hinter ihm her herauf, und er soll herein-
kommen und sich auf meinen Thron setzen. *Er ist es, der König sein soll
an meiner Statt, und ihn bestelle ich zum Anführer über Israel und über Juda.*

So zogen der Priester Zadok, der Prophet Natan und Benaja, der
Sohn des Jojada, sowie die Kreter und Pleter hinab, ließen Salomo
die Mauleselin des Königs David besteigen und führten ihn zum
Gihon. Und der Priester Zadok nahm das Ölhorn aus dem Zelt und
salbte Salomo. Dann stießen sie in die Posaune, und das ganze Volk
rief: Es lebe König Salomo! Darauf zog das ganze Volk hinter ihm
her hinauf, wobei das Volk auf Flöten blies und mit so großer Freude
jubelte, daß die Erde sich spaltete bei ihrem Schreien.

Das hörten Adonija und alle Gäste, die bei ihm waren, als sie
gerade aufgehört hatten zu essen. Als Joab den Schall der Posaune
hörte, sprach er: Warum ist die Stadt so voll Lärm? Während er
noch sprach, kam Jonatan, der Sohn des Priesters Abjatar, und
Adonija sagte: Komm herein, denn du bist ein wackerer Mann und
wirst gute Botschaft bringen! Aber Jonatan antwortete und sprach
zu Adonija: Nein! Vielmehr hat unser Herr König David Salomo
zum König gemacht. Der König hat mit ihm den Priester Zadok,
den Propheten Natan und Benaja, den Sohn des Jojada, sowie die
Kreter und Pleter gesandt. Die ließen ihn die Mauleselin des Königs
besteigen, und der Priester Zadok salbte ihn beim Gihon zum König. Dann zogen sie von dort jubelnd hinauf, so daß die Stadt außer

sich geriet: Das bedeutet der Lärm, den ihr gehört habt!

Da erbebten alle Gäste Adonijas, standen auf und gingen, ein jeder seines Wegs. Adonija aber fürchtete sich vor Salomo, machte sich auf, ging hin und ergriff die Hörner des Altars. Da wurde Salomo berichtet: Siehe, Adonija fürchtet König Salomo; siehe, er hat die Hörner des Altars gefaßt mit den Worten: König Salomo schwöre mir erst, daß er seinen Diener nicht mit dem Schwerte töten wird. Salomo antwortete: Wenn er sich als treuer Mann erweist, wird keines seiner Haare zur Erde fallen; wenn aber Böses an ihm erfunden wird, wird er sterben. Dann sandte König Salomo, und man führte ihn von dem Altar herab. Er trat herein und fiel vor Salomo nieder. Salomo aber sprach zu ihm: Gehe in dein Haus!

Und es kam Adonija, der Sohn der Haggit, zu Batseba, der Mutter Salomos. Sie sprach: Kommst du in friedlicher Absicht? Er antwortete: Ja! Dann sagte er: Ich habe etwas mit dir zu besprechen. Sie antwortete: Sprich! Da sagte er: Du weißt selber, daß mir das Königtum zustand und daß auf mich ganz Israel seine Blicke richtete, daß ich König würde. Aber das Königtum ging in den Besitz meines Bruders über. [*Denn von Jahwe her fiel es ihm zu.*] Und nun habe ich eine einzige Bitte an dich; weise mich nicht ab. Sie antwortete ihm: Sprich! Da sagte er: Sprich doch mit König Salomo – denn dich wird er nicht abweisen –, daß er mir Abischag von Schunem zur Frau gebe. Batseba antwortete: Gut, ich selber werde deinethalben mit dem König sprechen.

So ging Batseba zu König Salomo, um mit ihm wegen Adonija zu sprechen. Der König erhob sich vor ihr und fiel vor ihr nieder. Dann setzte er sich auf seinen Thron und ließ einen Thron für die Königinmutter aufstellen; und sie setzte sich zu seiner Rechten. Dann sprach sie: Nur eine einzige kleine Bitte habe ich an dich, weise mich nicht ab! Der König antwortete ihr: Bitte, meine Mutter, denn ich werde dich nicht abweisen. Sie sprach: Es möge doch Abischag von Schunem deinem Bruder Adonija zur Frau gegeben werden! Da antwortete König Salomo und sprach zu seiner Mutter: Warum erbittest du (nur) Abischag von Schunem für Adonija? Erbitte doch das Königtum für ihn, denn er ist mein älterer Bruder, und für ihn sind ›der‹ Priester Abjatar und ›Joab‹, der Sohn der Zeruja! Darauf schwor König Salomo bei Jahwe: Gott tue mir dies und das – fürwahr, um den Preis seines Lebens hat Adonija dieses Wort gesprochen! Darauf sandte König Salomo Benaja, den Sohn des Jojada. Der fiel über ihn her, daß er starb.

Zu dem Priester Abjatar aber sprach der König: Nach Anatot begib dich, auf dein Landgut; denn du bist ein Mann des Todes. Aber ich will dich heute nicht töten, weil du die Lade des Herrn Jahwe vor meinem Vater David getragen hast und weil du alle Demütigungen auf dich genommen hast, die mein Vater erlitten hat.

Als die Nachricht davon zu Joab gelangte [Joab hatte sich nämlich Adonija angeschlossen, während er sich Abschalom nicht angeschlossen hatte], floh Joab zum Zelt Jahwes und ergriff die Hörner des Altars. Als König Salomo gemeldet wurde: Joab ist zum Zelt Jahwes geflohen und befindet sich neben dem Altar, sandte Salomo Benaja, den Sohn des Jojada, mit dem Auftrag: Geh, falle über ihn her! Und Benaja ging in das Zelt Jahwes und sprach zu ihm: So spricht der König: Komm heraus! Er aber sprach: Nein, sondern hier will ich sterben! Benaja gab dem König Bescheid: So hat Joab gesprochen und so mir geantwortet. Da sprach der König zu ihm: Tue, wie er gesagt hat, und falle über ihn her und begrabe ihn! So ging Benaja, der Sohn Jojadas, hinauf, fiel über ihn her und tötete ihn. Und man begrub ihn in seinem Hause in der Wüste. Darauf setzte der König Benaja, den Sohn des Jojada, an seiner Statt über den Heerbann. [Und den Priester Zadok setzte der König anstelle Abjatars.]

Dann sandte der König hin, ließ Schimi rufen und sprach zu ihm: Baue dir ein Haus in Jerusalem und wohne dort. Und gehe nicht heraus von dort, weder dahin noch dorthin! An dem Tage, da du herausgehen und das Kidrontal überschreiten wirst – dessen sei dir wohl bewußt! – wirst du bestimmt sterben. *Dein Blut wird auf dein Haupt kommen.* Schimi antwortete dem König: Es gilt! Wie mein Herr König gesprochen hat, so wird dein Knecht tun. So wohnte Schimi lange Zeit in Jerusalem. – Nun begab es sich nach drei Jahren, daß zwei Sklaven Schimis zu Achisch, dem Sohn des Maacha, dem König von Gat, entliefen. Als man Schimi mitteilte: Deine Sklaven befinden sich in Gat, da machte sich Schimi auf, sattelte seinen Esel und zog nach Gat zu Achisch, um seine Sklaven zu holen; so zog also Schimi hin und brachte seine Sklaven von Gat heim. Als Salomo gemeldet wurde: Schimi ist von Jerusalem nach Gat gegangen und wieder heimgekehrt, da ließ der König Schimi rufen und sprach zu ihm: Ich habe dich doch *bei Jahwe schwören lassen und dich* verwarnt, indem ich dir sagte: An dem Tage, da du weggehst und irgendwohin ziehst – dessen sei dir wohl bewußt! – wirst du bestimmt sterben! Und du hast mir geantwortet: Es gilt; ich habe gehört! Warum hast du nicht den *bei Jahwe geschworenen Eid und den Befehl* gehalten, den ich dir auferlegt habe? Darauf gab der König Benaja, dem Sohn des Jojada, einen Befehl. Der ging hinaus und fiel über ihn her, daß er starb.

So war das Königtum fest in der Gewalt Salomos.

Warum hat Gott im sechsten Jahrhundert das Königtum in Jerusalem in die Hände der Heiden gegeben? Die Deuteronomisten geben zur Antwort, daß die Könige eine wirkliche religiöse und politische Aufgabe von Gott übernommen und zu verantworten gehabt haben. Der Auftrag, die Chance wurde verspielt durch menschliche Schwäche, durch Sünde und Überheblichkeit. Man hat sich nach dem Gesetz Gottes nicht gerichtet, das soll die spätere Erklärung sein. In dieser Perspektive erscheint wie stets in einer großen Trauer der Anfang als glorreich. David gilt den Späteren als Inbegriff des wahren, frommen Königs; Salomon, sein Sohn, gar als Stätte der Weisheit selbst. Diese beiden werden gerade von den deuteronomistischen Eintragungen ein halbes Jahrtausend später in Schutz genommen vor jeder menschlichen, politischen und religiösen Zweideutigkeit. Die ursprünglichen Texte aber, die Thronnachfolgegeschichte Davids selber, wissen es anders, wie immer wir menschlich und moralisch bisher von David denken mußten. Eines ist deutlich im Raum des Politischen: die Texte, über die wir verfügen, haben alles andere im Sinn, als eine wirkliche Quelle der historischen Erkenntnis zu bilden. Ihnen lag daran, aus ihrer Sicht den Menschen ihrer Zeit Deutung und Wegweisung zu bieten. Drum ist es erlaubt, daß auch wir Heutige unsere Fragen an diese Texte herantragen, denn nur deshalb sind sie geschrieben worden, auf daß später, am Ende der Zeit, da die biblischen Bücher entstanden, die Aktualisierung nicht mehr den Schreibern, sondern den Schriftgelehrten, den Auslegern in die Hände gegeben wurde. Was wir aus den Darstellungen des König-David-Berichts erkennen können, ist die Unlösbarkeit eines Problems, das David sich von Anfang an selbst geschaffen hat. Legitim, das haben wir immer wieder gesagt, war unter den Voraussetzungen der Religion und des Selbstverständnisses das Königtum Sauls, gewachsen aus der Zeit der Richter, geweiht durch Samuel und göttliche Beauftragung und Prophetie. Aus der Sippe Sauls hätte der rechtmäßige Nachfolger erwachsen *müssen*. Es war David, der aus eigenem Machtgelüste – mit welchen Methoden auch immer – von Süden her den Norden bekriegt und nach und nach die gesamte Sippe Sauls hat ermorden lassen. Israel, der Teil des Nordens, wird sich damit nie einverstanden erklären. Man schließt sich Absalom an, als er gegen seinen Vater aufsteht, und, als dieser niedergerungen ist, augenblicklich dem Aufstand des Scheba. Auch er wird niedergeschlagen, und dort endete die Thronnachfolgegeschichte, wie wir gehört haben. David hat es vermocht, den judäischen Teil zu bestimmen, mit Akklamationen ihn gewissermaßen *wieder* als König zu bestätigen, und der geschwächte, besiegte Norden lief bereitwillig über, erklärte sich einverstanden mit der herrschenden Macht. Aber politische Taktik ist keine Überzeugung. Das Problem ist jetzt zum Teil biologischer Art: Es gibt keinen Nachfolger, den David gezeugt hätte mit den Töchtern Sauls. Er selber hat zehn Söhne, aber wer von denen könnte König werden? Jeder müßte mit der Übereinstimmung des Volkes im Süden und mit der Wahl der Ältesten im Norden eingesetzt werden. Doch eben: Jeder künftige Nachfolger müßte legitimiert werden *durch Wahl*, nicht allein durch dynastische Nachfolge – eine brisante politische Frage, vor deren Lösung David, weil all sein Werk davon abhängt, immer wieder die Entscheidung hinauszögert.

Inzwischen ist David ein alter Mann, siebzigjährig, dürfen wir denken. Gestraft ist er mit einem Leid, das, wenn irgend der Gedanke, Gott suche die Taten an dem heim, der sie begangen hat, ihn fast zu Recht trifft: ein ständiges Frieren in den Gliedern, eine ständige Kälte. Wenn irgend es stimmt, daß dieser Mann einmal als Junge ein Harfenspieler war und später ein Sänger Gottes, ein Feingeist und Lyriker – wieviel muß er dann auf dem Wege der Macht in seiner Seele verdrängt haben! Oft genug hatten wir Gelegenheit, den Mann zu bewundern, der auf der Seele seines Volkes und der

Männer, die ihn umgeben, auf das vornehmste und feinste zu spielen versteht, als könnte er ihre Gedanken lesen, großzügig, mit politischem Kalkül und Weitblick in genau der rechten Stunde, ein Mann, der weiß, wie man mit Menschen umgeht, aber auch, wie man sie einsetzt, wie man sie berechnet, um mit ihnen rechnen zu können. Immer wieder wird das Beste an Gefühlen dabei zerschlissen für einen kalt kalkulierten Zweck. Die Rechnung Davids vor allem mit Michal, Sauls Tochter, ist nie aufgegangen, einen Sohn mit ihr zu zeugen. Der alte David erscheint als ein einsamer, schwacher, frierender Mensch im Palast. Am Hof beschließt man eine quasi-medizinische Maßnahme, zynisch in unseren Augen, nach der ärztlichen Kunst jener Zeit so frivol nicht, wie es scheint, auf die Suche zu gehen nach dem schönsten Mädchen im Lande. Der König selbst, wie Sie wohl noch erinnern, war verführbar über die Maßen durch die Schönheit des Weibes Batseba, mit der er die Ehe brach, deren Mann er ermordete und deren Sohn Salomo jetzt etwa fünfzehn bis zwanzig Jahre alt sein dürfte; ein Sohn bereits wurde ihm geboren, erzählt uns die Bibel, zu jenen Tagen. Warum also einen alternden Greis nicht verwöhnen durch neue Gnaden der Liebe? Soll doch, wenn schon kein starkes Gefühl, dann eine große Leidenschaft vielleicht noch einmal die Glieder des Alternden erwärmen! Abischag von Schunem, die schönste Frau, die man findet am Hof, muß mit David eine Gemeinsamkeit bilden, wie sie einsamer nicht sein könnte, weil beide, die da zusammengefügt werden durch therapeutische List, sich unterscheiden nicht nur wie Alt und Jung, wie Verlebt und Lebendig; im ganzen Wesen gibt es nichts, was die beiden verbinden würde, – Stoff genug für einen Dichter der unglücklichen Liebe wie Rainer Maria Rilke, gleich in zwei Gedichten darüber nachzudenken, einmal aus der Sicht Abischags, einmal aus der Sicht Davids. Beide Gedichte hören sich so an:

I

Sie lag. Und ihre Kinderarme waren
von Dienern um den Welkenden gebunden,
auf dem sie lag die süßen langen Stunden,
ein wenig bang vor seinen vielen Jahren.

Und manchmal wandte sie in seinem Barte
ihr Angesicht, wenn eine Eule schrie;
und alles, was die Nacht war, kam und scharte
mit Bangen und Verlangen sich um sie.

Die Sterne zitterten wie ihresgleichen,
ein Duft ging suchend durch das Schlafgemach,
der Vorhang rührte sich und gab ein Zeichen,
und leise ging ihr Blick dem Zeichen nach –.

Aber sie hielt sich an dem dunkeln Alten
und, von der Nacht der Nächte nicht erreicht,
lag sie auf seinem fürstlichen Erkalten
jungfräulich und wie eine Seele leicht.

II

Der König saß und sann den leeren Tag
getaner Taten, ungefühlter Lüste
und seiner Lieblingshündin, der er pflag –.
Aber am Abend wölbte Abisag
sich über ihm. Sein wirres Leben lag
verlassen wie verrufne Meeresküste
unter dem Sternbild ihrer stillen Brüste.

Und manchmal, als ein Kundiger der Frauen,
erkannte er durch seine Augenbrauen
den unbewegten, küsselosen Mund;
und sah: ihres Gefühles grüne Rute
neigte sich nicht herab zu seinem Grund.
Ihn fröstelte. Er horchte wie ein Hund
und suchte sich in seinem letzten Blute.

Fast wie ein Sterbegesang auf einen nur noch zum Schein lebenden,
die Rolle eines Königs kaum mehr erfüllenden Mann sind diese Zeilen. Sie sind eine romantische, traurige Poesie, aber sie geben etwas
wieder von dem, was man in der harten Auseinandersetzung des
politischen Alltags in jenen Tagen wohl gespürt hat. Da ist ein

Mann, der alle Verantwortung, alle Entscheidung, alle Macht in seiner Hand hält und überaltert sich durch seinen eigenen Erfolg – das Schicksal fast aller Alleinherrscher, die gelernt haben, daß nur sie allein die rechten sind, um richtig zu entscheiden. All ihr Leben ist damit hingegangen, sich und den anderen zu demonstrieren, daß es auf sie ankommt, daß eine große Geschichte ohne sie nicht sein kann und außerhalb von ihnen der Zerbruch, der Untergang, denen gegenüber als Gefahren sie allein sich anzustemmen wissen. Wie soll ein solcher Herrscher, geboren aus der Not, völlig identisch mit seinem eigenen Anspruch an Macht, jemals die Zügel freiwillig aus den Händen legen?

Es ist wie an den Höfen aller Monarchen, daß man am Ende denjenigen Erfolg haben sieht, der dem Herrscher als letzter in den Ohren liegt. Scheinbar sind diejenigen, die die Welt gestalten, am Ende ein Spielball gleich einem Blatt im Wind. Sie tun sich schwer mit ihrem Nachfolger, fast um sich an der Geschichte zu rächen; niemand der Späteren soll sie überwachsen und durch die eigene Größe aus dem Zentrum des Lichts rücken. Sie kleben an einem Thron, von dem sie nicht kommen wollen. Mag sein, daß die Schwere der politischen Entscheidung David selbst hat zaudern lassen, wen von seinen Söhnen er zum Nachfolger designieren könnte. Aber zwei seiner Söhne sind bereits tot, diejenigen, die als erste Anspruch auf den Thron gehabt hätten. Wie soll es jetzt anders sein, als daß der dritte, Absaloms Bruder, geboren in Hebron, dem Ort, da David selber König wurde, Adonija eben, von sich her meint, auf ihm wie selbstverständlich ruhe die künftige Königswürde? Ganz wie Absalom begann, umkleidet er sich mit einer Abteilung von fünfzig, rüstet sich aus mit den besten Waffen seiner Zeit, hält sich eine eigene Streitwagenabteilung, und es ist verbündet mit dem jungen Prinzen alles, was an Macht und Verstand am Hofe zusammenkommen muß, um das Werk glücklich zu beginnen. Da ist Joab an der Spitze, der alte Haudegen und General Davids, und es ist da Abjatar, der Priester. Von ihm wissen wir, daß er aus dem Stamme Elis, des Hochpriesters in Schilo, hervorging und das Massaker Sauls in Nob überlebte. Von dort floh er zu David und war der Hüter der Bundeslade. Wenn irgendein Priester am Hofe Davids Gehör findet, müßte er Abjatar heißen. Wenn *ein* Mann sich auskennt, wie das Militär Davids zu führen ist, müßte es Joab sein. Bessere Bündnisse konnte Adonija sich nicht ausdenken. Verräterisch genug, daß die Berichterstattung für ihn nicht gerade Partei ergreift. Er war hochmütig, heißt es eindeutig tadelnd von Anfang an, denn er sprach: Ich bin's. Aber wenn David ihn tagaus, tagein so auftreten läßt vor allem Volk wie Absalom vormals, wie soll dann Adonija nicht denken, ganz zu Recht, mit Willen und mit Duldung Davids wird er's auch sein? Und keineswegs sehen wir ihn überstürzt handeln, ganz im Gegenteil. Langsam dehnt er seine Macht aus, und er weiß genau, es wird alles davon abhängen, daß man im Norden zustimmt. Er möchte die Anerkennung als König nicht einfach durch die Abstammung von David legitimiert wissen, denn das würde ihn nur in Konkurrenz setzen zu anderen – der Name Salomo ist gar noch nimmer ausgesprochen –, er müßte beglaubigt und gewählt werden auch durch die Zustimmung des Volkes in Juda. Es muß vor allem Abjatar, der Priester, so gedacht haben. Aus dem Norden kommend, wird er ein Priester der alten Jahwe-Religion gewesen und geblieben sein, verbündet mit der Bundeslade, zugehörig zum Zeltheiligtum in Jerusalem, in welchem der Legende nach auch die Gesetzestafeln des Moses stehen. Da ist eine konservative Haltung offensichtlich die Grundlage der politischen Entscheidung. Das alles ein letztes Mal, könnte man denken, würde Norden und Süden verbinden, könnte Religion und Macht in Israel zusammenfügen. Es hätte eine innere Logik. Adonija beschließt, am Walkerfeld, an der dortigen Quelle, eine Opferfeierlichkeit abzuhalten, zu der er Joab und Abjatar hinzuzieht, seine eigenen Familienangehörigen, eine Menge Volks auch, und es soll offensichtlich bei dieser Feier ein erstes Mal die öffentliche Anerkennung seiner Würde vorbereitet, schon auch wohl zelebriert werden. Würden die Dinge ihren Lauf nehmen, wie sie sollen, ließe man den Strom der Geschichte geordnet weiterfließen, er würde in seinem Mündungsgebiet Adonija als König sehen. Genau das aber soll und darf nicht sein, Salomos wegen.

Es muß am Hofe längst eine Gegenpartei geben, in ihrem Mittelpunkt vor allem der Hofprophet Natan. Nennen wir ihn besser einen Hofintriganten im Namen Gottes, nennen wir ihn jemanden, der von Gott stets so redet, daß es bestimmten Zwecken nützlich ist, insbesondere denen der Batseba und ihres Sohnes von Anfang an. Es war Natan, der diesen zweiten Sohn der Batseba aus den Lenden Davids Jedidja, den Geliebten Davids, selber nannte; Salomo – sein Friede – war nur der zweite Name. Sie entsinnen sich noch der großartigen Geschichte, die Natan zu erzählen wußte, um David seine Schuld wegen Ehebruch und Mord auf die Seele zu legen. Geschickt war Natan und bleibt Natan im Ausbeuten der königlichen Schuldgefühle.

Was aber sollen wir denken von Batseba, die an dieser Stelle sein Werkzeug wird oder insgeheim seine Beauftragte ist und als solche hinter den Kulissen nunmehr in Erscheinung tritt? Auch hören wir von dem Priester Zadok. Er war immer wieder mit Abjatar auf der gleichen Ebene genannt worden. Während des Aufstands Absaloms hatte David die beiden, Zadok und Abjatar, nach Jerusalem zurückgeschickt mitsamt den Söhnen, um auszukundschaften, was am Hofe beschlossen würde. Zadok ist ein Priester aus dem alten Jerusalem, aus der Jebusiterschicht, und man darf annehmen, daß er einen ganz anderen Gedanken verkörpert, wenn von Gott die Rede ist, einen kanaanäischen, fast heidnischen Gedanken, nicht die Jahwe-Treue, sondern wie es im alten Kulturland angesiedelt wurde: der König selber im Zentrum ist der Hohepriester, nicht Jahwe über dem König, sondern der König selbst als Repräsentant der Gottheit. Wir müßten denken, daß Zadok und Natan und Salomo mit seiner Mutter eine eigene Intrige spinnen, hinter der ein völlig anderes politisches Konzept steht, und erst, wenn wir das erfassen, begreifen wir, daß diese Geschichte, vor dreitausend Jahren spielend, uns Heutigen etwas zu sagen hat, möglicherweise etwas Entscheidendes.

Hören wir, wie es gemacht wird, wie die Marionetten am Hofe auftreten. Das Wichtigste sagt ein guter Politiker niemals in erster Linie selbst – eine Regel, die wir bis heute beim Zeitunglesen wohlbefolgt finden. Immer erst an zweiter oder fünfter Stelle raunt die Macht selber, die so wohl vorbereitet wurde, weil sie's in Auftrag gab. Batseba als erste soll sprechen mit David, dann später mittendrein wird schon Natan die Dinge richten. Aber was Batseba zu sagen hat, obwohl es dreimal wiederholt wird, weicht im Entscheidenden doch ab von dem, was Natan sagt. Und beides stimmt tat-

sächlich, man muß nur genau hören. Es hat, sagen sie beide, Adonija an der Walkerquelle ein Fest gegeben – das ist unbestreitbar.
Aber worauf Batseba Wert legt: Wenn er König wird, hätte David
ein Versprechen gebrochen an ihr, seiner Frau Batseba, und an
ihrem gemeinsamen Sohn Salomo. Von einem solchen Versprechen
weiß die ganze Bibel bis zu diesem Augenblick nichts. Es ist ein
Problem für alle Ausleger, was unter diesem Versprechen, unter diesem Schwur, zu begreifen sei. Vielleicht dürfen wir profan genug
sein, uns vorzustellen, daß in irgendeiner Nacht David eine Zusage
abgerungen wurde, teils aus Liebe zu der schönen Batseba, aber
wahrscheinlich nicht nur. Wär es denkbar, daß Batseba nur hätte
den Mund aufmachen müssen, um David vor allem Volke öffentlich
der Schande preiszugeben? Sie haben in Erinnerung noch, wie die
Hochzeit mit der Kriegerwitwe des Urija zustande kam, wie da die
Spuren verwischt wurden. Niemals verübt man ein solches Verbrechen, ohne durch die Zeiten erpreßbar zu bleiben, zumindest von
den wenigen Mitwissern, zumindest von den Betroffenen. Ein Versprechen Davids, – das könnte so zustande gekommen sein, daß
Batseba selbst den Mord an ihrem Mann, den Ehebruch mit David,
die Art der Zeugung Salomos öffentlich durch alle Lande zu tragen
droht, wenn nicht selber David sich bekennt zu dieser Geraubten als
seiner Eigenen und Einzigen. Keine andere Frau außer Batseba und
keinen anderen Thronprätendenten als Salomo! Da hätte eine einfache Hetiterfrau den König des auserwählten Volkes als Faust-
pfand in der Hand, und wir müßten denken: die Frau, die bei tiefste-
hender Sonne den König verführte und reizte zur Sünde, muß mehr
gewesen sein als das arme Schäfchen im Hause eines armen Mannes. Eine Frau, die so denkt, im Entscheidenden so handelt, wird
nicht harmlos und naiv bis dahin gelangt sein. Vielleicht war ihr
Einfluß auf David in all der Zeit weit größer, als der König-David-
Bericht uns glauben machen möchte. Ein Versprechen hätte der
König gegeben. Die Erklärer neigen zu der Auffassung, daß David
in diesem Moment durch Alter so willensschwach schon gewesen
sei, daß man ihm hätte ein Versprechen suggerieren können, das er
nie gesprochen hätte. Da wird zuviel des Greisentums vorausgesetzt, scheint mir, aber den König daran zu erinnern, was passieren
wird, selbst dem Alternden noch, wenn man die Geschichte von vor

etlichen Jahrzehnten wieder aufrührt, was passiert, wenn man das Gras aufreißt und holt die Gebeine der Ermordeten wieder aus den längst überwucherten Gräbern, das sollte Wirkung zeitigen. Was im übrigen Batseba gesprochen hat bei ihrem König, wissen wir gar nicht. Die einzige Quelle, die wir dafür haben, ist Natan selbst, der das Gespräch arrangierte. Daß er ein Zeitzeuge von Wahrhaftigkeit sei, daran ist *jeder* Zweifel erlaubt. Kaum nämlich neigt sich der König Batseba zu, aus den Armen der Abischag, seiner Dienerin, weg und entläßt sie, noch offen, wie er entscheiden wird, als Natan selber kommt, und was er erklärt, ist schlechtweg eine Lüge: Adonija hat sich zum König erklärt. Das hat er nicht. Aber doppelt redet Natan den König an. Er selbst, David, muß das in Auftrag gegeben haben, denn ohne den Beschluß des Königs könnte Adonija nie und nimmer sich zum König gemacht haben. Und er, Natan, sollte davon nichts gewußt haben? Da sitzt der König in der Zange. Das Problem ist, daß er, der König David, soviel Macht haben kann, wie er will, er hat vor Gott und den Menschen zu diesem Zeitpunkt nicht das Recht, per Erklärung, durch einfachen Willensbeschluß einen König über Israel und Juda einzusetzen. Das hat er nicht, und das ist das Entscheidende. Er kann in seiner Königsstadt beschließen, was er will, was im Lande herrscht und herrschen soll, was in Juda und in Israel Anerkennung findet, das bedarf der Anerkennung und der Zustimmung. Er ist kein absoluter Herrscher, auch David nicht. Genau das aber suggeriert ihm Natan. Wenn ein König sich selber proklamiert, dann muß es David inszeniert haben. Und nun freilich überschlagen sich die Ereignisse. Es soll, wahrscheinlich im Rückgriff auf ein älteres Ritual kanaanäischen Ursprungs, denn ein Vorbild in Israel haben wir dafür nicht, ein König designiert werden in einer Prozession zur Gihon-Quelle. Das ist eigentlich der Wassertank der Königsstadt, von dort speist sich das gesamte Trinkwasserreservoir. Dorthin eine Prozession zu verlegen, die den König einsetzt, macht Sinn. Dahin reiten soll Salomo auf der Eselin des Königs, ganz so, wie wir's noch im Neuen Testament antreffen, als Jesus in Jerusalem als der gewaltlose, Macht entbehrende König die Herrschaft Gottes über Jerusalem ausrufen will. Hier geht es darum, daß der Esel nicht ein Tier der armen Leute und der Schwäche, sondern das Reittier der Mächtigen ist. Darauf soll Salomo sich hinunterbegeben zur Gihon-Quelle ins Kidrontal. Dann wird ihn salben Zadok, der Priester, mit Öl aus dem Zelt, also heiligem Öl – ein Ritual göttlichen Ursprungs, soll man glauben. Und dann soll die Rückkehr erfolgen unter Akklamation. Alles muß so aussehen, wie wenn David selbst es in Auftrag gegeben hätte. Dabei dürfen wir annehmen, daß der alte König lediglich einverstanden damit war, daß Salomo tut, wozu seine Mutter und Natan ihn bestimmen. Zadok selbst als Priester aber wird willkommen an der Seite Salomos sein und bleiben.

Zweimal hören wir dann, daß das Volk Salomo zujubelt, und sein Ruf ist so groß, daß die Erde fast gespalten wird darunter. Die Wahrheit ist, es hat ein Volk bei der Einsetzung Salomos überhaupt nicht gegeben. Was es gegeben hat, ist ein Kreis von Hofbeamten; die sind der Ersatz für das Volk. Was wir vor uns haben hier, ist eine Machtergreifung von Höflingen zugunsten eines einzigen Höflings. Nichts ist da legitimiert, in keiner Art der Ableitung, weder göttlich noch menschlich noch rechtlich noch im Grunde politisch. Das ist der Tatbestand, wie Salomo König wird. Man hat's zu tun mit dem Erfolg einer Hofintrige, nichts weiter. Alles Recht läge, wenn überhaupt, mindestens bei dem Versuch, mit dem Adonija zum Erfolg kommen will; gerade drum aber bleibt er der Feind des neu gesalbten Königs. Kaum geht die Botschaft ins Gegenlager, zur Walkerquelle, als offenbar die ganze Gruppe um Adonija die Kraft verläßt. Man hat es nicht beabsichtigt, einen Entscheidungskampf zu führen, war auf die Härte des Konflikts nicht vorbereitet. Nur: Schon David konnte Batseba sagen: Wir werden des Todes sein, wenn Adonija König wird. Ist das eine wirkliche Drohung gewesen oder in Wirklichkeit der eigene Plan und die Furcht, die daraus hervorgeht, ein Entweder-Oder auf Leben und Tod? Wenn Salomo König wird, muß die Gegenpartei ihn tödlich hassen. Möglich, daß man unterstellt hat, dies sei all die Zeit schon so gewesen. Aber soviel steht fest: Salomos Beschluß, oder besser: der Wille seiner Mutter Batseba, diesen ihren Sohn zum Nachfolger krönen zu lassen, muß über Leichen geführt werden, oder er wird nie zum Erfolg gelangen.

In einer ganzen Staffelung jetzt von Ereignissen sieht man genau das eintreten. Adonija flieht zum Heiligtum, zum Altar und umklammert die Hörner des Heiligtums. Es ist eine Zeit, in der der Raum des Göttlichen eine Asylstätte für Menschen ist. Welch ein Gedanke, es gäbe mindestens *einen* Punkt, wo der Zugriff der Geschichte, der Herrschaftsansspruch der Macht, sogar die Ausübung des Rechtes storniert würden, indem ein einzelner Mensch mit seiner Person absolut bleibt in den Händen Gottes, und nur dort, wo das der Fall sei, wohne Gott wirklich! Auf dem Hintergrund uralter, womöglich magischer Tabu-Vorstellungen ist dies ein ungeheures Bild, und viel wäre darum zu geben, wir könnten in unseren Tagen genau darinnen die Definition des Religiösen geradezu erkennen: Religion bestünde darin, den einzelnen Menschen so absolut zu setzen, daß er ganz und gar aus der Hand Gottes hervorgeht und in der Hand Gottes steht; kantianisch ausgedrückt: er ist *nie* ein Mittel zum Zweck, sondern stets ein Zweck an sich selbst, das wirklich Absolute wäre der Mensch, und da wohnte Gott, wo dies begriffen würde. Adonija nimmt Zuflucht an den Hörnern des Altars. Salomo aber beordert Benaja, den Heerführer der Kreter und der Pleter, die Fremdenlegionsgarde, die Helden, zwei Abteilungen also, die dem Hof als Militärmacht in Jerusalem zur Verfügung stehen, die schlagkräftige Truppe also, die gegenüber dem schwer einzuberufenden Heerbann Augenblickserfolge garantieren kann, und Adonija muß Rechenschaft, soll Rechenschaft geben vor dem König. – Es gibt Ausleger die sagen, hier schon zeige sich die überlegene Weisheit Salomos, wie gütig er doch ist, wie gnädig geradezu. Er läßt Adonija gar nicht hinrichten auf der Stelle, wie er Gewalt hätte, sondern Adonija wird begnadigt. All sein Schicksal liegt in Adonijas Hand. Wenn gut ist Adonija, nichts Böses wird ihm geschehen. Das Gute allerdings bei Adonija wird sich zeigen darin, wie brav er sich verhält. Du gehst jetzt nach Hause, sagt Salomo, und wir werden übersetzen dürfen: du stehst lebenslänglich unter Hausarrest und rührst dich nicht mehr von der Stelle, denn ich, ab sofort, bin König, und jede andere Planung, auch daß du überhaupt noch lebst, hängt davon ab, in dieser Weise freiwillig dich in das Exil deiner vier Wände zu begeben. Ab sofort bist du nicht mehr der Prinz am Hofe, sondern eine Privatperson in öffentlicher Gefangenschaft.

Nehmen wir, daß David Salomo in dieser Weise als König akzeptiert hat; nehmen wir, daß Salomo, wenn er König sein wollte, Adonija ausschalten mußte. Was bleibt uns dann, als einen Moment lang uns in die Gedanken des Adonija hineinzuversetzen? Wenn denn schon statt Machtpolitik und geschichtlicher Größe das Leben eines Privatiers bevorsteht, dann mindestens in Saus und Braus. Wenn man in Israel eine schöne Frau, die schönste überhaupt, gefunden hat, warum wäre sie nicht wert, als Trostpreis gewissermaßen dem Prinzen zu verbleiben, Abischag von Schunem? Das hätte menschliches Verständnis für sich. Man könnte, ohne Zyniker zu sein, denken, Salomo wäre dem Adonija gegenüber auf Lebzeiten ohne Gefahr, er müßte nur seinen Konkurrenten dieserart versorgen. – Es sind nicht wenige Psychoanalytiker, die meinen, daß in der Liebe zufriedene Männer nicht gerade danach tendieren, grausame Herrscher zu werden. Manche Biographen Napoleons denken, daß eines der schlimmsten Übel über Europa tatsächlich nur gekommen sei durch die Unzufriedenheit des Herrn Bonaparte mit einer bestimmten Frau. Wie auch immer, *ein* Rezept böte sich, Adonija zufriedenzustellen: Abischag von Schunem, wenn er denn drum bittet.

Es ist nicht so, wie manche zur Entschuldigung Salomos vorbringen: wer die Frau, die zur Kebse oder zur Alterserwärmung des Königs einmal bestimmt war, zu seiner eigenen erklärt, bräche in den königlichen Harem ein, hätte also selber Gelüste auf den Thron. Es ist ja vorausgesetzt, Abischag von Schunem ist ohne alle Schwierigkeiten kommentarlos übernommen worden in den Harem Salomos, eben deswegen müßte sie durch Salomo weitergegeben werden können an Adonija. Dazwischen muß im übrigen ein Bericht gestanden haben, wie David verstarb – dieser Bericht muß ausgefallen sein durch eine spätere Redaktion des Deuteronomisten, die erklärt: David habe vor seinem Sterben noch zwei Weisungen hinterlassen: der Verbrechen des Joabs zu gedenken und der Verbrechen des Schimi; mit beiden solle Salomo verfahren, wie sie's verdienten (1 Kg 2, 5–8). – Noch sind wir bei Adonija, als wir hören, daß dieser sich an Batseba wendet, die Auslieferung, die Schenkung der Abischag zu erwirken. Alles bis dahin scheint ganz harmlos. Tatsächlich aber erleben wir ein letztes Mal an dieser Stelle Batseba. Sie kommt als Königinmutter, ein eigener Titel inzwischen. Wer ihn hört mit altorientalischen Ohren, hat vor sich eine Frau, die mit den Göttern selbst den König gezeugt hat, eine Würdige, vor welcher selbst der König sich verneigt und stellt für sie den Thron an seiner Seite bereit. Batseba ist mehr als eine Königin, sie ist die *Mutter* eines Königs, und noch mal, dürfen wir denken, in doppelter Weise: sie hat ihn geboren, sie hat ihn groß gemacht, und so wurde sie selbst, was sie ist. Aber da gibt es Adonija. Nehmen wir an, daß Batseba genau gesagt hat, was Adonija ihr vorsprach, aber sie gab's weiter ganz betont harmlos: Eine ganz kleine Bitte, nur ein Weniges, mein Sohn, erfülle deiner Mutter, – wieso dann plötzlich diese Explosion von Zorn: Adonija muß sterben!, und zwar auf der Stelle, ohne Schonung? Benaja wird geschickt zum Totschlag, das ist sein einziger Auftrag. Warum? Wenn die Theorie von dem Eindringen in den Harem nicht stimmt, und sie stimmt erkennbarerweise nicht, warum dann die Furcht Salomos gegenüber Adonija, ihm Abischag von Schunem zu tauschen für ein geraubtes Königreich? – Vielleicht, vielleicht gibt es hier ein psychologisches Rätsel zu lösen. Es liegt eigentlich nahe, daß Batseba mit ihrem demütig-leisen Flehen eine Szene wiederaufgeführt hat, wie sie am Anfang war, und wir müßten zwischen den Zeilen lesen: Siehe, mein Sohn, ich komme zu dir als dem König auf dem Thron, so wie ich damals kam als eine bittende, einfache Frau, und ich wurde genommen als die Schönste von dem König; so ward ich deine Mutter. Dann bohrt allein die Art der Bitte jetzt in der alten Wunde und Schande und spült alles hoch, was Salomo selber mit Zerknirschung, Zorn und Reue als Makel auf ewig spüren muß: Er ist im Grunde der Königsbastard, und das wird er bleiben, und er sitzt auf dem Thron jetzt als unrechtmäßig, und das wird er bleiben. Und jetzt soll es genau so sein: ein Prinz nimmt sich die Schönste im Lande und zeugt mit ihr Kinder? Dann würde die ganze Geschichte sich neu wiederholen an seiner Seite. Da kann man verstehen, warum Salomo aufsteht und entschlossen ist zum Mord. Im Grunde tötet er nicht Adonija, sondern seine eigene Vergangenheit, und anstelle seiner Mutter verurteilt er im Grunde Abischag von Schunem zur Strafe ewige Einsamkeit. Man soll in jedem Falle glauben, daß Batseba in der Sprache der Bitte den König selber bestimmt hat, zur Exekution zu schreiten, und es ist zum wievielten Male in dieser Art der Erzählung, daß wir Worte hören, die genau das Gegenteil von dem besagen, was sie bewirken sollen. Wir müßten denken, Batseba wollte genau das: die Hinrichtung des Adonija.

Es gibt einen Mann in Israel, der genau begreift, was die Stunde schlägt. Er heißt Joab. Es geht nicht mehr darum, Adonija zu ermorden, es geht darum, Rache zu nehmen und Razzien zu verüben an all den ehemaligen Gegnern. Der nächste wird Joab selber sein, er steht gewissermaßen schon auf der Liste der gedungenen Mordaufträge Benajas. Es gibt nur *einen* Weg, dem zuvorzukommen, das ist die Handlung aller Ohnmächtigen und Ausgelieferten: sie können es ihren Mördern allenfalls noch schwermachen. Dazu ist Joab entschlossen. Auch er flieht zum Heiligtum und stellt damit den König vor eine Wahl: Entweder es gibt keinen Taburaum des Religiösen mehr, es gibt nur noch die Machtwillkür der Herrschaft, es gibt überhaupt keine Schranken, nicht einmal dem Mord gegenüber – dann schlagt Joab tot am Altar! –, oder es müßte Recht und Ordnung eintreten, es hätte die Allmacht scheinbar des Königs ihre Grenzen, wo immer die liegen. Mit seiner Erklärung »Ich will hier sterben«, zwingt Joab Salomo Farbe zu bekennen. Ein Mord am Altar!

Bleibt nur noch Schimi übrig. Er ist aufgetreten, als David nach dem Aufstand Absaloms zurückkehrte nach Jerusalem mit einer Tausendschaft, ein Mann, der im Nordreich bei den Benjaminiten Rückhalt haben könnte, der also isoliert werden muß. Er soll nach Anatot, soll dort bleiben und den Kidron nie überschreiten nach Norden, keinerlei Kontakt also mit seinen eigenen möglichen Verbündeten. Die Maßnahme kann politisch Sinn machen; sie wird ausgelegt später vollkommen willkürlich, wieder um einen Mordbeschluß zu rechtfertigen, der jeder Rechtfertigung entbehrt. Rein aus privaten Gründen hat Schimi ein einziges Mal, um entlaufene Sklaven zurückzuholen, den ihm zugewiesenen Ort verlassen. Er ist zurückgekehrt nach Jerusalem, wie er soll, aber es ist Grund genug für Salomo, den letzten seiner möglichen Feinde zu exekutieren. – Abjatar, der Priester schließlich, bleibt in Anatot, dem Ort, aus dem Jeremia später hervorgehen wird.

Es ist in diesem Moment Salomo in fester Macht auf dem Thron seines Königtums. Wie also, zusammenfassend, ist der König-David-Bericht, der Thronfolgebericht über David und seine Söhne, zu lesen? Von wem ist dieser Text geschrieben? Vielleicht von dem verbannten Abjatar? Ganz sicher nicht von einem Höfling in der Nähe Salomos, dafür sind all die Texte viel zu kritisch, vor allem diese letzten Taten, die Razzien Salomos, sind so nachdrücklich als Unrecht markiert, daß wir keinen einfachen Hofschreiber voraussetzen dürfen. Vielleicht, denken wir, daß hier ein letztes Mal eine Stimme sich meldet, die noch weiß, vielleicht aus dem Norden kommend, daß ein König in Israel nur König sein darf, wenn er legitimiert wird durch Abstimmung des Volks, durch den Rat der Ältesten, und daß eine Dynastie Davids gebunden bliebe an den Volksentscheid, und das wäre das geheime Wissen dieses so gebrochenen Textes in der Thronnachfolge Davids: Es gibt keine legitime Thronnachfolge Davids; was es gibt, ist ein Ränkespiel am Hof, eine Entscheidung, die gefällt wurde gegen Recht und Ordnung, und sie wird das Problem, wie vereint man den Norden und den Süden, nie lösen. Gleich, wenn Salomo stirbt, werden seine Nachfolger sich verfeinden, wird der Norden gewarnt sein, und es wird die Reichsteilung unvermeidbar werden. Kein Problem ist auf diese Art aus der Welt zu schaffen.

Fragen wir uns, was hat Gott mit all dem zu schaffen – immer wieder haben die Ausleger gesagt, diese Geschichte der Thronnachfolge Davids solle zeigen, daß Gott mit uns Menschen durch dick und dünn geht und seine Pläne verwirklicht, die da lauten: David ist König, Salomo wird König. Aber vielleicht liegt der Kern der Aussage ganz woanders: Es hätte ein Königtum dieser Art, wie Salomo es einrichtet, nie geben sollen, in dem die Mächtigen einfach durch biologische Abstammung etwas Besonderes sind gegenüber dem Volk und wo sie Macht im Namen Gottes zentralisieren, absolutistisch, wie alle anderen Völker womöglich. Es sollte diese neuheidnische Modernität in Israel nie einziehen, kein Königtum, das nicht ausginge von unten her statt von oben. Salomo wird eingesetzt von David her, das schreibt dieser Bericht so eindeutig, aber seine Wertung ist negativ. Genau das, daß David bestimmt, wer der Nachfolger wird, ist im Grunde das Vermessene, das Schlimme an der Königsnachfolge Davids. Sie hätte in all ihrer Form so nicht zustande kommen dürfen und sie wird nie Bestand haben vor der Geschichte. Es wird das Schwert wüten in der Dynastie Davids. Spätere Zeiten –

die deuteronomistischen Schreiber – werden dies alles sehr anders akzentuieren: selbst die Morde an Joab, an Schimi, an Adonija waren in ihren Augen die Rachestrafen, die David selbst in Auftrag gegeben hatte, sie legitimierten sie sozusagen als eine Blutrache, verspätet zwar, aber entlang des Rechtes, sie waren zu Recht bestehend! Doch von all dem kann ursprünglich nicht die Rede sein. Ursprünglich vor dreitausend Jahren gab es in der Bibel ein Quellenwerk, entstanden fast unter Lebensgefahr, in dem man Menschen sah, wie sie handelten, motiviert waren, Angst hatten und Angst machten und immer höher stiegen auf der Flucht vor Menschen zur Herrschaft über Menschen, bis sie sich *ver*stiegen in den Rausch der Absolutheit. Wir hätten, so verstanden, ein Stückchen Bibel, das zusammenhängendste, früheste Geschichtswerk der Menschheit überhaupt, mit einer überzeitlichen Mahnung an uns: Schauen wir uns an, wie die Mächtigen auf den Thronen regieren im Namen Gottes! Schauen wir's uns an! Mitten in der Kirche zum Beispiel haben wir *einen* einzigen Gewählten, niemals vom Volke, nicht gleich designiert vom Papst zum Papst, aber durch ein Gremium, das er selber schafft, seinen eigenen Hofstaat, aus dem wieder dann hervorgeht, was im Grunde als Wunsch von ihm selber schon intoniert wird, nie kontrollierbar, nie verantwortungspflichtig irgendeinem Ältestenrat, stets ein Faktor der Spaltung statt der Integration, notwendigerweise der Herrschaft über Menschen im Namen Gottes, der grade das niemals wollte, und keine Asylstätte für Menschen, die ein Recht hätten gegen den vergöttlichten Willen zur Macht; Ansehen zu finden vor dem Absoluten. Die Propheten werden diesen Gedanken: kein Mensch soll herrschen über Menschen, immer wieder den Königen ins Gesicht sprechen. Aber immer wird es an dem Hofe der Mächtigen andere Propheten geben, die nichts weiter sprechen als im Namen Gottes die Worte, die die Mächtigen hören möchten. Immer aber auch wird es Leute geben wie die Verfasser dieses König-David-Berichtes, die, so vorsichtig auch immer, Kritik üben an der verwalteten Macht, und trotzdem wird es Theologen geben, die am Ende – Geschichte hin, Geschichte her – es so zurechtlegen, daß es wieder stimmt zugunsten von Kaiser und Papst, zugunsten der verwalteten Macht. Wir werden miteinander lesen müssen all die Texte, wie es mit Salomo weitergeht, dem

Weisesten, dem Größten, vielleicht auch dem Schwächsten, dem am meisten Schändlichen im Untergrund. Selten jedenfalls haben Pomp und Größe und innere Verachtung und Selbstunsicherheit solche Intrigen hervorgespült wie am Hofe Salomos.

18. Februar 1995

18

So ward Salomo König über ganz Israel

DIE Geschichte Salomos im ersten Buch der Könige gibt uns Einblick in das geschichtliche Wirken dieses für die Überlieferung größten Königs in Israel, gleichzeitig aber auch Aufschluß über die Deutung, die gerade dieser sehr schillernden Gestalt zuteil geworden ist, vor allem im Verlauf des sechsten vorchristlichen Jahrhunderts.

Vom dritten Kapitel im ersten Buch der Könige an erzählt uns die Bibel Folgendes:

TEXT: 1 Kön 3, 1. 4–5. 9–10. 12–13. 15–28; 4, 1–7. 20; 5, 1. 4–5. 9–14

Und Salomo wurde Schwiegersohn des Pharao, des Königs von Ägypten; er heiratete die Tochter des Pharao und brachte sie in die Davidstadt, bis er den Bau seines Hauses, des Hauses Jahwes und der Mauer rings um Jerusalem vollendet hatte.

Und der König ging nach Gibeon, um dort (Gemeinschaftsopfer) zu schlachten [denn dies war die bedeutendste Kultstätte]. Tausend Opfer brachte Salomo auf jenem Altar dar. *In Gibeon erschien Jahwe Salomo im nächtlichen Traum.* Da sprach Gott (Elohim): Bitte, was ich dir geben soll. Salomo antwortete: So mögest du deinem Knecht ein verständiges Herz geben, damit er *dein Volk regiere und* zwischen gut und schlecht unterscheide. *(Denn wer vermag dieses dein schwieriges Volk zu regieren [oder: richten?]?)* Es gefiel ›Jahwe‹, daß Salomo solches erbeten *hatte.* Da sprach Gott zu ihm: *so handle ich nach deinen Worten.* Siehe, ich gebe dir ein weises und einsichtiges Herz, *so daß keiner vor dir war, der dir gleichkommt, noch nach dir ein solcher aufstehen wird.* Aber auch was du nicht erbeten hast, gebe ich dir: Sowohl Reichtum als auch Ehre, *so daß keiner dir gleich ist unter den Königen* [dein ganzes Leben lang]. Da erwachte Salomo und siehe, es war ein Traum. *Er ging nach Jerusalem und trat vor die Bundeslade des Herrn.* Und er brachte Brandopfer dar und veranstaltete Gemeinschaftsopfer und gab ein Gastmahl für alle seine Knechte. So ward König Salomo König über ganz Israel.

Damals kamen zwei Dirnen zu dem König und traten vor ihn hin. Die eine Frau sprach: Bitte, mein Herr, ich und diese Frau wohnen in dem gleichen Haus, und ich gebar bei ihr in dem Haus. Am dritten Tage, nachdem ich geboren hatte, gebar auch diese Frau. Und wir waren beieinander, kein anderer war bei uns in dem Haus; nur wir beide waren in dem Haus. Da starb in der Nacht der Sohn dieser Frau, weil sie sich auf ihn gelegt hatte. Da stand sie mitten in der Nacht auf, nahm, während deine Magd schlief, meinen Sohn von meiner Seite fort und legte ihn in ihren Schoß; ihren toten Sohn aber legte sie in meinen Schoß. Als ich aufstand, um meinen Sohn zu säugen – siehe, da war er tot; als ich ihn mir aber am Morgen genau ansah, da war es nicht mein Sohn, welchen ich geboren hatte. Die andere Frau aber sprach: Nein, sondern mein Sohn ist der, der lebt, und dein Sohn ist der tote; jene dagegen sagte: Nein, sondern dein Sohn ist der tote, und mein Sohn der, der lebt. So redeten sie vor dem König. Da sprach der König: Diese sagt: Mein Sohn ist der, der lebt, und dein Sohn der tote, jene aber behauptet: Nein, sondern dein Sohn ist der tote, und mein Sohn der, der lebt. Dann gebot der König: Bringt mir ein Schwert! Und man brachte ein Schwert vor den König. Darauf befahl der König: Zerschneidet das Kind, das lebt, in zwei Teile und gebt die eine Hälfte der einen und die andere Hälfte der anderen! Da sprach die Frau, deren Sohn der lebende war, zu dem König – denn ihre Liebe zu ihrem Sohn regte sich –, sie sprach also: Bitte, mein Herr, gebt ihr das Neugeborene, aber tötet es ja nicht! Die andere aber sagte: Weder mir noch dir soll es gehören, schneidet zu! Da entschied der König: Gebt ihr das Neugeborene und tötet es ja nicht – sie ist seine Mutter!

Als ganz Israel den Schiedsspruch hörte, den der König gefällt hatte, da empfanden sie Ehrfurcht vor dem König. Denn sie erkannten, daß Gottes Weisheit in ihm war, Recht zu sprechen.

So ward König Salomo König über ganz Israel. Und dies waren seine obersten Beamten:

Asarja, der Sohn des Zadok, Priester;
Elihoref und Ahija, Söhne des Sisa, Staatsschreiber;
Joschafat, Sohn des Ahilud, Sprecher;
Asarja, der Sohn des Natan, Chef der Vögte;
Sabud, Sohn des Natan, Freund des Königs;
Ahischar, Palastvorsteher;
›Eliab, Sohn des Schafat, Befehlshaber des Heeres‹;
Adoniram, Sohn des Abda, Leiter des Fronwesens.

Salomo hatte zwölf Vögte über ganz Israel. *Sie versorgten den König und seinen Hof; einen Monat im Jahr oblag jedem die Versorgung.*

Und Israel war zahlreich wie der Sand am Meere; sie aßen und tranken und waren fröhlich. Und Salomo war Herrscher in allen Königreichen vom Fluß [Land der Philister] bis zur Grenze Ägyptens; sie brachten Tribut und dienten Salomo während seines ganzen Lebens. Denn er herrschte über das ganze Gebiet jenseits des Flusses [von Tifsach bis Gaza, über alle Könige jenseits des Flusses], und er hatte Frieden von allen Seiten ringsumher.

Und Juda und Israel wohnten in Sicherheit, ein jeder unter seinem Weinstock und unter seinem Feigenbaum, von Dan bis Beerscheba, während der ganzen Lebenszeit Salomos.

Und Gott gab Salomo Weisheit und sehr viel Einsicht und umfassenden Verstand – reich wie der Sand am Gestade des Meeres, so daß die Weisheit Salomos größer war als die Weisheit aller Leute des Ostens und als alle Weisheit Ägyptens. Er war weiser als irgendein Mensch – als der Esrachiter Etan, als Heman, Kalkol und Darda, die Söhne Mahols, und sein Name wurde bei allen Völkern ringsum berühmt.

Und Salomo sprach dreitausend Sprüche, und seiner Lieder waren eintausendundfünf. Er sprach über die Bäume, angefangen von der Zeder, die im Libanon wächst, bis zu dem Ysop, der an der Mauer hervorsprießt; und er sprach über die Landtiere, die Vögel, die Kriechtiere und die Fische.

Und man kam von allen Völkern, um die Weisheit Salomos zu

hören, und ›er empfing Geschenke‹ von allen Königen der Erde, die seine Weisheit hörten.

Wenn wir diesen Text zum erstenmal hören, drängt sich uns der Eindruck auf, der bewußt erzeugt werden soll: Es muß ein Glück gewesen sein, in den Tagen Salomos in Israel und Juda gelebt zu haben. Was wir da hören, ist ein großes, mit viel Phantasie ausgemaltes Wunschbild späterer Zeit. Um zu verstehen, wie es zustande kommt, eignet sich vielleicht ein dramatischer Vergleich. Nehmen Sie an, ein Mann war mit Fleiß, Geduld und Strebsamkeit auf seine Art erfolgreich; er wurde 57, 58 Jahre, eine kritische Zeit im Leben vieler Männer, und er wurde von einem Herzschlag plötzlich und jäh zu Boden gestreckt. Danach lebt er weiter. Dieses Ereignis ohne Zweifel teilt sein gesamtes Verständnis über seine Person, über alles, was er tut, in zwei Hälften: davor und danach, und beide Perspektiven, sich selber zu verstehen, sind grundverschieden. – Der Herzschlag gewissermaßen, der Zusammenbruch, der alles verändert, ist in der Geschichte Israels und Judas das Jahr 587, die Zerstörung Jerusalems und des Tempels durch die Babylonier. Die Texte, die wir hier vor uns haben, sind, literarkritisch gesprochen, einer Gruppe von Interpreten zuzuschreiben, die wir die Deuteronomisten nennen, benannt nach dem fünften Buch Moses, dem Deuteronomium, entstanden in der Zeit des Jeremia, vermutlich ziemlich dicht vor den Ereignissen, die zum Untergang des Königtums des sogenannten auserwählten Volkes führten. Wie war diese Katastrophe möglich, wie kann man darauf überhaupt antworten? Das ist die Frage, die gestellt und beantwortet wird, die jene Autoren, die wir als die Deuteronomisten bezeichnen, darunter vor allem unterscheidend den *nomistischen* Deuteronomisten, sich selber geben und aller weiteren Geschichte übergeben. *Deuteronomist* heißt das zweite Gesetz, wie es im fünften Buche Moses vorliegt; *nomistisch* deshalb, weil ein klassisches Denkschema zur Interpretation der ganzen Geschichte unterlegt wird: Maßgabe für alles ist das Gesetz Gottes. Würden sich das Volk und seine Führung danach halten, ob im Krieg, ob im Frieden, bei allen Unternehmungen, beim Bau oder bei der Ernte, es würde Segen auf ihm ruhen. Wo es sich danach aber *nicht* hält, wird Gott seinen Segen zurückziehen, und es wird Strafe und Fluch bis zur Besserung über das Volk und seine Regenten ergehen – deswegen *nomistische Deuteronomisten*. Wir verdanken diesem Denkkreis die sogenannte deuteronomistische *Grundschrift*; sie beginnt hier im ersten Buch der Könige mit dem Kapitel 4 und wird dann immer weiter interpretiert, ohne daß wir auf die Einzelheiten der Textuntersuchungen zu sprechen kommen müssen. – Beginnen wir also mit der Einleitung über das Königtum Salomos an gerade der Stelle, wo wir sie verlassen haben. Dieser Friedenskönig, den die Bibel uns da aus späterer Sicht präsentiert, dieser Herrscher, auf dem gewissermaßen messianische Träume wie erfüllt in früheren Tagen ruhen, ist, so wissen wir längst, zur Macht gekommen durch Intrigen am Hof und durch brutale Ausrottung aller Konkurrenten und gefährlicher möglicher Gegner. Das ist das brutale, schreckliche Faktum im Hintergrund. Der Thronnachfolgebericht Davids endete mit dem Wissen, wie es im historischen Sinne mit dem Königtum Salomos bestellt war: Dieser Sohn einer Ehebrecherin und eines Mörders hat im Grunde sein Königtum sich erschlichen und durch Bluttaten durchgesetzt. Stefan Heym hat David und Salomo in seinem »König-David-Bericht« einmal miteinander verglichen. Natan, der Salomo ursprünglich sehr zugetane Hofprophet, sagt dort rückblickend resigniert:

> Selbst wenn ich ein Gleichnis fände, welches zehnmal besser und ursprünglicher wäre als das von dem einzigen kleinen Schäflein, und es Salomo erzählte, so würde er mich doch zum Teufel schicken. Sein Vater, König David, war ein Dichter und besaß die Vorstellungskraft eines Dichters. So kam es, daß er sich in einer besonderen Beziehung zu GOtt sah: als den Erwählten des HErrn, und dennoch als GOttes Diener, der aufgerufen war, sich im Dienst der Sache zu verschleißen. König David konnte daher den armen Mann mit seinem einzigen kleinen Schäflein verstehen. Dieser aber – Nathan spuckte aus – dieser ist nur ein Nachäffer, eitel, ohne Erleuchtung, seine Träume mittelmäßig, seine Verse seicht, seine Verbrechen Ergebnis seiner Furcht, nicht seiner Größe. Er lechzt nach Anerkennung. Dauernd muß er beweisen, daß er wichtig ist. Darum

sammelt er: Gold, Bauten, Heere, ausländische Gesandtschaften, Weiber. … Er muß sich selber beweisen nicht nur, daß er
weiser ist als du, sondern daß er auch der bessere Mann ist.

Sagen wir nicht, Stefan Heym sei nur bitterböse gegenüber den
Machthabern, insbesondere gegenüber dieser spät stilisierten Idealgestalt eines Herrschers, beschäftigen wir uns in einem ersten Gang
mit der historischen Persönlichkeit Salomos, wieweit sie uns bis
hierher geschildert wird. Dann ist der späte Einleitungssatz schon
kennzeichnend genug. Es wird Salomo eingeführt als Schwiegersohn des ägyptischen Pharao. Der Satz gehört an diese Stelle nicht
hin, aber er ist als Einleitung äußerst geschickt gewählt. Während
David versucht, bis zur äußersten Grenze aller Möglichkeiten das
Reich zu begründen und zu vergrößern, scheint es an Salomo gewesen zu sein, die Grenzen zu arrondieren und das Geschaffene zu
festigen. Eine erste Maßnahme scheint darin gelegen gewesen zu
sein, an die umliegenden Höfe Gesandtschaften zu senden, in gewissem Sinne, um außenpolitisch für Frieden zu sorgen – mit Erfolg in
wenigstens einem Falle. Die Tochter des Pharao, ohne daß wir von
ihrem Namen wüßten, als hätte der Pharao nur eine einzige, wird
dem Emporkömmling aus Palästina, dem König Salomo, zur Frau
gegeben, gemeinsam mit der Stadt Geser, wie wir später erfahren.
Hinter dieser kleinen Notiz steckt mehr, als man ahnen mag. Es
gelingt Salomo offensichtlich, mit gerade dem Staatsgebilde Frieden
und Bündnis zu schließen, das Jahrhunderte vorher in der gesamten
israelitischen Überlieferung als »der Feind«, als Feuerofen, als Inbegriff der Schrecknisse von Abhängigkeit und Unfreiheit und Götzendienst und Verruchtheit betrachtet wird. Ägypten war in den
Tagen des Moses die Stätte, aus der heraus man fliehen mußte bei
Nacht und Nebel, um seine Unabhängigkeit und Identität zu finden. Unter Salomo geschieht es, ein Vierteljahrtausend danach, daß
man dieses Staatsgebilde am Nil geradewegs sich zum Vorbild
nimmt, um das eigene Königtum einzurichten und zu festigen.

In gewissem Sinne wird ein historisch urteilender Geschichtsfor-
scher die große Entfaltung des israelitischen Königtums unter David und Salomo wohl kaum anders betrachten können denn als ein
Luftholen im Windschatten. Es ist eine Zeit, da das große Ägypten

fast schon darniedersinkt. Es ist beschäftigt mit Streitigkeiten gegenüber den Libyern, den Nubiern, und was vor allem sich auswirkt, ist die technische Veränderung seiner Zeit. Man geht von der Bronzezeit über zur Eisenzeit. Das bedeutet für das Reich der Pharaonen, daß man nicht mehr die Rohstoffe gewinnen kann in den eigenen Gruben, sondern daß man Handel treiben muß, vor allem mit den nördlich gelegenen Hethitern aus den Gebieten des Kaukasus. Plötzlich wird dieses Gebiet in Palästina zum wichtigen wirtschaftlichen Handelsraum. Man kann verstehen, daß die Ägypter darauf reagieren, indem sie *eine* Tochter ins Ausland schenken unter der Verpflichtung, daß Salomo sein Gebiet für den ägyptischen Handel öffnet. Auch die Reiche in Mesopotamien sind in Wirren verstrickt, und die Zeit, da sie wiedererstarken werden unter den Assyrern, läßt noch Jahrhunderte auf sich warten. Zeit genug also zu glauben, daß ein kleines neues Volk, das die Bühne der Geschichte betritt, von Gott gesegnet sei.

Die Frage aber bleibt gleich am Anfang: Was kann denn Salomo wirklich tun? Greifen wir die Liste seiner Vögte und Vogteien auf, so scheint er tatsächlich nicht nur eine Ägypterin zur Frau erwählt zu haben, er muß auch die Art, wie man in Ägypten verwaltete, auf sein eigenes Gebiet übertragen haben. Zwölf Regierungsprovinzen werden gegründet, so erfahren wir, oder Vogteien oder Gouvernements, an der Spitze jeweils ein Gouverneur oder Vogt, den er selber einsetzt. Diese Gebiete lehnen sich ein Stück weit an die alten Stammesgrenzen an, aber sie sind im wesentlichen Verwaltungsbezirke der Krone, und ihr Hauptzweck ist, Tribute einzuziehen für den Hof und Mannschaften zu stellen für den Staatsdienst. Mit anderen Worten: Material und Arbeit müssen gewonnen und erpreßt werden für die Hofhaltung und die königlichen Ziele. Und jetzt muß man sehr genau hinhören: All die Gebiete, die da aufgezählt werden, liegen im Norden; Juda wird nicht erfaßt, und darin liegt der wirkliche Sprengstoff dieser kleinen historischen Liste, deren Aufzählung im einzelnen sich anzuhören ich Ihnen erspart habe. Juda gilt gewissermaßen immer noch als Eigentum der Zentralregierung in Jerusalem, aber vom Norden hören wir, daß er unter eine bestimmte Verwaltung gestellt wird, um die Kräfte und Ressourcen von dort in die Hand zu bekommen. Dabei ist die Kernfrage, wie

Hebräer und Kanaanäer es lernen sollen, miteinander zu leben. Vier dieser Gaue sind rein kanaanäisch, wie sich nachrechnen läßt, sie sind aber wesentlich kleiner an Fläche und an wirtschaftlichen Möglichkeiten. Wenn sie gleich besteuert werden all den anderen Provinzen, bedeutet das, daß ihre Abgabenlast wesentlich höher liegt. Es scheint, als wolle Salomo den Druck auf die Fremdländischen verstärken zugunsten der Durchsetzung der eigenen hebräischen Bevölkerung. Entscheidend wird uns, daß man in Israel nicht länger mehr regieren kann, wie es aus der Tradition vorgesehen ist. Man beginnt in gewissem Sinne ein heidnisches Regiment. Dafür spricht nicht allein, daß Israel jetzt ein Erbkönigtum, eine wirkliche Dynastie, von David zu Salomo erhält. Mehr noch, wir müssen denken, daß auch die Hofbeamten, die Salomo um sich schart, Erbbeamte sind. Dafür spricht die Aufzählung ihrer Namen. An der Spitze steht jetzt der Priester. Er ist der Sohn des Zadok, des Mannes, der uns schon begegnet ist als einer der Getreuen, die gerade am Hof starken Einfluß haben. Er muß sehr kurz nach der Inthronisation Salomos gestorben sein und seinem Sohn das Amt übergeben haben. Von Ägypten kennen wir die Stellung des Großwesirs, des Freunds des Pharao, soll heißen seines Privatsekretärs, daneben die Staatsschreiber, im modernen Sprachgebrauch die Außenminister. Es sind Leute, die die gesamten Korrespondenzen führen müssen, die sprachkundig zu sein haben, deren Formulierung und natürlich Geistesart auf die Art der Politik selber durchschlägt. Auch ein Schatzmeister wird gebraucht. Entscheidend: Es herrschen nicht mehr jetzt im Mitspracherecht die Ältesten aus den Stämmen, vor allem aus Israel, aus dem Norden, es regiert eine eigene Beamtenschaft am Hof, und wenn wir hören, wie weise Salomo in all dem geworden ist, dürfen wir historisch zumindest unterstellen, daß er dafür Sorge getragen haben wird, daß seine Beamten lesen und schreiben lernen, daß die sprachkundigsten versammelt werden, daß es eigene Beamtenschaftsschulen gibt und in all dem natürlich eine ungebrochene Treue zur Krone als Erziehungsprinzip. Soviel läßt sich bis dahin historisch über Salomo sagen. Es muß ihm gelungen sein, außenpolitisch sich aus Kriegen herauszuhalten, und wenn das ein Zeugnis für Weisheit ist, wohlan, dann hat Salomo es sich verdient mit Gottes Segen. Innenpolitisch hat er die Zügel gestrafft, wie wir wissen, und wir ahnen bereits die Bruchstelle, die sein ganzes Regiment hinterlassen muß: das Verhältnis von Israel und Juda, von Norden und Süden wird sich so nicht kitten lassen. Auch das Zusammenleben zwischen Kanaanäern und Israeliten wird immer wieder in Spannungen eintreten. Wie die ausgehen, wird uns die spätere Königsgeschichte verraten.

Was uns weit mehr als all dies interessieren muß, ist die Geschichte der wirklichen Begründung der Königschaft Salomos, denn sie kann da nicht bleiben, wo wir sie verlassen haben. Ein König sollte regieren durch nichts weiter als Intrige und Mord? Das ist für Hagiographen, für Heilige-Geschichts-Schreiber, unerträglich. Und so wird sich noch vor dem Deuteronomisten eine alte Erzählung darum bemüht haben, Salomo neu, ganz anders zu legitimieren, und diese Geschichte verdient nun, mitsamt ihren Folgen, die größte Aufmerksamkeit.

Erzählt wird, daß Salomo nach Gibeon gegangen sei, um dort, unter Darbringung von Opfern und allem Anschein nach durch einen heiligen Schlaf am Heiligtum, eine Offenbarung der dortigen Gottheit zu empfangen, eine Inkubation, wie die Religionsgeschichtler sagen. Gibeon ist gerade der Ort, der in der Spätzeit der Regierung Sauls schon eine bedeutende Rolle gespielt haben muß; er war so etwas wohl wie ein königliches Heiligtum, eine Zeitlang vielleicht sogar in Konkurrenz zu Jerusalem, der Davidsstadt. Wir hörten schon, wie die Söhne Sauls während der Ernte ermordet wurden von den Gibeoniten, und wir hatten damals schon Grund zu denken, dahinter stecke ein altes heidnisches Ritual, kanaanäischer Einfluß des Fruchtbarkeitskultes möglicherweise. Gibeon scheint gewesen zu sein eine Stätte, an der aus der Religionsgeschichte des Landes selber ein starker synkretistischer Einfluß auf die Jahwe-Religion sich meldet. Und was wir vor uns haben ohne Zweifel, ist so etwas wie eine Lokaltradition aus Gibeon. Es spricht entscheidend und in sich selber bändeweise für die Art, wie Salomo sich selber versteht, daß ihm die entscheidende Offenbarung nicht in Jerusalem zugetraut wird, sondern gerade dort, in Gibeon. Wenn wir eben sagten, die Art, wie Regierung organisiert wird, nimmt sich das ehedem verhaßte alte Ägypten zum Vorbild, müssen wir jetzt sagen: die Theologie, mit der sich das Königtum Salomos begründet, hat sehr viel zu tun mit kanaanäischen Einflüssen. Für streng orthodoxe Geister ist allein dieser atemberaubende temporeiche Fortschritt nicht nur der Königsgeschichte, sondern der Religionsgeschichte außerordentlich anstößig, skandalös beinahe. Aber nun die Einzelheiten schon: Der spätere nomistische Deuteronomist erträgt überhaupt nicht, daß Salomo sollte in diesem Gibeon seine entscheidende Bestätigung erfahren haben, sondern schiebt mit ein, er sei gegangen nach Jerusalem zur Lade, zur Bundeslade. Da hat, wir verstehen richtig, alles wieder seine Ordnung, aber so war es ursprünglich gar nicht, sondern wir müßten denken, zur Legitimation habe Salomo buchstäblich nichts weiter gehabt, als einen Traum von woanders her, und wir können noch hinzufügen: zum Beweis der Weisheit, die ihm verliehen wurde, eine sehr späte Legende – ein Traum und eine erfundene Geschichte.

Wir stehen vor dem Problem, das wir ständig haben, wenn wir die Bibel lesen. Mit den Augen des Historikers haben wir gerade an den religiös relevanten Stellen Fälschung über Fälschung vor uns, die wir kritisch, mit Bedauern oder Zorn, hinnehmen müssen. Auf dieser Ebene des rein historischen Anspruchs sagt uns die Bibel entweder etwas Falsches oder Irreführendes. Aber könnten wir nicht umgekehrt denken, es sei in sich ein unerhörter Gedanke, König könne man nur werden, wenn man beides, göttliche Erwählung und Menschlichkeit, in *dem* Sinne Offenbarung und Heidentum, zu integrieren vermöge, und ein königlicher Mensch sei überhaupt nur derjenige, der Frömmigkeit und Humanität in sich selbst zu einer Einheit forme? Mehr noch, wir sollten glauben, so phantastisch vielleicht rückwärtsprojiziert das ganze Bild auch sei, es müsse ein wirklicher König nicht nur über Macht gebieten, sondern, selten und erstaunlich genug in der Geschichte, sie vereinen mit Weisheit, was immer das im näheren sei; seine wirkliche Berufung jedenfalls erfahre er nicht von Amts wegen, nicht einmal durch göttliche Geburt seines Vaters David, sondern durch eine Traumbestätigung? Es wird die deuteronomistische Redaktion später grade darauf hinweisen, wie großzügig Gott schon David gegenüber war und welch ein Segen es war, daß er in seinem Sohn Salomo das Königtum zu solcher Höhe führte. Ursprünglich aber lesen wir lediglich, daß Salomo in einem Traum zu Gibeon Weisheit geschenkt bekommt. –

Was wäre, wir könnten die Gestalter der Geschichte auf diese beiden Punkte einmal als auf ihren Maßstab hin befragen und, wenn möglich, gar bewerten, wie tief sie leben aus Traumerfahrungen einer inneren Berufung? Wie anders sähe Geschichte aus, wenn dies wahr wäre! Nicht das bloße Kalkül des Äußeren, wie setzt man sich durch? wie schaltet man Gegner aus? –, nicht all das, was wir Salomo bisher tun sahen, wäre dann ausschlaggebend, sondern eine tiefe innere Erfahrung.

Wir haben in unserer Politik heut gerade das Wort vom *Traum* bis zum Bitterbösen umfunktioniert. Es konnte ein Mann wie Ronald Reagan sein Programm für Star-Wars vorstellen als seinen Traum von Sicherheit – I have a dream, konnte er den US-Amerikanern erklären –, ein Schutzschild für Milliarden der Rüstungskonzerne. Da ist der Traum nichts weiter mehr als das Mogelwort der wirtschaftlichen und militärischen Aufrüstung von Macht und Geldgewinnung. Wie aber wäre es, man käme zu einem wirklichen Traum am Ort eines Heiligtums, man fände sich dort ein, wo man der Gottheit begegnet, tief im Inneren der eigenen Seele? Riesige Opfer sollen dem voraufgegangen sein, immer wieder ein Motiv, wo Tiere bluten müssen, damit eine grausame Gottheit gnädig gestimmt wird. Nehmen wir das Motiv aber innerlich, würde es bedeuten, ein Herrscher leiste Verzicht auf alles, was sich äußerlich wirken und in Besitz nehmen lasse, er träte gewissermaßen wie in vielen antiken Abbildungen schutzlos der Gottheit gegenüber, und nicht mehr, was er will, nicht mehr, was er plant, einzig das, was stimmt in seinem Leben und in seiner Seele, wäre dann entscheidend.

Es wäre die Bedingung für den Maßstab eines Königs dann nicht die Traumberufung nur, sondern zugleich die Weisheit. Salomo soll sich erbeten haben von Gott einzig dies: unterscheiden zu können zwischen Gut und Böse, um das Volk regieren zu können. Weisheit hat hierbei einen unüberhörbar positiven Klang. Sie wird später im Abschluß ausgemalt als ein verstandesmäßiges, gradezu enzyklopädisches Wissen, so wie wir von dem Stauferkaiser Friedrich II. berichtet bekommen, daß er den Kenntnisstand seiner Zeit auf das vollkommenste verkörperte. Er konnte Bücher schreiben über die Falkenzucht, mathematische Aufgaben austauschen mit El Khamil, seinem eigentlich in der Kreuzzugszeit geborenen Gegner, und er verfügte auf Grund seiner Weisheit über eine förmlich internationale Humanität. Sie wird hier Salomo zugetraut, eine Menschlichkeit und Größe, innerhalb deren man eintritt in ein universelles Kommunikationssystem aller Staaten untereinander. Von fernher kommen sie alle, und er, Salomo, soll weiser gewesen sein als Leute, die man mit Namen kennt, im antiken Griechenland etwa ein Äsop, ein Geschichtenerzähler, ein Dichter. Wir hören vor allem, daß in dieser Projektion aus viel späterer Zeit, fast ein halbes Jahrtausend nach Salomo, Dichtkunst, Musik, Kenntnis der Natur zu dieser Form von Weisheit hinzugehören. Was wäre, noch einmal gemessen daran, von unserer Art, Politik zu treiben, zu halten, wir hätten Machthaber, die wüßten auch nur die Namen und die Lebensweisen so vieler Tiere und Pflanzen zu nennen und zu beschreiben! Wir leben in Tagen, wo auch nur zu sagen, ein bestimmtes Gebiet sei ein tropischer Regenwald oder: dort lebten noch Völker, die Kinder der Natur seien, in der sie groß wurden, soviel bedeutet wie: ein Investitionshindernis des Großkapitals. Das in unserer Art Politik muß sich ändern, und was wir dann am Ort zerstören, brauchen wir nicht zu kennen, damit wir es nur um so leichtfertiger ruinieren. Wenn ein König wäre, der die Natur, die den Menschen umgibt, kennenzulernen die Mühe fände, seine Regierungsweise wäre von anderer Art.

Noch einmal: Daß Salomo wirklich so war, wie es hier geschildert wird, ist nicht nur äußerst zweifelhaft, sondern durch nichts zu bezeugen. Aber daß man's ihm zutraut, ist ein Wunderbares. Tatsächlich liegt es im gleichen Sinn, daß die deuteronomistischen Redakteure ihm später eine messianische Friedenszeit zuschreiben, in der man unter dem Feigenbaum sitzt und Frieden im Lande waltet. Was Propheten wie Sacharja für die Endzeit in Aussicht stellen, wenn der Messias kommt, das muß einmal gewesen sein in Salomo. Sie verstehen, wie um das Jahr 587, um dieses Zerstörungsdatum herum, nach rückwärts und nach vorn alles neu kristallisiert. Man möchte der alte werden, der man im Grunde nie war, man träumt von einer Zukunft, indem man sich erinnert, man verbindet mit der Vergangenheit alle schon zerstörten Träume, die man für um so absoluter in die Ferne rückt – in israelitischem Sprachgebrauch »wenn der Messias kommt« – eine fast utopische Hoffnung, selbst unter uns Christen schwer zu beglaubigen. Aber ein einziger Be-

weis, wirklich jetzt wie durch einen Traum, wird angestrengt und
aufgeboten: *Salomo* war der König des Heils. Er war historisch vollkommen anders, aber er ist die Projektionsgestalt dieser Zuversicht,
und aus der Vergangenheit, die man träumt, formt man einen träumenden König, der so war, wie er sein *müßte* und gewesen sein
muß, damit ein Volk am Rande der Verzweiflung nicht gänzlich die
Hoffnung verliert. Irgendwann müßte Gott sich doch wirklich gezeigt haben, und wär es nur ein Traum!

Dabei, wohlgemerkt, ist das Wort von der Weisheit, um die Salomo bittet, in Israel alles andere als unangefochten. Sie stammt,
diese Weisheit, aus dem alten Orient, teilt sich mit den Weisheitsbü-
chern, die wir aus den Schreibstuben der Pharaonen überliefert bekommen haben und aus den Keilschrifttexten der Sumerer und Babylonier. Wir haben vielerlei Vergleiche für das, was im alten Orient
Weisheit ist. Es hat nichts zu tun mit dem, was in Griechenland
später so bezeichnet wird, ein systematisches, durch logische Denk-
anstrengung geformtes Wissen um die Welt in ihren Gesetzen und
Zusammenhängen, vielmehr ist Weisheit im alten Orient verdichte-
ter gesunder Menschenverstand und wörtlich nun so: die Fähigkeit
zwischen Gut und Böse zu unterscheiden. Gut und Böse ist in unserer deutschen Sprache heute identisch mit *moralisch* gut und böse.
Aber das ist keineswegs gemeint. Gedacht ist dabei an alles, was auf
der einen Seite glückbringend, heilsam, freudvoll, nützlich, brauchbar oder umgekehrt: zerstörerisch, in die Verzweiflung treibend, de-
sasträs und monströs wirken muß. Positiv und negativ im weitesten
Sinn sind Gut und Böse. Soll man jetzt denken, Menschen könnten
nicht zwischen beidem wirklich unterscheiden, sie wären in diesem
Betracht nahezu dümmer als die Tiere, die mit ihrem Geschmack
und mit ihren Nerven sehr wohl wissen, welche Speisen zuträglich,
welche Räume aufzusuchen sind, wir Menschen nur seien so geistes-
verwirrt, daß wir diese wichtigste aller Fähigkeiten lediglich als Geschenk Gottes empfangen könnten? Tatsächlich gibt es mindestens
am Anfang der Bibel einen Redaktor und Autor, der so denkt. Wir
haben früher einmal gesprochen über die jahwistische Urge-
schichte, über die Sündenfallerzählung. Da wird das Wissen um
Gut und Böse, die Weisheit, unterscheiden zu können zwischen diesen Polen des Daseins, überhaupt nicht als ein ursprüngliches Ge-

schenk Gottes, sondern als der Fluch einer Urschuld begriffen. Das hat am Ende sogar eine Konsequenz, die die deuteronomistischen Redakteure hätten teilen können. Das ganze Leben, ist die Überzeugung der Sündenfallerzählung, wäre etwas in sich Glückliches, voller Freude zu Genießendes, wenn es getragen würde von der Einheit mit Gott, wenn Menschen in gewisser Weise *Angst* nie kennenlernen würden. Sie würden dann nie wissen müssen, daß allein schon die Tatsache, ein Geschöpf zu sein, unzumutbar schwer ist, wenn diese Vorgabe des Wissens: du darfst leben, es gibt eine Macht, die will, daß du bist, unter den Füßen entschwindet, und Menschen sich erleben wie hineingestoßen in eine Welt, die sie so nie gewollt haben, in ein Dasein, das sie aufgebürdet bekommen, ohne daß man sie je gefragt hätte, ob sie es tragen möchten, entfremdet sich selbst und der Grundlage ihres Lebens. Wenn *das* bedeutet, zu wissen um Gut und Böse, ist es schon identisch damit, nie mehr einwandfrei urteilen zu können, was zuträglich ist und abträglich. Im Ghetto der Angst tun wir Menschen tausend Dinge und wissen im Grunde nicht ein noch aus. Wenn es so steht, muß Weisheit und Menschlichkeit – fügen wir gar hinzu: Güte und Verstehen – buchstäblich geschenkt werden durch ein Vertrauen wie im Traum aus der Hand Gottes selbst. – Diese Gottheit in Gibeon wohlgemerkt trägt hier nicht den Namen Jahwe, sondern wie in Kanaan *Elohim*, die Gottheit, fast unpersönlich, das Gottwesen im Plural, auch so, daß es nicht an dieser Stelle darauf ankommt, allein einem bestimmten Stammesgott sich anzuvertrauen, sondern dem Schöpfer aller Welt, aller Völker darinnen, den Grundlagen des Daseins selber.

Es gibt eine Prüfstelle für das, was aus der Weisheit Salomos wird. Er bat sich von Gott aus, sein Volk regieren zu können. Das hebräische Wort läßt sich aber auch übersetzen als: *richten* zu können; ohne Zweifel für altorientalisches Verständnis eine wichtige Form, Weisheit zu üben. Der König ist zugänglich im alten Ägypten, und wir dürfen denken, auch am Hofe Salomos, für jeden ohne Standesunterschied. Seine Rechtssache läßt sich bis zur obersten Instanz, bis zum König selber, delegieren im Prinzip. Um so wichtiger, daß der König Recht spricht. Wie das geht, konnten wir schon hören in der Gegnerschaft, die Absalom bildete, indem er vor dem Gerichtssaal stand und erklärte jedem, der kam: Bei meinem Vater bekommst du

selbst in deiner sichersten Sache nicht Recht; wenn ich doch König
wäre, dann wären wir sicher, wie das Urteil zu sprechen sein sollte.
Was aber ist es nun konkret mit der Art, wie Salomo richtet? Die
Geschichte, die hier eingefügt wird, ist eine Legende, und sie
stammt aus späterer Zeit. Man kann zeigen, daß es über zwanzig verschiedene Varianten dieser Erzählung von den zwei Frauen vor dem
König gibt im Streit um das eine Kind. Wahrscheinlich ist sie indischer Herkunft, ein Märchen, das ursprünglich einmal erzählt hat
von zwei Frauen eines Mannes, die sich streiten um ein einziges Kind,
in Wahrheit dabei um eine Erbangelegenheit, ein Motiv, so wie Bertolt Brecht es uns einmal erzählt hat im »Augsburger Kreidekreis«:
Das Kind zu besitzen bedeutet im Grunde, Anspruch zu haben auf
das Erbe des Mannes nach seinem Tod. Daß diese Geschichte hier
zwei *Dirnen* zugesprochen wird, soll wohl soviel bedeuten, wie daß sie
in gutbürgerlicher Gesellschaft so nicht vorkommen kann. Es sind
zumindest die beiden Frauen zwielichtig in ihrem Gezänk und die
eine davon als Rabenmutter von Anfang an gebrandmarkt. Die
Schwierigkeit ist nur: wie findet ein König in einer Rechtssache, für
die es keinen Zeugen gibt, das richtige Urteil? Setzen wir einmal für
die Wahrheit, daß wir es mit einem wirklichen Märchen zu tun haben. Wir erfahren historisch nichts über König Salomo, aber über
das, was die Weisheit eines Königs zu sagen hätte, und gehen wir
einmal die verschiedenen Ebenen einer Märchensprache durch und
fragen uns, was dann diese Geschichte uns selber sagen könnte. Nehmen wir zunächst einmal die äußere Anklage, die diese Erzählung
erhebt. Da ist eine Frau, die erdrückt in der Nacht ihr eigenes Kind
und ist dann so skrupellos, einer anderen das Kind zu stehlen, das
ermordete oder fahrlässig getötete ihr unterzuschieben und sich mit
dem fremden Eigentum vor dem König zu brüsten. Unglaublich,
diese kriminelle Energie, möchte man denken. Wie aber, wenn wir
bei der Frage der Unterscheidbarkeit von Gut und Böse, Recht und
Unrecht, bei der Frage nach der Gerechtigkeit hier schon ins Stok-
ken kommen müßten, spräche so ein *Märchen* zu uns? Nehmen wir
nur, daß es einer Frau wirklich so geschehen sein könnte: bei Nacht
erdrückt sie ein Kind an ihrer Seite, und setzen wir, sie hätte dieses
Kind von ganzem Herzen geliebt, – warum auch sonst sollte sie es
gleich in ihrer Nähe bei sich schlafen lassen, wenn nicht, um es im

Dunkel der Nacht nicht schreien zu lassen, sondern wieder in den Schlaf zu streicheln, dann müßten wir glauben, daß diese Frau etwas erlebt, das zum Entsetzlichsten gehört, das einer Mutter passieren kann: sie wacht auf und hat mit ihrer Fürsorge ihr Kind getötet. Sollte man dann denken, es wäre gar nicht das Kriminelle, das Bösartige, sondern das überaus Verständliche, daß das, was da geschehen ist, gar nicht hat geschehen können noch dürfen und daß man in der Realität augenblicklich verleugnen muß, was man getan hat? Manchmal stehen Polizisten fassungslos am Straßenrand und stellen einen Unfall fest. Der Täter ist flüchtig. Alle Welt wird denken: wie skrupellos, wie gefühllos! Aber vielleicht herrscht nur dieses selbe Empfinden: es ist etwas geschehen von solchem Ausmaß des Schrecklichen, daß es gar nicht geschehen sein *kann*, gar nicht geschehen sein darf, man muß es ungeschehen machen, man muß es sofort verdrängen. Man ist wie auf der Flucht. Alles, was jetzt stattfindet, mag aussehen wie eine Lüge, aber es ist in Wirklichkeit ein Kampf um den Fetzen einer verlorenen Realität, den man doch in Wahrheit unbedingt braucht, um damit weiterzuleben, trotz allem, was da geschah. – Und jetzt noch viel dichter. Wenn wir denn schon ein Märchen vor uns haben, könnten wir nicht denken, diese Frauen, die da streiten, wären im Grunde Teile ein und derselben Person und es könnte sein, eine Frau hat ihr Kind so lieb mit allem, was sie kann, daß sie unvermerkt, wie ohne es zu wissen, unbewußt, während sie schläft, buchstäblich, ihr Kind, im Bilde gesprochen, erdrückt und erstickt und liegt auf ihm mit ihrem Übergewicht? Sie möchte ein ganz anderes lebendiges Kind, aber diese beiden Frauen sind identisch miteinander in ihrem Widerspruch, und sie zerreißen gleichermaßen in ihrer Gegnerschaft das Kind, dessen Fürsorge und Glück sie beide gemeinsam freigeben und behalten wollen, selbständig und gehorsam, beschützt und doch mutig. Könnte es dann nicht eine erlösende Weisheit sein, den Spruch Salomos ganz innerlich zu verstehen, allein schon im Verhältnis einer Mutter zu ihrem Kind? Es würde heißen: Liebe besteht darin, zu spüren, daß man in gewissem Sinne nur behalten kann, was man freigibt und aus den Händen läßt.

Eine Frau hat's mir auf diese Art erklärt, sie sagte einmal: Diese Geschichte von den zwei Frauen vor Salomo, das war mein halbes

Leben. Was sollte ich auch sonst tun? Ich hab von Hause aus furchtbare Angst mitbekommen, wenn irgend etwas passiert, ich wäre dann verantwortlich. Wenn das Kind krank war, hätte ich sterben können oft vor Angst, saß an dem Bett, ich war wie verzweifelt, und ich mußte nach und nach lernen, daß Kinder größer werden, daß sie unbeaufsichtigte Räume brauchen. Als meine Tochter anfing, das Reiten zu lernen, stand mir vor Augen, was passieren kann. Das Pferd muß nur hochgehen oder über eine Wurzel stolpern, sie fällt zu Boden, sie kann sich das Genick brechen, sie kann querschnittsgelähmt sein, sie bleibt ein Krüppel! Ich hab' Alpträume ausgehalten, aber diese Geschichte hat mir gesagt: du darfst mit deiner Angst das Kind nicht festhalten, sonst zerreißt du's in eine Hälfte, die immer nach rückwärts will und will bei dir bleiben, und eine andere, die will nach vorne und kommt nicht zum Leben. Als mein Junge zwölf Jahre alt war, wollte er unbedingt einen chemischen Baukasten. Er machte mir bewußt Angst, er hatte seine Freude dran, wenn er sagte, was er da für Experimente macht. Alles kann in die Luft fliegen, hat er mir erzählt. Gießt du Wasser auf die Säure, dann passiert das Ungeheure..., er drohte, er wird so etwas tun können. Ich hatte doch keine Ahnung von all den Formeln. Ich wußte nur, wenn er in der Schule mit seiner Begeisterung für Naturwissenschaften weitermacht, dann muß er diese Spiele spielen dürfen, und er wird schon gut drauf aufpassen. – Da wär's die ganze Weisheit der Menschlichkeit, sich zu sagen: Liebe besteht darin, das Kind abzugeben, damit es bleibt und das Schwert Salomos nicht dazwischenfährt, es zu zerreißen.

Es ist aber keineswegs so nur in bezug zu einem Kind von seiten einer Mutter, wir müßten das gleiche uns denken etwa im Verhältnis zwischen Mann und Frau, Liebenden insgesamt. Sobald jemand sprechen wollte »meine Frau«, »mein Mann«, würde aus lauter Angst, den andern zu verlieren, sich ein Ghetto der Enge um den andern legen, und wieder würde das Leben zertrennt bis zum Zerstörerischen. Wieviel Weisheit, wirklich nur von Gott zu vermitteln gegen soviel Angst, liegt darin, zu spüren und zu wissen: zurückkommen zu dir wird nur, was du gibst ans Leben, dieser anderen Frau, in dem Bild hier gesprochen, die nicht für sich, sondern für das Glück des andern dasein möchte. Wieviel Anmaßung liegt da überhaupt in dem ständigen Denken: wir haben..., wir besitzen..., wir nennen das Eigene. Im »Stunden-Buch« konnte Rilke einmal schreiben:

Sie merken kaum,
wie alles glüht, was ihre Hand ergreift, –
so daß sie's auch an seinem letzten Saum
nicht halten könnten ohne zu verbrennen.

Sie sagen *mein*, wie manchmal einer gern
den Fürsten Freund nennt im Gespräch mit Bauern,
wenn dieser Fürst sehr groß ist und – sehr fern.
Sie sagen *mein* von ihren fremden Mauern
und kennen gar nicht ihres Hauses Herrn.
Sie sagen *mein* und nennen das Besitz,
wenn jedes Ding sich schließt, dem sie sich nahn,
so wie ein abgeschmackter Charlatan
vielleicht die Sonne sein nennt und den Blitz.
So sagen sie: mein Leben, meine Frau,
mein Hund, mein Kind, und wissen doch genau,
daß alles: Leben, Frau und Hund und Kind
fremde Gebilde sind, daran sie blind
mit ihren ausgestreckten Händen stoßen.
Gewißheit freilich ist das nur den Großen,
die sich nach Augen sehnen. Denn die Andern
wollens nicht hören, daß ihr armes Wandern
mit keinem Dinge rings zusammenhängt,
daß sie, von ihrer Habe fortgedrängt,
nicht anerkannt von ihrem Eigentume,
das Weib so wenig *haben* wie die Blume,
die eines fremden Lebens ist für alle.
...
Wer kann dich halten, Gott? Denn du bist dein,
von keines Eigentümers Hand gestört,
so wie der noch nicht ausgereifte Wein,
der immer süßer wird, sich selbst gehört.

Wenn das so ist, müßten wir sogar sagen dürfen, es seien der König und die zwei Frauen und das Kind ein und dieselbe Person und die Weisheit dieser Geschichte eine Empfehlung oder Mahnung oder Ermöglichung, mit sich selbst und seinem Leben noch einmal anders umzugehen als vielleicht wie bisher.

Setzen wir in dem Kind all das, was in einem Menschen als verkörperte Zukunft gewünscht, hervorgebracht und großgezogen wird. Setzen wir, ein Mann ist, der etwas ganz Bestimmtes für seine Zukunft plant – er nennt das seinen Erfolg, sein Erzeugnis, in jedem Falle das, was er hervorgebracht hat –, und er wollte sich dran klammern, er wollte sagen: dies ist mein und das bin ich selbst dadurch, wird er's dann nicht sofort vertun und zerstören und verlieren, gerade weil er behauptet, es fest zu besitzen?

Nehmen wir ein einfaches Beispiel. Jemand, mit dreißig Jahren, schreibt eine Doktorarbeit, eine Habilitationsarbeit, irgend etwas Kluges, eine These über einen bestimmten Forschungsgegenstand. Nehmen wir an, er hat damit Erfolg, es ist wirklich *sein* Gedanke, er reüssiert in *seinem* Gebiet, er gewinnt *seinen* Titel, *seine* Professur. Die Folge: Er wird die nächsten fünfzig Jahre in die Gefahr kommen, seine Jugendthese oder -torheit immer zu verteidigen gegen jede weitere Anfechtung. Und je mehr er Anspruch darauf macht, daß das, was er jetzt schon seit vielen Jahren gedacht hat, richtig sein muß, desto unfähiger wird er, dabeizulernen und sich zu wandeln; er wird *erdrücken*, was er hervorgebracht hat. Nur wenn er es ließe, freiließe und einem eigenen Leben überantwortete, würde er wirklich Zukunft haben. – Wovon wir da sprechen, kann den größten Geistern des 20. Jahrhunderts geschehen. Albert Einstein war sehr früh ein Genie. 1905, 1915 die Spezielle und die Allgemeine Relativitätstheorie – das ist Albert Einstein; eine Erkenntnis, die bis zur Kernspaltung unser Jahrhundert verändert hat. Aber derselbe Einstein konnte niemals glauben, daß die Impulse, die er geistig weitergab, in der Quantenmechanik eine völlig konträre Interpretation der Wirklichkeit zuließen. Niemand bis heute weiß, wie beide Modelle, die Relativitätstheorie und die Quantenmechanik, logisch zueinander passen; es wird eine Aufgabe des kommenden Jahrhunderts sein. Aber Albert Einstein wehrte sich mit Händen und Füßen dagegen, daß die Quantenmechanik überhaupt stimmen könne.

Lieber wollte er Portier in irgendeinem Spielsalon werden als Physiker, wenn das wahr wäre, was die Niels Bohr und Konsorten in Kopenhagen sich ausgedacht hätten. – Wir wissen heute, daß Einstein ganz sicher Unrecht hatte; in welchem Sinn er recht hatte, werden wir herausfinden. Aber so zäh kann man an einer genialen Entdeckung hängen, fast wie wenn man damit geschlagen würde. – Oder ein Künstler. Wir nennen Pablo Picasso groß. Aber schauen Sie sich die Fülle seiner Werke an, sehen Sie jemanden vor sich, der in ganz verschiedenen Stilen sich versuchen konnte, Vergangenes verwarf, um einfach Neues zu entdecken, bahnbrechend darin wurde, neue Stilformen zu berufen und sich also niemals zu beziehen auf das, was einmal war und was jetzt als Produkt im Museum zu sehen ist. – Nur das Leben, das man von sich fortgibt, wird bei einem bleiben und lebendig zurückkommen. Fast ist es eine Empfehlung, sich auf richtige Art gut zu sein und zu entscheiden nun zwischen dem, was ruinös sein muß, und dem, was fruchtbar nach vorne weist. Wie geht man um mit seinem Kind, Zukunft, Erfolg, Produkt, Leistung, mit all den Definitionen, durch die man sagen kann: das bin ich, darin lebe ich, da geht das, was ich war, weiter?

Nehmen wir's sogar für Salomo selber. Könnte es nicht sein, daß in den zwei Kindern etwas für ihn als Herrscher auch gemeint ist? Der Norden und der Süden, sie werden sich zerreißen, und es wird nie eine lebendige Einheit geben. Wenn er, Salomo, sagen wollte: dies Kind ist mein Reich, dann hätten wir einen erstaunlichen Text vor uns, der weiser ist als die Person, die darinnen als so weise gerühmt wird. Setzen wir, Salomo wäre fähig gewesen, rein phantastisch-legendär, das Schiedsurteil zwischen den beiden Frauen wirklich zu fällen. Was wir historisch sehen, ist die Gestalt eines Mannes, der ein Land verwaltet, der eine Dynastie begründet, der zwei Kinder zusammenschweißt, den Norden und den Süden, indem er sie als *sein* Reich betrachtet, und wir sagten schon, genau daran wird wie in einer Sprungfeder der Norden und der Süden nur noch viel tiefer auseinandergerissen. Hätte doch Salomo gezögert, so praktisch zu verwalten, hätte er wachsen lassen, bis die Volksgruppen sich nach und nach von unten her angenähert hätten! Er aber wollte das Tempo, er wollte *sein* Königtum, er wollte *seinen* Hofstaat, er wollte die Fron- und Schanzarbeit herauspressen für die

Vermehrung *seiner* Macht. König Salomo, muß man sagen, da zerreißt du dein eigenes Reich wie die beiden Frauen das eine Kind und weißt selber nicht, wovon es stammt! Kann es sein, daß Träume und Märchen so sind: sie sagen selbst denen, die sie erzählen und gestalten, noch viel mehr, als diese selbst sich sagen können, und werden als erstes für sie selber geschrieben? Manchmal ist man glücklich, daß die Bibel uralte Märchen aus ganz anderen Kulturen aufgreift, und sie ist großartig in diesem Heidentum, grundmenschlich in diesen Texten.

Wir können's sogar noch ein Stück weiter aktualisieren. Es gibt im Neuen Testament eine Stelle in Matthäus 16, wo Jesus gesagt haben soll: Auf diesen Felsen bau' ich meine Kirche. Das römische Papsttum ist stolz auf Matthäus 16,18; da steht's, und es ist an der Peterskirche in der Kuppel auf lateinisch so geschrieben. Die Bibelkundler sind sich indessen einig, daß schon das Wort »meine Kirche« von Jesus nicht gesagt sein *kann*, es ist unmöglich, daß ein Jude spricht von *seiner* Gemeinde, was ja doch dasselbe hebräische Wort ist für das, was wir heute, griechisch beeinflußt, Kirche nennen. Es gibt nur eine Gemeinschaft, die *Gott* gehört – das ist, hebräisch zu denken. »Meine Gemeinde«, »meine Kirche« stammt aus ganz anderen kulturellen Überlieferungen. Dieses Wort, das so spricht und Jesus zuschreibt, er habe *seine* Kirche gegründet, ist vollkommen unjesuanisch, und wir können mit der Geschichte von König Salomo begreifen, warum. Käme der Messias wirklich und wäre Salomo ein messianischer König, würde er nie sein Volk betrachten wie sein Eigentum. Selbst er, der Messias, wenn er käme, und er am allermeisten, würde tun, was Jesus *sicher* tat: eine Menschlichkeit in die Welt setzen, ohne sie zu organisieren, und es in Gottes Hand geben, was daraus wird, nicht kämpfen um die Gestaltung der Zukunft, sondern einfach *sein*. Wenn wir auf der Suche sind nach der Gestalt eines wirklichen Königs, so sähen wir sie so vor uns: ein Mensch, der in sich ruht, bewußt und frei und gerade darin nah bei Gott, daß er zutiefst menschlich ist.

Dann genügt es nicht, daß wir hören, wie Salomo Hekatomben von Tieren schlachtet und opfert, dann gehört zum königlichen Menschen, daß er Verzicht tut auf den Macht- und Geldgewinn, den Herrschaftsanspruch, die Formung von Menschen zu seinen

Gunsten im Äußeren. Ein königlicher Mensch wäre dann gerade soviel wie jemand, der glücklich in sich ruht.

Es gibt eine kleine Geschichte aus dem Indischen, parallel, wie zum Abschluß. Eines Tages wurde der Gott Schiwa nervös über einen allzu Frommen, der ihm tagaus, tagein in den Ohren lag mit seinen Gebeten. Also sagte Schiwa: Drei Bitten noch, ich erfülle sie dir bestimmt, aber dann ist Schluß für alle Zeiten. Der Mann, ganz glücklich, stellte seine erste Bitte an den Gott Schiwa: seine Frau möge sterben. Er stand am Grab, und alle Leute hielten die Trauerreden, da erfuhr er überhaupt erst, wer seine Frau wirklich gewesen war. Er schlug sich an den Kopf, daß er so viele Vorzüge hatte übersehen können. Gleich ging er hin zu dem Gott Schiwa und bat, seine Frau möge wiederauferstehen, damit er in den Genuß ihrer Vortrefflichkeiten komme. Zwei Bitten waren damit vergeben, und ganz unsicher geworden, ging der Mann nun von Freund zu Freund, sich zu erkundigen, was er zum dritten denn sich erbitten solle. Der eine sagte: unsterbliches Leben, aber der zweite: was nutzt dir dies, wenn du nicht Gesundheit hast? und der dritte: was denn Gesundheit, wenn du nicht Geld hast? und der vierte: was nutzt dir Geld, Gesundheit und ewig Leben, wenn du keine Freunde hast? Gänzlich durcheinander ging der Mann schließlich zu Schiwa selber und sagte: Lieber Gott, sag mir, was ich zum dritten erbitten soll! Und Schiwa lachte ganz laut: daß du endlich lernst, einverstanden zu werden mit dem Leben, wie es kommt.

25. Februar 1995

19

Gebaut habe ich ein Haus der Herrschaft für dich

ES geht heute um den Mittelpunkt des gesamten Frömmigkeitslebens und -denkens des sogenannten Alten Testaments, um den Bau des Tempels von Jerusalem durch König Salomo. Kaum ein Text in der Heiligen Schrift ist so oft innerhalb des eigenen Berichtes weitergeführt, kommentiert, korrigiert, ergänzt und dem neuen Leben mit neuen Erfahrungen auf neue Weise angepaßt worden wie dieser, es ist sozusagen auf kleinem und engem Raum ein Spiegelbild des gesamten Lebens des auserwählten Volkes, wie es sich darstellt vor allem nach dem Jahre 587, der Zerstörung Jerusalems, der Vernichtung des Tempels. Was war es mit dem unglaublichen Mut, mit der unverschämten Frechheit, mit der ein Prophet wie Jeremia um 600 v. Chr. es wagen konnte, im Tempel Salomos sich hinzustellen und darum zu beten, dieses Bauwerk aus Macht, Gold und falscher Sicherheit solle zerstört werden von Gott, damit die Religion endlich wieder zu ihrer Wahrheit fände? – Zwischen den Erfahrungen der Priester und der Propheten steht dieser Text, den wir heute lesen, und entsprechend zwiespältig zwischen Bewunderung und Verachtung müssen wir ihn interpretieren, bemüht um die Frage, was er uns sagen kann.

Die sogenannte deuteronomistische Grundschrift, der wir den eigentlichen Tempelbaubericht Salomos verdanken, ist außerordentlich kompliziert, für die Deutung der Interpreten sehr schwer, weil die Architektensprache aus dem ersten Jahrhundert vor Christus in vielen Worten unbekannt bleibt. Zudem ist der Text selber, wie schon gesagt, durch immer neue Ergänzungen überlagert worden. Was wir vor uns haben, ist selbst zum Zuhören schwer erträglich;

drum beschränke ich mich darauf aus dem fünften und dem achten Kapitel des ersten Buches der Könige, aus der sogenannten nomistischen Überlieferung den Bericht, wie der Bau begann und wie er in der großen Tempelweihrede Salomos endete, vorzutragen. Alles dazwischen versuche ich zu erzählen und in der Erzählung zu erläutern.

Text: 1 Kön 5, 15–20. 22–27; 8, 1–2. 12–28. 31–38. 41–51. 54–58. 62–63; 9, 1–9

Und Hiram, der König von Tyrus, sandte seine Diener zu Salomo, da er gehört hatte, daß man ihn an Stelle seines Vaters zum König gesalbt hatte; denn Hiram war allezeit ein Freund Davids gewesen. Und Salomo sandte zu Hiram folgende Botschaft: Du weißt selbst, daß mein Vater David nicht vermochte, dem Namen Jahwes, seines Gottes, ein Haus zu bauen wegen des Krieges, mit dem sie ihn umgaben, bis Jahwe sie unter ›seine‹ Fußsohlen legte. Jetzt aber hat Jahwe, mein Gott, mir ringsum Ruhe verschafft: kein Gegner ist da und kein böses Mißgeschick. So gedenke ich nun, dem Namen Jahwes, meines Gottes, ein Haus zu bauen, dementsprechend daß Jahwe zu meinem Vater David gesagt hat: Dein Sohn, den ich an deiner Statt auf deinen Thron setzen werde, der soll für meinen Namen das Haus bauen. Und nun gib Befehl, daß man für mich Zedern vom Libanon fälle; meine Knechte sollen deinen Knechten zur Seite stehen, und den Lohn für deine Knechte will ich dir geben, ganz wie du bestimmst. Du weißt ja selbst, daß unter uns keiner ist, der Bäume zu fällen versteht wie die Sidonier.

Darauf sandte Hiram an Salomo folgende Antwort: Deine Botschaft an mich habe ich vernommen. Ich meinerseits werde deinen Wunsch nach Zedernbäumen und Zypressenbäumen ganz erfüllen. Meine Knechte werden ›sie‹ vom Libanon zum Meer hinunterschaffen, und ich werde sie auf dem Meer zu Flößen zusammenbinden lassen bis an den Ort, den du mir angeben wirst, und sie dort auseinandernehmen lassen. Du magst sie dann dort abholen lassen. Deinerseits wirst du meinen Wunsch, Lebensmittel für meinen Hof zu liefern, erfüllen. So lieferte Hiram Salomo Zedernbäume und Zypressenbäume ganz nach dessen Wunsch. Salomo aber lieferte Hiram zwanzigtausend Kor Weizen zum Unterhalt für seinen Hof und ›zwanzigtausend Bat‹ lauteres Öl. So lieferte Salomo Hiram Jahr um Jahr. Jahwe aber schenkte Salomo Weisheit, wie er ihm verheißen hatte. *Und es herrschte Frieden zwischen Hiram und Salomo, und die beiden schlossen einen Bund miteinander.*

Und König Salomo hob aus ganz Israel Zwangsarbeiter aus; und die Zahl der Zwangsarbeiter betrug dreißigtausend Mann.

Damals versammelte Salomo die Ältesten Israels, alle Häupter der Stämme, die Vorsteher der Familien der Israeliten, *zu König Salomo nach Jerusalem, um die Lade (des Bundes Jahwes) aus der Davidstadt (das ist Zion) hinaufzubringen.* Und es versammelten sich alle Männer Israels bei König Salomo.

Damals sprach Salomo:

>»Die Sonne hat‹ Jahwe ›an den Himmel gesetzt«.
Er hat gesagt, er wolle im Wolkendunkel wohnen.
Gebaut, ja gebaut habe ich ein Haus der Herrschaft für dich,
eine Stätte für dein Wohnen auf immer.«
›Das ist bekanntlich aufgezeichnet im Buch der Lieder‹.

Darauf wandte sich der König um und segnete die ganze Versammlung Israels, wobei die ganze Versammlung Israels stand. Und er sprach: Gepriesen sei Jahwe, der Gott Israels, der mit seiner Hand erfüllt hat, was er mit seinem Mund meinem Vater David verheißen hat, indem er sprach: Seit dem Tage, da ich mein Volk Israel aus Ägypten herausgeführt habe, habe ich keine Stadt aus allen Stämmen Israels erwählt, um ein Haus zu bauen, damit mein Name dort sei; aber ich habe David erwählt, daß er über mein Volk Israel herrsche. Nun hatte mein Vater David im Sinne, ein Haus zu bauen für den Namen Jahwes, des Gottes Israels. Aber Jahwe sprach zu meinem Vater David: Daß du im Sinne hast, ein Haus für meinen Namen zu bauen – gut tust du daran, daß du das im Sinne hast. Jedoch nicht du sollst das Haus bauen, sondern dein Sohn, der aus deinen Lenden hervorgeht, der soll das Haus für meinen Namen bauen. Nun hat Jahwe sein Wort, das er geredet hat, verwirklicht, und ich bin an die Stelle meines Vaters David getreten und habe mich auf den Thron Israels gesetzt, wie Jahwe verheißen hat; und ich habe das Haus für den Namen Jahwes, des Gottes Israels, gebaut. Und ich habe dort einen Platz bereitet für die Lade, in der sich der Bund Jahwes befindet, den er mit unseren Vätern geschlossen hat, als er sie aus dem Lande Ägypten herausführte.

Dann trat Salomo in Gegenwart der ganzen Versammlung Israels vor den Altar Jahwes, breitete seine Hände zum Himmel aus und sprach: Jahwe, Gott Israels, es ist kein Gott wie du im Himmel droben und auf der Erde unten, der du den Bund und die Treue deinen Knechten bewahrst, die von ganzem Herzen

vor dir wandeln; der du deinem Knecht David, meinem Vater, gehalten hast,
was du ihm verheißen hast – was du ihm mit deinem Munde verheißen hast, hast
du mit deiner Hand erfüllt, wie es jetzt der Fall ist. Und nun: Jahwe, Gott
Israels, halte deinem Knecht David, meinem Vater, was du ihm verheißen hast
mit den Worten: Nie soll es dir an einem Mann fehlen vor mir, der auf dem
Thron Israels sitzt – jedoch nur, wenn deine Söhne auf ihren Weg achten, indem
sie vor mir wandeln, wie du vor mir gewandelt bist. Und nun, ›Jahwe‹, Gott
Israels, möge doch ›dein Wort‹ sich als wahr erweisen, das du deinem Knecht
David, meinem Vater, verheißen hast. Ja, wohnt Gott wirklich auf Erden?
Siehe, der Himmel und der Himmel der Himmel können dich nicht
fassen, wieviel weniger dieses Haus, das ich gebaut habe. *Wende dich*
zu dem Gebet deines Knechtes und zu seinem Flehen, Jahwe, mein Gott, daß du
hörst auf das laute Rufen und das Gebet, das dein Knecht heute vor dir spricht! –

›*Wenn‹ jemand sich gegen seinen Nächsten verfehlt und man eine Verflu-*
chung über ihn ausspricht, um ihn unter Fluch zu stellen, und er sich ›unter‹ die
Verfluchung stellt vor deinem Altar in diesem Hause, so mögest du im Himmel
hören und handeln und deine Knechte richten, indem du den Schuldigen schuldig
sprichst und sein Tun auf sein Haupt fallen läßt, den Gerechten aber für gerecht
erklärst, indem du ihm nach seiner Gerechtigkeit gibst.

Wenn dein Volk Israel vor dem Feinde eine Niederlage erleidet, weil sie sich
gegen dich verfehlt haben, und dann zu dir umkehren und deinen Namen beken-
nend preisen und zu dir beten und flehen in diesem Hause, so mögest du im
Himmel hören und die Verfehlung deines Volkes Israel vergeben und sie zurück-
kehren lassen zu dem Land, das du ihren Vätern gegeben hast.

Wenn der Himmel verschlossen ist und kein Regen fällt, weil sie sich gegen
dich verfehlt haben, und sie dann zu diesem Ort hin beten und deinen Namen
bekennend preisen und von ihrer Verfehlung umkehren, weil du sie ›gedemütigt‹
hast, so mögest du im Himmel hören und die Verfehlung ›deines Knechtes‹ und
deines Volkes Israel vergeben, [denn du lehrst sie den guten Weg, auf
dem sie wandeln sollen] *und Regen geben auf dein Land, das du deinem*
Volk zum Erbbesitz gegeben hast.

Wenn eine Hungersnot im Lande herrscht, eine Pest wütet, Getreidebrand,
(Getreide-)Rost, Heuschrecken, Ungeziefer sich ausbreiten, wenn sein Feind
›*eine‹ seiner Ortschaften bedrängt, *wenn irgendeine Plage, irgendeine*
Krankheit, irgendein Anlaß zu Gebet, irgendein Anlaß zu Flehen, wie ihn jeder
Mensch haben mag, vorhanden ist, denn jeder kennt die Plage seines Her-
zens *und er dann seine Hände zu diesem Haus hin ausbreitet, so mögest du im*

Himmel, der Stätte, da du wohnst, hören und vergeben und handeln und einem jeden geben nach allen seinen Wegen, denn du kennst sein Herz.

Was ferner den Ausländer betrifft, der nicht zu deinem Volke Israel gehört, aber aus fernem Lande kommt um deines Namens willen – denn sie werden von deinem großen Namen und deiner starken Hand und deinem ausgereckten Arm hören –, *wenn er kommt und zu diesem Hause hin betet: ›so‹ mögest du im Himmel, der Stätte, da du wohnst, hören und handeln ganz dementsprechend, wie der Ausländer zu dir ruft, damit alle Völker der Erde deinen Namen erkennen, so daß sie dich fürchten wie dein Volk Israel und erkennen, daß dein Name über diesem Haus genannt ist, das ich gebaut habe.*

Wenn dein Volk ausrückt zur Schlacht gegen ›seine Feinde‹ auf dem Wege, den du sie sendest, und sie zu ›dir‹ beten in Richtung der Stadt, die du erwählt hast, und des Hauses, das ich deinem Namen gebaut habe, so mögest du im Himmel ihr Gebet und ihr Flehen hören und ihre gerechte Sache führen.

Wenn sie sich gegen dich verfehlen und du ihnen zürnst und sie dem Feinde preisgibst, so daß ihre Häscher sie gefangen wegführen in das Land des Feindes, es sei fern oder nah, und sie es sich zu Herzen nehmen im Land, da sie gefangen sind, und umkehren und zu dir flehen im Land ihrer ›Gefangenschaft‹, indem sie sprechen: Wir haben uns verfehlt, wir haben gesündigt, wir haben Unrecht getan, und umkehren zu dir von ganzem Herzen und von ganzer Seele in dem Land ihrer ›Häscher‹, die sie gefangen weggeführt haben, und sie zu dir beten in Richtung ihres Landes, das du ihren Vätern gegeben hast, der Stadt, die du erwählt hast, und des Hauses, das ich deinem Namen gebaut habe: so mögest du im Himmel, der Stätte, da du wohnst, ihr Gebet und ihr Flehen hören und ihre gerechte Sache führen und ›ihre Verfehlungen‹ vergeben, die sie gegen dich begangen haben, und alle ihre Auflehnungen, mit denen sie sich gegen dich erhoben haben, und sie Erbarmen finden lassen bei ihren Häschern, daß sie sich ihrer erbarmen. Denn dein Volk und dein Erbteil sind sie, das du herausgeführt hast aus Ägypten, mitten aus dem Eisenschmelzofen!

Als Salomo sein Gebet zu Jahwe vollendet hatte – dieses ganze flehentliche Gebet –, ›da stand er auf‹ von dem Platz vor dem Altar Jahwes, wo er mit zum Himmel ausgebreiteten Händen gekniet hatte, *da trat er hin und segnete die ganze Versammlung Israels mit lauter Stimme und sprach:*

Gepriesen sei Jahwe, der seinem Volk Israel ganz nach seiner Verheißung eine Ruhe geschenkt hat. Nicht ein einziges Wort ist hinfällig geworden von seiner ganzen Verheißung, die er durch seinen Knecht Mose gegeben hat.

Jahwe, unser Gott, sei mit uns, wie er mit unseren Vätern gewesen ist; er möge uns nicht verlassen und nicht aufgeben, daß er unser Herz zu sich hinlenke, so daß wir wandeln auf allen seinen Wegen und halten alle seine Befehle, Satzungen und Rechtsordnungen, die er unseren Vätern befohlen hat.

Und der König und ganz Israel mit ihm schlachteten ein Gemeinschaftsopfer vor Jahwe. Und zwar schlachtete Salomo als Gemeinschaftsopfer, das er für Jahwe darbrachte, zweiundzwanzigtausend Rinder und einhundertzwanzigtausend Stück Kleinvieh. So weihten der König und alle Israeliten das Haus Jahwes ein.

Als Salomo den Bau des Jahwetempels vollendet hatte, erschien Jahwe Salomo zum zweiten Male, wie er ihm zu Gibeon erschienen war. Und Jahwe sprach zu ihm: Ich habe dein flehentliches Gebet gehört, das du vor mir gesprochen hast; ich habe dieses Haus, das du gebaut hast, geheiligt, um meinen Namen für immer dorthin zu legen; und meine Augen und mein Herz werden allezeit dort sein. Wenn du nun deinerseits vor mir wandelst, wie dein Vater David wandelte, in Lauterkeit des Herzens und Aufrichtigkeit, indem du tust nach allem, was ich dir geboten habe, meine Satzungen und meine Rechte hältst, dann werde ich den Thron deines Königtums über Israel ewiglich bestehen lassen, wie ich es deinem Vater David verheißen habe mit den Worten: Nie soll es dir an einem Mann auf dem Throne Israels fehlen.

Wenn ihr euch ›aber‹ wirklich von mir abwendet – ihr und eure Nachkommen – und nicht meine Befehle ›und‹ Satzungen haltet, die ich euch vorgelegt habe, sondern hingeht und anderen Göttern dient und sie anbetet, dann will ich Israel ausrotten von dem Land weg, das ich ihnen gegeben habe; und das Haus, das ich für meinen Namen geheiligt habe, will ich von meinem Angesicht ›verwerfen‹, so daß Israel zu Hohn und Spott unter allen Völkern wird. Und dieses Haus wird zu einem ›Trümmerhaufen‹ werden, jeder, der daran vorbeigeht, wird mit Entsetzen pfeifen. Und wenn man fragt: Warum hat Jahwe so an diesem Land und diesem Haus gehandelt?, dann wird man antworten: Weil sie Jahwe, ihren Gott, der ihre Väter aus dem Lande Ägypten geführt hat, verlassen und sich an andere Götter gehalten, sie angebetet und ihnen gedient haben. Darum hat Jahwe dieses ganze Unglück über sie kommen lassen.

Es war nicht so, wie es die Bibel aus dem Munde Salomos darstellt, als habe der König nur den Willen seines Vaters vollendet und damit dem Wunsch des Gottes Israels entsprochen. Ganz anders noch werden Sie selber sich entsinnen. Als David den Plan faßte, einen

Tempel für Jahwe zu bauen, trat ihm Natan entgegen und sprach aus dem Munde Gottes, was der Standpunkt der Propheten bleiben wird: Gott wohnt nicht in einem Hause. Er hat es nie getan, und er braucht nicht die Kultgefangenschaft der Priester. Der Gott Jahwe ist und bleibt ein Wegegott, ein Wegweisergott, aber er sitzt nicht fest auf dem Thron. Diese ganze Idee ist ein Bruch des religiösen Empfindens und der religiösen Tradition in Israel. Es sind die konservativen Geister, die später revolutionär gegen das Königtum auftreten werden, und die letzten Worte sogar der deuteronomistischen Geschichtsschreibung blicken zurück auf das zerstörte Werk des Königs, den sie selbst als den größten in Israel preist, ein schmerzlicher, fast unauflöslicher Widerspruch.

Wie eigentlich begann es? – David, erzählt uns die Einleitung des sogenannten Tempelweihgebets Salomos, sei nicht imstande gewesen, das große Werk des Tempelbaus in Angriff zu nehmen. Das schreibt das Buch der Chronik deutlicher: David habe vor Gott einen Tempel gar nicht bauen *dürfen*, seiner blutbefleckten Hände wegen. Das macht weit mehr Sinn. David war groß als Kriegerkönig. Es dreht den historischen Sachverhalt auf den Kopf, wenn Salomo sagt, daß die Feinde seinem Vater nicht die Muße gelassen hätten, einen Tempel zu bauen, ein Heiligtumswerk zu errichten. Ganz umgekehrt haben wir gesehen, wie zynisch und brutal David seine Gotteskriege führte zur Ausdehnung der Grenzen, wie viele Völker er unterjochte, um sein Reich zu bilden. Die simple Wahrheit ist, daß eine weitere Ausdehnung des Reiches die Kräfte dieses Bauernkönigtums in Israel und Juda bei weitem überspannen würde. Das begreift Salomo. Es gilt, sich in den Grenzen einzurichten und sie nach Möglichkeit zu halten durch Freundschaftsverträge, durch Heiratspolitik nach Norden wie nach Süden. Es kommt darauf an, sich zumindest die Phönizier, wie David selber schon, zu Partnern zu machen und zu erhalten; und eine Tochter Ägyptens inzwischen hat eingeheiratet an den Hof von Jerusalem. In diesen Kontext der Konsolidierung gehört auch der Bau eines Tempels, aber nicht *nur* eines Tempels. Sieben Jahre, wird uns erzählt, baut Salomo an dem Heiligtum Jahwes, aber dreizehn Jahre am Bau seines Palastes, und so verworren uns die Schilderung der ganzen Baupläne anmuten mag, vieles spricht dafür, als sei beides von Anfang

an als eine einheitliche Anlage konzipiert gewesen. Der vielge-
rühmte Tempelbau wird die Maße einer Dorfkirche besessen haben,
der Palast Salomos aber war für seine Verhältnisse zumindest
prunkvoll und imperial. Gemessen an all dem, was jeder Tourist
heute in Ägypten oder in Mesopotamien bestaunen kann, ist all das
provinziell für die Großmachtpolitik im antiken Orient, aber die
Kräfte, die Salomo bleiben, werden bis zum äußersten angespannt.
Es scheint das Faktum zu sein, daß er sein eigenes Volk, vornehmlich im Norden, die Israeliten im engeren Sinne, zu Fronarbeiten,
also zu Zwangsarbeiten für den Staat, herangezogen hat, gerade um
den Tempel, gerade um den Palast zu bauen. Zwischen den Zeilen
lesen wir, daß es ein eigenes Vermögen in Kunsthandwerk, in großer Architektur und Organisation in den Händen Salomos gar noch
nicht gab. Für solche Bauwerke bedurfte man des Rats, des Plans,
der Durchführung der Phönizier und der Kanaanäer. Mit anderen
Worten: Es kam darauf an, eine Art Joint-venture zu planen, ein
Handelsgeschäft zum Vorteil von Sidoniern und Israeliten. Die
einen geben die Blaupausen, geben die Rohstoffe, geben die Verar-
beitung, die anderen aber: – Salomo selbst hat so gut wie nichts
weiter zu geben als den Agrarexport seines Landes, Bezahlung in
Naturalien zur Hofhaltung von Hiram, dem König der Phönizier.
Sein Name – in Kurzform greift ihn die Bibel auf – dürfte geheißen
haben »Ahiram«, was übersetzt soviel heißt wie »mein Bruder (die
Gottheit selber) ist hoch in ihrer Rühmung«. Da steht ein König
gleich und ebenbürtig, ganz wörtlich, neben der Gottheit. Das ist
das Vorbild, mit dem Salomo den Tempel und den Palast baut.

Wollen wir uns eine Vorstellung von diesem Denken machen,
können wir getrost zweitausend Jahre später im sogenannten christlichen Abendland in deutschen Landen uns umschauen, als die
Salier beginnen, ganz genau so zu handeln und zu denken. Die sali-
schen Kaiser bauen den Dom zu Speyer beispielsweise als Ausdruck
und Zeichen nicht allein ihrer Frömmigkeit, sondern auch ihrer
Macht, und eben daß beides ein und dasselbe sei, die Feier des Gottes und die Verfeierlichung des Herrschers, daß Religion und Politik
zusammengeschweißt sind, so daß Frömmigkeit und Untertänigkeit
ein und dasselbe werden, aufgedrückt auf die Vorder- und Rückseite
derselben zu handelnden Münze, ist das wirklich beispielgebende

Geschehen Salomos. Er wird die Vorbildgestalt bleiben, nicht allein in Israel, sondern sogar im Christentum, als hätte Jesus in der Bergpredigt nie gesagt, man möge lernen von der Schönheit der Lilien auf dem Felde und die eigene Schönheit des menschlichen Wesens entdecken, denn jeder für sich in seiner Person, – weit mehr sei jeder Mensch als König Salomo in all seiner Herrlichkeit. Diesen religiösen Bruch, diesen Widerspruch scheint man im Christentum bis heute kaum gesehen zu haben, solch eine Verführungskraft geht von dem Gedanken der Einheit von Thron und Altar, geht von dem Symbol eines Tempels aus.

Würdigen wir also zunächst den Inhalt, den das Zeichen eines Tempels selber darstellen kann. Sein Ursprung ist so heidnisch wie seine Verfertigung, eine Mischung aus kanaanäischem, phönizischem Gedankengut, angereichert mit vielem, was aus dem alten Ägypten stammt. Es stimmt überhaupt nicht, was uns theologischerseits immer wieder weisgemacht wird, die Bibel sei der Bruch mit allem Heidnischen, wer sie verstehen wolle, könne die Religion der Mythen nur weit von sich weisen. Bis in das Herz der israelitischen Religion hinein sehen wir den heidnischen Ursprung, und ohne ihn könnten wir nicht einmal das Kostbarste am Kult des alten Israels verstehen. Lernen wir nicht, die Ausdruckszeichen symbolisch zu deuten, bleibt uns in seiner Äußerlichkeit der ganze Tempelbau ein historisches Rätsel, eine Aufgabe für den Fleiß von Archäologen, nichts, was uns noch beträfe und anginge. Dabei ist schon der archäologische Rahmen selbst ein Symbol. Wir kennen die Vorbilder kanaanäischer Tempel einer ganzen Reihe von Ausgrabungsstätten. Ihr Grundmuster ist überall das nämliche, und das entspricht ganz und gar dem, was einigermaßen klar aus dem Tempelbaubericht der deuteronomistischen Grundschrift hervorgeht: am Eingang zwei Säulen mit geheimnisvollen Namen Boas und Jachin, soviel wie »Kraft« und »gegründete Stärke«, beide Worte vielleicht Fragmente eines Satzes, der Jahwes Tun umschreiben möchte; dann die Eingangshalle; dann die große Halle, mit einem alten sumerischen Fremdwort: Egal, übernommen ins Hebräische als Hehal; dann der Ort des Innersten, des Heiligtums selbst, das Große, Majestätische, der Debir. Allein diese Dreierstaffelung, die überall vorkommt, scheint den Tempel auszuweisen als das Nachbild, symbolisch geredet, psychoanalytisch gesprochen, des Schoßes einer Frau. Da scheint das Heiligtum des Göttlichen identisch mit einer Ursehnsucht der Menschheit: zurückkehren zu dürfen an die Stätte, da es Angst noch nicht gab, Gefahr noch nicht war, sondern ein Ort wie noch vor den Tagen des Vertrieben- und Ausgestoßenwerdens, ein Ort ganz und gar der Beschütztheit, der Geborgenheit, der Sicherheit, der Einheit. Alles, was jemals als Tempel gebaut wurde, scheint dieser Sehnsucht entsprungen zu sein. – In einem anderen Symbol taucht dasselbe Verlangen wieder auf, – in den Beschreibungen des Paradieses: Irgendwie ist eine Erinnerung in einem jeden Menschen an seinen Wesensursprung, und er möchte dahin zurückkehren ohne Zerbruch, ohne Widerspruch, ohne das Empfinden, abgewiesen zu sein, ausgesetzt und vertrieben zu sein. Was ein Tempel den Menschen bieten möchte, ist die Rückkehr zu einer Welt, die die Sünde noch nicht kannte, Fluch und Strafe noch nicht in sich schloß, sondern wo Menschen so sein durften, wie sie gemeint waren, als sie aus der Hand ihres Schöpfers hervorgingen.

Deswegen dürften die zwei Säulen am Anfang, wie manche Forscher meinen, soviel bedeuten wie den Baum in der Mitte des Gartens. Umhängt sind diese Säulen denn auch mit künstlich vergoldeten Früchten. Es ist aber der Baum in der Mitte des Gartens selbst soviel wie die Achse zwischen Himmel und Erde, die Stelle, wo die Gottheit unter den Menschen wandelt. Andere sehen deshalb in diesen Säulen Erinnerungen an den Pfeiler des Osiris, den Djed-Pfeiler der alten Ägypter; er ragte auf vom Kreislauf der Zeit zum Himmel empor, auf daß er, wie das Rückgrat des Menschen, eine vertikale Verbindung schaffe inmitten all der horizontalen Bedrohtheit. Wir Menschen hier auf der Erde werden umlagert von allen möglichen Gefahren, aber das Haupt zu erheben zum Himmel, das bedeutet, in der Einheit mit dem göttlichen Ursprung Geborgenheit und Sicherheit wiederzufinden. – Es gibt als eine Frömmigkeitsform das Bemühen, gerade diese Säule zwischen Himmel und Erde bis in den eigenen Körper hinein zu übernehmen in den östlichen Techniken der Meditation: Man versucht, eine solche Position beim Sitzen einzunehmen, daß man's für Stunden aushalten könnte, ohne gestört zu werden, ein inneres Gleichgewicht bildet sich da, und das Ausgebreitetsein auf der Erde öffnet sich wie eine Schale der Festigkeit, der Sammlung und der Ruhe. Der Unterschied ist nur, daß das eine in der Meditation zur existentiellen Aneignung wird, während die Architektur des Tempels es lediglich als ein äußeres Symbol anbietet und ausbildet.

All die Details dann der Einrichtung im Tempel reden eine vergleichbare Sprache. Viel Aufhebens wird gemacht davon, daß Salomo ein erzenes Meer gefügt habe. Darunter wird, nach Meinung vieler Forscher, soviel zu sehen sein wie ein Abbild womöglich des Himmelsozeans oder des Urgewässers Nun der antiken Ägypter. Kein Tempel wäre, der nicht heranreichte an den Ursprung der Welt. Die alten Ägypter wußten, daß man Tempel eigentlich bauen nur kann im Überschwemmungsgebiet des Nils selber. Eine Welt, die rein geordnet ist, wäre bedroht von Auszehrung, Überreglement, ersterbendem Leben. Wo aber quasi chaotisch das Leben immer wieder sich erneuert, da, im noch nicht Geklärten, wohnt auch und gerade die Gottheit. Wie wenn jetzt in den Tagen des Winterendes das Leben erwacht im Abschmelzen der gefrorenen Eiswände und alles beginnt von vorn zu blühen; dort, in diesen Zonen, wo Überflutungsgebiete einbrechen ins Wohlumzirkte, wo Ursprüngliches ist, das Neues erweckt, liegt das goldene Meer, gefügt aus Erz, gelagert über zwölf göttlichen Stieren, die in die vier Himmelsrichtungen blicken. Die Zwölfzahl mag erinnern an die zwölf Stämme Israels; viel wichtiger aber ist es, die Ausrichtung zu den vier Weltgegenden zu beachten. Der Tempel ist ein solcher Ort, wo das menschliche Herz zum Mittelpunkt der Erde findet, und dies geschieht, indem die ganze Welt nicht nur in der vertikalen Achse, sondern horizontal in die Weltgegenden sich einordnet.

Vertrauen also und Schutz, Ausrichtung nach oben und Einheit in die Orte, die sich begehen lassen auf den Wanderungen des Lebens, ursprüngliche Fruchtbarkeit, die nie mehr versiegt, immerwährende Anknüpfung an die Quellen des Lebens, soviel verrät uns jetzt schon symbolisch der Tempelbau Salomos. Die Rede geht noch von den Kesselwagen, die bestimmt gewesen seien, die Opfergeräte und die Tempel zu reinigen. Manche aber sind der Auffassung, daß sie benutzt wurden, um im Tempel selber hin und her gezogen zu werden, gewissermaßen um die Wolken am Himmel zu bitten und anzuflehen, sie möchten über das verdorrte Land herabregnen. Da wäre beides dann eins, das Urwasser unten und das Wolkenwasser droben. Dafür, daß es so gewesen sein kann, spricht vollends die Aufrichtung der Kerube. Wer den Tempel Salomos historisch richtig begreift, sollte in ihm keineswegs mehr die zu Stein gewordene Anlage des Begegnungszeltes aus der Zeit der Wüstenwanderung erkennen, die Erfüllung gewissermaßen der gesamten mosaischen Religiosität; weit eher sollte er der Gottheit begegnen, die auf den Keruben thront. Wenn es irgend etwas gibt in der biblischen Religion, was kraß heidnisch ist, was den Zorn und die Empörung aller streng Jahwegläubigen auf sich ziehen muß, dann ist es dieses Bild der Kerube. Und um es vorweg zu sagen: gerade das eigentlich hat überlebt und sich in die Seele des Volkes gesenkt. Psalm 18 zum Beispiel ist ganz und gar übernommen aus den kanaanäischen Ritualen. Die Kerube, diese großen, mächtigen Flügelstiere, sind wesentlich gedacht als ein Bild des dräuenden Gewitterhimmels. Und da hinein nun spricht der älteste Tempelweihspruch, der uns überliefert ist. Er ist eingefügt in die sogenannte deuteronomistische Grundschrift, aber sehr alt. Da hat Jahwe die Sonne an den Himmel gesetzt, bleibt aber unsichtbar hinter den Gewitterwolken; im Tempel indessen nimmt er seine Wohnung. – Das ist dreierlei auf einmal und dürfte dem, was Salomo historisch oder besser seine Theologen am Hof sich beim Tempelbau gedacht haben, am meisten entsprechen.

Da ist einmal der Protest gegen den Sternenkult, gegen die astrologische Interpretation des Religiösen. Alle Sterne und die Sonne mit inbegriffen sind nichts weiter als – völlig entmythologisiert – Geschöpfe, die Gott, Jahwe, gemacht hat, indem er sie an den Himmel setzte. Die Gottheit selber aber wohnt unsichtbar verhüllt unter den dunkelschwarzen Gewitterwolken am Himmel, für menschliche Augen unsichtbar. Keine Astralgottheit also ist Jahwe fortan, sondern eine Gewittergottheit. Das hat mit dem ursprünglichen Glauben Israels beim Auszug aus Ägypten überhaupt nichts mehr zu tun, das ist die Gottheit Kanaans, das sind die Psalmen aus Ugarit, das ist ein religiöser Bruch. Da ist ein Stück Fruchtbarkeitsreligion in den Himmel geworfen. Daß Baal sein Manneswasser regnen lasse über die Mutter Erde, das sind die Gebete, die eigentlich in diesem salomonischen Tempel anklingen.

Und der Name Jahwes soll wohnen in dem Tempel, den der König errichtet. In Opfer und Fürbitte ist der König der erste und oberste Priester dieser Gottheit. Sehr viel später müssen die Israeliten im Norden Salomo derart unter Druck gesetzt haben, daß sie förmlich verlangten, die Bundeslade aus dem Zelt herüberzuholen und sie in den Tempel aufzunehmen. Der deuteronomistische Text tut zwar so, als sei das beides als Einheit konzipiert gewesen; davon aber kann keine Rede sein. Selbst die Tragestangen der Bundeslade sollen aus dem innersten Heiligtum weit herausgeragt haben, ihre Maße sind völlig unterproportioniert zu der Riesengröße der Kerube. Salomo wird sich dem Druck der Nordstämme gebeugt haben, aus politischen Gründen. Sie sollten den Tempel besuchen dürfen auch als *ihren* Heiligtumsort. Jerusalem und der Tempel sollten das königliche Zentralheiligtum bilden und alle lokalen Riten ablösen, zumindest schwächen. Dann aber muß der Tempel auch ein Integrationsort aller religiösen Strömungen sein. Nur: der Unterschied bleibt ganz und gar deutlich: Der Tempel ist jetzt nicht mehr das Zelt der Begegnung der Gottheit, sondern Wohnsitz der Gottheit. Nicht mehr von Augenblick zu Augenblick wird sich Gott dem menschlichen Herzen mitteilen, wie er erscheint entsprechend den Ängsten, den Nöten, den Wünschen, den rauschhaften Glückszuständen der Menschen, sondern in Kontinuität und Behäbigkeit, verwaltet von Priestern, geschützt von königlichem Diktat, ist man Gottes eigentlich sicher. Die Gottheit wohnt im Tempel so wahrhaftig wie in einer katholischen Kirche in der Gestalt des Brotes, über welches der Priester die Worte der Wandlung sprach. Immer ist die Gottheit dort zu finden und wartet förmlich auf die Anbetung der Menschen. Wie von selbst geht uns die Schilderung der Symbolsprache des Tempels in ihrer Großartigkeit über in die Bereiche ihrer drohenden Veräußerlichung, und wollen wir fragen, was denn gegen die gesamte Tempelreligiosität überhaupt zu sagen ist, so nicht allein, daß Macht und Gehorsam und fromme Anbetung sich hier ineins setzen, es ist vor allem dieses Moment selber, daß alles ins Äußere abgleiten kann, indem man der Gottheit sicher zu werden beginnt. Es ist ein eingeschobener Vers, den ich entsprechend scharf, schneidend dazwischen zu lesen versuche, als mitten in die deuteronomistische Deutung noch einmal eine andere Deutung hineingesprengt wird: *Ja wohnt denn Gott im Tempel?* Gehört ihm nicht die ganze Welt? Aber selbst das ist ein später und unerhört neuer Gedanke. Der Gott, der im Tempel wohnt, ist der Herr der Welt, nicht mehr nur *eines* Volkes. Der Machtanspruch Salomos auch intoniert sich selbst in dieser späten Korrektur.

Dann bleibt, daß Salomo Gebete spricht bei der Einweihung des Heiligtums, und hören wir richtig, ist das erste und vornehmste all seiner Bitten, es möge die Dynastie Davids gefestigt werden auf ewig. Da spätestens sehen wir klar. Der ganze Inhalt der Religion, auf die wir jetzt stoßen, ist die Bitte um den Machterhalt, der ganze Inhalt gesetzt in die Untertänigkeit und Unterwerfungspose dem König gegenüber. Was hat die Gottheit noch zu sagen? Was hat man *ihr* zu sagen?

Eh' wir's uns genauer ansehen, wie die Gebete Salomos verlauten, auf welche Inhalte hin sie sich ausstrecken, läßt sich vielleicht die Gefährdung der ganzen Tempeleinrichtung in der Einheit mit dem Palast in einem legendären Bild verdeutlichen. Eine Geschichte erzählt, daß in alten Zeiten ein Mann nach vieler Mühe herausgefunden hatte, wie sich Feuer anlegen läßt. Ihn dauerten vor allem die Völker im Norden, die in der Kälte des Winters frieren und hungern mußten. Also begab er sich zu ihnen und brachte voller Freude ihnen das Geschenk des Feuers. Die Leute waren so überglücklich über die ihnen geschenkte Wärme, daß sie vergaßen, dem Mann auch nur zu danken, und er selber war groß genug, eines Tages einfach von ihnen fortzugehen, um sein Geschenk anderen zu bringen. Dort aber, bei einem anderen Volk, wurden die Priester erst mißtrauisch, dann neidisch auf diesen viel vermögenden Neuankömmling. Sie schlugen ihn tot. Um aber ihr Verbrechen zu kaschieren, stellten sie sein Bild auf dem heiligsten ihrer Altäre auf. Sie ordneten eine Liturgie an, wie dieser Mann als Feuerbringer zu verehren sei. Sie schrieben sein Leben auf. Sie verfügten, wie er zu bekennen sei, und gaben lange Kommentare über die Wahrheit seiner Person in Umlauf. Jeder, der einen der Texte, auch nur ein einzelnes Wort aus der Berichterstattung über das Leben dieses Mannes, aus den Vorgaben der Liturgie dieses Mannes, aus der Dogmatik zum Glauben an diesen Mann änderte, wurde selbst mit Feuer verfolgt. Das Volk aber und die Priester waren so beschäftigt mit dem neu eingerichteten Kult, daß nach wenigen Jahren schon die Kunst des Feuermachens außer Gebrauch kam und schließlich ganz und gar in Vergessenheit geriet.

Das Paradox ist dieses: Auf der einen Seite bildet die gesamte Anlage des Tempels das Vertrauen, die Sehnsucht, die Hoffnung ab, man könnte in die Arme der Gottheit zurückkehren wie am Anfang des Lebens, wie am Schöpfungsmorgen; der ganze Tempel aber wird nur benötigt, solange die Gottheit nicht allein hinter den Gewitterwolken verborgen, sondern in ihrer Zorn- und Grollmütigkeit zwiespältig bleibt. Gott recht zu verehren, das bedeutet in alle Zukunft, Opfer zu bringen, und es wird Salomo selbst der erste Opferpriester sein. So überhöht die Schlachtziffern auch immer, so phantastisch ins Großartige von späterer Zeit gewendet sie erscheinen mögen, der Gedanke trifft: Ein Tempel ist so lange nötig, als man die Gottheit mit Vorleistungen um Versöhnung anhalten muß. Genau das ist der Punkt, an dem später die Propheten, von Jeremia bis hin zu Jesus, ihren Protest einlegen werden. Nutzt denn das Schlachten von Tieren irgend etwas? Ist denn das Zeichen eines religiösen Lebens diese Delegation des Schuldgefühls auf unschuldige Tiere? Ist denn nicht die Gottheit selber mißverstanden, wenn man glaubt, man könne ihre Gnade erzwingen durch alles mögliche selbstzerfleischende Tun? Es wird der Gedanke der Propheten sein, daß Vertrauen und Güte die einzig *wahre* Form der Gottesverehrung seien. Aber wäre dies in Geltung, stürzte der Tempel ein, nicht unter den Hammerschlägen der Babylonier unter König Nebukadnezar, sondern man könnte ihn verlassen als überflüssig.

Schauen wir uns an, worum Salomo bittet, so ist es eine Vielzahl. Es soll zum Beispiel nach Maßgabe von *Numeri 5* im Fall eines Ehebruchs möglich sein, im Tempel ein Gottesurteil zu fällen. In dem Falle möge Gott selbst als oberster Richter eintreten und den oder die Unschuldige – *die* Unschuldige in aller Regel, denn die Männer richten im Namen einer männlichen Gottheit nie über sich selbst – von der Schuld freisprechen. – Andere Gebete: Wenn das Volk auszieht in den Krieg und es betet zum Tempel hin, möge Gott die gerechte Sache – natürlich die gerechte Sache – seines Volkes im Krieg gegen ungerechte Feinde zum Siege führen. Dann aber hören wir, daß, wenn Gott das Volk in die Hand seiner Feinde gegeben

hat, er sie bestimmen möge, einigermaßen milde mit ihnen zu verfahren. Das sind erschütternde Worte plötzlich, ganz sicher gesprochen im babylonischen Exil, wo man nicht damit rechnete, je wieder
zurückzukehren, und wo es *viel* wäre, es würden die Babylonier nicht
gar so grausam mit ihren Gegnern, mit dem Volk der Erwählung
verfahren. Da ist ein Notschrei aus einem halben Jahrtausend später
vernehmbar; Hunger, Krankheit, kollektive und persönliche Not
verschmelzen in diesen Gebeten. – Vor allem aber – wir hören ganz
richtig – geht das Gebet auf Äußerlichkeiten, sind materielle Wünsche vorherrschend: Sieg über die Gegner, Schutz vor als Strafe
empfundener Belastung und Qual, – da hat der Inhalt des Gebetes
in gewisser Weise eine magische Funktion. Und schauen wir genau
hin, was in den Heiligtümern der Völker erfleht und eropfert wird:
sind es nicht immer wieder diese trügerischen Hoffnungen, wenn ein
Unglück uns zustößt, sei's eine Strafe, wenn's uns erspart wird, der
Segen Gottes, und beides ließe sich manipulieren durch Gebet und
durch Opfer? Vielleicht ist dieses ganze Denken völlig verkehrt und
dann sogar der ganze Typ der Tempelfrömmigkeit buchstäblich
hinfällig.

Was uns das deuteronomistische Geschichtswerk freilich sagt, ist
ein anderes, Beherzigenswertes: Dieser große, großartige Tempelbau kann zerstört werden, er bietet keine Garantie für den Fall, daß
man sich von Jahwe abwendet, anderen Göttern zu. – Das sollte
man übertragen in unsere Zeit. Wir leben in einer Kirche, die in der
Gestalt des Neuen Bundes uns einreden will, sie ruhe auf göttlichen
Verheißungen und sie werde bis zum Ende der Zeiten Bestand haben, weil Gott es so verheißen habe. Da sagt uns im sechsten Jahrhundert eine Autorengruppe der deuteronomistischen Geschichtsschreibung, daß solche Verheißungen gerade soviel wert sind wie
die Treue, mit der die Menschen leben. Weichen *sie* ab, weicht auch
Gott von ihrer Seite. Freilich ist das gedacht sehr streng und fixiert
auf das Bekenntnis zu Jahwe, auf die institutionalisierte Religions-
form. Aber was wäre, wir würden einmal denken, der Zerbruch des
Tempels begönne in unseren Tagen aufs neue, Gott wolle gar nicht
länger mehr verehrt werden im Äußeren, er brauche gar keinen
Tempel mehr, in Stein gefügt, sondern die Kritik der Propheten, des
Mannes aus Nazaret insbesondere, sei völlig in Geltung: Gott wohnt

einzig, wo man ihn einläßt, in der Innerlichkeit und Wahrhaftigkeit des persönlichen Lebens, und von dieser Gottheit abzuweichen bräche jede etablierte Religiosität auseinander? Dann brauchten wir keinen Tempel mehr, der verwaltet wird von Priestern, sondern alles, was je eine Tempelanlage bedeutet hat, lebte einzig in der Güte und der Nähe, mit der Menschen einander begegnen. Die Art, wie sie sich anreden oder in die Arme schließen oder einander begleiten, *die* ist der lebendige Tempel der Gottheit, und anderswo wird sie nie mehr zu finden sein. Menschlichkeit, Ehrlichkeit, offenes Suchen, das wäre die Art, den Wegegott Israels wiederzufinden, aber eine Garantieerklärung für das Äußerliche ist nichts weiter als der priesterlich dogmatisierte Aberglaube. Keine Garantie ist vereinbar mit dem Gott der Bibel, der selbst seinen Tempel den Rammböcken seiner Feinde zur Zerstörung übergibt, um endlich mit sanftem Griffel ins Herz der Menschen neu zu schreiben.

Der Tempel Salomos ist immer wieder gerühmt und verehrt worden. Viele Verheißungen der Propheten selbst haben sich an ihn geknüpft, an den Berg Sion, an diesen Ort der Tempelwallfahrt der Völker, wie man glaubte und hoffte. Diese synkretistische Mischung aus altisraelitischem Glauben und kanaanäischem Heidentum war lebendig im Tempel. Sie hätte ihre Wahrheit, wenn es erlaubt wäre, die Nähe des Persönlichen zu Gott, diese ganz und gar unableitbare prophetische Existenz zu verbinden mit den tiefen Bildern unserer Seele, mit der Poesie unserer Sehnsucht, und es könnte, von innen her gelesen, der Symbolismus der religiösen Ausdrucksformen und die Wahrheit unserer Existenz eine Einheit bilden.

Anders schafft es die Priesterreligion. Sie zieht das Innerliche nach außen, nimmt die Symbole für das Eigentliche, bricht die verweisenden Brücken ins Unendliche ab und umschließt die Gottheit mit der Gefangenschaft einer Wohnung, die sie selber einsperrt in den Zyklus ihrer Riten.

Es hat Rainer Maria Rilke einmal in der siebenten der »Duineser Elegien« den Wandel gekennzeichnet, der am Anfang unseres Jahrhunderts einen völlig neuen Typ von Religion vorschreibt. Es war der Atheist Sigmund Freud, der meinte, von der ganzen Religion aus Tausenden von Jahren Menschheitsentwicklung werde dem kommenden, unserem Jahrhundert nur eine einzige Frage mitgegeben werden: wie es gelinge, als Mensch mit einem anderen Menschen die Liebe zusammen zu leben. Rilke, fromm suchend, meinte es nicht grundverschieden davon, als er in einem Liebeslied schrieb:

> Nirgends, Geliebte, wird Welt sein, als innen. Unser
> Leben geht hin mit Verwandlung. Und immer geringer
> schwindet das Außen. Wo einmal ein dauerndes Haus war,
> schlägt sich erdachtes Gebild vor, quer, zu Erdenklichem
> völlig gehörig, als ständ es noch ganz im Gehirne.
> Weite Speicher der Kraft schafft sich der Zeitgeist, gestaltlos
> wie der spannende Drang, den er aus allem gewinnt.
> Tempel kennt er nicht mehr. Diese, des Herzens,
> Verschwendung
> sparen wir heimlicher ein. Ja, wo noch eins übersteht,
> ein einst gebetetes Ding, ein gedientes, geknietes –,
> hält es sich, so wie es ist, schon ins Unsichtbare hin.
> Viele gewahrens nicht mehr, doch ohne den Vorteil,
> daß sie's nun *innerlich* baun, mit Pfeilern und Statuen, größer!

Das wäre eine Religion, wie wir sie suchen und brauchen würden. Sagen wir's ein wenig anders einmal in einer humorvollen indischen Legende:

Ein vollendeter Meister hatte Jahre damit zugebracht, einen Schüler auszubilden, wie die Gottheit wahrhaft zu verehren sei. Am Ende, zufrieden mit seiner Arbeit, ging er von ihm fort und ließ ihn zurück in der Überzeugung, daß ihm weiteres nicht beizubringen sei. Der junge Schüler besaß nichts als einen Lendenschurz, den er nach der Reinigung auf die Leine zu hängen pflegte. Einmal aber hatten Mäuse den Lendenschurz ihm zernagt, und so mußte er hingehen, einen zweiten zu erbetteln. Und als auch den die Ratten fraßen, beschloß er, sich eine Katze zu halten. Nun war er der Ratten ledig, aber bedürftig, nicht allein um seinen Unterhalt zu betteln, sondern auch um Milch für die Katze. Um den Menschen nicht zur Last zu werden, beschloß er, sich eine Kuh für die Milch für die Katze zu halten. Jetzt aber mußte er bitten um Futter für die

Kuh, und um die Bettelei zu vereinfachen und den Menschen nicht noch mehr zur Last zu werden, beschloß er, ein Landgut zu erwerben. Das aber wollte bestellt sein, und die Arbeit darauf verschlang soviel an Zeit, daß er zur rechten Meditation nicht länger kam. Er beschloß, Arbeiter einzusetzen, die den Acker bestellten, der die Nahrung abwarf, von der die Kuh lebte, die die Milch gab für die Katze, die die Mäuse fraß. Aber auch die Aufsicht über die Arbeiter war ihm zuviel; er beschloß, zu heiraten, damit seine Frau ihm die Arbeit abnähme. Am Ende war er der reichste Mann im ganzen Dorf. – Nach Jahren kehrte sein Meister zurück. Was ist denn hier passiert? fragte er seinen Schüler erstaunt. Der gab zur Antwort: Du wirst es nicht glauben, es gab keinen anderen Weg, meinen Lendenschurz zu erhalten.

Es gibt keine bessere und schlechtere Rechtfertigung als die, die wir im Namen der etablierten Religion vor uns sehen: Wir sind ganz in der Einfachheit des Ursprungs, und um die zu erhalten, brauchen wir alles, was wir besitzen, bis hin zum Petersdom.

4. März 1995

20

Aber von den Israeliten machte er niemanden zum Sklaven

ES gibt in der Geschichte der Tröstung Israels, dem ersten Testament, keine Gestalt, die mit solcher Wärme, solchem Interesse, solcher Phantasie ausgeschmückt und angereichert wird wie diese Idealgestalt des Königs der Frühzeit der israelitischen Geschichte. Historische Wirklichkeit und fromme Legende durchdringen und vermischen sich Stelle für Stelle. Die deuteronomistische Grundschrift gibt nüchterne, spärliche Informationen über das, was Salomo wirklich getan hat. Darin eingefügt werden nach dem Zusammenbruch des Tempels, nach der Zerstörung der heiligen Stadt im Jahre 587 v. Chr., Bilder der Sehnsucht, wie es hätte damals sein müssen, um Hoffnung zu gewinnen, daß es jemals so sein könnte. Rein äußerlich gesehen haben wir es zu tun mit der Verkleidung und Umhüllung menschlicher Macht mit den Aureolen des Göttlichen; tatsächlich aber macht die Gestalt Salomos uns Heutigen im Abstand von dreitausend Jahren einen anderen Sinn. Die Frage: wer war der König? scheint uns rückwärtsgewandt im Widerschein einer ganz anderen Fragestellung: wer ist der Mensch? Allzu deutlich sehen wir, daß in der Gestalt des Königs sich all das verdichtet und hineinprojiziert, was als Wesensbild, als Wunschprägung des eigenen Seins, sich objektivieren und verfestigen möchte, und je nachdem, wie wir auslegen, werden das Ergebnis und die Wirkung völlig konträr sein. Entweder verlegen Menschen ihr Inneres und Eigentliches nach draußen, in einen anderen, von dem sie sich regieren und beherrschen lassen – dann sind sie selber entleert und verurteilt zu ständiger Unfreiheit –, oder sie machen die Projektionen rückgängig und eignen sich wieder an, was im anderen zur Erscheinung kam, um im Eigenen sich zu verwirklichen. In dieser Art und Doppelbödigkeit sind die Texte uns hinterlassen worden, mit denen wir uns heute beschäftigen, und je nach Betrachtung auch unterschiedlich wird die Deutung dieser Texte ausfallen. Man kann mit Recht sagen, daß es nur wenige Stellen der Bibel gibt, die so konzentriert an der Weiche zwischen Zwang und Selbständigkeit, Außenlenkung und Selbstbestimmung, zwischen zwei Modellen des Religiösen und des Politischen gelagert sind, wie die Texte, die wir heute miteinander lesen.

Wir hörten als letztes, daß Salomo den Bau des Tempels und seines Palastes vollendet habe. Dabei stand im Tempelweihgebet des Herrschers selber die Mahnung oder besser die längst schon erfüllte Drohung enthalten, daß Abweichung von der rechten Frömmigkeit in der Verehrung Jahwes zur Zerstörung des heiligen Hauses führen werde, so daß selbst in den Augen der Feinde die Ruinen der heiligen Stätten wie ein Zeugnis der Verworfenheit erscheinen würden. Nur noch mit Fluch und Schaudern werde man vorübergehen an der Stelle des einstigen Stolzes.

Die Geschichte jetzt setzt neu ein mit einer Fülle von historischen Informationen, nachgeschobenen Rekonstruktionen, abweichenden Erklärungen aus dem Abstand von fast mehr als einem halben Jahrtausend. Das alles insgesamt hört sich an wie folgt:

Text: 1 Kön 9, 10–28; 10, 11–12; 10, 1–10. 13–29

Nach Verlauf ›der‹ zwanzig Jahre, während derer Salomo die beiden Häuser, den Jahwetempel und den Königspalast, gebaut hatte, – Hiram, der König von Tyrus, hatte dabei Salomo ganz nach dessen Wunsch mit Zedern- und Zypressenholz und mit Gold unterstützt –, damals gab König Salomo Hiram zwanzig Städte in der Landschaft Galiläa. Als nun Hiram von Tyrus auszog, um die Städte zu besichtigen, die ihm Salomo abgetreten hatte, da gefielen sie ihm nicht. Und er sprach: Was sind das da für Städte, die du mir abgetreten hast, mein Bruder? So nannte er sie »Landschaft Kabul« bis auf diesen Tag. Und zwar hatte Hiram dem König hundertzwanzig Talente Gold gesandt.

So verhielt es sich mit den Fronpflichtigen, die König Salomo aushob, um den Tempel Jahwes und seinen Palast zu bauen und den Millo und die Mauer Jerusalems und Hazor und Meggiddo und Geser. Pharao, der König von Ägypten, war heraufgezogen und hatte Geser eingenommen und eingeäschert und die Kanaanäer, die in der Stadt wohnten, getötet; dann hatte er es seiner Tochter, der Gemahlin Salomos, als Mitgift geschenkt. Und Salomo baute Geser wieder auf. Und das untere Bet-Horon und Baalat und ›Tamar‹ in der Steppe, im Lande..., nämlich alle Vorratsstädte und Wagenstädte und Pferdestädte. *Und was Salomo als Lieblingswunsch in Jerusalem und im Libanon und im ganzen Gebiet seiner Herrschaft zu bauen begehrte: die ganze Bevölkerung, die von den Amoritern, Hetitern, Perissitern, Hiwwitern und Jebusitern übrig geblieben war, die nicht zu den Israeliten gehörten, ihre Nachkommen, die nach ihnen im Lande übrig geblieben waren, weil die Israeliten sie nicht mit dem Bann zu belegen vermocht hatten, die hob Salomo zum ständigen Frondienst aus, und so ist es bis zu diesem Tage. Aber von den Israeliten machte er niemanden zum Sklaven, sondern sie waren Kriegsleute, seine Befehlshaber, seine Streitwagenkämpfer und Befehlshaber seiner Kriegswagen und Pferde.* Dies waren die Beamten der über die Arbeit Salomos gesetzten Vögte: fünfhundertfünfzig Mann; sie hatten das Kommando über die Leute, die die Arbeit auszuführen hatten. Jedoch erst als die Tochter Pharaos von der Davidstadt in ihr Haus gezogen war (oder: Kaum war die Tochter Pharaos von der Davidstadt in ihr Haus gezogen), das er ihr gebaut hatte, da baute er den Millo.

Salomo pflegte dreimal im Jahr Brandopfer und Gemeinschaftsopfer auf dem Altar darzubringen, den er für Jahwe gebaut hatte, und vor Jahwe in Rauch aufgehen zu lassen. Und er vollendete das Haus.

Und eine Flotte ließ König Salomo in Ezjon-Geber, das bei ›Elat‹ liegt, am Ufer des Schilfmeeres im Lande Edom bauen. Und Hiram schickte auf den Schiffen seine Knechte, Schiffsleute, die mit dem Meer vertraut waren, zusammen mit den Knechten Salomos. Und sie gelangten nach Ofir und holten von dort 420 Talente Gold. Dann kehrten sie heim zu König Salomo. Auch brachten die Schiffe Hirams, die Gold von Ofir transportierten, sehr viele Almuggimhölzer und Edelsteine herein. Und der König ließ die Almuggimhölzer zu Geländern für das Haus Jahwes und das Haus des Königs sowie für

Leiern und Lauten für die Sänger verarbeiten. So viele Almuggimhölzer sind bis auf den heutigen Tag nicht mehr ›ins Land‹ hereingekommen und gesehen worden.

Die Königin von Saba hörte immer wieder das Gerücht von Salomo und kam, um ihn mit Rätselfragen auf die Probe zu stellen.
Sie kam nach Jerusalem mit sehr reichen Schätzen: Kamelen, die
Balsamöle, Gold in großer Menge und Edelsteine trugen. Als sie zu
Salomo gekommen war, sprach sie zu ihm alles, was sie sich vorgenommen hatte. Und Salomo beantwortete alle ihre Fragen; kein
Ding war dem König verborgen, daß er ihr nicht Bescheid gegeben
hätte. Als die Königin von Saba die ganze Weisheit Salomos sah
und das Haus, das er erbaut hatte, und die Speisen auf seiner Tafel
und die Sitzordnung für seine Diener und die Aufwartung seiner
persönlichen Bediensteten und ›seine‹ Kleidung und seine Getränke (oder: Trinkgeräte) und ›seine‹ Brandopfer, die er im Hause
Jahwes darbrachte, da ging ihr der Atem aus, und sie sprach zum
König: Es ist wirklich wahr, was ich in meinem Lande gehört habe
über deine Aussprüche und über deine Weisheit. Ich habe den
Worten nicht geglaubt, bis ich kam und mit eigenen Augen sah –
und siehe, nicht (einmal) die Hälfte war mir mitgeteilt worden; du
hast an Weisheit und Wohlstand das Gerücht übertroffen, das ich
gehört hatte.

Glücklich sind deine ›Frauen‹, glücklich sind diese deine Diener,
die ständig in deinem Dienst stehen und deine Weisheit hören.

Gepriesen sei Jahwe, dein Gott, der Wohlgefallen an dir hat, so
daß er dich auf den Thron Israels setzte; weil Jahwe Israel ewiglich
liebt, hat er dich zum König gemacht, um Recht und Gerechtigkeit
zu üben.

Darauf schenkte sie dem König einhundertzwanzig Talente
Gold und Balsamöl in sehr großer Menge und Edelsteine; nie mehr
kam so viel Balsamöl herein, wie es die Königin von Saba König
Salomo schenkte.

König Salomo dagegen erfüllte der Königin von Saba jeden
Wunsch, den sie aussprach, abgesehen davon, daß er ihr Geschenke machte, wie es der Freigebigkeit des Königs Salomo entsprach. Dann zog sie mit ihren Dienern wieder in ihr Land.

Das Gewicht des Goldes, das für Salomo in einem einzigen Jahre

hereinkam, betrug sechshundertsechsundsechzig Goldtalente, ab-
gesehen von den den Händlern ›auferlegten Abgaben‹ und dem
›Handelsgewinn‹ der Kaufleute und aller Könige Arabiens und der
Statthalter des Landes.

König Salomo ließ zweihundert Langschilde aus legiertem Gold
anfertigen – mit sechshundert Schekel Gold überzog man den einzelnen Langschild – und dreihundert Rundschilde aus legiertem
Gold – mit drei Minen Gold überzog man den einzelnen Schild. Und
der König ließ sie in das Libanonwaldhaus bringen.

Und der König ließ einen großen Elfenbeinthron anfertigen und
ihn mit gediegenem Gold belegen. Der Thron hatte sechs Stufen,
und einen runden Kopf hatte der Thron auf seiner Rückseite und
Armlehnen zu beiden Seiten der Sitzfläche. Zwei Löwen standen
neben den Armlehnen; und zwölf Löwen standen auf den sechs
Stufen hüben und drüben. Dergleichen ist nicht angefertigt worden
für ›irgendein Königreich‹.

Und alle Trinkgefäße des Königs Salomo waren aus Gold, und
alle Geräte des Libanonwaldhauses waren aus lauterem Gold. Silber wurde in den Tagen Salomos als nichts geachtet.

Denn Tarschisch-Schiffe hatte der König auf dem Meer zusammen mit den Schiffen Hirams; einmal in drei Jahren kamen die Tarschisch-Schiffe und brachten Gold, Silber, Elfenbein, Affen und Paviane.

König Salomo war größer an Reichtum und Weisheit als alle Könige der Erde; und alle Welt suchte Salomo auf, um seine Weisheit
zu hören, die Gott ihm ins Herz gegeben hatte. Ein jeder brachte
sein Geschenk: silberne und goldene Geräte, Gewänder, Waffen,
Balsamöle, Pferde und Maultiere – Jahr um Jahr. Und Salomo
häufte Wagen und Pferde an. Er besaß vierzehnhundert Wagen und
zwölftausend Pferde und ›legte‹ sie in die Wagenstädte oder in die
Nähe des Königs in Jerusalem. Und der König machte das Silber in
Jerusalem so zahlreich wie die Steine und die Zedern wie die Maul-
beerfeigenbäume in der Schefela.

Die Einfuhr der Pferde, die Salomo besaß, erfolgte aus Ägypten,
und zwar aus ›Koa‹. Die Händler des Königs pflegten ›sie aus Koa‹
gegen Bezahlung zu holen. Und es kostete beim Export ein Wagen
aus Ägypten sechshundert Schekel Silber und ein Pferd einhundert-

fünfzig Schekel. Und ebenso ›wurden‹ sie durch sie an alle Könige der Hetiter und die Könige der Aramäer ›exportiert‹.

Mehr über die Größe und Weisheit Salomos berichtet selbst die Bibel nicht.

Je länger wir der Geschichte von König Salomo in diesem Abschnitt aus dem ersten Buch der Könige zuhören, desto deutlicher wird uns, daß hier die Züge einer Sehnsuchtsmalerei eines sich vollendenden Märchens in Worte gekleidet werden. So wie ein Verhungernder träumt von einem Laden voller Nahrungsmittel, wie ein Verdurstender mitten in der Wüste sich vorstellt, daß Bäche fließen und Flüsse ihn umrauschen, so scheint die Macht der Niederlage, der Schande und der Zerstörung am Ende des israelitischen Königtums die Theologen wie das Volk dahin zu bestimmen, in immer kühneren Farben die verlorene Herrlichkeit zu malen und die einstige Größe zu bedauern und zu betrauern, aber auch zurückzuwünschen. Alles, was einmal war, wird sich verdichten in der Phantasie des Messias, der am Ende der Tage kommen wird, um die Größe wiederherzustellen, die am Anfang einmal, wie man jetzt glauben möchte, bestand.

Es gibt immerhin ein paar historisch tragfähige Mitteilungen aus der deuteronomistischen Grundschrift auch. Folgen wir ihnen, malt sich entlang der hier getroffenen Feststellungen das Bild des Königs Salomo weniger herrlich und großartig. Wir werden das, was er tat und bedeutete in seiner Zeit, fast gering veranschlagen müssen. Aber wenn wir ein Stück die Wirklichkeit historisch zu rekonstruieren versuchen, in welcher dieser große Herrscher Israels lebte, vermögen wir nur um so deutlicher zu sehen, was die Phantasie und Sehnsucht an ihm ergänzte, und in diesem anderen malt sich vieles auch an Beschreibung unserer eigenen Existenz von der Würde und der Größe dessen, was ein Mensch sein könnte, wenn er sich entschlösse, königlich zu sein.

Beginnen wir bei den historischen Mitteilungen. Es geht los damit, daß König Salomo an Hiram von Phönizien zehn Städte abgetreten hat. Das ist gegen israelitisches Recht. Man denkt so ähnlich wie beim Antritt eines Bundeskanzlers bei Übernahme seines Amtes, wenn er unter Eid schwört, das Wohl seines Volkes zu *vermehren*. Ein König, der zehn Städte seinem Nachbarn gibt, vermindert das Wohl seines Volkes, und er dürfte so etwas überhaupt nicht tun, lebten in diesen Städten Israeliten. Alles spricht dafür, daß die Reichsausdehnung, die David militärisch erfochten hat, im Norden sich nicht länger halten läßt. Die Militärmaschinerie fordert ihren Tribut, die aufwendige Bautätigkeit in Jerusalem vollends scheint das Volk ausgezehrt zu haben. Es ist nicht mehr möglich, Städte in großräumigen Gebieten zu halten, die von den Fremdländischen bewohnt werden. Das war wohl der Grund, daß Salomo genötigt war, die Grenzen zurückzunehmen und an Phönizien abzutreten, was in Wirklichkeit nichts weiter war als von Israeliten besetztes Kanaanäergebiet. Das scheint das historische Faktum. Aber sagen Sie selbst: darf es, kann es dabei bleiben, wenn Salomo der größte und der herrlichste und der mächtigste aller Könige war? Nein und abermals nein, sagen die Redakteure der späteren Zeit. Das erste: Salomo hat die zehn Städte lediglich getauscht gegen unvergleichlich viel Gold. Es war ein Handelsvertrag zum Vorteil des gottauserwählten Volkes. Und mehr noch: Was er Hiram von Phönizien überließ, als dieser kam, es anzusehen, das heißt zu inspizieren und damit in Besitz zu nehmen, war erkennbar etwas Unwertes, völlig Zweitrangiges. Der Handel wurde nicht nur zum Wohle Israels, sondern zum Nachteil der Fremden eingefädelt; doppelter Grund also, zu glauben, der König hätte – modern gesprochen – seinen Amtseid gehalten. Er hat die andern übers Ohr gehauen oder hinters Licht geführt; das ist Politik, wie man sie rühmen mag, damals wie heute, so scheint es. Dahinter steht eine Volksüberlieferung vermutlich, die erklären will, daß das Gebiet Kabul verwandt sei hebräisch womöglich mit »kebal – soviel wie nichts«, wenn man es sehr frei übersetzt. All das kann nicht wahr sein; die Städte liegen im fruchtbarsten Teil von Galiläa, die Einbuße muß einmal sehr geschmerzt haben.

Es genügt, daß wir fünf Bibelverse lesen, und wir begreifen, daß wir nachschauen müssen fast so ähnlich, wie wenn man den Träumen aus der vergangenen Nacht zuhört, indem man sich interessiert für die biographischen Malereien, die ein anderer von seinem Leben uns anvertraut. Wenn er am meisten insistiert und ins Positive zu schildern versucht, dürfen wir vermuten, er verdrängt eine Wahrheit, die ihm peinlich ist oder schmerzhaft. Was aber ist daran so peinlich und schmerzhaft, dem Frieden zuliebe Gebiete dranzugeben, die man womöglich nie hätte erobern sollen? Wenn wir von der Weisheit Salomos hören, ist dies historisch das am meisten Beglaubigte: daß er den Krieg nicht nach dem Vorbild seines Vaters immer wieder vom Zaune brach, und daß er im Innern Konsolidierung und Frieden wollte, notfalls, wie wir hier hören, auch durch Gebietsabtretung. Wollte man genau nachschauen, wäre diese Politik gar nicht so falsch und besser sogar, als die machtgierigen, eitlen und geckenhaften Übermalungen der Späteren. Diese können wir bestenfalls verstehen als Korrektur an einem Leid, das man überwinden möchte, Balsam und Trost einer späteren Zeit, die sich verklärt sehen möchte in der früheren.

Es geht nicht viel anders weiter mit der nächsten Mitteilung, daß Salomo sich hervortat als Seefahrer. Das ist eine Tugend, die den Israeliten im Grunde nie zugekommen ist, eine Seefahrernation waren sie in biblischen Zeiten nie und nimmer. Eine einzige Ausnahme soll hier erwähnt werden: daß Salomo es war, der gemeinsam mit dem Phönizierkönig Hiram im Süden bei Elat einen Hafen anlegte und mit Schiffen in das sagenhafte Land Ofir gefahren sei. Wo das nun liegt, ist für Archäologen und für Bibelforscher gleichermaßen ungelöst wie spannend. Zwischen dem Horn von Afrika und Indien ist so ziemlich jede Region einmal vorgeschlagen worden, das verdächtige Ofir zu sein. Was hinter all dem steht, sieht, bei Licht betrachtet, wieder nüchterner aus. Nicht Salomo ist da der eigentliche Seefahrer, sondern wir dürfen denken, daß die Phönizier, ein wirklich seekundiges Volk, Erbauer von Großseglern, mit Handelsrouten bis zur Küste Spaniens, bis nach Tarschisch, mit Langschiffen ihren Handel auch ins Rote Meer vortragen wollten. Dazu brauchten sie nun allerdings das Durchzugsrecht durch das Gebiet Salomos, und so könnten wir denken an ein phönizisches Joint-venture, ein gemeinsames Unternehmen, das uns lediglich ein Stück übertrieben aus israelitischer Sicht hier geschildert wird. Tatsache ist, daß ein Hafen nötig war, und wir dürfen vermuten, daß er im Norden des Golfs von Akaba bei Jeseret-Pharaun gelegen hätte. Die Archäologen meinen, daß zwischen 1400 und 1200 bereits die Ägypter dort einen Erzhafen angelegt hatten. Nötig wird's dabei gewesen sein, das Volk der Edomiter aus dem Spiel zu halten, und das dürfte in der Tat in der Nachfolge Davids eine politische Größe in der Machtverwaltung Salomos gewesen sein. Bleibt noch die Frage, wie man die Fertigbauteile für die Schiffskörper auf die Reede von Jeseret-Pharaun über den langen Raum von Phönizien durch Israel und Juda bis zum Roten Meer transportiert hat; niemand weiß das – Ochsenkarren, Sklaven? – eine Bau- und Meisterleistung jedenfalls phönizischer Architekten und Schiffsbaumeister.

Das, was von Ofir eingetrieben wird, ist vor allem Gold, und spätestens an dieser Stelle verläßt uns der Glaube an die Güte und Größe Salomos. Wo gibt es Völker, die einfach Gold abtreten, ohne irgend etwas dafür zu bekommen? Geschichten dieser Art kennen wir bis hinein ins christliche Abendland, wie die spanischen Karavellen von Mexiko zurückkehren, ihre Bäuche gefüllt mit Gold, und jeder weiß, wie im 16. Jahrhundert man an den Besitz der Azteken und Mayas kam: durch Plünderung, Raub, Mord und Totschlag. Dann muß man sich das Gefälle zwischen den Kolonialisten und Ausbeutern und den Unterworfenen und Ausgebeuteten möglichst groß vorstellen. Daß in Küstennähe Schiffsmannschaften ins Land einbrechen und plündern – so etwas dürfte als erstes nach Somalia zu verlegen sein. Auch die Ägypter waren darin groß, von Norden her Nubien auszuplündern nach Goldschätzen. Möglich sogar, daß die Phönizier nun von der anderen Landseite ein Ähnliches vorhatten und daß Salomo irgendwie sich daran beteiligt hat.

Es beginnt langsam uns zu bröckeln unter dem großen Bild Salomos. Spätestens bei der dritten Information müssen wir lange kauen, bis wir die Brocken verdauen können, die uns da vorgesetzt werden. Beim Bau des Tempels und des Palastes und der Stadtanlagen des legendären Millo insbesondere soll Salomo Fronarbeiter eingesetzt haben. Das ist kein Gerücht, sondern absolute Gewißheit. Fronarbeit ist soviel wie, daß man Menschen abkommandiert zur Sklaverei bei bestellter Arbeitsleistung, als sprechende Tiere gewissermaßen; der gesamte schwere, mechanische Teil der Arbeit, für den es Einsatz von Maschinen nicht gibt, muß von Menschen bewältigt werden. Das geschieht unter Salomo, und wir müssen denken, es geschieht vor allem, indem man aus dem Nordreich Israeliten in den Süden preßt. Wir werden später noch hören, daß genau an dieser Stelle der Bruch zwischen dem Norden und dem Süden erfolgen wird; fast malt sich hier eine Szene schon, die wir kennen ganz am Anfang der Geschichte des auserwählten Volkes. Hatten wir das nicht schon einmal gehört, wie man an den Ufern des Nils Juden zwingt, Fronarbeit zu leisten für den König von Ägypten, Sklave zu sein und das Recht des Aufenthalts in fremdem Land zu erleisten und zu erschuften? Genau das, wovor man aus Ägypten floh, um die Freiheit zu gewinnen, kehrt jetzt zurück unter König Salomo. Die schlimmsten Warnungen, die wir hörten aus dem Munde Samuels, ein König werde dem Volk die Freiheit nehmen und es ausbeuten zu seinem Machtvorteil, das Königtum nach dem Vorbild anderer Völker sei nicht der Aufstieg der Kultur, sondern der Verfall der Menschlichkeit, scheint sich jetzt zu bewahrheiten.

Nur ganz umgekehrt drehen es erneut die Redakteure späterer Tage. Und jetzt muß man zuhören, wie selbst die Phantasie der Verklärung rückwärts ins Bittere gerät. Nichts davon, daß Salomo das eigene Volk zu Sklavendiensten herangezogen hätte, sondern umgekehrt wird behauptet: überhaupt keine Israeliten wurden in Dienst genommen, sondern nur – nur! – Kanaanäer. Die Israeliten, so hören wir, waren in den Tagen Salomos Beamte, Aufseher, Wagenlenker, Krieger und Kommandeure. An diesen Mitteilungen stimmt nicht das geringste. Mit Kampfwagen umzugehen vermochten einzig die Kanaanäer; Salomo war auf sie angewiesen, sie waren seine angeworbene Soldateska. Der Verwaltungsapparat mußte übernommen werden aus der Kultur des Landes, in das man eingedrungen war. Kanaanäer waren es, die behilflich sein mußten bei der Staatsführung, Jebusiter insbesondere in Jerusalem. Aber wie auch immer, was ist das für ein Denken, das darin besteht: *wir* haben all die Rechte, und um so größer sind wir, als wir andere in den Staub treten, und wir haben ein gutes Recht sogar von Gott verbrieft dazu, mit anderen Menschen so zu verfahren? Da wird's zum Wunschtraum schließlich, die anderen abhängig gemacht zu haben, ausgenutzt zu haben und ausgepreßt zu haben zum eigenen Vorteil. – Es gibt eine famose Lehre in der katholischen Kirche, die darin besteht, die Gläubigen zu versichern, daß die Bibel Gottes Wort sei,

sie sei wahr in jedem Betracht, vornehmlich dem religiösen Inhalt
und der Sittenlehre nach, die sie vertritt. Als man dann merkte, daß
die Bibel aus vielen Schichten sich aufbaut, zu ganz verschiedenen
Zeiten geschrieben wurde, erklärte man, daß der letzte der Redakteure derjenige sei, der von Gott inspiriert wurde; wie er das vorlie-
gende Material zusammenforme, das trage den Geist Gottes. Machen wir an dieser Stelle die Probe. Die letzten Redakteure waren
die nomistischen Deuteronomisten, die genau diese Phantasien vor-
trugen, Israel wäre dazu bestimmt und hätte den Gottessegen, die
anderen Völker in Dienst zu nehmen und in den Nacken der Feinde
die eigenen Füße zu stemmen, bis daß sie Staub fressen und die
Befehle befolgen, die man ihnen einpeitscht und vorschreibt. Das
sollte Gottes Geist tragen? – Es war die Verzweiflung des Blaise
Pascal im 16. Jahrhundert in seinen »Gedanken«, in seinen »Pen-
sées«, als er, entsetzt über die Geschichte der Menschen, nachsann,
was denn Recht sei. Wie ist das möglich, fragt er, daß, statt ein
allgemeines Menschenrecht für jeden gültig zu formulieren, ein paar
Breitengrade auf der Welt vollkommen andere Satzungen zur Folge
haben, daß das Recht, das in dem einen Land gilt, jenseits der
Grenze keinerlei Gültigkeit mehr besitzt? Wie ist es möglich, daß ein
kurzer Wandel der Zeiten, die Verschiebung um ein paar Jahre nur,
aus Recht Unrecht und aus Unrecht Recht zu machen scheint? Er
schreibt am Ende: Weil man das Recht nicht fand, erfand man die
Gewalt, und fügt hinzu: Das Allerlächerlichste ist doch dies, daß
jemand auf der anderen Uferseite das Recht hat, mich zu töten, weil
sein König mit meinem Krieg hat, obwohl ich ihm selber nie etwas
getan habe. Man muß noch hinzufügen, was Pascal nicht sagt: Das
Recht, mich zu töten, ist identisch mit der Pflicht, so zu tun! Da
genügt es, getrennt zu sein durch fünf Meter Wasserlauf, und es gibt
eine Gemeinsamkeit der Menschen scheinbar gar nicht mehr. Da
gehören Menschen auf beiden Seiten zusammen und sie könnten
Freunde sein, aber auf irgendeiner höheren Ebene der verordneten
und verwalteten Macht hat man beschlossen, Krieg zu führen, und
also sind die Bürger dieses Landes bis zur Uferseite dieses Flusses
gehalten und verpflichtet, zu töten die Menschen auf der anderen
Seite, und das im Namen Gottes, mit dem Segen Gottes? – Wir gedenken im Abstand von vor fünfzig Jahren des Endes des sogenann-

ten Zweiten Weltkriegs, und man darf sicher sein, daß die katholische Kirche vieles tun wird, die Spuren aus jener Zeit so zu verwischen, daß man der Opfer der schlimmen Bombardements gedenken wird, des allgemeinen Entsetzens und der Not in jenen wirren Zeiten, aber man wird kaum berichten davon, in welch einen Rausch, in welch eine Hysterie man religiös sich hineingeredet hat, als Frankreich kapitulierte, als Skandinavien erobert wurde in wenigen Wochen, wie man die Glocken läutete unablässig, um den Sieg würdig zu feiern, und es gab keine Skrupel, nicht die geringsten, nicht irgendein Bedenken an die Zehntausende von Toten, an das Ausbluten und die Gewalt in den besetzten Ländern, nicht einmal 1939, 1940, nicht kirchlicherseits, nicht dreitausend Jahre nach Salomo. Und sollten wir nicht denken, die Schuld daran trägt ein Text wie dieser, der uns versichern möchte, es ginge mit rechten Dingen zu, Kanaanäer zu Staatssklaven zu erklären und sich selber mit dem Schein der Größe des militärischen Triumphs zu schmücken, die Kriegswagen hätten die Israeliten geführt, – sie waren sozusagen die Panzerfahrer, standen im Kommandoturm, als man in Feindesland hineinbrauste? – Wenn wir diesen Wahn nicht als unheilig und ungeistig begreifen, obwohl er aus der Feder der letzten Redakteure dieser Texte stammt, werden wir die Geschichte niemals ändern. Fast muß man sagen: Gott sei Dank war Salomo ohnmächtig genug, um so schlimm zu sein, wie man ihn später malt.

Dann bleiben ein paar andere Dinge noch: daß Salomo Tarschisch-Schiffe benutzt hätte im Golf von Akaba, im Roten Meer. Da dürfen wir denken, er hat Mannschaften gestellt, die auf den Schiffen der Phönizier Dienst taten, Söldner also in fremden Diensten zu gemeinsamem Vorteil bei gemeinsamen Expeditionen.

Zugeschrieben wird in der deuteronomistischen Grundschrift ihm noch, daß er mit Pferden gehandelt habe, die aus Koë kamen. Auch da wissen wir nicht genau, was wir davon halten sollen. Klar ist, daß seit Amenhotep II. im 15. Jahrhundert v. Chr. die Ägypter von den indogermanischen Mitanni die Pferdezucht übernahmen, vor allem die Wagen hinter den Pferden kunstfertig bauen und exportieren konnten, und daß das Gebiet, in dem Salomo herrschte, ein Durchzugsland für solchen Handel war. Gedacht hat man deshalb daran, daß die Pferde aus Ägypten gekauft und verkauft wurden. Wahrscheinlich aber liegt Koë irgendwo in Kilikien, und Salomo mußte froh gewesen sein, selber Pferde zu erwerben. Wie auch immer, ganz sicher bleibt, daß er Garnisonen anlegte, daß er ein System von Stützpunkten einrichtete und daß Archäologen heute Städte wie Hazor oder Megiddo ausgraben konnten und feststellten, daß sie alle nach derselben Blaupause gebaut wurden, ungefähr so, wie wenn in zweitausend Jahren Archäologen Nordrhein-Westfalen um und um pflügen und feststellen, daß die Universitätsgebäude in Bochum und Paderborn alle nach demselben Muster entstanden sind; nicht sehr viel Phantasie gehörte dazu, aber praktisch und vernünftig war es zur militärischen Sicherung des einmal Erworbenen. Das alles läßt sich historisch rekonstruieren und ist interessant für den Geschichtsunterricht. Wir hören da auf, weil, wenn wir so weitermachen, wir nichts weiter mehr haben als eine Mischung aus begründeten Hypothesen, Wahrscheinlichkeiten, historischen Informationen, die wir beliebig, doch religiös nutzlos verlängern können.

Es gibt eine Geschichte, die einen gänzlich anderen Horizont aufweist. Sie ist eine rein erfundene Erzählung, später hineingefügt, aber sie eigentlich ist die Perle der ganzen Überlieferung von Salomo. Das ist die Geschichte vom Besuch der Königin von Saba in Jerusalem beim König Israels. Diese Geschichte erneut ist ein Märchen, aber wer diese Episode versteht, begreift noch einmal, wie vom Zentrum eines Lichtpunktes her in den verschiedenen Strahlenrichtungen, wie all das zu lesen ist, was wir eben historisch gehört haben. Vorweg zur Ernüchterung: Eine Königin von Saba wird es und kann es nicht gegeben haben. Das Reich der Sabäer ist uns bekannt, aber es hat niemals Königinnen gekannt. Man hat dort geglaubt an den Mond, und man hat einen Priesterkönig gehabt, der das Volk der Sabäer kulturell führte. Vermutlich stammt die Kunde von den Sabäern hier von einem kleinen Nomadenstamm im Norden der arabischen Halbinsel; im ersten Buch Ijob werden diese als räuberische Nomaden erwähnt. Es möchte sein, daß dort eine Königin regiert hat und daß man später das Reich der Sabäer im Süden, mächtig und groß im heutigen Jemen, vermischt hat mit diesem kleinen Nomadenvolk. Wie auch immer, was hier erzählt wird, ist eine große Begegnung. Wir müssen lediglich noch ein paar spätere

Eintragungen auch hier wegnehmen, und wir begreifen plötzlich Salomo als die Gestalt eines Märchens von überragender Schönheit. Wegnehmen müssen wir, daß, statt von der Weisheit des Königs, die Rede geht von der Pracht seiner Speisen am Hof, den Gewändern, dem Zierat und dem Prunk, der dort getrieben wurde – das alles weist wieder in andere Richtung. Da geht's nicht um Weisheit, sondern um Krimskrams und Äußerlichkeit. Der Grundtext dieser Legende aber sagt nichts weiter, als daß von fern her, egal woher, eine Königin kam, deren Namen wir nicht kennen – die Legende nennt sie später Bilkis – und sei zu Salomo gekommen, einzig seiner Weisheit wegen. Das nun ist ein wirkliches Motiv. Denken wir uns, es sei ein wirklicher König, der nicht seine Größe setze in Macht, Militär, Gewalt, Unterdrückung, Sieg, sondern in Güte und Schönheit, und es würde einmal auf Erden die Vorbildgestalt des Männlichen nicht definiert durch Kampf, Töten, Niederringen von Widerständen, die man selbst geschaffen hat, sondern durch Vernunft, Einsicht und Menschlichkeit. Wir hören an dieser Stelle von dem Inhalt der Weisheit gar nichts; die Königin von Saba sei gekommen, Rätsel zu stellen und gelöst zu finden, gewissermaßen Kabinettstücke der Unterhaltsamkeit, erzählt uns der Text, aber darum wird's nicht zu tun gewesen sein. Es kann im sechsten Kapitel des Matthäus Jesus später davon reden, daß Menschen, die ihm zuhören, einfache Leute aus dem Staub der Straße, aus den Gassen Galiläas, wenn sie nur ein Stück verstehen von der Güte der Macht, die sie umgibt und trägt, größer und schöner sind als Salomo in all seiner Herrlichkeit. Wir müßten entsprechend dieser Legende aber sagen: es geht nicht um die Herrlichkeit Salomos, es geht um die Tiefe seiner Einsicht, seiner Weisheit in der Menschenkenntnis. Die Legenden später, zum Beispiel die 27. Sure des Korans, berichten, daß das eigentliche Rätsel, das die Königin von Saba Salomo gestellt habe, darin bestanden habe, wie er vermöge, eine Frau zu erkennen, die verkleidet vor ihm steht. Da wäre immerhin eine Andeutung: Weisheit liege darin, einen Menschen zu erkennen und lieben zu lernen in seiner Eigenart. Mohammed berichtet sogar, daß Salomo nicht nur ein Herrscher über Menschen war, sondern über alle Geister, und Macht sogar gehabt habe, die Sprache der Tiere zu verstehen. Drum heißt die 27. Sure auch die Sure der Ameise. Die Tiere

nämlich hatten Salomo darauf hingewiesen, daß im Süden eine
machtvolle Königin sei, die an Allah noch nicht glaube; Geister hätten ihren Thron nach Jerusalem gebracht, noch eh' sie selber sich
aufgemacht habe, sich zu unterwerfen und der drohenden Kriegführung des mächtigen Königs zuvorzukommen. Aber als sie in den
Palast kam, habe sie die sich spiegelnden Gläser im Boden geschaut
und, in der Meinung, es handele sich um Wasser, das sie durch-
schreiten müsse, habe sie nach Frauenart ihre Kleider gehoben, und
daran habe Salomo sie als Frau erkannt. Das alles ist eine recht
märchenhafte Überlieferung im 7. Jahrhundert nach Christus.

Nehmen wir das Motiv solcher Ausschmückungen aber als das
Eigentliche, sollten wir denken, Salomos Weisheit habe zwei Rich-
tungen: die Erkenntnis Gottes und die Erkenntnis des Menschen.
Und nun sollten wir denken, daß Weisheit und Schönheit, Würde
und Anmut im Sinne Schillers zusammenkämen und sich paarten
zu der Gestalt einer einzigen Großherzigkeit und Menschlichkeit.
Dann wäre diese kleine Erzählung das Ende der Projektion des
Ideals eines nur äußerlich mächtigen Mannes. Plötzlich erführen
wir, daß Salomo der Ergänzung bedürftig gewesen sei durch eine
Königin. Bilder sind dies, mit denen immer wieder in der Psychologie, in den Märchen gespielt wird. Bis hin zur Alchemie, zu den
Tarot-Karten geht es immer wieder um die Konstellation von König
und Königin, von Denken und Gefühl, von Außen und Innen, von
Wollen und Lieben. Und wie beides zur Einheit kommt und miteinander verschmilzt, scheint das Geheimnis des ganzen Menschenle-
bens. Was Salomo so faszinierend macht quer durch die Jahrtausende, ist buchstäblich die Wallfahrt seiner eigenen Seele zum Thron
der Macht, die sich auflöst in der Zuneigung, der Menschlichkeit und
der Liebe. – Wir könnten's übertragen auf so viele Ebenen. Wie viele
Menschen zwingt man nach der Art Salomos, zu streiten, zu kämpfen, zu opfern, Erfolg zu haben, alles mögliche zu unternehmen, und
immer wieder wird es erkauft durch Qual, Unterdrückung, Zwang
und Unfreiheit. Wär's nicht die Erlösung eines solchen Königs
selbst, ihm würde irgendwann das Bild seiner eigenen Sehnsucht,
seiner Anima, die Gestalt einer zauberhaften Frau begegnen, die ihn
reich macht, ihn, den vermeintlich so Überreichen, schon durch ihre
Gegenwart, und indem er, der König, ihr anvertraut, was immer

seine Gastfreundschaft erübrigt, fühlte er selbst sich beschenkt? Es wäre die Liebe hier, die Mann und Frau vereint und darin den ganzen Menschen zum Ziel hat. Die Rede geht von Gott, wie er wirkt in der menschlichen Geschichte, aber am tiefsten erzählt's uns die Bibel in einem solchen Märchen, das über alle Zeiten ausgreift auf uns selber. Da müßten wir uns rückwärts nun fragen: Was ist denn ein König, besser: ein königlicher Mensch? Und die erste Antwort wäre: Er ist jemand, der sich selber kennengelernt hat in den Schichten seines noch nie gelebten Lebens, in den Motiven, die hinter seinem Tun stecken, in den Seelenanteilen, die er nach weit weg verdrängt hatte, zugehörig einer vermeintlich ganz anderen Welt. – Selbst im Raum des Religiösen wartet diese Ergänzung ihrer Entdeckung. Eine kleine Geschichte erzählt einmal, daß in den Zeiten, da die Religion verfolgt wurde, voller Not die Heilige Schrift, die Frömmigkeit und die Nächstenliebe zum Throne Gottes flüchteten und rangen um den Beistand des Allmächtigen. Wenn es so weitergeht, sagten sie, haben wir keinen Ort mehr auf Erden, und es wird alles einstürzen. Aber Gott sagte zu der Heiligen Schrift, zu der Frömmigkeit und der Nächstenliebe: Ich sende statt euer etwas Besseres zur Welt. Was kann denn das sein? fragten die drei. Und Gott antwortete: Nützlicher als das Lesen der Heiligen Schrift, besser als das Üben der Frömmigkeit und wahrhaftiger noch als das Tun der Nächstenliebe ist die Selbsterkenntnis; *sie* will ich bringen zu den Menschen, auf daß sie alle Gewalt und allen Fanatismus besiegte. Und dann wird es wieder geben Nächstenliebe und Frömmigkeit und heilige Kunde. – Ein kleines Märchen über König Salomo, der sich selber begegnet in der Gefährtin, die zu ihm wallfahrtet seiner Weisheit wegen, würde uns das Bild einer Selbsterkenntnis zeigen, die tatsächlich einen königlichen Menschen aus einem jeden von uns machen könnte.

Es hätten dann sogar die anderen Motive von der Besiedelung, der Kolonisierung noch unentdeckter Ländereien, einen psychisch unverdächtigen Sinn. Denn gerade so sollte es sein: bis zu den Rändern dürften und müßten wir uns selber erforschen und kennenlernen und heimholen, bis daß aller Reichtum sich fügt in unseren Händen. Je nachdem wie wir's lesen, ist es die Ideologie äußerlicher Gewalt oder ein Zeugnis der Möglichkeit, innerlich zu reifen.

Einen Schritt weiter noch, und wir hören von dem Thron, auf dem

Salomo saß. In ihm kommt der Text dieser Schilderung beinahe zum Abschluß. Berichtet wird uns von den sechs Stufen, die dieser Thron besaß; an den Flanken jeweils die Bilder von Löwen, und versichert wird uns, daß ein solcher Thron wie der des Königs Salomo nirgendwo sonst zu sehen war. Diese Hinzufügung wiederum ist historisch absolut unwahr. Einen Thron wie diesen vielmehr kann man betrachten vor allem im antiken Ägypten. So wenig wie Salomos Tempel sein eigenes Werk war, so wenig der Thron, auf dem er saß. All das, kulturell, ist Import aus heidnischem Land. Gerade deshalb aber: Wieviel an verdichteten Symbolen zeigt sich selbst an der Stätte, da der König Platz nimmt, um Herrscher zu sein!

Die sechs Stufen gipfeln in dem Thron selber als der siebten Stufe eines ansteigenden Hügels. Wir dürfen denken, daß darin das Bild eines altorientalischen, mesopotamischen Tempels, des Zikkurat, wiedererscheint. Da wäre ein Weltenberg auf der Erde, der zum Himmel führt. Da wären die Stufen des Himmels selber in sieben Etappen, und im Kern von allem, im Gipfel- und Scheitelpunkt des Ganzen, ruhte der König. Was ist ein königlicher Mensch? Wir sagten soeben: jemand, der Weisheit und Liebe, Macht und Schönheit, Geist und Gefühl in sich vereint. Wir können jetzt sagen: Ein königlicher Mensch ist jemand, der zwischen Himmel und Erde vermittelt, der den Ort findet, wo die Sterne den Staub berühren. Ein königlicher Mensch ist in der Achse zwischen Himmel und Erde ausgespannt, und er schreitet höher und höher hinan zum Weltenberg, bis ihm die Erde, sein eigenes Leben, unter den Füßen liegt.

Die Bilder des Löwen rechts und links wieder mag man als eine Pose mißverständlicher und mißverstandener Menschlichkeit deuten. Da ist ein Mann soviel wert, wie er als das Königstier das Maul aufreißt und tapfer brüllt und mit den Pranken um sich schlägt. So etwas will man nicht mehr, auch wenn's in der Bibel steht, auch wenn's quer durch die Thronanlagen der Herrscher des ganzen Abendlandes reicht. Aber wollte man sagen: Ein König auch ist jemand, der innerlich stark wird, so gestützt und gesichert unter der Kuppel des Firmaments, daß er auf Gewalt verzichten kann, unbedroht genug, um frei zu sein, dann hätten wir ein wahres Bild von dem, was wir selber als Könige sein könnten. – Und schließlich noch der Pferdehandel, der historisch mit Salomo in Verbindung gebracht wird, ein Nebenmotiv. Aber wir können auch darin so etwas sehen wie ein Symbol. Es waren die Griechen vor allem, die uns die Reitervölker schilderten als mythische Fabelwesen, als die Zentauren, Menschen auf Pferden, der Leib ein Tier, das Haupt ein Mensch, unheimlich für das Kulturvolk der Griechen. Immer wieder malten sie den Kampf zwischen den Göttern und den Zentauren und schilderten darin im Grunde die Herrschaft der Vernunft über den Trieb. Wie aber, wir würden den königlichen Menschen uns vorstellen als jemanden, der im Besitz seiner selbst nicht länger mehr sich unterdrücken, dressieren, am Zaum führen, mit den Fersen die Sporen geben müßte, sondern wir sähen in einem wahren, einem königlichen Menschen das Ideal einer Persönlichkeit verkörpert, die zwischen Kultur und Natur, Sinnlichkeit und Sittlichkeit, Trieb und Vernunft diesen zerreißenden Gegensatz nicht länger kennt, vielmehr ein einziges Wesen ist, geschlossen in sich selbst, und wir hätten's in allen drei Arten vor Augen stehen: Richtig zu leben, das hieße, die Liebe zu lernen und darin die Selbsterkenntnis, das hieße, einen Ort der Ruhe zu finden, an dem ein Mensch ganz und gar dem Himmel gehört und darin Schutz und Frieden findet, und es hieße, die Einheit zu finden mit seinem eigenen Wesen. – Es gibt in der Historie viele Bilder, einen König zu malen, aber so betrachtet nur wenige, die vollkommener und vollständiger sind als diese Konturen einer märchenhaften, sagenhaften, nur teilweise historischen Gestalt.

Die Frage bleibt dann, was wir verehren: den Mann des Äußeren, der tausend Frauen hatte, Zehntausende von Pferden, den man preist dafür, wie kostbar gekleidet er ging und wie großartig er zu speisen verstand, oder denjenigen, von dem wir alles Äußere im Sinn der Bergpredigt wegnehmen und schenken sein Wesensbild den Leuten draußen, einem jeden von uns, und es gibt keine Könige mehr, die über Menschen herrschen müssen, es gibt nur noch Menschen, die sich selber gehören als Eigentum Gottes, in den Händen der Macht, die wollte, daß wir sind. Je nachdem liest sich die Bibel als Ideologie des Machterhalts, als Stützung der Institution, oder als Aufforderung, sich selber zu gewinnen und dann quasi revolutionär.

– Angeklagter, sagte der Großinquisitor, Ihnen wird vorgeworfen, Menschen ermutigt zu haben, Gesetze, Traditionen und Regeln unserer heiligen Religion zu brechen. Was haben Sie dazu zu sagen?
– Ich bekenne mich schuldig, Euer Ehren.
– Sie werden beschuldigt, des öfteren in Gesellschaft von Ketzern, Prostituierten, gemeinen Sündern, wucherischen Steuereinnehmern, den kolonialen Eroberern unseres Volkes, kurz, dem Abschaum der Gesellschaft gesehen worden zu sein. Was sagen Sie dazu?
– Ich bekenne mich schuldig, Euer Ehren.
– Man wirft Ihnen vor, öffentlich jene kritisiert und gebrandmarkt zu haben, die in der Kirche Gottes an oberste Stelle gesetzt wurden. Was sagen Sie dazu?
– Schuldig, Euer Ehren.
– Schließlich sind Sie angeklagt, die heiligen Lehrsätze unseres Glaubens revidieren, korrigieren und in Frage stellen zu wollen. Was sagen Sie dazu?
– Ich bekenne mich schuldig, Euer Ehren.
– Wie heißen Sie, Gefangener?
– Jesus Christus, Euer Ehren.

Zwischen Salomo und dem Messias kann es eine Einheit geben oder den höchsten aller Kontraste. Die Religion, der wir im 20. Jahrhundert gegen Ende immer noch angehören, hat im 4. Jahrhundert n. Chr. bereits eine Wahl getroffen. Sich entscheiden müssend zwischen dem König aus Israel und dem Kaiser in Rom, hat man gewählt den Kaiser in Rom mit einer römischen Kirche in Folge, und verstoßen hat man die Chance, den König aus Israel wiederzugewinnen und das Märchen von Salomo für wahrer zu glauben als die Historie von Salomo.

Wie liest man die Bibel? Wie versteht man die Menschen? Was können wir sein? Zwei Kapitel aus dem Erbe von fünfhundert Jahren Geschichtsschreibung und dreitausend Jahre Hypothek des Suchens, des Irrens, des Zweifelns, des Glaubens und des Hoffens. Wenn es doch möglich wäre, zu denken, Salomo trage seinen Namen zu Recht:»sein (Davids) Friede«.   *18. März 1995*

21

Und Salomo tat, was Jahwe mißfiel

MIT dem elften Kapitel des ersten Buches der Könige endet die Darstellung des Königtums Salomos und damit der Höhepunkt bereits der Geschichte der Monarchie im Alten Testament in ihrer Prachtentfaltung. Danach wird das Nord- und das Südreich, mühsam zusammengehalten bislang in der Person Davids und seines Sohnes Salomos, an den inneren Gegensätzen auseinanderbrechen, und wir werden bei genauerem Hinsehen bemerken, wodurch die inneren Spannungen sich so aufstauten, daß ein Zusammenleben in einem einzigen Staatenverband offensichtlich unmöglich wurde. All das aber berichtet uns die Bibel als den Willen Gottes selber, für uns Grund genug, erneut und abschließend jetzt uns die Frage vorzulegen, wie denn in der Bibel da von Gott die Rede geht und was wir selber religiös aus diesen Texten lernen wollen.

Wir haben die Gestalt des Königs Salomo verlassen in ihrer Eigenschaft als Hoherpriester in Israel. Wir haben miterlebt, wie er selber Opfer darbringt in dem von ihm errichteten Tempel. Es ist nicht alles eine Frage der Interpretation, aber vieles ist eine Frage des rechten Verständnisses. Bei der Auslegung der Bibel ist eine paradoxe Situation auf Schritt und Tritt anzutreffen, fast so ähnlich wie in der modernen Physik: man muß sich entscheiden, was man untersuchen will. Interessiert man sich für den Impuls, kann man nicht gleichzeitig den Ort exakt ermitteln, und bestimmt man den Ort, verschwimmt der Impuls. – Wer sich bei der Auslegung der Bibel für die konkrete Einzelheit in der Historie interessiert, muß das Reden von Gott im Äußeren belassen und wird an vielem Anstoß neh-

men. Sogar an der Art, wie die Religion im Alten Testament sich
selber interpretiert, wird uns vieles sperrig, fragwürdig, gradezu är-
gerlich erscheinen. Fragt man aber, was für eine Wirkung von der
Bibel nicht nur ausgegangen ist, sondern in gewisser Weise ausgehen könnte, interessiert man sich für die Dynamik, die in ihr enthalten sein kann, dann wird man alles konkret äußerlich Gesagte nach
innen ziehen müssen, wird in allem eine symbolische Seite erkennen
müssen.

Nimmt man König Salomo als Hohenpriester, so wie er historisch
fungierte, ist seine Wiederkehr in unseren Tagen nicht wünschenswert. Er ist dann der Repräsentant der Einheit von Religion und
Macht, wie wir sie unter keinem Umstand wünschen, die Heilig-
sprechung sozusagen der Politik als Inbegriff der Führung des Göttlichen selber. So denken wir nicht mehr, so wollen wir nicht denken,
und wir spüren, daß wir so nie hätten denken dürfen. Es scheint uns,
rückwärtsgewandt, auf reine Ideologie hinauszulaufen. Setzen wir
aber, daß das Königsein und Hoherpriestersein als ein Symbol zu
lesen wäre, so verstanden wir schon, daß es eine wunderbare Chiffre
ist, von einem Menschen so zu sprechen, daß er seiner eigenen Souveränität innewird, daß er begabt ist mit Weisheit, sich selbst zu
erkennen, und ausgestattet mit Liebe, Poesie und weltumspannen-
der Güte. Ein solches Königtum war nie in Israel, und doch rankt
sich an der Gestalt Salomos diese Vision der Menschlichkeit auf. Da
ist die unhistorische Legende von der Königin von Saba, die nach
Jerusalem wallfahrtet, endlich einem weisen Mann auf dem Thron
eines Herrschers zu begegnen, wichtiger als alle historischen Details
der Amtsführung dieses der Überlieferung nach größten Königs in
Israel. – Und ähnlich nun, wenn wir hören, er sei Hoherpriester
gewesen. Historisch bedeutete das: es gab keine andere Brücke zwischen Mensch und Gott als über Thron und Altar gleichermaßen:
der Tempel und Libanonzedern-Waldhaus. Das ist die Einheit zwischen dem König, der das Opfer bringt, und dem Priester, der sich
der Macht beugt, die Voraussetzung, daß Gott überhaupt in seinem
Volke wirken *kann*. Aber wäre es nicht denkbar, es liege, genau so
wie im Königsein, auch im Priestersein etwas, das uns menschlich
betrifft und das nachahmenswert ist in der Innenseite eines Sym-
bols? Dann sollten wir denken, es komme nicht länger darauf an, das

Priestertum institutionell-äußerlich zu halten, sondern ein jeder
Mensch könne dem andern soviel sein wie eine Brücke zwischen
Himmel und Erde. Nicht Opfer sind da zu bringen für einen stets
zwiespältigen Gott, sondern ganz im Gegenteil, Vertrauen ist da zu
gründen in der Seele eines anderen Menschen und mehr ihm an
Glauben zu schenken, als er für sich selber oft genug aufbringt. Wo
ein Mensch einen anderen so anschaut, daß es ihn aufrichtet und er
sich selber zu mögen beginnt, wo Worte ihn erreichen, in denen er
sich gemeint und verstanden fühlt, so daß er freier von sich spricht,
größer sich selbst ahnt, mutiger sich selber vollzieht, da wächst
etwas auf von einer Priesterschaft des Menschlichen, da herrscht
nicht ein König über einen Untertanen, sondern da schenkt der eine
dem andern ein Gefühl für seine unvertauschbare Würde. Dann
freilich ist diese Art von Königtum und Priestersein ein und dasselbe. Das Neue Testament glaubt diese Einheit wahrzunehmen in
all dem, was der Mann aus Nazaret tat, der die Priester im Tempel
tunlichst mied, bis er von ihnen hingerichtet wurde, und den Königen im Grunde kein Wort auch nur entgegenzuhalten sie für würdig
fand. Er war, schrieb G. B. Shaw einmal, der größte aller Revolutionäre; er hielt nicht einmal für nötig, gegen sie zu kämpfen; er untergrub einfach den Anspruch ihrer Herrschaft durch den Mut,
menschlich zu leben.

So im Bilde und Symbol gesprochen, wäre Salomo ein Vorbild für
uns, dreitausend Jahre danach. Tatsächlich aber erzählt die Bibel
äußerlich sehr anders gerade da, wo sie ernstlich religiös zu werden
beginnt. Bisher war für uns Salomo der Inbegriff üppiger Machtentfaltung, all das Legende, wie wir schon sahen, weitgehend aus dem
6. Jahrhundert nach der Katastrophe der Eroberung und Zerstörung Jerusalems durch die Babylonier geboren; jetzt aber erklärt
uns die Bibel, daß Salomo gar nicht nur der Erwählte Gottes, der
Liebling seines Vaters David, der Inbegriff von Weisheit und Frömmigkeit war; die Bibel steht plötzlich vor einem Problem, daß sie
deuten muß: warum, kaum daß Salomo tot war, sein Reich ausein-
anderbrach. Die Leute, die da Theologie treiben im sechsten vorchristlichen Jahrhundert, die sogenannten Deuteronomisten, brauchen für alles eine Antwort, sie verlangen von sich, das Warum in
der Geschichte zu kennen, und das Schema ihrer Antwort ist ein

sehr einfaches, sehr starr festgelegtes: Wer von Jahwe, der Gottheit, abweicht, wird von Jahwe, der Gottheit, bestraft. Gibt es Unglück in Israel, liegt es daran, daß man von Jahwe, der Gottheit, abgewichen ist. Und er mußte sein eigenes Volk bestrafen, und alles, was dann geschah, war eine verdiente Demütigung. Die Könige selber haben's dem mehr oder minder mitlaufenden Volk eingebrockt. Das ist fast ein Schema, wie wir es uns fünfzig Jahre nach dem Zweiten Weltkrieg ganz ähnlich zurechtlegen: Das ganze Desaster war eine irgendwie verdiente Strafe, aber es lag halt an den Führern und dem verführungsbereiten Volke. Aber wer spricht dann noch davon, welch eine Rolle die Theologen, die Propheten, der ganze korrupte religiöse Hochstand am Hofe mit seiner ideologischen Aufrüstung spielte? Viel Selbstkritisches liegt im Deuteronomismus, aber es liegt darin vieles auch an falsch Geratenem, historisch Mißverständlichem, ins Gegenteil der Wahrheit Gedrehtem, und es liegt viel darin, was uns empören muß, kaum daß wir's hören und bedenken. Die ganze Geschichte geht nun wie folgt:

Text: 1 Kön 11, 1–10. 14–37. 40–43

König Salomo liebte viele *ausländische* Frauen und die Tochter des Pharao: *Moabiterinnen, Ammoniterinnen, Edomiterinnen, Sidonierinnen, Hetiterinnen, von den Völkern, von denen Jahwe zu den Israeliten gesagt hat: Ihr sollt euch nicht mit ihnen einlassen, und sie sollen sich nicht mit euch einlassen, ›damit‹ sie nicht euer Herz zu ihren Göttern hinlenken.* An ihnen hing Salomo in Liebe. Er hatte siebenhundert vornehme Frauen und dreihundert Konkubinen. Und seine Frauen wandten sein Herz ab. *Zur Zeit, da Salomo alt geworden war, lenkten seine Frauen sein Herz zu anderen Göttern hin, so daß sein Herz nicht ungeteilt bei Jahwe, seinem Gott, war wie das Herz seines Vaters David.*

Und Salomo folgte Astarte, der Göttin der Sidonier, und Milkom, dem ›Gott‹ der Ammoniter.

Und Salomo tat, was Jahwe mißfiel, und hielt nicht treu zu Jahwe wie sein Vater David. Damals baute Salomo eine Höhe für Kemosch, den ›Gott‹ Moabs, auf dem Berg gegenüber von Jerusalem, und für ›Milkom‹, den ›Gott‹ der Ammoniter. *Ebenso tat er für alle seine ausländischen Frauen, die ihren Göttern räucherten und opferten. Da geriet Jahwe in*

*Zorn gegen Salomo, weil sich dessen Herz von Jahwe, dem Gott Israels, ge-
wandt hatte, der ihm zweimal erschienen war und der ihm gerade dies geboten
hatte, keinen anderen Göttern nachzufolgen; aber er beachtete nicht, was ›ihm‹
Jahwe befohlen hatte.*

Und Jahwe ließ Salomo einen Widersacher erstehen – den Edomiter Hadad; der stammte aus dem königlichen Geschlecht in
Edom. Als David Edom ›schlug‹, als der Heerführer Joab hinaufzog,
die Erschlagenen zu bestatten, und er alles Männliche in Edom erschlug, denn sechs Monate weilten Joab und ganz Israel dort, bis er
alles Männliche in Edom ausgerottet hatte, da war ›Hadad‹ geflohen – er und edomitische Männer, die zu den Dienern seines Vaters
gehörten, mit ihm –, um nach Ägypten zu gehen. Hadad aber war
ein junger Knabe. Sie waren von Midian aufgebrochen und nach
Paran gelangt. Aus Paran hatten sie Männer mitgenommen und
waren nach Ägypten zu Pharao, dem König von Ägypten, gekommen. Der gab ihm ein Haus und sicherte ihm Nahrung zu. Und ein
Land gab er ihm. Und Hadad fand große Gunst in den Augen des
Pharao, so daß er ihm die Schwester seiner Frau, die Schwester der
Herrin Tachpenes zur Frau gab. Und die Schwester der Tachpenes
gebar ihm Genubat, seinen Sohn, und Tachpenes richtete ihm das
Entwöhnungsfest aus im Palast des Pharao; dann blieb Genubat im
Palast des Pharao unter den Söhnen des Pharao. Als aber Hadad in
Ägypten hörte, daß David sich zu seinen Vätern gelegt hatte und
daß der Heerführer Joab tot war, da sprach Hadad zum Pharao:
Laß mich ziehen, damit ich in mein Land gehe. Der Pharao sprach
zu ihm: Was entbehrst du bei mir, daß du in dein Land zu ziehen
begehrst? Er aber erwiderte: Nicht doch – sondern laß mich wirklich
ziehen.

Und Gott ließ ihm einen weiteren Widersacher erstehen, Reson,
den Sohn des Eljada, der von Hadad-Eser, dem König von Zoba,
seinem Herrn, geflohen war. Er versammelte Männer um sich und
wurde Anführer einer Kriegsbande. [Als David sie tötete.] Sie zogen
nach Damaskus und ließen sich darin nieder und machten ›ihn‹ in
Damaskus zum König. Er war ein Widersacher für Israel während
der ganzen Zeit Salomos. [Und dazu das Unheil, das Hadad bedeutete.] Er hatte Widerwillen gegen Israel und wurde König über
Aram.

Jerobeam, der Sohn Nebats, ein Efraimit aus Zereda – der Name seiner Mutter war Zerua, eine Witwe –, der im Dienst Salomos stand, erhob die Hand gegen den König. Und dies war der Hergang, als er die Hand gegen den König erhob: Salomo baute den Millo. Er verschloß den Riß der Stadt seines Vaters David. Und der Mann Jerobeam war ein wehrfähiger Vollbürger; und Salomo sah, daß der junge Mann bei dem Werk tätig war, und er setzte ihn über die ganze Fronarbeit des Hauses Josef. *Als in jener Zeit Jerobeam einmal aus Jerusalem herausging, traf ihn auf dem Weg der Prophet Ahija, der Schilonit; dieser war mit einem neuen Gewand bekleidet. Und die beiden befanden sich allein auf dem Felde. Da ergriff Ahija das neue Gewand, das er anhatte, und zerriß es in zwölf Stücke.*

Dann sprach er zu Jerobeam: Nimm dir zehn Stücke; denn so spricht Jahwe, der Gott Israels: Siehe, ich reiße das Königtum aus der Hand Salomos und gebe dir die zehn Stämme, aber der eine Stamm soll ihm gehören um meines Knechtes David willen und um Jerusalems willen, der Stadt, die ich erwählt habe aus allen Stämmen Israels, weil ›er‹ mich verlassen hat und Astarte, die Göttin der Sidonier, Kemosch, den Gott Moabs, und Milkom, den Gott der Ammoniter, verehrt ›hat‹. Und nicht wandelte ›er‹ auf meinen Wegen, um das zu tun, was recht ist in meinen Augen, und meine Satzungen und Rechte wie sein Vater David. Aber nicht aus seiner Hand will ich das Königreich nehmen [denn ich will ihn als Fürsten einsetzen] *während seiner ganzen Lebenszeit. Um meines Knechtes David willen, den ich erwählt habe (der meine Befehle und Satzungen gehalten hat). Ich werde das Königtum aus der Hand seines Sohnes nehmen und werde es dir geben.* [Die zehn Stämme.] *Aber seinem Sohn werde ich einen Stamm geben, damit meinem Knecht David eine Leuchte sei allezeit vor mir in Jerusalem, der Stadt, die ich mir erwählt habe, meinen Namen dort hin zu legen. Und dich werde ich nehmen, daß du König seist über alles, was deine Seele begehrt, und du sollst König sein über Israel. Wenn du auf alles hörst, was ich dir befehle, und auf meinen Wegen wandelst und tust, was recht ist in meinen Augen, indem du meine Satzungen und Befehle hältst, wie mein Knecht David getan hat, dann will ich mit dir sein und dir ein beständiges Haus bauen, wie ich es dem David gebaut habe. Und ich will dir Israel geben und ich werde das Geschlecht Davids um dieser Sache willen demütigen, aber nicht für alle Zeit.* Und Salomo suchte Jerobeam zu töten. Da machte sich Jerobeam auf und floh nach Ägypten zu Schischak, dem König von Ägypten; und er blieb in Ägypten bis zum Tode Salomos.

*Die übrige Geschichte Salomos und alles, was er getan hat, das ist ja aufge-
schrieben im Buch der Geschichte Salomos. Die Zeit, da Salomo in Jerusalem
König war über ganz Israel, betrug vierzig Jahre. Dann legte sich Salomo zu
seinen Vätern und wurde in der Stadt seines Vaters David begraben; und sein
Sohn Rehabeam wurde König an seiner Statt.*

Die letzten Worte zeigen noch einmal, daß es auf Vollständigkeit der
geschichtlichen Überlieferung der Bibel hier mitnichten ankommt.
Sie verweist selbst auf die Quelle, aus der sie schöpft, und ist interessiert allein an der theologischen Deutung der Geschichte. Wie sie
das tut, ist freilich in sich schon zwiespältig. In dem letzten Teil
habe ich vorgelesen die prophetische Seite der deuteronomistischen
Überlieferung, die Episode von dem Propheten Ahija aus Schilo.
Daneben steht die nomistische Überlieferung, die sich fragt, wieso
denn überhaupt noch in der Nachfolge Salomos unter Rehabeam
Juda zumindest als ein selbständiges Königtum erhalten blieb,
warum nicht vom Nordreich her das ganze Gebiet unter eine Herrschaft, unter Jerobeams Hand, gegeben wurde. Dies lag, so lautet
die Antwort, an der Treue, die Gott gezeigt hat dem Hause Davids
und seiner Verdienste wegen – eine zwiespältige, merkwürdige Auskunft, die die Erbmonarchie, den Blutadel von David über Salomo
bis zu dessen Sohn wichtiger findet scheinbar als das wirkliche Verhalten der Personen. Aber das ist nicht die einzige Merkwürdigkeit.
Warum wurde das Reich gespalten? Wieso kam es zur ersten Katastrophe des Königtums in Israel? Die Antwort lautet – man muß
genau hinhören –: weil Salomo abwich von Jahwe, der Gottheit. Es
ist eine seltsame Auskunft. Es hätte, wird uns versichert, Salomo
gedient der Gottheit Astarte, wie sie bei den Phöniziern verehrt
wurde als Stadtgöttin von Sidon. Astarte war die Göttin der Fruchtbarkeit und der Liebe, wohl wert, sollte man glauben, daß man sie
verehrt. Nicht so freilich für strenge Jahwe-Gläubige. Dieser Gegensatz existiert, seitdem es Hebräer, im Kulturland, einwandernd aus
dem Nomadenstand, gibt. Die Religion der Agrarkultur, die Verehrung der Fruchtbarkeit des Bodens als der Macht einer eigenen
Göttin, ist stets als gegensätzlich, in den sexuellen Riten sogar als
obszön empfunden worden. Astarte zu verehren lag aber im Herr-

schaftsinteresse Salomos. Der Synkretismus war Teil seiner Politik und nicht der schlechteste, möchte man meinen. Da wird Salomo vorgeworfen aus späterer, rückblickender Sicht, daß er eine synkretistische Religionspolitik vertreten habe. Aber wie will man ihm das vorwerfen? Es ist das nämliche, was in der heutigen Theologie immer wieder gegen die Humanisierung des Religiösen geltend gemacht wird, sobald man die Engführung des Fanatismus, die Sonderüberlieferungen mit exklusivem Anspruch gegen den Rest der Welt angreift. Immer wieder lautet der Vorwurf gegenüber einer vermenschlichten Religiosität, sie sei synkretistisch. Aber was, im Himmel und auf Erden, erwartet man denn von einer Religion, die menschlich ist, außer daß sie all das, was im Menschen lebt, sich sehnt und regen möchte, integriert? Dann ist es nicht möglich, einen einzigen Kult wehrhaft und militant polemisch gegen alle anderen Religionsformen zu stellen. Salomo hat, anders als David, nicht Krieg um Krieg führen wollen. In gewissem Sinne war er, was sein Name besagt, ein Schalom für Israel, ein Regent des Friedens. Was immer man gegen ihn sagen mag, in diesem Punkte war er weise. Was also blieb ihm anders übrig, als fromm zu sein auch mit den Anhängern fremder Frommheit, entlehnter Kulte? Und das ist nicht die Nebensache an Salomo. Genau betrachtet, ist alles, was wir von ihm hören, nicht anders denkbar denn als synkretistisch. Seine Berufung geschah, wenn Sie sich noch entsinnen, in Gibeon, einem heidnischen Heiligtum. Daß er König wurde, war nicht in der Tradition Jerusalems begründet, sondern bei den ortsansässigen Kanaanäern. Von ihnen übernahm er die Art seiner Verwaltung. Die Kampfwagen zu lenken bedeutete, Kanaanäer im eigenen Heer stehen zu haben. Die Priesterschaft, die Salomo hörig war, stammte aus Jerusalem; wir hörten, wie Abjatar in die Fremde geschickt wurde. Und nun bis in die Details hinein der Tempel Salomos! Der Tempel Salomos wird uns als Inbegriff der Frömmigkeit gepriesen, aber gebaut wurde er von den Phöniziern und in den Stein hinein doch auch die Architektur ihrer Frömmigkeit. Genau so ist es, wenn wir erfahren, daß im Heiligtum die Cherube standen, Wesen, die im alten Israel alles andere als bekannt waren, in Kanaan dafür um so mehr. Die Bundeslade wurde sehr viel später unter dem Druck der Nordstämme ins Heiligtum geholt, um sich auch mit ihnen gleichzustellen – auch sie sollten ihre zentrale Stätte der Verehrung haben. Was anders ist der Tempel Salomos also als ein großer Ort des Synkretismus? Selbst der Thron, auf dem Salomo sitzt, bis in die Einzelheiten hinein ist aus dem alten Ägypten entlehnt. Wohin Sie schauen, ist Salomo, so bescheiden sein auf der Agrarkultur basierendes Königtum verglichen mit den Staaten des alten Orients, anmuten mag, doch ein Stück menschheitlich großzügig und offen. Genau das aber, wofür wir ihn loben möchten, wird aus späterer religiöser Sicht ihm vorgeworfen zur Schande. Er hätte den Milkom verehrt, der bei den Edomitern als Götterkönig und Gottkönig galt. Wie er im einzelnen geglaubt wurde, wissen wir nach dem so gründlichen Untergang dieses Volkes, an dessen früher Vernichtung David schon mehr als genugsam beteiligt war, nicht einmal archäologisch mehr. – Den Kemosch der Ammoniter hätte er verehrt. Davon wissen wir zumindest, daß er eine dunkle, chthonische Gottheit war, vulkanischen Ursprungs, dem Ares der Griechen ähnlich. Wie auch immer, soviel scheint sicher, daß Salomo religionspolitisch tolerant war, und er muß gewußt haben, daß Politik in diesem Punkte etwas anderes ist als Priesterfanatismus. Wer regieren will über ein Volk, muß über alle Teile des Volkes regieren, und er kann nicht die Sonderinteressen einer einzelnen Gruppe gegen alle andern geltend machen. Salomo hat zu regieren über Hebräer und Kanaanäer, das ist seine Aufgabe. Wenn irgendein Gott ihn dazu bestellt hat, lautet diese Aufgabe: Synkretismus.

Aber jetzt muß man hören, was daraus wird bei der deuteronomistischen Geschichtsschreibung. Wer bis dahin die Bibel gelesen hat, muß spätestens im Deuteronomium, fünftes Buch Moses, gewarnt gewesen sein; das siebte Kapitel, Vers drei gebietet da ausdrücklich und fanatisch, in keinem Betracht sich einzulassen mit den Töchtern des Landes, in das man einziehen wird. Ganz im Gegenteil, es gilt auszurotten alles, was da herrscht und wohnt, und ihre Städte einzunehmen, die Gott jetzt *seinem* Volk gegeben hat, obwohl dieses sie nie erbaut hat. Just darin, in der Ausbeutung, Eroberung und Plünderung ist die Majestät dieses barbarischen Gottes zu erkennen; so denkt man sich's später. Historisch war es so nicht, man möchte aufatmen und sagen: Gott sei Dank, aber ist es besser, wenn uns Gott vorgestellt wird in der Fiebertheologie einer Schicht von

Exulanten, die darum ringen, ihre nationale Identität und Größe wieder zu behaupten? Was wirft man denn, bei Licht betrachtet, hier Salomo vor, außer der Art, wie er offen ist und in gewissem Sinne weise im Umgang mit seinem eigenen, vielfältig gemischten Volk? Man möchte, in der Erfahrung Babylons, Integrität nur mit sich selber noch, also die Identität des Ausschlusses, bis in die Reinheit des Blutes hinein. Sich nicht zu vermengen mit den Fremden, das bedeutet jetzt, nach 587 im babylonischen Exil, sich nicht einzulassen mit der Bevölkerung, in die hinein man versprengt wurde.

Aber genauer nun: Salomo habe fremde Frauen geliebt, und das sei seine Schuld gewesen. Das ist nicht nur den Ausländern gegenüber jetzt infam, wir hören ganz richtig: all die Fremdstämmigen, all die Nichthebräer und -israeliten gelten gewissermaßen als Verführungsmasse, als Hefe des Abfalls. Wenn es nicht diese Impulse wären, die bis heute hinein wirksam sind, religiös und politisch, immer wieder das Eigene zu setzen gegen das Fremde, könnten wir darüber als etwas rein Zeitbedingtes hinweggehen. So aber können wir's nicht, nicht in Tagen, in denen ein deutsches Wort wie *Abschiebung* zum Normaldeutsch der Politiker gehört, nicht in einer Zeit, wo das Polizeideutsch in Bayern redet von einem *Schubwesen,* – man sollte denken, es ginge um den Start von Raketen bei diesem Schubwesen, es geht aber um die schleunige Abwicklung der Abschiebung mittels Polizei. Wie man in razzienähnlichen Durchsuchungen jetzt durchsetzt und fortsetzt, was man politisch beschlossen hat, darum geht es. Diese Art: wir sind das richtige Volk, und alle anderen, die Fremden, gehören hier nicht hin, dieses Denken hat eine bedauerlich lange, viel zu lange Tradition, und eine ihrer Wurzeln steht an dieser Stelle hier: …hat geliebt Frauen, Ammoniter, Moabiter, Hetiter. Wen immer sie aufzählen, es genügt, daß sie nicht Hebräer, daß sie nicht Deutsche sind, dann darf man's nicht? Da wird die Liebe boykottiert an den Grenzen? Es ist ein Verrat an der Gottheit, jemanden zu lieben, der nicht Volksgenosse ist? Diese Theologie des Hasses gilt es zu überwinden, und hier ist kein heilig Wort abzugewinnen, solange wir sie äußerlich lesen. Und wann eigentlich hätte man nötig gefunden, die historischen Texte der Bibel innerlich oder symbolisch zu verstehen? Der Weg freilich dahin ist schwer, mühselig auffindbar. Uns aber muß dies eine Aufgabe sein, wenn Texte dieser Art überhaupt noch einen Sinn machen, wo nicht viel besser aus der Bibel herausgerissen und auf Nimmerwiedersehen der Geschichte übergeben würden.

Es kommt noch ärgerlicher. Nicht nur Fremdenhaß wird hier gepredigt, sondern Frauenfeindschaft bis ins Detail hinein. Es sind ja nicht die Fremden an sich – die Kanaanäer mögen Frondienste tun! – es sind die Frauen. Die zu lieben bedeutet, daß Salomos Herz Jahwe nicht ungeteilt gehört. Man versteht völlig richtig. Der Jahwe, der da gemalt wird, ist wirklich ein eifersüchtiger Gott, geboren aus Nationalegoismus, Männlichkeitswahn und Machtanspruch. Die Frauen verführen die Männer, abzuhuren von der Gottheit. Da ist es ausgesprochen. Und sogar ein König wie Salomo fällt auf sie rein! Was das besagen will! Da ist die Liebe nicht nur den Fremdstämmigen gegenüber verboten, sie ist auch den Einheimischen gegenüber belastet, das ist das mindeste, was man sagen muß. Wenn wir noch rühmen konnten, daß die Königin von Saba zu Salomo kam, und er erfüllte ihr all ihre Wünsche, und wir priesen ihn dafür, daß er ein Mensch war, hätten wir noch hinzufügen können, daß die Legende von ihm sogar sagt, daß wir ihn preisen müssen, daß er ein Mann war; denn überliefert wird uns, daß die Königin Bilkis, nachdem sie alle Wünsche von Salomo erfüllt bekam, nach Hause ging und gebar einen Sohn mit Namen Menelik, von dem stammt ab das Königsgeschlecht der Äthiopier bis in die Tage Haile Selassies in den fünfziger Jahren des 20. Jahrhunderts hinein. Da war es möglich in der Legende, daß eine Fremdstämmige aus Saba sich vermischte mit dem König aus Israel. Das alles ist völlig vergessen. Eine fremde Frau zu lieben oder überhaupt eine Frau zu lieben ist hier das Gefährliche. – Und wie es der Zufall will, in den Details sitzt die Teufelei. Genau dieses Wort: Salomo sei nicht ungeteilten Herzens gewesen durch die Liebe zu seinen Frauen – zugegeben, tausend Frauen, wer wird das können, ohne sehr zerrissen zu werden, aber immerhin –, sei zerteilt gewesen durch die Liebe zu seinen Frauen, just das ist bis in die Formulierung hinein in der katholischen römischen Kirche das Argument für das Zölibat. Es gibt kein einziges anderes, als daß ein Mann, der eine Frau liebt, nicht ungeteilten Herzens mehr Gott dienen könnte. Da haben wir einen Typ von Frömmigkeit, wo Menschen stets in Konkurrenz stehen zum

Allmächtigen und wo man sich wird entscheiden müssen für den Fanatismus oder die Humanität. So darf es nicht stehen bleiben, nicht bei Salomo und bei keinem Priester, wenn denn Priestersein irgend als menschliche Aufgabe und nicht als alberner, abergläubischer Götzendienst in beamteter Institution verstanden wird.

Wenn's darum geht, Menschen zu sich zu bringen und darin zu Gott, dann müssen wir Schluß machen mit der Idee, es seien die Frauen, die die Männer schwach machen, am Ende sogar ihre Gottheit zu verlassen, dann sollten wir denken, die Gottheit sei für Männer und Frauen gleichermaßen dieselbe Gottheit und lebe nicht nur ihren hochideologisierten Patriarchalismus aus.

Schauen wir dann noch ein Stück genauer zu, wie denn Gott, wütend geworden, eifersüchtig, in seinen Rechten beschnitten, Salomos Reich zu beschneiden trachtet, stoßen wir auf mindestens drei Tatbestände, die uns tatsächlich nachdenklich machen müssen.

Da ist zunächst der Edomiter Hadad. Von ihm, seinem Volk, haben wir im zweiten Buche Samuel im achten Kapitel bereits gehört. David hatte grausige Massaker veranstalten lassen, all die Männer durchzählen und dann, offenbar in schrecklicher Folter, töten lassen. Jetzt erfahren wir, daß Joab sich eingeschaltet hat, Tote zu begraben und Strafen zu exekutieren. Offensichtlich ist es zu einem Aufstand der Edomiter gekommen, der dann nur noch, nach dem Überfall auf die Garnisonen, gerächt werden konnte. In dieser Zeit der Unruhen ist einer der Prinzen, Hadad, nach Ägypten geflohen, hat dort Aufnahme gefunden. Der Bericht selber ist so detailliert und freundschaftlich für Hadad, daß er womöglich eine der wenigen Textstellen wiedergibt, die aus edomitischer Tradition der Menschheit überkommen sind durch die Bibel. Wir hören dabei, daß er über Paran, dem heutigen Wadi-Feran im Schatten des großen Serbalgebirges, nach Ägypten gelangt sei und habe die Schwester Tachpenes geheiratet. Da wieder sehen wir klar, wie wenig die Bibel imstande ist, Völker an ihrer Seite zu verstehen. Tachpenes heißt soviel wie »Königsgemahlin«; da wird der Titel zum Eigennamen, etwas, das bei einigermaßen korrekter Kenntnis umliegender Völker so nicht passieren dürfte. Wir müssen annehmen, daß die Geschichte Hadads so weiterging, daß er, nach dem Tode Salomos spätestens, vielleicht auch früher, zurückgekehrt ist nach Edom. Berichtet wird uns das nicht. Wenn Salomo gemeinsam mit den Phöniziern das Goldland Ofir angesteuert und dazu einen alten ägyptischen Hafen im Golf von Akaba ausgebaut hat, dann muß mindestens der Küstenbereich von Edom einigermaßen unter seiner eigenen Kontrolle gelegen haben. Hadad, wenn er irgend Macht in Edom erobert hat, kann sie zu dieser Zeit nicht bis zur Küste ausgedehnt haben. Wie auch immer, vieles spricht dafür, daß Salomos Reich, ererbt von David, gegründet auf soviel gräßlicher Gewalt, schon wieder zerbröckelt. Würden wir so sagen ungefähr mit Arnold Toynbee: der Militarismus straft sich selbst, die Politik permanenter Eroberungen überfordert schließlich die Wirtschaftskraft des eigenen Volkes und ruiniert sich schließlich durch die Energie, die man aufwenden muß, die eroberten Gebiete besetzt zu halten, dann hätten wir eine weise, kluge Geschichtstheologie oder -philosophie vor uns. Aber was wir als Strafe Gottes hier erfahren aus der Bibel, ist nicht die Idee, die ganze Eroberei und Kriegführerei zu ächten, sondern eben den Fanatismus nicht zum äußersten haben gelangen zu lassen. Da wird Edom gegen Salomo bemüht, einzig um den Götzendienst des Königs zu bestrafen. Da wird geschlagen, aber offensichtlich auf die falscheste aller Stellen, mindestens in unserer Sicht. Bestraft wird nicht der Salomo, der monarchistisch mit den Zügen eines altorientalischen Despoten über sein Volk herrscht, bestraft werden soll derjenige, der die Sonderinteressen des Jahwe-Kultes nicht konsequent genug gegen alle andern durchgesetzt hat.

Reson von Aram wird uns hier geschildert als jemand, der im Status des Räuberhauptmanns aufwächst, die alte Stadt Damaskus wieder einzunehmen. Auch im Norden also bröckelt das alte Herrschaftsgebiet Davids, und die Erklärung, es sei Reson gewesen ein Räuberhauptmann, trifft, wenn wir richtig schauen, die eigenen biblischen Größen selber. Was denn war David über viele Jahre seines Lebens, wenn nicht genau das? Nur anders verdient Reson gerühmt zu werden als David. Der eroberte aus der Stellung eines Räuberhauptmanns seinen persönlichen Aufstieg zur Herrschaft; Reson erkämpft die Freiheit seines Volkes, und das ist Grund, vielleicht einmal darüber nachzudenken, was wir denn heute – nicht grade Räuberhauptmann, aber – Terrorist nennen. Es ist der neumoderne Ausdruck für genau den Begriff. Dieser Tage fragte man einen Kur-

den, der deutsch sprach: Ist dein Bruder ein Terrorist? Und der
Kurde stammelte, so gut deutsch er sprechen konnte: Wenn Terrorist sein heißt, gegen Unterdrückung zu kämpfen, wenn Terrorist
sein heißt, die eigene Freiheit zu erstreiten, wenn Terrorist sein
heißt, Menschenrechte durchzusetzen, wenn Terrorist sein heißt,
eine eigene Identität als Volk anzustreben nach Jahrhunderten der
Unterdrückung, dann ist es gut, ein Terrorist zu sein, und dann ist
mein Bruder ein Terrorist. Ein solcher war Mandela in Südafrika,
Jomo Kenyatta in Kenia, ein solcher war Ben Bella in Algerien, war
Begin in Israel, war Arafat in Palästina, und wir hoffen so zu siegen,
daß wir eines Tages aufhören können, Terroristen zu bleiben, und
als Freiheitskämpfer gewürdigt werden. Reson von Aram war ein
solcher Freiheitskämpfer, ohne Zweifel, und daß das Gelingen seines Aufstands nichts weiter sei als eine Strafe Israels, mag man
schwerlich glauben, außer daß der Freiheitswille ab und an erfolgreicher ist als die Tyrannei. Es bleibt die Tat dieses Reson von Aram
eine der wichtigsten auch in der objektiven Geschichtsschreibung.
Die Gründung des Aramäerreiches war eine Großtat, die viele Jahrhunderte im Nahen Osten später gestaltete. Der Mann Reson war
keineswegs das Nichts, für das ihn die Bibel ausgibt.

Wir kommen zu der dritten sogenannten Strafe, die über Salomo
verhängt wird, und sie ist innerisraelitisch, ganz wörtlich. Ein Mann
namens Jerobeam, ein Benjaminit, wird von Salomo selber befun-
den als tüchtig genug, ihn zu setzen über die Fronarbeiter. Was es
damit auf sich hat, hörten wir schon. Die deuteronomistische Geschichtsschreibung kaschiert es dahin, daß die Fronarbeiter lediglich die Fremdstämmigen, die Kanaanäer vor allem, gewesen wären. In Wirklichkeit hat Salomo vor allem Leute aus dem Norden
gedungen, für seine kostspieligen und aufwendigen Bauten in Jerusalem den Rücken zu beugen. Der Millo wird da gebaut, eine Anlage, von der die Archäologen meinen, sie sei von den Jebusitern
schon 1400 bis 1200 in Jerusalem aufgeführt worden, eine Terras-
senanlage, die an den Böschungswinkeln die Stadtmauer befestigen
und gegen Feinde sichern sollte, ein ewiges Rutschgebiet gewissermaßen, das sehr mühsam immer wieder neu instand gesetzt werden
mußte. Jerobeam wird hier eingeführt als Sohn einer Zerua; schon
damit geht die politische Verunglimpfung los. Vermutlich hieß die

Mutter des Jerobeam Zeruja, das hieße auf deutsch »die Mastixduftende« und wäre derselbe Name, wie er der Schwester Davids zukam, der Mutter des Joab zum Beispiel. »Zerua« aber ist »die Aussätzige«, vor der man fliehen muß, und will wohl sagen: genauso vor ihrem scheußlichen Sohn. Da wird Namensverunglimpfung Teil der Politik, man soll von der ersten Zeile an Jerobeam hassen. Und weswegen soll man das? Weil dieser Mann, zum Fronvogt über seine eigenen Volksgenossen gesetzt, die Hand erhob gegen Salomo. Das hat er getan und mußte fliehen zum Pharao Schoschenk oder Schischak. Später werden wir hören, daß kaum nach dem Tode Salomos Jerobeam zurückkehrt und mit großem Jubel empfangen wird. Der ganze Norden Israels wird ihn ausrufen als König, und der Sohn Salomos, Rehabeam, wird ihn daran nicht mehr hindern. Zehn Stämme aus Israel wird Jerobeam im Norden unter sich vereinen, und lediglich das kleine Juda wird Rehabeam bleiben. Was steht da auf dem Spiel schon? Ahija, ein Prophet, wird mit göttlichem Wort im Zerreißen seines Gewandes den Zerriß des Volkes deutlich machen. Nur vierzig Jahre hat Salomo regiert über ein einiges Volk. Warum die Spaltung? Was wäre die wirkliche göttliche Strafe hier? Jerobeam – zwischen den Zeilen hören wir – hat richtig gesehen: da ist ein König, der regiert über sein eigenes Volk – nunmehr mit biblischem, mosaischem Anspruch gelesen – genau so wie der Pharao in Ägypten damals über die Hebräer, zwingt sie zu Fronarbeiten, macht sie in gewissem Sinne zu Staatssklaven, nötigt sie unter der Peitsche der eigenen Aufseher zu Bauleistungen für den Thron, für die Krone und für die Weihrauchkessel der Priester. Ja, ist man denn, muß man sagen ein Vierteljahrtausend danach, aus Ägypten geflohen, nur um im sogenannten gebotenen und verheißenen Lande dasselbe wieder zu erleben wie damals? Ist man vor dem Pharao ausgewandert durch die Wüste, um endlich eigenen Grund unter die Füße zu bekommen, nur damit man jetzt ein Königtum erlebt, das wieder das eigene Volk in Abhängigkeit bringt? Ein hebräischer Pharao, soll der besser sein als ein ägyptischer? Es ist paradox, die Tage stehen danach, daß Jerobeam flieht inzwischen nach Ägypten, das ihm freiheitlicher vorkommt als die ganze Tyrannei des Salomo. Dieser Mann steht genau so auf wie Moses damals, sein Volk zu befreien und in die Freiheit zu führen. Da ist Aufruhr gegen Salomo soviel wie: Moses zurückgekehrt in den Tagen dieses vermeintlich größten Königs in Israel. Das steht auf dem Spiel, und Ahija von Schilo, einer Stätte, die erst unter Saul geschliffen wurde als eigene Gottesoffenbarungsstätte, Ahija von Schilo begleitet mit prophetischem Anspruch die Initiative zum Aufruhr. Das Ganze ist legendär, nichts wissen wir im Grunde davon, wie ein Prophet einen Fronaufseher, einen Benjaminiten, dazu bestimmte, sich selbst an die Stelle des Königs zu setzen, aber daß er es tat mit einem göttlichen Atem im Kampf für die Freiheit der Menschen, soviel scheint sicher.

Wir müssen lange noch lesen, wie es in Israels Königtum weitergeht, wie der Norden den Süden bekämpft, wie allein kulturgeschichtlich der arme Süden, das in ganzen Teilen wüstenähnliche Judäa, kulturell zurückbleibt hinter dem reichen Norden. Der aber liegt in Griffbreite der plünderungssüchtigen Stätten und Staaten, die ihn umgeben. Der Norden Israels gehört zum fruchtbaren Halbmond und wird sehr bald schon, im 8. Jahrhundert, zur Beute der Assyrer werden, gerade weil er so stolz aufstrebt; gerade weil dort die kulturell größten Kräfte konzentriert sind, wird mit dem Norden die Auseinandersetzung mit den Randstaaten als erstes beginnen, und es wird sehr bald schon kein Königtum mehr in der Folge des Jerobeam geben. Daran liegt's, daß biblische Theologie im wesentlichen aus judäischer, im engsten Sinn jüdischer Sicht formuliert ist.

Was aber bleibt uns dann zu lernen von all dem? Nehmen wir Salomo noch einmal und alles, was er tat, als Symbol. Dann ist's nur eine einzige Chiffre. Sie liegt in der Rede davon, daß Salomo Gott verlassen habe. Sehen wir Gott zunächst als eine kultische Größe, bleiben wir im Äußeren stecken, dann ist der dogmatische Anspruch der Jahwe-Religion gemeint. Wollten wir aber sagen: ein König und Priester folgt der Gottheit, wenn er als Mensch so lebt, daß er anderen ein Stück ihrer Freiheit ermöglicht, nimmt sie bei der Hand und führt sie zu ihrer eigenen Person, dann wüßten wir, daß Gottesdienst etwas anderes sei als das Nachbeten fremder tradierter Formeln, institutioneller Gebärden, heiliger, äußerlich gesetzter Riten. Wir sollten dann denken, Gott zu verlassen, das sei soviel wie die eigene Person nicht mehr zu kennen, bis in den Innenraum der eigenen Seele verstört zu sein, im eigenen Leben nicht mehr aus noch ein zu wissen, und dieser Wirrwarr, die Frage, wer bist du nun selbst?, nicht mehr beantworten zu können, verdunkelte auch das Wissen um eine innere Führung an der Hand Gottes, der will, daß wir sind, ein jeder für sich. Dann allerdings liest sich alles noch einmal. Es ist möglich, daß ein Mensch so weit sich verzettelt, vertut, veräußerlicht, daß er mit sich selber zerfällt, und dann notwendigerweise wird alles in Gefahr geraten, was er je gewollt, errichtet und gemeint hat. Unglück ist in aller Regel soviel wie die Umschreibung für ein Leben, das sich selber nicht richtig vollzieht. Vieles gibt es an Schicksalsschlägen, das uns zugemutet wird, – Erfolg zu haben ist nicht Teil dessen, was richtig zu leben bedeutet; aber wenn ein Mensch wirklich verzweifelt, dann allerdings, müßten wir sagen, ist er in seinem Inneren zerbrochen, dann ist ihm von seiner eigenen Person so viel entglitten, daß er zwischen dem, was er selber wert ist und was das Äußere bedeutet, nicht mehr wirklich unterscheiden kann. Verzweiflung, nennt es Sören Kierkegaard einmal vor hundertfünfzig Jahren, ist ein Mißverhältnis zu sich selbst, und alles Unglück, das sich dann ergibt, ist eine Folge aus dieser Fehleinstellung zur eigenen Person. Umgekehrt, meinte er, sei Glauben ein *richtiges* Verhältnis zu sich selbst, eine Art, sich selber anzunehmen im Vertrauen zu der Macht, die uns gesetzt hat. Genau das bedeutet es, mit Gott übereinzustimmen oder Gott zu verlassen und sich selber gottverlassen zu fühlen inmitten einer buchstäblich gnadenlos gewordenen Welt. Auch die Religion wird dann zum Zwiespältigen. Kein äußerer Tempel führt Menschen heraus aus ihrer Seeleneinsamkeit und -zerstörung. Ein indischer Jesuit meinte einmal, wie es sich verhalte mit allen Tempelbauten: Es gab eine Zeit, schreibt er, in welcher die Gottheit wohnte inmitten der Natur, die sie schuf, im Schatten hochragender Bäume, im Gesang der zwitschernden Vögel, in der Schönheit der blühenden Blumen. Dann aber, als man selber bewußtlos wurde gegenüber den Bestimmungsgründen des eigenen Handelns, fing man an, aus jahrhundertealten Bäumen, aus jahrmillionenalten Steinen im Schatten von Häusern, mehr als dreihundert Meter hoch, Kathedralen, Dome und Kirchen zu erstellen, Hunderte von Metern hoch, und fortan besaß Gott kein Zuhause mehr, da doch sein Heim einzig ist im Hain des Schweigens, der Einsamkeit und der Schönheit seiner Welt. – Wie wir dahin zurückfänden mit all dem, was Salomo der Legende nach zugeschrieben wurde, das wär's, was es zu tun gälte. Salomo war kundig der Namen und der Lebensweisen aller Tiere, haben wir erfahren, so naturverbunden stellt ihn die Legende hin. Der Koran erzählt in der 27. Sure, daß Salomo mächtig war, sogar die Sprache der Tiere, der Ameisen gar, zu verstehen. Wenn wir Menschen das könnten, die Sprache der leidenden Kreatur an unserer Seite zu vernehmen, welch eine Art von Gottesdienst läge da vor uns! Und wir würden die Sprache all der Gefühle wieder vernehmen, die wir mit den Tieren teilen, aus der Geschichte einer Evolution allein der Säugetiere von mehr als 250 Millionen Jahren, und es würde kein Herrschaftswissen mehr des Geistes gegen den Trieb, des Denkens gegen das Fühlen geben, sondern eine vereinigte Art des Menschseins mit der Natur draußen und mit der Natur drinnen, und in beidem würde die Gottheit wohnen wie in einem Tempel, in der Welt, die sie schuf, und in den Träumen unseres Herzens, aus denen sie redet. Dann müßten wir die Vision eines Priesters und Königs gegen alle historische Überlieferung setzen und sogar gegen die Theologie, die aus ihr geboren wurde, und es hätte noch einmal die Legende, der Mythos, das Märchen, der Traum, das Wünschen und die Sehnsucht nach einer nie eingelösten Menschlichkeit weit mehr recht als alle noch so heiligen Texte, und Gott redete noch einmal ganz neu zu uns Heutigen.

Ich bin Ihnen sehr, sehr dankbar, daß Sie all die vielen Stunden biblischer Lektüre aus dem Alten Testament aus den Königstagen begleitet haben. Sie haben gemerkt, wie schwer es ist, die Bibel gerade dort, wo sie berichtet, was Menschen tun, und es zu verbinden trachtet mit dem, was Gott vermeintlich wollte und plante, in unser heutiges Denken zu übersetzen. Wir hätten viele Gründe, Salomo für strafenswürdig zu erklären, aber just gerade nicht die, auf denen die Bibel beharrt. Wir hätten viele Gründe, zu begreifen, warum der Norden und der Süden miteinander verfällt, aber gerade nicht die Gründe, die uns die Bibel vorstellt. Was am Ende bleibt, sind die Außenseiter: der fliehende Jerobeam wird Israel die Freiheit bringen. Die Priester werden die Freiheit, die er bringt, verfluchen, denn sie ist Abfall von der Linie des Hauses David. Aber vielleicht ist Gott auch bei denen, die, sei es um den Zerbruch, sich nicht demütigen ließen, die sich nicht zu Staats- und Kirchensklaven machen ließen, und der kleine, uns unbekannte Prophet Ahija aus Schilo hätte ganz recht, als er Jerobeam sagte: Setz dich durch gegen Salomo!

Endigen möchte ich mit dem ersten Kapitel jener Spruchsammlung, die man Salomo zuschreibt. Sie ist nicht gerade ein abschließendes Gebet, aber sie läßt ein Stück weit erkennen, wie in jenen Tagen gedacht wurde, mit welchen Rezepten man das Leben zu lösen versuchte. Diese Sammlung ganz sicher stammt aus einer Zeit um ein halbes Jahrtausend nach Salomo, was nicht ausschließt, daß das eine oder andere sehr viel älter ist und in mancher Phantasie sogar einem einzelnen, sagen wir Salomo, zuschreibbar.

TEXT: Spr 1, 1–19

Die Sprüche Salomos, des Sohnes Davids, des Königs von Israel –

> daß man kennenlerne
> > Weisheit und Zucht,
> verständig zu reden verstehe,
> daß man Belehrung annehme,
> > die klug macht,
> Gerechtigkeit, Sinn für das Recht,
> > Geradheit,
> daß die Unerfahrenen lebensklug werden
> und die Jünglinge
> > einsichtig und besonnen –
> wer weise ist,
> > hört darauf und mehrt sein Wissen,
> und wer verständig, lernt richtig leben –,
> daß man Gleichnis
> > und Sinnspruch verstehe,
> die Worte der Weisen und ihre Rätsel.
> Die Furcht des Herrn
> > ist der Anfang der Erkenntnis,
> die Toren verachten Weisheit
> > und Zucht.

Höre, mein Sohn, die Belehrung deines Vaters
und verwirf nicht
   die Weisung deiner Mutter;
denn sie sind deinem Haupte
   ein lieblicher Kranz
und ein Geschmeide für deinen Hals.
Mein Sohn,
   wenn die Sünder dich locken,
so folge nicht; wenn sie sagen:
»Geh mit uns, wir wollen
   dem Frommen auflauern,
wollen dem Unschuldigen
   nachstellen ohne Ursache;
wir wollen sie lebendig
   verschlingen wie die Unterwelt,
die Gesunden denen gleich machen,
   die zur Grube hinabfahren;
da gewinnen wir
   allerlei köstlichen Reichtum,
füllen unsere Häuser mit Raub;
wirf dein Los unter uns,
   wir alle wollen deinen Beutel füllen!« –
mein Sohn,
   dann gehe nicht ihre Wege,
halte deinen Fuß zurück
   von ihrem Pfade.
Denn ihre Füße laufen zum Bösen
und eilen, Blut zu vergießen.
Denn vergeblich ist das Netz
   ausgespannt
vor den Augen alles Geflügelten.
Und sie, sie lauern
   auf ihr eignes Blut
und stellen dem eignen Leben nach.
So ergeht es allen,
   die nach Gewinn jagen;
er nimmt seinem Besitzer das Leben.

An der Rechtmäßigkeit dieser letzten Worte, eingeschrieben am Thron bei der Thronbesteigung eines jeden Mächtigen in der Geschichte, ist nicht zu zweifeln. Nur eines müssen wir korrigieren, weil es in jeder Bibelübersetzung in vier Worten vier Fehler wiedergibt: Die Gottesfurcht sei der Weisheit Anfang. Das steht da und ist doch gänzlich verkehrt. Nicht geht es um die *Furcht* vor Gott, sondern darum, Gott zu respektieren als die Grundlage von allem, was ist. Ihn ernst zu nehmen, ihm zu vertrauen, zu wissen, daß nur er das Herz des Menschen so umgreift, daß das Leben sich fügt – das ist gemeint. Drum geht es auch nicht um einen *Anfang* von Weisheit, so wie wenn danach noch etwas anderes käme, die Gottesliebe zum Beispiel, wie dann das Christentum, im Wahn, besser zu sein als die Juden, an dieser Stelle doziert; der *Anfang* der Weisheit ist hebräisch soviel wie der *Inbegriff* der Weisheit, das *Prinzip* aller Weisheit. Aber dann wieder geht es nicht um *Weisheit* im Sinn griechischer Philosophie, sondern es geht um eine ganz gesunde Art, das Leben zu betrachten. Wer glücklich werden möchte, hat keinen andern Weg, als sein ganzes Leben auf Gott zu stellen, so ist das gemeint, und wenn schon die Eltern das sagen, die Mutter und der Vater, wäre es gut, auf sie zu hören, vorausgesetzt, man mischt nicht wieder in den Respekt falsche Abhängigkeit und Furcht. Und daß, wer meint, er komme leicht zum Ziel durch Plündern und durch Rauben, dabei ist, nur sich selber vorschnell ins eigene Grab zu bringen, das wohl ist nicht immer so, aber manchmal möchte mans glauben. Leider lehrt uns die Geschichte anderes. Selbst die Geschichte Salomos sagt: Es ist gut gegangen in seinen Tagen, und die Strafe kam erst über seinen Sohn. So lange können die Geschundenen zumeist nicht warten. Aber hoffen dürfen wir doch.

25. März 1995

Nachwort des Herausgebers

FÜR viele Christen sind die Schriften des Alten Testaments im wörtlichen Sinn ein »Buch mit sieben Siegeln«. Sie sind über Jahrhunderte hinweg in einer fernen Vergangenheit entstanden, entstammen Kulturkreisen, die längst untergegangen sind und wurden in Sprachen verfaßt, die heute so nicht mehr gesprochen werden. Ein unmittelbares Verstehen dieser Schriften- und Geschichtensammlung ist kaum möglich. Es gibt eine Vielzahl von Übersetzungen des Ersten Testaments, die sich alle darum bemühen, die Erzählungen und Ereignisse dieser vergangenen Zeit präsent zu machen. Doch jede Übersetzung, jede Auseinandersetzung mit dem gesprochenen oder geschriebenen Wort ist Auslegung und Deutung.

In dem vorliegenden dritten Band mit Predigten über das Alte Testament hat sich Eugen Drewermann unter dem Titel »Das Königreich Gottes in unserer Seele«, Predigten von Samuel bis Salomo, erneut einer äußerst schwierigen exegetischen Aufgabe gestellt. Die Bibel-Exegese selbst hat eine lange Tradition. Sie beginnt bereits im Alten Testament, wenn z.B. die Propheten die fünf Bücher Mose (nicht immer übereinstimmend) auslegen. Auch die Tiefenpsychologie, die Drewermann bewußt als Ergänzung in die Bibelauslegung einbringt und als Schlüssel zur Deutung verwendet, hat eine lange Tradition und ist in ihrer Bedeutung für das theologische Menschenbild nicht mehr wegzudenken. Erinnert sei nur an die alte moraltheologische Auffassung, wonach der Mensch in seinem Leben von Entwicklungen und Momenten abhängig sein kann, die er nicht zu verantworten hat, und die seine Freiheit bedingen und begrenzen können.

Drewermanns synthetische Sicht, die Zusammenschau sonst aufgespaltener Wirklichkeiten, ermöglicht die Überwindung eines im Christentum immer noch wirksamen Dualismus. Den dogmatischen Gegensatzpaaren »Unglaube – Glaube«, »Schuld – Erlösung«, »Verdammnis – Gnade«, »Individuum – Gemeinde« stellt er die einzige und menschlich unausweichliche Frage voran:

Wie kann die Angst des Menschen beruhigt werden im absoluten Gegenüber eines personalen Gottes?

Es geht also darum zu erkennen, daß die Bilder der Bibel wichtiger zu nehmen sind als die Worte; die vermittelten Gefühle als bedeutsamer zu erachten sind als die beschriebenen Handlungen; die Erlebnisse und Erfahrungen der biblischen Personen mehr aussagen als die literarische Form, in der sie dargestellt werden. Denn die eigentlich bedeutende Geschichte ist die ungeschichtliche, die mythische Geschichte, in der Bilder und Symbole, Träume und Visionen im Menschen eine allgemeine und überzeitliche Bedeutung gewonnen haben – über die zeitliche Kluft von Jahrtausenden hinweg.

Bernd Marz

PIPER

Eugen Drewermann
Den eigenen Weg gehen

Predigten zu den Büchern Exodus bis Richter.
Herausgegeben von Bernd Marz. 374 Seiten. Geb.

Der Glaube Israels, wie er sich in den Büchern des Alten Testaments mitteilt, steht seit geraumer Zeit im Mittelpunkt der Bibelauslegungen des Paderborner Theologen und Psychotherapeuten. Dabei geht es ihm nicht vordringlich um die Vermittlung von theologischen Erkenntnissen, sondern um die existentielle Mitte des israelitischen Glaubens und seine Bedeutung für die Sinnfragen.

Mit Eugen Drewermann interpretiert erstmals ein Theologe Erzählungen des Alten Testaments, angefangen bei der Geschichte von Josef und seinen Brüdern bis hin zum Buch der Richter, in einer zusammenhängenden theologisch-tiefenpsychologischen Sicht.
Er versteht sie als Geschichte unserer Seele auf der Suche nach dem eigenen Weg. Befreit von der Schlacke der Historie werden sie zu einem eindringlichen Appell, mit der Hilfe und den Verheißungen Gottes den Mut zu haben, sich aus jeglicher Knechtschaft zu befreien und seinen eigenen Weg zu gehen.

PIPER

Walter Jens / Hans Küng
Menschenwürdig sterben

Ein Plädoyer für Selbstverantwortung. Mit Beiträgen von
Albin Eser und Dietrich Niethammer. 176 Seiten. Leinen

Der Mensch ist das einzige Lebewesen, das sich bewußt ist, daß es
sterben muß. Doch die meisten Menschen verdrängen dieses
Wissen, jedenfalls die meiste Zeit ihres Lebens. Dem setzt Hans
Küng seine These entgegen: das Sterben und der Tod gehören zum
Leben, sind seine letzte Phase. Zu einem menschenwürdigen Leben
gehört auch ein menschenwürdiger Tod. Gerade für einen
Theologen stellt sich hier aber die Frage nach dem »eigenen Tod«:
Darf der Mensch bestimmen, wie und wann er stirbt – oder muß
er unter allen Umständen »aushalten bist zum Schluß«?
Walter Jens weitet das Thema zunächst ins Literarische aus.
Er befragt große Autoren der Weltliteratur: von Homer über den
Verfasser des Matthäus-Evangeliums, bis hin zu Tolstoi und
Camus – darüber, was »menschenwürdig sterben« heißt. Gibt es
den Tod in Würde überhaupt? Dabei zieht er auch die Texte von
Betroffenen heran, etwa von Maxie Wander oder Peter Noll.
Der Band wird abgerundet durch eine Diskussion, in der der
Freiburger Völkerrechtler Albin Eser und der Tübinger Mediziner
Dietrich Niethammer die juristischen und medizinischen Aspekte
der Sterbehilfe darlegen.

PIPER

Hans Küng
Das Christentum

Wesen und Geschichte. Die religiöse Situation der Zeit.
1056 Seiten. Leinen

Mit dieser historischen Bilanz legt Küng ein grundlegendes Werk
vor, das in seiner umfassenden Darstellung des christlichen
Denkweges durch die Jahrtausende und seinen Bezug zur
Gegenwart eine neue Ebene der Diskussion erreicht. Wer immer
sich an dieser Diskussion beteiligen will, er wird an diesem Buch
nicht vorbeikommen.
Was ist das Christentum? Was ist das wirklich Christliche?
Was hält die so vielfältigen und in sich verschiedenartigen christlichen Kirchen, all die so verschiedenen christlichen Jahrhunderte
überhaupt zusammen? Hans Küng unternimmt eine Antwort,
indem er krititsch 20 Jahrhunderte Christentum offenlegt.

»Nicht nur äußerlich gesehen hat Küngs Buch erhebliches
Gewicht. Auch von der Sache her kommt dieser fulminanten
Darstellung eine große Bedeutung zu. Jeder Nachfolgeautor wird
sich am Anspruch dieses Werkes messen lassen müssen. Der
Verleger hat auf seine Weise die Bedeutung des Werkes erfaßt,
rückt er es doch – durch das integrierte gelbe Lesezeichen –
beinahe schon in die Nähe einer Bibel beziehungsweise eines
Gesangbuches.«
Deutsches Allgemeines Sonntagsblatt

PIPER

Heinz Zahrnt
Mutmaßungen über Gott

Die theologische Summe meines Lebens. 288 Seiten. Geb.

»Ich versuche in diesem Buch, meinen theologischen Denkweg
nachzuzeichnen: wie Glauben und Verstehen, religiöse
Erfahrung und theologische Reflexion sich für mich span-
nungsvoll, oft auch widerborstig, aufeinander bezogen
und wechselseitig korrigiert haben.«
Heinz Zahrnt

Heinz Zahrnt war in seinem bald 80jährigen Leben immer beides:
erfolgreicher Schriftsteller und Mann der Kirche, Theologe
und journalistischer Zeitgenosse. Dies konnte nicht ohne innere
Konflikte abgehen – und von ihnen handelt dieses Buch.
Der Begriff »Mutmaßungen über Gott« stammt von Nikolaus von
Kues, für den Gott letztlich nicht zu erkennen ist. Der Mensch ist
auf Mutmaßungen angewiesen, auf Bilder, die er sich von dem
Unerkennbaren macht, und die er immer wieder korrigieren muß.
Dieser Aufgabe hat sich Heinz Zahrnt, der große alte Mann der
evangelischen Publizistik, unterzogen. Er beschreibt sehr persön-
lich, wie sich sein Gottes-Bild während seines Lebens immer
wieder gewandelt hat und zu welchen Ergebnissen er gelangt ist.
Unmerklich liefert er damit auch eine Geschichte theologischen
Denkens in unserer Zeit, mit ihren Entwicklungen, aber auch mit
ihren Brüchen.

Karl-Josef Kuschel
Geboren vor aller Zeit?

Der Streit um Christi Ursprung. 834 Seiten. Leinen
»Karl-Josef Kuschel gehört zu jenen Theologen, die sich an die
Öffentlichkeit wenden, die außerhalb ihres Fachs bekannt sind,
weil sie ihr Christentum in der Konfrontation mit der modernen
Welt erfahren.
Man muß etwas über Kuschel wissen; sonst könnte man
angesichts des Volumens seines neuesten Buches kapitulieren:
Fast sechshundertneunzig reine Textseiten, fürwahr eine
Habilitationsschrift.
Wer sich jedoch gerne in die Gelehrsamkeit hineinbegibt, wer
vieles richtig erfahren möchte, der findet hier eine großartige
Lektüre. Da werden die bedeutenden Theologen Adolf von
Harnack, Karl Barth, Rudolf Bultmann in ihren Grundgedanken
skizziert; man erfährt etwas über Lebenszusammenhänge,
politische Implikationen, und die Realität des Glaubenskampfes.
Wir sehen die Kämpfer vor uns. Das alles wirkt erhellend –
und ungeheuer spannend. Was bedeutet liberale Theologie um die
Jahrhundertwende? Was die dialektische Theologie des Schweizers
Karl Barth, die man metaphorisch einem Naturereignis gleichsetzt:
einen Donnerschlag, einer Sturzflut?«
Süddeutsche Zeitung